Isländische Märchensagas
Band 1

Saga
Bibliothek der altnordischen Literatur
Herausgegeben von Kurt Schier

Helden, Ritter, Abenteuer

Isländische Märchensagas

Band I
Die Saga von Ali Flekk
Die Saga von Vilmund Vidutan
Die Saga von König Flores und seinen Söhnen
Die Saga von Remund dem Kaisersohn
Die Saga von Sigurd Thögli
Die Saga von Damusti

Herausgegeben von
Jürg Glauser und Gert Kreutzer

Aus dem Altisländischen übersetzt von
Jürg Glauser, Gert Kreutzer und Herbert Wäckerlin

Diederichs

Die Zeichnungen im Vor- und Nachsatz zeigen Fabelwesen und »Wundervölker« aus einer der ältesten Handschriften um 1200 (Handschrifteninstitut Reykjavik: AM 673 a I 4°, Ausgabe von Verner Dahlerup, 1889, und Halldór Hermannsson, 1938).

Die Deutsche Bibliothek – CIP-Einheitsaufnahme
Isländische Märchensagas / hrsg. von Jürg Glauser und Gert Kreutzer. Aus dem Altisländ. übers. von Jürg Glauser... – München : Diederichs
  (Saga : Helden, Ritter, Abenteuer)
  Bd. 1. Die Saga von Ali Flekk [u. a.]. 1998
  ISBN 3-424-01359-5

© Eugen Diederichs Verlag, München 1998
Alle Rechte vorbehalten

Produktion: Tillmann Roeder, München
Satz: SatzTeam Berger, Ellenberg
Druck und Bindung: Spiegel Buch, Ulm-Jungingen
Papier: holzfreies, chlorfrei gebleichtes Werkdruck, Schleipen
Printed in Germany

ISBN 3-424-01359-5

Inhalt

Vorwort 15

Die Saga von Ali Flekk
(Übersetzung: Gert Kreutzer)

1. König Rikards Aussetzungsbefehl 20
2. Gunni nimmt das ausgesetzte Kind als sein eigenes auf . . 20
3. Der König bemerkt den Betrug und nimmt Ali zu sich . . 21
4. Blatönn belegt Ali mit einem Fluch 22
5. Ali in der Höhle der Trollin Nott 23
6. Ali kommt zum Mädchenkönig Thornbjörg 25
7. Ali befreit Thornbjörg von zwei unerwünschten Freiern . . 26
8. Kurz vor der Hochzeit mit Thornbjörg wird Ali vom Knecht Glodarauga in einen Werwolf verwandelt 27
9. Ali wütet als Wolf im Reich seines Vaters 28
10. Ali wird gefangen und erhält mit Hilfe seiner Pflegeeltern seine menschliche Gestalt zurück 29
11. Ali kehrt zum Königshof zurück. Der Knecht Glodarauga erhält seine Strafe 30
12. Die Trollin Nott bringt Ali Wunden bei, die nur ihre Brüder heilen können 31
13. Thornbjörg eilt auf die Nachricht von Alis Krankheit nach England 32
14. Thornbjörg verläßt England mit Ali, um Heilung für ihn zu suchen 33
15. Thornbjörg und Ali kommen zu Jötunoxi, der verspricht, Ali von seinen Brüdern heilen zu lassen und seine Schwester Nott zu töten, wenn Thornbjörg ihn heirate 34
16. Ali wird geheilt, Jötunoxi und alle Trolle werden getötet . . 35
17. Ali sucht Hladgerd auf und rettet sie vor dem Scheiterhaufen . 37
18. Hladgerd heiratet König Eirik, Ali reist nach England zurück und heiratet Thornbjörg 39
19. Ali wird König von England 40

Die Saga von Vilmund Vidutan
(Übersetzung: Gert Kreutzer)

1. König Visivalds Sohn Hjarandi und seine Töchter Gullbra und Soley 42
2. Hjarandis Feldzug nach Irland 43
3. Hjarandi und Gullbras Freier 44
4. Ulf Illt-eitt wirbt um Soley 45
5. Kol tötet Ulf. Rollentausch von Königstochter und Magd . . 46
6. Ulfs Tod wird bekannt 47
7. Kol und die falsche Königstochter fliehen in den Wald . . 48
8. Vilmunds Kindheit. Er kommt zur Felsenhöhle 49
9. Vilmund zieht aus 50
10. Vilmund und die Königstochter 52
11. Vilmund kommt zum König 54
12. Vilmunds Kampf mit Ruddi 56
13. Das Speerwerfen 58
14. Vilmund zum zweiten Mal an der Felsenhöhle 59
15. Buris' Werbung um Gullbra 60
16. Vilmund greift in den Kampf ein 61
17. Svidi verläßt die Einsamkeit 62
18. Vilmund besiegt Kol und Öskubuska 64
19. Vilmund zum dritten Mal bei der Felsenhöhle . . . 66
20. Gudifreys Ankunft 67
21. Gudifrey und Hjarandi messen sich 69
22. Gudifreys Werbung hat Erfolg 71
23. Vilmund zum vierten Mal an der Höhle 72
24. Vilmunds Versöhnung mit dem König und Ende . . . 74

Die Saga von König Flores und seinen Söhnen
(Übersetzung: Gert Kreutzer)

1. Prolog: Die verschiedenen Arten von Sagas 78
2. König Flores von Traktia wird nach Afrika verschlagen . . 78
3. Abel von Lungbardi als Geisel bei König Kastus von Kartagia und seiner Tochter Elena 79
4. Flores kommt nach Kartagia und wirbt vergeblich um die Königstochter Elena 80

5	Flores erobert Kartagia und entführt Elena	81
6	Elena bekommt drei Söhne	83
7	Kastus kehrt zurück und zieht mit Abel gegen Traktia	85
8	Kastus erobert die Stadt Segris und fährt mit Elena und ihren Söhnen nach Hause	86
9	Das Königsschiff verschwindet auf rätselhafte Weise	87
10	König Flores heiratet Ermingerd und bekommt eine Tochter Elena	88
11	Sintram von Fenedi wirbt um Elena und wird von Flores abgewiesen	89
12	Sintram und seine Brüder sammeln ein Heer	90
13	Aufstellung der Heere und Beginn der Schlacht	91
14	Herzog Reinald und Graf Rikard fallen	92
15	König Flores tötet Herzog Bertram, Unus tötet den Riesen Runga	93
16	Filipus nimmt Sintram gefangen, muß dann aber vor Tertius fliehen	94
17	Unus und Sekundus werden gefangengenommen	95
18	Tertius besiegt Filipus, wird aber schließlich gefangengenommen. Flores ist Sieger	96
19	Die Gefangenen werden von König Flores belauscht. Sintram erzählt sein Abenteuer mit dem Flugdrachen	97
20	Unus erzählt seine Lebensgeschichte	98
21	Sekundus erzählt seine Lebensgeschichte	100
22	Die Lebensgeschichte des Tertius	103
23	Die Gefangenen dürfen einen letzten Wunsch äußern	105
24	Der König erkennt die Gefangenen als seine Söhne und begnadigt sie	107
25	Die Söhne des Königs erheben übertriebene Ansprüche an die Kriegsbeute	108
26	Sintram bringt eine Versöhnung zustande und bekommt Elena zur Frau. Die Brüder und Sintram fahren nach England, wo die Verlobte des Unus bedrängt wird	109
27	Felix besiegt Guimar und heiratet die englische Königstochter	110
28	Ajax wird König von Afrika, Sintram kehrt heim nach Fenedi	111

Die Saga von Remund dem Kaisersohn
(Übersetzung: Jürg Glauser)

1	Kaiser Rikard in Saxland und sein Sohn Remund	114
2	Remunds zwölf Gefährten	115
3	Die Königssöhne schwören Remund die Treue	116
4	Ermahnung an die Zuhörer	117
5	Remunds Traum	117
6	Remunds Liebeskummer	120
7	Die Figur von der Geliebten	121
8	Remund und Eskupart	122
9	Der Zweikampf und die Verwünschung	125
10	Die Heiden ergeben sich	126
11	Eskuparts Leiche wird zurückgeschafft	126
12	Agamenons Trauer und Remunds Erzählung	127
13	Remunds Krankheit	128
14	Vidförul	128
15	Remunds Abreise	131
16	Remunds Zweikämpfe	133
17	Remund bei Akillas	134
18	Remund und Rosamunda	136
19	Rosamundas Verleumdung	139
20	Kampf mit Roddan	140
21	Remund überwindet König Eneas	140
22	Vidförul findet die Stadt	143
23	Remund benachrichtigt die Königstochter	145
24	Der Erzbischof trifft Remund	147
25	Remunds Heilung	148
26	Die Besuche im Gemach der Jungfrau	151
27	Boten von Geiraldus	152
28	Das Turnier	154
29	Remund macht sich zum Kampf auf	155
30	Remund nimmt am Turnier teil	156
31	Die Siegesfreude der Indier	157
32	Der Zweikampf wird festgelegt	157
33	Vidförul und Berald machen den Anfang	159
34	Remund überwindet Geiraldus	160
35	Geiraldus zieht ab	162

36	Rückkehr Remunds und des Königs in die indische Hauptstadt	163
37	Die Hoffeier	164
38	Das keusche Beisammensein von Remund und der Königstochter	165
39	Der Erzbischof rät Remund zur Heimkehr	166
40	Der Abschied	167
41	Die Heimreise	168
42	Der Kampf gegen die elf Ritter	169
43	Wiedervereinigung mit den Schwurbrüdern	170
44	Der Bericht des Königssohns	170
45	Remund eilt zurück	172
46	Remund reitet durch Gallia und Franz	173
47	Die Begrüßung	174
48	Remund setzt sein Heer über den Rhein	174
49	König Klibanus rüstet zur Schlacht	175
50	Der Beginn der Schlacht	175
51	Beralds Zweikampf	177
52	Vidföruls Zweikampf	178
53	Remunds Zweikampf	179
54	Die Schlacht gegen die Brüder Libarus und Kalabrin	180
55	Niederlage des Heidenheers	182
56	König Menilaus hält Kriegsrat	182
57	Kampfvorbereitungen von Menilaus und Remund	184
58	Beginn der Schlacht	185
59	Der Verlauf der Schlacht	187
60	Remunds Sieg	189
61	Remund säubert sein Reich	191
62	Remunds Reise nach Indialand	192
63	Remunds Werbung um Elina	194
64	Elina ist geneigt, die Werbung anzunehmen	196
65	Rückkehr der Werbeboten	197
66	Remunds Werbung um Elina	198
67	Die Verlobung	200
68	Beginn der Hochzeitsfeier	201
69	Die Erfüllung des Traums	202
70	Remunds ritterliche Fertigkeiten	204

71	Remunds Rückreise	205
72	Die Krönung	206

Die Saga von Sigurd Thögli
(Übersetzung: Herbert Wäckerlin)

1	Prolog	210
2	König Lodivicus von Saxland und seine Söhne	210
3	König Flores von Frakkland und seine Tochter Sedentiana	212
4	Vilhjalm und Halfdan auf Heerfahrt	214
5	Die Schlacht gegen Gard den Griechen	217
6	Der Sieg der Brüder	221
7	Das Zwergenkind	222
8	Der Kampf gegen die Riesen	224
9	Halfdans Heiratsabsichten	226
10	Werbung und Demütigung der Brüder	228
11	Die Heerfahrt der Brüder in Frakkland	231
12	Der Löwenritter	232
13	Die Flucht vor dem Drachen nach Saxland	234
14	Sigurds Erziehung bei Graf Lafranz	235
15	Sigurds Aufbruch auf Abenteuerfahrt	236
16	Die Befreiung des Löwen	237
17	Sigurds neuer Begleiter und die Erlangung des Drachenhorts	240
18	Die Reise durch das Gebirge Alpes	242
19	Der Überfall der Trollweiber	242
20	Sigurds Bewirtung bei den Trollweibern	244
21	Hilfreiche Abschiedsgeschenke	247
22	Graf Lafranz' Warnung vor Sedentiana	249
23	Die Schwurbruderschaft mit Randver	250
24	Der Zwerg Nip und die Schlacht gegen Börk und Brusi	252
25	Der Sieg der Schwurbrüder	255
26	Der Kampf gegen König Feritas von Lumbardi und seinen Sohn Valteri	258
27	Der Angriff Ermedons von Blaland auf Lumbardi	259
28	Ermedons Schwurbruderschaft mit Valteri, Randver und Sigurd	261
29	Sedentianas Vorkehrungen gegen die Schwurbrüder	263
30	Kerker, Befreiung und Handel mit einem Zwerg	264

31	Der Raub von Sedentianas Zauberstein und Sigurds Verstellung	269
32	Sigurds Einlaß in die Stadt	270
33	Sedentianas Gegenlist	272
34	Sedentianas Verführung und Umgang mit dem Schweinehirten	273
35	Sedentianas Nacht mit dem Zwerg	277
36	Die Nacht mit dem Riesen und Sedentianas Erkenntnis . .	279
37	Der Tod des Löwen auf Sikiley	281
38	Der Zweikampf zwischen Sigurd und Herburt	282
39	Die Versöhnung und Schwurbruderschaft mit Herburt . .	284
40	Die traurige Geschichte des Königs von Tartaria	286
41	Die Befreiung der Königstöchter aus der Hand zweier Riesen	288
42	Die Erschlagung des Riesen	291
43	Sedentianas Sohn Flores	292
44	Randvers und Valteris gemeinsame Hochzeit mit den Königstöchtern	293
45	Getrennte Wege	294
46	Herburts Hochzeit mit Sigurds Schwester Florencia . . .	295
47	Erneuter Besuch bei Sedentiana	296
48	Sedentianas Schauspiel	298
49	Die Enthüllungen des Schweinehirten und des Zwergs . .	299
50	Die Enthüllungen des Riesen und Sigurds Bekenntnis zur Vaterschaft	301
51	Sigurds Werbung um Sedentiana	303
52	Die Bedrohung Tartarias durch einen Riesen	304
53	Die Erschlagung des Riesen und die Bergung seiner Schätze .	305
54	Der Kampf um Gardariki und die Hochzeiten Vilhjalms, Ermedons und Sigurds	307

DIE SAGA VON DAMUSTI
(Übersetzung: Jürg Glauser)

1	Kaiser Catalachus von Griechenland und seine Tochter Gratiana	314
2	Die zwölf Weisen des Kaisers	315
3	Damusti	316
4	Ankunft einer prächtigen Flotte	317

5 Einladung an König Jon	318
6 König Jon wirbt um Gratiana	321
7 Jon und Gratiana	323
8 Die Verlobung	325
9 Die drei Tiere von Damusti	327
10 Damustis Verschwörung	328
11 König Jon reist nach Gardareich	329
12 König Jon fällt im Kampf	330
13 Damustis Reue	332
14 Damusti kämpft mit dem Ungeheuer Alheim	334
15 Gratianas Heilung	339
16 Damustis Hochzeit	340
17 Kaiser Catalachus stirbt und Damusti wird Kaiser	341
18 Damusti dankt ab und wird Einsiedler	342

Anhang

Anmerkungen

Vorbemerkungen	346
Anmerkungen zur Saga von Ali Flekk (Gert Kreutzer)	348
Anmerkungen zur Saga von Vilmund Vidutan (Gert Kreutzer)	352
Anmerkungen zur Saga von König Flores und seinen Söhnen (Gert Kreutzer)	354
Anmerkungen zur Saga von Remund dem Kaisersohn (Jürg Glauser)	358
Anmerkungen zur Saga von Sigurd Thögli (Herbert Wäckerlin)	372
Anmerkungen zur Saga von Damusti (Jürg Glauser)	393

Nachwort	398
Isländische Märchensagas (Jürg Glauser)	398
1. Was ist eine Märchensaga?	398
2. Terminologie	399
3. Zur Entstehung der Märchensagas als Gattung	400
4. Die einzelnen Märchensagas	401
5. Themen und Probleme	404
6. Erzählweise und Erzählstil	405

7. Die Universen der Märchensagas 407
8. Zur Sozialgeschichte der Märchensagas 408

Die Saga von Ali Flekk (Gert Kreutzer) 409
Die Saga von Vilmund Vidutan (Gert Kreutzer) 411
Die Saga von König Flores und seinen Söhnen (Gert Kreutzer) . 416
Die Saga von Remund dem Kaisersohn (Jürg Glauser) . . . 419
Die Saga von Sigurd Thögli (Herbert Wäckerlin) 423
Exkurs: »Büchsen« und Belagerungstechnik in der Saga von
Sigurd Thögli (Herbert Wäckerlin) 427
Die Saga von Damusti (Jürg Glauser) 431

Auswahlbibliographie

Allgemeine Literatur und Literatur zu den Märchensagas
(Jürg Glauser) 437
Zur Saga von Ali Flekk (Gert Kreutzer) 442
Zur Saga von Vilmund Vidutan (Gert Kreutzer) 443
Zur Saga von König Flores und seinen Söhnen (Gert Kreutzer) . 444
Zur Saga von Remund dem Kaisersohn (Jürg Glauser) . . . 445
Zur Saga von Sigurd Thögli (Herbert Wäckerlin) 446
Zur Saga von Damusti (Jürg Glauser) 447

Namenregister 449

Sachregister 468

Vorwort

Der vorliegende Band enthält die deutschen Übersetzungen von sechs isländischen Sagas, die aller Wahrscheinlichkeit nach im Lauf des 14. Jahrhunderts entstanden. Bei diesen Erzählungen, die hier als »Märchensagas« bezeichnet werden, handelt es sich um Vertreter einer im spätmittelalterlichen Island äußerst beliebten literarischen Form. Märchensagas entwickelten sich als Weiterführung und Vermischung älterer, erzählerischer Traditionen der isländischen Literatur des Mittelalters wie beispielsweise den übersetzten Rittersagas oder den Vorzeitsagas. Andere Bezeichnungen für Märchensagas lauten »Lügensagas« oder »originale« bzw. »isländische Rittersagas«. Das Kernkorpus der in mittelalterlichen – also zwischen etwa 1300 und 1550, dem Zeitpunkt der Durchführung der Reformation in Island, geschriebenen – Pergamenthandschriften bewahrten Märchensagas besteht aus rund dreißig Texten; daneben gibt es zahlreiche Erzählungen, die sich keiner Gruppe eindeutig zuordnen lassen, sowie eine Reihe von Märchensagas, die erst in nach-mittelalterlichen Papierhandschriften überliefert sind. Man wird somit davon ausgehen dürfen, daß die Gruppe der Märchensagas ursprünglich um einiges umfangreicher war.

Das Ziel, das die Herausgeber mit der Textauswahl in diesem ersten Band verfolgten, war unter anderem, einen möglichst repräsentativen Einblick in die verschiedenen Formen der isländischen Märchensagas zu geben. Dabei verbot es sich von vornherein, eine chronologische Anordnung der Sagas anzustreben, da (wie im Nachwort ausführlicher erläutert werden soll) eine absolute oder auch relative Datierung der Märchensagas kaum oder gar nicht vorgenommen werden kann. Bei der Auswahl der sechs Sagas wurde deshalb eher darauf geachtet, daß die unterschiedlichen Gruppen von Märchensagas in bezug auf Alter, Thematik, Erzählstil, Kolorit und Nähe zu den verwandten Vorzeit- und Rittersagas vertreten sein sollten. Die in Vorbereitung befindlichen weiteren Bände mit Übersetzungen isländischer Märchensagas werden in gleicher Weise versuchen, das Spektrum der Gattung so breit wie möglich zu dokumentieren.

Keiner der hier vorgelegten Texte ist bisher ins Deutsche übersetzt worden. Eine nicht unbeträchtliche Schwierigkeit lag somit darin, überhaupt erst eine adäquate Übersetzungssprache bzw. einen angemessenen Stil für diese noch nie übertragenen Erzählungen aus dem isländischen Spätmittelalter zu finden. Bei häufig aus dem Altnordischen übersetzten Textgruppen (der Edda, den Isländersagas oder den Königssagas zum Beispiel) hat sich für bestimmte isländische sprachliche Phänomene eine gewisse deutsche Terminologie und ein Repertoire an feststehenden Wendungen und Ausdrücken herausgebildet, auf die bei Neuübersetzungen solcher Texte zurückgegriffen werden kann. Julia Zernack hat dies in ihrer Studie *Geschichten aus Thule. Íslendingasögur in Übersetzungen deutscher Germanisten* (Berlin 1994) gründlich untersucht. Bei der Übersetzung von Märchensagas, die nicht zuletzt hinsichtlich ihrer Rhetorik und Stilistik noch kaum erforscht worden sind, stellten sich demgegenüber teilweise andere Probleme. Da sie manchmal auch prinzipieller Art sind, sollen einige davon hier kurz zur Sprache gebracht werden, wobei es an dieser Stelle natürlich nicht um eine grundsätzliche Diskussion übersetzungswissenschaftlicher Fragestellungen gehen kann.

Die Probleme fangen schon bei den Ausgaben der isländischen Originaltexte, die den Übersetzungen zugrunde gelegt werden können, an. Die verfügbaren Editionen der betreffenden Märchensagas sind nämlich sehr unterschiedlicher Art: Im Fall der »Saga von Ali Flekk«, »Saga von König Flores und seinen Söhnen« und »Saga von Remund dem Kaisersohn« liegen Ausgaben der altisländischen Texte aus der ersten Hälfte unseres Jahrhunderts mit normalisiertem Wortlaut vor; die Ausgaben der beiden ersteren Sagas sind mit ausführlichen Einleitungen und Stellenkommentaren versehen. Von der »Saga von Vilmund Vidutan« und der »Saga von Sigurd Thögli« wird der Text in den entsprechenden Ausgaben jeweils nach einer Haupthandschrift kritisch ediert, während die »Saga von Damusti« in einer wissenschaftlich-kritischen Edition mit zahlreichen Varianten vorliegt.

Viele Märchensagas sind lediglich in späten Handschriften aus dem 15., 16., manchmal sogar 17. Jahrhundert überliefert. In diesen Handschriften treten oft Stilspezifika auf, wie sie für die jüngere isländische Sagaprosa charakteristisch sind. Damit man sich anhand der vorliegenden Übersetzungen ein annäherndes Bild von der sprachlichen Struktur und den narrativen Techniken dieser Texte machen kann, wurden solche Stilzüge nach Möglichkeit im Deutschen übernommen. Beispiele dafür sind etwa die sehr frequente Satzverknüpfung mit »und« *(ok, en)* oder »dann, danach« *(þá)*, die Wiederholung gleicher Idiome und Formeln auf engstem Raum, die Verwendung von stabenden Paarformeln – zum Beispiel »mit starken Stangen« *(með stinnum skǫptum)* – und von Präsens-Partizip-Konstruktionen, die vor allem auch für den sogenannten höfischen Stil kennzeichnend sind, wie er etwa an zahlreichen Abschnittenden der »Saga von Remund dem Kaisersohn« zu finden ist. Die Terminologie der Märchensagas – zum Beispiel *hæverskr* oder *kurteis* (vgl. französisch courtois) für »höfisch« – weicht an vielen Stellen von jener des klassischen Altisländischen ab; dabei kann sie von Saga zu Saga variieren und sogar für einzelne Handschriften spezifisch sein. Markante Erscheinungen des Sagastils sind vor allem der unvermittelte Wechsel von der indirekten zur direkten Rede, von der Anrede in der zweiten Person Singular zur zweiten Person Plural – also von »du« *(þú)* zu »ihr/Ihr« *(þér)* –, vor allem jedoch der äußerst häufige Wechsel der Erzählzeiten, der dazu führen kann, daß im gleichen Abschnitt oder gar im gleichen Satz mehrmals und ohne erkennbares Prinzip zwischen Präsens und Präteritum hin und zurück gewechselt werden kann.

Besonders die letzten beiden Stilspezifika sind für literarische Texte auf Anhieb ungewohnt und werden bei Übersetzungen altisländischer Texte häufig ausgeglichen. Bei der Wiedergabe folkloristischer und ethnologischer Texte, die auf rezenter Sammeltätigkeit beruhen, ist ihre Beibehaltung im Original oder ihre möglichst präzise Wiedergabe in der Übersetzung inzwischen längst üblich. Auch in der vorliegenden Ausgabe wurde, wo dies angebracht schien, auf eine glättende Übersetzung solcher und anderer charakteristischer Phänomene verzichtet; man vergleiche hierzu die ausführlicheren Erläuterungen von Kurt Schier in der Einführung zur »Egils Saga. Die Saga von Egil Skalla-Grimsson« in der Reihe »SAGA. Bibliothek der altnordischen Literatur« (dort besonders S. 14–16). Es versteht sich allerdings von selbst, daß zwischen den drei Übersetzern keine völlige Einheitlichkeit in bezug auf die angewendeten Übersetzungsverfahren möglich oder angestrebt war, und so legen sie zum Teil auch durchaus unterschiedliche Übersetzungslösungen vor.

Ein Zugeständnis an die bessere Lesbarkeit der deutschen Übersetzung wurde bei der Wiedergabe von Personen- und Ortsnamen gemacht, die in den altisländischen Texten oft recht unsystematisch behandelt werden. In den hier vorgelegten Übersetzungen, die ja nicht kritische Editionen ersetzen wollen, wurden die Namen nach der in den Texten am häufigsten vorkommenden Form vereinheitlicht. Die Wiedergabe von Personenbeinamen und Ländernamen folgt der in der Reihe »SAGA« üblichen Praxis, indem nur die Namen übersetzt werden, die eine eindeutige Entsprechung im Deutschen haben: Die meisten Beinamen werden beibehalten und nötigenfalls, wenn sie sprechend sind, bei ihrem ersten Auftauchen in den Anmerkungen kurz erklärt. Dadurch hebt sich die neue Reihe deutlich von der früheren »Thule-Sammlung« ab.

Zur besseren Übersicht wurden von den Übersetzern Kapitelüberschriften und, wo dies nicht bereits in den Ausgaben geschehen war, Abschnitte eingefügt.

Die Sagas wurden wie folgt übersetzt: »Die Saga von Ali Flekk«, »Die Saga von Vilmund Vidutan« und »Die Saga von König Flores und seinen Söhnen« von Gert Kreutzer, »Die Saga von Remund dem Kaisersohn« von Jürg Glauser, »Die Saga von Sigurd Thögli« von Herbert Wäckerlin und »Die Saga von Damusti« von Jürg Glauser. Die Übersetzer waren einzeln für die Anmerkungen, die Abschnitte im Nachwort sowie die Auswahlbibliographien zu den von ihnen übersetzten Sagas zuständig. Das Vorwort und der einführende Abschnitt des Nachworts wurde von Jürg Glauser in Abstimmung mit Gert Kreutzer und Herbert Wäckerlin verfaßt.

Die Herausgeber

Die Saga von Ali Flekk

Übersetzung von Gert Kreutzer

1 König Rikards Aussetzungsbefehl

Ein König hieß Rikard. Er herrschte über England. Er war der weiseste aller Könige, so daß er in die Zukunft schauen konnte. Er hatte eine Königin, die Solbjört hieß. Keine Frau übertraf sie an Schönheit und Klugheit. Das Königspaar hatte keine Kinder, und das war ihnen ein großer Kummer.

Nicht weit vom Schloß stand eine Hütte. Dort wohnte ein alter Mann mit Namen Gunni. Er hatte eine Frau, die Hild hieß. Beide waren sehr arm. Gunni hatte einen Wald, der ihm das beste schien, was er besaß. Dorthin ging er jeden Tag, um sich Wild und Vögel für seinen Tisch zu jagen.

Eines Tages sagte der König, er wolle Schiffe für eine Auslandsfahrt bauen lassen, und so geschah es, und es wurden sechzehn Schiffe gebaut. Dann wählte sich der König aus dem ganzen Reich die kühnsten Männer aus und verkündete dem Volk, er wolle einen Feldzug unternehmen und gedenke drei Jahre fortzubleiben. Da sagte die Königin zu ihm:

»Ich bin schwanger und werde ein Kind bekommen.«

Da sagte der König: »Wenn du einen Jungen bekommst, dann soll man ihn aussetzen, und jeder, der sich dem widersetzt, soll des Todes sein.«

Die Königin wollte wissen, warum man so verfahren sollte. Da sagte der König:

»Ich sehe voraus, daß das Kind, wenn es am Leben bleibt, ein hartes und langes Leben haben wird. Aber wenn du ein Mädchen bekommst«, sagte er, »dann soll man es aufziehen.«

Die Königin war traurig über diese Worte des Königs. Dann sprachen sie nicht weiter über die Sache.

2 Gunni nimmt das ausgesetzte Kind als sein eigenes auf

Als der König nun reisefertig war, ging er zu den Schiffen, nachdem er sich von der Königin und den anderen verabschiedet hatte. Dann segelte er von England fort und erwarb sich großen Ruhm, wohin er auch kam. Die Königin aber wurde von da an sehr still, und es kam die Stunde, in der sie niederkommen sollte. Sie gebar einen Jungen. Dieser Junge war groß und schön, und er hatte einen Fleck auf der rechten Wange. Die Königin gab zwei Knechten die Anweisung, den Jungen auszusetzen. Sie gehorchten, nahmen das Kind und brachten es zum Wald Gunnis, betteten es unter einen Baum und gingen dann nach Hause. Sie sagten der Königin, sie hätten den Jungen umgebracht, und sie glaubte ihnen.

Eines Tages ging Gunni in seinen Wald und wollte Wild jagen. Da hörte er ein lautes Schreien und lief ihm nach. Da sah er einen kleinen Jungen, und der schien ihm schön. Er nahm ihn auf und trug ihn nach Hause zu seiner Frau, zeigte ihn ihr und sagte, wo er ihn gefunden hätte. Dann bat er sie, sich auf den Boden zu legen. Das machte sie und tat, als gebäre sie diesen Jungen. Der Mann und die Frau liebten den Jungen sehr, und er wuchs bei ihnen auf. Aber wenn sie ihm einen Namen gaben, hatten sie diesen am nächsten Morgen jedesmal wieder vergessen.

3 Der König bemerkt den Betrug und nimmt Ali zu sich

Nun ist davon zu berichten, daß der König von dem Feldzug nach Hause kam und die Königin traf. Sie sagte ihm, wie sie die Anordnungen ausgeführt hätte. Der König fragte, wo die seien, die den Jungen ausgesetzt hätten. Sie traten vor den König und sagten, sie hätten den Jungen getötet. Der König sagte aber, das glaube er nicht.

Eines Morgens stand der Mann früh auf und ging zu dem Bett, in dem sein Sohn lag, und sagte:

»Schläfst du, Ali Flekk?« Der sagte, er sei wach.

Diesen Namen trug er von da an. Damals war er acht Jahre alt. Er war groß und schön anzusehen.

Der König ließ nun ein Fest vorbereiten und die besten Männer des Reiches dazu einladen. Und alle kamen, und es war eine große Pracht und Freude im Palast und in der Hauptstadt. Gunni und seine Frau kamen auch zum Fest. Sie saßen in der äußersten Ecke der Königshalle. Ali war bei ihnen und ging in die Mitte vor den Tisch des Königs. Die Königin saß auf einem Sessel, und als sie Ali erblickte, wurde sie ganz rot und sah ihn unverwandt an. Das bemerkte der König bald und sagte zu ihr:

»Warum siehst du diesen Mann so an? Hast du etwa das Gefühl, ihn schon einmal gesehen zu haben?«

Die Königin antwortete: »Er ist mir völlig unbekannt, und doch habe ich ihn schon einmal gesehen.«

Da sagte der König: »Wo sind Gunni und seine Frau? Sie mögen herkommen!« Es wurde ihnen gesagt, sie sollten zum König kommen. Sie gehorchten und traten vor den König und grüßten ihn. Da begann der König wie folgt zu reden:

»Ich habe meine Zweifel, ob Gunni und seine Frau wirklich die Eltern dieses jungen Mannes sind, der hier steht, und ich will, daß ihr mir die Wahrheit sagt, wie es dazu gekommen ist.«

Da ergriff Gunni das Wort: »Gewiß ist dieser Junge nicht unser Sohn. Ich habe ihn in meinem Wald gefunden, und dann haben wir beiden ihn aufgezogen.«

Da erkannte der König in seiner Weisheit, daß dieser Knabe sein Sohn war. Dann wurde öffentlich bekanntgegeben, daß Ali ein Sohn des Königs war. Der König nahm ihn nun in großen Ehren auf und gab Gunni reiche Geschenke. Der ging danach mit seiner Frau nach Hause zurück. Dann wurde das Fest beendet, und Ali war zu Hause bei seinem Vater. Er hatte sechzehn Spielgefährten, die mit ihm aus- und eingingen.

4 Blatönn belegt Ali mit einem Fluch

Blatönn hieß eine Magd, die auf dem Königshof war. Sie war durch und durch böse. Eines Abends geschah es, daß der Königssohn Ali allein draußen stand und Blatönn dazukam. Sie brüllte laut und sprach:

«Du, Ali«, sagte sie, »hast nie ein freundliches Wort zu mir gesprochen, und das will ich dir nun heimzahlen: Du wirst auf der Stelle in den Wald laufen müssen und nicht eher anhalten, bis du zu meiner Schwester Nott kommst; ihr schicke ich dich als Ehemann.«

Da sagte Ali: »Ich spreche den Fluch aus, daß du zur Küche gehst und dort zu einer Steinplatte wirst, und die Knechte sollen auf dir Feuer anzünden. Aber wenn ich der Trollin Nott entkomme, sollst du zerspringen und so dein Leben lassen.«

Da sagte Blatönn: »Das will ich, daß keines von beiden eintrifft.« Ali aber sagte, das müsse nun so bestehen bleiben. Sofort lief Ali in den Wald, aber Blatönn in die Küche, und sie wurde zur Steinplatte, und die Knechte zündeten auf ihr Feuer an. So mußte sie nun weiterleben.

Nun vermißten ihn die anderen Jungen und suchten überall in der Nähe der Stadt nach ihm, fanden ihn aber nicht. Sie berichteten dem König und der Königin vom Verschwinden des Königssohns. Der König sagte: »Jetzt ist es eingetreten, was ich schon immer gewußt habe, daß diesen Jungen ein großes Unglück treffen werde. Ich weiß, daß er in die Hände von Trollen geraten ist, und ich werde nicht nach ihm suchen.« Über all dies weinte die Königin bitterlich.

5 Ali in der Höhle der Trollin Nott

Nun ist von Ali zu berichten, daß er achtzehn Tage in den Wäldern umherirrte, bis er schließlich in ein Tal kam. Seine Kleider waren jetzt ganz zerrissen. Da sah er ein großes Haus. Er ging dorthin und sah dort eine schöne Frau. Sie begrüßte ihn mit Namen, worüber er sich sehr verwunderte, und er sagte:

»Welches ist dein Name, Frau?« sagte er, »daß du mich so königlich begrüßt, mir scheint, daß ich dich noch nie gesehen habe.« Da sagte sie: »Ich kenne dich genau, Ali!«, sagte sie, »und ich weiß auch, wohin du geschickt worden bist. Über dieses Tal herrscht meine Mutter, die Nott heißt. Zu ihr bist du geschickt. Mein Vater war ein Mensch, und zum Glück bin ich mehr nach ihm geraten. Ich heiße Hladgerd. Wenn du von hier weitergehst, wirst du zu einer großen Höhle kommen. Die gehört meiner Mutter. Aber wenn du ankommst, wirst du niemanden antreffen, denn Nott ist nicht zu Hause, und sie kommt immer erst spät in der Nacht. Und wenn sie nach Hause kommt, wird sie zuerst zu Abend essen. Sie wird dich einladen, mit ihr zu essen, aber das sollst du ablehnen. Sie wird sagen, daß du dann gar nichts zu essen bekommen wirst. Dann wird sie zu Bett gehen und dich auffordern, bei ihr zu schlafen, aber darauf sollst du dich nicht einlassen. Es wird ihr übel gefallen, wenn du woanders liegst, trotzdem wird sie bald einschlafen. Auch du wirst bald einschlafen und erst aufwachen, wenn das Höhlentor verschlossen ist. Nott wird da schon verschwunden sein.

Dann werde ich dir meinen Schoßhund senden mit den Dingen, die du brauchst, und du wirst nur auf die Weise loskommen, daß er dich befreit. Wenn er aber mit Schweinespeck kommt, dann nimm den. Wenn du auf den Berg oberhalb der Höhle der Nott kommst, lege es auf den Weg, dann wird sie dich nicht verfolgen. Und nun lauf los, denn meine Mutter weiß, daß du hier bist.«

Ali sagte, so solle es sein, und er lief fort aus der Kammer in den Teil des Tales, der im Dunklen lag. Er kommt zu einem steilen Bergpfad. In den waren Tritte eingehauen.

Ali hatte eine Axt in der Hand, die Hladgerd ihm gegeben hatte. Er hakte die Axtspitze oben ein und hangelte sich von Tritt zu Tritt empor, bis er die Höhe des Berges erreicht hatte. Dort sieht er eine große Höhle. Da glaubte er zu wissen, daß dies die Höhle der Trollin Nott war. Da wandte er sich der Höhle zu und ging schnell hinein. Drinnen war es stinkig und kalt. Er setzte sich am Höhleneingang nieder und wartete dort bis zum Sonnenuntergang, aber das Ungeheuer kam nicht nach Hause. Aber als etwa ein Drittel der Nacht um war, hörte der Königssohn großen Lärm und Getöse. Da sah er, daß die Trollin in die Höhle einfuhr. Sie hatte einen kurzen Fellrock, der hinten nicht einmal bis zu den Lenden reichte, vorne aber bis zu den Zehen. Ali war sicher, nie ein scheußlicheres Wesen gesehen zu haben.

Da sagte Nott: »Gesegnet sei Blatönn, meine Schwester, daß sie dich, Ali, als meinen Ehemann zu mir geschickt hat! Du hast aber übel daran getan, sie zu verfluchen.«

Ali antwortete nicht. Nott machte sich Essen, Pferdefleisch und Menschenfleisch, und lud Ali ein, mit ihr zu essen. Aber Ali lehnte das ab. Sie sagte, er werde nicht eher etwas bekommen, als bis er mit dem zufrieden sei. Als sie sich satt gegessen hatte, verstaute sie die Reste und machte sich ihr Bett auf die Weise, daß sie sich ein Kissen unter den Kopf legte. Das war aus Ziegenfell. Sie lud Ali ein, bei ihr zu schlafen, aber das wollte er nicht. Dies gefiel ihr gar nicht, dennoch schlief sie bald ein, denn sie war müde. Der Königssohn schlief auch bald ein und wachte nicht eher auf, als bis er sah, daß die Höhle ganz hell war. Von Nott war keine Spur zu sehen, aber das Höhlentor war verschlossen. Da stand Ali auf und ging zum Tor. Er sah, daß ein Loch im Höhlenfelsen war. Durch das sah er draußen, daß der Schoßhund der Hladgerd gekommen war, und er hatte mit seiner Schnauze eine Spalte in den Berg gemacht. Da zog Ali seine Kleider aus und es gelang ihm, sich durch dieses Loch zu zwängen. Er sah, daß der Hund auf seinem Rücken Schweinespeck trug. Der Hund hatte auch Kleidung mit und so gutes Essen, daß es ganz nach dem Geschmack des Königssohns war. Er nahm dem Hund alle diese Dinge ab. Dann ließ er sich das Essen gut schmecken. Die Kleider paßten Ali genau. Aber als er nach Herzenslust gegessen und getrunken hatte, machte er sich auf den Weg. Er ging den Felsen hinauf, und als er oben war, schnitt er den Speck, den Hladgerd ihm gegeben hatte, in Stücken auf den Weg. Dann ging Ali viele Tage durch Wälder und Wildnis. Er fand den Weg zu seinem Vater nicht wieder und hatte sich vollkommen verirrt.

6 Ali kommt zum Mädchenkönig Thornbjörg

Eines Tages kam Ali in ein sehr großes Reich hinab. Da sah er kleine und große Gehöfte, und eine sehr große Burg sah er dort auch. Zu der ging Ali, und als er zum Schloßtor kam, verlangte er von den Torwächtern eingelassen zu werden, wobei er sich erkundigte, wer über diese Burg herrsche. Sie sagten, über sie herrsche ein Mädchenkönig, und die Herrschaft hier habe eine, die Thornbjörg heiße, »und sie hat soeben ihr väterliches Erbe angetreten«. Dann erlaubten sie ihm den Zutritt. Ali ging nun hinein zu dem Mädchenkönig und begrüßte sie ehrerbietig. Der Mädchenkönig nahm ihn freundlich auf und fragte ihn nach seinem Namen. Er aber sagte, er heiße Stutthedin, »und dringend sind des Reisenden Anliegen, und ich möchte hier bei Euch den Winter über bleiben«.

Der Mädchenkönig willigte ein und wies ihm einen Platz bei der Leibwache auf der niederen Bank zu. Dieser Mädchenkönig war ebenso schön wie klug. Stutthedins Verhältnis zu ihr wurde bald sehr herzlich, und er gewann viel schneller als erhofft ihre Wertschätzung. Alle liebten ihn von Herzen, aber er war schweigsam. Der Mädchenkönig fragte ihre Männer, was dies nach ihrer Meinung für ein Mensch sei. Sie sagten, das wüßten sie nicht, und fragten sie, was sie glaube. Da sagte sie: »Ich glaube«, sagte sie, »daß er von königlicher Herkunft ist und daß ein Fluch auf ihm liegt.« Damit wurde dieses Gespräch beendet.

Ein Mann hieß Björn. Er war ein Verwandter des Mädchenkönigs und von ihr hochgeschätzt. Er verteidigte das Land gegen die

Wikinger und Räuber, die das Reich angriffen. Dieses Land, über das der Mädchenkönig herrschte, hieß Tartaria. Björn saß im äußersten Teil des Landes, in einer Stadt namens Policana. Deswegen war Björn selten beim Mädchenkönig.

7 *Ali befreit Thornbjörg von zwei unerwünschten Freiern*

Über India herrschten zwei Jarle. Sie hießen Alf und Hugi und waren die Söhne Ingifers. Es waren mächtige Fürsten, und als sie von diesem Mädchenkönig erfuhren, sammelten sie ein Heer und zogen nach Tartaria in der Absicht, daß Alf um die Hand des Mädchenkönigs bitten wollte. Wenn sie aber nicht einwilligte, wollten sie ihr Reich mit Feuer und Schwert vernichten. Sie fahren nun mit dreißig Schiffen nach Tartaria und kommen nach Policana. Björn zog sofort in den Kampf gegen sie, als er erfahren hatte, in welcher Absicht sie gekommen waren, und sagte, sie sollten den Mädchenkönig nicht zu Gesicht bekommen. Es entbrannte eine heftige Schlacht. Die Jarle stürmten heftig vorwärts. Es war ein Mann bei ihnen, der Gergin hieß. Der stieß in der Schlacht auf Björn und er hatte einen Hauspieß in der Hand und stieß ihn nach Björn. Der Stoß kam in die Lende. Björn hieb den Spieß vom Schaft, und so gelang ihm die Flucht und zwei Männern mit ihm.

Björn gelangte zum Mädchenkönig. Er berichtete von der Ankunft der Jarle und auch, daß Alf um ihre Hand anhalten wolle. Da antwortete Thornbjörg so: »Wie sieht der Jarl aus?« »Er ist häßlich und sieht aus wie ein Verbrecher«, sagte Björn. Da fragte der Mädchenkönig, wer das Heer gegen den Jarl befehligen wolle, »denn ich will den Jarl«, sagte sie, »auf keinen Fall heiraten. Aber Björn ist verwundet und kann deswegen nicht euer Anführer sein.«

Keiner von den Männern der Thornbjörg wollte Heerführer werden. Da versprach der Mädchenkönig, den zum Manne zu nehmen, der das Heer befehligen wolle. Stutthedin sagte, er wolle die Aufgabe übernehmen, und er wurde Anführer des Heeres. Es waren fast zweihundert Mann. Inzwischen waren die Jarle schon bis zu einer Ebene gekommen, die in der Nähe der Stadt lag, in der der Mädchenkönig saß, und sie hatten vierhundert Mann. Stutthedin reitet mit seinen Männern aus der Stadt. Die Jarle hatten ihr Heer bereits in Kampfordnung aufgestellt. Stutthedin ritt nun energisch auf seine Feinde zu und all seine Männer mit ihm. Stutthedin sah, wo Gergin mit größter Kühnheit kämpfte. Er wandte sich gegen ihn und schlug mit dem Schwert, das ihm der Mädchenkönig gegeben hatte, nach ihm. Der Hieb kam in die rechte Schulter, trennte den Arm ab und außerdem die Seite und das eine Bein oberhalb des Knies und das andere unterhalb, und Gergin fiel tot zu Boden. Nun sah der Jarl Hugi seinen Fall und wurde äußerst wütend. Er wandte sich sofort gegen Stutthedin und stieß mit dem Speer nach ihm. Der hieb den Speer vom Schaft, warf dann sein Schwert fort, unterlief den Jarl und warf ihn zu Boden. Da kamen einige Gefolgsmänner Stutthedins herbei, nachdem sie Jarl Alf gefangengenommen hatten. Einer von ihnen versetzte Hugi den Todeshieb. Stutthedin schenkte Jarl Alf das Leben unter der Bedingung, daß er Eide ablegte, nie mehr Krieg gegen das Reich Thornbjörgs zu führen. Gleich danach zog er mit dem Rest seines Heeres zurück nach Indialand und saß dort ruhig. Nun ist von Stutthedin zu berichten, daß er zum Mädchenkönig zurückkam. Er berichtete von seinen Feldzügen, und sie äußerte sich anerkennend darüber.

8 *Kurz vor der Hochzeit mit Thornbjörg wird Ali vom Knecht Glodarauga in einen Werwolf verwandelt*

Nun verkündet Ali vor dem ganzen Volk, daß er der Sohn König Rikards von England sei. Er forderte nun die schönen Verheißungen ein, mit denen der Mädchenkönig versprochen hatte, ihn zu heiraten. Sie hatte nichts dagegen einzuwenden. Dann wurde die Hochzeit vorbereitet. Ali heiratete die Königin Thornbjörg, und es war ein herrliches Fest. Und am Abend wurden Ali und die Königin in ein Bett in einer innen gut ausgestatteten Kammer geleitet. Es war ein sehr schönes Zimmer.

Glodarauga hieß ein Knecht in der Stadt. Er war der Bruder der Trollin Nott. Er kam in die Kammer, in die der Mädchenkönig und Ali geleitet worden waren. Ali hatte schon alle seine Kleider abgelegt bis auf die Leinenwäsche. Da rief der Knecht mit schrecklicher

Stimme: »Du freust dich nun schon darauf, Ali!«, sagte er, »mit dem Mädchenkönig zu schlafen. Aber jetzt will ich dir den Fluch vergelten, den du über Blatönn, meine Schwester, ausgesprochen hast. Ich lege dir den Fluch auf, daß du zu einem Wolf wirst und in den Wald läufst und Menschen und Tiere tötest und gegen das Vieh am grausamsten bist, das dem Mädchenkönig gehört, und dies vor allem angreifst.«

Da sprach Ali folgendes: »Weil du, Glodarauga!«, sagte er, »mich mit voller Feindschaft verflucht hast, verwünsche ich dich, daß du auf derselben Kiste wie jetzt sitzenbleibst und mit aller Kraft brüllst, solange ich in diesen Nöten bin, so daß du nie Ruhe finden wirst. Aber wenn ich aus dieser Prüfung entkomme, sollen zwei Knechte dich zum Wald führen und an den Galgen hängen.«

Sofort brüllte Glodarauga fürchterlich und sagte: »Das lege ich dir dennoch zusätzlich auf, Ali, daß du, wenn du das gesamte Vieh im Reich der Königin Thornbjörg vernichtet hast, in das Reich deines Vaters eilst und dort weder Vieh noch Menschen verschonst, und auf keine andere Art sollst du in deinem Leben Erlösung erfahren, als daß eine Frau für dich um Gnade bittet, wenn man dich gefangengenommen hat. Dadurch wirst du erlöst, aber das wird nie geschehen.«

Das trat auf der Stelle ein. Ali lief in den Wald und wurde zu einem Wolf, einem so grimmigen, daß er Menschen und Pferde und Vieh tötete. Aber Glodarauga brüllte Tag und Nacht ohne Unterlaß, und die Leute der Königin erlitten dadurch größtes Ungemach.

9 Ali wütet als Wolf im Reich seines Vaters

Von Ali ist zu sagen, daß er das ganze Vieh der Königin Thornbjörg vernichtete. Aber danach lief er fort in Wälder und Wildnis, bis er schließlich ins Reich seines Vaters kam. Dort riß er Menschen und Tiere zu Tode, und er war so gefährlich, daß er sogar das Vieh totbiß, das in Hürden eingeschlossen war. Das wurde dem König gemeldet. König Rikard ließ nun die besten Männer in seinem Reiche zusammenrufen, schilderte ihnen das Problem, das darin bestand, daß dieser Wolf ins Land gekommen war, so gefährlich, daß er nicht davon abließ, Menschen und Vieh zu töten, und er fragte sie um Rat. Aber sie gaben die Frage alle an ihn zurück.

»Dann ist das mein Rat«, sagte der König, »daß wir drei Mark Silbers auf den Kopf des Wolfes aussetzen. So machen wir ihn vogelfrei. Das Geld soll der bekommen, der den Wolf tötet.«
Das gefiel allen, und die Versammlung wurde aufgelöst, und jeder ging in seine Heimat zurück. Aber der Wolf riß die Herde des Königs ebenso wie zuvor oder noch schlimmer. Deswegen stellte dieser seine Gefolgsleute auf und wollte den Wolf jagen. Es gelang ihnen tatsächlich, ihn zu umzingeln. Der König trieb nun seine Männer an, auf den Wolf loszugehen. In diesem Augenblick springt der Wolf jedoch über den Männerring hinweg, genau dort, wo der König selbst stand, und danach konnten sie seiner nicht mehr habhaft werden und mußten unverrichteter Dinge heimkehren.

10 *Ali wird gefangen und erhält mit Hilfe seiner Pflegeeltern seine menschliche Gestalt zurück*

Eines Abends kam der Wolf zur Hütte Gunnis und Hilds. Dort ließ der Wolf alles in Frieden und setzte sich auf den Hof, der vor dem Haus des Alten lag. Das sah die Frau und sagte zu ihrem Mann: »Ich habe noch nie Augen gesehen, die denen Ali Flekks so ähnlich waren, wie die Augen dieses Wolfes!« »Mir kommt das nicht so vor«, sagte er.

Die Frau ging nun in ihre Vorratskammer und kam mit einem Trog zurück, in dem Küchenabfälle und allerlei Reste waren, und setzte ihn vor dem Wolf nieder. Er war sehr hungrig und begann, aus dem Trog zu fressen, bis nichts mehr übrig war, und lief dann fort in den Wald. Die Frau aber nahm ihren Trog und ging wieder hinein und redete oft von dem Wolf.

Von dem Wolf ist nun zu berichten, daß er in den Wald lief und Vieh zu Tode riß. In dieser Nacht tötete er auch drei Hirtenjungen des Königs. Am nächsten Morgen ließ der König seine Gefolgsleute ausziehen, um den Wolf zu jagen. Diesmal war der Ring vierfach. Alle Bewohner der umliegenden Gegenden waren mit dem König hierhergekommen. Auch Gunni und Hild waren dabei. Die Gefolgsleute des Königs griffen den Wolf nun heftig an. Da will er über den Ring hinausspringen. In diesem Augenblick kam der König selbst und konnte den Wolf einfangen. Da fragte der König seine

Leute, welche Todesart sie dem Wolf zudächten. Aber die sagten, das solle er bestimmen. In diesem Augenblick trat die alte Hild vor den König und sagte:

»Ich möchte, Herr!«, sagte sie, »daß ihr dem Wolf Gnade gewährt. Ich will mich dafür verbürgen, daß er niemandem mehr ein Leid zufügt.«

Die Umstehenden baten den König, das nicht zu tun. Da sagte der König: »Ali würde dir, Hild, diese Bitte erfüllen, wenn er hier wäre, und um seinetwillen, Hild, will ich dir gewähren, um was du bittest.«

Sie dankte dem König für dieses Geschenk und ging mit dem Wolf nach Hause und ebenso der alte Gunni. Aber der König und seine Leute gingen zum Palast. Da war es schon Abend geworden. Diese ganze Nacht wachte Hild in ihrem Schlafraum über dem Wolf, aber als die Mitternacht kam, überfiel Hild der Schlaf. Und als sie erwachte, sah sie einen Mann im Bett liegen. Da erkannte sie Ali Flekk. Aber der Wolfsbalg, in dem er gewesen war, lag neben ihm auf dem Boden. Da stand Hild eilig auf und weckte Gunni und hieß ihn aufstehen und sagte ihm, was geschehen war, und sie sagte, er solle losgehen und diesen Wolfsbalg so schnell wie möglich verbrennen, und das tat er. Aber Hild nahm Wein, bettete Ali in ihren Schoß und flößte ihm den Wein tropfenweise ein. Da erholte er sich schnell, und als er wieder sprechen konnte, fragte er, wer ihn erlöst habe. Hild sagte, sie sei es gewesen. Ali freute sich, als er seine Pflegemutter sah, und es gab ein frohes Wiedersehen. Da ging Gunni zu Ali, und sie begrüßten einander herzlich. Dann schliefen sie alle den Rest der Nacht in tiefem Frieden.

11 Ali kehrt zum Königshof zurück. Der Knecht Glodarauga erhält seine Strafe

Am nächsten Morgen gingen Gunni und Hild zum Königspalast und Ali mit ihnen. Und als sie angekommen waren, sagten sie dem König alles, wie sich die Dinge geändert hatten. Da trat Ali vor den König, seinen Vater, und begrüßte ihn in höfischer Weise. Jetzt wurde der König sehr froh, und er nahm seinen Sohn gut auf. Die ganze Stadt war darüber froh, daß Ali nach Hause gekommen war, und am meisten die Königin, seine Mutter. Ali wählte sich nun die Männer als Gefolge aus, die er zuvor als Spielkameraden gehabt hatte, und sie trennten sich nun von ihm weder bei Tag noch bei Nacht. Er blieb nun eine Weile zu Hause bei seinem Vater, und jedermann lobte ihn.

Nun ist von Glodarauga zu berichten: An demselben Tag, an dem Ali aus der Verzauberung, die er ihm auferlegt hatte, befreit wurde, führten ihn zwei Knechte der Königin Thornbjörg zum Walde, errichteten dort einen Galgen und hängten ihn auf. So endete er sein Leben. Ali war nun zu Hause bei seinem Vater und war sehr beliebt bei allen Leuten. Es ist nun ruhig um ihn.

12 Die Trollin Nott bringt Ali Wunden bei, die nur ihre Brüder heilen können

Eines Nachts lag Ali schlafend in seinem Bett, und seine Diener lagen um ihn herum. Da hatte Ali einen sehr unruhigen Schlaf, und seine Alpträume waren hart und lang. Nach einiger Zeit erwachte er und war schrecklich müde. Die Begleiter Alis bemerkten, daß er an seinem Körper viele schwere Wunden hatte. Sie fragten ihn, wie das käme.

Er sagte: »Die Trollin Nott kam zu mir«, sagte er, »und schlug mich mit einer Eisenrute hart und oft und sagte, sie könne es mir nur so heimzahlen, daß ich aus ihrer Höhle fortgelaufen sei und auch, daß ich ihren Bruder Glodarauga verwünscht hätte, und sie sprach den Fluch über mich, daß diese Wunden nicht eher heilen sollten, als ihre Brüder mich heilten. In diesen Wunden sollte ich zehn Jahre liegen, und wenn ich dann nicht geheilt wäre, sollte ich an diesen Wunden sterben. Jetzt bin ich so lahm und wund, daß ich mich kaum von der Stelle rühren kann.«

Die Diener Alis wurden darüber sehr traurig und teilten dem König das Geschehene mit. König Rikard ging nun zu dem Haus, in dem Ali schlief, und als er dorthin kam, begrüßte er seinen Vater und sagte ihm, wie er in diese hilflose Lage gekommen war. Der König und die ganze Stadtbevölkerung beklagten dies sehr. Ali lag nun die nächsten zwölf Monate in diesen Wunden. Der König zog die besten Ärzte hinzu, die in ganz England zu finden waren, aber sie konnten nichts ausrichten. Nun beginnt Alis Fleisch zu faulen, und es geht von ihm ein großer Gestank aus.

Eines Tages kam der König zu Ali. Da sprach Ali ihn wie folgt an: »Lieber Vater!« sagte er, »es gibt eine Sache, die ich dir verschwiegen habe.« »Welche denn?« fragte der König. »Ich bin verheiratet«, sagte Ali, »und ich habe die Königin Thornbjörg von Tartaria zur Frau genommen, und nun möchte ich, mein guter Vater, daß ihr nach ihr schicken laßt.« Er stimmte dem zu, und sie trennten sich für diesmal, und der König ging fort.

Raud hieß ein Ratgeber des Königs. Den sandte er mit dem Auftrag, die Königin Thornbjörg zu suchen und ihr vom Zustand Alis zu berichten und daß sie zu ihm kommen sollte.

13 Thornbjörg eilt auf die Nachricht von Alis Krankheit nach England

Raud macht nun sein Schiff fertig und sucht sich eine Mannschaft. Als das geschehen ist, macht er sich auf den Weg nach Tartaria, und es ist von seiner Reise nicht mehr zu berichten, als daß er in das Reich der Königin kommt. Er begibt sich sofort zu ihr, tritt vor sie und begrüßt sie. Sie nimmt den Gruß freundlich auf. Dann trägt er sein Anliegen vor und auch, daß es Ali sehr schlecht geht. Darüber wird die Königin sehr traurig und läßt fünf Schiffe zur Ausfahrt bereitmachen und wählt dazu die tüchtigsten Männer. Die Königin segelt mit diesen Schiffen von Tartaria nach England und kommt gegen Ende des Sommers an. Und als sie ankommt, begrüßt sie der König freudig und das ganze Volk mit ihm, und es wurde aus diesem Anlaß ein prächtiges Fest gefeiert. Und am ersten Tag des Festes ging Königin Thornbjörg zu dem Haus, in dem Ali lag. Und als sie sich trafen, küßte er sie. Da fragte sie nach, wie es zu seiner Krankheit gekommen sei. Ali sagte ihr alles, wie es sich ereignet hat mit ihm und der Trollin Nott. Die Königin ist darüber sehr traurig, und sie beenden nun ihr Gespräch. Sie geht nun fort und wird aufs beste bewirtet und hat es diesen ganzen Winter beim König gut und ebenso alle ihre Männer.

14 Thornbjörg verläßt England mit Ali, um Heilung für ihn zu suchen

Im nächsten Frühjahr machen die Männer der Königin auf ihren Befehl ihre Schiffe fertig. Der König läßt nun drei Schiffe fertig machen, denn Ali macht bekannt, daß er mit Königin Thornbjörg fort möchte. Und als die Schiffe fertig sind, nehmen Ali und die Königin Urlaub vom König und fahren von England fort. Ali und die Königin waren auf demselben Schiff. Es wird gesagt, daß sie diesen ganzen Sommer durch den gesamten nördlichen Teil der Erde segelten, um die Ärzte aufzusuchen, von denen sie wußte, daß es die besten waren, und sie gab ihnen Geld, um Ali zu heilen. Aber keiner von ihnen konnte etwas gegen die bösen Verwünschungen der Trollin Nott ausrichten.

Und als die Königin die gesamte Nordhälfte erkundet und niemanden ausfindig gemacht hat, der Ali hätte heilen können, fährt sie mit ihren Schiffen nach Afrika und erkundet dort alles, aber findet doch niemanden, der Ali hätte Besserung bringen können. Dort bleibt die Königin zwei Jahre. Ali wird nun todkrank. Keiner der Männer der Königin hält es aus, ihn zu pflegen wegen des Gestanks, der von ihm ausging, nur die Königin Thornbjörg selbst.

Als zwei Jahre vergangen sind, bereitet die Königin sich für eine Reise nach Asia vor, und sie kommt nach Indialand. Dort herrscht Jarl Alf, wie bereits gesagt wurde. Aber als er erfährt, daß Königin Thornbjörg angekommen ist, geht er selbst mit seinen Männern zum Strand hinab. Er trifft Ali und die Königin, begrüßt sie freundlich und wird doch traurig, weil es Ali so schlecht geht. Er lädt sie mit allen ihren Begleitern zu sich ein. Sie bleiben dort den Winter über. Der Jarl versorgt sie gut und großartig. Die Königin fragt, ob er irgendwelche Brüder der Trollin Nott kenne, die am Leben seien. Da antwortet der Jarl: »Ich weiß mit Sicherheit«, sagt er, »daß sie drei lebende Brüder hat. Sie heißen Jötunoxi, Legg und Lid, und Jötunoxi ist den beiden anderen weit überlegen, und sie dienen ihm. Die Brüder Legg und Lid haben eine so gute Salbe, daß sie alles heilen können, das nicht dem Tode verfallen ist. Aber sie wagen es nicht, jemanden zu heilen, wenn Jötunoxi sie nicht dazu anweist. Und wenn ich dir das auch alles gesagt habe«, sagt der Jarl, »so ist es dir doch zu nichts nütze.«

»Wie kann das sein?«, fragt die Königin.
»Das kann ich dir sagen«, sagt er. »Jötunoxi herrscht über das Land, das ganz am Ende der Welt liegt, und dorthin kannst du nie gelangen.«
»Ich will es trotzdem versuchen!«, sagt die Königin.
»Das kannst du gerne tun«, sagt er, »aber ich muß dir von diesem Land sagen, daß es dort keine Bewohner außer Riesen und Trollinnen gibt. Dort sind Tag und Nacht gleich mächtig. Dort gibt es die meisten gefährlichen und giftigen Lebewesen.«
Die Königin sagt, sie wolle trotzdem fahren. Da sagt der Jarl, er werde sie nicht davon abhalten. Er könne es ihr nicht verdenken, wenn Aussicht bestünde, daß ihr Schmerz sich dort ein wenig bessern könnte – »ich werde mich auch ganz dafür einsetzen.« Die Königin dankt ihm für sein Versprechen. Nun beenden sie ihr Gespräch. Die Königin wird beim Jarl den Winter über gut versorgt und ebenso ihre Männer.

15 Thornbjörg und Ali kommen zu Jötunoxi, der verspricht, Ali von seinen Brüdern heilen zu lassen und seine Schwester Nott zu töten, wenn Thornbjörg ihn heirate

Aber als der Sommer gekommen ist, macht sich die Königin von Indialand auf. Jarl Alf bietet ihr seine Begleitung an, aber sie erbittet sich von ihm die Hilfe, ihr entgegenzukommen, wenn eine Woche des Winters vergangen wäre. Der Jarl verspricht es ihr. Nun fährt die Königin von Indialand fort, und es geschieht auf ihrer Fahrt nichts Berichtenswertes, bis sie zum Land Jötunoxis kommt. Und als er weiß, daß vornehme Personen angekommen sind, läßt er sie zu einem Fest zu sich einladen. Die Königin nimmt die Einladung an. Und bevor sie die Schiffe verläßt, sagt sie ihren Männern, sie sollten sie Gunnvör nennen und sagen, Ali wäre ihr Bruder, und ihn sollten sie Gunnvard nennen. Sie sind einverstanden.

Die Königin geht nun von den Schiffen mit ihren Männern zum Palast des Jötunoxi, und der nimmt sie gut auf und fragt die Königin nach ihrem Namen und Anliegen. Aber sie sagt, sie heiße Gunnvör und sei die Tochter des Jarls Gunnbjörn von Russia, »und ich reise zusammen mit meinem schwerkranken Bruder Gunnvard und ich habe noch niemanden gefunden, der ihn hätte heilen können. Nun habe ich gehört, daß ihr zwei Brüder habt, die alles heilen können, das nicht todgeweiht ist. Nun bin ich deswegen hergekommen, daß ich hoffe, daß Ihr meinen Bruder heilen lassen könnt gegen volle Bezahlung.«

Jötunoxi antwortet den Worten der Königin so: »Nur unter der Bedingung«, sagt er, »lasse ich deinen Bruder heilen, daß du einwilligst, meine Königin zu werden.«

»Damit bin ich einverstanden«, sagt sie, »aber nur unter der Bedingung, daß du zuvor die Trollin Nott tötest.«

»Das werde ich tun«, sagt Jötunoxi, »obwohl sie meine Schwester ist. Aber wir haben ja auch einen ganz unterschiedlichen Charakter.«

Da ruft Jötunoxi seine Männer zusammen, um sie über sein Gespräch mit Gunnvör in Kenntnis zu setzen, und dann teilt er ihnen mit, was sie besprochen haben, und jene sind mit allem einverstanden. Da sendet Jötunoxi zwei seiner Männer mit Ali zu seinen Brüdern, die ihn wieder vollkommen gesund machen sollen. Diese Männer heißen Mandan und Andan. Sie kommen zu Legg und Lid und tragen die Botschaft Jötunoxis vor. Die Brüder nehmen sich Alis an und heilen ihn. Die Boten kehren zu Jötunoxi zurück.

16 Ali wird geheilt, Jötunoxi und alle Trolle werden getötet

Nun macht sich Jötunoxi zur Abreise bereit, um ganz allein die Trollin Nott aufzusuchen. Man hat mir nicht gesagt, auf welche Weise er reiste. Aber eines Abends kommt er in die Höhle seiner Schwester Nott. Sie stand gerade am Kochkessel und aß daraus Menschen- und Pferdefleisch. Da greift Jötunoxi sie an den Schultern und wirft sie rückwärts zu Boden. Aber als sie ihren Bruder sieht, begrüßt sie ihn. Er antwortet aber nicht, sondern beugt sich zu ihr hinab, beißt ihr die Kehle durch und saugt ihr das Blut aus. So läßt sie ihr häßliches Leben. Dann nimmt er Feuer und verbrennt sie zu Asche. Danach macht er sich auf den Heimweg und kommt fünf

Tage später in sein Reich zurück und berichtet alles von seiner Reise.

Die Königin nimmt das freudig auf und sagt, sie wolle nach ihrem Bruder Gunnvard senden. Er sagt, so solle es sein und schickt Mandan und Andan, ihn zu suchen. Sie kommen zu den beiden Brüdern. Sie werden freudig willkommen geheißen. Gunnvard ist bereits geheilt und bricht mit ihnen auf. Eines Tages, als sie draußen reiten, ergreift Andan das Wort: »Gerne möchte ich mir einen anderen Lehnsherrn suchen als Jötunoxi.«

»Dasselbe möchte auch ich«, sagt Mandan.

Da sagt Gunnvard: »Wollt ihr beiden tüchtigen Männer, daß wir Blutsbrüderschaft schwören?« Sie willigen ein, und sofort schwören sie Brüderschaft. Dann nennt Ali ihnen seinen richtigen Namen und sein Geschlecht und auch, daß er vorhat, Jötunoxi zu töten. Sie begrüßen das sehr und sagen, sie hätten ihm nur unter Zwang gedient – »hier gibt es ja auch keine anderen Menschen als uns beide«, sagen sie. »Aber Jötunoxi hat uns im Krieg von Jarl Pollonius, unserem Vater, geraubt.«

Nach diesem Gespräch kommen sie heim zu Jötunoxi, und der begrüßt sie freudig und am meisten den Gunnvard. Dann sagt er der Gunnvör, er wolle ein Fest vorbereiten, »und ich möchte mit dir Hochzeit feiern.« Sie sagt, das finde sie in Ordnung. Jötunoxi läßt zu diesem Fest zweihundert Trollinnen einladen. Als die alle angekommen sind, entsteht ein gewaltiger Lärm in Jötunoxis Burg. Und am ersten Abend des Festes spricht Gunnvör zu Jötunoxi: »Nun sollten wir nach dem Brauch handeln, der in unserem Lande üblich ist.«

»Was ist das für einer?« fragt Jötunoxi.

»Die Braut soll dem Bräutigam einschenken«, sagt sie, »und mit ihr die Männer, die sie will.«

»Das gefällt mir gut«, sagt er.

Sie beginnt nun einzuschenken und mit ihr Mandan und Andan. Sie schaffen nun eifrig Bier heran, und die Trollinnen werden völlig betrunken, aber ihren eigenen Männern geben sie wenig Bier. In diesem Augenblick kommt ein Mann in die Halle und spricht unter vier Augen mit der Königin Gunnvör. Dann geht er wieder fort. Wenig später verläßt die Königin die Halle und Mandan und Andan mit ihr, und als sie aus der Halle kommt, sieht sie Jarl Alf. Das ist ein freudiges Wiedersehen, und der Jarl erklärt ihr, er sei nun gekommen, ihr mit fünfhundert Mann Beistand zu leisten. Sie sagt, das wolle sie annehmen, »ich möchte nun, daß ihr die Trollinnen mit Feuer und Schwert angreift!«

Sie legen nun Feuer an die Halle, und die geht sofort in Flammen auf. Jötunoxi bemerkt nun den Angriff, und ihm wird nun alles klar. Er geht zum Hallentor und sagt: »So sehr hat der Jarl mir die Sinne verwirrt, denn nun erkenne ich dich genau, Ali Flekk und auch dich, Königin Thornbjörg! Du hast auch zuvor zwei meiner Geschwister getötet, und es ist sehr wahrscheinlich, daß ich durch dich mein Leben lasse. Aber die Verwünschung spreche ich aus, daß du, wenn du von hier wegziehst, nirgends Ruhe finden wirst, ehe du nicht Hladgerd begegnest, die du in der Hütte getroffen hast.«

Da sagte Mandan: »Lassen wir ihn nicht noch mehr Unsinn reden!« Dann sprang er ins Feuer, in der Hand einen Bärenspieß. Den stieß er dem Jötunoxi in den Unterleib, so daß die Bauchhöhle geöffnet wurde. Während Jötunoxi diesen Stoß empfing, griff er Mandan und warf ihn unter sich. Das sah Ali, eilte in die Halle und hieb dem Jötunoxi mit dem Schwert auf den Hals, daß der Kopf abgetrennt wurde, und so ließ er sein Leben. Aber da erhob sich Mandan, und sie hörten nicht eher auf, bis sie alle Trollinnen verbrannt hatten. Dann nahmen sie alles, was wertvoll war, und tragen es auf ihre Schiffe. Danach segelten sie davon. Nun dankte Königin Thornbjörg dem Jarl Alf für seine Hilfe. Da bekam Ali das Schwert, das Bremill hieß, und es war das beste aller Schwerter. Sie kamen nun heim nach Indialand und blieben dort alle den Winter über in guter Gastfreundschaft und auf Einladung des Jarls bestens versorgt.

17 Ali sucht Hladgerd auf und rettet sie vor dem Scheiterhaufen

Kurz nach den eben geschilderten Ereignissen verläßt Ali allein Indialand und sucht nach Hladgerd. Er reist abwechselnd zu Schiff und zu Pferd. Fünf Jahre sucht er sie landauf, landab, aber findet sie nirgends. Auf dieser Reise erduldet er viele Prüfungen. Einmal kommt er in das Land, das Svena heißt. In unserer Sprache ist das Großschweden.

Aber als Ali durch den Wald kam, der Myrkvid heißt – dieser Wald ist schrecklich groß –, traf er auf einen Riesen, der Kol hieß.

Der hatte eine große Stange in der Hand. Aber als er Ali sah, sagte er: »Hau ab, Mann! auf demselben Weg, den du gekommen bist«, sagt er, »wenn dir dein Leben lieb ist!«

Ali antwortet: »So ganz ohne weiteres werde ich nicht umkehren.«

Und als der Riese seine Worte hört, wird er sehr wütend, greift seine Stange und will Ali schlagen. Aber der weicht aus, und die Stange fährt hinab in die Erde ganz bis zur Hand des Riesen. Da beugt er sich nach dem Hieb. Das sieht Ali und zieht schnell sein Schwert und schlägt dem Riesen quer über den Rücken, daß es ihn in zwei Teile teilt. So läßt er sein Leben.

Danach setzt Ali seinen Weg in den Wald hinein fort. Am Abend kommt er aus dem Wald zu einem kleinen Haus. Dort klopft er an die Tür, und es kommt ein bärtiger Mann heraus, klein gewachsen. Er spricht zu dem Draußenstehenden: »Es wird Zeit, daß du hereinkommst und dich ausruhst, denn du mußt weit gegangen sein!«

Das tut Ali. Er geht hinterher, und der andere geht voraus, bis sie in die Stube kommen. Dort sieht Ali zwei Frauen auf dem Podest sitzen. Sie begrüßen ihren Vater, und er grüßt freundlich zurück. Er fordert Ali auf, neben ihm Platz zu nehmen. Der tut das und fragt ihn nach seinem Namen. Jener aber antwortet, er heiße Bard. Ali fragt, wer König in diesem Lande sei, in das er gekommen sei. Bard antwortet, der heiße Eirik.

»Ist hierher vielleicht eine unbekannte Frau gekommen?« sagt Ali.

»Gewiß«, sagt Bard, »und sie nennt sich Hladgerd. Sie ist beim König, und er hat vor, sie im Feuer verbrennen zu lassen, denn er glaubt, daß sie eine Trollin sei. Morgen soll das stattfinden.«

Ali bittet den Mann, ihn am Morgen zum Königspalast zu begleiten. Der stimmt zu. Damit beenden sie ihr Gespräch. Wenig später kommt die Hausfrau herein, begrüßt Bard und den, der neben ihm sitzt. Dann wird der Tisch bereitet und Essen aufgetragen. Dann kommen die Arbeiter des Bauern herein und setzen sich an den Tisch. Der Bauer saß auf dem Hochsitz und Ali direkt neben ihm. Und als sie nach Herzenslust gegessen und getrunken hatten, wurde das Essen abgetragen und der Tisch abgedeckt, und alle gingen schlafen. Ali lag allein.

Am Morgen stand Bard früh auf und weckte Ali. Der steht auf und macht sich fertig, und dann gehen sie zum Königspalast. Als sie auf eine Straße kommen, sehen sie viele Menschen und zwei große Feuer, und zwischen diesen Feuern sehen sie eine Frau auf einem Stuhl. Ali erkennt sofort Hladgerd. Er läuft sofort zu dem Stuhl und trägt sie aus dem Menschenring heraus und zu Bard, und bittet ihn, auf Hladgerd aufzupassen, denn er müsse vor den König treten. Bard nahm sie zu sich, aber Ali ging vor den König und grüßte ihn. Der König nahm ihn freundlich auf und fragte ihn nach seinem Namen. Ali nannte seinen Namen und sagte, er sei der Sohn des Königs Rikard von England.

»Ich kenne deine Familie genau«, sagt der König, »und wir beide sind verwandt. Aber warum hast du uns diese Frau weggenommen?« Ali antwortet: »Ich habe sie deswegen genommen, weil sie woanders besser aufgehoben ist als da, wo ihr sie hingesetzt habt.«

»Weißt du etwas Genaueres über sie?« fragt der König.

»Allerdings«, sagt Ali. »Sie ist so gut, wie sie nur sein kann, auch wenn ihre Herkunft teilweise nicht so gut ist. Ich wünsche mir das von Euch, König, daß ihr sie in Frieden gehen laßt, wohin sie will.«

»Das will ich dir gewähren«, sagte der König, »aber du bleibe hier bei uns, solange es dir gefällt!«

Ali dankt nun dem König und geht zu Bard und Hladgerd. Nun trennen sich Bard und Ali. Bard geht nach Hause auf seinen Hof, aber Ali und Hladgerd gehen zum Königspalast, und der König heißt sie herzlich willkommen.

18 Hladgerd heiratet König Eirik, Ali reist nach England zurück und heiratet Thornbjörg

Da ergreift der König das Wort und bittet Hladgerd um ihre Hand. Sie antwortet, Ali solle den Brautvater vertreten. Der König bespricht die Sache nun mit Ali, und der erklärt sich einverstanden. Es endet damit, daß König Eirik sich mit Hladgerd verlobt, mit ihrem Einverständnis und der Unterstützung Alis.

Nun wurde die Hochzeit vorbereitet, und es wurden all die besten Männer eingeladen, die im Lande waren, und das Fest dauerte sieben Tage. Als es vorbei war, gingen die Gäste nach Hause. Der König gab vielen von ihnen gute Geschenke mit. Dem Ali schenkte er ein Handelsschiff mit wertvoller Ware und ein Pferd von brauner

Farbe, das Krak hieß. Ali bedankt sich sehr für die Geschenke. Er möchte nun fort, und sie scheiden in herzlicher Freundschaft.

Ali fährt nun wohlbehalten heim nach England und reitet vom Schiff nach Hause zu seiner Stadt. Seine Männer blieben jedoch auf dem Schiff zurück. Als aber Ali nach Hause kam, freuten sich alle. Die Königin Thornbjörg war da mit ihren Männern bereits angekommen, und Ali freute sich sehr über sie und sie sich über ihn. Da ließ er das Handelsschiff entladen und mit hohen Kosten ein Kriegsschiff bauen, das er dem König Eirik mit seinen Männern, die ihn herbegleitet hatten, nach Schweden zurücksandte.

Ali feierte nun seine eigene Hochzeit mit Königin Thornbjörg. Die wurde mit größter Pracht durchgeführt, und es nahmen alle die besten Männer teil, die im Lande waren. Als das Fest beendet war, gab Ali seinen Männern gute Geschenke, und sie kehrten zurück in ihre Heimatgegend. Ali und die Königin liebten sich von ganzem Herzen.

19 *Ali wird König von England*

Bald danach stirbt König Rikard, und Ali übernimmt das Reich, und die Landesbewohner verleihen ihm den Königstitel über ganz England. König Ali war bei seinen Leuten beliebt, und er unterwarf sich Valland und Saxland. Er hatte zwei Söhne mit seiner Königin. Der eine hieß Vilhjalm und der andere Rikard. Vilhjalm setzte er als König über Valland, Rikard aber über Saxland. Sie waren beide ganz bedeutende Männer, und von ihnen stammt in jenen Ländern ein großes Geschlecht ab. Ali bekam im Alter einen Sohn, der Olaf hieß. Der war der bedeutendste von Alis Söhnen.

Als aber König Ali alt war, starb er an Altersschwäche, und ebenso Königin Thornbjörg. Aber Olaf wurde zum König über ganz England erhoben. Er heiratete eine schöne Königin aus gutem Geschlecht, und vielen schien er ein großer König, herausragend an Verstand und Reichtum. Er war großzügig gegen seine Leute, und deswegen war er bei der ganzen Bevölkerung sehr beliebt. Er herrschte lange über England und vermehrte dort sein Geschlecht. Und hier endet die Saga von Ali Flekk. Dank denen, die zugehört haben, Schande denen, die Lärm machten.

Die Saga von Vilmund Vidutan

Übersetzung von Gert Kreutzer

1 König Visivalds Sohn Hjarandi und seine Töchter Gullbra und Soley

Visivald hat ein König geheißen. Er herrschte über Holmgardreich. Er war verheiratet mit der Tochter des Königs von Ungaria, und sie wird nicht namentlich genannt. Der König hatte schon als junger Mann sein väterliches Erbe angetreten. Er war tüchtig und wohlgesittet und gut befreundet mit allen Menschen. Bevor er heiratete, hatte er einen Sohn mit einer Jarlstochter. Der hieß Hjarandi. Er war ein Mann von schönem Aussehen, stark an Kräften und in allen Fertigkeiten so geschickt, daß nur wenige ihm gleichkamen. Er war rasch entschlossen und tatkräftig, ein treuer Freund und so geschwind in allen Kämpfen, sei es in der Feldschlacht oder auf dem Turnier, daß es einem wie ein Windstoß vorkam, wenn er vorwärtsstürmte. Und deshalb wurde er Hjarandi Hvida genannt. Er war ständig auf Kriegszügen, doch im Winter blieb er bei seinem Vater.

Einmal mußte König Visivald zu einem Königstreffen reisen, und es war damit zu rechnen, daß er länger als zwölf Monate fort sein würde. Die Königin war hochschwanger, als der König abreiste. Damals gab es viele Wahrsager im Holmgardreich, aber eine Frau genoß dort unter allen das meiste Ansehen. Die ließen vornehme Damen immer zu sich kommen, damit sie ihren neugeborenen Kindern die Zukunft weissage. Denn das ging jedesmal in Erfüllung, was sie vorhergesagt hatte. Auch die Königin machte es so. Sie lud sie ein und bewirtete sie ehrenvoll. Und während dieser Zeit kam sie in die Wehen, und die Wahrsagerin stand ihr bei ihrer Niederkunft bei. Sie gebar zwei Mädchen und legte sie auf eine Decke, auf der allerlei Geschichten abgebildet waren. Dann ließ sie Gold und Kostbarkeiten, Blumen und Früchte der Erde darauf legen. Die Mädchen griffen nach den Dingen, die neben ihnen lagen, und die Erstgeborene griff nach einem Herbstlöwenzahn und steckte ihn in den Mund. Die zweite nahm einen Goldring und steckte ihn an den Finger. Dann brachte die Wahrsagerin die Kinder zur Königin und sprach viele Segenswünsche über sie. Sie sagte der Königin, die, welche den Goldring genommen hatte, werde mit einer bedeutenden Nachkommenschaft gesegnet sein und einen vornehmen Königssohn heiraten, »denn Gold bedeutet Königswürde. Aber die, welche die Pflanze genommen hat, wird mit Vieh und guten Ernten gesegnet sein und einen Bauernsohn aus Berserkergeschlecht heiraten, denn die Pflanze bedeutet das gewöhnliche Volk, und dieser Mann wird hervorragend sein, denn keine Pflanze ist so scharf und bitter wie der Löwenzahn.« Sie gab den Mädchen Namen: Die, welche die Pflanze genommen hatte, sollte Soley heißen und Gullbra die, welche den Ring aufgehoben hatte. Die Königin dankte ihr für die guten Worte und entließ sie mit wertvollen Geschenken. Wenig später erkrankte die Königin und starb. Dies empfand man als großen Verlust und bereitete ihr eine prächtige Beerdigung nach der damaligen Sitte.

Der König kam vom Königstreffen nach Hause, als er seine Angelegenheiten erledigt hatte. Bevor er nach Hause kam, hatte er bereits alles erfahren. Da wurden ihm seine Töchter gezeigt, und sie gefielen ihm gut, doch schien ihm Gullbra bei weitem die schönere, aber Soley war prachtliebend und tüchtig, und ihm schien, sie werde ein stolzes und verständiges Wesen haben.

Der König ließ ihr eine Pflegemutter in der Stadt besorgen. Die Frau hieß Silven. Sie war betagt und hatte eine schöne Tochter. Ihr Mann aber war gestorben, und so lebten Mutter und Tochter ziemlich für sich allein. Soley wuchs dort auf, bis die Mädchen so alt waren, daß man erkennen konnte, wohin sich eine jede von ihnen entwickelte, entsprechend den Verhaltensweisen, die sie an den Tag legten.

Gullbra war freundlich und liebenswürdig zu allen, und alle liebten sie von Herzen. Sie wuchs im Königspalast auf und wurde von jedermann auf Händen getragen.

Soley war etwas stiller, tüchtig und freigebig, und sie ließ es ihren Freunden an nichts fehlen, achtete anderseits aber auch darauf, daß sie selbst bekam, was ihr zustand. Der König liebte sie weniger, und doch waren beide Schwestern beliebt. Und so ging es weiter, bis sie zwölf Jahre alt waren.

2 Hjarandis Feldzug nach Irland

Hjarandi war auf einem Kriegszug im Westen jenseits des Meeres, und er war ein berühmter Mann und sein Feldzug verlief günstig. Er war siegreich. Einmal wird davon berichtet, daß er in Irland heerte und einen großen Teil des Landes eroberte. Der König der Iren residierte in Gunnvaldsborg. Diese Stadt, die volkreichste und mächtigste der Gegend, belagerte Hjarandi nun. Der König aber verließ sie eines Nachts heimlich mit wenigen Männern. Am nächsten Morgen brach Hjarandi in die Stadt ein, machte große Beute und setzte die Stadt dann in Brand. Und als sie in Flammen stand, kam ein Mann aus einer Küche gelaufen. Er war großgewachsen und sehr häßlich. Sein Haar war ihm weggebrannt, ebenso die Beinkleidung bis zum Knie hinauf. Er hatte einen großen Buckel auf den Schultern und einen Kropf im Hals. Seine Augen waren häßlich und seine Zähne noch häßlicher. Sie schenkten ihm das Leben und fragten ihn nach seinem Namen. Er sagte, er heiße Kol Kryppa und sei ein Sklave in der Stadt.

Bald erfuhren sie, daß der König eine Gefolgschaft sammelte, und es wurde ein so großes Landheer, daß Hjarandi ihm nichts entgegenzusetzen hatte. Da verließ er England und zog ostwärts zurück ins Holmgardreich.

Den Sklaven schenkte er seinem Vater, und der König setzte ihn als Anführer über zwölf andere Sklaven. Er war so stark, daß er die Kraft von gut zwölf Männern hatte, was er auch anfaßte. Eine einzige Magd war am Hofe, die Öskubuska hieß. Sie war großgewachsen und stark und übertraf die anderen Mägde bei weitem. Kol und sie kamen gut miteinander aus.

3 Hjarandi und Gullbras Freier

Hjarandi Hvida hatte ein stark gebautes Haus in der Stadt. Dort hatte er seine Männer untergebracht, und er sorgte für sie, wohnte selbst aber im Königspalast. Hjarandi schwor einen feierlichen Eid, er werde seine Schwester Gullbra nur dem zur Frau geben, der ihm in allen ritterlichen Tugenden gleichkomme.

Dann ließ er in der Stadt eine starke Festung bauen und brachte seine Schwester dort hinein, zusammen mit Herzogs- und Jarlstöchtern und wohlgesitteten Pagen, die ihr dienen sollten. Kein Mann sollte sich erdreisten, ohne Erlaubnis Hjarandis mit der Jungfrau zu sprechen. Wer es aber wagte, dessen Kopf sollte abgeschlagen und auf einen Zaunpfahl gesteckt werden. Wenn aber Männer kamen, die um die Hand der Jungfrau anhalten wollten, so wurden sie sofort von Hjarandi zu einem Turnier herausgefordert, und er warf sie alle vom Pferd, und sie verloren Ehre und Besitz. Wenn aber Bewerber kamen, die ihm eines Kampfes nicht würdig schienen, auch wenn sie vornehmer Abkunft waren, so ließ er ihnen den Kopf abschlagen und diesen auf einen Pfahl stecken. Wenn er selbst aber nicht zu Hause war, beauftragte Hjarandi einen Mann namens Ruddi, den Turm zu bewachen. Nun bekam der Königspalast den Beinamen Vidbjod, denn die meisten Menschen scheuten sich, ihre Schritte dorthin zu lenken.

Für Soley wurde eine Kemenate in der Burg gebaut, und Töchter mächtiger Männer warteten ihr auf, aber alles war geringer gehalten als bei Gullbra. Soley aber war ehrgeizig und wollte sich nicht mit weniger zufriedengeben als es ihrer Schwester zuteil wurde.

4 *Ulf Illt-eitt wirbt um Soley*

Ein Mann heißt Ulfar der Starke, ein mächtiger Bauer im Osten von Holmgardreich. Er hatte den Ruf eines ziemlich bösartigen, aber doch bedeutenden Mannes. Er war verheiratet und hatte einen Sohn, der Ulf Illt-eitt hieß. Der war ein großer Krieger, unfreundlich, schroff, geldgierig, prahlerisch und doch außerordentlich mannhaft. Eines Tages begab er sich mit seinem Gefolge nach Holmgardar in der Absicht, um Soleys Hand anzuhalten. Ihre Pflegemutter Silven wurde das gewahr, und sie sagte es ihrer Ziehtochter. Soley fragt sie, ob sie ihr zuraten würde. Sie sagte, es gefalle ihr nicht, aber der König werde sie wohl auch gegen ihren Willen mit ihm verheiraten. »Wieviel Hilfe kann ich von dir erwarten?«, fragt Soley. »Soviel in meinen Kräften steht«, versichert Silven.

Nun kommt Ulf zum König und bringt sein Anliegen vor. Der König nimmt ihn gut auf und bereitet ihm eine ehrenvolle Bewirtung. Er sagt, sie würden am nächsten Tag mit Soley sprechen. Er von sich aus sei einverstanden, wenn sie nichts dagegen habe. Am Abend ging Ulf zu seinen Zelten. Zur gleichen Zeit rief Soley Kol Kryppa zu sich und sagte: »Es ist so, Kol«, sprach sie, »daß ich mich dir ganz anvertrauen will. Ulf Illt-eitt, der Sohn Ulfars des Starken, ist hierhergekommen und will um mich anhalten, und es wurde mir gesagt, der König werde mich ihm verheiraten, ob ich wolle oder nicht. Ich weiß aber, daß er vor keiner Bosheit zurückschrecken wird, und ich will ihn nicht zum Mann, wenn ich es irgendwie verhindern kann. Deswegen möchte ich, daß du ihn mir zu Liebe tötest, und dann sollst du meine vollkommene Freundschaft haben und kannst dir selbst deinen Lohn aussuchen.«

Kol sagte: »Ja, aber wenn ich das tue, dann ziehe ich mir den Zorn des Königs und vieler anderer guter Männer zu, und man kann mich Verräter an meinem Herrn nennen, und allein bin ich sicher nicht imstande, mich aus dieser schwierigen Lage zu befreien.«

»Vor allem läßt du dich bange machen, elender Feigling«, sagte sie, »aber vielleicht ergibt sich eine bessere Möglichkeit, wenn ich mich selbst als Belohnung aussetze.«

»Du sollst mich nicht für einen Feigling halten«, sagte Kol, »und wenn du dich selbst zur Belohnung aussetzen willst, werde ich es wagen. Es scheint mir allerdings sehr ungewiß, wie ich etwas von dir haben werde, wenn der König die Sache herauskriegt.«

»Es wird alles so kommen, wie wir es verabreden werden«, sagte Soley. »Du mußt es eben so geschickt anstellen, daß außer uns niemand etwas davon erfährt. Baue eine Burg im Wald, damit wir dort hingehen können, wenn unsere Beziehung bekannt wird. Und wenn mir schon ein Bauernsohn zum Mann bestimmt ist, dann wüßte ich keinen, der mir lieber wäre als du.«

Das bekräftigen sie nun mit Schwüren, und Soley gibt Kol einen Goldring als Zeichen ihrer Aufrichtigkeit.

5 Kol tötet Ulf.
Rollentausch von Königstochter und Magd

In der Nacht macht sich Kol zu den Zelten Ulfs auf. Ulf ließ keine Wache halten, und die Männer hatten sich betrunken hingelegt und ahnten keine Gefahr. Ulf lag schlafend im Bett, als Kol in sein Zelt hineinkam. Er hatte eine dünnes, an beiden Enden spitzes Eisen. Er entblößt die Haut unter Ulfs Arm und sticht dort mit diesem Eisen hinein, so daß es bis ins Herz eindrang. Er drückt aber die Haut außen so zusammen, daß alles nach innen blutet, und legt sich über Ulfs Kopf, daß er keinen Laut von sich geben kann. Nachdem er Ulf im Schlaf ermordet hat, entfernt Kol sich wieder, ohne daß jemand im Zelt etwas mitbekommen hat.

Zur gleichen Zeit hat Soley die Magd Öskubuska zu sich gerufen und spricht so zu ihr: »Ich will mit dir ein Geschäft machen.«

»Was für eins soll das sein?«, fragt die Magd.

»Ich möchte, daß wir unser Aussehen und unsere Kleider tauschen«, sagt Soley. »Du sollst in mein Haus ziehen, dich Königstochter nennen und dich in allem ganz so verhalten, wie ich es gewohnt bin, und wenn Kol Kryppa kommt und von dir um meinetwillen irgendwelche Zärtlichkeiten verlangt, dann sollst du sie ihm gewähren und alle seine Wünsche erfüllen. Du sollst ihn immer in dem Glauben lassen, du seiest die Königstochter. Ich aber werde in die Küche gehen und deine Arbeit übernehmen. Außerdem will ich dir meinen Goldring schenken.«

Öskubuska zeigte sich mit diesem Geschäft zufrieden, und sie wurden handelseinig. Die Königstochter ging in die Küche und war so widerborstig und giftig im Umgang, daß es niemand bei ihr aushalten konnte. Öskubuska aber zog in die Kemenate. Die Dienerinnen empfingen sie und dienten ihr gut. Ihr aber war das ungewohnt. Die Köche hatten den Eindruck, daß sie beim Essen tüchtig zulangte.

6 Ulfs Tod wird bekannt

Als Ulfs Männer am nächsten Morgen aufwachen, finden sie ihn tot. Sie suchen nun, finden aber nirgendwo die Spur einer Waffe an seinem Körper. Da kommen sie alle zu der Überzeugung, man müsse ihm Gift zu trinken gegeben haben, und es entstand darüber ein großes Gerede.

Die Neuigkeiten kamen nun dem König zu Ohren, und ihm gefiel das gar nicht, vor allem, weil er glaubte, daß andere ihn dafür verantwortlich machen würden. Wegen seiner Beliebtheit wollte ihn aber niemand verdächtigen, und die Männer Ulfs zogen nun heim. Ulfs Tod wurde nicht sehr betrauert, denn er war unbeliebt gewesen.

Nun ist von Kol Kryppa zu berichten, daß er in das Haus der Königstochter kam und die Zärtlichkeiten forderte, die sie ihm versprochen hatte. Sie leistete keinen Widerstand und gab sich ihm hin, und die beiden hielten ihr Verhältnis geheim, und so vergeht einige Zeit. Kol hatte nun ein sehr angenehmes Leben, und er war so untreu, daß er sich mit den Dienstmädchen vergnügte und sechs von ihnen schwanger machte. Die Königstochter war ebenfalls schwanger, und eine suchte es vor der anderen zu verheimlichen.

7 *Kol und die falsche Königstochter fliehen in den Wald*

Asgaut hieß ein Jarl. Er herrschte über Aldeigjuborg. Er ging zu König Visivald und hielt um Soley an. Der König nahm seine Werbung wohlwollend auf und sagte, er wolle die Sache mit seiner Tochter besprechen. Als die Königstochter dies erfährt, erzählt sie Kol davon. Der sagt, nun sei keine Zeit zu verlieren, »und wir wollen nun in die Burg gehen, die ich gebaut habe, denn länger werden wir uns nicht verstecken können.«

Kol hatte in einem großen Wald eine Burg gebaut, ganz von Felsen umgeben und völlig uneinnehmbar. Dorthin reitet er nun mit der Königstochter Soley entsprechend seinem Plan, begleitet von zwölf Knechten, die er eingeweiht hatte, und es fehlte ihnen an nichts, was sie nötig hatten.

Am Morgen kommt der König in die Kemenate seiner Tochter, und da war sie bereits fort, und er erfährt, daß Kol Ulf getötet, alle Dienerinnen geschwängert und seine Tochter mitgenommen hat. Das gefällt ihm nun äußerst schlecht und auch den anderen, die von dem Sklaven Scham und Schande erlitten haben. Dafür wird Kol mit allen seinen Helfern geächtet und ein Preis auf seinen Kopf ausgesetzt.

Als Kol von seiner Ächtung erfuhr, hielt er sich im Walde auf, und er fiel oft in die Ortschaften ein, raubte mit seinen Leuten viel Vieh und erschlug Menschen und machte sich sehr verhaßt. Er opferte einer Wildsau, die sich zu einem so großen Unhold entwickelte, daß sie Menschen und Vieh tötete und dem König und anderen die Äcker verwüstete.

Das ging nun eine lange Zeit so weiter, und es wurden zwar zahlreiche Züge gegen Kol unternommen, aber man konnte seiner nicht habhaft werden, weil er zauberkundig und stark war.

Hjarandi war zu dieser Zeit auf Kriegszügen und blieb manchmal auch im Winter im Ausland.

8 Vilmunds Kindheit. Er kommt zur Felsenhöhle.

In einem abgelegenen Tal, weit entfernt von den anderen Menschen lebte ein Mann, der Svidi der Kühne hieß, ein Sohn des Bögubosi. Seine Frau hieß Herborg. Sie hatten einen Sohn namens Vilmund. Der war hochgewachsen, von großer Stärke und schönem Aussehen. Er besaß sehr schöne Haare und schöne Augen, war prächtig gewachsen, und wenn es auch Menschen mit schönerem Gesicht gab, so hätten doch viele ihr Aussehen lieber mit ihm getauscht als mit anderen, die für schöner gehalten wurden. Sein Vater war ein gewaltiger Kämpe gewesen und lehrte ihn deshalb das Schwimmen, das Brettspielen, das Schießen und das Fechten mit Schild und Schwert. Bald beherrschte er diese Künste so gut, daß sein Vater es ihm in keiner gleichtun konnte. Seine Mutter lehrte ihn das Buchwissen.

Eines Tages fragte er Vater und Mutter, wo all die Leute seien, die in den Geschichten vorkämen, aber die sagten ihm, die Menschen seien schon alle tot, aber es gebe noch Trolle an manchen Orten der Erde und die töteten die Menschen, wenn sie ihrer ansichtig würden. »Elfen gibt es auch, und die leben unten in der Erde.«

Svidi hatte viel Vieh, das Vilmund immer zu hüten pflegte: Ziegen und Böcke, Ochsen und Hammel. Er schoß oft Wild und Vögel. So ging es nun, bis er zwanzig Jahre alt war.

Einmal, so wird erzählt, ging Vilmund in den Wald, um seine Ziegen zu suchen. Er ging diesmal weiter aus dem Tal hinauf als gewöhnlich und kam zu einer sandigen Ebene, hinter der sich ein großer Wald erhob. Er ging über die Sandebene und kam zu einer Stelle, wo Steine aufgeschichtet waren. Darin war heißes Wasser, von dem Dampf aufstieg. Da bemerkte er menschliche Fußspuren, und so etwas hatte er noch nie gesehen. Er fand einen goldenen Schuh. Er hob ihn auf und verwahrte ihn. In einiger Entfernung von der warmen Quelle sah er einen großen Felsen. Dorthin ging er, denn dorthin führten die Spuren. Er ging zu dem Felsen, und es war ein Fenster darin. Da sah er darin drei Frauen, und eine war betagt, und zwei waren jünger. Da sagte die alte Frau:

»Was gab es denn für Neuigkeiten, meine Pflegetochter, als du von zu Hause fortgingst?«

»Keine besonderen«, sagt sie, »aber das war das Neueste, daß Kol Kryppa geächtet wurde.«

»Was hat er sich denn zuschulden kommen lassen?«, fragt die alte Frau.

»Nicht gerade wenig«, antwortet sie. »Er hat alle Hausmädchen verführt und die Königstochter geschwängert.«

»Diese Königstochter hat er verdient«, sagt die alte Frau. Dann sagte sie zu ihrer Tochter: »Wo ist denn der andere Schuh meiner Pflegetochter?«

Aber die sah nach und sagte dann: »Das ist aber schlimm: ich habe ihn bei der warmen Quelle vergessen. Aber jetzt ist es zu spät geworden, und man kann nicht mehr hingehen wegen der Trolle, die sich dort herumtreiben.«

»Das ist ein großes Unglück«, sagte die alte Frau, »denn diese Schuhe sind Zwergenarbeit und haben die Eigenschaft, daß sie sich nie abnutzen. Andere Schuhe wird sie nicht tragen können, und nun muß sie halb barfuß gehen.«

»Wir wollen uns deswegen keine Vorwürfe machen, liebe Pflegemutter«, sagte diese, »aber ich werde nur den zum Mann nehmen, der mir den Schuh zurückbringt.«

Darauf begaben sie sich zu Bett. Vilmund aber ging fort und kam erst spät nach Hause. Ihm schien die Erscheinung sonderbar, doch sagte er Vater und Mutter kein Wort davon. Von nun an schlief er aber schlechter als vorher.

9 Vilmund zieht aus

Der alte Bauer hatte ein Haustier, das er über alles schätzte. Es war eine Ziege, und er nannte sie Gaefa. Sie war so groß wie eine Kuh und hatte auch vier Zitzen wie eine Kuh. Nie hatte sie weniger als drei Kitze im Jahr, und sie trug sehr zur Wirtschaft des Hofes bei.

Eines Tages fand Vilmund die Ziege nicht. Der Alte forderte ihn auf, in größerer Entfernung zu suchen. Da machte sich Vilmund reisefertig. Er trug eine rote, langhaarige Jacke aus Bärenfell, mit großer Sorgfalt geschneidert. Einen breiten Silbergürtel hatte er um und daran ein großes Saxmesser, mit Silber verziert, auf dem Kopf eine Otterpelzmütze mit einer Silberborte. Das Haar, golden wie Seide, fiel ihm auf die Schultern herab und ringelte sich wie Hobelspäne. In der Hand hatte er eine breite, silbereingelegte Axt, ein Geschenk seines Vaters.

Die Mutter kam heraus und fragte: »Wohin willst du nun, Vilmund?«

»Ich will nach der Gaefa suchen«, antwortete er.

»Selten hast du so viel Sorgfalt auf deine Ausrüstung verwendet wie jetzt«, sagte sie.

»Ich werde nicht eher heimkommen, als ich die Gaefa gefunden habe«, sagte Vilmund.

»Es wäre schön«, sagte sie, »wenn es so käme.«

Vilmund verirrt sich und kommt zu einer Burg

Dann wünschte Vilmund Vater und Mutter Lebewohl und ging fort zum Wald. Als er aber die Gegenden durchsucht hatte, die er kannte, war es sehr spät geworden, und er legte sich in einer Höhle nieder und schlief dort die Nacht hindurch. Als er aber am Morgen aufwacht, war ein so dichter Nebel aufgekommen, daß er nichts sehen konnte. Da ging er im Wald umher und verirrte sich und wußte nicht, wo er war. So ging er den ganzen Tag und den nächsten bis zum Abend, und der Nebel wurde immer dichter.

Er war jetzt in die Nähe von Felsen gekommen und glaubte aus allen Richtungen Menschenstimmen und Laute verschiedenster Lebewesen zu hören. Der Berg hatte verschiedene Farben: weiß und blau, rot und gelb, und er war so glatt, als sei er geschliffen. Wegen des Nebels konnte er nicht erkennen, wie hoch der Berg war, aber er hörte auch Menschenstimmen, die irgendwie von oben aus der Luft kamen.

Bald darauf kam Vilmund an eine Stelle, wo ein großer Eingang im Berg war, und der stand offen. Davor war ein großes Tor mit Eisenriegeln. Darüber wundert er sich sehr, ging aber schließlich hinein. Da sieht er einen breiten Weg. Dem folgt er, bis er zu einer großen Mauer mit einem Gattertor kommt. Das war nicht verschlossen. Er stieß das Gatter hoch und ging in den Hof.

Da kamen vier Männer auf ihn zu, und einer fuhr ihn an: »Du unverschämter, ungehobelter Kerl!« sagte er. »Wer hat dir erlaubt, zu nächtlicher Stunde bewaffnet hier einzudringen? Gib mir sofort deine Axt!«

Vilmund wußte darauf nichts zu antworten, gab ihm aber die Axt. Der schwang sie empor und wollte sie Vilmund in den Schädel treiben. Vilmund aber springt ihn an und bringt ihn so heftig zu Fall, daß ihm die Axt aus der Hand glitt. Da schlug einer von den anderen Vilmund mit einem gewaltigen Balken auf die Schultern, aber Vilmund packte den Mann, den er niedergeworfen hatte, bei den Füßen und schlug mit ihm zwei andere so, daß sie hinfielen und der eine von ihnen nie wieder auf die Beine kam. Und der Festgehaltene war übel zugerichtet.

10 *Vilmund und die Königstochter*

Vilmund sieht nun ein schönes, großes Haus. Dorthin ging er. Er sah dort zwölf Männer laufen, die silberne Schüsseln auf den Händen trugen. Vilmund ging ihnen nach. Da wurde die Tür geöffnet, schneller als der sich versah, der davor stand, und er fiel rückwärts kopfüber auf den Fußboden. Vilmund ging nun hinein und sah dort mehr als sechzig Mädchen sitzen. Alle trugen ihr Haar unbedeckt und hatten ein goldenes Stirnband. Eine überstrahlte die anderen bei weitem, und sie saß in der Mitte. Es schien Vilmund, als sei er durch einen unbekannten Zauber hierhergekommen. Aber die meisten, die im Raum waren, fürchteten sich vor Vilmund. Die Diener fragten, ob sie nicht Männer herbeirufen sollten, um sie auf diesen großen Kerl aufmerksam zu machen.

Die Königstochter antwortet: »Er ist uns doch nicht gefährlich, und wir werden sicher keine Schwierigkeiten mit ihm haben. Wenn er aber etwas anderes als Gutes will, dann haben wir ja die andere Möglichkeit.« Aber die anderen sagten, das sei ein großes Risiko.

Da sprach die Königstochter: »Du großer Mann«, sagte sie, »setz dich hin und nimm dir etwas zu essen. Anderenfalls verschwinde aus unserer Kemenate und bringe uns nicht in Gefahr durch deine Anwesenheit!«

Er ging dorthin, wo die Königstochter saß, und setzte sich auf einen Stuhl vor dem Tisch und begann zu essen. Aber obwohl er lange ohne Nahrung gewesen war, benahm er sich doch in jeder Hinsicht wohlerzogen.

Aber als die Mahlzeit beendet war, sprach die Königstochter: »Du großer Mann«, sagte sie, »entweder gehe jetzt schlafen oder verschwinde aus dieser Kemenate!«

Er sah ein Bett mitten in der Halle. Er ging dorthin und legte sich hinein. Die Königstochter will ihm die Kleider ausziehen lassen, aber er wollte das nicht. Da sprachen die Mädchen untereinander, dieser Mann müsse ein Tor oder ein Bösewicht sein. Die Königstochter sagte, sie glaube, er sei bloß nicht an so viele Menschen gewöhnt, und bat, niemand solle ihn stören, und er lag dort die Nacht hindurch und schlief schnell ein.

Am Morgen kam die Königstochter an sein Bett, weckte ihn und bat ihn aufzustehen und sich von dort zu entfernen, »denn wenn man dich hier entdeckt, wird es dein Tod sein«.

»Verrate mir zuvor«, sagte er, »was mich brennend interessiert: Bist du ein Mensch oder ein Troll oder eine Elfenfrau, und wo bin ich und wie heißt du?«

Darüber mußte sie lächeln und fragte: »Sehe ich denn für dich wie ein Troll aus?«

»Das weiß ich nicht«, sagte er, »ich habe ja noch nie Trolle gesehen und auch keine Elfen.«

»Ich heiße Gullbra«, sagt sie, »und ich bin die Tochter des Königs, der hier herrscht, und ich weiß, daß er wenig erfreut sein wird, wenn er erfährt, daß du hier warst.«

»Das Wort König habe ich schon gehört«, sagte Vilmund, »aber ich weiß nicht, was es bedeutet, denn ich habe noch keinen Menschen gesehen außer meinem Vater und meiner Mutter.«

»Wie heißt denn dein Vater«, fragt sie, »und wo bist du zu Hause?«

»Mein Vater wohnt in einem Tal weit weg von hier«, antwortet er, »und er heißt Svidi.«

»Wo willst du eigentlich hin?«, fragt die Jungfrau.

»Ich bin auf der Suche nach der Gaefa«, antwortete er.

Da lächelte die Dame und fragte: »Glaubst du denn, sie hier zu finden? Was ist das überhaupt?«

»Es ist die Ziege meines Vaters«, sagt er, »mit drei Kitzen.«

»Hierher ist sie nicht gekommen«, sagt sie, »und sieh zu, daß du schleunigst verschwindest und hier nicht entdeckt wirst.«

»Das will ich tun«, sagt er, »aber vorher muß ich dir meinen Traum erzählen. Mir träumte, ich wäre hier, wo ich jetzt bin. Ich sah viele Schiffe landen. Von dem einen kam ein großer, schrecklicher Eber herauf. Er hatte einen Rüssel und wühlte alles auf. Hinter ihm rannten viele Schweine und gebärdeten sich wütend. Aber vom Land her lief ihnen ein Bär entgegen, ein so schönes Tier, wie ich es noch nie gesehen habe. Das lief dem Eber entgegen, und sie hatten einen heftigen Kampf. Am Ende hatte der Eber aber den Bären besiegt. Da gerieten alle in Angst und flohen. Mir träumte, du kämest zu mir und ich nähme dich unter meine Pelzjacke und griffe dann den Eber an. Und da erwachte ich.«

»Dein Traum scheint mir bedeutsam«, sagt sie, »und es würde mich nicht wundern, wenn du mir einmal zur Hilfe kämst. Wenn du einmal hier bei meinem Vater bist, dann komm nur zu mir und sage mir, was du brauchst.«

Darauf kleidet sich Vilmund an und sagt allen Damen Lebewohl. Dann geht er aus dem Turm hinaus. Es herrscht jetzt schönes Wetter mit strahlendem Sonnenschein.

11 *Vilmund kommt zum König*

Als sich Vilmund nun umschaut, sieht er die sonnenbeschienenen Dächer, und es ist ihm, als glänzten sie von Gold. Er konnte sich nicht erinnern, wo er am Abend hineingekommen war. Nun erblickt er ein Haus, aus dem Rauch aufsteigt, und er geht dorthin. In seinem Inneren sind viele Leute und aufgehängte Kessel, in denen Fleisch gekocht wird. Er geht weiter ins Innere über das Feuer. Niemand nimmt von ihm Notiz. Er setzt sich auf einen Schemel. Dann kommt eine Frau auf ihn zu. Sie hat völlig zerlumpte Kleider an. Sie packt ihn mit großer Kraft und stößt ihn vom Schemel herunter, so daß er fällt und neben der Asche liegenbleibt, und nun packt er ihre Hand und drückt sie so fest, daß unter jedem Nagel das Blut hervorspritzte. Er umfaßte ihren Hals und preßte so heftig, daß ihr das Wasser aus beiden Augen floß. Nun erblickt er ihr Gesicht, und es kommt ihm so vor, als sehe sie der Frau in dem Felsen sehr ähnlich. Da läßt er sie los und steht auf und entfernt sich aus dem Küchenhaus.

Da sieht er viele Leute in ein Haus gehen und folgt ihnen nach. Er kommt in einen prachtvollen Saal und sieht dort viele Leute sitzen, und er schließt aus den Hinweisen der Königstochter, daß das der König sein muß, dem alle ihre Aufwartung machen. Überall in der Halle standen Speisen auf den Tischen. Vilmund bleibt am Ende der Halle stehen. Niemand nimmt Notiz von ihm, bis der König seinen Mundschenk anweist, er solle ihm zu trinken geben und ihn einladen, sich irgendwo in der Halle zu essen zu nehmen. Der Diener tat, wie der König geheißen hatte. Vilmund sieht nicht allzuweit vom Königsthron einen Stuhl stehen. Dort nimmt er Platz, und es wurde ihm Essen vorgesetzt. Er hatte guten Appetit und aß nicht weniger als vier Ritter. Viele lachten ihn aus. Der König aber fragte ihn: »Wie heißt du, großer Mann, und woher kommst du?« »Vilmund heiße ich«, sagt er, »und ich komme von meinem Vater und meiner Mutter.« »Das tun die meisten«, sagt der König, »aber wohin willst du gehen, so schön wie du bist?« »Ich bin auf der Suche nach der Gaefa«, sagt Vilmund. »Die haben die Gaefa schon gefunden«, sagt der König, »die so schön sind wie du. Siehst du sie denn hier irgendwo?« »Nein«, sagt Vilmund, »aber wißt Ihr vielleicht, ob sie hierhergekommen ist?« »Ich weiß nicht, was du unter der Gaefa verstehst«, sagt der König. »Das ist die Ziege meines Vaters mit drei Kitzen«, sagt er. Da lachten alle in der Halle und sagten, er sei ein rechter Narr. Der König aber war anderer Meinung: »Möglicherweise ist er bloß nicht so an Menschen gewöhnt.« Bald darauf kam ein Mann in die Halle, groß gewachsen und äußerst furchterregend, und das war kein anderer als Ruddi. Er sagte zum König: »Große Schande hat euch dieser Tölpel hier gebracht. Er hat heute nacht im Turm bei deiner Tochter geschlafen, und ich weiß, daß er dort noch mehr angerichtet hat. Er hat zwei Männer getötet, die den Hof zu bewachen hatten, und ich weiß, daß es ihn den Kopf gekostet hätte, wenn Hjarandi zu Hause wäre.« »So hast du deine Hofwache also vernachlässigt«, sagt der König. »Es ist unbedingt meine Pflicht, ihn für seine Unverschämtheit büßen zu lassen«, sagt Ruddi. »Ein Ringkampf zwischen euch beiden wäre sicher ein Spaß«, sagt der König, »aber die Rache wollen wir Hjarandi überlassen.« »Das wäre ganz nach meinem Wunsch«, sagt Ruddi. »Den Wunsch will ich dir gern erfüllen«, sagt Vilmund, »und ich bin bereit.« Der König sagt, wenn die Tafel aufgehoben sei, sollten sie draußen auf dem Hof kämpfen, »denn dort können mehr Personen an dem Vergnügen teilhaben.« Dies besiegeln sie mit Handschlag, und Ruddi geht jetzt fort. Aber Hjarandi kam nun zu zwölft heim, trat vor den König und begrüßt ihn. Der König heißt ihn freundlich willkommen und bittet ihn, neben sich auf dem Thron Platz zu nehmen, und fragt ihn nach Neuigkeiten. Und Hjarandi erstattet ihm Bericht und fragt dann, wer jener stattliche Mann sei, der auf seinem Platz sitze. »Dieser Mann ist uns ziemlich unbekannt«, sagt der König, »denn er ist heute erst angekommen. Man hat uns gesagt, er habe heute nacht im Turm bei deiner Schwester geschlafen.« »Dann kann man wohl sagen, daß er es sich hier im Lande gutgehen läßt, und das soll ihn teuer zu stehen kommen.« »Das will ich ganz dir überlassen«, sagt der König, »aber Ruddi und er haben sich zu einem Ringkampf verabredet, und dieses unterhaltsame Schauspiel müssen wir uns erst ansehen.« Hjarandi sagte, damit sei er einverstanden, »denn da werden sich gleichwertige Gegner gegenüberstehen.«

»Ich bin mir da nicht so sicher«, sagt der König, »entweder ist dieser Mann ein Narr, oder er ist den Umgang mit anderen Menschen nicht gewöhnt. Ich glaube aber, daß er sich einiges auf seine Kraft zugute hält.« Hjarandi sagt, das werde sich ja herausstellen.

12 Vilmunds Kampf mit Ruddi

Als die Tafel aufgehoben war, gingen der König und die ganze Gefolgschaft aus der Halle hinaus. Vilmund ging zuletzt, und als er hinauskommt, sieht er den König auf einem Stuhl sitzen und Hjarandi neben ihm, und das Gefolge steht um ihn herum. Es war da ein sehr steiniger Platz. Ruddi stand auf dem Platz und hatte einen Ringerkittel an, der ihm bis zu den Knien reichte, und er fragt, wo dieser Dreckskerl sei, der ihn zum Ringkampf herausgefordert habe. Da kam Vilmund auf den Hof. Der König sagt, dem Ruddi werde das Warten schon lang. Vilmund erwiderte, nun sei er ja da, und er bat den König, seine Axt zu verwahren. Da lachten die Männer, der König aber fragt, ob sie hier irgendwo jemanden sähen, der dazu besser geeignet wäre. Sie sagten, sie sähen keinen, und wunderten sich über seine Nachsichtigkeit.

Vilmund wirft seine Kleider ab und geht auf den Platz. Ruddi läuft ihm entgegen und stößt ihm beide Fäuste mit aller Kraft vor die Brust. Vilmund wehrte sich kräftig, packte seine Unterarme und schwang ihn kräftig in die Höhe, und nun gerieten sie in einen heftigen Ringkampf, und das meiste ging zu Bruch, und wo Ruddi hinpackte, da wurde alles blau, denn er hatte seine Nägel lange nicht geschnitten, aber sein Ringerkittel war so fest, daß man ihm nichts anhaben konnte. Der König und sein ganzes Gefolge beobachteten diesen Kampf, und sie fanden Vilmunds Stärke beachtlich. Sie kämpften auf dem ganzen Platz bis sie zu einem Stein kamen, in den eine Schwertschneide eingelassen war. Da fragte Vilmund den Ruddi: »Sollen wir dieses Spiel noch lange treiben?«

»Bis einer von uns fällt«, sagt Ruddi. »Dann greif besser an«, sagt Vilmund. Ruddi stemmt sich nun so kräftig mit den Füßen dagegen, daß er bis zu den Knien in die Erde sinkt, und dann legt er dem Vilmund die Riemen so um den Rücken, daß das Fleisch abging. Da hob ihn Vilmund an seine Brust und ging mit ihm zu dem Stein und wirft ihn nieder auf die Schwertschneide, so heftig, daß es den Ruddi in der Mitte entzweischnitt.

Nun trat er vor den König und hielt das Unterteil Ruddis in der Hand, und den meisten kam er da grausam vor.

Vilmund besiegt Hjarandi im Steinschleudern

Da wollte Hjarandi aufstehen und Ruddi rächen. Aber der König sagte: »Wir dürfen uns an diesem Mann nicht versündigen, denn es ist um Ruddi nicht sehr schade, und ich will nicht, daß du es mit diesem Teufelskerl aufnimmst. Aber laßt uns erst erproben, wie es um seine sportlichen Fähigkeiten steht.« Da warf Vilmund Ruddi zu Boden und forderte den König auf, ihm seine Axt zurückzugeben, »denn jetzt traue ich euch nicht mehr so richtig.« Der König sagte: »Bist du in anderen Sportarten genauso gut wie im Ringen?«

Vilmund antwortet: »In den Sportarten, die ich kenne, nehme ich es mit jedem auf. Aber wenn Ihr mir ans Leben wollt, könnt Ihr erproben, was ich entgegenzusetzen habe.« Hjarandi fragt nun, wie gut er im Steinwurf sei.

Vilmund forderte ihn auf, einen Stein zu nehmen und einen Wurf vorzulegen. Hjarandi hob einen Stein auf, der ein Schiffspfund wog, und warf ihn beim ersten Versuch 20 Fuß weit und forderte Vilmund auf, ihm nachzuwerfen. Der tat es und warf zwei Meßstöcke weiter. Hjarandi nahm den Stein zum zweitenmal und warf ihn 32 Fuß weit. Da nahm Vilmund den Stein und warf ihn drei Meßstöcke weiter. Da sagte der König: »Es ist so gekommen, wie ich es geahnt habe, daß in diesem Mann mehr steckt als wir glauben.« Hjarandi gerät nun in Wut und nimmt den Stein und holte alles aus sich heraus und wirft ihn nun 40 Fuß weit und forderte Vilmund auf nachzuwerfen. Der tut es und schleudert fünf Meßstöcke weiter. Da will Hjarandi nicht mehr antreten.

13 Das Speerwerfen

Der König fordert Vilmund nun auf, so weit zu werfen, wie er könne. Da nahm Vilmund den Stein, setzte ihn sich auf den Fuß und schoß ihn in Mannshöhe in die Palastmauer – so heftig, daß er dort steckenblieb. Und da ist er noch heute zu sehen.

Hjarandi nahm nun einen großen Speer und warf ihn auf eine Steinsäule, daß er bis zur Tülle eindrang, und dieser Wurf war 90 Fuß weit und ebenso hoch. Auf dieser Säule stand ein Turm, und ganz oben saß eine Taube. Vilmund warf mit demselben Speer nach dem Vogel und durchbohrte ihn, daß beide herunterfielen. Da rannte Vilmund um den Palast herum und fing den Speer und den Vogel in der Luft auf. Dann warf er den Speer durch die Steinsäule, so heftig, daß er noch heute dort steckt und jeder, der dorthin kommt, ihn sehen kann.

Das Schwimmen

Hjarandi fragt Vilmund nun, wie gut er schwimmen könne. Der sagt, das Schwimmen beherrsche er von allen Sportarten am besten. Sie gehen nun zum Wasser und legen die Kleider ab. Hjarandi springt ins Wasser und Vilmund gleich hinterher, und sie erproben sich zuerst im Schnellschwimmen, und es gefiel den Leuten immer besser. Dann üben sie sich in vielen Geschicklichkeiten, und die Leute glauben, noch nie ein so schönes Schauspiel gesehen zu haben. Nun wirft sich Hjarandi auf Vilmund und drückt ihn unter Wasser, und sie blieben lange unten. Endlich kamen sie wieder hoch und waren sehr erschöpft. Jetzt greift Vilmund nach Hjarandi und taucht ihn unter, und sie blieben jetzt so lange unten, daß alle glaubten, sie müßten tot sein. Aber auf der Oberfläche brodelte es heftig, und als der Tag zu Ende ging, kam Hjarandi an Land, und er war so steif, daß Männer ihn stützen mußten, wenn er gehen sollte. Von Vilmund aber gab es keine Spur und erst viel später sah man, wie sich im Wasser ein große Welle hob. Da tauchte Vilmund auf und stellte einen großen Stein auf und setzte sich darauf und ruhte sich darauf aus. Aber auf den Rat böser Männer hin ließ der König einen Eisbären los, der in der Stadt in einem Käfig gehalten wurde. Sie hetzten ihn zum Ufer, und der Bär stürzte sich ins Wasser und schüttelte sich brüllend.

Vilmund sieht nun, daß von Ausruhen keine Rede sein kann und springt vom Stein herab und greift den Bären an und packt ihm vorne in die Kiefer, und sie ringen heftig miteinander, und der Bär zieht Vilmund unter sich, und der ist nun schrecklich müde. Da nimmt er sein Gürtelmesser und stößt es dem Tier unterhalb der Schulter ins Herz hinein, und das war eine sehr kühne Tat, ein so gewaltiges Lebewesen zu bezwingen. Aber sobald der Bär die Todeswunde empfangen hatte, fällt er tot um, denn das ist seine Natur, daß er keinen Todeskampf hat. Aber das Wasser wird ganz zu Blut.

Die Leute sahen jetzt nichts von Vilmund, aber wenig später sahen sie, wie er in den blutigen Wellen trieb. Und als Hjarandi das sieht, springt er ins Wasser und schwimmt zu Vilmund hin, und der war so ermattet, daß er sich allein nicht mehr helfen konnte, und Hjarandi zog ihn schwimmend an Land, und dann wurde er mit allem versorgt und bekam gute Kleidung.

Vilmund begann sich schnell zu erholen. Danach schworen er und Hjarandi sich Brüderschaft, und alle sagten, nie sei ein tüchtigerer Mann als Vilmund in ihr Land gekommen.

Doch in der ersten Zeit nach seiner Ankunft verkehrte er wenig mit anderen Menschen, denn immer, wenn die Leute zu Tisch oder vom Tisch gingen, mußte man Vilmund rufen. Deswegen war er immer allein und hatte wenig Kontakt zu anderen Menschen. Deswegen wurde er Vilmund Vidutan genannt.

14 *Vilmund zum zweiten Mal an der Felsenhöhle*

Nun ist davon zu berichten, daß Hjarandi und Vilmund in den Wald gingen, um Tiere zu jagen, und mit ihnen viele Männer, und sie waren mehrere Wochen im Wald. Da geschah es wieder wie auch sonst öfter, daß Vilmund für sich allein ging, und seine Schritte führten ihn weit fort, und er kam auf dieselbe Sandebene wie damals und zu denselben Felsen. Er ging auf den Felsen hinauf und sah dasselbe Bild wie damals und dieselben Frauen.

Er hörte nun, wie sie sich unterhielten, und die alte Frau fragte: »Was gab es Neues, als du in der Stadt warst?«

»Allerhand«, antwortete die andere. »Da war ein Mann gekommen, der Vilmund heißt, groß gewachsen und stark, aber die Leute hielten ihn für einen Küchentölpel, aber er hat Hjarandi Hvida besiegt, und sie sind Schwurbrüder geworden. Aber gerade als ich fortging, sahen die Leute Schiffe an Land segeln, zusammen fünfzehn und zwanzig, und die meisten waren Drachen und Dromunde, und die Leute glaubten, daß da ein Freier für Gullbra gekommen sein könnte, aber Hjarandi war jetzt im Wald und ebenso Vilmund, und den Leuten schien, daß Berserker an Land gekommen seien, denn man sah Neger in ihrer Schar, und den Leuten scheint nun, daß auf Hjarandi eine Bewährungsprobe zukommen werde.« Dann schloß sich der Felsen wieder, und Vilmund macht sich auf den Rückweg.

15 Buris' Werbung um Gullbra

Eines Tages standen Männer draußen bei der Residenz des Königs. Sie sahen Schiffe auf die Küste zusegeln. Die waren groß und hatten schwarze Segel. Sie kamen schnell aufs Land zu, und man trug Zelte von den Schiffen herunter. Dann wurden Männer vom Strand losgeschickt, und sie traten vor den König. Ihr Anführer hieß Skjöld. Er begrüßte den König und sprach: »Ein Königssohn hat mich zu Euch gesandt, der Buris heißt. Er ist der Sohn des Königs Rodian von Blökumannaland. Er ist in Euren Hafen gekommen in der Absicht, Eure Tochter Gullbra zur Frau zu bekommen, denn ihre Schönheit ist in der ganzen Welt berühmt, und er bittet Euch, so freundlich zu sein, ihm Eure Tochter zum Strand zu bringen und dort mit ihm den Vertrag zu schließen, denn er will seinen Leuten die Mühe nicht zumuten, hierher zum Palast zu gehen. Aber wenn Ihr das nicht tun wollt, dann nimmt er Eure Tochter mit Gewalt und tötet Euch selbst und verwüstet Euer Reich.«

Der König sagte: »Das ist eigentlich gar nicht meine Sache, denn ihr Bruder Hjarandi entscheidet über ihre Verheiratung, und ich vermute, daß er dir hierauf eine Antwort geben wird.«

Skjöld sagte, der Königssohn werde nicht lange ihr Freier sein wollen, »und Ihr könnt damit rechnen, daß Euch schon morgen ein Kampf gewiß ist, wenn Ihr ihm die Frau verweigert, und lebt nun in Frieden!« Und er geht zu den Schiffen zurück.

Hjarandi kam nun aus dem Wald nach Hause, und es wurden ihm diese Neuigkeiten berichtet, und er ließ sofort die Trompeten blasen, und es wurde ein Heer aus den nahegelegenen Ortschaften gesammelt, und die Zeit war ziemlich knapp, und es entstand ein großer Tumult in der Stadt, und jeder rüstete sich mit seinen Waffen.

Aber am nächsten Morgen erschallen die Trompeten im Lager des Buris, und er läßt seine Fahne aufstellen, und das Land war von seinem Heer weithin bedeckt, und die meisten waren Neger und Berserker. Hjarandi rückte mit seinem Heer gegen sie vor, und es war klein im Vergleich zu dem des Buris.

Vilmund war noch nicht aus dem Wald zurückgekehrt, und den Leuten schien sich sein Beiname durch sein Draußensein wieder einmal zu bestätigen.

Skjöld trug die Fahne des Buris, und er war stark und konnte kräftig zuschlagen. Hjarandi ging dem Heer des Buris entgegen, und nichts konnte ihn aufhalten. Skjöld wendet sich nun gegen ihn und stößt mit der Lanze nach ihm. Hjarandi sprang in die Höhe und Skjöld stieß in den Boden und fiel vornüber. Hjarandi schlug ihm mit dem Schwert über den Rücken und teilte ihn quer durch, und sein Schwert versank bis zum Heft in den Boden. Da trat Buris Hjarandi entgegen, und sie begannen ihren Zweikampf mit so starken Schlägen, daß immer der erste die Oberhand zu haben schien.

Buris besaß die Zauberkraft, daß ihn kein Eisen biß, aber dem Hjarandi wurde der Schild weggehauen, und deswegen wurde er verwundet. Er packt nun sein Schwert mit beiden Händen und schlägt nach Buris und dieser Schlag kam dem Junker mitten ins Gesicht und brach ihm die Nase und Oberkiefer, und alle Zähne fielen ins Gras. Da wurde Hjarandi vom Blutverlust müde, und er fiel mit großen Wunden zu Boden, und nun überkam das Volk ein großer Schrecken.

16 *Vilmund greift in den Kampf ein*

In diesem Augenblick kommt Vilmund aus dem Wald in die Stadt zurück, und die Königstochter war geflohen und wollte sich verstecken. Vilmund erfährt nun, wie es steht, und die Leute sagten, sie glaubten, Hjarandi sei tot. Da ging Vilmund zum Schlachtfeld, und da waren schon alle auf der Flucht, aber als die Männer Vilmund erblickten, da faßte mancher wieder Mut, der vorher furchtsam gewesen war, und nun beginnt die Schlacht zum zweiten Mal, und jetzt war Vilmund der erste in der Schlachtreihe. Jetzt griff Buris ihn an und schlug nach ihm. Vilmund deckte sich mit seinem Schild, und der zerbarst bis zum Griff hinunter, aber die Schwertspitze traf ihn an der Stirn. Das war zwar eine kleine Wunde, aber sie blutete sehr. Vilmund drehte den Schild so heftig, daß Buris sein Schwert loslassen mußte. Vilmund schlug dem Buris mit beiden Händen die Axt vorne gegen die Brust, und der Hieb war so stark, daß Buris dabei zurücktaumelte, aber die Axt biß nicht. Da drehte Vilmund die Axt um und setzte Buris das stumpfe Ende ans Ohr, und sein Schädel zersprang in kleine Stücke. Da wurden seine Männer von panischer Angst ergriffen, und ihr Heer wandte sich zur Flucht. Aber Vilmund und die Stadtbewohner verfolgten sie bis zu den Schiffen, und einige ertranken, und andere wurden an Land niedergemacht, und sie ließen nicht eher ab, als bis das ganze Gesindel tot und kein einziger von seinen Männern übrig war. Aber die Beute, die sie machten in Gold und Silber, Waffen und Kleidung, Schiffen und Zelten, war so viel wert, daß niemand ihren genauen Wert beziffern könnte.

Vilmund durchsucht nun die Gefallenen und fand Hjarandi am Leben, wenn auch schwer verwundet. Er wurde nun heimgebracht, und seine Schwester begann ihn zu heilen, und bald war er außer Lebensgefahr.

Vilmund ließ die Stadt reinigen und die Toten aufs Meer hinaus bringen und versenken. Nun vergeht die Zeit, bis Hjarandi geheilt war.

17 *Svidi verläßt die Einsamkeit*

Vilmund teilt Hjarandi nun mit, daß er seinen Vater besuchen will. Hjarandi sagte, das solle er nur tun.

Nun sucht Vilmund Svidi auf und erzählt ihm, was ihm seit ihrer Trennung widerfahren war und lud ihn ein, mit ihm zu kommen und nicht länger so fern von den Menschen zu wohnen. Svidi nahm das Angebot an und gestand, er sei die Einsamkeit leid. Er begab sich nun mit Vilmund zum König und wurde zum Oberhaupt eines großen Gebiets eingesetzt, und man sah bald, daß er Land und Recht gut organisierte, und er war ein mächtiger Helfer.

Kämpfe gegen Kol

Nun setzt die Geschichte da wieder ein, wo Kol Kryppa im Wald war und viele Übeltaten beging, und er heerte im Land des Königs, verbrannte Burgen und Handelsorte und tötet Menschen und raubt Vieh. Der König spricht mit Hjarandi und bittet ihn, gegen Kol anzugehen, und er und Vilmund brechen nun in den Wald auf und machten sich auf die Suche nach Kol, und sie hatten sechzig Männer bei sich. Kol war zu der Zeit in eine Ansiedlung geritten und hatte eine Burg verbrannt und viel Besitz an sich genommen und er ritt nun mit seinen Knechten zurück in den Wald. Hjarandi und seine Leute kommen ihm nun entgegen, und sofort entwickelt sich ein Kampf. Kol und seine Leute greifen energisch an, und sie waren so zauberkundig, daß die Waffen von Hjarandis Männern kaum bissen, abgesehen von denen Vilmunds. Aber als der Kampf am heftigsten war, kamen aus dem Wald fünfzig Schweine heraus und greifen Hjarandis Männer an und reißen sie in Stücke, und wenn sie auch nach ihnen schlugen, so drehten sich die Schwerter doch vor ihnen nach oben. Dieser Angriff war hart und gefährlich, doch mit der Zeit fielen alle Sklaven Kols und ebenso alle Männer der Schwurbrüder. Da blieben zehn Schweine übrig. Kol läuft nun in den Wald.

Vilmund und Hjarandi waren beide verwundet, aber dennoch verfolgten sie Kol bis zur Burg, verloren ihn dort aber aus den Augen. Dann gingen sie nach Hause und waren sehr erschöpft, erholten sich aber schnell. Nun sammelt Kol erneut eine Mannschaft und bekommt zwanzig Leute zusammen, und er nimmt sein altes Treiben wieder auf, und jetzt noch schlimmer als vorher. Die Schwurbrüder ziehen zum zweiten Mal zum Wald gegen Kol und haben hundert Mann dabei, und sie werden gewahr, daß Kol zur Siedlung gegangen ist. Sie reiten nun zu ihm, und wieder kommt es zum Kampf zwischen ihnen. Wieder kann man sagen, daß Kol gewaltige Hiebe austeilte und die Schwerter von Hjarandis Männern stumpf machte. Da kommen die Schweine herbei und greifen sie an, und so endet dieses Spiel, daß alle Männer Hjarandis und Kols gefallen sind. Vilmund beginnt nun, mit den Schweinen zu kämpfen, und Hjarandi mit Kol. Er schlägt nun nach Kol, und zwar oben auf den Schädel, wie es sich ihm anbot, aber das Schwert sprang entzwei und biß nicht. Kol schüttelte mit dem Kopf und schlug nach Hjarandi, aber der drehte sich auf der Ferse um, und das Schwert kam in die Wade und schnitt sie bis ganz unten ab, und das war ein große Wunde. Hjarandi packte Kol am Ohr und zog ihm die ganze Wangenhaut ab, so daß die Zähne offen zu sehen waren. Da lief Kol in den Wald und floh. Vilmund hatte nun alle Schweine getötet außer der Sau. Sie entkam in den Wald und hatte Vilmund einen Finger abgebissen, und so trennten sie sich. Und sie berichten nun dem König, was sich getan hatte, und es schien ihm immer dasselbe mit der Bosheit Kols. Sobald Hjarandi aber geheilt war, brannte er darauf, sich an Kol zu rächen.

18 Vilmund besiegt Kol und Öskubuska

Es war eines Nachts, daß Vilmund erwachte, und Hjarandi war fort. Sofort springt er auf die Füße und nimmt seine Waffen. Dann geht er in den Wald, und als er in die Nähe von Kols Burg kommt, sieht er, wie Hjarandi und Kol auf einem Moor kämpfen, und die Wildsau kämpfte auf Kols Seite, und Hjarandi hatte schon drei Wunden erhalten, und er hatte sein Schwert zerbrochen, und nun nahm er einen so großen Stein, daß vier Männer ihn kaum würden heben können. Hjarandi warf ihn nach Kol, und er traf geradewegs auf seine Zähne, so daß Kol hintenüberfiel, und sein Genick prallte auf einen Stein, und der Schädel zersprang in Stücke, und so endete Kols Leben. Die Sau sprang Hjarandi so heftig an, daß er zur Erde fiel. In diesem Augenblick kam Vilmund hinzu und stieß mit dem Spieß nach der Sau, aber die ließ den Spieß an ihrer Schwarte abprallen und zerbrach ihn. Da ergriff Vilmund ihr Hinterbein und riß es so heftig an sich, daß ihr Bauch platzte und die Eingeweide herausfielen. Sie hatte dem Hjarandi ihre Zähne vorn an der Brust in die Rüstung geschlagen, so nahe dem Knochen, daß sie ihm eine Brustwarze abriß und seine Rippen offen dalagen, denn Vilmund zog so schnell, daß beide, Hjarandi und die Sau, gleichzeitig in der Luft waren. Nun starb die Sau, aber Hjarandi war kampfunfähig. In diesem Augenblick bekam Hjarandi einen so heftigen Hieb quer über die Schultern, daß er auf beide Knie fiel. Da drehte er sich um und sah, daß Soley, die Freundin Kols, gekommen war, und sie greift Vilmund nun heftig an, so daß er lange Zeit nicht anderes tun kann, als sich zu wehren. Er sieht nun, daß er nicht so leicht mit ihr fertig wird. Da greift er ihr ins Haar und windet es sich um seine Hand, mit der anderen aber nimmt er sein Kurzschwert und setzt es ihr so an den Hals, daß der Kopf abflog. Nun war er müde und erschöpft. Er legt nun Hjarandi auf seinen Schild und trägt ihn vom Wald nach Hause und in das Gebäude Vidbjod und bat Gullbra, ihn zu heilen. Er aber ging in den Palast und stellte den blutüberströmten Kopf Soleys vor dem König auf den Tisch und sagte: »Nun ist Kol Kryppa, dein Schwiegersohn, tot, der größte Übeltäter, den es je gab, und hier hast du den Kopf seiner Kebse, und diese Unholde werden deinem Reich nicht länger Verderben bringen.« Der König wurde über seine Worte so wütend, daß er seinen Männern befahl, aufzustehen und diesen Narren zu töten, der ihm die große Schande zugefügt hätte, einen solchen Kopf vor ihm auf den Tisch zu stellen: »Denn wenn ich auch meiner Tochter für ihre Schandtaten den Tod wünschte, so kann ich doch nicht dulden, daß ihr Blut über meinen Tisch rinnt, als wollte es mich zur Rache aufrufen. Deswegen soll mir Vilmund nicht unter die Augen kommen in dieser Stimmung.« Die Männer hatten es nicht eilig, gegen Vilmund vorzugehen, und er verschwand aus dem Palast und ließ sich von seinem Knappen sein Pferd bringen, und nun ritt er zu seinem Vater und sagt ihm, wie alles gekommen ist. Aber Svidi sagt, der König habe ganz recht, und es sei eine allzugroße Zumutung, einen solchen Kopf vor einen König auf den Tisch zu stellen. Vilmund bleibt nun bei seinem Vater, und dann nimmt er sich Pferde und viele Männer als Begleiter und reitet in die Burg, die Kol besessen hatte, und dort gab es von allem genug: Essen und Wein, Gold und Kostbarkeiten, und Vilmund blieb eine Zeitlang dort. Hjarandi erholt sich schnell von seinen Wunden. Aber als er mit seinem Vater zusammentrifft, macht er ihm Vorhaltungen wegen der Art, wie er sich von Vilmund getrennt hatte, aber der König sagt, er habe ihn so sehr herausgefordert, daß er es nicht habe ertragen können, aber Hjarandi sagte, er werde ihnen in der Acht sehr zu schaffen machen, wenn er sich dem Bösen verschreibe, und nach diesen Worten trennten sich Vater und Sohn.

19 Vilmund zum dritten Mal bei der Felsenhöhle

Einmal verließ Vilmund seine Burg, weil es ihm nach der Trennung von Hjarandi langweilig war. Er ging nun zu der warmen Quelle, zu der er damals gekommen war. Er sieht nun, wie drei Frauen von der Quelle zum Felsen gehen. Er stieg auf den Felsen, um zu hören, was sie redeten. Da begann die alte Frau zu sprechen:

»Was gibt es nun Neues, liebe Ziehtochter?«, sagt sie. »Es ist ja lange her, seit du mich das letzte Mal besucht hast.«

»Viele Neuigkeiten haben sich zugetragen«, sagt die andere. »Zuerst, daß Kol Kryppa und seine Frau Öskubuska getötet wurden, und man kann wirklich sagen, daß diese Tat notwendig war.«

»Wer hat es getan?«, fragt die Alte.

»Hjarandi und Vilmund«, sagte sie, »und zwar tötete Hjarandi den Kol, aber es hätte nicht viel gefehlt, und er hätte selbst sein Leben gelassen, wenn Vilmund ihm nicht geholfen hätte. Vilmund aber tötete Frau Öskubuska und erschlug die wilde Sau, die alle für unbesiegbar hielten, und das weiß ich sicher, daß man keinen kühneren Mann finden wird, als Vilmund einer ist. Aber er hat nicht den Lohn bekommen, der ihm nach seiner Meinung zustand, denn der König machte ihn zum Geächteten.«

»Was war der Grund dafür?«, fragt die Alte.

Die andere sagt ihr nun, wie es mit den beiden gegangen war.

»Gewiß wäre das, wie mir scheint, eine unerträgliche Zumutung Vilmunds gegenüber dem König gewesen«, sagt die Alte, »wenn es sich so verhalten hätte, wie der König glaubte. Aber jetzt ist es desto besser, daß es nicht so ist, aber wie lange willst du dich noch so verstecken, liebe Ziehtochter?«

»Ich habe es nicht eilig«, sagt sie, »mich zu erkennen zu geben. Das scheint mir ein weiteres erfreuliches Ereignis zu sein, liebe Ziehmutter«, sagt sie, »daß wir zwanzig Schiffe aufs Land zusegeln sahen. Die waren prächtig und gut ausgerüstet. Darunter ein Drache – so schön, daß ich vorher keinen vergleichbaren gesehen habe, und es schien allen, daß sie von weither kämen. Aber ich ging fort, bevor ich erfuhr, wer sie waren.« »Es dürfte wohl klar sein«, sagt die Alte, »daß da ein Freier für Gullbra gekommen sein wird.«

»Das wird eine harte Probe für Hjarandi und seine Fähigkeiten bedeuten«, sagte die andere, »er steht jetzt ja allein da, nachdem Vilmund nicht bei ihm ist.«

»Ich weiß nicht, was aus Hjarandis Ansehen wird«, sagt die Alte, »und was für eine Heirat Gullbra bestimmt ist. Es scheint mir auch wichtiger zu wissen, daß deine Heirat gut sein wird, und ich hielte es für besser, Vilmund bekäme dich zur Frau als Kol, wie die Leute geglaubt haben.«

»Gut schiene mir die Frau verheiratet, die Vilmund zum Mann hätte«, sagt das Mädchen. »Aber vorher, glaube ich, muß sich das Verhältnis zwischen ihm und meinem Vater so verbessern, daß sie miteinander Versöhnung feiern. Aber ich wollte doch nicht bei Vilmund in der Burg sein, auch wenn ich könnte, wenn er sich so aufführte wie Kol. Aber nun wollen wir erst einmal erfahren, was es zu Hause Neues gibt.«

Das Fenster schließt sich wieder, und Vilmund ging zu seiner Burg, und er hatte Kundschafter in der Stadt, um zu erfahren, was dort vorging.

20 Gudifreys Ankunft

Baldvini hieß ein König. Er herrschte über Galicia. Er war verheiratet mit einer Königin aus vornehmem Geschlecht und hatte mit ihr zwei Kinder: einen tüchtigen Sohn und eine schöne Tochter. Sein Sohn hieß Gudifrey. Er war ein tüchtiger Mann und wohlgesittet und den meisten Männern in allen Fertigkeiten überlegen. Er war so beliebt, daß ihn jedermann von Herzen gern hatte. Seine Schwester hieß Rikiza. Sie war außergewöhnlich schön und besser erzogen als irgendein anderes Mädchen in diesem Lande. Der König liebte seine Kinder sehr. Gudifrey zog mit einer großen Mannschaft auf einen Kriegszug, und das Unternehmen verlief gut. Er heerte im Austrveg. Er hatte von Gullbra gehört, und man hatte ihm viel von ihrer Schönheit berichtet. Er hatte auch von Hjarandis Bestimmungen bezüglich ihrer Heirat erfahren, und deshalb machte er sich auf nach Holmgard. Die Männer des Königs waren draußen, als die Schiffe in den Hafen segelten, und sie waren von ihrem Anblick sehr beeindruckt. Es waren zwanzig Langschiffe und ein Drachen, der oberhalb der Wasserlinie ganz vergoldet war. Die Leute meinten, nie schönere Segelschiffe oder kunstvollere Takelage gesehen zu haben, denn das ganze Tauwerk schien wie aus reinem Golde, und die Segel bestanden aus Streifen verschiedener Gewebe: Brokat und Seide und feines Baumwolltuch. Die Fremden liefen in den Hafen ein und brachten Zelte an Land, und die Leute waren nicht weniger beeindruckt, wie höfisch sie ihre Segel einholten und welch großer Glanz erstrahlte, als sie ihre Zelte aufschlugen, denn in alle Richtungen leuchteten die Karfunkelsteine, die in die goldenen Knöpfe eingesetzt waren, die aus ihren Zelten herausschauten. Sie berichten nun dem König, daß dort vornehme Männer aus fremden Ländern gekommen sein müßten. Da sagt er, er möchte gerne wissen, wer sie seien, und schickt Hjarandi zum Meer. Aber als er in die Nähe der Zelte kam, gingen ihm viele Männer entgegen, und da bemerkte er einen unter ihnen, der die anderen weit überragte.

Hjarandi begrüßt sie höfisch, und jene erwidern seinen Gruß. Er fragt, wer ihr Anführer sei, und jener schöne Mann sprach: »Gudifrey heiße ich«, sagte er, »und ich bin der Sohn des Königs Baldvini von Galicia.« »Wir möchten gerne wissen«, fragt Hjarandi, »welches Anliegen Euch mit einem so großen Heer in unser Land führt.« Gudifrey sagt: »Es scheint uns gut, gerüstet zu sein, wenn uns jemand übel will. Aber unsere Streitmacht soll euch keinen Schaden zufügen, denn wir wollen Frieden halten und vom König die Erlaubnis bekommen, uns auf dem Markt mit Proviant einzudecken.« Hjarandi sagte: »Unser Markt steht Euch zur Verfügung, aber der König hieß mich zu dir zu gehen, um Euch zu sagen, daß er Euch, wenn Ihr es annehmen möchtet, für drei Tage mit so vielen Männern, wie Ihr wollt, zu sich einlädt.« »Das wollen wir gerne annehmen«, sagt Gudifrey, »und morgen werden wir dorthin kommen. Ist denn der Königssohn Hjarandi im Lande, dessen Tapferkeit so gerühmt wird?«

»Gewiß ist er im Lande«, sagt Hjarandi, »er spricht ja in diesem Augenblick mit Euch.«

»Du wirst sehr gelobt«, sagt Gudifrey, »und ich habe von dir den Eindruck, daß das alles wahr sein wird, was man Gutes von dir erzählt, und komm in unser Zelt und trinke mit uns.«

Das tut Hjarandi nun, und es wurde aus nicht anderem als Goldbechern getrunken, und Hjarandi war von Art und Auftreten dieser Männer sehr beeindruckt. Aber als es ihm an der Zeit schien, bat er, nach Hause gehen zu dürfen, und berichtete dem König, daß da ein Königssohn aus Galicia gekommen sei, »und wir nehmen an, daß sie ein wichtiges Anliegen haben, auch wenn sie es uns noch nicht gesagt haben, und morgen werden sie hierherkommen.«

Der König fragt, welchen Eindruck er von diesen Männern habe, und Hjarandi antwortete, er habe weder einen stattlicheren Mann noch eine höfischere Dienerschaft gesehen, und nun verging die Nacht, aber am Morgen kam Prinz Gudifrey mit sechzig Männern zum Palast, und sie waren alle schön und prächtig gekleidet. Hjarandi ging ihnen entgegen und geleitet sie vor den König, und der König heißt seine Gäste willkommen und setzt sich auf seinen Thron und Gudifrey zu seiner Seite, und viele vornehme Männer saßen am Tisch des Königs. Hjarandi saß auf einem vergoldeten Stuhl, und alle waren sich einig, daß noch nie ein schönerer Mann als Gudifrey dorthin gekommen war. Sie tranken nun fröhlich.

21 Gudifrey und Hjarandi messen sich

Da wandte sich der König Gudifrey zu und fragt ihn nach Familie und Erbland und was das Ziel seiner Reise sei, und Gudifrey antwortet: »Ich bin der Sohn des Königs Baldvini von Galicia, aber weil wir weit im Westen der Welt wohnen, haben wir den Wunsch, den Osten und die Lebensweise fremder Menschen kennenzulernen und mit den dortigen Herrschern bekanntzuwerden. So haben wir auch erfahren, daß Ihr eine schöne Tochter habt, und wir möchten sie gerne sehen, wenn Ihr oder ihr Bruder nichts dagegen habt. Wir haben ebenfalls erfahren, daß Hjarandi, Euer Sohn, ein großer Athlet ist, und wir sind gleich alt, aber ich kann mich an athletischen Fähigkeiten sicher nicht mit ihm vergleichen. Es wurde uns aber berichtet, daß seine Schwester nur einem Mann verheiratet würde, der sich mit ihm messen könne, aber uns scheint das keine Schande, gegen einen solchen Mann zu unterliegen.«

Hjarandi sagte: »Ihr seid zu bescheiden, aber ich werde mich daran halten, was ich wegen Gullbra angekündigt habe.«

»Ich würde mich freuen«, sagt Gudifrey, »alle Art Kurzweil mit Euch zu treiben, sei es Werfen oder Fechten. Ich weiß, daß Eurer Schwester jede gute Wahl recht ist, welche Disziplinen wir auch erproben, aber faßt es nicht so auf, als ob ich besonderen Eifer oder Ehrgeiz gerade in diese legte.«

»So soll es geschehen«, sagt Hjarandi, »und ich halte es für angebracht, daß wir unsere Fertigkeiten anderen zur Unterhaltung erproben.«

Am nächsten Tag gingen sie auf einen großen Platz, und dort war ein sehr hoher Pfahl aufgestellt. Auf diesen legte Hjarandi einen Apfel und dann nahm er seinen Speer, mit dem er und Vilmund damals geworfen hatten. Dann schoß er den Apfel vom Pfahl herunter, und allen schien dieser Schuß wie ein Wunder. Nun wird der Apfel wieder aufgelegt. Gudifrey ging hinzu und setzte eine Schachfigur auf den Apfel, und dann schoß er aus derselben Entfernung wie Hjarandi auf die Schmalseite der Figur, so daß sie herunterfiel, der Apfel aber blieb ruhig liegen und alle lobten diesen Schuß.

Danach versuchten sie sich im Armbrustschießen und in anderen Zielübungen, und sie waren beide so gleichwertig, daß man keinen Unterschied feststellen konnte.

Nun kam Vilmunds Kundschafter zu ihm und sagt ihm, was sich mit den Königssöhnen ereignet hatte und daß er noch nie einen solchen Mann gesehen habe. Vilmund hieß ihn zurückgehen und Hjarandi sagen, er solle sich mit Gudifrey in allen Sportarten erproben, außer im Zweikampf.

Aber am Morgen wurden für sie Pferde mit kostbarem Zaumzeug zum Ausritt fertiggemacht, und sie selbst waren überaus gut bewaffnet. Dann nahmen sie starke Turnierlanzen und sprangen auf ihre Pferde und ritten los zum Platz. Hjarandi kam als erster an, und er nahm einen dicken Goldring und ließ ihn auf dem Weg weiterrollen und dann galoppiert er mit voller Geschwindigkeit hinter ihm her, und als er ihn erreicht, sticht er mit seiner Lanze hindurch und reißt ihn zu sich empor, ohne das Pferd zu verlangsamen. Der Ring steckte vorne an der Lanze, und als er sie im Kreis schwang und der Ring abflog, fing er ihn mit der Lanze auf, bevor er den Boden berührte.

Nun kommt Gudifrey auf den Platz, und er hatte einen Glaskelch in der Hand, gefüllt mit Wein. In der anderen Hand hielt er eine goldene Schale. Er reitet mit seinem Pferde, so schnell er konnte, aber seine Turnierlanze liegt in seinem Schildhaken. Das Pferd läuft, so schnell es konnte, aber Gudifrey schenkt die Schale voll und reitet dann zu Hjarandi und reicht sie ihm, ohne das Pferd anzuhalten. Hjarandi nahm die Schale und trank aus ihr, dann wirft er Gudifrey den Ring zu, und der fing ihn in der Luft auf, und keiner zügelte sein Pferd, und sie ritten bis ans Ende der Bahn, wendeten sofort ihre Pferde und sprengten aufeinander zu, und nun tauschten sie

Ring und Schale und dann stießen sie einander so hart auf die Schilde, daß die Lanzenschäfte in Stücken weit über ihre Köpfe flogen; und so beendeten sie ihr Turnier, und der König wollte nicht, daß sie sich länger maßen.

Nun teilt Hjarandi dem Boten Vilmunds mit, er wolle zwischen ihm und seinem Vater eine Versöhnung zustandebringen, aber der Diener antwortet, Vilmund wolle das nicht, habe aber gebeten, daß er ihm beistehe, wenn er vor den König träte. Hjarandi erklärt sich einverstanden. Dann gehen sie zum Palast und maßen sich im Schachspiel, und sie waren einander auch hier so gleichwertig, daß man keinen Unterschied feststellen konnte, und so geht nun das Fest zu Ende. Aber am letzten Festtag bat Gudefrey, die Königstochter sehen zu dürfen. Hjarandi sagt, er wolle das aus Freundschaft erlauben, und nun wurde nach ihr geschickt, und sie wurde unter schönem Saitenspiel hereingeführt. Und obwohl es auch vorher schon hell in der Halle und überaus leuchtend war, so strahlte sie doch jetzt gewaltig auf, als die Königstochter hereinkam. Und da richtete Gudifrey die Frage an den König und an Hjarandi, ob sie ihm die Jungfrau zur Ehe geben wollten, aber Hjarandi sagt, daß ihr eigener Wille den Ausschlag geben solle, und sie wiederum erklärte, sie wolle sich nicht dem widersetzen, was sie wünschten.

Hjarandi schickt nun einen Mann zu Vilmund, um ihn zu fragen, was er in dieser Sache für ratsam halte. Vilmund antwortet, er hielte es für am besten, den Mann nicht abzuweisen, und sagte, Hjarandi könne seine Schwester nicht ihr ganzes Leben lang in Verwahrung halten, und er trug dem Diener auf, Hjarandi mitzuteilen, er werde zur Hochzeit kommen, wie auch immer seine Begegnung mit dem König ausfalle.

22 *Gudifreys Werbung hat Erfolg*

Am nächsten Morgen sagt Gudifrey, er wolle eine Entscheidung über seine Werbung und nicht länger darauf warten. Sie gingen nun zur Burg der Königstochter und besprachen die Angelegenheit mit ihr, und sie antwortete höfisch auf alle Fragen, sagte aber doch, es würde ihr sehr schwerfallen, fern von ihren Verwandten in ein unbekanntes Land zu ziehen. »Wir wollen wissen«, sagt sie, »was Ihr uns zuliebe tun wollt.«

»Worum bittet ihr, Herrin?«, fragt Gudifrey.

»Uns wurde gesagt«, sprach sie, »daß ihr eine Schwester habt, die Rikiza heißt, und wenn ihr die unserem Bruder zur Frau geben wolltet, schiene uns dies eine sehr gute Abmachung.«

Der Königssohn antwortet: »Wir haben ganz und gar nichts dagegen, aber euer Bruder scheint uns selbst am besten dazu geeignet, um diese Frau anzuhalten.«

Ob man hierüber nun viele oder wenige Worte wechselte, jedenfalls wurde am Ende Jungfrau Gullbra mit dem Königssohn Gudifrey verlobt, und ihre Hochzeit sollte nun gleich stattfinden, und in der Stadt wurden sogleich umfangreiche Vorbereitungen getroffen. Der König lud seine Freunde und viele große Herren zu sich ein, und es währte einen ganzen Monat, daß Menschen aus allen Himmelsrichtungen zur Stadt zogen.

Die Leute wunderten sich sehr, daß die Magd Öskubuska verschwunden war, und niemand wußte, was aus ihr geworden war, und nun vergeht die Zeit bis zum Hochzeitstag, und da fehlte es in der Königshalle nicht an Musikinstrumenten aller Art, und den Fürsten wurden ihre Sitze angewiesen, und Hjarandi kümmerte sich hier um alles.

23 Vilmund zum vierten Mal an der Höhle

Nun ist darauf zurückzukommen, daß Vilmund in der Burg saß. Es trieb ihn in den Wald hinaus. Er befahl seinen Leuten, zur Stadt zurückzukehren und dort auf ihn zu warten, damit niemand wisse, wo er sei. Er aber ging zu derselben Sandebene, die wir bereits vorher erwähnt haben. Er steigt nun auf den Felsen, der war aber jetzt geschlossen. Da klettert er wieder hinunter und ging dorthin, wo er die Tür vermutete, und er schlug nun kräftig dagegen und forderte Einlaß, wenn etwas Lebendiges darinnen wäre, »sonst werde ich den ganzen Felsen zertrümmern.«

Nun wurde der Felsen geöffnet, und es kam eine recht betagte Frau heraus. »Wer bist du«, fragt sie, »daß du auf diese Weise Einlaß begehrst?«

»Vilmund heiße ich«, sagt er, »und wie heißt du?«

»Silven«, sagt sie, »bist du Vilmund Vidutan?«

»So hat man mich genannt«, sagt er.

»Soviel habe ich erfahren«, sagt sie, »daß du größere Heldentaten vollbracht haben dürftest, als meinen Felsen zu zerbrechen.«

»Wer ist sonst noch hier?«, fragt er.

»Wir sind hier zu dritt«, sagt sie, »und ich bin hier die Hausherrin, aber du wirst uns doch nicht unsere Freiheit nehmen, wenn wir dich einlassen?«

»Wir werden schon gut miteinander auskommen«, sagte er.

Sie gingen nun in den Felsen hinein. Die Frauen, die darinnen waren, begrüßen den Mann nun. Er setzt sich nieder, und es gefiel ihm, als er sich umsah. Sie fragten, welche Neuigkeiten er berichten könne. Er sagte: »Ihr braucht mich nicht nach Neuigkeiten zu fragen, denn ihr wißt besser, was in der Stadt vorgeht, als ich.«

Silven antwortet: »Du bist oft zu unserem Felsen gekommen, und ich glaube, daß du über die meisten Dinge Bescheid weißt, die dich interessieren.«

»Nur ein Sache bleibt«, sagt er, »die ich unbedingt wissen möchte.«

»Welche denn?«, fragt sie.

»Was für Frauen ihr seid«, sagt er, »und warum ihr hier wohnt.«

»Es soll nicht verheimlicht werden«, sagt Silven, »daß dies meine Tochter ist, die hier steht. Aber jene, die auf dem Podest sitzt, ist meine Ziehtochter Soley, die Tochter des Königs Visivald.«

»Da hat man sich aber sehr falsche Vorstellungen gemacht«, sagt Vilmund, »denn seit langer Zeit heißt es allgemein, daß sie bei Kol Kryppa in der Burg lebe und mit seinen Untaten einverstanden sei.«

»Zum Glück ist das nicht wahr«, sagt Silven, »sie hat vielmehr mit der Magd Öskubuska das Aussehen getauscht und seither ihre Arbeit verrichtet. Sie hat auch Beweise dafür gefunden, daß du ihr in der Küche einmal nahegekommen bist.«

Dann nahm sie einen Fingerring und sprach zu ihm: »Erinnerst du dich, wo du diesen Ring zum letzten Mal gesehen hast?«

»Ich würde die Hand wiedererkennen«, sagt Vilmund, »und auch die Augen.«

Da zeigte Silven ihm die rechte Hand ihrer Ziehtochter, und er sah an ihren Fingern die Stellen, an denen er mit seinen Fingern die Haut gelöst hatte, und es waren weiße Narben zurückgeblieben.

Vilmund sagte: »Ich erkenne diesen Ring wieder und auch die Hand und ebenso die Augen, und die sah ich zum ersten Mal in dieser Felsenhöhle, und das kann ich damit beweisen, daß ich einen goldenen Schuh an der Quelle hier in der Nähe gefunden habe. Erinnert ihr euch, Jungfrau, an die Worte, die ihr gesprochen habt, als ihr seinen Verlust bemerkt hattet?«

Da errötete Soley, aber Silven sagte: »Du brauchst nicht rot zu werden, meine Ziehtochter, denn es ist nicht sicher, daß dir ein tüchtigerer Mann begegnen wird. Du hast ja selbst gesagt, die Frau schiene dir gut verheiratet, die Vilmund hätte.«

Da sagte er: »Macht euch auf der Stelle bereit, wir wollen heimgehen zum Palast, und allzu lange schon hat man dem König die Wahrheit über seine Tochter vorenthalten.«

Silven sagt, es solle nach seinem Wunsch gehen, und die Frauen nehmen nun ihre besten Zelter und reiten heim zur Stadt, zur selben Tageszeit, als Gullbra mit ihrer Schar in die Halle geleitet wurde. Vilmunds Leute kamen ihm nun entgegen. Als aber die Männer sich gesetzt hatten und man mit dem Trinken begonnen hatte, kam Vilmund in die Halle und trug Soley auf dem Arm, insgesamt waren sie sechzig. Vilmund trat vor den König und sprach: »Sieh genau hin, König, ob hier nicht deine Tochter Soley gekommen ist, oder ob sie etwa draußen bei Kol Kryppa gelebt hat, den du für deinen Schwiegersohn gehalten hast, einen, der damals freilich gut zu dir gepaßt hätte, und passe nun gut auf deine Tochter auf, aber ich werde dir fürs erste keine Ungelegenheiten durch meine Anwesenheit machen. Aber wenn wir uns wiedersehen, wirst du gewahr werden, wen du geächtet hast.« Dann wendet sich Vilmund voller Zorn zum Gehen.

24 *Vilmunds Versöhnung mit dem König und Ende*

Da sagte Hjarandi zu seinem Vater: »Ich finde es nicht ratsam«, sagte er, »daß Vilmund jetzt so fortgehen soll, ohne daß ihr euch versöhnt habt, denn er dürfte dir in der Acht sehr gefährlich werden. Und du weißt ja selbst, daß wir ihm alle den Tod wünschten, als er zum ersten Mal zu uns kam, aber er hat uns das Leben geschenkt und uns in vielen Gefahren beigestanden und nie einen Lohn von uns erhalten.«

»Was willst du da nun machen?« fragt der König.

»Du sollst ihm deine Tochter anbieten«, sagt Hjarandi, »und ein Drittel von Gardariki und einen Titel nach seinen Wünschen.«

»Das ist kaum ohne Demütigung für uns«, sagt der König.

»Ihm hat man keine geringere Schmach angetan, als er geächtet wurde, dabei hatte er zuvor dein Reich gerettet«, sprach Hjarandi.

»Dann verfahre nun damit, wie du willst«, sagt der König.

»Dann steht nun auf und folgt mir«, sagt Hjarandi.

Der König zögert nicht, und nun sprangen alle auf, die drinnen waren, und gingen mit ihm hinaus. Vilmund war bereits aufs Pferd gestiegen. Hjarandi griff in die Zügel und sagte: »Um unserer Freundschaft willen«, sagte er, »versöhnt euch mit meinem Vater, denn er will euch ein gutes Angebot machen.«

»Ich will es dir zu Liebe tun«, sagt Vilmund, »aber ohne dich wäre er nun tot.«

Da sprach der König: »Vilmund«, sagte er, »geh nicht fort, denn wir wollen das, was wir dir Übles angetan haben, mit Gold und Kostbarkeiten wiedergutmachen, und dazu will ich dir meine Tochter Soley und ein Drittel von Gardariki geben und einen Titel, den du dir selbst wählen kannst.«

Vilmund antwortet: »Von allen Frauen liegt mir an Soley am meisten, und von allen Männern ist Hjarandi der, für den ich alles tun würde, und deswegen will ich mit seinem Einverständnis diese Versöhnung annehmen.«

Dann stieg Vilmund vom Pferd und wurde in die Halle geleitet, und nun wurde mit Soley über diese Abmachungen gesprochen, und sie stimmte nur zu gerne zu. Nun verlobt sich Vilmund mit Soley und bekam dazu ein Drittel von Gardariki und den Titel eines Herzogs, und nun sollen beide Hochzeiten zugleich stattfinden, und sie wurden mit außerordentlicher Pracht gefeiert.

Aber am Ende des Festes wurden alle mit wertvollen Geschenken entlassen, und der König händigte die Mitgift seiner Töchter aus. Gudifrey kehrte heim nach Galicia, und als er ankam, war sein Vater gestorben. Da wurde er König über das Reich. Vilmund übernahm das Herzogtum, das ihm im Gardariki am ertragreichsten schien und baute sich dort eine starke Burg. Hjarandi blieb eine Zeitlang bei seinem Vater, bis König Visivald von einer Krankheit befallen wurde, die zu seinem Tode führte. Hjarandi ließ ihm ein ehrenvolles Begräbnis bereiten und lud dazu seinen Schwager Vilmund ein, und das Fest nahm einen guten Verlauf.

Und als es beendet war, machten sie sich auf den Weg nach Galicia, und als König Gudifrey das erfuhr, zogen er und Gullbra ihnen mehr als sechzig Meilen von ihrer Stadt aus entgegen und geleiteten sie unter großen Ehren in die Stadt und bereiteten ihnen ein würdiges Fest, und sie blieben das ganze Halbjahr dort, und ihre Freundschaft war so groß, daß keiner meinte, sich vom anderen trennen zu können. Aber bevor sie abreisten, verheiratete König Gudifrey Hjarandi mit seiner Schwester Rikiza, und sie bekam als Mitgift das Reich, das Gullbra im Osten in Gardar besessen hatte, aber König Gudifrey nahm sich statt dessen das Reich, das Rikiza in Galicia besessen hatte. Und nach dem Ende des Festes machten sich Hjarandi und Vilmund zur Rückkehr nach Gardariki bereit mit vielen großen Kostbarkeiten und herrlichen Geschenken, die König Gudifrey ihnen gegeben hatte. Aber bei ihrem Abschied war kein Mann so gefühllos, daß er sich der Tränen hätte erwehren können, als er sah, wie nahe diesen engen Gefährten und Freunden diese Trennung ging.

Nun kamen Vilmund und Hjarandi zu ihren Besitzungen nach Hause und setzten sich über ihre Reiche und regierten so lange, wie ihnen das Leben vergönnt war.

Und so beenden wir die Geschichte von Vilmund Vidutan mit dem Schlußwort des Schreibers, daß der Vorleser und die Zuhörer und alle, die nicht so reich sind, daß sie dem König Steuern zu zahlen haben, der Öskubuska auf den Arsch küssen sollen. [Und nehmt euch alles, was danebenging, als Kol Kryppa sie besprang, und lebt in dem Frieden, den sie euch gibt.] Valete.

Die Saga von König Flores und seinen Söhnen

Übersetzung von Gert Kreutzer

1 Prolog: Die verschiedenen Arten von Sagas

Wenn es die Menschen verlangt, alte Geschichten zu hören, dann hat man zuerst darauf zu achten, daß die meisten Sagas ein bestimmtes Thema haben. Einige handeln von Gott und seinen Heiligen, und man kann von ihnen eine große Belehrung erhalten. Es gibt aber viele, denen solche Heiligensagas wenig unterhaltsam scheinen. Andere Sagas handeln von mächtigen Königen, und man kann von ihnen höfische Sitten lernen oder wie man mächtigen Herrschern dienen soll. Eine weitere, dritte Gruppe von Sagas handelt von Königen, die in große Gefahren geraten und diese mehr oder weniger gut bestehen, je nach ihrer Tüchtigkeit.

Es entspricht aber der Art vieler Menschen, daß sie die Sagas erlogen nennen, die sich von ihrer eigenen Natur entfernen. Das rührt daher, daß ein schwacher Mensch nicht einsehen kann, wieviel die vermögen, die stark sind und obendrein ausgezeichnete Waffen besitzen, die alles durchschneiden.

Wir können auch viele Beweise dafür finden, was starke Männer mit den Steinen geleistet haben, die sie hochgestemmt, oder den schweren Waffen, die sie getragen haben. Man kann auch nicht in Abrede stellen, was das Glück dem gewähren kann, den es auszeichnen will.

2 König Flores von Traktia wird nach Afrika verschlagen

Hier beginnt nun eine abenteuerliche Geschichte von einem König mit Namen Flores. Er herrschte im Osten über Traktia. Das ist eine Stadt, groß an Reichtum und Einwohnerzahl. Außerdem beherrschte er das ganze Tattariareich und viele andere Länder im Austrveg. Dieser König Flores hatte gerade sein väterliches Erbe angetreten. Er war ein großer und starker Mann, schön anzusehen und in allen Sportarten geschickt, voller Tatkraft und Ehrgeiz und ein großer Krieger, großzügig mit Geld gegen seine Freunde. Er mehrte sein Reich auf vielerlei Art und führte ausgedehnte Feldzüge durch ferne Länder, durch Saxland und Frakkland und bis ganz nach Spania. Er war siegreich und wurde deshalb weitberühmt.

Seine Freunde sprachen ihm oft zu, sich eine passende Frau zu suchen, er aber sagte, er habe noch keine gesehen, die ihm ebenbürtig sei oder ihn glücklich machen könnte.

So geht es nun mit ihm die nächsten fünf Jahre, und er gewinnt so viel Geld in Gold und Silber, daß seine Schiffe voll beladen sind und er sich manchen Fürsten untertan gemacht hat. Schließlich will er zu seinem Land heimsegeln. Und als sie auf dem Meer sind, überfällt sie große Dunkelheit und Unwetter, und sie verlieren ihren Weg und wissen nicht, wohin sie fahren. Zwei Monate treiben sie so auf dem Meer. Aber dann kommt Land in Sicht, und sie sind nach Afrika geraten, in die Nähe der Stadt, die Kartagia heißt. Auf ihren Schiffen herrscht breits ein großer Mangel an Trinken und Essen.

3 Abel von Lungbardi als Geisel bei König Kastus von Kartagia und seiner Tochter Elena

Zu jener Zeit herrschte über Kartagia ein König, der Kastus hieß. Er war ein mächtiger Herrscher, so daß ihm fast ganz Afrika untertan war. Seine Königin war gestorben, aber sie hatten eine Tochter. Sie hieß Elena und war schön und höfisch, klug und beliebt, aber sehr eigensinnig, wenn ihr etwas nicht behagte. Mächtige Fürsten hielten um ihre Hand an, aber der König wollte sie nicht verheiraten, denn er liebte seine Tochter über alle Maßen.

Dieser Kastus führte einen langwierigen Krieg gegen einen mächtigen Herzog von Lungbardi, aber schließlich schlossen sie Frieden, und der Herzog gab ihm seinen Sohn Abel als Geisel. Der war intelligent und höfisch und sehr geschickt in allen Fertigkeiten und so geschätzt, daß alle ihn liebten. Er hatte lange eine gutes Verhältnis zum König. Er und die Königstochter waren etwa gleichaltrig, und sie verstanden sich gut. Etwas später starb der Herzog, der Vater Abels. Als der König dies erfuhr, rief er Abel zu sich und sagte zu ihm: »Soeben haben wir erfahren, daß dein Vater gestorben ist. Das bedeutet für uns einen schmerzlichen Verlust, denn mit ihm haben wir einen guten Freund verloren. Dein Dienst hier ist mir aber immer eine große Aufheiterung gewesen, seit du hierhergekommen bist. Nun will ich Euch heimsenden, damit Ihr das Reich übernehmt, in dem Ihr geboren seid, und den Herzogstitel dazu.«

Abel dankt ihm mit wohlgesetzten Worten diese und andere Ehren, und nun wird seine Fahrt mit ehrenvoller Begleitung vorbereitet. Alle wollen ihn begleiten. Und als er fertig ist, geleitet ihn der König zum Schiff. Bevor sie sich trennen, sagt Abel zu ihm:

»Da ist noch eine Sache, um die ich Euch bitten möchte: Verheiratet Eure Tochter nicht gegen ihren Willen.«

Der König erwidert, das sei ohnehin nicht seine Absicht. Und dann scheiden sie in Freundschaft. Abel segelt heim nach Lungbardi und übernimmt sein Reich, und alle freuen sich über ihn. Er wird schnell beliebt und wählt sich höfische Gefolgsmänner, welche die Gesetze des Landes beherrschen. – Lassen wir ihn nun in Ruhe sitzen, und greifen wir ein anderes Thema auf!

4 Flores kommt nach Kartagia und wirbt vergeblich um die Königstochter Elena

Nun dauert es nicht lange, bis Kastus erfährt, daß eine große Schiffsflotte in seine Häfen gekommen ist, und er zieht Erkundigungen ein, wie es um ihre Ankunft stehe. Flores teilt den Boten mit, es sei gar nicht geplant gewesen, dorthin zu kommen, er wolle wieder fort, sobald sich die Gelegenheit biete. Er bittet aber um die Erlaubnis, etwas bei ihren Landsleuten einzukaufen, »denn wir haben genügend Gold, um es zu bezahlen.« Die Boten gehen und melden ihrem König, was sie erfahren haben: Jener König heiße Flores und sei von Osten aus der Stadt Traktia gekommen, »und er will hier Frieden haben und wieder fortsegeln, wenn er guten Wind hat.«

Dies trägt der König nun seinen Freunden vor, und die meisten raten ihm dringend, sich freundlich gegen diesen Fürsten zu verhalten, der von so weit hergekommen ist. Der König läßt ihnen nun einen Markt errichten, König Flores aber lädt er zu sich ein, mit so vielen Männern, wie er wolle und ohne Bezahlung. Diese Einladung nimmt König Flores an, und er bleibt mit großer Freude einen halben Monat lang. Es war ein schönes Fest, und die Könige verstanden sich sehr gut.

Auf diesem Fest sah König Flores Jungfrau Elena, die Königstochter, und sie gefiel ihm ausnehmend gut. Er bat den König um ihre Hand, er möge ihm seine Tochter zur Frau geben. Der nahm die

Bitte zögernd auf und sagte: »Ohne Zweifel schiene mir die Frau gut verheiratet, die du bekommst, aber es haben schon Männer um sie geworben, die große Länder besitzen und deren hohe Herrschertugend uns bekannt ist, und doch hat es uns nicht gut geschienen, sie zu verheiraten. Dabei liegt uns ihr Machtbereich näher als sie in unbekannte Länder zu verheiraten, an Männer, von denen wir nichts Genaues wissen.« Flores mußte sich für diesmal mit dieser Antwort zufriedengeben. Dennoch brachte er die Sache gegenüber der Jungfrau zur Sprache. Sie antwortete ihm höfisch, bat ihn aber dennoch, sich lieber eine andere Frau zu suchen, »denn ich möchte nicht in ein anderes Land heiraten.« So schloß ihr Gespräch.

König Flores ließ keine Reaktion erkennen, aber diese Worte hatten ihn doch sehr getroffen. Er wartet nun ab, bis er Fahrtwind bekommt. Dann setzen sie die Segel und bereiten sich auf die Abreise von Afrika vor. Sie bedanken sich beim König und tauschen dabei Geschenke aus. Dann sticht König Flores in See.

Etwas später plant König Kastus eine Reise von Kartagia hinaus nach Alexandria in die entfernten Gebiete seines Reiches und sagt, er werde frühestens in drei Jahren zurück sein. Sobald er fertig ist, reist er ab. Seine Tochter Elena aber bleibt zurück und außerdem viele vornehme Männer zum Schutz der Stadt und des Reiches.

5 *Flores erobert Kartagia und entführt Elena*

Nun ist von König Flores zu berichten, daß der günstige Wind nachließ, nachdem sie anderthalb Tage gesegelt waren, und Gegenwind aufkam. Sie warfen Anker an einer Insel, die Sikiley heißt, und lagen dort zwei Monate. Da erinnert sich König Flores an die Antworten, die König Kastus und seine Tochter ihm gegeben hatten. Er setzt sich nun in den Kopf, umzukehren und sie und das Reich mit Gewalt zu erobern. Das trägt er nun seinen Männern vor, und sie erklären, sie wollten ihm folgen.

Bald darauf lichten sie die Anker und segeln nach Kartagia zurück. Da war König Kastus schon seit einem halben Monat fort. Sie kamen völlig unerwartet und umzingelten die Stadt. Die Bewohner merkten nichts, bis die Stadt schon voller Feinde war. Jetzt erschallten die Alarmtrompeten in der ganzen Stadt, und man hörte großen Waffenlärm. Die Bewohner wehrten sich, aber es gab auch viele, die in Furcht gerieten, und es kam bald zur Entscheidung. Die meisten Städter fielen, aber einige ergaben sich auch. Die Sieger brachen die Burg auf, in der sich die Königstochter aufhielt, und brachten sie in ihre Gewalt. Sie plünderten die Stadt und brachten alles Wertvolle auf die Schiffe, ebenso die Königstochter. Sie stachen in See, als sie Fahrtwind bekamen.

Die Königstochter war darüber sehr unglücklich und nahm von niemanden Essen oder Trinken an. Der König wollte sie besänftigen und bot ihr alle Ehren an, die er ihr bieten konnte. Aber sie wollte sich nicht beschwichtigen lassen, nicht einmal die Augen erheben, um ihn anzublicken. Er aber liebte sie so sehr, daß er keinen Schlaf und keine Freude finden konnte. Er bestimmte nun Männer, daß sie für ihn ein gutes Wort einlegen sollten, aber hatte keinen Erfolg. Nun geht es, wie das Sprichwort sagt, daß Maßnahmen aus Verzweiflung hart sind. Der König läßt sie zu sich aufs Achterdeck bringen und nimmt ihr, ob sie nun will oder nicht, ihre Jungfernschaft. Ihre Einstellung verändert sich dadurch nicht zum Besseren, und sie hegt seitdem nicht weniger Grimm gegen den König. Aber weise Männer redeten ihr gut zu, sie solle doch ihr Leben nicht wegwerfen, und so kam es, daß sie wieder Essen annahm. Darauf begann sie schnell, sich zu erholen. Aber keinen einzigen Tag war sie freundlich zum König. Sie zeigte auch keinen guten Willen und wollte kein Wort mit ihm reden. Die Männer bemerkten aber, als die Zeit verging, daß ihre Verbindung nicht folgenlos geblieben war, denn ihr Leib begann anzuschwellen.

Flores kehrt in seine Stadt Segris zurück und vertraut Elena einem Markgrafen an

Der König segelte nun weiter, bis er heim zu seinem Land kam, und landete bei der Stadt, die Segris heißt. Über die herrschte ein Markgraf. Er war ein Schwestersohn des Königs Flores, ein guter Herrscher, klug und gutwillig und ein sehr tapferer Mann. Er begrüßte den König freundlich und richtete dort das schönste Willkommensfest ein. König Flores erzählte dem Markgrafen, seinem Neffen, was sich auf seinen Reisen ereignet hatte, und von seinem Verhältnis zur Königstochter Elena, und wie widerborstig sie gegen ihn war. Er bittet ihn, sich dafür einzusetzen, daß ihr Verhältnis besser würde, denn, so sagte er, er habe sie lieb und könne sie nie vergessen.

Der Markgraf antwortete: »Darüber braucht man sich nicht zu verwundern, daß es ihr Herz bedrückt, daß sie mit Gewalt von ihrer Familie geraubt wurde. Mir scheint aber, daß euer Zusammensein nicht folgenlos geblieben ist, und jetzt kommt es vor allem darauf an, sie ehrenvoll zu behandeln und ihr vornehme Frauen zu beschaffen, die ihr dienen sollen. Es kann ja sein, wenn sie Euer schönes Kind sieht und Eure Fürsorge, daß ihr dann unter Vermittlung und Fürsprache weiser Männer Freunde werdet. Aber jetzt ist es dringend an der Zeit, daß Ihr etwas für Euer Reich tut und Fürsten einsetzt, denn Ihr wart solange außer Landes, daß mancher von denen Eurer Hilfe bedarf, die Euer Reich verwalten. Eure Frau aber gebt einem von ihnen in Obhut, zu dem ihr festes Vertrauen habt.«

Der König sagte, dies scheine ihm ein guter Rat, »aber ich sehe niemanden, der besser dafür geeignet wäre als du, denn dir vertraue ich am meisten. Du scheinst mir am besten geeignet, sie in Obhut zu nehmen, und dich werde ich für sie auswählen. Es ist mir sehr wichtig, daß Ihr es an nichts fehlen laßt, dessen sie bedürfen könnte. Aber nehmt von uns an Hilfe und Geld, was Ihr braucht, wenn irgendein Krieg Euch beunruhigt, und meine gesamte Reichsverwaltung lege ich in Eure Hände.«

Der Markgraf aber versprach, all die Dinge zu tun, die der König von ihm wollte. Der bereitete nun seine Abreise vor, und als er fertig war, ging er zu Frau Elena und sprach wie folgt zu ihr:

»Herrin!«, sagte er, »nun sollt Ihr hier zurückbleiben bei meinem Neffen, dem Markgrafen. Und wenn ich wiederkomme, sollst du meine Königin werden und alle Männer sollen dir dienen.«

Doch als er sich ihr nähern will, windet sie sich die Kleider ums Haupt und weigert sich, ihn anzusehen. Bei diesem Stand der Dinge geht Flores fort. Der Markgraf begleitet ihn zum Schiff, und sie verabschieden sich herzlich. Nun segelt König Flores in die abgelegenen Gegenden seines Reiches, und es wird lange dauern, bis er nach Segris zurückkehrt.

6 Elena bekommt drei Söhne

Aber der Markgraf suchte die Königstochter Elena auf und sprach so zu ihr: »Herrin!« sagte er, »sei fröhlich und wirf Sorgen und Kummer von dir! Du bist nun in meiner Obhut und hast mir keine Kränkungen zu entgelten. Bedenke, worauf es bei dir jetzt ankommt, denn mir scheint, daß Ihr für mehr zu sorgen habt, als nur für Euch allein. Sprich mit mir und nimm einen guten Rat an, und man wird Euch in jeder Hinsicht so behandeln, wie es Euch am besten gefällt.«

»Ich danke dir sehr«, sagte sie, »für die gute Fürsorge, und ich erkenne Euren guten Willen an. Ich sehe auch, daß du in einer schwierigen Lage bist. Bring mich zu meinem Vater, und ich werde es dir gut lohnen!«

»Herrin!« sagte er, »das kann ich nicht, denn das wäre Hochverrat. Besser wäre es, ich brächte König Flores dazu, es selbst zu tun, wenn er zurückkommt und ihr euch nicht einig werdet. Aber ich will mich darum bemühen, daß die beiden Könige sich versöhnen und du dieselbe Ehre erfährst, als wärest du zu Hause verheiratet.«

»Niemals werde ich König Flores lieben«, sagte sie, »aber dennoch will ich gerne deinen Rat annehmen.«

Frau Elena wurde nun wieder froh und sprach zu den Menschen, die das Gespräch mit ihr suchten, aber nie zeigte sie sich freundlich. Dem Markgrafen schien es sich nun zum Guten zu wenden. Er hielt sich immer in ihrer Nähe auf und erfüllte ihr jeden Wunsch. So blieb sie da sechs Monate, und alle mochten sie gern.

Aber dann kam sie in die Wehen, als die Zeit ihrer Niederkunft gekommen war. Da besorgte man eine vornehme Frau, die sie betreuen sollte, und auch der Markgraf und seine Frau standen ihr zur Seite. Die Geburt verlief kurz und schmerzvoll, und bald gebar sie einen Jungen, dann einen zweiten und noch einen dritten. Alle waren sie schön und prächtig. Die Jungen wurden dem Markgrafen in den Schoß gelegt. Der erstgeborene war weiß an Haut und Haar, den ließ er nach seinem Vater Felix nennen. Der zweite war rötlich an Haut und Haar, den ließ er nach seinem Bruder Fenix nennen, aber den dritten Ajax nach dem Vater des Königs Flores. Der war dunkel an Haut und Haar.

Sie wurden in Linnen gewickelt und angemessen versorgt. Die Königstochter genas bald von ihrem Kindbett. Sie faßte aber keine große Zuneigung zu ihren Söhnen. Schuld daran waren die Rachegefühle, die sie gegen ihren Vater, den König, hegte. Sie wuchsen nun hier auf und waren nach eineinhalb Jahren schon so groß, daß sie sowohl sprechen als auch laufen konnten, und sie spielten mit anderen Jungen. Ajax übertraf seine Brüder an Körpergröße und Verstand.

7 Kastus kehrt zurück und zieht mit Abel gegen Traktia

Nun wenden wir uns westwärts nach Afrika, wo König Kastus erfährt, daß seine Tochter geraubt, seine Stadt geplündert und viele seiner Freunde getötet sind. Doch niemand weiß genau, von wo jenes Heer gekommen war. Deswegen ruft Kastus nun seine Leute zusammen und trägt ihnen die Sache vor. Zwar schien es den meisten wahrscheinlich, daß König Flores den Überfall begangen hätte, aber Beweise hatten sie dafür nicht. Man faßte nun den Plan, Kundschafter nach Norden übers Meer zu senden. Deren Reise verlief erfolgreich, und so erhielt der König zuverlässige Kunde vom Verschwinden seiner Tochter. Nun ruft er seine Leute zusammen und stellt ein großes Heer auf, und alle halten es für richtig, daß er sich für seine Entehrung rächen will.

Nun schickt der König Botschaft an König Abel, er solle mit seinem ganzen Heer kommen. Als dieser von den Ereignissen erfährt, sammelt er in seinem gesamten Reich ein Heer, und alle sind gerne bereit, ihm zu folgen. Und als er damit fertig ist, macht er sich auf zu König Kastus. Als sie sich treffen, teilt ihm König Kastus den Stand der Dinge mit. Sie werden sich nun darüber einig, nach Austrveg zu fahren, um ihre Beleidigung zu rächen. Nun werden in Kartagia umfangreiche Vorkehrungen getroffen, denn jeder macht sich und seine Waffen bereit. Der König aber läßt seine Schiffe mit großer Pracht ausstatten, und als alle fertig sind, segelt er mit seinem ganzen Heer fort. Aber es bleibt so manche edle Dame voller Sorgen um ihren Mann und manche Jungfrau um ihren Geliebten zurück. Die geschilderten Vorbereitungen hatten zwei Jahre gedauert.

Sie kamen nun nach Osten nach Traktia zur Stadt Segris, über die der Markgraf herrschte, der die Königstochter und ihre Söhne in seiner Obhut hatte. In all dieser Zeit hatte König Flores seine Familie hier nicht besucht. Seine Söhne waren inzwischen zwei Jahre alt.

8 Kastus erobert die Stadt Segris und fährt mit Elena und ihren Söhnen nach Hause

Nun bemerkt der Markgraf das Heer und ruft seine gesamte Streitmacht aus den nahegelegenen Städten und Gauen zusammen, und es versammelt sich ein großes Heer. Es ist freilich nicht groß genug, denn die Zeit war zu kurz. König Kastus erhält nun volle Gewißheit, daß seine Tochter hier festgehalten wird. Da geht er sofort mit seinem Heer an Land und läßt Feuer und Eisen wüten. Jetzt ist es mit der Ruhe vorbei in der Stadt Segris.

Der Markgraf läßt alle Stadttore öffnen und fordert seine Männer auf, sich so gut wie möglich zu schlagen. Das gibt nun einen großen Lärm, als jeder sich und sein Roß rüstet. Der Markgraf erklärt, er werde sein Leben dafür einsetzen, die Königstochter zu verteidigen. König Kastus rückt nun mit seinem Heer auf die Stadt vor, und jetzt beginnt eine erbitterte Schlacht, und es entstehen große Verluste an Menschen. Eine lange Zeit des Tages konnte niemand den offenen Himmel sehen wegen der Pfeile und Speere. Aber Getöse, Waffenklirren und Hörnerklang hörte man wohl hundert Meilen weit. Da der Markgraf aber ein kleineres Heer hatte, neigte sich der Kampf zu seinen Ungunsten.

Da ritt er mit großem Ungestüm vorwärts und tötete bei diesem Ritt mehr als neunzig Mann. Jetzt kam ihm der Bannerträger des Königs Kastus entgegen. Der hieß Otte. Er tötete dem Markgrafen den Hengst unter dem Sattel, aber der Markgraf schlug zurück und hieb ihm den Arm ab, und das Schwert traf den Unterleib, und die Eingeweide traten heraus, und die Fahne fiel zu Boden. Da sprang der Markgraf auf das Pferd Ottes, stürmte auf König Kastus zu und hieb in seinen Helm. Das war ein mächtiger Schlag, und die Helmblätter mit den Edelsteinen flogen auf die Erde. Der König aber sank ohnmächtig nach vorne auf den Sattelbogen. Da kam der starke Abel herangeritten und stieß so kräftig nach dem Markgrafen, daß er vom Pferd fiel. Er sprang geschickt auf die Füße, ging zu einem Marmorstein und setzte sich nieder, aber da brach er tot zusammen.

Als er gefallen war, zogen sich alle seine Männer in die Stadt zurück. Herzog Abel und der König gingen aber mit so großer Kampfeswut gegen die Stadt vor, daß sie sie erstürmten, die Bewohner töteten und alles Wertvolle raubten. Dann brannten sie die Stadt und alle angrenzenden Gebiete ab, und sie machten so viel Beute, daß es alle Vorstellungen übersteigt. Nun fand König Kastus seine Tochter und ihre Söhne und nahm sie in seine Gewalt. Sie erfuhren nun, daß König Flores so weit von ihnen entfernt war und außerhalb ihrer Reichweite, daß sie seiner diesmal nicht habhaft werden konnten. Nun ruft König Kastus seine Männer zusammen und beratschlagt mit ihnen, ob er jetzt das Land verheeren und sich unterwerfen solle, oder ob es besser wäre, nach König Flores zu suchen.

Herzog Abel antwortet: »Wir haben große Kriegstaten vollbracht, viel Beute gemacht und großen Schaden an Menschen angerichtet. Deswegen erscheint es uns ratsam, nach Hause zurückzukehren, denn wenn sich das Landesheer sammelt, haben wir dem nicht genügend entgegenzusetzen, außerdem haben wir ja unser Ziel erreicht. Unser Rat ist deshalb fortzusegeln. Soll sich König Flores doch nach seinen Söhnen die Augen ausschauen. Kann sein, daß wir ein anderes Mal eine bessere Gelegenheit zur Jagd auf ihn haben, wenn das Schicksal es so will.«

Dieser Rede spendeten alle Beifall, und man nahm den Rat an. Sie stachen nun mit ihrer Flotte in See und segelten dann vier Tage, ohne Land zu sehen.

9 Das Königsschiff verschwindet auf rätselhafte Weise

Eines schönen Tages geschieht es nun, daß sie nur wenig Wind haben. Die Schiffe machen unterschiedlich viel Fahrt. Als es zum Abend geht, läßt der Wind ganz nach, und es tritt eine Flaute ein. Jedes Schiff liegt nun da, wohin es gekommen ist. Der König, seine Tochter und der Herzog Abel waren alle auf demselben Schiff und ebenso die jungen Knaben, von denen vorher die Rede war. Aber am nächsten Morgen bei Tagesanbruch herrschte Nebel, und es kam ein schwacher Wind auf. Als die Sonne aufging, begann der Nebel aufzureißen. Sie betrachteten nun die Schiffe und wollten sehen, wie es mit dem Königsschiff stand. Sie konnten es aber nirgends entdecken, obwohl sie doch genau wußten, wo es am Abend zuvor gelegen hatte. Sie setzen nun ein Boot aus und rudern von Schiff zu Schiff, und da finden sie Treibgut vom Königsschiff, hölzernes Takelwerk und anderes. Das scheint den Männern verwunderlich, und nun sagt es einer dem anderen. Aber niemand hatte in dieser Nacht irgendwelche laute Stimmen gehört. Alle sind davon überzeugt, daß das Schiff untergegangen ist.

Nun fassen sie den Plan, heim nach Afrika zu segeln und dort von diesen Ereignissen zu berichten, und allen scheinen diese sehr bedeutsam und merkwürdig. Hier müssen wir aber für diesmal die Erzählung davon unterbrechen.

10 König Flores heiratet Ermingerd und bekommt eine Tochter Elena

Jetzt ist da wieder anzuknüpfen, wo König Flores von den geschilderten Ereignissen erfährt. Der Verlust seiner Kinder und besonders der Frau Elena trifft ihn schwer. Er faßt nun den Plan, Späher übers Meer zu schicken, die auskundschaften sollen, wie es ihnen geht und ob Elena etwa verheiratet würde, denn an ihr hing er mit ganzem Herzen.

Diese Späher fahren nun los und kommen ans Ziel. Dann kehren sie zurück, als sie alles erfahren haben vom Verschwinden des Königs und seiner Tochter und all der Männer, die auf dem Schiff waren. Da hatte König Flores sein Heer bereits gerüstet und wollte hinaus aufs Meer, um seine Demütigung zu rächen, denn ihm gingen diese Nachrichten sehr nahe. Er gebietet seinem Heer nun Einhalt, regiert sein Reich, erläßt Gesetze und Landesrecht und führt keine Feldzüge mehr.

Wenig später heiratet er und nimmt die Tochter des Königs Filipus von Svava zur Frau. Sie hieß Ermingerd und war eine höfische Jungfrau. Sie hatten bald eine Tochter, die Elena genannt wurde nach der Frau, die König Flores am meisten geliebt hatte. Sie übertraf alle anderen Mädchen an Schönheit. Der König liebte sie sehr, und als sie in das entsprechende Alter gekommen war, hielten mächtige Männer um ihre Hand an. Aber der König wollte sie keinem verheiraten, und so ging es eine lange Zeit.

11 Sintram von Fenedi wirbt um Elena und wird von Flores abgewiesen

Zu jener Zeit herrschte im Osten in Fenedi ein junger Herzog von feinem Benehmen. Er hieß Sintram. Er war sehr schön anzusehen und in allen Fertigkeiten außerordentlich geschickt. Er hatte zwei Brüder. Der eine hieß Reinald und war Herzog der Stadt, die Susa hieß. Er war ein kühner Mann und sehr gesittet. Sein zweiter Bruder hieß Bertram und war Herzog über die Stadt, die Segard hieß. Alle diese Brüder waren von gutem Benehmen und höfischer Bildung.

Herzog Sintram hatte von Jungfrau Elena, der Tochter des Königs Flores, gehört. Er bereitet sich nun auf eine Reise nach Osten nach Traktia zu König Flores vor, in der Absicht, ihn um die Hand seiner Tochter zu bitten. Als aber König Flores gewahr wurde, daß ihn ein solcher Herrscher besuchte, empfing er ihn mit allen Ehren und richtete ein prächtiges Fest aus. Bei diesem Fest sah der Herzog Frau Elena und war von ihrer Schönheit sehr beeindruckt. Er brachte ihr gegenüber sein Anliegen vor. Die hatte keinerlei Einwände vorzubringen, sagte aber, daß ihr Vater in dieser Sache zu entscheiden habe. Sintram trug sein Anliegen dem König vor, aber König Flores antwortete wie folgt: »Herr Sintram!« sagte er, »das will ich gerne glauben, daß Ihr Euch eine solche Partie nicht entgehen lassen wollt, aber es haben Fürsten um die Hand meiner Tochter gebeten, die mächtiger und angesehener sind als Ihr und von denen wir Gutes erfahren haben und deren Stärke uns nahe ist. Ich will meine Tochter nicht in unbekannte Länder verheiraten, an einen Mann, von dem ich nichts Genaues weiß. Ihr könnt Euch alle weiteren Bemühungen in dieser Sache sparen.«

Sintram fühlt sich durch diese Antwort beleidigt und macht sich zur Abreise fertig. Aber bevor er sich vom König trennt, sagt er: »Ihr habt meine Reise unehrenhaft enden lassen und von uns keine Freundschaft zu erwarten. Aber Eure Tochter werde ich trotzdem heiraten, oder gar keine.«

Der König antwortet: »Es macht mir wenig aus, wenn du unverheiratet bleibst, und mein Reich wird deinen Drohungen auch standhalten.«

Nun segelt Sintram fort und hält nicht ein, bis er heim nach Fenedi kommt.

12 Sintram und seine Brüder sammeln ein Heer

Sintram schickt nun seinen Brüdern Nachricht, sie sollten zu ihm kommen, und diese tun, worum er bittet. Und als sie sich treffen, sagt Sintram ihnen, wie seine Reise ostwärts nach Traktia ausgegangen war und daß ihm die Antworten sehr im Magen liegen, die ihm König Flores gegeben hatte. Er fragte sie, wie man sich da verhalten solle, und erklärte, er wolle sich mit diesem Ausgang nicht abfinden. Sie antworteten beide, ihre Streitmacht stehe ihm zur Verfügung. Sie einigten sich nun darauf, daß sie in allen umliegenden Gebieten Truppen sammeln sollten. Herzog Reinald solle zu Hause bleiben und ihre Waffen und Schiffe herrichten. Bei ihm war ein außergewöhnlicher Mann, der Sekundus hieß. Er war sein Bannerträger, ein großer Sportsmann und so stark, daß er wohl die Kraft von zwölf Männern hatte, worum es auch ging. Er war erst vor kurzem mit einer großen Schar zum Herzog gestoßen. Er hatte eine schöne Frau, und der Herzog hielt auf die beiden große Stücke.

Nun ziehen die Herzöge aus, um Truppen zu werben. Sintram zieht ganz bis zu den Blalandsinseln und bekommt dort ein großes Heer zusammen, denn er spart nicht an Soldzahlungen für die Herrscher. Er gelangte zu einer Insel, die Korduban hieß. Das war ein großes Herzogtum, über das ein Herzog herrschte, der Tertius hieß. Der war großgewachsen, mannhaft und dunkelhäutig und so stark, daß ihn nie die Kraft verließ, und ein so großer Sportler, daß keiner ihm gleichkam. Er war verheiratet und hatte drei Kinder mit seiner Frau: zwei Töchter und einen Sohn. Seine Frau war ebenso groß wie er oder sogar noch um einiges größer. Die beiden waren seit fünf Jahren an der Herrschaft. Sintram sucht diese Herrscher auf und bittet sie um Hilfe. Er bietet ihnen die Hälfte der möglichen Beute an. Dann schließen sie ein Bündnis, und der Herzog rüstet sich zur Fahrt mit Sintram, aber seine Frau soll zurückbleiben und das Land behüten. Nun segelt Sintram mit einem großen Heer nach Hause.

Nun ist von Herzog Bertram zu berichten, daß er auf Werbefahrt zu den Grikklandsinseln zog und ein gutes Gefolge dabei hatte. Bei der Insel, die Kordo hieß, erfuhr er von einem großen Kämpen mit Namen Unus. Der hatte drei Schiffe. Er war schön anzusehen, weiß an Haar und Haut, stark an Kraft und in allen Sportarten geübt und so streitlustig, daß er nie fliehen oder um Gnade bitten würde. Diesen Mann sucht Bertram auf und bietet ihm viel Geld für seine Hilfe, und sie schließen einen Kampfbund. Nun hat Bertram ein großes Heer beisammen. Sie segeln nun heim nach Fenedi. Aber während ihrer Abwesenheit hatte der Herzog Reinald viele Langschiffe bauen lassen, außerdem Helme und Brünnen, Lanzen und Pfeile. Inzwischen hatte sich ihr ganzes Heer an einem Ort versammelt. Da konnte man manch kühnen Krieger mit guten Waffen sehen. Sintram gibt nun allen Männern bekannt, daß er beabsichtige, mit diesem Heer ostwärts nach Traktia zu ziehen und Frau Elena mit Gewalt zu holen, wenn es nicht anders ginge.

Sie verlassen nun mit ihrem Heer Fenedi und halten nach Osten auf Traktia zu. Sie holen ihre Segel nicht eher ein, als bis sie vor die Häfen des Königs Flores kommen. Aber lange bevor sie ankamen, hatte König Flores von ihrer Truppenaushebung erfahren, und sie waren durchaus auf sie vorbereitet. Ihr Anführer war König Filipus, sein Schwiegervater. Der hatte ein eigenes großes Heer, und zusätzlich war eine große Mannschaft aus dem Austrveg zu ihm gestoßen: Herzog Rikard von Holmgard, der Onkel von Flores, war mit einer großen Truppe gekommen. Bei ihm waren zwölf Berserker, denen kein Eisen etwas anhaben konnte. Sie heulten wie Hunde, und niemand verstand ihre Sprache, und ihr einziges Vergnügen war es, Menschen zu töten.

König Flores hatte seine Kriegszelte auf einer Heide in einiger Entfernung von seiner Stadt aufgeschlagen. Diese Heide lag am Meer, dort wo Sintram gelandet war. Sie gingen mit ihrem gesamten Heer an Land, und als sie das Heer König Flores' sahen, schlugen sie ihre Kriegszelte auf und schliefen ungestört die nächste Nacht.

13 Aufstellung der Heere und Beginn der Schlacht

Am Morgen des nächsten Tages waren alle früh auf den Beinen und stellten ihre Schlachtreihen auf. König Flores stand in der Mitte der Schlachtreihe, bei ihm waren viele Tausende von Kriegern. Ihm gegenüber stellte der starke Tertius sein Heer auf und mit ihm Herzog Bertram. Rechts vom Banner König Flores' ritt König Filipus. Dort konnte man manch stolzen Helden sehen. Bei ihm waren die drei Berserker, die Graf Rikard ihm überlassen hatte. Ihm gegenüber stellte Sintram sein Heer auf und mit ihm der zuvor erwähnte Unus. Linker Hand vom Banner des Königs Flores stand Graf Rikard mit dem Heer, das aus dem Austrveg stammte, und den fünf Berserkern, die wir schon erwähnten. Ihm entgegen ritt Herzog Reinald, bei ihm der berühmte Sekundus. Seine vier Berserker hatte Graf Rikard König Flores geliehen.

Nun begannen sie in ihre Kriegshörner zu blasen, und die Schlachtreihen stießen aufeinander. Da konnte man großen Lärm und Waffengeklirr hören. Man kann sagen, daß die gesamten Austrlönd zu beben schienen, und einen großen Teil des Tages sah man vor lauter Geschossen den Himmel nicht. Man kann nun aber nicht von allem zugleich berichten.

14 *Herzog Reinald und Graf Rikard fallen*

Wir beginnen jetzt damit, daß Herzog Reinald nach vorne reitet und mit ihm der berühmte Sekundus. Ihnen entgegen reitet Graf Rikard mit fünf Berserkern, und da konnte man gewaltige Hiebe und viele Gefallene sehen. Der berühmte Sekundus schlägt beidhändig, und nichts kann ihm widerstehen. Er hatte sich so weit von seinen Männern entfernt, daß er zu beiden Seiten von vielen hundert Feinden umgeben war. Nun kommen ihm die fünf Berserker entgegen, die dem Grafen Rikard folgten, und er hat nun genug zu tun.

Graf Rikard reitet ebenfalls mit großem Eifer voran, und es war nicht gut, ihm in die Quere zu kommen, denn nichts konnte ihm widerstehen. Herzog Reinald sieht, daß man so nicht standhalten kann. Deswegen vertraut er auf seine große Kraft und stößt mit der Lanze nach dem Grafen, aber der hält so kräftig dagegen, daß er nicht einmal schwankt und der Lanzenschaft in Stücke bricht. Der Graf wunderte sich sehr über seine Kühnheit, denn er glaubte, niemand komme ihm gleich. Er schlug mit voller Wut nach dem Herzog und spaltete ihm Haupt, Leib und Brünne, daß der Hieb erst vom Sattel aufgefangen wurde. Nun löst sich die Abteilung auf, die Herzog Reinald angeführt hatte.

Nun ist davon zu berichten, daß Herzog Bertram voranreitet und mit ihm der große Tertius, und da kann man manch kühnen Mann aus dem Sattel stürzen und manches gesattelte Roß reiterlos umherlaufen sehen. Jetzt bemerkt Tertius, daß die Abteilung gesprengt ist, die Herzog Reinald angeführt hatte. Er fordert nun den Herzog

Bertram auf, nach Kräften die Stellung zu halten, er aber wolle in Erfahrung bringen, wie es mit Herzog Reinald stehe. Er reitet nun dorthin und erfährt, was hier geschehen ist, und sieht, wie sich der Graf mit großem Einsatz schlägt. Tertius reitet ihm entgegen und schlägt mit aller Kraft auf ihn ein. Aber der Graf hält seinen Schild geschickt dazwischen. Der Hieb kommt in den Schild. Der bestand aus sieben Lagen Elfenbein, wurde aber dennoch in der ganzen Länge gespalten. Die Schwertspitze traf die Brust und zerschnitt Brünne und Leib, so daß Lungen und Herz ins Gras fielen und der Graf tot vom Pferd stürzte. Nun stellte Tertius die Schlachtordnung wieder her.

15 König Flores tötet Herzog Bertram, Unus tötet den Riesen Runga

Kurze Zeit, nachdem Tertius von seiner Abteilung fortgeritten war, rückte König Flores so heftig vor, daß sich die Abteilung Herzog Bertrams völlig auflöste. Nun ritt Bertram auf König Flores zu und stieß seine Lanze außen in seinen Schild. Die Lanze durchbohrte den Schild und die Brünne, drang in die Seite und brach dem König zwei Rippen. Beim Austreten riß sie eine riesige Wunde. Der Herzog sank nach dem Stoß nach vorn. König Flores aber war ebenso geschickt wie stark. Deswegen schlug er dem Herzog einen so gewaltigen Hieb quer über die Schultern, daß es ihn mit seiner ganzen Rüstung in zwei Teile spaltete und den Sattel dazu mitsamt dem Pferd, und Bertram fiel tot zu Boden.

Nun erhob sich ein lautes Kampfgeschrei, und man konnte großen Lärm in dem Flügel hören, in dem Sintram war mit dem kühnen Unus an seiner Seite. König Filipus von Svafa und die drei Berserker in seinem Gefolge kamen ihnen entgegen. Sintram reitet nun seinen Mannen weit voraus und schlägt mit aller Kraft nach Menschen und Pferden. Der kühne Unus folgt ihm. Sintram ruft nun nach ihm und bittet ihn, in Erfahrung zu bringen, wie es um Herzog Bertram stehe. Sobald er dorthin gekommen ist, sieht er, daß Bertram gefallen ist. Nun braucht man ihn nicht erst anzutreiben, denn schon wütet er wie ein Wolf in der Schafherde. Alles läuft nun vor ihm davon, und er trifft auf den Bannerträger des Königs Flores.

Der hieß Runga und war neun Ellen hoch. Unus macht sich vor seiner Größe nicht bange, sondern läuft ihm entgegen, und jeder stößt nach dem anderen. Der Riese verfehlte Unus, aber dieser traf ihn unterhalb des Schildes. Der Stoß drang in den Sattelbogen und nagelte den Riesen so im Sattel fest. Der Riese stemmte sich heftig dagegen, so daß die Lanze brach, aber Unus hieb ihm den Arm und dem Pferd den Kopf ab, und alles zusammen fiel auf den Boden, und es gab ein großes Gepolter. Jetzt kamen ihm König Flores und die vier Berserker entgegen, und er hatte nun alle Hände voll zu tun.

16 *Filipus nimmt Sintram gefangen, muß dann aber vor Tertius fliehen*

König Filipus sieht nun, womit Sintram beschäftigt ist. Deswegen treibt er jetzt seine Berserker an und reitet ihm selbst mit hundert Rittern entgegen. Sintram ist nun in großer Bedrängnis, schlägt sich aber doch tüchtig und mannhaft. Er hat bereits zwei Berserker getötet, doch jetzt ziehen ihn die anderen vom Pferd. Aber sie können seiner erst habhaft werden, als er fünfzig Mann getötet hat. Dann wird er gefangengenommen, gefesselt und auf ein Streitroß gesetzt. Dann werden Männer herbeigerufen, die ihn zu den Kriegszelten bringen sollen. Filipus aber treibt die ganze Schlachtreihe vor sich her, so daß sich alle zur Flucht wenden.

Nun ist auf Tertius zurückzukommen. Nachdem er den Grafen Rikard getötet hat, sieht er, daß die Schlachtordnung Sintrams auf dem Rückzug ist, was ihn sehr erbittert.

Er eilt nun so schnell er kann dorthin und feuert seine Leute an, sich gut zu schlagen. Er reitet nun vorwärts, beide Arme blutig bis zu den Achseln. Sein Schild ist bereits gespalten. Jetzt kommen ihm drei Berserker und hundert Ritter entgegen. Da schlägt er dem Kämpen, der ihm am nächsten ist, auf die Schulter und spaltet ihn der Länge nach. Ein zweiter Berserker stößt nach ihm mit der Lanze, aber er greift nach ihr und schüttelt sie so heftig, daß sie entzweigeht. Er schwingt den Teil, den er hat, empor und treibt ihn auf den Helm des Berserkers, daß ihm beide Augen herausfliegen und er vom Pferd fällt und sich den Hals bricht. Nun bekommen alle Angst vor seinen starken Hieben.

Nun wendet sich die Schar des Königs Filipus zur Flucht, und er selbst flieht auch. Aber Tertius verfolgt die Fliehenden schonungslos, und viele setzen ihnen über die Heide nach. Diesen Verfolgungen sind auch Sintram und seine Begleiter ausgesetzt, und diese werden getötet. Aber das Pferd mit dem gebundenen Sintram lief fort.

17 *Unus und Sekundus werden gefangengenommen*

Nun ist da wieder anzuknüpfen, wo Unus kämpfte. Es griffen ihn fünf Berserker und eine große Zahl anderer Männer an, aber er wehrte sich so glänzend, daß er in kurzer Zeit viele erschlug, darunter drei Berserker, die freilich das Pferd unter ihm getötet hatten. Sie können ihn aber nicht eher angreifen, als sie ihn mit Schilden bedeckt haben. Dann wird er gefangengenommen, und man beauftragt Männer, ihn zu den Kriegszelten zu bringen.

Aber die Berserker, die noch übrig waren, ritten dorthin, wo König Flores kämpfte. Nun gerät Sekundus in große Bedrängnis und er denkt mehr an seinen Ruhm als an ein langes Leben. Nun greifen ihn zwei Berserker an. Er schlägt jetzt nach einem großen Kämpen, der Garlant hieß und dem der König sein Hauptbanner anvertraut hatte. Das war ein so schwerer Hieb, daß er sowohl den Mann als auch das Pferd spaltete. Die Schwertspitze aber traf einen Stein, und das Schwert sprang in der Mitte entzwei. Da griff er sich eine Axt mit Hornstiel. Die war so schwer, daß ein Mann sie kaum tragen konnte. Nun kommen beide Berserker auf ihn zu. Er schlägt nach dem einen mit der Axt, und sie traf in den Kopf, aber aufgrund eines Zaubers biß sie nicht. Dennoch brach der Schädel in kleine Stücke, so daß das Gehirn durch den Mund herausfiel. Nun schlägt der andere nach Sekundus und bricht seinem Pferd das Rückgrat. Nun kommt ein weiterer Berserker hinzu, und beide stürmen jetzt auf Sekundus los. Der kann ihnen mit Waffen nichts anhaben und wird nun gefangengenommen. Doch ehe bevor er gefesselt wurde, hatte er vierzig Mann mit seinen Fäusten erschlagen. Nun beauftragt man Männer damit, ihn zu den Kriegszelten zu bringen. König Flores aber will nun in Erfahrung bringen, wie es um seinen Schwiegervater Filipus steht.

18 Tertius besiegt Filipus, wird aber schließlich gefangengenommen. Flores ist Sieger

Sie reiten nun hinter Tertius her, dort wo er die Flüchtenden verfolgt. Der gerät nun unter die Fliehenden und wird in die Zange genommen. Sein gesamtes Gefolge war schon gefallen. Da sieht er, daß es jetzt nur noch darum geht, sich so teuer wie möglich zu verkaufen, und schlägt nun nach beiden Seiten um sich. König Filipus wird nun gewahr, daß König Flores ihm zu Hilfe gekommen ist. Da feuert er seine Männer zur Umkehr an, und jetzt entsteht ein großes Gemetzel. So gründlich wurden die Männer des Tertius erschlagen, daß am Ende nur er allein aufrecht steht. Da reitet er gegen König Filipus und schlägt ihm auf den Hals. Der Hieb zerschneidet ihn in Höhe der Brustwarzen, das Pferd aber am Bug. Da kommen ihm zwei Berserker entgegen und ziehen ihn vom Pferd. Dennoch wagen die Männer nicht, gegen ihn vorzugehen, sondern umgeben ihn mit einem Schildring und gehen mit dicken Segelstangen gegen ihn vor. Tertius aber springt über die Schildburg, da wo die Berserker waren. Da schlägt er nach dem einen, und der Hieb trifft sein Gesicht, und alle Zähne werden ihm ausgebrochen, und der Schädel zerspringt, und er fällt tot hintenüber.

Tertius ist nun so müde, daß ihm das Schwert aus der Hand fällt. Dennoch unterläuft er den Berserker, der noch übrig ist, und bringt ihn so heftig zu Fall, daß ihm sein Rückgrat bricht. Nun stürmen mehr als zwanzig Ritter gegen ihn an, unterstützt von allen, die in der Nähe waren. Es war eine Unzahl von Männern, die er tötete oder denen er die Knochen brach, bevor er gebunden wurde.

Nun konnte sich König Flores des Sieges rühmen, und es war Abend geworden. Da erhebt sich ein lautes Kriegsgeschrei. Der König reitet nun schwerverwundet zu den Kriegszelten, und von dem großen Heer, das ihm gefolgt war, war nur noch wenig übrig. Nun werden die großen Kämpen gepackt und ihrer Rüstung beraubt, und alle sagten, stattlichere Männer habe man noch nie gesehen.

19 Die Gefangenen werden von König Flores belauscht. Sintram erzählt sein Abenteuer mit dem Flugdrachen

Nun wollten die Männer sie töten lassen. Aber der König sagte, er wolle keine nächtlichen Totschläge zulassen, und da wurden sie gefesselt und auf einen Hügel gesetzt. Aber die Kriegszelte standen dort im Kreis herum. Nun wurden die Wunden der Männer verbunden. Dann teilte der König Wachtposten ein. Sein Mundschenk aber hielt Pferdewache und ritt hinaus auf die Heide. Dort fand er Herzog Sintram, den sein Roß hinter sich herzog. Er wurde darauf zum König geführt, und der ließ ihn zu den Gefangenen bringen. Aber jeder, der an ihnen vorbeiging, wünschte ihnen den Tod. Aber ob man ihnen Gutes oder Schlechtes gönnte, niemanden würdigten sie eines Wortes. Nun gehen die Männer schlafen.

In dieser Nacht steht König Flores aus seinem Bett auf und mit ihm seine beiden Pagen. Sie gingen nun in die Nähe der Stelle, wo die Gefangenen saßen, und lauschten. Sintram richtete gerade das Wort an seine Gefährten.

»Gute Männer!« sagte er, »lang wird uns die Nacht vorkommen, wenn wir schweigen. Laßt uns lieber etwas Lustiges erzählen. Ich möchte gerne wissen, war für Männer ihr seid und in welche Abenteuer ihr geraten seid.«

Tertius erwidert ihm auf seine Worte: »Der kann von keinem erzählen, der keines erlebt hat. Aber wir wollen zuerst hören, was du zu sagen hast.«

Sintram entgegnet: »Ich glaube, ich war nie in einer übleren Lage als damals, als mich ein großer Flugdrache verschluckte und zwei Tage in seinem Schlund trug. Dann kam König Thidrek von Bern mit einem seiner Kämpen. Die töteten den Drachen, der mich lebendig davongeschleppt hatte. Damals schien mir meine Lage nicht besser als heute. Und nun, kühner Unus, erzähl du, wie es dir ergangen ist.«

Der aber antwortet: »Ich kenne weder meinen Vater noch mein Heimatland. Aber was mir widerfahren ist, das kann ich erzählen.«

20 Unus erzählt seine Lebensgeschichte

»Ich bin in einer Küstenstadt aufgewachsen. Meine Mutter hieß Elena, aber meinen Vater kannte ich nicht. Damals wurde ich Felix genannt. Meine Mutter hatte noch zwei weitere Söhne, deren Namen ich aber nicht nennen möchte. Die Stadt wurde unerwartet von einem Heer überfallen, und man tötete den Grafen, der sie regierte. Sie zündeten die Stadt an und raubten sie völlig aus, meine Mutter aber und meine Brüder und viele weitere Bewohner nahmen sie gefangen. Dann stachen sie in See. Als wir aber auf hoher See waren, flaute der Wind völlig ab. Eines Nachts fand ich mich dann plötzlich auf einem Trümmerteil schwimmend wieder, und so trieb ich drei Tage auf See.

Aber dann kamen Leute auf einem Langschiff auf mich zu und brachten mich nach England zu einem König mit Namen Grando. Der hatte eine Tochter und einen schönen Sohn. Diesem König machten sie mich zum Geschenk. Ich nannte mich Unus und wollte mehr nicht mit ihnen sprechen, da ich ihre Sprache nicht verstand. Der König verschaffte mir eine Pflegestelle in der Stadt. Meine Ziehmutter hieß Silvia.

Dort wuchs ich nun auf, bis ich fünfzehn Jahre alt war. Der König ließ mich in ritterlichen Künsten unterrichten, und es kam so, daß niemand sich gegen mich im Sattel behaupten konnte. Mit der Königstochter verstand ich mich gut, und der Königssohn beneidete mich darum und auch, weil ich mehr gelobt wurde als er. Er ließ sich aber nichts anmerken.

Eines Tages ritten wir in den Wald, begleitet von einem Pagen. Da fragte mich der Königssohn, wie lange wir noch so bequem leben sollten, ohne irgendwelche Ruhmestaten zu vollbringen. Ich aber fragte, wo sich dazu eine Gelegenheit ergebe. Er antwortete, er wisse, daß in einem Walde in einem See ein Flugdrache liege, mit soviel Gold unter sich, daß wohl selbst der König nicht mehr besitzen dürfte. Ich erklärte mich mit seinem Plan einverstanden. Dann nahmen wir ein Schiff und ruderten zu der Insel. Das war ein so weiter Weg, daß der Tag sich schon neigte, als wir ankamen. Um die Insel waren hohe Felsen. Im oberen Teil der Felsen war eine Höhle, über die ein Felsvorsprung ragte. In dieser Höhle lag der Drache, und es war sehr gefährlich, sich ihm zu nähern. Ein schmaler Pfad führte durch die Felsen zur Höhle. Dann mußte man vom Pfad aus in die Höhle hinabspringen, so tief, daß man nur zurückgelangen konnte, wenn jemand einen mit einem Tau hochzog.

Nun machten die beiden anderen das Tau bereit, und ich ging den Pfad hinauf. Dann sprang ich in die Höhle, nur mit einem Speer bewaffnet. Aber als ich zum Stehen gekommen war, zog der Königssohn das Tau hinauf. Dann nahmen sie das Schiff und ruderten fort, mich aber ließen sie dort zurück. Nun wurde mir klar, daß ich in keiner allzu vorteilhaften Lage war, denn der war des Todes, der sich ins Wasser stürzte, und nach oben konnte man auch nicht zurück.

Der Drache schlief, als ich heruntersprang, und ich hatte das Gefühl, daß sich meine Situation nicht verbessern würde, wenn er aufwachte. Vielleicht könnte ich ihn töten, aber dann wäre ich trotzdem hier gefangen. Da hatte ich die Idee, über den Höhleneingang zu klettern, so hoch ich konnte, und da hing ich jetzt ziemlich unbequem. Da erwachte der Drache und hatte das Gefühl, etwas sei in seine Wohnung gekommen. Deswegen kroch er nach vorn in den Höhleneingang und sah sich nach allen Seiten um. Aber ich sprang hinunter zwischen seine Flügel und klammerte mich mit meinen Armen vorne um seinen Hals, und schon flog der Drache aus seiner Höhle und empor über den See und weiter über den Wald. Da nahm ich den Speer und stieß ihn unter den linken Flügel des Drachens, daß er bis ins Herz drang. Aber er reagierte darauf so heftig, daß er mit seinen Flügeln den Wald schlug, so daß die Eichen zersplitterten. Dabei stürzte ich ab und der Drache auf mich drauf. Er machte gewaltige Zuckungen und schlug mich mit seinen Flügeln, daß ich in Ohnmacht fiel. Ich kam nicht eher wieder zur Besinnung, als der Drache tot war. Jetzt war ich über und über blutig. Nur mit Mühe konnte ich mich unter ihm befreien, und dann verließ ich den Wald. Eine Klaue des Drachens hatte ich mitgenommen.

Bald stieß ich auf eine kleine Hütte, in der ich mich aufhielt, bis ich geheilt war. Das war weit vom Königsschloß entfernt. Dann ging ich in Verkleidung, bis ich zur Königstochter gelangte. Sie freute sich, mich wiederzusehen. Ich erzählte ihr, unter welchen Umständen ihr Bruder mich zurückgelassen hatte, und bat sie, mir Unterschlupf zu gewähren. Sie sagte, sie werde alles in ihrer Macht Stehende tun. Dann ließ sie mir heimlich ein Schiff bauen und wählte als Besatzung ihre Vertrauten aus. Wir waren insgesamt vierundzwanzig Mann. Sie sparte bei uns nicht an Gold und Silber. Aber bevor wir uns verabschiedeten, gab ich ihr die Drachenklaue. Da paßte ein ganz schöner Schluck hinein. Aber den Knochen, der darin gewesen war, behielt ich. Dann schwuren wir Eide und gelobten uns feierlich, daß sie keinen Mann heiraten sollte, bevor ich ihr diesen Knochen gesandt hätte, und ich keine Frau, bevor sie mir die Klaue schickte. Dann trennten wir uns unter großem Kummer.

Darauf segelte ich fort. Später legte ich bei dem Wald an, in den, wie ich wußte, der Königssohn immer zu reiten pflegte. Ich ging in den Wald hinein und suchte nach dem Königssohn, bis ich ihn fand. Er war zu dritt. Da bedankte ich mich bei ihm für seinen Abschied. Es endete so mit uns, daß ich alle tötete. Dann segelte ich von England fort. Seitdem bin ich auf Kriegszügen gewesen, bis wir uns getroffen haben.«

Sintram antwortet, er habe den Eindruck, daß er in große Gefahren geraten sei und sich gut herausgewunden habe, »und es kann sein, daß das noch einmal passiert. Aber was hast du zu berichten, Sekundus?«

21 *Sekundus erzählt seine Lebensgeschichte*

Sekundus begann seine Erzählung so: »Der Anfang meiner Geschichte ist derselbe wie bei Unus. Ich wurde zusammen mit meiner Mutter aus einer Küstenstadt geraubt. Aber der König, der das machte, behauptete, der Vater meiner Mutter zu sein. Er tötete meinen Pflegevater und nahm meine Mutter und meine beiden Brüder mit sich. Damals nannte man mich Fenix. Meine Mutter hieß Elena.

Dann waren wir auf See. Ich wachte auf, als ich ins Meer gefallen war. Da hob mich ein Greif aus dem Wasser, schlug seine Klaue unter mein Schlüsselbein und flog mit mir vom Meer fort und in das Land, das Gaskonia hieß. Er flog mit mir über einen großen Urwald. Da gab es große Felsen und tiefe Schluchten. Dort hatte der Greif seine Jungen. Er warf mich dort nieder und mußte sich jetzt ausruhen. Die Jungen waren aber so schwächlich, daß sie mir nichts anhaben konnten. Da schlich ich mich aus dem Nest fort in eine Felsspalte hinein. Von oben tropfte Wasser hinein wie von einem Bergrinnsal. Darüber freute ich mich und ließ mir das Wasser in den Mund rinnen. Als der Greif erwachte, zog er los, um Futter für seine Jungen zu suchen. Aber ich nahm ihnen weg, was mir selbst genießbar erschien. So lange Zeit war ich dort, daß ich den Überblick verlor, wie lange es war.

Eines schönen Tages sah ich, wie fünf Frauen durch den Wald gingen, eine von ihnen schöner gekleidet als die anderen. Ich machte sie auf mich aufmerksam. Sie hörten und sahen mich und sprachen untereinander, dieses Kind sei doch in einer üblen Lage. Sie trauten sich nicht, in den Felsen zu klettern, wollten aber doch zu mir. Da sprach die schöne Jungfrau: ›Ich habe einen guten Plan‹, sagte sie, ›und wir werden von hier nicht weggehen, ohne ihn mitzunehmen.‹

Da setzten sie sich nieder und legten ihre Mäntel ab. Dann nahmen sie Nadel und Faden und nähten sie zusammen, und es wurde ein großer Umhang. Dann kletterten sie möglichst nahe an den Felsen in die Eichen hinauf, so weit sie konnten. Dann nahmen sie ihre Gürtel und banden die Mäntel in den Eichen fest. Schließlich nahmen sie ihre Strumpfbänder und stärkten sie mit Knoten. Dann rief mich das erste Mädchen an und forderte mich auf, in den Mantel hinabzuspringen. Das wagte ich, da die Frauen bereit standen, mir zu helfen. Es war ein so tiefer Sprung, daß ich lange in Ohnmacht lag, als ich unten angekommen war. Aber sie beeilten sich, mich mit dem klarsten Wein zu beträufeln.

Da begann ich schnell, mich zu erholen, und wir gingen heim zum Königspalast, und sie stellten mich dem König vor. Der aber fragte mich, wer ich sei. Ich nannte mich Sekundus, wollte aber nicht mehr sagen, denn ich beherrschte ihre Sprache nicht. Der König sagte, er sei sicher, daß ich von vornehmer Herkunft sei; er bemerke an mir die Art eines Fürsten.

Der König verschaffte mir als Erzieherin eine Frau, die Sylven hieß. Aber seine Tochter wies er an, mir alle Dinge zu besorgen, die ich an Kleidern und Waffen benötigte. Dort wuchs ich auf, bis ich zwölf Jahre alt war. Die Königstochter ließ mich als Ritter erziehen, und es kam so, daß sich kein Ritter in ganz Gaskonia gegen mich im Sattel halten konnte. Mit der Königstochter verstand ich mich gut, und es entstand eine üble Nachrede, ich würde sie verführen. Das wurde dem König hinterbracht. Er hatte einen Sohn, der etwas älter war. Der beneidete mich, wenn man mich lobte, und sagte seinem Vater, er solle die Schande nicht auf sich sitzen lassen, daß ich seine Tochter betörte. Als er das hörte, wurde der König sehr zornig, und er gab seinem Sohn die Erlaubnis, sich an mir zu rächen.

Da ging mich der Königssohn suchen und fand mich draußen allein auf der Straße. Ich war völlig ahnungslos, bis sie mich fesselten, und hatte nicht die geringste Ahnung, daß mir Gefahr drohte. Dann zog man mir die Kleider aus und warf mich ins Gefängnis. Aber ehe ich unten war, hatte ich elf Männer getötet. Das Verlies war voller Schlangen und Kröten. Es war fünfzig Stufen tief in der Erde. Meine Pflegemutter Sylven wollte mir gerne helfen. Sie kam mit einer großen Keule. In diesem Augenblick wurde ich ins Verlies hinabgeworfen. Ich stürzte Stufe um Stufe hinunter. Da löste sich an vielen Stellen das Fleisch von den Knochen. Aber als ich unten ankam, warfen sich die Schlangen auf mich und wollten mich beißen. Eine verbiß sich in meine rechte Brustwarze und riß sie mir mit dem darunterliegenden Knochen ab. Da warf mir meine Pflegemutter die Keule herunter, und nun konnte ich die giftigen Tiere bekämpfen, bis sie alle tot waren.

Da saß ich nun, und es schien mir in der Nacht nicht gerade behaglich. Meine Pflegemutter kam des Nachts ans Fenster und fragte, ob hier noch etwas am Leben sei. Dann ließ sie Essen und Kleidung zu mir hinunter und ging dann fort. Dort saß ich nun mehr als einen Monat. Während dieser Zeit verfielen fünf andere Männer dem Zorn des Königs, und sie wurden ins Verlies geworfen, aber ich nahm mich ihrer an. Meine Pflegemutter gab uns Essen. Eines Nachts beauftragte ich meine Pflegemutter, die Königstochter zu rufen, daß sie zu mir käme, und sie kam auch. Ich sagte ihr, sie solle mich aus dem Gefängnis befreien. So ließen sie ein Seil zu mir herunter, aber ich war so schwer, daß sie mich nicht hochziehen konnten. Die Königstochter sagte: ›Ich habe einen anderen Plan. Hier auf dem Königshof ist ein Pflugochse. Den werden wir nehmen.‹

Das taten die beiden Frauen. Dann legten sie dem Ochsen das Seil um die Brust und zogen mich so empor. Die Königstochter begrüßte mich herzlich. Ich bat sie, mir meine Waffen zu bringen, die waren nämlich bei ihr. Nun bewaffnete ich mich. Dann zog ich das Schwert und gab der Königstochter einen leichten Schlag auf die Schulter. Da bekamen es die Frauen mit der Angst und liefen in den Turm, aber ich zog meine Leidensgenossen nach oben. Dann gingen wir zum Palast, in dem sich der König aufhielt. Dann legte ich Feuer an die Halle, und es verbrannten darin der König und sein Sohn und das ganze Gefolge, und bald stand die ganze Stadt in Flammen. Dann nahm ich die Königstochter in meine Gewalt. Nun konnten wir mit den Übriggebliebenen machen, was wir wollten. Danach machte ich fünf Schiffe zur Ausfahrt bereit. Die Königstochter fuhr mit mir, und es ist nicht mehr von uns zu berichten, bis wir uns trafen.«

»Mir scheint, daß du in große Bedrängnis gekommen bist und dich gut herausgezogen hast«, sagte Sintram. »Aber was hast du zu erzählen, Tertius?«

22 Die Lebensgeschichte des Tertius

»Ich beginne meine Geschichte auf dieselbe Weise«, sagte Tertius. »Wir waren drei Brüder, und unsere Mutter hieß Elena. Von unserem Vater wußte ich nichts. Aber ich denke, unsere Mutter hegte keine große Liebe zu ihm. Der eine Bruder hieß Felix, der andere Fenix und ich Ajax. Wir wuchsen bei einem Markgrafen auf. Dorthin kam ein großes Heer, das unseren Pflegevater erschlug, unsere Stadt abbrannte und uns und unsere Mutter wegbrachte. Ich verstand, daß meine Mutter geraubt worden war und daß es ihr Vater war, der sie fortnahm, und daß er Kastus hieß.

Aber als wir auf dem Meer waren – es war eine windstille Nacht und die Wächter schliefen –, da hörte ich schöne Klänge. Dann sah ich aus der Tiefe neben dem Schiff ein schreckliches Wesen heraufkommen. Das war von der Art, die man Margygr nennt. Sie hat das Äußere eines Trolls, riesige Hände mit langen Fingern und großen Nägeln, üppige, herabhängende Brüste mit großen Brustwarzen, aber weiter unten gewaltige Klauen wie ein Flugdrache und einen Unterleib mit einer breiten Fluke wie ein Wal. Ihre Natur ist es, daß sie Schiffe beschädigt und Menschen tötet. Sie hat eine so schöne Stimme, daß sie die Menschen einschläfert. Dann greift sie das Schiff und zerbricht es mit ihrer Schwanzflosse. Sie packte nun mit ihren Klauen an die Bordwand und zog das Schiff nieder, zerschlug es mit ihrem Schwanz und brach es in Späne. Dabei kamen alle um, wie mir schien.

Das Meerweib ergriff mich und trug mich zwischen ihren Brüsten. Dann schwamm sie nach Osten durchs Meer und machte dabei ziemlich hohe Fahrt. Aber als die Sonne aufgegangen war, tauchte vor uns ein großes Eiland auf. Auf ihm legte sie mich ab. Es war mit Heidekraut bewachsen. Aber als ich frei war, lief ich auf die Insel. Es schien mir, als hebe sie sich empor, sodaß das Wasser weit unten zu sehen war, und es schien mir auch, daß sie sich in Eilgeschwindigkeit mit mir fortbewegte. Drei Tage war ich auf der Insel, bis sie zu sinken begann. Ich hatte das Gefühl, sie versinke in die Tiefe des Meeres.

Da ruderten Schiffe auf die Insel zu. Auf ihnen waren fünf Frauen. Sie waren alle blau gekleidet. Sie nahmen mich an sich, aber die Insel verschwand im Meer. Es waren Seefrauen. Diese haben im Wasser eine Fischnatur, aber an Land sind sie wie Menschen. Sie brachten mich zu ihrer Wohnung auf dem Meeresgrund, und sie verstanden die Kunst, daß es mir unter Wasser nicht schadete. Aber als ich zu ihren Wohnungen kam, da wollte ich weder essen noch trinken. Sie sprachen darüber, daß sie mir Essen vom Festland holen wollten. Ich blieb die Nacht über, und es war da alles wie an Land.

Aber am Morgen nahmen sie ein Boot und ruderten an Land. Sie kamen beim Rheinfluß wieder hinauf. Sie schöpften Wasser aus dem Fluß und gaben mir zu trinken, und ich trank davon. Dann holten sie Früchte aus dem Wald und gaben sie mir, aber ich aß nicht. Dann hatten sie großes Vergnügen daran, Blumen zu pflükken. Dann kam aus dem Wald ein großer Riese. Er war von schönem Äußeren, aber doch schrecklich. Als die Frauen den Riesen sahen, bekamen sie solche Angst, daß sie sich in den Fluß stürzten und sich so von mir trennten.

Der Riese kam auf die Stelle zu, wo ich lag, hob mich hoch und nahm mich unter seinen Pelz. Dann ging er mit mir in den Wald hinauf. Er machte gewaltige Schritte und ging den ganzen Tag. Am Abend kam er zu seinem Wohnsitz. Da hatte seine Frau kurz vorher eine Tochter geboren. Diese hatte ungefähr dieselbe Größe wie ich. Er zeigte mich seiner Alten, und beide mochten mich gerne. Wir beide, die Riesentochter und ich, wurden in eine Wiege gelegt, und jeder von uns saugte an einer Brust der Riesin. Ich wuchs bei ihnen auf, bis ich dreizehn Jahre alt war. Jede Nacht schlief ich bei der Riesentochter, und wir liebten uns sehr. Dann bat ich meinen Pflegevater, mir das Mädchen zur Frau zu geben, und das gewährte er mir. An Kraft waren wir etwa gleich, aber sie war größer. Der Riese lehrte mich die Ritterkünste, und wir blieben noch drei Jahre bei ihm.

Nun schien es mir, daß aus mir nicht viel werden würde, wenn ich mein ganzes Leben dabliebe. Da fragte ich die Riesentochter, ob sie mit mir kommen oder lieber zurückbleiben wolle. Sie sagte, sie wolle mich begleiten. Da teilte ich dem Riesen mit, daß ich abreisen wollte. Er sagte, das sei meine freie Entscheidung. Dann bereiteten wir beide unsere Reise vor. Der Riese gab mir eine vollständige Rüstung, die ich seitdem trage. Er gab seiner Tochter eine Menge Gold und dazu noch viele Edelsteine. Dann begleitete er uns zu den anderen Männern, die seine Freunde waren. Dann gab er uns Schiffe. Ich suchte mir eine Besatzung für sie zusammen und zog auf Heerfahrt. Ich verheerte Blaland und die Blalandsinseln, bis der König mir die Insel Karbon abtrat. Das ist ein großes Herzogtum. Dort war ich von da an, bis wir uns trafen. Mehr kann ich nun nicht erzählen von Ereignissen, die berichtenswert wären.«

Sintram sagte, ihm scheine, er sei in große Prüfungen gekommen und habe sich glücklich aus ihnen befreit, »und so wird es noch einmal geschehen! Aber das höre ich aus eurer Geschichte heraus, daß sich hier Brüder wiedergefunden haben dürften.«

Aber sie sagten, mehr wüßten sie nicht, als sie gesagt hätten. Danach schwiegen sie. Mittlerweile war es Tag geworden.

23 *Die Gefangenen dürfen einen letzten Wunsch äußern*

Nun ging der König schlafen, aber er forderte seine Pagen auf, im Gedächtnis zu behalten, was die Gefangenen erzählt hatten. Am nächsten Morgen war der König schnell auf den Beinen, rief seine Berater zusammen und fragte, was mit den Gefangenen geschehen solle. Die meisten drängten darauf, sie zu Tode zu quälen, denn alle hatten das Gefühl, sie hätten Grund, sich an ihnen zu rächen wegen des Todes von Verwandten und Freunden. Einige sagten aber auch, es sei nicht angebracht, tüchtige Helden zu quälen. Noch andere sagten, man könne sich durchaus dafür einsetzen, ihnen das Leben zu schenken, wenn sie Vasallen des Königs werden wollten.

Nun gingen sie dorthin, wo die Gefangenen waren, und suchten sie zum Reden zu bringen, und der König bot ihnen die Begnadigung an. Aber ob man es mit ihnen im Guten oder im Schlechten versuchte, sie wollten nicht antworten. Der König fragte, welcher Art Menschen sie wären, aber er bekam keine Antwort von ihnen.

Da bot er den Fürsten an, ihnen eine Todesart zu bestimmen. Die konnten sich aber nicht einigen und überließen die Entscheidung dem König. Er solle ihre Todesart festsetzen. Der König sagte: »Weil ihr vornehme Männer seid, werden eure letzten Worte länger im Gedächtnis bleiben als die anderer, und jeder von euch soll einen Wunsch aussprechen, den er erfüllt haben möchte, bevor er stirbt. Und nun, starker Tertius, sage du, welchen Wunsch du hast!«

Der antwortete: »Reiche dem Herzog Sintram die Hand und verlobe ihm deine Tochter Elena. Dann haben wir erreicht, was wir wollten, und über dich kommt Schande, wie du auch handelst, außer du verhältst dich wohl, was ich von dir aber nicht annehme.«

»Soll ich dir dein Leben schenken, guter Mann?« fragte der König.

Tertius antwortete nicht. Da wandte sich der König zu Unus und sagte:

»Was wünschst du dir, guter Mann, bevor du stirbst?«

Unus erwiderte: »Ich habe hier einen Knochen in meinem Geldgürtel. Der stammt aus einer Drachenklaue. Laßt ihn nach Norden nach England bringen zu der Königstochter, die dort lebt« und er nennt ihren Namen »und sag ihr, sie könne in aller Ruhe jeden heiraten, den sie wolle.«

»Damit willst du doch wohl auf etwas Bestimmtes hinaus«, sagte der König; »aber soll ich dir dein Leben schenken, guter Mann?«

Unus schwieg und sagte kein Wort mehr. Da fragte der König Sekundus, welchen Wunsch er habe, bevor er sterben müsse. Der zögerte nicht mit der Antwort und sagte:

»Das Sterben macht mir nicht viel aus. Laß dir beide Augen ausstechen, dann wirst du in Schande leben.«

Der König sagte: »Du wirst den großen Männern zuzurechnen sein. Willst du mir vielleicht deine Familie sagen, wenn ich dir dann das Leben schenke?«

Sekundus wollte nicht mehr sagen. Der König rief nun seine Pagen und forderte sie auf zu berichten, was sie in der Nacht gehört hätten. Dann rief er seine Fürsten zusammen und sagte, er habe die Vermutung, hier vielleicht seine Söhne vor sich zu haben, nach der Erzählung zu schließen, die er nun gehört habe. Vielen schien das auch gut zusammenzupassen, sowohl hinsichtlich des Alters der jungen Männer wie auch der Geschehnisse. Sie sagten auch, sie fänden, daß Tertius dem König sehr ähnlich sehe. Der König sagte, er habe Grund zu der Vermutung, daß sie tatsächlich verwandt seien, »denn mir scheinen Unus und Sekundus sehr der schönen Elena ähnlich zu sehen, die ich am meisten geliebt habe. Wenn es nun so wäre, schiene mir, ich hätte nicht das Recht, sie zu töten.«

Die Fürsten aber sagten, er solle in dieser Angelegenheit nur machen, was er für richtig halte.

24 Der König erkennt die Gefangenen als seine Söhne und begnadigt sie

König Flores ging nun zu den Gefangenen und sprach so zu ihnen: »Gute Männer!« sagte er; »gerüchteweise sind uns Erzählungen zu Ohren gekommen, die ihr heute Nacht ausgetauscht habt, und die dafür sprechen, daß ihr meine Söhne seid; viele Dinge sprechen auch dafür, daß das glaubhaft ist. Deswegen will ich euch das Leben schenken, wenn ihr uns Gewogenheit und Treue versprecht und uns so für den Verlust an Menschen entschädigt, den ihr uns zugefügt habt.«

Tertius antwortete: »Ich weiß nicht, welche Verpflichtungen wir dir gegenüber haben, und auch nicht, wer wem den größeren Menschenschaden zu büßen hat. Aber wenn es so ist, wie Ihr sagt, dann – scheint mir – haben wir guten Grund, einen Entschluß zu fassen. Deswegen will ich dir sagen, wie es um mich steht. Wir wollen keine Gnade annehmen, wenn nicht auch Sintram begnadigt wird und Ihr ihm Eure Tochter zur Frau gebt. Wenn es so ist, wie du sagst, dann denke ich, nicht weniger Recht zu haben, sie zu verheiraten, als du selbst. Ihr braucht uns nicht freizulassen, wenn Ihr uns diese Entscheidung verweigert. Wir werden entweder alle sterben oder keiner. Und sind wir frei, dann werden wir Sintram rächen und nicht eher aufgeben, als bis wir unseren Willen hinsichtlich der Heirat durchgesetzt haben.«

Der König befiehlt nun, sie loszumachen. Ihre Wunden werden gewaschen, man bereitet ihnen ein Bad, und dann gibt man ihnen gute Kleidung. Dann ließ sie der König zu sich zu Tisch rufen. Und als sie da waren, sagte Tertius: »Wir möchten zuerst Eure Entscheidung hören, ehe wir zusammen speisen.«

Der König antwortete: »Ich will mich nicht um eine Entscheidung über eure Forderungen drücken, aber zuerst wollen wir unsere Tochter aufsuchen und in Erfahrung bringen, welche Antwort sie darauf geben will. Aber da unsere Blutsverwandtschaft offenbar geworden ist, werde ich wenig gegen euch vorbringen.«

Dann gingen sie zu Tisch. Danach ließ der König die riesige Beute aufteilen, die der Feldzug eingebracht hatte. Das war so viel an Gold und Silber und kostbaren Kleidern, Waffen und Pferden und seltenen Rüstungsteilen, daß man es nicht in Mark beziffern konnte. Dann ließ der König das ganze Heer unter seinem Königsbanner zusammenblasen. Und als es versammelt war, ergriff Tertius das Wort, der mit seinem eigentlichen Namen Ajax hieß.

25 Die Söhne des Königs erheben übertriebene Ansprüche an die Kriegsbeute

»Hört mich an, Herr König!« sagte er. »Wir halten uns nicht für besonders mächtig in diesem Lande, die wir diese Güter hierhergebracht haben, und wir wollen nicht kampflos auf sie verzichten. Deswegen fordere ich beliebige zwei Männer, die sich zur Verfügung stellen wollen, auf, mit mir um diese Beute zu kämpfen, und ich will nichts außer Schwert und Schild haben, und wer in dem Kampf den Sieg davonträgt, soll die Beute haben. Wir haben unsere Schätze nicht zu dem Zweck hierhergebracht, daß andere sich zu unseren Lebzeiten ihrer bemächtigen.«

Da sagte der König: »Ihr laßt wohl nie von eurer Feindschaft gegen uns ab?«

Da antwortete Unus, der mit eigentlichem Namen Felix hieß: »Wir sind der Meinung, daß uns die Beute zusteht, die dem Grafen Rikard gehörte, den ich erschlagen habe. Denn das sind die Gesetze des Krieges, daß jeder den beerbt, den er besiegt. Und wenn jemand so kühn ist, daß er es wagt, mir das streitig zu machen, dann trete er vor, und wir werden nicht beide heil vom Platz gehen.«

Da sprach Sekundus, der eigentlich Fenix hieß: »Wenn du für dich die Beute des Grafen Rikard beanspruchst, dann reklamiere ich für mich die Beute des Königs Filipus. Ich denke, daß einer von Euren Männern, König, mit weniger Anstrengung Beute gewonnen hat als ich, als ich ihn bezwang. Noch sind wir nicht so verwundet, daß wir nicht wagen würden nachzuprüfen, wessen Schwert am besten beißt.«

König Flores antwortete: »Ihr seid wirklich schwierige Schätzchen, und ich denke, es ist nur recht, wenn ihr das bekommt, was ihr haben wollt.«

26 Sintram bringt eine Versöhnung zustande und bekommt Elena zur Frau. Die Brüder und Sintram fahren nach England, wo die Verlobte des Unus bedrängt wird

Da sagte Herzog Sintram: »So kommen wir nicht weiter«, sagte er, »denn hier wird jetzt mehr aus Erregung geredet als aus Einsicht. Wir sollten den König nicht zu sehr reizen und ihm damit seine Großmütigkeit lohnen, und wir sollten kein Geld von ihm fordern. Aber mir scheint, es stünde dem König gut an, uns das zu lassen, was wir mitgebracht haben.«

Nun entstand ein lautes Murren im Heer, und es hätte nicht viel gefehlt, dann wäre der Frieden aufgekündigt worden. Da setzte sich mancher ein, und es kam dazu, daß sich alle beruhigten. Sintram und seine Leute sollten den Anteil bekommen, den sie mitgebracht hatten. Die Männer des Königs Flores waren zwar mit dieser Teilung sehr unzufrieden, doch wagte es niemand, gegen die Brüder zum Kampf anzutreten.

Nun machte sich König Flores an die Heimreise in seine Stadt, und mit ihm zogen Herzog Sintram und die großen Kämpen, von denen oben die Rede war. Es spricht sich nun im Volk herum, daß diese gewaltigen Kämpen die Söhne des Königs Flores sind. Nun gehen Männer dem König entgegen, und alle heißen ihn herzlich willkommen. Dann führt der König ein Gespräch mit seiner Tochter, wie sie zu einer Heirat mit Sintram stehe. Aber sie antwortet so: »Sintram hat schon früher um mich angehalten, und du hast mich nicht mit ihm verheiraten wollen. Da wurde ich nicht nach meiner Meinung gefragt. Wenn es damals nach meinem Willen gegangen wäre, wäre so mancher gute Mann noch am Leben, den wir jetzt verloren haben. Wir werden die Verluste so schnell nicht vergessen können, die er uns zugefügt hat.«

Sintram antwortete: »Das werden wir alles mit unserer Freundschaft und Großzügigkeit gegen euch wieder gutmachen, Herrin«, sagte er. »Vieles hat sich schon dadurch zum Besseren verändert, daß der König seine Söhne wiederbekommen hat, die ihn nun sehr unterstützen können.«

Aber ob hier nun mehr oder weniger Worte fielen, jedenfalls lief es am Ende darauf hinaus, daß Jungfrau Elena dem Sintram verlobt wurde, und für die Hochzeit nahm man das Beste, was man hatte, und das Fest nahm einen guten Verlauf. Und weil König Flores jetzt die Reiche zugefallen waren, die sein Schwiegervater König Filipus in Svava und in Lotoringia besessen hatte, gab er sie seiner Tochter Elena, denn sie grenzten an Sintrams Reich.

Nach dem Fest hatten die Fürsten ein Gespräch. Unus teilte seinen Brüdern und seinem Schwager Sintram mit, er wolle westwärts nach England fahren, um dort die Königstochter aufzusuchen, wie er es feierlich versprochen hatte. Die anderen sagten, sie wollten ihn begleiten. Sie ließen nun ihre Schiffe zu Wasser und segelten nach England. Als sie dort ankamen, war der König verstorben, und seine Tochter hatte allein die Herrschaft inne. Damals warb der König von Schottland um sie. Er hieß Guimar. Sie wollte weder ihn noch einen anderen haben, ehe der käme, der ihr den Knochen brächte, der aus jener Klaue stammte, die sie bei sich verwahrte. Deswegen setzte er dem Reich so zu, daß es niemals Ruhe hatte.

27 *Felix besiegt Guimar und heiratet die englische Königstochter*

Als Felix in England angekommen war, begab er sich zur Königstochter. Als sie sich trafen, war es ein glückliches Wiedersehen. Da zeigte er ihr viele Wahrzeichen für das, über das sie redeten. Dann ließen sie eine Versammlung einberufen. Auf dieser Versammlung ließ sie die Klaue herbeitragen, und Felix nahm den Knochen und fügte die Teile zusammen, und den Leuten schien es ganz erstaunlich, wie groß die Klaue war, denn in das Horn paßte ein gewaltiger Schluck. Dann offenbarten sie ihre heimliche Abmachung, und mit dem Einverständnis ihrer Verwandten wurde sie Felix zur Ehe gegeben. Sie sollte nun die Hochzeit vorbereiten, aber er sagte, er wolle König Guimar einladen. Die Königstochter überließ ihm die Entscheidung.

Dann fuhren sie los und wollten zu Guimar. Aber als sie nach Brettland kamen, zog der König ihnen mit seinem Heer entgegen. Felix fragte, wohin er wolle. Der aber sagte, er wolle nach England, »doch wem gehört dieses große Heer, das ihr anführt?«

»Felix heiße ich«, sagte er, »und es ist mein Anliegen, dich zu meiner Hochzeit einzuladen, denn ich habe die Tochter des Königs von England zur Frau bekommen.«

»Ich würde mir wünschen«, sagte Guimar, »daß diese Königstochter möglichst bald ihren Mann genießen könnte!«

»Dann ist es am besten, sich bereit zu machen!« sagte Felix.

Nun begann eine harte und verlustreiche Schlacht. Die meisten fielen auf Guimars Seite, denn die Brüder teilten gewaltige Hiebe aus. Sie enterten das Schiff Guimars, und er wurde gefangengenommen. Sie knüpften Guimar an der Rah auf, aber seine Gefolgsleute unterwarfen sich dem Felix. Der gewann auf dieser Reise ein Drittel Schottlands und wurde König darüber. Dann fuhr er nach England und hielt seine Hochzeit, und dieses Fest nahm einen guten Verlauf.

Nach der Hochzeit sagte Ajax zu seinen Brüdern: »Es ist nun so«, sagte er, »daß ich wissen möchte, welche Hilfe ich von euch erwarten kann, denn ich möchte hinaus nach Afrika in das Reich, das einst König Kastus, unser Großvater, besessen hat.«

Sintram sagte, sie wollten ihm alle beistehen. Dann rüsteten sie ihr Heer und segelten westwärts nach Afrika. Auf dieser Fahrt nahm Fenix Gaskoniareich ein und machte sich zum Herzog darüber, denn dieses Reich gehörte seiner Frau.

28 Ajax wird König von Afrika, Sintram kehrt heim nach Fenedi

Nun kamen sie westwärts nach Afrika. Als die Bewohner erfuhren, daß da ein Enkel des Königs Kastus gekommen war, waren sie alle froh und machten ihn dort zum König. Dann setzte er Männer zur Verwaltung seines Reiches ein.

Sintram bereitete nun seine Abreise zu König Flores vor und sagte, er bitte um Urlaub, um nach Hause in sein Land zu fahren. Deswegen stattete König Flores seine Tochter und ihr Gefolge aus. Schwiegervater und Schwiegersohn verabschiedeten sich herzlich, und Sintram fuhr heim nach Fenedi.

Er hatte zwei Söhne mit seiner Frau. Sie hießen Bertram und Reginbald. Der war der Vater Herburts, welcher Falborg, die Tochter König Artus' von Brettania entführte, wie die Thidreks saga berichtet.

Ajax aber fuhr nach Blaland, holte seine Frau ab und setzte seinen Sohn nach ihr als Herrscher ein und gab ihm den Herzogtitel. Dann segelte er westwärts nach Afrika und unterwarf sich dort das ganze Reich und regierte es bis zum Tage seines Todes.

Aber weil diese Männer fern von unseren Ländern leben, haben wir nicht erfahren, was aus ihnen geworden ist. Deswegen beenden wir nun die Saga von König Flores und seinen Söhnen.

Die Saga von Remund dem Kaisersohn

Übersetzung von Jürg Glauser

1 Kaiser Rikard in Saxland und sein Sohn Remund

Es ist der Beginn dieser Erzählung, daß ein trefflicher Kaiser in Saxland regierte, der Rikard genannt wurde. Er war sehr mächtig und hervorragend, wie es seinem Rang geziemte; er und alle Leute in seinem Reich waren gute Christen. Er hatte eine treffliche Königin, die Oda hieß, sie stammte aus einem vornehmen Geschlecht; sie übertraf mit ihrer schönen Erscheinung und ihrem herrlichen Äußeren und auch mit ihrem feinen Benehmen und höfischen Sitten und allen weiblichen Tugenden die meisten Frauen. Es gab in der Stadt, in der sich der Kaiser am häufigsten aufhielt und die die Hauptstadt seines Reiches war, auch einen Erzbischofssitz. Der Erzbischof war der Bruder der Gattin des Kaisers. Er war ein trefflicher Geistlicher und sehr weise. Der Kaiser und die Königin liebten sich sehr. Sie zeugten einen Sohn, der Remund hieß; er war schmuck und schön und schon in jungen Jahren in allen Dingen fein gesittet. Der Vater und die Mutter liebten ihn so sehr, daß sie ihm nichts verwehren konnten, was er sich wünschte.

Schon in jungen Jahren wurde er zum Studium angehalten und eignete sich großes Wissen mit vielerlei Kenntnissen an. Er konnte auch viele Sprachen sprechen, die er selber durch seine Begabung gelernt hatte. Und als er so viel Wissen erworben hatte, wie er wollte, bittet er seinen Vater, daß er ihm den Meister gebe, den er für den besten hielt und der ihm die ritterlichen Fertigkeiten am besten würde beibringen können; »ich will auch, daß Ihr mir dreißig Gefährten gebt.« Dies wurde sofort getan. Und als der Meister gekommen ist, erwirbt der junge Remund viele Fertigkeiten und dies so rasch, daß so rasch der Meister etwas vormacht, dann kann er es, bevor der Meister fertig vorgemacht hat, was er ihm beibringen wollte. Und nun hat er all die Fertigkeiten erworben, die der Meister ihm beibringen kann, und außerdem viele andere, die ihm niemand beibrachte. Doch es gab eine Fertigkeit, in der er sich ganz besonders hervortat, nämlich das Turnier, denn in jenem Land konnte niemand gegen ihn im Sattel sitzen oder ihn aus dem Sattel werfen. Und selbst wenn die drei tüchtigsten Ritter gleichzeitig gegen ihn anritten, blieb er auf seinem guten Pferd Bruant sitzen. Es war so, als ritten sie gegen eine Stadtmauer, und er und sein gutes Pferd wichen nicht um Haaresbreite zurück. Und man sagt über ihn, daß es zu seiner Zeit keinen ihm Ebenbürtigen gab, wie später deutlich werden wird. Er war freundlich und demütig gegenüber Arm und Reich. Sein Ruhm verbreitete sich in allen Ländern, und er wurde sehr berühmt, so daß jeder, ob jung oder alt, elend oder glücklich, und die Frauen nicht minder, ihm Gutes wünschten. Sein Vater und seine Mutter fanden, daß dadurch ihre Würde und Zuneigung nicht abnahm, so daß sie ihm nichts ausschlugen.

2 Remunds zwölf Gefährten

Wie nun das Leben dieses jungen Mannes in so großer Blüte und vielfältiger Pracht dieser Welt steht, wie wir es eben berichtet haben, verlangt er noch mehr zu haben, wenn er es bekommen kann. Deshalb ruft er seinen Vater im Vertrauen zu sich und sprach: »Ich bitte Euch, mein lieber Vater, daß Ihr Briefe und Botschaften an die besten Männer in Eurem ganzen Reich schickt, damit sie Euch ihre Söhne senden; diese sollen mir dann zur Gesellschaft und zum Dienst sein, so daß man unsere Truppe leicht erkennt, wo wir auch auftauchen werden.« Da nun sein Vater ihm nichts ausschlagen kann, wird dies sogleich getan. Er schickt einen trefflichen Mann mit der Botschaft, daß sie mit schönem Gefolge zu ihm kämen. Und nach einer entsprechenden Zeit kommt er mit zwölf Königssöhnen zurück, denn jeder wollte Remund dienen und für ihn leben und sterben. Remund empfängt sie mit sehr feinem Benehmen und höfischen Sitten, denn sie waren alle fein gesittet. Doch einer ist am tüchtigsten, nämlich der Sohn des Königs von Frakkland, der Berald hieß. Remund setzt ihn am nächsten neben sich und dann jeden entsprechend seiner Macht und seinem Reichtum, so daß es allen gut gefällt.

Nach Ablauf weniger Tage sagt Junker Remund, daß sie sich mit einem Turnier vergnügen sollen. Sie reiten mit schönen Schußwaffen, scheinenden Helmen, bemalten Schilden, starken Spießen, auf guten Streitrossen sitzend, aus der Stadt hinaus. Viele besteigen die höchsten Türme der Stadt, um von dort zu sehen, wer im Turnier am besten sei und wer die meisten abwerfen würde. Sie spielen nun lange, und wer die meisten abwerfen kann, hält sich für den besten. Und es endet damit, daß der Sohn des Königs der Frakkar sie alle überwindet, denn er wirft die Tüchtigsten von ihnen ab, doch Junker Remund hatte noch nicht am Spiel teilgenommen.

3 Die Königssöhne schwören Remund die Treue

Da sprach Remund zu Berald: »Jetzt wollen wir uns messen, Königssohn.«

»Ihr sollt bestimmen, Kaisersohn«, sagt er. Dann antwortet Remund: »Wenn viele so wären, dann würden uns nicht alle besiegen.« Nun reitet jeder gegen den anderen an, und Berald sticht in den Schild des Kaisersohnes, wie es ihm am besten ging, und sein Spieß brach in zwei Teile. Junker Remund saß so fest im Sattel, daß er sich überhaupt nicht rührte, und er packte den Königssohn mit seiner rechten Hand und hob ihn aus dem Sattel hoch. Und als er seine hervorragenden ritterlichen Fähigkeiten gezeigt hatte, setzt er den Königssohn wieder ganz vorsichtig auf das Pferd in den Sattel. Wie zuvor loben alle Remund für seine hervorragenden ritterlichen Fähigkeiten, die er mit seinen Künsten an diesem neu hinzugekommenen Königssohn zeigte.

Nun ruft Remund alle Königssöhne zu sich und fragte, ob sie ihm folgen wollten, wohin immer er im Ausland und Inland ginge, und sich ohne seine Zustimmung und Erlaubnis nie von ihm trennen würden. Sie antworteten alle fast gleichzeitig, daß sie ihm gerne folgen und sich nie von ihm trennen wollten, außer der Tod würde sie scheiden. Da sprach Junker Remund: »Darauf sollt ihr Eide schwören, daß ihr mich nie in irgendeiner Not, in der wir uns befinden mögen, verratet.« Danach gingen sie alle zusammen diesen Treuebund mit Remund ein, und dann küßten sie einander und den Kaisersohn. Danach steigen sie auf ihre Pferde und reiten mit großer Freude und Heiterkeit zurück in die Stadt und trinken nun froh und vergnügt.

Der Kaiser empfindet nun eine große Freude, als er sieht, wie sein Sohn durch sein Können und seine hervorragenden ritterlichen Fähigkeiten und die trefflichen Königssöhne, die ihm als ihrem Herrn dienen wollen, so sehr an Macht gewinnt. Junker Remund findet, sein Leben stehe jetzt in so großer Blüte, daß er nicht mehr verlangen wolle. Alle loben und ehren ihn. Seine Ehre und sein Erfolg verbreiten sich nun im ganzen nördlichen Teil der Welt. Der eine sagt dem anderen, daß es keinen wie Junker Remund gebe, auch wenn man auf der ganzen Welt suchte. Er hält sich nun während langer Zeit mit seiner stattlichen Schar in Ehren und Anstand, Ansehen und Auszeichnung, Würde und Wertschätzung im Reich seines Vaters auf.

4 Ermahnung an die Zuhörer

Hört nun, gute Leute, ist es nicht schrecklich für diesen großartigen und tugendhaften Kaisersohn, der jetzt alle Macht der Welt hat? Sicher ist es traurig, von einem so freigebigen und höfischen Ritter zu wissen, und es sollte ihm eigentlich nicht geschehen, daß man ihn für den ärmsten aller Menschen halten soll. Hört mir zu, gute Freunde, und laßt meine Worte in eurem Gedächtnis haften! Hört auf zu lärmen und laut zu reden und hört, was der sagt, der die Geschichte vorliest, denn es ist besser, schöne Erzählungen und Abenteuer, die man über treffliche Männer berichtet, zu hören als unnützes Getratsche, das mit unklugem Gelächter vorgetragen wird, wie es manche törichte Leute tun. Wollt Ihr dies nicht tun, dann ist die Rede dessen, der die Geschichte erzählt, zu nichts nutz, denn man hat keinen Spaß an ihr, außer wenn alle schweigen außer dem, der die Geschichte erzählt, denn es ist unterhaltsam, gute Geschichten über treffliche Männer zu hören.

5 Remunds Traum

Da soll nun fortgefahren werden, wo vorher abgeschweift worden war, daß der Kaisersohn von den Gelagetischen weg zu seinem Bett geht, als die Zeit dazu gekommen war; und er schlief sogleich ein. Und dann scheint ihm, daß er weit weg in ein fernes Land gekommen war, aber er wußte nicht, wo dieses Land lag. Er war auch in eine so starke und große Stadt gekommen, wie er noch nie gesehen hatte. Dort war alles sehr schön anzuschauen. Aber drei Häuser sah er, die alle anderen übertrafen. Da war ein so schönes Heiligtum, wie er noch nie gesehen hatte. Es hatte einen Dachfirst aus rotem Gold, und alle Türme waren golden anzusehen. Der Königspalast war das zweite Gebäude, das die anderen übertraf. Er war aus weißem Marmor mit allerlei Kunstfertigkeit gebaut. Er war mit rotem Gold bedeckt, und die Wetterfahnen waren golden, einige davon silbern, und noch nie hatte er einen Palast gesehen, der mit größerer Kunstfertigkeit gebaut war. Und er erblickte noch ein drittes Gebäude neben der Kirche und dem Palast. Das war ein Schloß mit starken und so hohen Mauern, daß nur fliegende Vögel darüber fliegen konnten. Es war in allen Farben, rot und blau, gelb und grün, schwarz und weiß. Alle Türme des Schlosses waren mit rotem Gold bedeckt. In der Mitte des Schlosses war ein Turm errichtet worden, und auf dem Turm ein Haus so wie eine Haube. Dieses Haus war rund und mit so großer Kunst und hervorragender Kunstfertigkeit gebaut, daß er nicht glaubte, daß er es verstehen könne, denn außen um das Haus herum waren Balkone wie mit Goldpfeilern und Fenster mit Kristall statt Glas. Dieses Haus drehte sich so, daß die Tore stets der Sonne zugewandt waren. Auf dem Haus oder der Haube war eine Stange, und auf dieser Stange war ein Knauf aus rotem Gold, und auf diesem Knauf war ein Flugdrache. Er breitete seine beiden Flügel aus, bereit zu fliegen. Er hatte den großen Goldknauf in seinen Klauen, als ob er das ganze Schloß in die Luft heben und damit davonfliegen wollte. Der Drache war grün, und seine Flügel waren golden. Er hatte den Rachen geöffnet und schaute immer gegen den Wind. Junker Remund war von diesem Gebäude beeindruckt.

Als nächstes sah er, daß eine Schar von Priestern mit ungewöhnlicher Pracht aus dem Heiligtum kam, und inmitten dieser Schar ging ein würdiger Erzbischof mit zwölf Bischöfen. Sie gingen dorthin, wo Remund stand. Danach sah er eine zweite Schar, die nicht kleiner als die erste war; diese kam aus dem vorher erwähnten Palast. Diese Schar war mit trefflichen Gewändern schön ausgestattet, und viele trugen prächtige Waffen. Inmitten dieser Schar sah er einen prächtigen König mit einer Goldkrone, der festlich in kostbares, weißes Tuch gekleidet war. Diese Schar ging wie viele andere Gruppen ebenfalls dorthin, wo Remund stand. Dieser König war so mächtig, daß vier Könige ihn geleiteten. Als nächstes sieht Remund, daß die Tore des Schlosses aufgingen. Es kamen viele Leute hinaus, zuerst Schauspieler, dann Pfeifer; und es wurden dort allerhand Instrumente gespielt: Leiern, Zithern, Harfen und Geigen und Trommeln und Orgeln. Darauf sieht er eine große, prächtige und ungewöhnliche Gruppe, wie er ähnliches noch nie gesehen hat, kommen. Inmitten dieser Schar wurde eine so schöne und schmucke Jungfrau geleitet, wie er weder vorher noch später je gesehen hatte. Sie wurde von zwei gekrönten Königen geleitet, vor ihr gingen vier Herzöge, hinter ihr zwei Jarle, die ihr Gewand hochhielten. Vier Grafen gingen auf den Seiten und trugen vier golden anzusehende Stangen. Auf diesen Stangen war ein Glashimmel zu sehen, der mit ungewöhnlicher und sehr seltener Kunstfertigkeit gearbeitet war. Die Sonne und der Mond waren mit großer Kunst und seltener Kunstfertigkeit darauf gemalt. Auf diesem Himmel stand eine Stange mit vielen Dingen. Eines war aus rotem Gold, das andere aus weißem Silber. Auf der Stange war ein großer Goldknauf, und auf dem Knauf saß ein großer Adler; seine Federn schienen abwechselnd aus Gold und aus Silber zu sein. Remund empfand beim Betrachten dieser Schar eine sehr große Freude, denn man sah dort manch eine schöne Jungfrau, auch wenn eine aus allen hervorstach durch ihre viel größere Pracht, Würde, Ehre und Auszeichnung als ich Unwissender, Dummer und Schwerzüngiger es erzählen kann. Es war nun eine große Menschenmenge versammelt.

Nun nimmt der mächtige Oberkönig Remund bei der einen Hand und der Erzbischof bei der anderen, und sie geleiteten ihn in einer trefflichen Prozession in das prächtige Heiligtum, von dem vorher erzählt worden ist, bis hinein zu den Stufen des Hochaltars. Dorthin wurde auch die treffliche Jungfrau mit dem Glashimmel, der über sie gehalten wurde, geleitet; und danach legte der Erzbischof ihre Köpfe zusammen. Er glaubte zu verstehen, daß dies eine Trauungsmesse sein sollte. Der Erzbischof liest nun über ihnen, wie es dazu gehört. Danach wird die Messe bis zum *pacem* gesungen; und Junker Remund nimmt den *pacem* und gibt ihn der Jungfrau. Dann steckt er seinen Goldring an den Finger der Jungfrau; und sie nimmt ihren Goldring und steckt ihn an seinen Finger. Es war ein so guter Ring, daß er noch nie einen solchen gesehen hatte. Er war mit hervorragender Kunstfertigkeit gearbeitet. Danach wird die Messe zu Ende gesungen.

Und darauf wird das junge Paar mit solcher Pracht zum Königspalast geleitet, wie vorher erzählt worden ist. Es fand dort eine großartige und prachtvolle Feier statt, wie sie den Dingen, die vorher beschrieben wurden, angemessen ist. Danach schien es ihm, daß sie vom Oberkönig selbst und seiner ganzen Begleitung zu dem trefflichen Schloß, von dem vorher erzählt worden ist, und in das runde Gebäude, von dem vorher die Rede war, geleitet wurden. Und so schön es ihm von außen schien, dann schien es ihm nun von innen noch viel schöner. Dreißig Pfeiler standen in dem Gebäude, die waren alle aus weißem Elfenbein mit großer Kunstfertigkeit gearbeitet, und an vielen Stellen waren die Schnitzereien mit rotem Gold verziert und an vielen Stellen mit trefflichen Steinen besetzt. Dazwischen war ein mit rotem Gold bedecktes und überzogenes

Gewölbe. In diesem Gewölbe war der treffliche Stein Karbunkulus, der das Gemach mit seinem Glanz erleuchtete. In der Mitte des Raumes war ein Bett, das ihn beeindruckte. Es war ganz aus rotem Gold gearbeitet und an vielen Stellen mit Steinen besetzt. Sie, Junker Remund und diese Jungfrau, wurden zum Bett geleitet. Und nun schien es ihm, als würde diese treffliche Jungfrau neben ihm in dieses Bett gelegt. Er legte sich auf Befehl und Wunsch des Königs auch dorthin. Gott gebe, daß sie nie getrennt werden! Und als er dachte, er könne sich ihr mit Freude und Spaß in einer weichen Umarmung zuwenden, da wacht er in seinem Bett mit großem Kummer und schwerer Sorge auf, denkt über seinen Traum nach, betrachtet seine Hand und sieht den Goldring, den er von der Jungfrau empfing. Und so bemerkenswert er ihm im Schlaf erschien, jetzt fand er ihn noch viel bemerkenswerter, denn er hatte noch nie einen Ring gesehen, dem dieser nicht überlegen war.

6 Remunds Liebeskummer

Nun kleidet sich Remund und geht zur bestimmten Zeit zu Tisch, trinkt wenig und ißt noch weniger. Das geht so einige Tage; seine Gefährten bemerken es rasch und fragen ihn, was der Grund sei, daß er so bedrückt und unfroh sei. Er will es aber nicht sagen. Und so erfahren auch der Kaiser und die Königin, daß ihr geliebter Sohn so unfroh geworden ist. Und sogleich ruft ihn der Kaiser zu einem Gespräch zu sich, zusammen mit der Königin und dem Erzbischof. Und als sie alle zusammengekommen sind, ergreift der Kaiser das Wort und sprach wie folgt: »Mein lieber Sohn«, sagt der Kaiser, »wir finden es sonderbar, daß Ihr so unfroh seid und weder mit Freuden schlaft noch eßt oder trinkt, da doch Euer Leben in solcher Blüte stand und Ihr in so großer Ehre wart. Nun tut uns um Gottes und unserer Willen kund, was der Grund ist; denn ein altes Wort besagt, daß zwei aus jeder schwierigen Lage besser herausfinden, und hier sind sogar mehrere, Eure Mutter, die weise und Dir wohlgesonnen ist, und ebenfalls der Erzbischof, Euer Onkel.«

Junker Remund antwortet dann mit großem Kummer und sprach: »Ich will, mein lieber Vater, Euch gegenüber nicht schweigen, sondern Euch gern die Wahrheit sagen.« Er ergreift dann das Wort und erzählt den ganzen Traum von Anfang bis zum Ende mit dem Inhalt, den er hatte und den Ihr vorher gehört habt. Der Kaiser antwortete: »Hier weiß ich einen guten Rat und einen Ausweg, und es sind viele Ursachen: erstens, daß Träume Lügen sind und man ihnen nicht glauben sollte; zweitens, daß es mir nicht unwahrscheinlich scheint, daß sich Euch eine Hexe mit Magie und Sinnestäuschungen gezeigt hat, die ein schönes Aussehen annahm, um Euch mit teuflischer Hinterlist zu betören. Denk nun aufmerksam darüber nach, denn nun ist der Traum gedeutet. Aber hör nun in Gottes Namen und unserer Bitten wegen mit dieser Törichtheit und Dummheit auf, die du hier an den Tag legst; denn das gehört sich nicht für einen so klugen Mann wie dich, und es wäre schon verrückt, wenn sich der dümmste Mann so anstellte.« In gleicher Weise sprechen der Erzbischof und die Königin.

Remund antwortet dann: »Es scheint Euch nicht so, wie es ist; denn dies sind keine Zaubereien oder Sinnestäuschungen oder Hexerei, sondern ich habe die schönste und lieblichste Jungfrau, die es in der ganzen Welt gibt, gesehen. Und hier ist der Beweis dafür.« Und er zeigt ihnen den Ring, folgendes sagend: »Das gab mir keine Hexe, sondern das lieblichste Mädchen, das ich geküßt habe. – Oh weh, mein Herr, gib du mir ein so langes Leben, daß ich diese schöne Blume finden möge, denn dann würden mein Kummer und meine Sorgen gelindert werden! – Um Euch nun die Wahrheit zu sagen, mein lieber Vater, so hilft es nichts, wenn Ihr oder irgend jemand etwas dazu sagt, denn es wird so gehen, bis Gott mit seiner Güte und Gnade mir Hilfe bringt, in welcher Weise dies auch geschieht.« Darauf brechen sie ihr Gespräch ab, und es ist keinem von ihnen leichter zumute als vorher.

7 *Die Figur von der Geliebten*

Nach Ablauf weniger Tage nach ihrem Gespräch ruft Junker Remund heimlich seinen Diener zu sich und sprach zu ihm: »Du sollst durch Saxland reiten und nach dem geschicktesten Maler suchen, den du finden kannst. Bring ihn im Verborgenen und ohne das Wissen von irgend jemandem zu mir in die Stadt; und beeil dich, so sehr du kannst!« Der Diener tat, wie ihm befohlen worden war, macht rasch ausfindig, an welchem Ort der Mann war und überbringt ihm die Botschaft und das Gebot des Kaisersohnes. Er sagte zu. Und nach der entsprechenden Zeit kommen sie zu Remund, der sie freudig begrüßt. Kurz darauf tritt die Neuigkeit ein, daß Remund einen halben Monat lang jeden Tag allein von seinen Leuten weggeht.

Und danach geschieht es eines Morgens, als der Kaiser mit seinem Gefolge sehr früh zur Kirche geht, daß er nahe bei der Kirchentür eine Jungfrau stehen sieht, die so schön und schmuck, gesittet und vornehm ist, daß er dachte, er habe noch nie eine solche gesehen. Er geht zu ihr hin und grüßt sie höflich. Aber obschon der Kaiser sehr mächtig war, will die Jungfrau seinen Gruß nicht erwidern und sich nicht im geringsten vor ihm verneigen, sondern sie schweigt. Da kam Junker Remund herbei und sprach zu seinem Vater: »Mein lieber Vater! Dies ist nicht, wie es Euch scheint, eine von Gott geschaffene Frau, sondern dies ist eine Figur, die nach der Frau, die mir im Schlaf erschien, gemacht worden ist, und sie ist gegenüber jener nur Asche und Rauch. Ihr könnt mich um so mehr bemitleiden, als Ihr diese Figur seht, obwohl sie nichts wert ist gegen jene.« Der Kaiser verstummt darob und geht schweigend weg. Aber Junker Remund umarmt nun die Figur und küßt sie mit großer Freude. Und hier könnt Ihr sehen, wie heiß die Liebe ist. Es vergingen nun viele Stunden, in denen es Remund zur größten Freude gereicht, wenn er sich diese Figur nachtragen läßt, wohin er geht.

8 *Remund und Eskupart*

Kurz nach dem, was jetzt erzählt worden ist, macht Remund es sich zur Gewohnheit, daß er jeden Tag mit seinen zwölf Gefährten in den Wald reitet. Er läßt stets die erwähnte Figur mitführen. Und den ganzen Tag über sitzt er in einer Lichtung, sie umarmend und sanft küssend und sie manchmal neben sich legend und sie betrachtend und nach kurzer Zeit wieder aufnehmend. Er fand darin eine Erleichterung für seinen Kummer und seine Sorgen, die ihn in mancherlei Weise bedrücken. Nun vergehen so viele Jahre seines Lebens. Und dies wird in vielen Ländern bekannt; und es verbreitet sich wie ein Lauffeuer, welch großen Kummer der Kaisersohn von einem Traum bekam. Und vielen scheint es schlimm, dies von einem so trefflichen Mann zu erfahren, denn Remund war in vielen Ländern wegen seines gesitteten und feinen Benehmens und seiner hervorragenden ritterlichen Eigenschaften bekannt geworden. Es beklagen es auch viele ernsthaft, vor allem die Frauen.

Als nächstes geschieht eines Tages, daß Junker Remund mit seinen Gefährten ausreitet, so gerüstet, daß er das Schwert trug, das Nödrubit hieß. Das war ein so gutes Schwert, daß in jener Zeit kein besseres getragen wurde. Es war aus Capadocialand gekommen. Dazu hatte er seinen Schild, und mehr war er nicht gerüstet. Alle seine Kumpanen waren vollgerüstet. Sie reiten darauf in den Wald, in den sie zu reiten pflegten, und zu der Lichtung, auf der sie sich zu vergnügen pflegten. Und als sie dort angekommen waren, steigen sie von ihren Pferden und setzen sich in einem Kreis um ihren Herrn. Er ergreift seine Figur und vergnügt sich mit ihr, wie er es gewohnt war, legt sie manchmal nieder und küßt sie in sanfter Umarmung. Seine Kumpanen sind immer zufrieden, wenn sie ihn froh sehen.

Und als sie nicht lange dort gesessen sind, hören sie einen großen Lärm und großes Getöse, wie wenn viele Männer mit unerhörtem Lärm und Waffengetöse ritten. Als nächstes sahen sie einen Mann auf einem braunen Pferd daherreiten, der so groß wie ein Riese und so stark wie ein Troll war. Er war außerordentlich dick mit starkem Schutz und großen Waffen, die einem Riesen zu tragen geziemte. Sie fanden, sie hätten noch nie jemanden gesehen, der so unangenehm war wie dieser. Sein Pferd war auch so groß, daß sie noch nie so etwas gesehen hatten. Hinter ihm ritt ein zweiter Mann und ein dritter und so weiter, bis es zwölf waren. Diese elf, die hinter ihm ritten, waren auch sehr groß, zwar nicht so groß wie ihr Herr, aber dennoch in ihren Waffen sehr unerschrocken anzusehen. Alle ihre Pferde und ihre Harnische waren schwarz. Sie ritten alle auf die Lichtung, auf der die anderen zu ihrem Vergnügen saßen. Dies geschah, als Junker Remund gerade am sanftesten zu seiner Geliebten war.

Der große Mann, der zuvorderst ritt, steuerte auf den Kaisersohn zu und sprach zu ihm: »Ich wünsch dir nichts Gutes, du übler Verbrecher! Dessen bist du gar nicht wert, statt am Ruhme dich zu laben, sollst du Schimpf und Schande haben. Und wenn du diese bekommen hast, dann wirst du, und alle deine Gefährten, hier mit großer Schmach tot zurückliegen; und du hättest eigentlich noch Schlimmeres verdient für die Schande, die du mir und meiner Geliebten mit deinem Verhalten jetzt und immer, wenn du es mit der

Figur treibst, zufügst. Wo hat man von einem Königssohn gehört, der solches tut? Dies ist ein schändliches Verhalten, das du hier mit ungeheurer Dummheit übst, mehr als man je von irgendeinem Königssohn es gehört hat.« Da sprach Junker Remund: »Wer ist der große Mann, der so unhöfisch mit solcher Anmaßung und Überheblichkeit spricht? Noch nie hörte ich, daß ein Königssohn so angesprochen wurde, und nie bezeichne ich den, der so spricht, als höfisch. Und wie ist dein Name? Und wo bist du geboren? Und wer ist die, die du deine Geliebte nennst oder sie dafür hältst? Sag mir das genau!« Da sagte der große Mann: »Ich will dir meinen Namen und mein Geschlecht nicht verheimlichen. Ich heiße Eskupart, mein Vater Agamenon. Er ist König von Tartaria und so mächtig, daß ihm zwölf gekrönte Könige dienen. Eure Macht scheint ihm wenig wert. Aber wenn du mich nach dem Namen meiner Geliebten fragst oder wo sie geboren wurde, dann werde ich deinem Herz nicht so viel Freude bereiten, dir das zu sagen. Du hättest zwar auch nur kurze Freude daran. Doch so kurz sie auch wäre, gönne ich sie dir trotzdem nicht. Stehe vielmehr auf, wenn du es wagst, und wehre dich, denn ich will dein Leben haben.« Da sagt Remund: »Es wird ein ungleiches Spiel zwischen uns, denn du bist an Händen und Füßen bewaffnet, aber ich habe keinen Schutz außer meinen Schild und meinem Schwert; du wirst nicht mit einem Schutzlosen kämpfen wollen und dich so erniedrigen, ein so großer Kämpfer, wie du sein willst; vielmehr wirst du warten wollen, bis ich meine Rüstung in der Stadt habe holen lassen, und dann werde ich es nicht ablehnen, mit dir zu kämpfen.« Da antwortet der böse Eskupart: »Es gibt keine Hoffnung, daß ich auf dich warte; aber wenn du nicht wagst, dich zu wehren, dann töte ich dich auf der Stelle.«

Da springen alle Gefolgsleute von Remund auf und bieten ihm ihren Schutz an, solange sie ihr Leben und ihre Mannhaftigkeit besitzen, »denn uns scheint es besser, mit dir zu sterben, als nach deinem Tod zu leben.«

»Ja«, sagt der Kaisersohn, »Gott belohne Euch für Euer gutes Angebot und Eure höfische Gefolgschaft, die Ihr mir bewiesen habt! Aber es soll nicht so sein, wie Ihr es anbietet, sondern es sollen sich hier alle setzen und unser Spiel betrachten, denn mein Gott wird es mir ergehen lassen, wie es sein muß. Ich rechne damit, daß es mir gut gehen wird.« Dies gesprochen, steht Remund auf und besteigt sein Pferd, gegürtet mit dem Schwert Nödrubit, behändigt seinen

Schild, hält mit seiner Rechten den Speer zum Stich, nicht besser zum Kampf gerüstet gegen diesen verdammten Hund, als Ihr es jetzt gehört habt! Beschütze ihn nun Gott im Himmelreich!

9 Der Zweikampf und die Verwünschung

Nun geben sie ihren Pferden die Sporen und jeder reitet mit so raschem Lauf auf den anderen zu, daß man sie von Auge kaum sah. Danach treffen sie in einem harten Aufprall zusammen, so daß die Lanzen von beiden zerbrachen, aber keiner warf den anderen vom Pferderücken oder zerhieb die Ausrüstung des anderen oder seines Pferdes. Nun zückt Eskupart sein Schwert und haut mit großer Kraft auf den Kaisersohn ein und schneidet seinen Schild entzwei. Nun haut Junker Remund mit seinem guten Schwert, aber Eskupart hält seinen starken Schild dagegen. Er war so dick und schwer, daß ein Kamel nicht mehr tragen könnte. Er war mit starken Eisenstäben verstärkt. Aber so stark er auch war, so biß ihn Nödrubit dennoch bis zum Schildriemen durch, so daß er im Sattelbogen steckenblieb. Da sprach Eskupart: »Das war ein großer Hieb; und verdammt sei dein Schwert, so gut, wie es beißt! Aber jetzt wird sich das zum Schlechten für dich ändern.« Beschütze nun Gott den Kaisersohn!

Nun haut Eskupart und hebt das Schwert hoch in die Luft. Aber Junker Remund hält das Schwert Nödrubit dagegen. Die beiden Schwerter treffen nun äußerst kräftig aufeinander. Nödrubit schlägt die Spitze des Schwerts von Eskupart ab und schützt so den Kaisersohn vor dem Schlag, so daß er nicht verwundet wird. Doch die Spitze des Schwertes von Eskupart flog in die Luft hinauf und landete im Kopf von Remund. Da sprach Eskupart: »Jetzt ging es nicht so, wie ich gedacht hatte, aber das wird dir alles nichts nützen, auch wenn du noch länger lebst. Ich bestimme jetzt, was eintreffen wird, daß das Eisen, das in deinem Kopf steckt, niemand entfernen kann außer der Jungfrau, die du am meisten begehrst, aber das wird nie geschehen; sondern du wirst durch diese kleine Wunde sterben.«

Nun haut Remund ein zweites Mal mit seinem Schwert und trifft den Helm, das Schwert schnitt den Helm und das Haupt, den Hals und die Schultern, den Bauch und die Brünne hinunter bis zum Gürtel, und er fiel tot vom Pferd zur Erde nieder. Und als dies seine Gefährten sehen, werden sie froher, als man sagen kann, und loben

Gott für einen so herrlichen Sieg, den Gott ihm geschenkt hatte. Aber die elf, die Eskupart gefolgt waren, verhalten sich ganz anders, denn sie lassen die Köpfe hängen und werden von einer großen Furcht und Angst befallen, sich darüber wundernd, daß ein schutzloser Mann einen solchen Kämpfer überwinden konnte, der zuvor viele Könige und Berserker besiegt hatte und einen großen Teil der östlichen Gebiete der Welt unterworfen hatte, und sie dachten, daß niemand im ganzen Weltkreis Remund an Tapferkeit und Ritterschaft gleichkäme.

10 *Die Heiden ergeben sich*

Als der würdige Junker Remund nun den bösen Eskupart überwunden und getötet hat, spricht er zu diesen Heiden, die jenem gefolgt waren: »Es gibt zwei Möglichkeiten, nicht mehr. Nehmt die, die Euch besser gefällt! Ihr sollt tun, wie ich Euch befehle, oder Eure Schwerter zücken und Euch so lange wehren, wie Euer Leben mit Mut und Mannhaftigkeit dauert.« Sie sprechen alle zusammen gleichzeitig wie mit einer Zunge und aus einem Mund, alle mit großer Freude: »Gerne werden wir in allem, das Ihr von uns verlangen könnt und wir auszuführen vermögen, Euren Willen tun.«

11 *Eskuparts Leiche wird zurückgeschafft*

Da sprach Junker Remund: »Ihr sollt Euren Herrn, Eskupart, mit Euch nach Hause zu seinem Vater führen, und reitet dann in seine Halle so gerüstet, wie Ihr jetzt seid, und sagt ihm dann die Wahrheit über Eure Fahrt und auch, daß er sein eigenes Leben aufs Spiel setze, wenn er seinen verfluchten Sohn Eskupart rächen wolle, denn er und alle, die ihm folgen, werden nie eine schlimmere Reise machen als dann, wenn er dies vollbringen wolle.«

Darauf richten sie Eskuparts Leiche her, wie es ihnen möglich war, und binden ihn auf dem Pferderücken fest, damit er nicht herunterfallen würde. Danach ziehen sie ab und machen sich auf den Heimweg und verabschieden sich von Remund und seinen Gefolgsleuten; sie sind froh, daß sie möglichst rasch davonkommen. Es wird nichts von ihrer Reise erzählt, bis sie in die Halle von König

Agamenon in Tartaria kommen und zu seinem Thron reiten. Und Eskupart verhält sich sehr hochmütig, denn er grüßt seinen Vater nicht, weder laut noch leise. Da sprach der König: »Mein Sohn Eskupart, du bist mächtig, und du wirst wohl viel Ruhm erworben haben, da du mich nicht grüßt. Doch das soll nichts zur Sache tun, und sei Maument und allen Göttern und uns selber und all unserer Macht willkommen!« Immer noch schweigt Eskupart und verdreht den Hals und neigt den Kopf nicht und will nicht antworten.

Da sprach einer seiner Diener oder Begleiter: »Es ist nicht, wie es Euch scheint, Herr; er lebt nicht, und deshalb kann er Euch nicht antworten.« Da wird es dem König heiß, und er wird wütend und sprach wie folgt: »Welche haben das getan, meinen Sohn getötet, denn das wird nicht einer allein gemacht haben, denn wenn man in der ganzen Welt suchte, würde man nicht seinesgleichen finden.« Da antwortete ihr Anführer und erzählte alles, wie es sich zugetragen hatte.

12 *Agamenons Trauer und Remunds Erzählung*

Als der König dies gehört hat, antwortet er sogleich: »Nie im Leben glauben wir, daß ein brünnenloser Mann unseren Sohn überwinden würde.« Da schwören sie alle bei Maument und Terogant und Apollo und dem schönen Vinno, daß sie es nicht wahrer erzählen könnten. »Und niemand schafft es, gegen ihn zu kämpfen«, sagen sie, »und tut es den Göttern und uns zuliebe und versucht nicht, ihn zu rächen, denn es schafft niemand auf der Welt, ihn mit Waffen zu überwinden.« Der König und sein ganzer Hof trauern nun mit großem Kummer. Schweifen wir hier nun einstweilen ab, und lassen wir sie sorgen, wie es ihnen paßt, und wenden wir die Geschichte wieder Junker Remund und seinen Leuten zu!

Als nächstes ist zu erzählen, daß er nach dieser großen Krafttat, von der eben erzählt worden ist, mit seinen Männern heimreitet. Er findet, daß er ihre Tapferkeit und Treue zu ihm erprobt hat, und daß sie nicht davor zurückschrecken, Leib oder Leben für ihn zu lassen; deshalb hält er sie in noch größerer Würde als zuvor, wie es angemessen war. Sie kommen spät am Abend nach Hause, und der Kaiser und sein ganzer Hof waren bereits zu Tisch gegangen. Nun fragt der

Kaiser, was sie aufgehalten habe, da sie so spät nach Hause kämen. Junker Remund bittet um Ruhe und sprach: »Ich will die herrliche Kraft und Wahrzeichen, die Gott mir heute erwiesen hat, nicht verheimlichen, sondern ich will, daß alle guten Leute, die hier versammelt sind, vor allem aber Ihr, mein Vater, solche Dinge wissen.« Er erzählt nun die ganze Geschichte, wie es mit Eskupart gegangen war, bis zum Ende; »und ich meine nun noch deutlicher zu wissen, daß ich keinen Träumen oder Täuschungen unterlegen bin.« Nachdem diese Geschichte zu Ende ist, erhebt sich in der Halle ein großer Lärm. Alle zusammen loben Gott für seine Gnade und Junker Remund für seine Tapferkeit und seine ritterlichen Fähigkeiten.

13 Remunds Krankheit

Kurz darauf läßt der Kaiser nach den besten Ärzten am Ort suchen, damit sie dieses böse Eisen entfernen sollten. Aber keiner bringt es zustande. Junker Remund glaubt nun zu wissen, daß die Verwünschung, die der böse Eskupart gegen ihn ausgesprochen hat, eintreffen würde, ob es ihm nun beschert sein würde oder nicht, die schöne Jungfrau zu finden, die seine Sorgen lindern und das böse Eisen, das in seinem Kopf steckt, entfernen kann.

So vergeht die Zeit. Sein Vater und seine Mutter und alle Verwandten und Freunde finden seinen Zustand sehr beklagenswert, wenn er wegen dieses kleinen Eisens und der verfluchten Worte von Eskupart sein Leben verlieren müßte. Aber trotz allem kann niemand etwas dagegen tun. Der Kaiser ließ nachforschen, ob irgend jemand von dieser Königstochter zu erzählen weiß, aber dies konnte niemand. So vergeht nun einige Zeit. Der Kaisersohn nimmt seine Gewohnheit wieder auf und reitet jeden Tag mit seinen Gefährten in den Wald, vergnügt sich mit seiner Geliebten: Das ist die Figur, die zuvor erwähnt worden ist.

14 Vidförul

Nun geschieht eines Tages, als Remund in der Lichtung saß, wo er zu sitzen pflegte, und die Königssöhne sich etwas abseits im Wald vergnügten, daß er einen Mann aus dem Wald auf die Lichtung zu sich kommen sieht. Er war groß an Wuchs und sehr dick. Er trug einen dunkeln, fußlangen Mantel, nicht aus Wollstoff, sondern aus kostbarem Tuch. Er geht zu Remund und grüßt ihn freundlich und höflich, wie es ihm geziemte. Remund erwidert den Gruß freundlich und fragt ihn nach dem Namen.

»Ich heiße Vidförul«, sagt er. »Ja«, sagt Remund, »und das wirst du auch sein.« »Das ist wahr«, sagt er. »Ich bin weit herumgekommen, so weit, daß ich von der Not, die Euch überkommen ist, erfahren habe, und auch davon, daß Ihr den bösen Eskupart, der in der ganzen Welt so berühmt war, besiegt habt. Und ich weiß auch, daß seine Schwertspitze wegen seiner bösen Verwünschung in Eurem Kopf steckt. Es ist traurig zu wissen, daß ein so trefflicher Mann so rasch sterben muß, denn Eure Ruhmestat wird bekannt sein, solange die Welt besteht und bewohnt wird. Und jeder, der Eure Lage zum Besseren wenden würde, sollte gelobt sein!« Da sprach Remund: »Wer konnte dir das erzählen?« »Ich weiß mehr«, sagt Vidförul, »als mir erzählt wird.«

»Du wirst ein kluger Mann sein«, sagt Remund, »und viel erzählen können.«

»Es ist nicht eben viel«, sagt Vidförul, »doch was willst du wissen?« »Ich möchte, daß du mir erzählst«, sagt Remund, »wer die Jungfrau ist, nach der diese Figur, die hier neben mir liegt, gemacht worden ist.« Da antwortet Vidförul: »Wir werden uns über mehr unterhalten, bevor ich dir alles erzähle, was ich weiß oder Ihr fragt. Wollt Ihr mir Unterkunft für den Winter geben?« Da sprach Remund: »Ich denke, daß der, der dich aufnimmt, einen guten Tausch macht, und ich will dir anbieten, solange bei mir zu bleiben, wie du willst. Ich werde keinen meiner Männer höher als dich einschätzen.«

Da sprach Vidförul: »Versprecht nicht mehr, als Ihr halten wollt, denn es ist schwierig, mich aufzunehmen. Ich bin herrschsüchtig, und wenn Ihr mich bei Euch haben wollt und mich nach einem Rat fragt, wird es schwierig für Euch werden, denn ich will allein bestimmen. Und wenn man meinen Rat nicht befolgt, dann rate ich nachher überhaupt nichts mehr.« Der Kaisersohn antwortet: »Ich will deine Ratschläge gerne befolgen, denn entweder bekomme ich von dir Gutes oder sonst von niemandem.« Da antwortet Vidförul: »Um so wichtiger wäre es mir, daß Ihr mir besser vertraut; denn ich will auch versuchen, für Euch alles zu machen, was ich vermag. Und wenn das Glück mitspielt, werdet Ihr davon Nutzen haben!«

Nachdem sie dies besprochen haben, kommen Remunds Gefährten dahergeritten und fragen den Mann nach dem Namen. Er sagt ihn. Sie finden, dieser Mann sei groß an Wuchs und habe starke Arme und sei in jeder Hinsicht äußerst kräftig. Da sprach Junker Remund: »Ihr sollt wissen, gute Burschen, daß ich diesen Mann als meinen Gefährten aufgenommen habe, und ich bitte Euch alle, daß Ihr ihm wohlgesonnen seid und ihn nicht beneidet, auch wenn ich ihn besser als jeden von Euch behandle.« Sie versprachen zu tun, was ihm am besten gefalle. Darauf reiten sie zurück in die Stadt und gehen zu den Tischen, und Remund setzt Vidförul neben sich. Darüber wundern sich die Leute sehr. Der Kaiser fragt, was für ein Mann er sei. »Er ist ein unbekannter Mann«, sagt Junker Remund, »und er soll mir willkommen sein.« Der Kaiser antwortet: »Es ist schwierig, unbekannte Leute aufzunehmen, von denen man nicht weiß, wer sie sind. Und viele haben schon Schaden davon gehabt, was auch immer du davon haben wirst.« »Ich denke«, sagte Remund, »daß mir dieser Mann Gutes bringen wird; entweder gibt es keine Linderung meiner Schwierigkeiten und meines Befindens, oder er kann mit seinem Rat und seiner Weisheit Besserung bringen, denn ich bin ihm in wenigem an Wissen und Weisheit und allerlei Künsten und Vornehmheit ebenbürtig.«

Einige wenige Tage später sagt Vidförull zu Remund, als sie allein sind: »Ich finde es schlimm zu wissen, daß Euer Zustand so sein soll, und es ist nicht gut für Euch, daß es so ist, denn Ihr werdet mit diesem bösen Eisen, das in Eurem Kopf steckt, nicht lange leben, und deshalb rate ich, daß man für Euch eine Lösung sucht.« Remund sagt: »Ich will Euren Rat gern befolgen, was immer Ihr vorschlagt.« Da sprach Vidförul: »Das ist mein erster Rat, daß Ihr mir allein ein Gebäude und Schmiedewerkzeug überlaßt. Außerdem sollt Ihr mir Gold und Silber und alles, was ich wünschen kann, geben. Ich will, daß niemand zu mir kommt.« Remund antwortet: »So soll es geschehen, wie du es anordnest.« Sie brechen dann ihr Gespräch ab. Nachdem ausgeführt worden ist, was Vidförul wünschte, bleibt er einen ganzen Monat von den anderen fern. Und nach Ablauf dieser Zeit kommt er zurück und sagt zum Kaisersohn: »Nun sollt Ihr meine Schmiedearbeit sehen.« Er tut das und geht mit ihm dorthin.

15 Remunds Abreise

Als der Kaisersohn in dieses Gebäude kommt, erblickt er einen Karren, der mit wunderbarer Kunstfertigkeit und mit Gold und Silber gefertigt war. Er war kunstvoll gebaut und fuhr auf Rädern. Da sprach Vidförul: »Jetzt sollt Ihr und Eure zwölf Gefährten Euch so rasch wie möglich bereit machen, denn anderswo wartet jetzt mehr Glück auf Euch als hier.« Der Kaisersohn tut, wie ihm befohlen worden war, und sagt seinen Kumpanen, daß sie sich aufs beste ausrüsten sollen, wenn sie ihm folgen wollen. Und das tun sie; sie wappnen sich mit trefflichen Waffen, ihre guten Kriegsrosse besteigend. Junker Remund trägt nun seine beste Kriegsausrüstung. Er geht zu seinem Vater und allen seinen Verwandten und umarmt sie; nimmt danach Abschied von ihnen. Und als der Kaiser dies erfährt, wird er traurig ob dieser Geschichte, und die Königin und alle Leute in der Stadt weinen bitterlich und sind über diese Abreise sehr betrübt.

Remund besteigt nun sein Pferd mit sehr vornehmem und feinem Benehmen und reitet aus der Stadt hinaus. Dort wartete Vidförul auf einem guten Pferd. Er führte den erwähnten Karren. Er hatte eisenbeschlagene Räder und war kunstvoll gebaut. Da sprach Vidförul: »Nun will ich den Weg weisen.« Sie reiten dann viele Tage, und es wird nichts über ihre Reise berichtet, bis sie ans Meer kommen. Da sprach Vidförul zu Remund: »Jetzt sollt Ihr alle Eure Gefährten außer dem Sohn des Königs der Frakkar zurück nach Saxland schikken; und sagt ihnen, daß sie nach Ablauf von drei Jahren hierher kommen und übers Meer fahren und auf Euch oder Nachricht von Euch warten sollen!« Da ruft Remund alle seine Schwurbrüder zu sich und sprach wie folgt: »Jetzt sollt Ihr, gute Kumpanen, nach Saxland zurückkehren.« Er sagt ihnen nun allen, was er vorhat.

Sie verstummen dabei ganz und sagen, daß sie sich nie von ihm trennen wollten, wenn sie ihm folgen könnten. »Aber dennoch soll es so sein, wie Ihr wollt, obwohl es uns besser dünkte, mit Euch zu ziehen.« Sie trennen sich dann, obwohl es für beide schwierig war. Die elf kehren nun nach Hause zurück. Doch die anderen drei verschaffen sich eine Reisegelegenheit übers Meer. Sie sind dann in das Drittel der Welt gekommen, das Affrika heißt. Junker Remund beginnt es nun schlechter zu gehen. In der Nacht liegt er in dem Karren. Vidförul sagt ihm, er solle sich Der kranke Karrenritter nennen;

»und das wollen wir überall, wo wir hinkommen, alle sagen.« Und wenn sie bei einer Stadt oder einem Schloß vorbeiziehen, dann setzt Vidförul goldene Köpfe mit silbernen Hälsen auf den Karren, von denen es weiterum glänzt. Alle Leute wunderten sich über diese Männer und ihre Ausrüstung. So zogen sie den ganzen Sommer über, bis sich der Winter näherte.

Nun geschieht es eines Nachts, daß sie unter einer Eiche auf einer sehr großen Lichtung Nachtquartier beziehen. Junker Remund legt sich in seinen Karren nieder, und seine beiden Kumpanen sitzen in ihren Rüstungen da, wie sie es gewohnt waren. Einer von ihnen sollte immer wach bleiben und Wache halten. Ihre Pferde waren immer in der Nähe, denn so ordnete es Vidförul meist an, falls sich etwas zutragen sollte. Als sie sich erst eine kurze Weile aufgehalten haben, hören sie einen ungeheuren Lärm, wie wenn viele Männer ritten. Da sprach Vidförul zum Königssohn Berald: »Wir wollen unsere Pferde nehmen und bereit sein.« Und das tun sie. Und darauf sehen sie, daß sieben Männer auf die Lichtung reiten, alle an Händen und Füßen gerüstet. Sie waren auch alle äußerst groß; doch einer übertraf sie alle, denn er war ein äußerst großer Riese. Da geht Vidförul zum Karren und sagt Remund, was los ist. Er steht rasch auf und kleidet sich und besteigt sein gutes Pferd. Und das tun sie alle.

Da sprach der große Riese mit einer schrecklichen Stimme, wie man hören kann: »Woher kommen diese bösen Sklaven hier, die Ihr so vermessen und listig seid, daß Ihr auf der Lichtung meines Herrn ohne seine Erlaubnis und Einwilligung Nachtquartier genommen habt? Damit kommt Ihr bösen Bauernlümmeln nie davon! Ihr werdet rasch mit Schimpf und Schande Euer Leben lassen.« Da antwortet Remund, denn er versteht seine Sprache gut: »Du bist weder klug noch höfisch, sondern nur ein Tor oder Trottel, wenn du unbekannte Männer so mit Schimpfworten ansprichst. Und das laß ich mir von einem so bösen Burschen, wie du es bist, nicht gefallen. Deshalb wehre dich, du böser Hund, wenn du es wagst!« Der Riese schreit auf, so daß die Äste an den Bäumen zittern, und sprach danach: »Hat man je eine solche Frechheit und Ungeheuerlichkeit gehört gegenüber einem solchen Helden, wie ich es bin, denn kein Mann auf der Welt ist mir ebenbürtig außer Eskupart, und der ist jetzt tot. Aber ich finde nicht viel dabei, dich wie einen bösen Bauernlümmel schimpflich aus dem Sattel zu werfen.«

16 Remunds Zweikämpfe

Nun reiten sie außerordentlich hart aufeinander los und prallen heftig aufeinander, so daß beide Speerschäfte zerbrachen, doch keiner warf den anderen vom Rücken des Pferdes. Da zückt Remund sein Schwert und haut in der Weise auf den Riesen ein, daß er auf die linke Achsel haut, und das Schwert schnitt die Achsel und die Brust und die rechte Seite durch und ging oberhalb der Mitte durch den Körper hindurch, und beide Teile fielen auf die Erde. Es gab dann einen fürchterlichen Lärm, so daß die Erde dröhnte. Als seine Gefährten dies sehen, befällt sie eine große Furcht, denn einen solchen Hieb hatten sie noch nie gesehen.

Nachdem er dieses getan hat, reitet Remund zu dem großen Mann hin, der von den anderen am besten gerüstet war, und fragt ihn nach dem Namen. Er antwortet: »Ich heiße Akillas, und mein Vater heißt Enea; er herrscht über Affrika und ist so mächtig und angesehen, daß ihm zwanzig Könige und viele Herzöge mit anderen großen Männern dienen. Und Ihr habt eine große Ungeheuerlichkeit begangen, indem du seinen besten Kämpfer und meinen Gefolgsmann getötet hast. Und was jetzt auch kommt, dann will ich unter keinen Umständen etwas anderes als ihn rächen, wie es auch ausgehen wird, und sofort gegen dich anreiten.« Da antwortet Remund: »Ich bin bereit und wäre es auch schon früher gewesen.« Nun reitet jeder auf den anderen zu. Akillas sticht mit seinem Speer so stark in den Schild von Junker Remund, daß er im Schild steckenblieb, doch der Kaisersohn saß so fest im Sattel, daß er sich wegen dieses Stoßes überhaupt nicht rührte. Er packte Akillas mit seiner rechten Hand und hob ihn aus dem Sattel hoch und ritt mit ihm über die Lichtung, und nach kurzer Zeit setzte Remund ihn mit seiner ganzen Ausrüstung wieder in den Sattel.

Da sprach Akillas: »Das muß man doch sagen, daß du mit deiner Kraft und deinen ritterlichen Fähigkeiten ein vortrefflicher Mann bist, so daß man deinesgleichen nicht finden wird, auch wenn man in der ganzen Welt suchte.« Da sprach Remund: »Das sollst du nicht sagen, aber der wußte nicht viel von der Ritterschaft, der dich unterrichtete.« Da fragte Akillas: »Wie ist Euer Name, du trefflicher Ritter? Wo seid Ihr geboren? Denn Ihr werdet kaum von einem Bauernlümmel abstammen, denn einen schöneren und an allem großartigeren Mann habe ich nie gesehen.« Da sprach Remund:

»Mein Name ist sehr ungewöhnlich. Ich heiße Der kranke Karrenritter, und ich stamme aus einem Geschlecht jenseits des Meeres in Spanialand. Ich verließ meine Heimat, weil ich eine sonderbare Krankheit habe; und ich wollte nicht unter den Augen meiner Verwandten und Freunde sein, sondern unbekannte Orte aufsuchen und aus diesem Grund hierher reisen, wo mich niemand kennt, solange ich lebe. Ich werde aber nicht lange leben, wenn es mit mir weiter so geht, wie es jetzt aussieht. Aber es wird wohl noch gut werden.«

17 Remund bei Akillas

Als Akillas dies hört, antwortet er sogleich wie ein höfischer Mann von guter Herkunft und sprach wie folgt: »Kommt alle her zu mir, ich will Euch mit gutem Willen ohne jede Tücke oder Hinterlist aufnehmen.« Und als sie zu ihm gekommen sind, sagt Akillas: »Wie Ihr wißt, kommt jetzt bald der Winter. Deshalb biete ich Euch, Kranker Karrenritter, und Euren Gefährten an, bei mir und meinem Vater zu bleiben, solange Ihr es für gut befindet. Wenn es nach mir ginge, je länger, desto besser. Und der heilige Maumet und der mächtige Terogant geben, daß Ihr Eure Gesundheit und das, was Euch am meisten Freude bereitet, wiedererlangt! Mit deiner Anwesenheit würdest du dieses Land ehren!« Da sprach Vidförul: »Das wollen wir annehmen.« »So soll es sein«, sagte Remund.

Danach reiten sie zu einer trefflichen Stadt, die nicht weit entfernt war. Sie war groß und stark und hatte hohe Türme und viele Schlösser. Sie reiten dann in die Stadt und zum Palast und steigen von ihren Pferden. Der Königssohn übergibt die Pferde Männern in ihre Obhut. Danach gehen sie in den Palast zum König und grüßen ihn, wie es ihm geziemte: »Maumet, der über die ganze Welt herrscht, beschütze Euch und Euer Reich!« »Er segne Euch!« sagt der König; »was für Leute seid Ihr?« Da antwortet Vidförul und sagt, was ihm richtig scheint. Danach läßt der Königssohn sie auf der einen Seite neben sich Platz nehmen, zuerst Remund und dann seine Burschen. Alle bewunderten Remunds Schönheit, vornehmes und feines Benehmen, seinen Wuchs und seine höfische Art.

Da sprach der König zu seinem Sohn: »Wo ist mein großer Riese, da ich ihn nicht bei dir sehe?« Da antwortet der Königssohn und erzählt seinem Vater die ganze Geschichte über Remund, seit sie sich begegneten und bis jetzt. »Und ich bitte Euch, mein lieber Vater, daß Ihr es ihm nicht verübelt, denn er gab mir und meinen Männern das Leben, denn er hätte die Möglichkeit gehabt, uns alle zu töten, wenn er gewollt hätte. Er ist ein so trefflicher Ritter, daß man nicht seinesgleichen finden wird, auch wenn man in allen Erdteilen der Welt suchte, und man wird ihn mit Waffen nicht besiegen können; Ihr könnt nun auch sein vornehmes und feines Benehmen sehen. Behandelt ihn deshalb unseretwillen gut, so wie es Eurer Würde ansteht!« Da sagte der König: »Dieser Mann ist sowohl groß und schön, und du sagst viel Gutes über ihn. Und deshalb soll es so sein, wie du willst«, sagt der König. Sie trinken nun froh und freudig, und danach gehen alle Leute schlafen. Da sprach Vidförul zu Akillas: »Ich will, daß Ihr einen Raum für uns allein zur Verfügung stellt, in dem wir unsere Dinge und Gegenstände, die uns am Herzen liegen, aufbewahren können.« »Das soll geschehen«, sagt der Königssohn, »sobald Ihr es wollt.«

Es vergeht nun einige Zeit. Der Königssohn bemüht sich um sie so gut wie möglich und sagt, er wolle alles tun, um den Karrenmann zufriedenzustellen. Remund dankt ihm für seine Worte und sein gutgemeintes Angebot. Nun geschieht es einmal, daß Vidförul Remund ins Gespräch zieht und zu ihm sagt: »Weißt Du eigentlich, daß der König eine junge und schöne, hübsche und sehr höfische Tochter hat? Sie heißt Rosamunda.« »Ja«, sagt Remund, »das weiß ich.« »Würde es Euch nicht verlocken«, sagt Vidförul, »in ihr Gemach zu gehen und ihr Benehmen und ihre höfische Art zu sehen?« »Nein«, sagt Remund, »aber ich will deinen Rat hierin wie in allem anderen befolgen, und er wird gut für mich sein.« Vidförul sagt: »Ich rate dir, daß du heute mit dem Königssohn sprichst, wenn Ihr an den Tischen beim Trinken seid. Und bitte ihn um Erlaubnis, zum Gemach seiner Schwester gehen und sie sehen zu dürfen, und bitte ihn, daß er mit dir geht!« Danach brechen sie ihr Gespräch ab und gehen zu Tisch. Junker Remund spricht zum Königssohn, wie eben erzählt worden ist. Und der Königssohn sagt, er wolle dies gerne tun und es ihm jedes Mal erlauben, wenn er es wünscht und es ihm Spaß macht, und ihn selber begleiten, wenn ihm das lieber ist.

18 Remund und Rosamunda

Als die Tische weggeräumt worden waren, gehen die vier Gefährten zum Gemach der Königstochter, zuerst der Königssohn, dann Remund und dann die Schwurbrüder. Die Königstochter begrüßt ihren Bruder und die ausländischen Männer freundlich. Akillas setzt sich auf die eine Seite neben seine Schwester. Und als sie diesen großen und vornehmen Mann erblickt, klopft sie mit der Hand auf ein Kissen bei sich. Remund erkennt, daß sie ihn zum Sitzen einlädt. Er setzt sich auf die andere Seite neben die Königstochter.

Die Königstochter hat diesen Mann noch nicht lange betrachtet, als sich ihre Gesichtsfarbe zu ändern beginnt und sie ihre Schönheit in der Weise verläßt, daß ihr Gesicht alles Blut verlor und ihr so heiß wurde, daß ihr ganzer Körper von Kummer und Sorge geplagt wird, so daß sie sich selber wundert, wie das kommt, denn ihr Herz brennt mit solcher Inbrunst, daß sie für alles Gold auf der Welt diesen Mann besitzen und so rasch wie möglich mit ihm schlafen will. Aber weil sie fand, daß sie das unter keinen Umständen so rasch vorantreiben könne, wollte sie sich fürs erste zurückhalten und mit ihm erst dann darüber sprechen, wenn sie schon mehr miteinander gesprochen hatten und sie ihn allein bei sich haben könnte. Und deshalb redet sie ganz anders, als wie es ihr im Sinn war, wie Ihr jetzt gleich hören werdet. Da sprach der Königssohn zu seiner Schwester: »Meine liebste Schwester!« sagt er, »mir scheint es sehr seltsam, daß Eure Schönheit verschwunden ist, habt Ihr Euch eine Krankkheit zugezogen?« Da antwortet die Jungfrau Rosamunda: »Mein lieber Bruder!« sagt sie, »es bestätigt sich zuweilen, was man sagt, daß es nicht möglich ist, einen klugen Mann zu täuschen, und Ihr seid einer. Doch was das betrifft, daß ich meine Schönheit verloren habe, kann ich Euch schon sagen, wie das kommt. In dem Augenblick, als diese Männer hereinkamen, habe ich mir die Krankheit zugezogen. Sie bringen Unglück mit sich, das sich nicht aussprechen läßt, und vor allem der Mann, der bei uns sitzt, und er wird nicht nur Gutes im Schild führen. Es wundert mich, mein Bruder, daß Ihr unbekannte Männer in mein Gemach führtet.«

»Meine liebliche Schwester«, sagt er, »redet nicht so! Das sind alles gute Männer, und der, der neben Euch sitzt, ist so schön und schmuck, wie Ihr selbst seht. In allen Dingen ist er begabter und übertrifft mit seinem Benehmen alle Männer, die ich gesehen habe, und in körperlichen Fertigkeiten und ritterlichen Fähigkeiten wird ihn niemand überwinden, auch wenn man auf der ganzen Welt suchte. Und deshalb sollt Ihr, meine liebe Schwester, ihn mit aller Vornehmheit, gutem und höfischem Benehmen und Freundlichkeit aufnehmen, wie es Euch und ihm zu tun wohl ansteht, ohne Schaden zu nehmen, denn was ich ihm zu Ehren vermag, das will ich tun, und das bitte ich auch Euch zu tun. Aber vor allem bitte ich Euch, daß Ihr Eure Ehre und Eure Würde wohl bewahrt!«

Der Jungfrau gefällt es vorzüglich, daß sie nun mit diesem Mann über alles, was sie gelüstet, sprechen darf. Danach sprechen die beiden, Remund und die Jungfrau, wie es ihnen gefällt; sie vergnügen sich nun den Tag über bis zum Abend. Man konnte leicht sehen, daß dies nicht gegen den Willen der Königstochter war. Und sie bittet den Mann besonders, daß er immer heimlich zu ihr ins Gemach komme. So vergeht nun einige Zeit, daß sie jeden Tag ins Gemach der Jungfrau gehen und sich dort mit großer Freude vergnügen.

Nun geschieht es eines Tages, daß sich Remund mit der Jungfrau unterhält. Unter anderen Worten eröffnet die Königstochter ihm ihren Willen und das, was ihr schon lange im Sinn gewesen ist, denn ihr schien, sein Begehren, um sie zu werben oder bei ihr zu liegen, zögere sich hinaus. Und als Remund die Worte des Mädchens versteht, da spricht er wie folgt: »Du, höfische Jungfrau«, sagt er, »Ihr sprecht sehr sonderbar und in keiner Weise, wie es Euch geziemt, denn es ist völlig ausgeschlossen, daß Ihr von mir solche Dinge erbittet, da Ihr die angesehenste Königstochter auf der ganzen Welt seid und ich nur ein unbedeutender Mann und Euch gänzlich unbekannt bin. Deshalb unterlaßt es im Namen des Gottes, an den Ihr glaubt, öfters so zu reden, denn ich bin ein Bettler, arm an Geld und noch ärmer an Reich und Würden.« Da sagt die Jungfrau: »Du brauchst keine Angst vor Geldmangel zu haben, denn ich kann dich so reich und begütert machen, daß niemand besser gestellt ist außer meinem Vater. Und sei mir deshalb so häufig wie möglich zu Willen, zuerst heimlich, uns beiden zur Freude und zum Spaß und mir im besonderen zur Erleichterung meiner Sorgen! Wollt Ihr dies nicht tun, dann wißt mit Sicherheit, daß es um Euer Leben und das Eurer Kumpanen geht!«

Wie nun Remund die Worte des Mädchens hört und versteht, wie die Lage ist, daß nämlich guter Rat teuer ist, da antwortet er: »Es verhält sich ganz anders, als Ihr denkt, denn ich würde nicht so unhöfisch sein, daß ich Euch und Eure Schönheit verschmähen würde, wenn ich sie genießen könnte. Aber auf mir lastet die Verwünschung, daß ich keine Frau lieben kann, außer der, die das böse Eisen, das schon lange in meinem Kopf steckt, entfernt. Ich werde bald sterben, wenn nichts dagegen unternommen wird. Und deshalb suche ich, um die Frau zu finden, und es sei Maumets Wille, daß Ihr so glücklich seid. Dann würde ich Euch gern zu Willen sein und immer bei Euch bleiben. Schaut Euch jetzt meinen Kopf an!«

Nun sieht die Königstochter, daß das wahr ist. Sie versucht mit allen Künsten, die sie beherrschte, das böse Eisen zu entfernen, aber sie schafft es nicht; es ging ihm nachher sogar noch schlechter als zuvor. »Es ist wahr«, sagt die Königstochter, »daß dies eine böse Verwünschung ist, und die böse Zunge, die das verursachte, sei verflucht, daß ich das üble Eisen nicht entfernen konnte. Aber wenn dem auch so ist, mußt du mir trotzdem zu Willen sein, denn es soll dir in dieser Sache nichts unmöglich sein, wenn du mir zu Willen sein willst. Doch wenn du dies verweigerst, dann sollst du mit Sicherheit wissen, daß es Euch und Eure Kumpanen das Leben kostet.« Als Remund dies hört, antwortet er sogleich: »Meine liebe Jungfrau!« sagt er, »ich will Euch gerne zu Willen sein, da ich weiß, daß Euer Sinn so herzlich nach mir steht, und bei der ersten Gelegenheit werde ich es tun.«

Nun brechen sie ihr Gespräch fürs erste ab. Und als nächstes erzählt Remund Vidförul von ihrer ganzen Unterhaltung, soweit sie sich ergeben hatte. »Ja«, sagt Vidförul, »jetzt müssen wir uns rasch etwas einfallen lassen. Wir müssen uns sofort bereitmachen, um wegzureisen, denn jetzt ist die Mitte des Winters vorbei, und Ihr sollt dem Königssohn sofort Euer Vorhaben eröffnen.« Remund eröffnet dem Königssohn sein Vorhaben und bittet um Erlaubnis zur Abreise. Da antwortet Akillas: »Ich könnte mir eine Nachricht vorstellen, die mir besser schiene, und ich würde mich gern nie von Euch trennen, doch dein Zustand ist so, daß ich dich nicht zurückhalten will. Deshalb soll es in dieser Sache und in allem anderen, wo ich etwas tun kann, nach deinem Willen gehen.« Remund dankt dem Königssohn für seine Worte, wie es angemessen war.

Früh am folgenden Tag sind sie bereit. Sie gehen zuerst zum Gemach der Königstochter und verabschieden sich sehr herzlich von ihr. – Doch ich glaube, sagt der, die die Geschichte verfaßt hat, daß es sie im Innern schmerzte, wie es sein sollte. – Danach geht Remund zum König und verabschiedet sich höflich von ihm und dankt ihm für alles. Danach reiten sie zur Stadt hinaus. Der Königssohn begleitet sie auf den Weg und heißt sie willkommen, wenn sie auf der Rückreise sind. Darauf trennen sie sich in größter Freundschaft und Zuneigung.

19 Rosamundas Verleumdung

Nun ist davon weiterzuerzählen, daß die Königstochter in ihrem Gemach sitzt, keineswegs guten Mutes. Sie steht auf und geht zu ihrem Vater und sagt, wie man nun hören kann: »Mein lieber Vater!« sagt sie, »ich habe Euch etwas Schwieriges zu sagen und muß Mut zu mir nehmen, um Euch zu eröffnen, daß dieser Kranke Karrenritter, der den Winter über hier gewesen ist, meine Jungfernschaft geraubt und Euch und meinen Bruder betrogen und mich selbst mit Hinterlist geschändet hat; es gelang ihm erst jetzt, und deshalb ist er so überhastet weggezogen. Ich denke, er ist voller Zauber und Täuschung; deshalb müßt Ihr dies nun, mein lieber Vater, grimmig rächen.«

Als König Eneas dies hörte, wird er außerordentlich wütend, einen großen Häuptling zu sich rufend, der ihm sehr lieb war und der Roddan hieß. Er war sowohl groß wie stark und sehr tüchtig. Danach sprach er wie folgt: »Du sollst eintausend Ritter gut ausrüsten und diesen Bauernlümmeln nachreiten und sie alle töten oder einfangen und zu uns führen! Reite einen anderen Weg als sie und komm ihnen von vorne entgegen, und achtet darauf, daß Akillas nichts bemerkt!« Nun reiten sie los, bis sie zur Lichtung kommen, auf der der Königssohn von Remund Abschied genommen hatte. Die Schwurbrüder ließen ihre Pferde verschnaufen.

Da sprach Vidförul: »Ich glaube, ich höre einen großen Lärm und viele Leute auf uns zureiten. Ich vermute, daß uns die Königstochter nicht hold gewesen ist. Steigen wir sofort auf unsere Pferde, so daß wir bereit sind, was immer geschieht!« Sie tun das und rüsten sich und ihre Pferde an Händen und Füßen, steigen auf und sind bereit. – Schütze sie Gott im Himmelreich! Im gleichen Augenblick braust Roddan mit seiner Schar auf die Lichtung. Roddan schreit mit lauter Stimme und sprach wie folgt: »Wartet, Ihr bösen Betrüger«, sagt er, »Ihr sollt einen gehörigen Lohn dafür erhalten, daß Ihr meinen Herrn, den König, und seine Tochter betrogen habt.« Remund antwortet: »Du verleumdest uns ganz übel und lügst wie ein Schalk, denn die Königstochter ist von mir ganz und gar nicht berührt worden.« »Du böser Übeltäter«, sagt Roddan, »wehr dich auf der Stelle! Männer, greifen wir sie an und töten wir sie alle!«

20 Kampf mit Roddan

Nun beginnt ein sehr harter Kampf mit großem Krachen und unerhörtem Lärm. Remund zückt sein gutes Schwert Nödrubit und haut mit beiden Händen Männer und Pferde. Und kein Helm oder Schild vermag seinen Schlägen mehr als ein Laubblatt entgegenzuhalten. Er spaltete damit Helme und Häupter, Hälse und Schultern, Bäuche und Brünnen, Sättel und Pferde und jeden, den sein Schwert erreicht, so daß es in der Erde steckenblieb. Vidförul und Berald hauen Männer und Pferde und werfen viele Heiden zu Boden. In kurzer Zeit haben sie einhundert Männer getötet. Brechen wir nun hier fürs erste ab und wenden wir die Geschichte dem Königssohn zu und dem, was er unternimmt, als er diese Neuigkeit erfährt!

21 Remund überwindet König Eneas

Als nun Akillas diese Neuigkeit erfährt, geht er zu seinem Vater, ihn dafür sehr beschuldigend, was er seinem guten Freund Remund angetan hatte, und er sagt, er sei vollkommen unschuldig, aber die stinkende Hündin, seine Tochter, habe ihn in ihrer Tugendlosigkeit verleumdet, das getan zu haben, was sie selbst in ihrer Geilheit habe tun wollen, und er sagt, sie sollte für solches ungeheuerlich gepeinigt werden. Danach sagt der Königssohn zu allen, die dort standen: »Alle die, die mir folgen wollen, wenn es mir sehr darauf ankommt, ihr sollt nun sofort mit guter Kriegsrüstung auf eure Pferde steigen, und wir wollen alle die guten Männer, die mir das Leben schenkten, unterstützen und keinen, weder Freunde noch Verwandte, verschonen, der ihnen Schaden zufügen will.«

Dann ist der Königssohn mit tausend ausgewählten Rittern bereit. Sie reiten mit blauen Brünnen, hellen Helmen, bemalten Schilden und glänzenden Schwertern, auf ihren prächtigen Streitrossen sitzend. Dann eilte jeder, so rasch er konnte. Der Königssohn ritt zuerst und zuvorderst von allen seinen Männern mit so trefflicher Kriegsrüstung, daß es kaum keine zweite davon gab, und auf einem so geschwinden Pferd, daß er rasch weit von seinen Männern entfernt war, nicht eher einhaltend, bis er dort hinkommt, wo der Kampf tobt, sofort sein Schwert zückend und jeden umhauend und einige mit dem Speer durchstechend. Seine Männer kommen nun auch hinzu, und es gibt einen raschen Kampf, der nicht lang wird, denn die Schwurbrüder hatten bereits fünfhundert Männer gefällt.

Nun sieht Remund, daß Leute zu ihrer Unterstützung gekommen sind. Er wendet sein Pferd dorthin, wo Roddan auf seinem Pferd saß, denn dieser meidet Remund wie den Teufel selber. Remund haut nun mit seinem Schwert auf ihn ein, trifft den Helm, schneidet den Helm und das Haupt, den Bauch und die Brünne, den Sattel und das Pferd in der Mitte entzwei. Und als die Heiden diesen mächtigen Hieb sehen, fliehen alle, die noch da sind. Aber an diesem Punkt, als dies eben geschieht, hören sie einen ungeheuren Lärm und Trompetenklang und ein schreckliches Waffengetöse. Als nächstes sehen sie, daß das Banner von König Eneas, dem Vater von Akillas, und eine große Menge kampfgerüsteter Ritter heranbraust. Da ist der Oberkönig selber mit allen seinen stärksten Kämpfern und dreißigtausend Rittern gekommen.

Nun wandte sich Akillas zu Remund und sagt wie folgt: »Nun ist hier mein Vater mit seinem ganzen Heer gekommen, um dich zu töten, aber ich und meine Männer wollen dich für unser Leben gern beschützen, solange wir am Leben sind, und niemanden schonen außer meinen Vater. Und darum bitte ich dich, mein guter Freund, daß Ihr, wenn Ihr ihn überwinden könnt, nicht tötet, aber behandelt ihn so schmählich, wie Ihr wollt.« »Ich will gern tun, wie Ihr wollt, wenn es sich so ergibt, auch wenn er Schlimmes verdient hätte.« Da sprach Vidförul: »Gehen wir nun zum Wald, so daß er uns den Rücken schützt und sie uns nicht einkreisen können! Schießen wir dann auf die Schlachtreihen!« Und nun tun sie, wie Vidförul es vorschreibt.

Und als dies getan ist, beginnt eine sehr harte Schlacht mit großen Schlägen und starken Speerhieben, mit großem Lärm und ungeheurem Waffengetöse. Nun fällt mancher Heide mit großem Bauch und verdammter Seele tot zu Boden. Da war gar manch gespaltener Schild und manch abgerissener Helm und zerrissene Brünne und zerbrochener Spieß, die Pferde mit leeren Sätteln wiehernd herumlaufen zu sehen. Manch einen Heiden konnte man da darniederliegen sehen, und viele teure Dinge konnte man da für wenig Geld kaufen. Große Ereignisse folgten Schlag auf Schlag: Einigen wurden die Arme oder die Beine abgehauen, andere in der Mitte durchgetrennt, einer wurde erschossen, ein anderer erstochen. Hier wurde einer versehrt, während ein anderer eingeschläfert wurde; einer zappelt, während ein anderer ganz tot ist.

Remund treibt sein Pferd voran und wirft viele Heiden tot zu Boden, so daß die Füße nach oben schauten und der Kopf nach unten. Akillas und seine Kumpanen unterstützen die anderen gut und werfen viele Heiden tot zu Boden. In kurzer Zeit fällen die vier Männer hundert der tüchtigsten Ritter des Königs. Als der Oberkönig sieht, wie Remund seine Männer mit seinem harten Schwert wie Jungholz niedermacht, hetzt er seine Kämpfer auf, gegen ihn zu reiten, und sagt, es sei eine große Schande, daß sie mit einem so großen Heer einen einzigen Mann nicht mit Waffen überwinden könnten.

Nun reitet der größte Kämpfer des Königs, der Jonater hieß, heran. Er war sowohl groß und stark und hatte gute Waffen und ein so gutes Pferd, daß er es nicht für 30 Pfund Gold hergegeben hätte. Er war ein ausgezeichneter Ritter. Er reitet nun auf Remund zu und sticht mit seinem Speer mit so großer Kraft gegen seinen Schild, daß es im Schild steckenblieb, aber ihn dennoch nicht durchbohrte. Remund fiel nicht vom Pferd, sondern hieb mit seinem Schwert auf den Hals des Heiden, so daß der Kopf wegflog und er vom Pferd stürzte, und der Teufel holte seine Seele. Darob wurden die Heiden von Furcht und Angst befallen, von rechtem Schrecken und Mutlosigkeit erbleichend.

Nun reiten sie alle auf die Schlachtordnung des Königs zu und hauen sie bis zum Banner nieder. Der Bannerträger hieß Salater. Er war groß wie ein Riese und stark wie ein Troll. Er hielt das Banner in seiner Hand. Remund zückte das Schwert und schlug Salater auf den Helm, so daß alle Blattverzierungen und Edelsteine wegflogen, der Helm zerbeult wird, der Panzerring entzweigeht, der Schild nachgab und der Panzer birst. Außerdem teilt sich das Haupt und der Hals, der Bauch und die Brünne, der Sattel und das Pferd in der Mitte entzwei, so daß das Schwert im Boden steckenblieb. Nach diesem Hieb flohen alle Heiden, die in der Nähe des Königs standen. Remund hatte nun den Weg frei zum König, der auf seinem Pferd saß. Er packt nun den König mit seiner rechten Hand und hebt ihn aus dem Sattel hoch, reitet darauf zurück zu seinen Leuten und wirft ihn schmählich auf das Feld, so daß er lange auf dem Kopf stand. Und nach diesem Ereignis flohen alle Heiden, die noch da waren, und glaubten den König tot. Nun geht der Königssohn zu seinem Vater und sprach wie folgt: »Das geschieht dir jetzt recht für deine Dummheit, die du diesem guten Mann angetan hast. Und er hat noch besser gehandelt, als du es eigentlich verdient hättest, und das hast du mehr mir als deiner Tochter zu verdanken. Jetzt weißt du, mit wem du es zu tun hast, und es schafft kein Mann, sich ihm und seinem Glück zu widersetzen. Danke ihm nun, daß er dir das Leben geschenkt hat, und biete ihm an, mit dir nach Hause zu gehen, und tu für ihn, was du kannst!«

Der König tut nun, wie ihm sein Sohn gebot, bietet Remund Gold und Silber und ein großes Reich und die Jungfrau, seine Tochter, an. Remund sagt dann: »Eure Tochter, Herr, will ich auf keinen Fall besitzen und auch kein Gold oder Silber von Euch annehmen, aber ich würde Euren Kopf abschlagen, wenn es nicht um Eures Sohnes willen wäre.« Nun trennen sie sich auf dieser Lichtung, und Vater und Sohn reiten nach Hause in den Palast. Der König ist mit seinem Los schlecht zufrieden und die Königstochter noch schlechter. Aber so sollte es sein. Ihr Leben lang bis ganz zum Schluß, verkümmert sie in Sorge und Verdruß, ohne Trost, auch wenn sie bereut, doch mich kümmert das nicht einen Deut.

22 *Vidförul findet die Stadt*

Nun wendet sich die Geschichte erneut Junker Remund und seinen Gefährten zu. Sie reiten den Weg, den Vidförul ihnen vorschreibt. Remund geht es sehr viel schlechter. Sie ziehen nun einen großen Teil des Sommers umher, ohne daß sich etwas Erwähnenswertes auf ihrer Fahrt zuträgt. Die Leute wundern sich sehr über ihre Fahrt, wenn sie an Städten und Dörfern vorbeireiten. Da geschieht es eines Abends, als sie unter einer Eiche bei einem sehr großen Wald ihr Nachtquartier aufgeschlagen haben und Remund in seinem Karren liegt, daß Vidförul und Berald im Wald Lärm und Krach und ungeheures Getöse und Krachen hören, wie wenn sich die Äste unter einem schrecklichen Druck beugten und dann mit schrecklicher Kraft aufeinanderprallten, wenn der Druck verschwand. Als nächstes sahen sie zwei Löwen aus dem Wald hervorkommen, der eine war groß und grimmig, wie sie noch keinen gesehen hatten, und auch der andere war erstaunlich groß.

Nun weckt Vidförul Remund und erzählt ihm, was sich ereignet. Er steht auf und zieht rasch seine Rüstung an und geht auf das größere Tier zu und die beiden anderen Gefährten auf das kleinere, er geht zum Wald, und der Löwe verfolgt ihn. Es wird erzählt, daß Remund mit seinem Schwert Nödrubit dem Löwen einen so gewaltigen Schlag von oben zwischen die Ohren versetzt, daß es ihn bis zu den Kiefern hinunter zerschneidet und im Boden steckenblieb. Danach geht Remund zu seinen Kumpanen. Sie haben den kleineren Löwen auch besiegt. Dies waren große Heldentaten.

Sie liegen die Nacht über dort. Am Morgen brechen sie auf. Remund geht es nun so schlecht, daß er nicht mehr reiten kann. Er liegt Tag und Nacht in dem Karren. Vidförul reitet mit dem Karren voraus, und Berald zäumt Remunds gutes Pferd mit dessen Rüstung. So ziehen sie lange, bis sie eines Abends zu einer so großen und starken Stadt kommen, wie Berald noch nie eine gesehen hat. Vidförul sprach dann zu Remund: »Jetzt sollst du dich aufrichten und schauen, ob du diese Stadt kennst. Wenn du sie nicht kennst, hast du nicht mehr lange zu leben.« Remund richtet sich auf und schaut sich um und erkennt diese Stadt sogleich und vor allem das treffliche Heiligtum, das er im Traum sah, und den schönen Palast, wie er noch keinen vorher gesehen hatte. Er erkannte auch das treffliche Schloß, das in der Mitte der Stadt stand und einen hohen Turm hatte, und auf dem Turm war das Gemach, das mit größerer Kunstfertigkeit gearbeitet war als einer berichten könnte, der aus einem anderen Land gekommen war.

Und als Remund dies sieht, spricht er mit großer Freude zu Vidförul: »Der Herrgott im Himmelreich belohne Euch, Vidförul, für alle Eure Wohltaten und alles, was Ihr für mich getan habt, und besonders, daß Ihr mich in diese Stadt geführt habt, denn hier sah ich die schöne Jungfrau, nach der ich mich lange gesehnt habe. Nun sei Jesus Christus gelobt, daß er meine Sache zu einem guten Ende geführt hat! Nun wäre ich am Ziel meiner Wünsche angelangt, wenn ich die Jungfrau, nach der mich so häufig verlangt, sähe. Was ist jetzt zu tun?« Vidförul antwortet: »Ich werde uns zuerst bei einem reichen Mann in der Nähe des Palastes Unterkunft besorgen. Und dann wollen wir auskundschaften, wo die Königstochter zur Kirche geht!« Er tut dies. Ihm wird gesagt, daß sie zu allen Messen in die Hauptkirche geht. Es geschah nun, daß sie am folgenden Tag zur Kirche geht. Nun sagt Vidförul Remund, wie sich alles verhält.

23 Remund benachrichtigt die Königstochter

Danach verfaßt Remund einen Brief, obwohl er kraftlos war. Am folgenden Morgen waren Vidförul und Berald früh auf und machen sich zur Hauptkirche auf. Vidförul zieht den Karren mit den goldenen Köpfen nach sich, und der Königssohn geht hinterher. Sie ziehen ihn nun in die Straße, die vom Schloß zur Kirche liegt, und bleiben dort stehen. Als sie nicht lange dort gewesen sind, sehen sie aus dem Palast eine sehr prächtige Schar mit vielen bewaffneten Männern kommen. Inmitten dieser Schar wurde ein mächtiger König von zwei gekrönten Königen geführt. Diese Schar geht zur Hauptkirche, und niemand beachtet den Karren oder die Männer dort.

Kurz danach sehen sie, daß das Tor des Schlosses aufgeht. Und es kommen viele Leute mit allerhand Instrumenten, Harfen und Geigen, Leiern und Zithern und Trommeln heraus. Einige spielten Orgeln, andere *timpanistria*, einige pfiffen. Es wurde dort so kunstvoll gespielt, daß sie vorher noch nie so eine Herrlichkeit gehört oder gesehen hatten. Dahinter sehen sie viele Leute, die an Händen und Füßen ausgerüstet sind, so daß es sich wie gleißendes Eis ansah, und die alles, was auf den Straßen im Weg stand, wegschoben und forträumten. Als nächstes sahen sie eine sehr schöne Schar. In dieser Schar waren vor allem Frauen in trefflicher Kleidung, so daß sie noch nie so viele und so gutgekleidete Leute gesehen hatten. Inmitten dieser Schar wurde eine Jungfrau in einem so prächtigen Gewand geführt, daß es davon weitherum strahlte. Sie bedauerten sehr, daß sie ihre Schönheit wegen der Menschenmenge, die um sie herum ging, nicht sehen konnten. Zwei sehr mächtige Herzoge führten sie. Zwei Jarle hielten ihre Gewänder hoch. Vier Grafen trugen den Glashimmel über der Jungfrau, von dem zuvor im Traum erzählt wurde.

Als nun diese Schar am Karren vorbeiging, setzt sich Remund in ihm auf und wirft ein zu einem Beutel zusammengeknotetes Tuch zur Jungfrau hin. Er hatte das Glück, daß sie dieses sofort sieht, denn sie hatte eben den Karren erblickt. Deshalb nimmt sie das Tuch rasch auf und versteckt es, so daß niemand es bemerkt. Diese Schar geht zu dem trefflichen Heiligtum, von dem zuvor erzählt wurde. Vidförul führt den Karren zur Kirchentür, und sie lassen ihn dort während der Messe stehen. Viele wunderten sich sehr über diese Männer und ihre Ausrüstung. Und als die Messe zu Ende gesungen ist, kommen der König und alle seine Leute aus der Kirche, wie es zuvor erzählt wurde. Die Königstochter geht zum Schloß, und die drei Gefährten führen den Wagen zu ihrer Unterkunft und bleiben dort den Tag über.

Da soll nun abgebrochen und fortgefahren werden, als die Königstochter in ihr Gemach gekommen ist, den zusammengeknoteten Beutel, der ihr zugeworfen worden war, lösend und darin einen Brief findend. Als sie den Brief gelesen hat, veränderte sich ihr Äußeres plötzlich, denn es kam in ihr Antlitz eine starke Röte, die viel stärker als üblich und damit vergleichbar war, wenn die Sonne den heiteren Himmel rötet. Und als die meiste Röte aus ihrem Antlitz verschwunden war und sich Weiß und Rot vermischten, da konnte man ihr Gesicht mit dem Sonnenschein vergleichen.

Danach ruft sie eine ihrer Dienerinnen zu sich und sprach freundlich zu ihr: »Nun sollst du mir wie immer hold und treu sein, denn es bedeutet mir viel, meine Jungfrau!« sagte sie. Das Mädchen antwortete: »Ich will Euren Willen gern tun, wenn ich es vermag, und es wäre mir lieber, im Feuer zu verbrennen als Euch zu verraten.« Da sprach die Jungfrau: »Du sollst eine Nachricht von mir in den Erzbischofshof bringen und meinem Onkel, dem Erzbischof, sagen, daß er die ausländischen Männer, die hier in die Stadt gekommen sind, bei sich aufnehme«, und sie nannte den Mann, bei dem sie sind. »Sag ihm, daß er dies nur wenige wissen und sie alle zusammen in einem Raum für sich unterbringen lassen solle! Er wird bestimmt tun, woran mir so viel liegt!« Nun geht das Mädchen seines Weges, bis sie zum Hof des Erzbischofs kommt. Das Mädchen geht zu ihm, ihm die Nachricht der Königstochter ans Herz legend. Danach geht es zurück und sagt seiner Herrin, daß ihr Onkel gerne tue, was sie erbitte. Die Jungfrau wird nun sehr froh und dankt dem Mädchen für seine Mühe und ruft alle ihre Mädchen und Burschen zu sich, sie alle mit größter Aufmerksamkeit bewirtend, bis Frauen wie Männer stockbetrunken waren.

24 Der Erzbischof trifft Remund

Nun soll weitererzählt werden, wie der Erzbischof mit seinen Leuten zusammensitzt und trinkt, er befiehlt, sie sollen froh und heiter sein, seinen Männern sagend, daß sie so munter wie möglich trinken sollten, »während ich kurz weggehe«. Sie tun, wie er gebietet. Der Erzbischof ruft seine Vertrauten zu sich und geht mit ihnen zu dem Hof, der ihm von der Königstochter genannt worden war, findet dort rasch die ausländischen Männer und fordert sie auf, mit ihm zu gehen. Das tun sie. Als sie in den Raum kommen, der ihnen zugedacht ist, geht der Erzbischof zum Karren, danach fragend, wer der sei, der darin liegt, und woher er stamme und woran er erkrankt sei.

Junker Remund antwortet ihm in der Sprache *indiorum*, ihm seinen Namen und sein Geschlecht und die Ursache seiner Krankheit und auch seinen ganzen Traum eröffnend, und wie der böse Eskupart das verdammte Eisen, das ihn lange Zeit gepeinigt habe, mit einem Fluch belegt habe, und daß es niemand außer der schönsten Jungfrau auf der Welt entfernen könne. »Und seht zum Beweis, Herr«, sagte er, »diesen Ring, den Ihr, wie ich fest glaube, gut kennt, und den ich im Traum von der Jungfrau bekommen habe; und Ihr wißt, daß ich nicht lüge.« »Ja«, sagt der Erzbischof, »Ihr sagt vollkommen die Wahrheit, denn entsprechende Dinge sind meiner Nichte erschienen, der schönsten Jungfrau, der Tochter meines Herrn, des Königs, die die schönste aller Mädchen ist, und sie sehnte sich stets nach dem Tag, der jetzt eingetroffen ist, daß sie Euch sehen könnte. Und Ihr habt es jetzt auch nötig, daß sie kommt, damit sie Euch heilt, denn sonst habt Ihr nicht mehr lange zu leben. Und es wäre traurig, wenn ein so trefflicher Mann, wie Ihr es seid, sterben müßte.«

Da sprach Remund: »Ich bitte Euch, mein guter Herr, daß Ihr meinem Leben helft, Eure Nichte bittend, daß sie zu mir komme, versuchend, das böse Eisen, das in meinem Kopf steckt, zu entfernen.« Der Erzbischof antwortet: »Ich will gerne versuchen, was ich erreichen kann.« Er geht nun in das Schloß zur Königstochter. Als die Jungfrau ihren Onkel sieht, steht sie sogleich auf und geht ihm entgegen, ihn mit größter Freundlichkeit begrüßend, ihn bittend, sich neben sie zu setzen, »denn Ihr werdet neue Dinge haben, um mich zu vergnügen, die mir noch unbekannt sind.« »Ja«, sagt der Erzbischof, »ich kann Euch Dinge erzählen, die mir und, wie ich glaube, auch Euch, ganz unbekannt sind; und es ist besser, Euch nicht zu verheimlichen, was ich erfahren habe. Es liegt mir nun viel daran, daß Ihr meinen Willen tut, so wie ich Euch bitte und es Euch wohl ansteht.«

Die Jungfrau sagt: »Ich will, mein Onkel, gerne Euren Willen tun.« Nun erzählt er der Königstochter, was er erfahren hat. »Nun seid so gut und helft diesem trefflichen Mann, denn sein Leben ist verwirkt, wenn nicht rasch Hilfe kommt. Und verheimlicht es allen außer Euren Vertrauten! Geht heute Abend spät zu ihm, und ich werde dann auch dort sein.« Die Jungfrau verspricht es. Es gefällt ihr sehr gut, daß der Erzbischof sie darum bittet, was sie auch nur für Gottes Lohn täte, auch wenn alle ihre Verwandten und Freunde sich widersetzten. Darauf geht der Erzbischof zurück in seine Gemächer. Niemand schöpft Verdacht, denn er pflegte sich mit der Jungfrau zu unterhalten, wann er wollte.

25 *Remunds Heilung*

Als nun der Abend gekommen ist, spricht die Jungfrau zu der vorher erwähnten Frau: »Du sollst mich heute Nacht aus dem Schloß begleiten und tun, was ich dir befehle. Nimm hier diesen Stein und halte ihn in der Hand, während wir fort sind und bis wir zurückkommen, denn niemand kann dich sehen, wenn du dies tust.« Die Königstochter nimmt einen zweiten Stein, der die gleiche Kraft hat. Sie gehen dann aus dem Schloß in den Erzbischofshof, und niemand bemerkt es, und sogleich in den Raum, in dem die ausländischen Männer waren. Der Erzbischof war auch schon da. Die Königstochter ging zu dem Karren, in dem Remund lag, und er war bewußtlos. Sie hob das Tuch, das sein Gesicht bedeckte, und umarmte ihn, mit herzlicher Liebe und honigriechendem Duft, der aus ihrem Mund und ihrem Atem stärker als von den wertvollsten Gewürzen strömte, ihre Arme um seinen Hals legend.

Als sie nun so zusammengekommen sind, diese vornehme Jungfrau und dieser treffliche Junker, da kommt es zu einem seltsamen Ereignis, und es sollte denen, die die Liebe bekommen, zum Nachdenken gereichen, wie Ihr jetzt hören könnt. Sie sinken nun beide in so süßer Umarmung ins Bett, daß der sich unter den lebenden Menschen glücklich heißen könnte, der solches bekäme und nie davon abließe. Sie verlor in diesem Augenblick ganz das Bewußtsein, und so liegen beide darnieder. Gott gebe ihnen ihre Freude wieder! Er stärke sie und heile ihre Glieder!

Nun gehen der Erzbischof und die Gefährten zum Bett und sehen, was sich eben ereignet hat, und es schien ihnen sehr schlimm. Und das würde allen scheinen, die solche Dinge sähen und darüber nachdächten, denn niemand weiß, wohin die Liebe fallen kann, außer dem, der sie erfährt.

Nun geht die schöne Jungfrau, die die Königstochter begleitet hatte, zum Karren und sprengt kaltes Wasser auf ihr schönes Antlitz. Und Gott schickte ihr sogleich das Leben! Da sprach der Erzbischof: »Gott bewahre Euch, Herrin, jetzt und immer! Meine würdige Jungfrau, zögert um Gottes Willen nicht länger, das böse Eisen, das im Kopf dieses Mannes steckt, zu entfernen, denn nun geht es mit seinem Leben zu Ende.« Nun legt die Königstochter Hand an den Kopf dieses trefflichen Mannes, das böse Eisen, das dort zu lange gesteckt hatte, sofort entfernend. Darauf setzt sie sich neben dem Karren nieder, Wein auf seine Lippen flößend, bis er zu sich kommt und seine Augen aufschlägt. Und so wie er diese Jungfrau sieht, waren seine Sorge und sein Kummer vorüber, und er fand, er sei nicht mehr krank oder versehrt, sondern er ergreift mit seinen Händen ihren angenehmen Körper und küßt sie mit großer Zärtlichkeit. Sie legt ihre hellen Finger um seinen Hals, und so vergnügten sie sich eine Weile.

Nun geht der Erzbischof zum Bett und sprach: »Hört damit fürs erste auf, denn es gehört sich nicht, solche Dinge in unserer Gegenwart zu tun, geht jetzt eher zurück in Euer Gemach!« Die Jungfrau tut, wie der Erzbischof befiehlt, obwohl es ihr schwerfiel. Sie geht zurück ins Schloß und tut, als ob nichts geschehen wäre, und es bemerkte dies auch niemand, der im Schloß war.

Die Königstochter geht nun die nächsten sieben Nächte zu Remund und bindet seine Wunden, sein Herzleid heilend. Sie hat auch so hervorragende Salben, daß jede Wunde, die mit ihnen bestrichen wurde, innerhalb von sieben Tagen verheilt war, wenn dem Mann oder dem Tier das Leben bestimmt war. Remund war denn auch völlig geheilt, als diese Zeit vorüber war, so daß er sich überall, wohin er wollte, begeben konnte. Da sprach der Kaisersohn Remund zur Jungfrau: »Nun will ich Euch fragen, meine Herzensgeliebte, was mich lange wunder genommen hat: Wie ist Euer Name? Und manch einer mit weniger Gemeinsamkeiten würde fragen.« Die Königstochter antwortet: »Mein Name ist sehr ungewöhnlich. Ich heiße Elina.« Da nimmt Junker Remund die Jungfrau Elina und setzt sie sich auf den Schoß, sie küssend. Und sie legt herzlich ihre Arme um seinen Hals, ihm mit großer Herzlichkeit äußerst viele süße Küsse von hervorragendem Genuß gebend, mit mehr Vornehmheit, Tugend und Höfischheit, als irgendeine andere es schenken könnte.

Unter anderen Worten sprach die Jungfrau zu Remund: »Nun werde ich fürs erste damit aufhören, Euch zu besuchen, aber nun könnt Ihr uns besuchen, wenn Ihr möchtet, ohne daß es jemand erfährt.« Da antwortet Remund: »Ich würde für mein Leben gern nie von Euch getrennt sein, wenn ich es könnte. Und rate nun, wie ich Euch besuchen kann, so daß niemand davon erfährt.« Da antwortet die Königstochter: »Ich gebe dir dafür einen guten Rat. Ich werde Euch solche Zaubersteine geben, daß Euch und Eure Kumpanen niemand sehen kann, wenn Ihr sie in Euren Händen hält.« Da antwortet Remund: »Der Herr belohne Euch für Eure guten Ratschläge und alle Höfischheit und Tugend, die Ihr mir erwiesen habt. Es wird sehr vergnüglich sein, in Eure Gemächer zu kommen.«

Die Königstochter geht ins Schloß zurück und schickt ihnen die Zaubersteine mit dem zuvor erwähnten Mädchen, das ihr immer folgte. Nun saß Remund mit seinen Gefährten in seinem Zimmer, mit großer Freude einen frischen Trunk trinkend, und er hat nun seine Kraft und hervorragende Schönheit und sein vornehmes und höfisches Benehmen wieder vollkommen erlangt. Der Erzbischof besucht ihn häufig, seine Gesundheit preisend. Er findet, er habe noch nie einen so stattlichen Mann an Wuchs und Schönheit, Vornehmheit und Gesittetheit gesehen, die Gott ihm vor allen anderen Zeitgenossen verliehen hatte. Samson war er an Kraft gleich, Absalon an Schönheit, Ector an ritterlichen Fähigkeiten. Die Redegewandtheit eines Aristotelis hatte er; er besaß mehr Freundlichkeit und Demut mit ehrenvollem Verhalten gegenüber Gott als jeder andere.

26 Die Besuche im Gemach der Jungfrau

Eines Tages ruft Remund Vidförul und Berald zu sich und sagt wie folgt: »Habt ihr nicht Lust, in das Gemach der Königstochter zu kommen?« »Was kann es schaden?« sagt Vidförul. »Doch es ist nicht sicher, daß es geht, wie wir es wünschen.« Da antwortet Remund: »Ich will es euch ermöglichen.« Er sagt ihnen, wie es sich verhält, und gibt beiden von ihnen einen Ring. Sie verlassen das Zimmer und gehen geradeswegs zum Gemach der Königstochter und betreten es sogleich.

Das Gemach war ganz mit rotem Gold bemalt und mit größerer Kunstfertigkeit gearbeitet, als unkluge Leute verstehen oder erzählen könnten. Es gab einen so guten Duft von kostbarsten Gewürzen von sich, daß sie glaubten, sie seien ins Paradies gekommen. Es herrschte dort wegen Steinen, die Tag und Nacht leuchteten, eine so große Helligkeit, daß man kaum durch sie hindurchsehen konnte und es nie dunkel wurde. Hier sehen sie viele prächtige Jungfrauen in kostbaren Gewändern. Die schöne und hochgeborene und ehrenwerte Jungfrau Elina saß auf einem Stuhl, der aus gebranntem Gold gefertigt und mit herrlicher Geschicklichkeit ausgeschnitzt war. Sie war so kostbar gekleidet, daß es dummen Leuten unmöglich scheinen muß, davon zu erzählen, außer, daß der mächtigste König ihn kaum mit all seinem Gold hätte kaufen können. Es schien ihnen auch außerordentlich, wie schön und schmuck sie von Gott geschaffen worden war, mit welchem ungeheuren vornehmen und höfischen Benehmen sie Gott ausgestattet hatte, denn man konnte fürwahr sagen, daß jeder lebende Mensch, wäre er auch noch so krank und leidend an Körper oder Geist gewesen, seine Sorgen und seinen Kummer sofort verloren und sofort Freude und Spaß empfunden hätte, wenn er sie gesehen hätte.

Nun geht Junker Remund auf die Jungfrau zu, ihr erklärend, daß sie gekommen sind. Die Jungfrau springt sogleich auf, zwei Mädchen zu sich rufend und dann aus dem Gemach in ein Zimmer gehend, das mit großer Meisterschaft bemalt und an vielen Stellen mit Gold verziert war. Die Jungfrau setzt sich auf einen trefflichen Sitz und Junker Remund nimmt neben ihr Platz. Dann sprach die Königstochter zu den Mädchen: »Nun sollt ihr mir und euch selber treu sein.« Sie sagen, daß dem so sein solle. Als nächstes lassen sich die beiden Gefährten erblicken. Dann sprach die Königstochter:

»Nun sollt ihr hübsche Geliebte erhalten, und ihr werdet keine besseren kriegen.« Sie sagen, sie wollten ihre Anweisungen gerne befolgen. Die Gefährten setzen sich neben die Mädchen und vergnügen sich mit ihnen, und Junker Remund vergnügt sich mit der Königstochter. So vergeht eine lange Weile, indem sich die Männer fast jeden Tag im Gemach vergnügen und die Nächte bei sich verbringen. Sie finden ihre Lage nun sehr erfreulich. Lassen wir sie nun fürs erste spielen, wie es ihnen gefällt, und wenden wir die Geschichte dem König zu!

27 Boten von Geiraldus

Eines Tages, als der König mit seinen Leuten in seinem Palast saß, mit großer Vornehmheit und Freude trinkend, geschah es, daß die Palasttüren aufgingen. Als nächstes kamen zwei junge und schöne Männer in Botenkleidung herein, in ihren rechten Händen Laubzweige von Olivenbäumen tragend, den König ehrenvoll grüßend und wie folgt sagend: »Jesus Christus, der über alle Dinge herrscht und bestimmt, beschütze Euch und Euer ganzes Reich und vor allem Eure schöne Tochter! Ein trefflicher Junker, Geiraldus, Sohn des Königs von Sikiley, schickt Euch Gottes Gruß und seinen eigenen und läßt Euch ausrichten, daß er Eure Tochter mit Ehre heiraten will. Wenn Ihr das nicht wollt, dann beabsichtigt er, Euch zu überwinden und alles mit Spitze und Schneide zu brennen und brandschatzen, und Euch selber zu töten, denn es ist für ihn ein Kleines, Euer Reich mit Waffengewalt einzunehmen, weil er ein so trefflicher Ritter ist, daß er niemanden auf der Welt fürchtet. Und sagt rasch, welche Antwort Ihr hierauf gebt!«

Der König sagt: »Du hast den Auftrag Eures Herrn und Häuptlings gut und mannhaft vorgetragen, so daß Euch alle höfischen Leute dafür danken mögen. Und seid mit Gott willkommen und bleibt so lange bei uns, wie es Euch gut scheint! Wir wollen mit unserer Tochter sprechen und erfahren, was ihr Wille hierin ist.« Nun geht der König mit dem Erzbischof und zwei gekrönten Königen und vier Herzögen zur Jungfrau. Es waren alles die obersten Ratgeber des Königs. Und als der König ins Gemach kommt, steht die Jungfrau auf und geht ihm entgegen und begrüßt ihn und alle, die ihn begleiteten, mit größter Freundlichkeit. Danach führt sie ihren Vater zu ihrem eigenen Thron und setzt sich selber neben den König. Als sich der König gesetzt hatte, beginnt er mit seiner Angelegenheit, seiner Tochter von den Boten des Königssohns Geiraldus erzählend, und bittet sie, darauf zu antworten, wie sie wolle.

Die Königstochter sagt: »Zuerst will ich Euch sagen, daß ich diesen Königssohn unter keinen Umständen haben will, wenn ich bestimme, wie ich bestimmen soll, sonst wird es deswegen Schwierigkeiten geben. Wir würden uns auch wundern, mein lieber Vater, wenn Ihr Angst davor hättet, gegen einen trefflichen Königssohn zu kämpfen, auch wenn er sehr mächtig ist, wo Ihr doch so viele teure Häuptlinge mit Waffen überwunden habt. Doch auch wenn er ein tapferer Mann ist, dann kann er gegen Eure Macht nicht ankommen! Hört meinen Rat! Er wird Euch helfen. Laßt aus allen Euren großen Städten ein Aufgebot gegen diesen Königssohn ergehen, und dann denke ich, daß Ihr wohlauf zurückkommen werdet. Wenn es jedoch zu Schwierigkeiten kommen sollte, dann versprecht mich diesem Königssohn, denn das will ich lieber, als daß er Euch einen Schaden zufügt. Aber das wird nicht nötig sein, denn Gott wird verhindern, daß wir eine Verbindung eingehen.« Der König und seine Ratgeber stimmen dem zu. Der Sieg schien ihnen gewiß, obwohl sie zuvor die Niederlage befürchtet hatten.

Danach kehrt der König in seinen Palast zurück, den Boten seine Entscheidung mitteilend: »Sagt Eurem Herrn, daß er auf uns warte und nicht in unserem Reich heere, ehe wir ihm entgegenkommen.« Die Boten werden nun außerordentlich wütend, sich aufmachend und nicht Halt machend, ehe sie ihren Herrn finden, ihm die Nachricht überbringend und dies dazu, daß der König innerhalb eines halben Monats mit seinem ganzen Heer dort eintreffen werde. »Und er bat Euch, auf ihn zu warten und nicht in seinem Reich zu heeren, bis er kommt.« Da sagt der Königssohn Geiraldus: »Etwas anderes hätten die Indialeute von uns verdient, als daß wir ihnen einen Waffenstillstand zubilligen für eine so unerhörte Schmach, die sie uns zufügten, indem sie uns, einem solchen Mann, wie wir es sind, die Jungfrau verweigerten. Doch es scheint uns schändlich, sie häuptlingslos zu töten, und deshalb wollen wir etwas Klügeres tun und seine Männer zu einem Turnier herausfordern, an dem wir sie dann schmählich überwinden, und wenn wir ihre Mutlosigkeit im Ritterspiel sehen, werden wir sie im Kampf rasch mit Waffen überwinden.

28 Das Turnier

Wenden wir uns hier ab und dem zu, wo Johannes, der mächtige Indiakönig, sein ganzes Heer aus der Stadt Heliopolis, die die Hauptstadt seines ganzen Reiches war, führt, mit blauen Brünnen und vergoldeten Helmen, mit Schmelzarbeiten verzierten Schilden und glänzenden Schwertern, Armbrüsten und Pfeilen und allerhand Kriegsgerät. Alle saßen sie auf schönen Kriegsrossen, die unter Schild und Spieß gut gezähmt liefen. Sie reiten nun Tag und Nacht, nicht eher Halt machend, als sie zu der Stadt kommen, in deren Nähe der Königssohn Geiraldus auf einem ebenen Feld sein Heerlager aufgestellt hatte. In der Nähe dieser Ebene waren große Wälder, und bei diesen stellt der König sein Heerlager auf. Und als der Königssohn Geiraldus dies erfährt, reitet er zu ihren Landzelten und fordert sie auf, sieben Tage lang zu turnieren. Der Indiakönig Johannes nimmt dies an.

Am folgenden Tag beginnt das Turnier mit vielen Männern, und die Indialeute werden besiegt. Das gefällt dem Königssohn sehr gut, aber den Indialeuten schlecht. Die nächsten drei Tage geht es in dieser Weise. Am vierten Tag rüstet König Johannes alle seine stärksten Kämpfer mit einer Menge anderer Männer zum Kampf. Als der Königssohn dies erfährt, rüstet er alle seine stärksten Kämpfer und sich selber mit seiner besten Rüstung zum Kampf. Danach steigt er auf sein gutes Pferd, mit seiner Schar, die an Waffen und Kleidung bestens ausgestattet war, auf den Platz reitend. Die Indier sind mit trefflichen Waffen und kostbaren Steinen, von denen es über das ganze Feld funkelte, auf den Platz gekommen. Hier beginnt nun das grimmigste Turnier mit großem Lärm und Waffengetöse. Hier kann man nun manch einen Mann schmählich vom Pferderücken fallen und viele Pferde mit leerem Sattel wiehernd herumlaufen sehen. Nun reitet Geiraldus durch die Kämpfer des Königs der Indier hindurch, jeden abwerfend, den er kann. So geht es den ganzen Tag über bis zum Abend. Und es gab keinen so tapferen Ritter, der ihm widerstehen konnte und den er nicht schmählich abgeworfen hätte. Und viele teure Häuptlinge der Indialeute führte er mit sich in seine Landzelte. Und ihm und allen seinen Leuten scheint nur der Sieg gewiß zu sein. Die Indialeute reiten zurück und berichten nichts Gutes, sie sagen, sie seien alle besiegt, und viele treffliche von ihnen seien besiegt und gefangengenommen. Da wird der König sehr betrübt und meint nun, die Niederlage sei gewiß, wenn er nicht seine Tochter verheirate. Es scheint ihm nun schmählich, sie anzubieten, nachdem er es abgelehnt hatte, als er mit Ehre darum gebeten wurde.

29 Remund macht sich zum Kampf auf

Nun soll hier fürs erste abgewichen und dort begonnen werden, wo die schöne Elina in ihrem Gemach sitzt und Junker Remund und seine Kumpanen bei sich hat. Da sprach die Jungfrau: »Ihr werdet wissen, mein Lieber, daß ich einen Werber habe, den Sohn des Königs von Sikiley. Mir wird erzählt, er sei ein trefflicher Mann, aber ich habe ihn dennoch abgewiesen. Deshalb zog mein Vater aus, um gegen ihn zu kämpfen, doch ich weiß, daß er und seine Leute durch diesen Königssohn eine Niederlage erhalten haben. Rettet Euch diese Partie, wenn du ein so guter Ritter bist, wie man sagt!« Remund sagt: »Ich will gern Euren Willen tun und Euch zu meinen Händen befreien, und kein lebender Mann soll Euch bekommen außer mir. Ich weiß auch, daß ich vollkommen verpflichtet bin, Euren Willen zu tun, so wie ich es vermag. – Und sattelt sofort unsere Pferde«, sagt Remund zu seinen Burschen, »und ziehen wir unsere beste Rüstung an!« Nun wird dies sofort getan.

Danach steht Remund auf und umarmte seine Geliebte, und die beiden Gefährten umarmten die ihren. Alle bitten nun füreinander, vor allem die Mädchen für ihre Geliebten, Tag und Nacht. Die Männer gehen dann zum Erzbischof und erzählen ihm von ihrem Vorhaben, und er dankt ihnen dafür. Danach steigen sie auf ihre Pferde und reiten zur Stadt hinaus. Der Bischof gibt ihnen einen Führer mit. Sie reiten nun Tag und Nacht, so schnell sie konnten. Es wird nichts von ihrer Reise erzählt, bis sie in den Wald kommen, der bei dem Heerlager der Indialeute lag – es war dies am sechsten Abend des Turniers der Indialeute –, dort Nachtquartier nehmend, in einem Zelt, das ganz mit Gold genäht und mit großer Kunstfertigkeit gearbeitet war, im Wald zeltend. Sie trinken dann froh und heiter und gehen schlafen.

30 Remund nimmt am Turnier teil

Es soll nun dort weiter erzählt werden, wo vorher abgeschweift wurde, und daß der Königssohn am siebten Tag sehr früh aufsteht. Der Waffenstillstand war jetzt vorbei. Geiraldus kleidet sich in seine allerbeste Rüstung, sein Pferd besteigend und mit ihm die zwanzig tüchtigsten Ritter seines Heeres. Er reitet mit großem Hochmut und Ehrgeiz zu den Landzelten der Indialeute, nicht eher Halt machend, bis er zum Landzelt des Königs kommt, dort mit lauter Stimme rufend und wie folgt sagend: »Wie Ihr wißt, ist jetzt der letzte Tag unseres Waffenstillstandes. Deshalb bin ich gerüstet hierher gekommen, weil ich jedem, der das wünscht, anbiete, gegen mich anzureiten, und es soll dabei um unsere ganze Angelegenheit mit den Indialeuten gehen. Wenn aber niemand es wagt, wie ich vermute, werde ich mir morgen Jungfrau Elina, die Königstochter, und Euch und damit Euer ganzes Reich erobern.« Er brach seine Rede ab, und niemand wagte es, ihm zu antworten. Danach reitet der Königssohn zurück zu seinen Landzelten und befiehlt seinen Leuten, darauf zu achten, ob jemand vom König hervorreiten würde. Man tat, wie er es befahl.

Als der Königssohn weggeritten war, sprach König Johannes zu seinen Leuten: »Jetzt konntet Ihr hören, wie hochmütig Geiraldus ist. Glücklich wäre der, der darauf warten könnte, daß Gott ihm den Mann schickte, der sich traute, gegen ihn anzutreten! Und ich bitte Euch nochmals, gute Leute, daß Ihr heute ausreitet und es wagt, unser Los zu richten, denn es wäre erstaunlich, daß sich als falscher Rat herausstellen würde, was meine Tochter vorschlug. Es wird auch nicht so sein, obschon es uns jetzt unwahrscheinlich vorkommt.« Nach dieser Rede des Königs ritten dreihundert Ritter, die noch nicht am Spiel teilgenommen hatten, herbei. Sie reiten auf den Platz, wo man zu turnieren pflegte. Und zur gleichen Zeit kommen ihnen gleich viele Ritter aus Sikiley entgegen. Es erhob sich dann sogleich ein sehr grimmiger Kampf mit ungeheuren Speerstichen.

Als nächstes sehen die Indier, daß drei unbekannte Männer zu ihrer Unterstützung ins Spiel kommen, die die Ritter aus Sikiley einen nach dem anderen schmählich und so rasch vom Pferderücken werfen, daß einer über den anderen fällt. Einer von ihnen verrichtete mehr als alle anderen, so daß sie noch nie so etwas gesehen oder gehört hatten; er war so tüchtig, daß jeder fast zum Fall fertig war, noch ehe seine Stange ihn berührt hatte. Deshalb sah man hier nun zum ersten Mal, daß alle Ritter aus Sikiley abgeworfen und einige gefangen und in die Landzelte der Indialeute gebracht wurden. Einige ritten zu ihren Landzelten und erzählten von ihrer Niederlage und den Männern, die sie mehr als irgend jemand zuvor geschmäht und verspottet hatten.

31 Die Siegesfreude der Indier

Da sprach der Königssohn Geiraldus, äußerst froh: »Es wäre ein vollkommen guter Tag, wenn einer es wagte, gegen uns anzureiten, da wir zuvor keinen gefunden haben, der im Kampf gegen uns im Sattel geblieben wäre. Ich kenne keinen, den ich fürchte, seit der Kaisersohn Remund tot ist.«

Nun reiten die Indier zurück zu den Landzelten, ihrem König von ihrer Fahrt und dem Sieg erzählend, den sie dank der neu hinzugekommenen Männer gewonnen hatten. Der König wird froh und heiter, Gott für diesen schönen Sieg und seiner Tochter für ihre Weisheit und Ratschläge dankend, fragend, wo diese neuen Männer seien. Sie sagen, daß sie sogleich in den Wald geritten seien und mit niemandem hätten sprechen wollen. Nun sind die Indier sehr froh, allerlei Unterhaltung durchführend, wie es ihre Sitte ist, wenn sie in Schlachten oder Turnieren den Sieg davontragen.

32 Der Zweikampf wird festgelegt

Am nächsten Morgen, als die Sonne ganz früh die Welt mit ihren Strahlen erleuchtete, war der Königssohn Geiraldus schon aufgestanden, befehlend, daß man ihm seine Ausrüstung und sein Pferd mit der besten Rüstung gebe. Das wurde sogleich ausgeführt. Vier Jarle kleideten ihn in die Rüstung. Danach steigt er auf ein Pferd und benutzte dazu weder die Steigbügel noch den Sattelbogen. Danach befiehlt er, daß die tausend tüchtigsten Ritter seines Heeres ihn begleiteten. Als diese fertig sind, reiten sie mit ihrem Herrn aus dem Heerlager auf die erwähnten Felder beim Wald. Die Indier waren noch nicht gekommen und auch sonst niemand.

Der Königsohn sprach dann: »Der Herrgott gebe es, daß jetzt die Ritter hierherkämen, die gestern meine Ritter abwarfen, und wir würden sie dann schmählich vom Pferd werfen und sie an ihre Speerschäfte binden.« Sowie der Königssohn dies gesagt hat, sahen sie drei Ritter mit trefflicher Rüstung und äußerst guten Waffen und Pferden aus dem Wald hervorreiten. Einer übertraf alle, die der Königssohn je gesehen hatte. Sie reiten nun dorthin, wo der Königssohn auf seinem Pferd saß. Er fragte diesen großen Mann nach dem Namen und ob er es war, der am Tag vorher seine Ritter vom Pferd geworfen hatte.

Da antwortet der große Mann: »Meinen Namen sage ich Euch nicht, aber es ist wahr, daß ich gestern einige Männer abgeworfen habe, aber ich weiß nicht, ob es Eure Männer waren oder nicht. Und das spielt ja auch keine Rolle.«

»Nun sollst du erfahren«, sagte der Königssohn, »wessen Männer du vom Pferd geworfen hast, denn ich werde sie rächen.«

Remund antwortet: »Das könnt Ihr versuchen, denn ich werde nicht so einfach ohne Gegenwehr davonlaufen. Aber wenn Ihr so mächtig seid, wie Ihr tut, dann werdet Ihr bei dem Turnier etwas einsetzen, denn es steht hohen Herren nicht an, nichts einzusetzen.«

»Was willst du einsetzen?« sagt der Königssohn. Remund antwortet: »Was kann ich einsetzen außer meinen Kopf, denn es ziemt sich nicht, wenig einzusetzen gegenüber einem solchen Häuptling, wie Ihr es seid, aber Ihr setzt dagegen ein, was ich verlange.«

Da sagt der Königssohn: »Zuerst will ich hören, was du verlangst, bevor ich zustimme.«

»Ja«, sagt Remund, »so soll es sein. Und wenn es geschieht, was nicht der Fall sein wird, daß ich dich in diesem Turnier besiege, dann sollt Ihr mit Eurem ganzen Heer abziehen und außerdem versprechen, so lange Ihr lebt, nie im Reich des Indiakönigs zu heeren.«

Der Königssohn antwortet: »Das scheint mir ein geringer Einsatz gegen deinen Kopf zu sein, denn nie wird so etwas Unerhörtes und Ungeheuerliches geschehen, daß Ihr uns überwindet, denn wir fürchten uns vor keinem Mann im Turnier, nun nachdem der Kaisersohn Remund tot ist, denn er ist der einzige Mann, den ich fürchte, nachdem er den großen Eskupart tötete.«

Da antwortet Remund: »Jetzt sprecht Ihr über den, den ich nicht loben will, denn ich sah ihn so krank und elend, daß ihn ein buckliger Bauer hätte abwerfen können. Erwähnt ihn deshalb nicht zusammen mit solchen Männern, wie Ihr es seid!«

Nachdem dies gesprochen war, geben sie einander die Hand und versprechen, daß sie sich auf diesem selben Feld früh am folgenden Morgen einfinden wollten. Danach brechen sie ihre Unterredung ab. Der Königssohn reitet mit seinen Männern zu seinen Landzelten zurück, und Remund kehrt mit seinen Männern in den Wald zurück, wo sie froh und heiter trinken.

33 Vidförul und Berald machen den Anfang

Früh am Morgen steht Vidförul auf, Remund weckend und ihn bittend, sich zu kleiden. »Und achtet darauf, daß wir nicht nach den anderen zum Kampfplatz kommen, denn der wird den Sieg erringen, der zuerst kommt«, sagt er. Nun ziehen Remund und seine Kumpanen die Rüstung an, steigen danach auf ihre Pferde und reiten zum Spielplatz. Der Königssohn war noch nicht da, doch sie sahen viele Leute draußen vor seinen Landzelten, – die saßen schon auf ihren Pferden, so ihren Herrn erwartend, alle an Händen und Füßen gerüstet, so daß es sich wie gleißendes Eis ansah.

Als nächstes ist nun davon zu erzählen, daß der Königssohn aufsteht und in die allerbeste Rüstung, die in seinem ganzen Heerlager zu finden war, gekleidet wird. Dies taten vier Markgrafen und zwei Herzöge. Danach wurde ein treffliches Pferd mit reicher Rüstung herangeführt, und der Königssohn stieg auf, und zwei Jarle hielten die Steigbügel, und der Sohn des Herzogs von Kartaria, der hervorragendsten Stadt von Sikiley, trug seinen Turnierspeer zum Kampfplatz. Auf dem Spielplatz waren bereits viele Ritter des Indiakönigs. Der Königssohn aus Sikiley schaut sich um und hält nach seinem Wettgenossen Ausschau und erblickt ihn und seine Kumpanen gleich. Er reitet mit wenigen Leuten dorthin, und sie grüßen einander höfisch.

Da sprach der Königssohn zu Remund, obschon er nicht wußte, daß es Remund war: »Willst du, daß zwei von unseren Rittern sich mit deinen Kumpanen messen?« »Ja«, sagt Remund, »das gefällt mir gut.« Nun bestimmt der Königssohn die zwei Ritter, die in seinem Heer die besten waren. Einer reitet gegen Vidförul an, der zweite gegen Berald. Es kommt zu harten, aber nicht langen Kämpfen, denn die Ritter aus Sikiley wurden gleich beim ersten Aufprall schmählich von ihren Pferden geworfen, so daß die Köpfe nach unten und die Füße nach oben zeigten. Der Königssohn Geiraldus sieht das, und es gefällt ihm gar nicht. Es kam nun fast eine Art Angst in seine Brust, und er wurde still. Doch die Indier werden sehr froh, und es erhebt sich ein großer Lärm, denn es waren die größten Teile beider Heere versammelt, um das Turnier zu sehen, das jetzt folgte.

34 *Remund überwindet Geiraldus*

Jetzt tritt Vidförul hervor, mit lauter Stimme rufend, und befiehlt, daß der Platz geräumt werde. Und als dies getan worden ist, versammeln sich alle Sikileyleute auf der einen Seite und bilden eine Schlachtordnung, die Indialeute auf der gegenüberliegenden Seite eine andere. Vidförul bestimmt, daß das Turnier zwischen den Schlachtordnungen stattfinden soll. Beide Seiten erwarten nun mit Furcht, wem es besser ergehen wird.

Hiernach nimmt nun jeder seinen Turnierspeer und hält ihn hoch zum Angriff. Junker Remund und der Königssohn Geiraldus spornen ihre Pferde gegeneinander an und prallen so hart zusammen, daß es elende Menschen unmöglich glauben können. Es wird erzählt, daß Remund seinen Speer mit so großer Wucht in den Schild des Königssohns haut, daß der Schaft zerbrach und die Bruchstücke weit auf das Feld flogen. Aber der Königssohn fiel nicht vom Pferd, sondern stach seinen Speer in Remunds Schild, so daß er dort steckenblieb. Doch Junker Remund saß so fest im Sattel, daß er und der Schild, den er in der Hand hielt, sich überhaupt nicht rührten, doch der Spieß war so stark, daß er nicht zerbrach.

Danach trennen sie sich und reiten ein zweites Mal aufeinander los, nicht gleich gerüstet, denn Remund hatte keinen Speer. Der Königssohn findet nun, es sehe günstig für ihn aus, denkend, daß er sich nun nicht zurückhalten wolle, und sticht mit großer Kraft auf Remunds Schild, seinen Turnierkünsten und seinem Glück vollkommen vertrauend. Dieser Hieb wurde sehr kräftig ausgeführt, so daß der Spieß ihn nicht aushielt und in zwei Teile zerbrach. Doch Remund saß so fest im Sattel, daß ihn bei diesem Hieb niemand wanken sah; er packt nun mit seiner rechten Hand den Helm des Königssohns, als sich die Pferde mit hervorragender Stärke begegnen, ihn aus dem Sattel hebend, und wirft ihn nach kurzer Zeit schändlich auf das Feld nieder. Dieses Ereignis überrascht beide Heere sehr. Die Indier brechen alle zusammen in ein solches Kriegsgebrüll aus, daß jeder, der geschwiegen hätte, vor Entsetzen wahnsinnig geworden wäre.

Nun kehrt Remund zu seinen Leuten zurück, und sie reiten sogleich in den Wald hinein, so daß niemand weiß, was aus ihnen wird. Aber die Ritter aus Sikiley gehen zu ihrem Herrn, ihn auf sein Pferd setzend, obwohl er sehr steif war. Er war auch so still wie ein Dieb, den man zum Galgen führt, denn er findet, er sei so geschmäht und geschändet worden, daß er sein ganzes Reich gegeben hätte, um einer solchen Schmach zu entgehen, und er hätte gewollt, daß ihn die Indialeute nicht hätten sehen können, was er jetzt auch rasch versucht. Er muß aber nun bei seinen Leuten in seinem Landzelt bleiben.

Nun ist von den Indialeuten zu erzählen, daß sie mit großem Prunk und allerhand Freude zurück zu ihren Landzelten reiten, und sie finden, es sei sehr gut abgelaufen. Danach gehen zwanzig Ritter der Indialeute zum König, ihm die Neuigkeit erzählend, die sich zugetragen hat, und wie der Königssohn aus Sikiley besiegt und geschmäht worden sei – »für das, was er Euch antun wollte. Und Gott im Himmelreich erfreue den Mann, der ihm diese Schande zufügte, Eure Tochter befreiend, die schönste Blume, die Gott auf der Erde geschaffen hat.« Der König und alle seine Häuptlinge werden ob dieser Neuigkeit froh und heiter; sie lobten den trefflichen Mann, der diesen Sieg errang. Nun fragt der König, wo dieser Mann sei. Aber sie sagen, es beklagend, daß er in den Wald geritten sei und mit keinem habe sprechen wollen. Nun sind die Indier sehr froh, ihrem König erzählend, daß seine zwei Burschen ebenfalls sehr tüchtig und trefflich seien, denn sie hätten zwei der tapfersten Ritter des Königssohns abgeworfen. »Und es ist sehr schade, einen solchen Mann zu verlieren, der so trefflich und stärker als alle anderen Männer in ritterlichen Fertigkeiten ist.« Nun feiert der König seinen Sieg und bewirtet alle seine Häuptlinge mit sehr guten Sitten und großer Freude. »Wir denken«, sagt der König, »daß wir dieses ausländische Heer oder ihren Anführer nicht länger zu fürchten brauchen, so schmählich ist es ihm durch diesen unbekannten Ritter ergangen.«

35 *Geiraldus zieht ab*

Wir wollen nun vorübergehend hier abschweifen und weitererzählen, wie der Königssohn Geiraldus früh am Morgen aufwacht und sogleich sein ganzes Heer mit Hornklang zusammenrufen läßt. Als dies getan ist, befiehlt er, das Heerlager mit großer Eile abzubrechen. »Ich will nicht länger hier bleiben«, sagte er, »denn hier habe ich Schande und Schaden erlitten; Schande, weil ich schmählich vom Pferd geworfen wurde, und Schaden, weil mir die trefflichste und schönste Jungfrau auf der ganzen Welt, die an vornehmem und feinem Benehmen, Wissen und Weisheit sowie hervorragender Beherrschung weiblicher Handarbeiten alle anderen Jungfrauen übertrifft, entgangen ist. Aber am schlimmsten finde ich, daß ich nicht weiß, wer mir diese Schmach zugefügt hat. Hätte es ein trefflicher Kaisersohn oder ein Königssohn getan, könnte ich es zur Not noch ertragen, doch nun weiß ich das nicht. Man wird mir Vorhaltungen machen, und ich werde zum Gespött und Gelächter jedes Mannes werden, solange ich in diesem Land bin, und deshalb befehle ich Euch, gute Freunde, daß wir uns fortmachen, so rasch wir können. Auf der anderen Seite ist es mir eine große Erleichterung meines Kummers, wenn ich gründlich darüber nachdenke, denn ich kannte auf der ganzen Welt niemanden, der mich in diesem Spiel überwunden hätte, außer den Kaisersohn Remund. Wenn er es getan hätte und ich es wüßte, dann würde ich es nicht so schlimm finden, aber da mir auf der anderen Seite erzählt wurde, daß er tot sei, bereiten mir diese Ereignisse große Sorge. Und deshalb sitze jeder sofort auf sein Pferd auf!« Und damit endet die Rede des Königssohnes. Als nächstes reitet er mit allen seinen Leuten weg und verabschiedet sich von den Indialeuten überhaupt nicht. Von seiner Fahrt wird nichts erzählt, ehe er nach Sikiley zurückkommt. Allen schien es, daß seine Reise sehr schimpflich ausgefallen sei. Und nun wird nichts mehr von ihm erzählt. •

36 Rückkehr Remunds und des Königs in die indische Hauptstadt

Als nun der Indiakönig Johannes diese Neuigkeit erfährt, treibt er sein Heer mit großem Prunk und allerhand Freude zurück in sein Reich, macht nicht eher Halt, ehe er mit dem schönen Sieg in die Hauptstadt seines Reiches kommt.

Nun ist von Junker Remund und seinen Kumpanen zu erzählen, daß sie in ihrem Landzelt sitzen, während dieser Kriegszug abgebrochen wird. Als sie erfuhren, daß beide Seiten nach Hause zogen, steigen sie auf ihre Pferde und reiten, so rasch sie konnten, Tag und Nacht und kommen einige Tage vor dem König und seinen Truppen in die Stadt. Sie reiten sogleich in ihre Unterkunft im Hof des Erzbischofs. Als der Erzbischof dies erfährt, geht er zu ihnen, Junker Remund und seine Gefährten freundlich begrüßend und sie nach Neuigkeiten fragend. Vidförul erzählte, was sich ergeben hatte. Der Erzbischof lobt die Tapferkeit und Ritterschaft von Remund sehr und sagt, was auch stimmte, daß man keinen Ebenbürtigen fände, auch wenn man auf der ganzen Welt suchte.

Danach brechen sie ihr Gespräch ab. Junker Remund und seine Kumpanen gehen auf die Weise, wie sie es zu tun pflegten, zum Gemach der Königstochter. Als sie in ihr Gemach kommen, steht sie auf und geht ihnen entgegen, sie mit großer Freude begrüßend, vor allem Remund. Sie legt ihre Arme um seinen Hals, ihm in dieser Umarmung manchen süßen Kuß gebend, so wie es nicht manchem oder gar keinem Mann von einer irdischen Jungfrau zuteil wird. – Aber davon will ich nicht länger sprechen, sagt der, der die Geschichte verfaßt hat, denn solche Worte mögen den Zuhörenden unglaublich erscheinen, und deshalb wende ich meine Worte anderswo hin.

Er geht dann zu seinem Platz, unterhält sie mit seinen Reisen, ihr alle Abenteuer erzählend, die sich auf seinen Reisen ereignet hatten. Daran hatte sie viel Freude und Spaß. Als der Tag vergangen und die Nacht gekommen ist, geht Junker Remund zurück in sein Zimmer, ißt und trinkt und geht danach schlafen, sich nach langer Mühe gut ausruhend.

Es vergehen nun einige Tage, bis der König zurückkehrt, wie zuvor erzählt worden ist. Und als der König in die Stadt kommt, empfängt ihn der Erzbischof mit allen seinen Geistlichen und allerhand Instrumenten mit einer Prozession, so daß die ganze Stadt mit köstlicher Musik zu ertönen schien. Der König wird vom Erzbischof und trefflichen Königen sogleich zur Kirche und danach zu seinem Palast geleitet, wo er mit seinem ganzen Hof treffliche Getränke trank und sie mit so trefflichem Essen bewirtete, daß es unklugen Menschen unmöglich ist, davon zu erzählen. Deshalb werden wir hier vorübergehend abweichen und von etwas anderem erzählen.

37 Die Hoffeier

Als der König diese prächtige Feier mit allerhand Freude und Spaß durchführte, schickt er als würdige Boten drei gekrönte Könige und drei Herzöge mit vielen anderen trefflichen Männern zu seiner Tochter. Als sie ins Gemach der Königstochter gekommen sind, überbringen sie die Botschaft vom König, dem Vater der Jungfrau, selber. Sie sagt, sie wolle gerne seinen Willen tun. Danach zieht sich die Königstochter ihr bestes Gewand an, das man mit gutem Grund trefflich nennen konnte und das sie dem reichsten König nicht für alles Gold verkaufen würde. Auch alle ihre Leute ziehen sich ihre besten Gewänder an. Die erwähnten Könige geleiteten die Königstochter in den Palast. Ihre Schönheit wird als so groß beschrieben, daß der ganze Palast von ihrer Helligkeit und ihrem trefflichen Gewand zu leuchten schien.

Der König selber und die Königin, ihre Mutter, und alle, die im Palast waren, stehen auf und gehen ihr entgegen. Dort waren auch der Erzbischof und alle großen Leute der Stadt. Der König setzt seine Tochter neben sich auf den Thron. Es herrscht nun eine große Freude im Palast. Alle freuten sich am meisten über die Schönheit der Königstochter und ihr vornehmes und feines Benehmen. Der König erzählt von seiner Reise und dem Sieg, den er errungen hatte, und auf welch wundersame Weise er zustande kam. Alle loben den siegreichen Ritter, der den Sieg errang, und seine Gefährten. Der Tag verstreicht nun. Am Abend geht die Königstochter mit ihrer ganzen Schar zurück in ihr Gemach.

Am folgenden Tag kommt Remund ins Gemach der Königstochter. Sie erzählt, worüber am Tag zuvor im Königspalast gesprochen wurde. Sie vergnügen sich nun den ganzen Tag bis zum Nachmittag. Bald aber ist es soweit, daß diese Königstochter weint, und man kann sich schon wundern, was die Welt damit meint.

38 Das keusche Beisammensein von Remund und der Königstochter

Nun vergeht eine lange Zeit, während der sich Junker Remund stets bei der Königstochter vergnügt, und er findet, es fehle nur dies, daß er sie mit Ehre und dem Wissen aller Leute zur Frau bekommen könne, da es sich doch für den ersten Kaisersohn geziemt hätte, die mächtigste Königstochter, die es auf der ganzen Welt gibt, zu bekommen. So wie Remund größer und mächtiger als irgendein Königssohn auf der Welt ist, so übertrifft er auch die meisten jungen Männer durch sein Verhalten, denn es war an ihm keine Wollust oder zügellose Sinneslust, sondern er temperiert seine natürlichen Gaben, sowohl die des äußeren wie die des inneren Menschen, wie es der Meister Aristoteles seinem Lehrjungen, dem mächtigen Alexander, beibrachte, der sich lange nach seinen Ratschlägen richtete, wie es sich für einen trefflichen Königssohn geziemt. Aber als er davon abwich, lief es ihm eine Zeit lang zuwider.

Mit der Königstochter verhält es sich so, wie nun eine Zeit lang erzählt worden ist, daß ihre Schönheit und ihr vornehmes und feines Benehmen nicht von zügelloser Freundlichkeit oder böser Sinneslust beeinträchtigt waren, sondern sie temperiert ihren jungfräulichen Zustand ohne die geringste Unzucht, und sie erwies keinem Mann außer Remund irgendeine Zutraulichkeit. Es geschah dies mit ihrem Willen, wie den meisten Leuten durch die Abenteuer, die sich ereignet hatten, klar geworden ist, denn man kann verstehen, daß eine göttliche Kraft die Angelegenheiten solcher Menschen zusammenbringt. Das konnten sie beide sehr wohl sehen, sich vor jeder Unzucht und allem bösen alltäglichen Verhalten wohl zurückhaltend und gut auf ihre Angelegenheiten achtend. Und deshalb wird ihnen Gott nach einer bestimmten Zeit eine rechtmäßige Verbindung geben.

39 Der Erzbischof rät Remund zur Heimkehr

Einmal geschieht es, daß der Erzbischof seine Nichte, die helle Königstochter Elina, in ihrem Obergemach besuchen geht. Der Kaisersohn Remund war auch dort. Die Jungfrau steht auf und geht ihrem Onkel entgegen, und dasselbe tut Remund. Sie setzen sich nieder und unterhalten sich, sich vergnügend und sich freuend.

Da sprach der Erzbischof: »Es ist ein großer Jammer, daß Ihr beide Euch Eurer nicht in einer rechtmäßigen Verbindung erfreuen dürft, denn ich sah noch nie zwei Personen gleich schön geschaffen. Und gelobt sei der Herr, der so etwas Schönes schmiedet, wie sich zeigen wird! Es wird geschehen. Nun, obwohl ich es gar nicht gern tue und es Euch beiden schwerfallen wird, doch weil es der Wille des hellen Gottes ist, sage ich Euch einige kurze Worte, denn die Zeit ist knapp, und ich würde Euch lieber erfreuen und nicht bekümmern. Aber es ist Gottes Wille im Himmelreich, daß Ihr Euch fürs erste trennt. Ihr sollt meine Ermahnung gut befolgen, denn ich will sagen und tun, was Euch am meisten nützt.« Junker Remund und die Königstochter antworten und sagen, daß sie sich gern nach seinen Worten richten und sich so verhalten wollten, wie er es mit Gottes und seinem eigenen Willen anordnen wollte.

Der Erzbischof dankt ihnen für ihre Demut und sagt, sein Rat erfolge mit Gottes Willen, »daß Ihr, Junker Remund, nach Hause in Eure Heimat und zu Eurem Vätererbe geht, und wenn Gott Euch heil nach Hause kommen läßt, wofür wir stets beten wollen, während Ihr weg seid, dann sollt Ihr Euch mit den besten Leuten, die Ihr bekommen könnt, von Saxland aus aufmachen, wie es Euch und Eurem Gefolge zur Ehre gereicht und sich für Euren Rang gehört. Und wenn Ihr Euer Heer vorbereitet habt, wie es Euch gefällt, kehrt zu uns zurück, wenn es Gottes Wille ist, was ich vermute. Ihr sollt mit Pracht reisen, wie es Eurem Rang geziemt. Und wenn Ihr zurückgekommen seid, sollt Ihr um die Hand der Jungfrau Elina bitten. Wir werden dies dann unterstützen, so daß Ihr die Frau nach Eurem Willen bekommt, denn es gibt keinen Euch Ebenbürtigen, auch wenn man auf der ganzen Welt suchte.« Dann sprach der Erzbischof zur Jungfrau: »Es ist mein Wille und mein Ersuchen, daß Ihr Junker Remund folgendes Versprechen gebt: Wenn er innerhalb von drei Jahren zurückkommen kann, werdet Ihr in diesen drei Jahren keinen Mann heiraten. Wenn aber die Zeit verstrichen ist, dann sollt Ihr über Eure Heirat bestimmen, wie es Euch gefällt.« Dann sagt die Jungfrau: »Ich will Euren Willen gern tun, denn wir verstehen, daß es keinen trefflicheren Mann gibt, auch wenn auf der ganzen Welt gesucht würde. Die meisten, die über unseren Traum nachdenken, werden finden, daß diese Verbindung mit Gottes Willen erfolgen werde. Deshalb will ich in keiner Weise dagegen handeln, sondern Gottes Willen nach bestem Vermögen folgen, wenn ich meine schwache Natur dazu zwingen kann. Ich verbinde mich in dieser Sache mit Gottes Gnade und der seiner gesegneten Mutter, der Heiligen Jungfrau Maria, und des Heiligen Bartolomeus, des Apostels und Patrons dieses Landes.« Sie beenden nun ihr Gespräch. Der Erzbischof und Junker Remund gehen zu ihren Unterkünften, und die Jungfrau Elina bleibt sehr unfroh zurück.

40 *Der Abschied*

Am nächsten Morgen ist Vidförul sehr früh auf und sagt Remund, er solle aufwachen. »Machen wir uns auf den Weg, denn wir dürfen nicht länger hier bleiben. Kommt, nun muß es endlich sein, wir verschlimmern sonst nur die Pein.« »Ja«, sagt Remund, »es soll sein, wie du sagst, auch wenn es mir schwerfällt.« Nun kleidet sich Remund rasch an und geht danach zur Kirche, leise für sich betend und seine ganze Sache in Gottes Gewalt gebend und der Heiligen Jungfrau Maria vertrauend, daß sie für ihn spreche und bete. Nach diesem Gebet, das nicht lang war, geht er in sein Zimmer und zu Tisch, trinkt wenig und ißt noch weniger. Danach ziehen er und seine beiden Kumpanen ihre besten Rüstungen an.

Als sie und ihre Pferde bereit waren, geht er mit Hilfe der gleichen Steine, von denen zuvor erzählt worden ist, ins Obergemach der Königstochter. Sie saß sehr unfroh da und hatte ihre Pracht und Schönheit verloren. Als sie bemerkte, daß sie gekommen waren, steht sie sofort auf und geht Remund entgegen, ihn heftig begrüßend und doch einen schweren Kummer tragend, sich danach setzend und sehr leise mit ihm sprechend. Auch die Jungfrauen, die Vidförul und Berald liebten, waren da. Alle unterhielten sich getrennt miteinander. Nachdem sie sich lange unterhalten hatten, steht Vidförul auf und sagt, daß es lange bis zur Trennung dauern würde, wenn Remund und die Königstochter bestimmen könnten, und deshalb bestimmt er, daß sie aufbrechen sollten. Er wiederholt es drei Mal, bevor Junker Remund beachtet, was er sagt. Danach steht Remund auf, obwohl es ihm schwerfällt, und umarmt die schöne Königstochter Elina. Als sie sieht, wie er aufsteht, legt sie ihre Arme um seinen Hals, worüber wir fürs erste nicht länger sprechen. Aber jeder lebende Mensch kann sich die Freude vorstellen, zu der es kam, und auch die Trauer, die auf diese schöne Umarmung, von der eben erzählt worden ist, folgte. Ihre Trennung vollzieht sich nun mit größerer Sorge und größerem Kummer, als ich es aussprechen kann. Als nächstes geht Remund zum Erzbischof, ihm für alle seine Wohltaten ganz besonders dankend. Sie trennen sich dann in der größten Freundschaft.

41 *Die Heimreise*

Nun reiten sie aus der Stadt hinaus, und sie kamen nicht weit, denn es war Abend geworden. Sie schlugen in einer Waldlichtung außerhalb der Stadt Nachtquartier auf. Remund war sehr betrübt. Das war auch nicht verwunderlich, da er doch von der Jungfrau, die am schönsten von allen war, weggritt. Aber dennoch versuchte Vidförul ihn zu erfreuen, so gut er konnte. Am Morgen steigen sie auf ihre Pferde und machen sich aus Indialand davon. Es wird nichts erzählt von ihrer Reise und durch welche Städte und Wälder sie reiten, bis sie ins Afrikareich und zu der Stadt kommen, in der König Eneas und sein Sohn Akillas sitzen.

Vidförul fragte Remund, ob sie dorthin gehen sollten. Doch Remund lehnt es bestimmt ab und sagt, sie sollten so rasch wie möglich weiterreiten. Das tun sie. Es wird von ihrer Reise nichts erzählt, bis sie im Norden ans Meer kommen. Es trug sich auf ihrer Reise bis dann auch nichts zu, was erwähnenswert gewesen wäre. Als sie nun zu einer Stadt kamen, waren sie und ihre Pferde äußerst ermüdet. Sie machten sich dann über ihre Reise Gedanken, denn Remund gefiel es dort nicht. Er befiehlt seinen Kumpanen, an guter Verpflegung zu kaufen, was sie benötigten. Sie machten sich zur Stadt auf und kamen zu einem Mann. Er begrüßt sie alle freundlich. Sie verbringen dort die Nacht in guter Bewirtung. Als es bereits spät am Morgen ist, kleiden sie sich an. Und danach gehen sie zu Tisch und essen und trinken, wie es sie gelüstet. Danach läßt er ihre Pferde bereit machen. Sie machen sich nun sogleich auf ihren Pferden davon und reiten zu dem erwähnten Meer, wo sie sich von ihren Schwurbrüdern getrennt hatten. Es sind seither drei Mal zwölf Monate und zehn Tage vergangen. Sie kommen auf ihren Pferden rasch zum Strand, waren gerüstet, auf dem Weg, der zum Meer führt, aus der Stadt hinausreitend.

42 *Der Kampf gegen die elf Ritter*

Ein ebenes Feld lag zwischen der Stadt und dem Meer. Als sie dorthin kommen, sehen sie elf Männer auf sich zureiten, die waren sehr groß und sahen stark und kampftüchtig aus, waren an Händen und Füßen gerüstet, so daß es sich wie gleißendes Eis ansah, auf schönen Kriegsrossen mit goldverzierten Schilden und scharfen Speeren dorthin reitend, wo Remund und seine Kumpanen heranreiten, sie nicht grüßend oder ihnen Gutes wünschend. Die drei von den elf Männern, die am größten und stärksten waren, ritten hervor. Ihr Anführer ritt auf Remund zu, seinen Speer mit so großer Wucht in seinen Schild stechend, daß ihm die Bruchstücke des Speerschafts um die Ohren flogen, doch Remund saß so fest im Sattel, daß er sich wegen dieses Stoßes überhaupt nicht rührte. Remund schoß seinen harten Spieß so stark in seinen Schild, daß er weit weg vom Pferd auf den Boden fiel und der Kopf hinunter und die Füße nach oben schauten. Als seine Kumpanen dies sehen, wollen sie ihn rächen, gegen Vidförul und den Königssohn Berald anreitend. Diese vier Kämpfer treffen sich in einem harten Aufprall und mit starken Speerhieben.

Das aber ist das Ende ihrer Auseinandersetzung, daß die Angreifer von ihren Pferden fielen und sehr zornig sind. Die anderen acht, die auf ihren Pferden saßen, brausten mit großer Heftigkeit heran und wollten ihre Leute rächen, denn sie waren so tapfer, daß sie eher sterben als ihre Kumpanen ungerächt lassen wollten, und sie greifen nun Remund und seine Gefährten an. Ihre Auseinandersetzung geht so aus, daß Remund in raschen Anritten vier niederwarf, Vidförul und Berald die anderen vier. Alle lagen nun auf dem Feld, ihre Lage bedenkend und wie schmählich es ihnen nun ergangen war.

43 Wiedervereinigung mit den Schwurbrüdern

Sie gehen nun alle zu dem großen Mann, der sie am schlimmsten zugerichtet hatte, so zu ihm sprechend: »So groß und mächtig du bist, wirst du so höfisch sein, daß du uns deinen Namen oder deinen Geburtsort nennen wirst.« Remund sagte: »Da Ihr in unserer Auseinandersetzung überwunden worden seid, müßt Ihr zuerst Eure Namen und Eure Geburtsorte nennen.« Sie erklären sich damit einverstanden, »wenn Ihr uns versichert, daß uns dies nicht als Feigheit angerechnet wird.« Remund sagt dies zu. Und nun erzählen sie, in welchem Land sie geboren sind und wer sie waren. »Aber nun wollen wir von Euch hören, wer Ihr seid.« Remund nannte seinen Namen und den seines Vaters und seines Heimatlandes. Als die Gefährten dies gehört haben, stehen sie alle zusammen auf und gehen zu Remund, mit großer Freude ihn küssend, und sie begrüßen ihren Herrn und Schwurbruder freudiger, als man beschreiben kann. Und das geschieht auch mit den anderen. Es vergeht eine lange Weile, indem einer den anderen in herzlicher Liebe umarmt.

Dann setzen sie sich auf den Boden nieder. Remund fragt nach Neuigkeiten aus Saxland und von seinem Vater und seiner Mutter, seinen Verwandten und Freunden. Bei dieser Frage werden die anderen sehr betrübt und still, ihre Köpfe hängenlassend. Doch Remund fordert sie auf zu erzählen, was sich in Saxland ereignet hat, seit er wegzog. »Ihr sollt nun alle zuhören, und einer von Euch soll von den Ereignissen erzählen, die sich zugetragen haben. Lasse Gott, der Herr, sie so ausfallen, daß sie uns am besten frommen, jetzt und immer!«

44 Der Bericht des Königssohns

Als nächstes beginnt der größte der elf Königssöhne seine Rede, wie man jetzt hören kann: »Kurz nachdem wir uns von Euch, mein würdiger Herr, getrennt hatten, kehrten wir nach Saxland zu Eurem Vater zurück, ihm sagend, wo wir uns von Euch trennten und wann wir hierher kommen sollten, wo wir nun sitzen und, Gott sei gelobt, Euch heil gefunden haben. Als wir jedoch nicht lange zu Hause gewesen waren, da fanden wir wegen Eurer Abwesenheit keine Ruhe. Und deshalb baten wir den Kaiser um Erlaubnis, in unsere Erblande zurückkehren zu dürfen. Er erlaubte dies sogleich mit gutem Willen, wir hätten uns jedoch am liebsten nie von ihm getrennt. Wir wurden zum Abschied reich beschenkt. Danach waren wir die nächsten zwölf Monate zu Hause und besuchten Euren Vater nie, was schlimm war. Denn als nächstes erhielten wir schreckliche Neuigkeiten von einer schweren Plage, daß nämlich in Saxland Menilaus, der König von Tartariareich, mit einem Heer eingefallen war, das so groß war, daß niemand davon wußte, daß ein solches je dort eingefallen wäre. Er brachte zwanzig Könige mit sich und viele teure Häuptlinge und starke Kämpfer, Riesen an Wuchs ähnlich. Als wir Kumpanen diese Neuigkeit erfuhren, versammelten wir uns an einem Ort mit tausend Rittern, Tag und Nacht so rasch wie möglich nach Saxland reitend, in der Absicht, dem Kaiser, Eurem Vater, Hilfe zu bringen. Doch als wir nicht mehr weit von der Stadt entfernt waren, erfuhren wir die schlimme Nachricht: den Tod Eures Vaters und vieler trefflicher Männer. Er hatte mit dem Tartarenkönig Menilaus eine Schlacht geschlagen und mußte gegen eine so große Übermacht kämpfen, daß man sie nicht bemessen kann. Damit war das ganze Land in der Gewalt der Heiden. Dann kamen uns zwölf Könige mit einem unbezwingbaren Heer entgegen. Wir schlugen eine Schlacht mit ihnen, und es fielen alle unsere Leute, so daß niemand entkam, außer uns elf Schwurbrüdern mit knapper Not und fast zu Tode versehrt. Und so ritten wir nach Franz. Der König der Frakkar und unsere Väter hatten ein großes Heer versammelt und wollten das Land verteidigen. Und dies taten wir. Es dauerte zwölf Monate, während derer wir stets fochten und beide Seiten abwechselnd den Sieg davontrugen, denn der Tartarenkönig selber trat uns nie entgegen, sondern er sandte seine zwölf Könige zum Kampf gegen uns. Viele von ihnen sind wegen ihrer Tapferkeit und ihren ritterlichen Fähigkeiten sehr mächtig; dennoch übertrifft einer alle anderen. Der heißt Klibanus. Er ist ein so tapferer Mann, daß ihm niemand im Heer des Tartarenkönigs an ritterlichen Fähigkeiten und Tüchtigkeit ebenbürtig ist. Er hat zwei Brüder, beide zwei äußerst tüchtige Männer. Der eine heißt Libarus, der andere Kalabarin. Sie sind beide Junker und wollen sich Franz unterwerfen, und ihr Bruder, Klibanus, soll Saxland haben. Und wenn sie diese Reiche erobert haben, will der Tartarenkönig in sein Reich zurückkehren, doch König Klibanus will sich mit seinen Brüdern durch seine Tüchtigkeit den ganzen Nordteil der Welt tributpflichtig machen, denn ihm scheint, daß keiner ihm an ritterlichen Fähigkeiten und sonstigen Fertigkeiten ebenbürtig ist. Am meisten gelüstet es ihn, seine Fertigkeiten und ritterlichen Fähigkeiten mit Euch zu erproben, denn Ihr allein seid der auf der ganzen Welt, vor dem er eine gewisse Furcht hegt wegen der großen Heldentat, die Ihr vollbrachtet, als Ihr den großen Eskupart tötetet. Nun habe ich Euch erzählt, was wir erlebt haben, wobei hinzuzufügen ist, daß Frakkland noch nicht erobert war, als wir wegzogen. Wir wollten aber auf keinen Fall das nicht halten, was wir Euch versprochen hatten, und deshalb kamen wir an den abgesprochenen Ort, wenn Gott uns das Glück bescheren sollte, das nun eingetroffen ist, wofür der allmächtige Gott gepriesen sei, daß wir Euch heil gefunden haben.« Und damit beendet der Königssohn seine Rede.

45 Remund eilt zurück

Als Junker Remund diese Neuigkeiten erfahren hat, wird er ganz ruhig, ebenso seine zwei Kumpanen. Er legt sich nun eine lange Weile zum Gebet nieder, mit großer Aufmerksamkeit betend. Nach Beendigung des Gebetes steht er auf und befiehlt allen seinen Gefährten, auf ihre Pferde zu steigen. »Reiten wir nun, so rasch wir können!« Sie tun dies. Sie reiten so schnell, daß sie in kurzer Zeit außer Sichtweite der Stadt Anges sind. Sie kamen zum Strand. Sie bestiegen sogleich ein Schiff, denn dort lagen ihre Männer mit einem trefflichen, gut ausgerüsteten Schiff in einem guten Hafen. Sie führten auch ihre Pferde und all ihr Gepäck auf das Schiff. Danach hissen sie die Segel, in See stechend. Sogleich kommt eine tüchtige Brise auf, wie man sie sich nicht besser und günstiger wünschen konnte. Sie ziehen die Segel nicht eher ein, bis sie nördlich des Meeres bei der Stadt, die Bersidon heißt, in einem guten Hafen anlegen.

Sie steigen vom Schiff und reiten geradewegs zur Stadt Liberum Donum. Das ist die Stadt des Heiligen Apostels Jakob, und dort wird sein gesegneter Leichnam aufbewahrt. Sie machen nicht Halt, ehe sie nach Turnuborg kommen. Dort verweilen sie eine Nacht. Sie wurden mit großer Freude empfangen, denn Remund nannte seinen Namen und seine Abstammung. Deshalb waren alle froh, daß er kam.

Ein mächtiger Jarl herrschte über die Stadt. Er hieß Berinn. Er bietet an, mit allen seinen Männern Remund zu begleiten. Dieser nimmt das an und sagt, daß er mit der ganzen Truppenstärke, die er bekommen kann, nachkommen solle. »Ihr sollt uns nun die zwölf besten Pferde geben, die Ihr besitzt.« Der Jarl sagt, daß dies geschehen solle. »Und Ihr sollt«, sagt der Jarl, »Euch beeilen, so sehr Ihr könnt, denn der König der Frakkar befindet sich am Rand einer Niederlage und viele Könige mit ihm, einige von denen, die ihm folgten, sind schon gefallen, und auch schon fast das ganze Heer, das er von zu Hause mitführte.«

46 Remund reitet durch Gallia und Franz

Nun reitet Remund mit seinen Männern bis zum Fluß und wird auf Schiffen übergesetzt. Danach reiten sie Tag und Nacht Richtung Norden durch Gallia und schlafen nur so viel, wie sie gerade nötig haben. Sie reiten westlich nach Franz, Truppen versammelnd, wo sie zu bekommen waren, und Häuptlinge über diese einsetzend. Sie reiten nach Terfelsborg und von dort zum Rhein und nach Stöduborg. Diese Stadt liegt am Rhein. Der Rhein trennt Saxland und Franz. Dort befand sich der König der Frakkar mit seinen verbliebenen Truppen und verteidigte die Stadt. König Klibanus hielt sich in Gandrheim auf, seine Brüder in Hildisheim und der Tartarenkönig Menilaus in Magadaborg, die die Hauptstadt von ganz Saxland war.

Nun reitet Junker Remund mit allen seinen Kumpanen in die Halle des Königs und zu seinem Thron, als er zu Tisch saß. Er und alle seine Gefährten grüßen den König höflich. Der König und alle in der Halle verstummten bei diesem Anblick. Und jeder schaute den anderen an. Es schien ihnen, es wäre besser, wenn nicht mehr von dieser Art kämen, und sie waren alle mit Furcht geschlagen, dachten sie doch, daß König Klibanus mit seinen Kämpfern gekommen sei, denn sie waren alle an Händen und Füßen vollgerüstet, so daß es sich wie gleißendes Eis ansah. Da sprach Remund zum König: »Wollt Ihr von mir und meinen Gefährten Unterstützung annehmen?« Der König sagt: »Wir wollen zuerst wissen, wer uns Unterstützung anbietet.« »Das soll geschehen«, sagt Remund. »Euch soll mein Name und die Namen meiner Männer nicht verheimlicht werden. Steigen wir von den Pferden und nennen wir dann unsere Namen!« Und das tun sie.

47 Die Begrüßung

Nachdem Remund seinen Namen genannt und sein Gesicht gezeigt hatte, war es in der Halle weder still noch ruhig, denn alle wollten zu Remund hin und ihn begrüßen. Der König erhob sich aus seinem Thron, ebenso die, die bei ihm saßen, und sie und alle anderen, die von seiner Ankunft erfuhren, wurden froher, als man sagen kann. Der König ergreift seine Hand und umarmt ihn und setzt ihn und alle seine Gefährten neben sich auf dem Thron nieder. Es wird in der Halle rasch etwas eng, denn jeder, der konnte, drängte sich vor und alle wollten Remund sehen und ihn begrüßen. Lassen wir ihn nun sich fürs erste ausruhen, essen und trinken und nach der langen Mühe, die er erleiden mußte, seit er aus Indialand wegzog, schlafen!

48 Remund setzt sein Heer über den Rhein

Am folgenden Tag führen der König, Remund und alle Könige, die noch verblieben waren, Vidförul und alle Schwurbrüder eine Unterredung durch. Der König der Frakkar erzählt von den Ereignissen, die sich zugetragen hatten, während Remund weg war, bis zum jetzigen Zeitpunkt, und er sagt, daß fast alle ihre Truppen gefallen seien und jetzt guter Rat teuer sei. Remund sagt: »Wir werden bald genügend Leute haben, denn Jarl Berinn aus Turnuborg kommt mit vielen tausend Rittern hierher. Wir brauchen uns deshalb von jetzt an nicht mehr zu sorgen, denn die Gnade Gottes wird uns zuteil werden, so daß wir alle unsere Feinde überwinden.« Sie beenden dann diese Unterredung.

Die folgenden drei Tage rüsten sich die Leute zur Schlacht. Jarl Berinn kommt mit zwanzigtausend Soldaten und vielen anderen mächtigen Häuptlingen, die viele Leute mitbringen. Junker Remund läßt nun sein ganzes Heer gut ausrüsten. Am frühen Morgen, als die Sonne die ganze Welt erleuchtet, führt Junker Remund sein ganzes Heer mit blauen Brünnen, hellen Helmen, bemalten Schilden und starken Speeren, Armbrüsten, scharfen Schwertern, prächtigen, schön geschmückten Streitrossen aus der Stadt hinaus. Sie reiten zum Fluß Rhein und überqueren den Fluß, wo Furten waren, einige auf Schiffen. In kurzer Zeit hat Remund sein ganzes Heer übergesetzt, danach seine Truppen auf den flachen Feldern bei Gandrheim aufstellend. Dort kann man nun eine schöne Schar mit trefflicher Ausrüstung sehen.

49 *König Klibanus rüstet zur Schlacht*

Nun ist dort weiterzuerzählen: Als König Klibanus und seine Leute dieses Heer erblicken, das den Fluß überquert hat und bereits in Schlachtordnungen aufgestellt ist, wundern sie sich ganz außerordentlich, denn seit König Klibanus in die Stadt Gandrheim gekommen war, hatten die Frakkar noch nie den Rhein überquert. »Das wird«, sagt der König, »einiges zu bedeuten haben. Entweder«, sagt er, »haben sie neue Truppen erhalten, die sich vor unserer großen Stärke nicht fürchten, oder sie sind todesgewiß und laufen freiwillig in unsere Waffen, so ängstlich und ungeschickt sind sie doch uns gegenüber bisher immer gewesen. Ich vermute, daß sie eine Todesfurcht befallen hat. Wir wollen nicht zögern, gegen sie anzureiten, denn nun ist der Sieg gewiß. Nun können wir in kurzer Weile ein großes Reich erobern. Jeder ziehe nun seine beste Rüstung an!« Das wurde getan. In der ganzen Stadt wurde mit Hörnern und Trompeten geblasen und mit Trommeln und Tambouren gespielt. König Klibanus hat nun in seiner besten Rüstung sein Pferd bestiegen, und mit ihm zwölf Könige, die alle sehr tapfer waren. Zwei davon sind die tüchtigsten, König Jason aus Ninive und König Josias aus der Stadt Atacusia. Sie liegt im Gebiet von Mesopotamia.

50 *Der Beginn der Schlacht*

Nun reitet König Klibanus mit seinem ganzen Heer zur Stadt hinaus auf die Ebene, auf der sich Remund mit dem Heer der Frakkar befand. Klibanus war König von ganz Capadocialand. Das liegt zwischen Ermland hit mikla und Svithiod hin mikla. Die Hauptstadt seines Reiches ist Nisiaborg im Gebiet Bitinia. Dieses Land, Capadocia, erstreckt sich im Westen bis zum Schwarzen Meer, und ein Gebirge erstreckt sich nördlich von Vindland zwischen ihm und Svithiod, und der Fluß Nef trennt es im Osten von Ermland hit mikla.

Nun läßt König Klibanus sein Heer Halt machen und stellt die Schlachtreihen auf. Das dauerte eine lange Zeit, denn er hatte ein unbezwingbares Heer, so daß der Stärkeunterschied nicht geringer als fünf zu eins war. Und als er dies getan hat, befiehlt er dem Heer stillzustehen, »ich will mit zwölf Königen zu den Schlachtreihen der Frakkar reiten und Neuigkeiten erfragen.« Das tun sie. Sie reiten zur vordersten Schlachtreihe, in der Remund und seine Kumpanen waren. Dann ruft Klibanus mit lauter Stimme, fragend, wer so töricht, verrückt und arglistig sei, daß er ein Heer in seinem Reich ohne seine Erlaubnis zusammenziehe. Dann reitet Remund mit seinen Männern auf das Feld hervor und sprach: »Hier siehst du den, der so mutig ist, ein Heer gegen dich aufzustellen, und es schien mir eine kleine Mutprobe zu sein. Ich fordere dich zum Turnier heraus, auch wenn du groß und dick bist, und zu einem Zweikampf, wenn du es wagst. Und laß die zwölf Könige, die dich begleiten, gegen meine zwölf Kumpanen antreten! Diejenigen, die von den anderen überwunden werden, sollen sich und ihre Reiche in deren Gewalt geben.« König Klibanus sagt dann mit großer Wut: »Hat man je eine solche Hinterlist gegenüber einem Mann wie mir gehört? Aber nenne mir doch wenigstens deinen Namen oder das Land, in dem du geboren bist.« Remund sagt: »Ich will dir meinen Namen nicht verheimlichen. Ich heiße Remund, Sohn von Kaiser Rikard, der über Saxland herrschte. Man hat mir gesagt, daß du ihn getötet hast. Deswegen fordere ich nun sein Blut aus deiner Hand. Und auf der Stelle will ich ihn rächen oder sonst hier tot liegenbleiben.« Nun verstummt der König, und es ist, als könne man eine gewisse Verzagtheit an ihm feststellen. Weil er aber doch alle Heiden an Tapferkeit und hervorragenden ritterlichen Fertigkeiten übertraf, vertraut er vollkommen auf sich und seine Kumpanen, und deshalb befiehlt er ihnen allen, diese Herausforderung zum Turnier anzunehmen. Und das wurde sogleich getan.

Remund stellt Vidförul gegen König Josias von Atacusia auf. Der war sowohl groß wie stark und ein hervorragender Ritter. Den Sohn des Königs der Frakkar stellt er gegen König Jason aus dem großen Ninive auf. Er war nach Klibanus der Beste an allen Fähigkeiten und Fertigkeiten, so daß man kaum einen Ebenbürtigen gefunden hätte, wenn er Christ gewesen wäre. Danach stellt Remund die zehn Königssöhne gegen die zehn Könige auf. Und jetzt soll zuerst von deren Auseinandersetzungen erzählt werden.

Es beginnen nun von beiden Seiten sehr harte Angriffe zu Pferd. Ihr Anreiten endete so, daß die zehn Könige abgeworfen wurden. Und danach wurden sehr harte Zweikämpfe zwischen den zwanzig Kämpfern ausgetragen. Man kann nicht die Hiebe oder das Kampfverhalten jedes einzelnen aufführen, aber beide Seiten fochten sehr mannhaft und verteilten große Schläge und schlugen stark und genau mit den Schwertern. Das Ende ihrer Auseinandersetzungen ist dies, daß die zehn Könige tot liegenbleiben und die zehn Königssöhne auf ihre Pferde springen, sowohl müde wie verwundet und von dem großen Blutverlust völlig kampfunfähig. Aber dennoch reiten alle dorthin zurück, wo Remund auf seinem Pferd saß. Er begrüßte seine Männer freudig, doch Klibanus und seine Leute wurden sehr unfroh.

51 Beralds Zweikampf

Nun beginnt der elfte Zweikampf zwischen dem trefflichen Königssohn Berald und dem höflichen König Jason von Ninive. Dieser König, Jason, hatte Waffen, die ganz mit rotem Gold und Edelsteinen verziert waren, und er ritt ein sehr gutes Pferd. Er sticht seine Lanze mit großer Kraft in den Schild des Königssohns, doch dieser treibt sein Pferd dem anderen entgegen, und sie treffen in einem so harten Aufprall aufeinander, daß beider Stangen in Stücke gingen, doch keiner konnte den anderen aus dem Sattel werfen. Nun ergreifen sie andere Schäfte, die viel dicker waren, und treffen nochmals in einem harten Anritt und mit kräftiger Gewandtheit zusammen, ganz ähnlich wie zuvor, denn die Bruchstücke der Turnierstangen fliegen ihnen um die Ohren, doch sie saßen so fest in ihren Sätteln, daß sich keiner von ihnen auch nur um Haaresbreite neigte. – Hier kann man nun zwei Ritter sehen, die ehrenvoll kämpfen können, und es ist ein vollkommenes Vergnügen, Erzählungen von hervorragenden und höflichen Männern zu hören. – Nun heben beide ihre starken Speere ganz hoch und jeder trifft den Schild des anderen und legt seine ganze Kraft hinein, so daß ihnen ihr ganzes Sattelzeug nicht mehr als irgendein Basttau nutzte. Beide rutschen hinten von den Pferden hinunter und landeten auf den Füßen, sogleich flink ihre Schwerter zückend und so wütend und rasch hauend, daß man kaum zählen konnte, wie viele Hiebe jeder von ihnen dem anderen zufügte. Danach konnte man nicht feststellen, wer den anderen überwinden würde, denn keiner sah je zwei so ebenbürtige Ritter miteinander kämpfen. Aber die Sache entschied ihr Schicksal, denn der eine wollte Gottes Recht verhöhnen, der andere es erheben und für ihn sein Blut vergießen. Nun tragen sie einen sehr harten Nahkampf aus, und jeder fügt dem anderen schwere Schläge zu, so daß beide fast völlig kampfunfähig sind. Das Ende ihrer Auseinandersetzungen ist dies, daß Bcrald dem König im Fechtkampf einen Schwerthieb oberhalb der Lenden zufügen kann, so daß er in der Mitte durch den Panzer und die ganze Rüstung getroffen wurde. Danach stieg er mit schweren und vielen Wunden auf sein Pferd und reitet mit einem schönen Sieg zu seinen Leuten.

52 Vidföruls Zweikampf

Als nächstes kommt es zum zwölften Zweikampf zwischen Vidförul und König Josias. Jeder sticht mit seinem Speer auf den anderen ein, so daß ihre hinteren Sattelbögen durchbrachen und ihr ganzes Sattelzeug ihnen nicht mehr als ein abgebrannter Strohhalm nutzte. Deshalb werden beide mit den Sätteln weit hinter ihre Pferde zurückgeschleudert und landen stehend auf der Erde. Nun ziehen sie ihre Schwerter. Diese waren wie Silber anzusehen, glänzend wie Glas, steif wie ein Stock, härter als Stahl. Jeder zerschneidet dem anderen den Schild, so daß nur die Riemen übrigblieben, und sie werfen sie weit weg. Jeder teilt jetzt dem anderen schwere Schläge aus, einen harten und langen Kampf fechtend, so daß beide verwundet werden, und dennoch hatte der Heidenkönig mehr und größere Wunden. Nun wird König Josias wütend und haut auf Vidförul ein, ihm eine große Wunde zufügend. Doch durch diese Wunde wurde er so wütend und wild, daß König Josias nichts tun und ihm nicht widerstehen konnte und dann mit vielen schweren Wunden tot zur Erde fällt. Aber Vidförul reitet zurück zu seinen Leuten. Die Frakkar finden nun, es laufe gut für sie, fürchten aber dennoch um ihren Herrn. Doch die Heiden sind mit ihrem Schaden nicht zufrieden.

53 Remunds Zweikampf

Nun beginnt der dreizehnte Zweikampf mit ungeheurem Lärm und Waffengetöse. Der tapferste Kämpfer, Junker Remund, reitet auf seinem guten Pferd Bruant und mit teuren Waffen herbei, und König Klibanus kommt ihm mit guten Waffen und auf einem Pferd, das er antreibt, entgegen, seinen dicken und langen Spieß haltend. Nun reiten sie aufeinander los, und die ganze Erde in der Nähe bebte von den Hufen der Pferde. Als sie aufeinandertrafen, sticht jeder mit so großer Wucht in den Schild des anderen, daß beide Schäfte zerbrechen, doch keiner konnte den anderen abwerfen. Nun ergreifen sie neue Schäfte, die noch dicker und aus der härtesten Stechpalme waren. Nun sticht König Klibanus zuerst mit aller Kraft auf Remund ein, und der Speerschaft bricht nicht, doch der Speer gleitet vom Schild ab. Nun wirft Remund seinen Speer weg und packt den Schild von König Klibanus, ihn aus dem Sattel weghebend und ihn schmählich auf das Feld werfend. Aber weil der König ein tüchtiger Mann war, sprang er rasch und flink auf, sein Schwert zückend und seinen starken Schild vor sich haltend. Der war aus schönem Elfenbein und noch unberührt von Eisen. Nun steigt Remund von seinem Pferd, und es beginnt der härteste Zweikampf mit unerhört starken Schlägen, die so rasch und häufig ausgeteilt wurden, daß man kaum etwas unterscheiden konnte, außer dem, daß der König, solange Remund noch nicht müde war, nichts anderes tun konnte als sich zu wehren. Und dann wurde sein Schild ganz zerhauen, so daß nur der Riemen übrigblieb. Nach diesem Angriff beginnt ein äußerst heftiger und nicht sehr langer Nahkampf zwischen ihnen. Jeder teilte dem anderen schwere Schläge aus, und es war ein ziemlicher Unterschied, denn der Schild von Junker Remund schützt ihn vor schweren Schlägen, denn er war noch so stark wie zuvor, so daß nichts ihm etwas anhaben konnte. Aber König Klibanus hatte nur noch die Kriegsrüstung zu seinem Schutz, und deshalb schnitt das Schwert von Junker Remund bei jedem Hieb in die Brünne und damit ins Fleisch des Heiden, und dadurch rinnt auch sein Lebensblut davon. Und nach kurzer Zeit hat Remund den ganzen Schutz des Königs zerschlagen und ihn mit vielen schweren Wunden versehrt. Der heidnische König versteht nun, daß es mit ihm zu Ende geht, er hebt, nicht darauf achtend, was geschieht, das Schwert beidhändig mit aller Kraft und haut so heftig auf Remund ein, daß es unter dem Knauf zerbrach. Nun haut Remund mit seinem Schwert König Klibanus oben in den Helm und zerschneidet den Helm, das Haupt, den Bauch und die Brünne in der Mitte entzwei, und es bleibt im Boden stecken.

Nun gibt es im Heer der Franzeisen ein großes Gebrüll. Alle drängen nun mit großem Lärm und Waffengetöse zur Schlacht. Remund springt nun auf sein Pferd, die Schlacht in der Weise einleitend, daß er mit seinem Speer einen Heiden durch die Brust sticht, so daß er am Rücken hinauskam. Er fiel tot zur Erde. Es gab nun eine heftige und nicht sehr lange Schlacht. Denn es brach in der Truppe der Heiden sogleich eine Flucht aus. Es gibt nun große Verluste unter den heidnischen Völkern, so daß sie fast das ganze Heer töten, außer jenes Teils, der nach Hildisheim zu den Brüdern von König Klibanus flieht. Das waren aber sehr wenige. Junker Remund reitet mit seinem ganzen Heer nach Gandrheim, wo es keine Gegenwehr gibt, denn die Heiden gaben ihnen die Stadt in ihre Gewalt. Einige wurden getötet, andere schmählich davongejagt. Aber Junker Remund reitet mit seinem ganzen Heer mit großer Freude und allerhand Vergnügen in die Stadt, sich nach großer Mühsal diese Nacht ausruhend.

54 *Die Schlacht gegen die Brüder Libarus und Kalabarin*

Als nächstes kamen viele Häuptlinge, die aus dem Kampf entkommen konnten, nach Hildisheim, den Junkern über den Tod ihres Bruders, König Klibanus, und alle Ereignisse berichtend, die sich in dem Kampf zugetragen hatten. Libarus und Kalabarin werden sehr wütend wegen des Todes ihres Bruders und lassen in der gleichen Stunde Trompeten und Trommeln in der ganzen Stadt ertönen, ihr Heer zum Rüsten antreibend. Und danach jagen sie ihr ganzes Heer zur Stadt hinaus, bis sie kurz vor Gandrheim stehen. Dann befanden sie sich auf einem flachen Feld. Nun sehen sie, daß ihnen ein unerhört großes Heer mit ungeheurem Lärm und Waffengetöse entgegengeritten kommt. Libarus ruft mit lauter Stimme und befiehlt dem Heer, Halt zu machen. Das wurde getan. Danach reitet Kalabarin hervor und stellt seine Schlachtreihen auf, wie es ihm gut scheint. Sie haben ein großes Heer mit guter Kriegsrüstung. Als die Schlachtreihen aufgestellt sind, kommt Junker Remund mit seinem Heer, rasch seine Schlachtreihen aufstellend, denn was er seinen Leuten sagte, wurde sofort ausgeführt.

Nun erhebt sich hier eine heftige Schlacht mit ungeheurem Lärm und unglaublichem Krachen, schrillen Trompeten und lauten Trommeln, schweren Schlägen und starken Speerstichen. Einige schießen mit Handbögen, andere mit Armbrüsten oder Stahlbögen. Es gibt nun rasch viele Verluste, doppelt so viele bei den Heiden.

Nun sieht dies Libarus, und es gefällt ihm schlecht, er spornt sein Pferd an und reitet ins Heer der Frakkar hinein, manchen Mann im raschen Anritt schmählich vom Pferd werfend. Viele Franzeisen verlieren durch seinen Speer ihr Leben, denn er war der beste Ritter. Nun sieht dies Berald, der Sohn des Königs der Frakkar, und lenkt sein Pferd gegen den Heiden, sein Schwert in seinen Schild hauend und durch diesen und die dreifache Brünne hindurch und in die Seite bei den Rippen, und das war eine große Wunde. Nun schlägt Libarus mit seinem Schwert mit großer Kraft auf den Königssohn ein und haute seinen Schild entzwei, doch der Königssohn wurde nicht verwundet. Nun hebt der Königssohn sein Schwert und haut auf den Helm des Heiden, und das Schwert trifft den Helm und das Haupt, so daß es in den Zähnen steckenblieb. Er fiel tot von seinem Pferd. Berald fügt nun vielen Männern einen raschen Tod zu, denn kein Helm und keine Brünne widerstand seinen Schlägen.

Nun sieht Vidförul, wie Kalabarin reitet und vielen guten Rittern einen raschen Tod zufügt, denn kein Helm und keine Brünne widerstand seinen Schlägen, denn sein Schwert zerschnitt Helme und Häupter, Bäuche und Brünnen wie dürres Holz. Danach nimmt Vidförul sein Pferd und spornt es an und reitet auf Kalabarin zu. Und als sie aufeinandertrafen, haut er auf den Heiden ein, doch der hielt seinen Schild vor sich. Er war sowohl dick wie schwer und mit großen Eisenstäben beschlagen. Aber er schnitt den Schild trotzdem entzwei. Nun haut Kalabarin auf Vidförul ein und teilt seinen Schild in zwei Teile. Dann haut Vidförul ein zweites Mal auf den Heiden ein und trifft die Schulter und schneidet den Arm und die ganze Seite weg. Und dort fiel der Heide Kalabarin tot zur Erde.

55 Niederlage des Heidenheers

Nun sieht Junker Remund den Fall der beiden Brüder und treibt seine Männer an und sagt ihnen, sie sollen sich bewähren. Sie greifen nun hart an und hauen alle kreuz und quer nieder, so daß niemand stehenbleibt. Danach bricht in der Truppe der Heiden die Flucht aus. Ein jeder flieht, selbst der, der nicht sieht, denn jene, die zwischen vielen tausend Rittern waren, konnten gar nicht alle Verfolger sehen. Keiner konnte sich helfen mehr, das große Gewühl beengte sie sehr.

Nun machen die Franzeisen einen großen Angriff im Rücken. Und Remund war dort der erste und vorderste, so manchen Heiden tötend, daß es äußerst lange dauern würde, ihre Namen aufzuzeichnen. Aus diesem Heer kamen nicht mehr als tausend davon und auch diese waren alle verwundet und erschöpft.

Diese machen nicht eher Halt, bis sie nach Magadaborg kommen, dem Oberkönig mit großer Trauer und Sorge diese Neuigkeit erzählend und auch davon berichtend, daß es für keinen Mann auf der Welt machbar wäre, mit dem Kaisersohn Remund zu kämpfen. »Und mit unserem Soldaten, dem stärksten Kämpfer, Klibanus, den niemand im ganzen Ostteil der Welt überwunden hatte, ging er wie mit einem kleinen Kind um. Zieht deshalb im Namen des mächtigen Maumet und des großen Terogant und des trefflichen Jovis und aller wahren Götter so rasch wie möglich mit Eurem ganzen Heer von hier weg, denn Ihr werdet einen gleichen oder noch schlimmeren Tod als König Klibanus erleiden, wenn Ihr nicht auf unseren Rat hört«, sagen sie.

56 König Menilaus hält Kriegsrat

Als der große Tartarenkönig Menilaus diese Neuigkeiten hört, wird er sowohl betrübt wie wütend, und es kommt ihm in den Sinn, was ihm die Gefolgsleute von Eskupart erzählt hatten, als sie nach seinem Tod, von dem früher in der Geschichte berichtet wurde, nach Armenia heimkamen. Er denkt nun darüber nach, was zu unternehmen sei, acht Könige und vier seiner besten Ratgeber zu einer Unterredung zusammenrufend. Die meisten raten, nach Hause in ihr Reich abzuziehen und nicht auf den Kaisersohn zu warten.

Nach dieser Rede steht ein Ratgeber des Königs auf, der Menon hieß. Er war stark wie ein Troll und groß wie ein Riese und sehr unumgänglich. Er sprach mit lauter Stimme, folgendes sagend: »Hier habe ich gehört, daß die allerfeigsten Hündinnen versammelt sind, oder wo hat man je solche Ungeheuerlichkeiten von so vielen Kämpfern gehört, wie sie hier versammelt sind, daß Ihr Euch alle vor einem einzigen Mann fürchtet. Das schwöre ich bei meinem Gott, dem schönen Apollo, daß ich vor Remund nicht eine Fußbreite zurückweichen werde, auch wenn Ihr alle so mutlos seid, daß keiner seinem Häuptling zu folgen wagt. Seid verflucht und verdammt! Und verflucht und verdammt seien jene, die mit solchen Feiglingen, Hündinnen und Halunken sprechen, wie Ihr es seid!« Als er dies gesprochen hat, geht er sehr wütend davon.

Als nächstes steht der König auf, der Maris hieß. Er war sehr würdig und in allem großartig. Er war der klügste und redegewandteste aller Männer und sehr geschickt und äußerst gelehrt in heidnischen Büchern und der hervorragendste Wissenschaftler. Er ergriff das Wort und sprach: »Sehr merkwürdig muß es einem klugen Mann vorkommen, solche unwürdigen Worte aus dem Mund dieses Mannes zu hören, der klug und mächtig sein will wie der, der jetzt eben hinausging. Man sollte ihn aber eher einen üblen Wechselbalg, einen Tölpel und Tor als einen klugen Mann heißen; denn es ist unklug und sehr schlecht gehandelt, jene mit groben Worten einzudecken, die es nicht verdient haben. Es ist nicht großmännisch, groß im Reden und klein im Handeln zu sein. Es gereicht auch den meisten zum Spott, sich selber zu loben. Und jeder, der sich mit Überheblichkeit und Anmaßung erhebt, wird nach kurzer Zeit rasch schmählich hinunterfallen. Weil Ihr nun, gute Brüder, wißt, warum ich so gesprochen habe, bitte ich Euch alle zusammen, daß Ihr Euch nach dem richtet, was Euer Anführer befiehlt, denn es gehört sich für jeden Mann, dies gegenüber seinem Anführer zu tun. Aber jedem Mann steht es wohl zu, zu sagen, was ihm am besten scheint, denn das gehört sich für jeden Mann gegenüber seinem Meister: ihn dann am besten zu unterstützen, wenn er es am meisten braucht. Und das wollen wir alle tun, wenn es nach mir geht. Den Franzeisen wird es ihrer Sache entsprechend gehen, aber ich schweige fürs erste darüber, wer für die bessere Sache kämpft. Das ist das Ende meiner Rede, daß sich jeder mit Mut und Tapferkeit bewähre. Und hier höre ich auf.«

Nun steht der Tartarenkönig auf, König Maris für seine schöne Rede und allen, die dort waren, dankend, denn sie richteten sich alle nach König Maris Worten. »Hiermit tue ich Euch meinen Willen kund, daß ich vorhabe, auf den Kaisersohn Remund zu warten, und hier entweder Rache bekommen oder den Tod finden werde. Kriegen wir den Sieg, dann wollen wir Euch gut belohnen und an Euch weder Gold noch reiche Städte oder Schlösser sparen.« Nun danken alle dem Oberkönig für seine Worte, ihm mit Handschlag ihre Treue bestätigend, daß sie ihn in diesem Kampf nie verlassen würden, außer der Tod trennte sie. So geht diese Versammlung zu Ende.

57 Kampfvorbereitungen von Menilaus und Remund

Nun läßt König Menilaus Trompeten ertönen, damit sich die Bevölkerung zur Stadt hinaus begibt. Das war eine so große Menge, daß man sie kaum zählen konnte. Jeder soll sich die beste Rüstung, die er bekommen konnte, anziehen. Dies tun sie die nächsten sieben Tage, in allen Richtungen Spione ausschickend, so daß sie durch die Franzeisen nicht überrascht würden, und sie wähnen sich nun in Sicherheit, daß ihnen nichts zum Schaden gereichen würde.

Remund hält sich in Hildisheim auf, wie erzählt worden ist, und läßt die Wunden seiner Leute heilen, und er läßt alle Leute, die er bekommen kann, zu sich rufen, junge und alte, reiche und arme, den Reichen Ehre und Würde, den Armen Gold und Kostbarkeiten und ritterliche Ränge versprechend. Er kriegt eine große Truppe zusammen, doch nicht halb so viel wie der Tartarenkönig. Nach Ablauf von sieben Tagen befiehlt Remund, daß sein Heer die besten erhältlichen Rüstungen anziehen solle, denn es gab viele gute davon von jenen, die im Kampf gefallen waren, – ebenfalls so gute Pferde, daß jeder sie sich selber wählen konnte, mit trefflichen Sätteln und kostbarem Sattelzeug, so daß nun Ringkämpfer und Knechte die Pferde erhielten, die zuvor reiche Bürger gehabt hatten.

Nach Ablauf eines halben Monats führt Junker Remund sein ganzes Heer mit blauen Brünnen und hellen Helmen, starken Schilden aus Hildisheim hinaus, nicht eher Halt machend, bis sie nach Magadaborg kommen. Dort lagen nahe der Stadt weite, ebene Felder.

Dort stellt Remund seine Leute auf, eine lange Ansprache haltend und so laut sprechend, daß das ganze Heer es hörte. Er sagt den Franzeisen nun, sie sollten sich bewähren und dieses Pack aus ihrer Heimat vertreiben. Alle versprechen, seinen Willen zu tun und sich nie von ihm zu trennen, so lange sie ihm folgen könnten.

Nun sehen die Heiden, wo sich das Heer der Franzeisen versammelt hat, und berichten es ihrem König. Er läßt sogleich seine Trompeten blasen, die man hören kann, und in der ganzen Stadt Trommeln und Trompeten ertönen, und er macht sich und seine Truppen bereit.

58 *Beginn der Schlacht*

Als nächstes reitet König Menilaus mit seinem ganzen Heer zur Stadt hinaus, und er brauchte einen großen Teil des Tages, bis alle draußen waren. Danach versammeln die Heiden ihre Truppen und stellen zwei Schlachtreihen auf. Menon befehligte die vordere Schlachtreihe. Er will als erster selber mit Remund kämpfen und ihn und alle seine Gefährten töten und sich Saxland und Franz unterwerfen, wenn es so herauskommt, wie er es vorhat.

Beide Seiten waren nun zum Kampf bereit. Nun reitet als erster Junker Remund hervor und eröffnet die Schlacht als erster, indem er seinen Speer einem Heiden durch die Brust stößt, so daß dieser sogleich tot vom Pferd fiel. Nun erhebt sich die Schlacht mit ungeheurem Lärm und Waffengetöse, schrecklichem Trommelwirbeln und Trompetenklang. Einige hauen, andere stechen. Dort flogen Spatz und Speer so dicht, daß man die Sonne nicht mehr sah. Viele fallen nun in dichten Haufen kreuz und quer übereinander, doppelt so viele von den Heiden.

Nun reitet ein mächtiger Häuptling, der Gadal hieß, hervor. Er war ein Verwandter jenes Menon, der zuvor erwähnt worden war. Er war ein guter Ritter, der auf einem außerordentlich guten Pferd saß, das er in Saxland bekommen hatte. Er hatte eine gute Rüstung, die mit rotem Gold verziert war, und sein Helm war mit vielen Steinen besetzt. Er reitet durch die Schlachtreihen der Frakkar, seinen Speer einem guten Ritter durch die Brust stoßend, und wirft ihn tot vom Pferd. Danach zückt er das Schwert, vielen guten Burschen einen raschen Tod zufügend, denn weder Helm noch Brünne noch sonstiger Schutz vermögen seinen Hieben zu widerstehen. Dieser böse Hund richtet in kurzer Zeit großen Schaden an.

Nun erblickt dies Berald und spornt sein Pferd an und reitet auf Gadal zu, sticht mit seinem Speer mit so großer Wucht in seinen Schild, daß es durch den Schild und die dreifache Brünne geht und im Herzen steckenblieb, und der Heide stürzte tot zur Erde. Berald reitet dann mitten durchs Heer der Heiden, vielen einen raschen Tod zufügend, so daß sie danach nie mehr um Weihnachtsessen bitten mußten, denn der Teufel lud jeden zu sich ein, noch bevor das Blut kalt war.

Alle Königssöhne bewährten sich hervorragend, denn sie fällten so manchen Mann, daß es lange dauern würde, alle aufzuzählen. Was jeder von ihnen verrichtete, kann ich nicht berichten, und deshalb wende ich die Geschichte dem großen Menon und seinen Taten zu. Er reitet mit großem Mut hervor, mit seinem Speer einem trefflichen Ritter die Brust durchbohrend, so daß dieser tot zur Erde fiel. So behandelte er einen zweiten und einen dritten und so weiter, bis er den Speerschaft zerbrach, und dann zückte er sein Schwert. Das war scheinend und scharf. Danach haut er auf einen Ritter ein. Dieser hält seinen Schild gut und flink vor sich, doch der Hieb war so stark, daß das Schwert den Schild durchschneidet und die Schwertspitze die Brünne und den Unterleib aufschlitzt, so daß der Christ tot vom Pferd fiel. Und danach fügt er mit seinem Schwert manchem Mann einen raschen Tod zu. Und Gott im Himmelreich erfreue den Mann, der ihm eine rasche Schande bereitet!

Nun hört Gott rasch unser Gebet, denn Junker Remund reitet auf seinem Pferd herbei, seinen Speer in den Schild von Menon und durch den Schild und die Brünne hindurch auf die Rippen stoßend. Sein ganzes Sattelzeug nützte ihm nicht mehr als eine Lauchknolle. Deshalb landete er weit entfernt vom Pferd, das Schwert flog weit weg, und ein Frakke ergriff es in der Luft und bekam weder vorher noch danach je ein gleich gutes Schwert. Menon wird bei diesem Fall sehr seltsam zumute, und es wird auch nicht besser werden, denn nun reitet Junker Remund heran, und sein Pferd rennt ihn um. Er erhielt nun eine so schlechte Behandlung, daß er noch nie zuvor so geschmäht worden war, denn er wäre fast umgekommen, und dennoch wäre ein rascher Tod unter guten Waffen besser gewesen. Nun reitet Remund mitten durch das Heer der Heiden und fällt sie kreuz und quer, auf beide Seiten Männer und Pferde hauend, in eine

Schlachtreihe hinaus und in die andere hinein, so manchen Mann tötend, daß es lange dauern würde, sie zu zählen.

Lassen wir ihn verrichten, was er vermag, und wenden wir uns wieder Menon zu, wie er daliegt und versucht, auf die Füße zu kommen! Das gelingt ihm, auch wenn er sehr erschöpft ist. Er kann sich ein schlechtes Pferd einfangen und konnte nur mit Mühe aufsteigen. Als er aufgestiegen ist, wendet er sich ab und war froh, daß er davonkam, nicht eher Halt machend, bis er zum Oberkönig kommt, ihm von seiner Fahrt erzählend und davon, wie schlecht es ihm ergangen sei.

Nun ist zuerst von den Heiden zu erzählen; als sie erfahren, daß ihr Häuptling gefallen ist, beschließen sie, zur Schlachtreihe des Tartarenkönigs zurückzuweichen. Remund und seine Genossen verfolgen sie, fast jedes Menschenkind tötend, so daß knapp einhundert davonkamen und diese alle verwundet und erschöpft waren. Nun kommen sie dorthin, wo Menon auf seinem Pferd saß und es ihm nicht gut ergangen war. Der Tartarenkönig wird sehr betrübt. Alle verspotten nun Menon wegen seiner Prahlerei vorigen Tages. Es wäre ihm auch lieber gewesen, er hätte geschwiegen oder einen raschen Tod erlitten, als solch schmähliche Worte zu erdulden, die er nun mit eigenen Ohren anhören mußte.

59 *Der Verlauf der Schlacht*

Nun kommt Remund mit seinem ganzen Heer zu den Schlachtreihen des Oberkönigs Menilaus. Es war eine kleine Schar im Vergleich mit dessen Heer. Die Schlachtreihe des Tartarenkönigs war so geordnet, daß in der Mitte sein Banner stand. Es war ganz hervorragend mit großer Kunstfertigkeit hergestellt, denn unter dem Banner saß ein aus weißem Marmor gefertigter, mit wunderbarer Kunstfertigkeit gearbeiteter Adler. Ein überaus schöner, aus gebranntem Gold gemachter Adler saß auf der Stange. Er hatte den Rachen weit geöffnet und schaute immer gegen die Sonne, den König vor Sonnenhitze schützend, denn er saß in einem Karren unter dem Banner. Um ihn herum war eine so dicke Schildburg angelegt, daß sie dachten, er könnte von niemandem überwunden werden. Um die Schildburg herum waren vierhundert Ritter zur Bewachung aufgestellt. Sie waren alle aus Rusaland, groß und stark und unumgänglich. Weiter außen war die Schlachtreihe so dicht, daß es unmöglich scheinen konnte, daß wenige Männer sie einnehmen könnten. Vor der Schlachtreihe ritten acht Könige, darauf achtend, daß niemand fliehen konnte. Dort war als erster und vorderster Maris. Sein Pferd und sein ganzer Harnisch waren weiß. Er hatte einen erstaunlich großen Speer in der Hand. Der Schaft des Speers konnte nicht brechen, denn das Holz hieß Aiol.

Nun spornt er sein Pferd an und reitet in der Absicht vom Heer weg, als erster die Schlacht zu eröffnen und den Boden mit dem Blut der Franzeisen zu röten. Als Vidförul dies sieht, wendet er sich dem König zu, und jeder haut mit so großer Wucht auf den anderen ein, daß ihr ganzes Sattelzeug zerbrach und sie beide hinten von den Pferden herabrutschten und auf den Füßen landeten. Nun zücken beide ihre Schwerter und hauen hart und häufig, jeder dem anderen viele schwere und große Schläge zufügend, so daß für beide Gefahr bestand, denn jeder fügte dem anderen so große Wunden zu, daß beide dem Tod nahe waren. Beide Heere schauten ihrem Spiel zu. Dieser Zweikampf endet damit, daß König Maris sein Leben mit gutem Nachruf verliert. Vidförul erhielt viele Wunden, das erklärend, daß er noch nie gegen einen tüchtigeren Ritter gekämpft hatte. Nun prallen die Schlachtreihen mit großem Lärm und Waffengetöse aufeinander. Dabei fliegen Speere und Pfeile so dicht, wie wenn es am heftigsten regnet.

Nun reiten Remund und seine zwölf Schwurbrüder durch jede Schlachtreihe hindurch, vielen Heiden einen raschen Tod zufügend. Dann jagen sich hier die großen Ereignisse, denn jeder fällt quer über den anderen, einige mit abgehauenen Händen und Füßen, andere in der Mitte durchgehauen, einige an der Kehle, andere in den Eingeweiden durchschossen. Da wurde einer eingeschläfert, während ein anderer ganz tot war.

Der Verlust an Menschen war so groß, daß die Felder von den Leichen toter Männer bedeckt waren und Blut wie große Bäche mit starken Strömungen floß. Die Aasvögel flogen so dicht darüber, daß man kaum den Himmel sehen konnte.

Nun reitet von den erwähnten acht Königen jener, der Jodan hieß, zu einem der Frakkar hin und fügt ihm einen raschen Tod zu. Das sah der gute Ritter Berald, und er reitet ihm entgegen und haut mit seinem Schwert auf ihn ein, so daß der Kopf wegflog. Die Schlacht wird nun so erbittert ausgetragen, daß es einen verwundern kann, denn die Schwestern kommen kaum nach, den Schicksalsfaden durchzutrennen.

Nun ist erneut von Junker Remund zu erzählen, daß er aus einer Schlachtreihe hinaus- und in eine andere hineinreitet, auf beiden Seiten Männer fällend, seine beiden Arme bis zu den Achseln blutig. Wie ein hungriger Wolf aus dem Wald springt, um das Vieh zu reißen, so ist nun Remund, denn er achtet nur noch darauf, so viele wie möglich zu töten. Nun trifft Remund auf zwei der sieben Könige, die noch übrigblieben. Beide hauen gleichzeitig auf ihn ein, doch es beschädigte seine Rüstung nicht. Er aber haut zuerst auf den, der am nächsten bei ihm war, und der Schlag trifft die Brust und schneidet sie und den ganzen Unterleib entzwei bis zum Sattel hinunter. Der König fällt tot aus dem Sattel nach hinten, und die Eingeweide fallen nach vorn heraus. Als nun der zweite sieht, wie schmählich es seinem Genossen ergeht, wendet er sich ab, doch Remund schwingt das Schwert von der Seite her gegen ihn und trifft das Rückgrat oberhalb der Lenden und schneidet ihn bis zum Unterleib durch. Als die Heiden diese wundersamen Hiebe sahen, befällt sie eine große Furcht. Auch die Schlachtreihe außerhalb der Schildburg löste sich nun auf. In diesem Angriff fällten die vier Königssöhne die vier Könige, die noch verblieben. Dann floh das ganze Heer, das um die Schildburg aufgestellt war, jeder so rasch, wie er nur konnte.

Nun ruft Remund mit lauter Stimme seine Schwurbrüder zu sich. Sie kommen sofort. Er sprach: »Nun wollen wir alle einmütig zusammenbleiben und uns bewähren, so daß wir die Schildburg durchbrechen können.« Das tun sie.

60 Remunds Sieg

Als nächstes ist nun davon zu berichten, daß Junker Remund und seine Schwurbrüder versuchen, mit ihrem ganzen Heer die Schildburg des Oberkönigs zu durchbrechen. Sie hauen mit Schwertern oder stechen mit Speeren. Einige schießen mit Armbrüsten oder Handbögen, andere mit spitzigen Staken, einige werfen Wurfspeere oder Wurfstöcke, andere Steine. Und alles ist in der Luft, was man mit Händen fassen und womit man anderen Schaden zufügen konnte. Es gibt eine heftige Schlacht, wie Remund noch nie eine ausgetragen hatte, zuerst wegen des grimmigen Angriffs der Frakkar, dann auch wegen der hervorragenden Verteidigung, die die Kämpfer von König Menilaus lieferten, denn die Rusar und die starke Schildburg standen so fest, daß sie lange nichts ausrichten konnten.

Nun sieht Remund, daß es so nicht gehen wird, und er springt mit seinem Pferd auf die Schildburg und die Rusar hinauf. Vidförul und Berald und alle Schwurbrüder folgen ihm. Es gibt nun einen lauten Lärm, denn die Rusar halten tüchtig dagegen. Und es gibt nun eine sehr heftige Schlacht, denn wo die Schildburg an einer Stelle aufbrach, da gibt es auf beiden Seiten Verluste. Und noch nie hatten die Frakkar einen so schweren Stand wie jetzt, solange die Rusar noch nicht erschöpft waren. Sie hatten scharfe Schwerter und gute Rüstungen mit starken Schilden und waren sowohl stark wie groß und bösartig. König Menilaus saß in seinem Karren und schoß mit einem türkischen Bogen, manchem Manne Schaden zufügend. Bei ihm war der große Menon, von dem vorher die Rede war, der mit einer starken Armbrust so ungeheuer kräftig schoß, daß kein Schild und keine Brünne und keine Rüstung standhielt. Seine Geschosse waren alle vergiftet, und jeder fand den Tod, in dessen Blut sie kamen.

Nun sieht Remund, was der böse Hund verrichtet und wie vielen Männern seine verdammten Geschosse schaden. Es betrübt ihn sehr, daß er diesen verdammten und verfluchten Feigling nicht bekommen kann, und er würde ihn nun gerne bekommen. Er spornt sein Pferd an, auf alles springend, was sich ihm in den Weg stellte, so wütend und wild, daß ihm nichts widerstehen konnte, denn er hieb auf beide Seiten Männer und Pferde, so daß alles weglief, denn jene reiten ihm hinterher, die sich wenig oder nicht um die Heiden kümmern. Berald und Vidförul und alle Schwurbrüder teilen den Heiden große Schläge aus. Von den Rusar fällt nun einer nach dem anderen, und die, die noch aufrecht stehen, sind verwundet und erschöpft.

Nun kommt Remund dorthin, wo Menon auf seinem Pferd saß, und er erkannte Remund sofort und wandte sich ab. Aber Remund schlug nach ihm und traf die linke Achsel und hieb den Arm und die ganze Seite ab. Menon fiel tot zur Erde, nachdem er manchem Mann den Tod zugefügt hatte. In diesem Angriff tötete Vidförul den Karrenführer, nachdem Berald und die Genossen alle Rusar und die,

die unter dem Banner standen, getötet hatten. Nun reitet Junker Remund dorthin, wo der Tartarenkönig war, und ließ ihn ergreifen, denn sein ganzes Heer war gefallen, so daß nur noch er aufrecht stand. Remund gebietet ihm, den rechten Glauben anzunehmen, aber er lehnt das brüsk ab. Da läßt Remund ihn köpfen. Und hier endet seine Geschichte.

Junker Remund ruft nun alle seine Leute zusammen und dankt Gott für den schönen Sieg, den er ihnen geschenkt hat. Danach läßt Remund das Banner nehmen und es mit sich zurück in die Stadt führen. Die Stadt ergab sich sogleich in seine Gewalt. Er ließ die Stadt räumen und die heidnischen Leute vertreiben, seine Leute an ihre Stelle setzend. Sie gehen zuerst zur Halle, essen und trinken, wie es ihnen gefällt, danach ruhen sie sich aus und gehen schlafen. Vidförul jedoch geht durch die ganze Stadt und schließt alle Tore richtig zu, so daß niemand von draußen in die Stadt hineinkommen konnte.

61 Remund säubert sein Reich

Nun vergeht die Nacht. Früh am folgenden Morgen läßt Remund die Stadt durchsuchen und jeden heidnischen Mann töten, der nicht den Glauben annehmen will. Ehe drei Tage vergangen waren, war die ganze Stadt gesäubert. Als dies getan ist, reitet Remund durch ganz Saxland und säubert sein ganzes Reich, in allen Städten und Schlössern Häuptlinge einsetzend, jene zu Herren und Häuptlingen machend, die zuvor Diener und Knechte gewesen waren.

Als er sein Reich besetzt und befriedet hatte, wie er es wollte, kehrt er mit seinem ganzen Gefolge nach Magadaborg zurück. Man empfängt ihn mit einer würdevollen Prozession mit trefflichen Lobgesängen. Danach wird er zur Kirche und dann in seinen Palast geführt. Er sitzt nun auf dem Thron. Der Erzbischof sitzt zu seiner Rechten, die Königin, seine Mutter, zu seiner Linken und als nächster Vidförul. Berald sitzt neben dem Erzbischof und danach die zwölf Königssöhne. Die Königin war beim Erzbischof gewesen, nachdem der Kaiser gefallen war, denn der Tartarenkönig zwang niemanden, von seinem Glauben abzufallen, sondern ließ jeden glauben, wie er wollte. Deshalb hatte sich das Christentum in ganz Saxland gehalten.

Nun unterhält Remund die Leute mit Erzählungen über seine Reisen, zuerst, wie er von zu Hause wegfuhr, und bis jetzt. Den Leuten schienen seine Großtaten sehr bemerkenswert. Alle lobten seine Tapferkeit und ritterlichen Fertigkeiten. Er hält während der folgenden sieben Tage eine treffliche Feier, allen seinen Leuten treffliche Gaben und jene Kostbarkeiten schenkend, die der Tartarenkönig gehabt hatte. Die Feier endet, indem alle Remund für seine Wohltaten danken.

62 Remunds Reise nach Indialand

Remund sitzt nun ruhig zu Hause, doch nicht lange, denn es kam ihm seine Geliebte in den Sinn, die er wie sein Leben liebte. Er sandte einen Boten in seinem Land umher, Mengen und Massen zu sich einladend, daß alle innerhalb eines Monats nach Magadaborg kommen sollten. Der Bote zieht, so rasch er kann, Tag und Nacht durchs Land, und alle denken, es sei etwas sehr Wichiges im Tun. Deshalb geht jeder, so rasch er kann, und sie kamen in der ihnen gesetzten Zeit, jeder so gerüstet, als ob er zu einem Zweikampf antreten müßte.

Remund beruft eine Versammlung ein, seiner Bevölkerung sein Vorhaben erläuternd. Alle bieten ihm an, ihm, wohin er gehen wolle, zu folgen und sich nie von ihm zu trennen, solange sie ihm folgen und ihn irgendwie unterstützen könnten. Junker Remund dankt allen für ihren guten Willen und läßt Vidförul und Berald die besten Gefolgsleute wählen, und dazu Pferde und Rüstungen, von allem das Beste, das zu haben war. Als dies ausgeführt ist, bestimmt Remund zwanzigtausend Ritter, die ihm folgen sollen, neben Burschen und Dienern. Diese Truppen wurden mit der besten Rüstung, die zu haben war, ausgestattet.

Danach braust Remund mit seinem ganzen Heer zur Stadt hinaus, durch Saxland und Beigeialand und über die Mundiu-Berge und nach Fenedi reitend. Dort besorgte er so viele Schiffe, wie sie benötigten. Remund selber geht mit allen seinen Pferden und Männern an Bord. Sie erhalten dann guten Fahrtwind und segeln südlich dem Grikklands-Meer entlang und ins Jorsala-Meer und landen bei der Stadt Askalon. Sie liegt in Jorsalaland. Dort gehen sie von den Schiffen an Land, den geradesten Weg nach Jorsalaborg reitend. Der

Patriarch begrüßt Remund und alle seine Leute freundlich, ihm anbietend, so lange bei ihm zu bleiben, wie ihm gut schiene. Remund dankt für dieses fürstliche Angebot, von seinen Reisen erzählend, ihn bittend, ihm einen Führer bis Jordan und durch das Arabialand zu geben. Das wurde sogleich getan. Er bekommt Männer, die durch Arabialand und Indialand und bis nach Indialand hit ytra gereist waren. Remund bleibt fünf Tage in Jorsalaborg und nimmt von dort mit, was er braucht. Nach Ablauf von fünf Tagen reitet er aus Jorsalir und nach Bedleem und zum Fluß Jordan. Danach schwimmen er und alle seine Schwurbrüder über den Fluß, seine Truppen und Pferde werden auf Schiffen übergesetzt. Danach reitet er durch Arabialand. Dort wird viel Weihrauch angebaut. Danach reitet er durch Medialand, bis er zum Fluß Tigris kommt. Sie überqueren den Fluß auf Schiffen, weil die Mediar ihnen alle möglichen Gefallen erwiesen.

Nun war Remund in das Land gekommen, das Parcialand heißt. Das sind vierunddreißig große Gebiete. Es wird Indialand hit ytra genannt. Sie reisen durch alle diese Länder, bis sie zu dem Fluß, der Indus heißt, kommen. Er ist erstaunlich groß. Er verläuft westlich von Indialand hit ytra. Dort liegen vierundvierzig große Gebiete. Jetzt läßt Remund sein ganzes Heer über den Fluß bringen, und alle seine Leute waren wohlbehalten, und niemand war umgekommen. Das Gebirge, das Kaukasus heißt, schirmt Indialand im Norden ab, und das Meer im Süden. Ein Fluß heißt Fison oder mit anderem Namen Ganes. Er entspringt auf verborgenen Wegen dem Paradies, bis er unter dem Berg, der Theriberis heißt, hochkommt. Er kommt an drei Stellen hoch und fließt durch Indialand bis zum Meer. Außerhalb des Flusses liegt die Stadt, die Enos heißt. Sie wurde von Cain, dem Sohn Adams, gebaut, und er gab ihr den Namen seines Sohnes.

Viele Neuigkeiten wären aus diesem Land zu erzählen, doch das scheint dummen Leuten Lärm, Getratsch und Geschwätz, was weise Männer Klugheit und Weisheit nennen. Und deshalb ist mancher unklug, weil er nicht hören will, wenn ein anderer erzählen will. Und deshalb überspringe ich die Dinge, die es als Neuigkeiten aus Indialand zu erzählen gäbe, und wende die Geschichte wieder dorthin, wo Remund nach Indialand hit yzta gekommen ist.

63 Remunds Werbung um Elina

Nun reitet Junker Remund durch Indialand hit yzta, bis er in die Nähe der Stadt kommt, in der sich der Indiakönig Johannes aufhält. Remund schickt nun Vidförul und Berald mit der Botschaft in die Stadt, daß Remund um die Hand der schönen Elina, der Tochter von König Johannes, anhalte und mit Zucht und Ehre, Pracht und Würde, Höflichkeit und Höfischkeit um sie werbe. »Wenn der König uns dies verwehrt, dann hat er von uns eine Schlacht zu erwarten. Und sagt ihm, daß ich mein Leben einsetzen werde, damit dies gelinge! Geht zur Jungfrau und überbringt ihr meinen lieben und herzlichen Gruß!«

Sie ziehen Botenkleidung an und nehmen zehn Mann mit, auf ihre Pferde steigend und ihren Weg zur Stadt reitend, so ausgerüstet, wie Ihr jetzt hören sollt. Sie hatten goldgewirkte Kittel und einen Mantel aus kostbarem weißem Tuch und einen schönen Olivenzweig in ihren Händen. Sie reiten in die Stadt und kommen dort an, als der König zu Tisch saß. Dann steigen sie draußen vor dem Palast von den Pferden und binden sie an.

Vidförul geht dann zur Palasttür. Dort standen vollbewaffnete Türwärter, zwanzig an der Zahl. Vidförul bittet sie um Erlaubnis, hineingehen zu dürfen, die Sprache der Indier sprechend, als wäre er dort geboren. Als sie verstehen, daß es sich um Boten handelt, geben sie ihnen die Erlaubnis einzutreten. Nun gehen sie in den Palast hinein. Er war lang und breit, teilweise aus weißem Marmor gearbeitet und ganz mit rotem Gold verziert. Es war dort so hell, daß man fast nicht hindurchsehen konnte, denn alle Fenster waren aus Kristall. Sie gehen dorthin, wo einhundert Männer stehen, vollbewaffnet an Händen und Füßen. Sie geben ihnen sogleich die Erlaubnis, vor den König zu treten.

Vidförul spricht dann den König in der Sprache der Indier wohl und höflich an, wie es ihm geziemte. Danach überbringt er die Botschaft, die Remund ihm aufgegeben hatte, dabei erklärend, daß Junker Remund niemand ebenbürtig sei, auch wenn man auf der ganzen Welt suchte. Er sagt, er habe den bösen Eskupart getötet, den Sohn des Tartarenkönigs, und auch König Menilaus selbst und mit ihm zwanzig Könige, einer von ihnen ein mächtiger König, Klibanus mit Namen, und ein so großes Heer, daß man es kaum zählen konnte. »Wollt Ihr ihm diesen Wunsch ausschlagen und sein schönes

Angebot nicht annehmen, dann werdet Ihr Euer Reich und all Eure Ehre verlieren, und Remund wird das Mädchen trotzdem bekommen, ob Ihr es wollt oder nicht, denn Ihr Indier versteht es besser, in Gold und Silber zu schwelgen als in Schlachten zu kämpfen, denn wir haben erfahren, obwohl wir weit im Norden wohnen, wie schmählich Euch der Königssohn Geiraldus aus Sikiley behandelte. Aber wer Euch jenen Sieg errang, danach solltet Ihr fragen, aber Eure Tochter wüßte die Antwort. Aber jetzt will ich Eure Antwort hierauf erfahren.« Der König sprach: »Du bist ein mutiger und redegewandter Mann und führst den Auftrag deines Herrn gut aus, wenn auch mit Härte. Es verwundert uns, daß du unsere Sprache so gut sprichst, als wärest du hier geboren, und ferner, daß du von unseren Auseinandersetzungen mit Geiraldus Bescheid wußtest. Warst du hier, als er hierher kam?« »Nein«, sagte Vidförul. »Es wird sein, wie du sagst«, sagte der König. »Doch wir verstehen, daß du den Auftrag deines Herrn so ausführst, als wärest du hier vertraut. Du mußt dich etwas gedulden, denn wir wollen mit unserer Tochter sprechen, herausfindend, was sie hierauf antwortet, denn wir wollen sie auf keinen Fall zur Heirat zwingen, da wir dies früher auch nie taten. Ihr sollt hier drei Tage auf unsere Entscheidung in dieser Sache warten. Und seid mit Gott hier willkommen, solange es Euch gut dünkt!«

Vidförul dankt dem König für seine Worte. Burschen nehmen dann ihre Pferde und Überkleider in Gewahrsam, und es wurden ihnen würdige Sitze angewiesen, und sie trinken, solange es ihnen gut scheint. Als nächstes geht der König mit großem Gefolge zum Gemach seiner Tochter. Vidförul und Berald gehen in der Stadt herum und vergnügen sich. Die Leute in der Stadt wundern sich sehr über den Wuchs und die Schönheit dieser Männer. Vidförul und Berald gehen zum Erzbischof in seinen Hof. Er begrüßt sie mit großer Freundlichkeit. Sie überbringen ihm die Grüße von Remund und erzählen ihm die Neuigkeiten, die sich zugetragen haben, seit sie wegzogen, und auch, was sich zutrug, als sie in Saxland waren, und daß Remund jetzt hier sei und wie es sich mit ihm verhalte.

64 Elina ist geneigt, die Werbung anzunehmen

Nun ist davon zu erzählen, daß der König mit seiner Tochter spricht, ihr sagend, was er erfahren hat und was Remund vorhat: daß er um sie werbe. Das gefiel ihr sehr gut. Und es berührt sie so sehr, daß eine Röte in ihr Antlitz kam, damit vergleichbar, wenn die Sonne den heiteren Himmel rötet. Und da der ganze Schatten, der auf ihr gelegen hatte, abzog, konnte man ihr Antlitz mit dem Sonnenschein vergleichen.

Nun fragt der König, ob sie Remund zum Mann haben wolle oder nicht. Die Königstochter antwortet: »Ihr sollt das bestimmen, mein lieber Vater, denn das wird mir am meisten nützen; Ihr berichtet, daß dieser Mann viele außerordentliche Fähigkeiten habe. Deshalb scheint es uns, daß man einen solchen Mann nicht leicht abweisen kann, zumal er der Sohn des mächtigsten Mannes aller Länder auf der ganzen Welt ist, und ich wüßte keinen, der mir gut genug wäre, wenn dieser nicht in Frage kommt. Und wenn sein Aussehen und seine Höfischheit und sein züchtiges Verhalten seiner Berühmtheit und Würde entsprechen, dann werden wir ihn nicht ablehnen.« Der König sprach: »Ihr sprecht weise, meine Tochter!« sagte er. »Ich kann nichts darüber sagen, wie schön er ist, aber die beiden Boten, die er zu uns geschickt hat, scheinen uns stattlich und großartig zu sein. Und wer diese übertrifft, zu dem wird es keinen Ebenbürtigen geben, auch wenn man auf der ganzen Welt suchte, denn ich habe noch nie schönere Männer gesehen.« Da sprach die Königstochter: »Ich bitte Euch, laßt um meinetwillen diese Männer zu uns kommen, damit ich sie sehen kann.« Der König sagt, daß dies geschehen solle. »Sie sollen morgen mit uns kommen.« Die Königstochter bittet ihn, dies zu tun.

Der König geht nun zur Kirche und danach in seinen Palast und setzt sich wie üblich an die Tische zum Trinken. Danach geht er schlafen. Den Genossen und ihren Männern wurde ein Obergemach zum Schlafen angewiesen. Dort war alles bemalt und mit Purpur verziert und an vielen Stellen mit Gold ausgelegt. Dort gab es auch Betten, für jeden eines. Zwei davon waren am schönsten geschmückt, so daß es keinen König gegeben hätte, der dort nicht süß geschlafen hätte.

65 Rückkehr der Werbeboten

Nun verstreicht die Nacht, und es kommt die Zeit für den Frühtrunk. Nach dem Frühtrunk läßt der König die Boten zu sich rufen und sagt, daß sie ihn zum Gemach der Königstochter begleiten sollten, um ihr feines und vornehmes Benehmen zu sehen. Darauf sagte Vidförul: »Gott danke Euch für dieses Angebot! Wir hätten darum bitten müssen, was Ihr uns von Euch aus anbietet, und wir kommen gern mit Euch. Es wird ein großes Vergnügen und ein großer Spaß sein, ihre Schönheit und ihr hervorragendes Verhalten zu sehen.« Nun geht der König ins Schloß der Jungfrau und schickt nach dem Erzbischof, daß er zu ihm komme. Das wurde sofort ausgeführt. Nun sind der König und der Erzbischof mit ihren zwölf Ratgebern ins Obergemach der Königstochter gekommen. Die Jungfrau springt oder hüpft sogleich auf und geht ihrem Vater entgegen, ihn und alle, die mit ihm kamen, mit großer Freundlichkeit begrüßend. Sie setzt ihren Vater auf den Thron und den Erzbischof neben ihn, und sie selbst setzt sich auf die andere Seite. Die Ratgeber des Königs setzen sich auf die niedrigeren Bänke.

Danach erzählt der König dem Erzbischof von den Neuigkeiten, die eingetreten sind, ihn nach seiner Meinung fragend. Der Erzbischof antwortet in ganz ähnlicher Weise wie die Königstochter am Tag zuvor. Als nächstes fragt der König die Jungfrau, wie ihr die Boten gefielen. »Sehr gut«, sagt sie, »und gewiß ist der schön, der diese übertrifft.« Nun unterhalten sich die drei, der König, die Jungfrau und der Erzbischof, und sie werden darin einig, daß Remund nicht abgewiesen werden soll. Dies befürworten auch alle Ratgeber des Königs. Diese Unterredung endet damit, daß Remund mit seinem ganzen Heer dorthin kommen soll. Der König sagt den Boten den Ausgang der Besprechung. Es scheint ihnen, es sei gut gelaufen.

Der König geht mit seinem Gefolge fort. Da bittet der Erzbischof den König um Erlaubnis, daß die Boten die Nacht bei ihm verbringen dürfen. Der König willigt sogleich ein. Dies war der Rat der Königstochter. Die Schwurbrüder gehen nun mit dem Erzbischof, und sie sitzen in einem Obergemach für sich allein. Als sie satt sind, kommt die gleiche Jungfrau, die früher jeweils zu ihnen kam, die Grüße der Königstochter überbringend und jedem von ihnen einen Stein gebend. Sie gehen dann mit ihr ins Obergemach der Königstochter. Sie saß dort und kämmte sich. Ihr Haar war nur dem allerhellsten Gold vergleichbar. Sie nimmt nun das Haar von den Augen. Und als sie sie erblickt, steht sie auf und geht ihnen entgegen und umarmt sie in großer Freundschaft, jeden von ihnen zu ihren Seiten setzend. Sie vergnügten sie nun mit dem, was ihr die meiste Freude bereitete und worauf sie am meisten gespannt war. Sie vergnügten sich die ganze Nacht hindurch. Sie trafen auch ihre Geliebten, ehe sie weggingen. Danach trennen sie sich mit großer Freundlichkeit von der Königstochter.

Sie läßt Remund schön grüßen, »und sagt ihm, daß mein Vater seinen Antrag sehr gut aufgenommen habe. Ich vermute, daß das Ende nach seinem Wunsch ausfällt.« Sie gehen in den Erzbischofshof zurück, und die gleiche Jungfrau begleitet sie. Sie nimmt dann die Steine und bringt sie ihrer Herrin. Die Boten gehen in den Königshof, Erlaubnis zur Abreise einholend. Sie reiten dann dorthin, wo Remund in seinen Landzelten war. Er begrüßt seine Schwurbrüder mit großer Freude, ihnen Platz anbietend. Sie setzen sich. Alle Leute waren sehr gespannt, wie ihr Auftrag ausgegangen war, doch Remund am meisten. Sie überbringen ihm die Grüße des Königs und vor allem der Jungfrau, und erzählen, wie ihr Auftrag ausgegangen sei. Remund gefällt dies sehr gut, seinen Leuten kundtuend, was sich ereignet hatte. Danach befiehlt er seinen Leuten, sie sollen sich zur Abreise fertig machen. Es wurde getan, wie er befohlen hatte.

66 Remunds Werbung um Elina

Als nächstes ertönen im ganzen Heer Trompeten. Sie brechen die Landzelte ab, losziehend und nicht eher Halt machend, bis sie zur Stadt kommen. Der Oberkönig schickt ihnen viele treffliche Könige entgegen, die sie mit vielen anderen großen Männern vor der Stadt empfangen. Es wurden allerhand Instrumente zu Remunds Empfang hinausgetragen, Harfen, Geigen, Leiern, Zithern. Einige schlugen Trommeln, andere spielten Trompeten, einige jubilierten, andere hatten Schalmeien. Einige spielten Orgeln, andere *timpanistria*. Mit solcher Pracht wurde Junker Remund in die Stadt und zur Kirche geführt. Der Erzbischof kam ihm in einer herrlichen Prozession entgegen und führt ihn zur Kirche und danach zur größten Halle. Dort war bereits der Indiakönig mit allen seinen großen Leuten. Sie treffen sich in der Mitte der Halle, und der König begrüßt Remund und umarmt ihn mit großer Freundlichkeit.

Danach geht der König zum Thron, Remund neben sich Platz anbietend. Neben dem Thron waren vierundzwanzig Stühle, zwölf auf beiden Seiten. Der König weist Remunds Schwurbrüdern die zwölf Plätze auf der einen, seinen eigenen Ratgebern die auf der anderen Seite zu. Weiter entfernt vom Thron in der Halle saßen gleich viele Leute des Indiakönigs wie von Remund, danach wurden die weniger bedeutenden Leute in anderen Hallen untergebracht. Auf den Tisch des Königs wurde nun ein so reichhaltiges Essen aufgetragen, wie es Remund noch nie gesehen hatte, zudem so frische Getränke, wie sie noch nie bessere gekostet hatten und die man sich nicht besser wünschen konnte, auch wenn man auf der ganzen Welt suchte. Remund wird nun drei Tage in dieser Feier so gut und ehrenvoll bewirtet, daß er und seine Leute noch nie so etwas gesehen hatten.

Der König tut dies, weil er Remund immer mehr mag, je genauer er ihn beobachtet. Und es scheint ihm nicht, daß man zuviel von ihm erzählt hatte, denn er schien ihm in allem besser, als die Boten gesagt hatten; der König dachte, es würde sich so auch mit den Dingen, die er nicht sehen konnte, verhalten, denn er war ein weiser und kluger Mann und konnte einen Menschen gut beurteilen. Nun kommt der vierte Tag. Und dann spricht Remund zum König über seine Absichten. Der König sagt, es solle so sein. »Wir wollen nun zum Gemach meiner Tochter gehen und herausfinden, was sie sagt, denn wir haben ihr zugesagt, daß sie den Mann wählen darf, der sie besteigen soll. Und das werden wir halten. Es kann auch sein«, sagt er, »daß Ihr Euch, weil die Leute so viel davon reden, gerne sehen würdet, und deshalb wollen wir mit den Leuten, die Euch begleiten sollen, zu ihr gehen.« Sie gehen mit ihrem ganzen Gefolge ins Schloß der Königstochter und dann in ihr Obergemach. Sie nehmen ihre ausgesuchtesten Leute mit, während die Masse unten im Schloß und dort herum wartete.

67 Die Verlobung

Nachdem sie hineingegangen sind, steht die Jungfrau auf und geht ihrem Vater entgegen, ihn und alle, die ihn begleiteten, ehrenvoll begrüßend, doch in ihrem Herzen Remund am meisten, auch wenn sie es noch nicht mit Worten zu sagen traute. Der König richtet es so, daß er einen Stuhl bringen und Remund gegenüber der Jungfrau darauf Platz nehmen läßt. Die beiden betrachten sich und der König sie. Da errötet die Königstochter. Es verlautet aber nichts darüber, wie ihnen, Remund und der Königstochter, zumute war. Sie sitzen nun eine lange Zeit da, und alle schweigen.

Doch bald steht Remund auf, seinen Antrag gegenüber dem König und der Jungfrau vortragend. Alle lobten seinen Vortrag und wie gut er die Sprache der Indier beherrschte. Nachdem er den Antrag vorgebracht hatte, setzte sich Remund, und die Antworten des Königs und der Jungfrau brauchen nicht öfter aufgeführt zu werden. Ihre Unterredung endet so, daß Remund mit der Königstochter Elina sogleich verlobt wird, denn das war Sitte in Indialand.

Danach sprach der König zu Remund und seiner Tochter: »Nun ist es am besten, wenn Ihr Euch darauf einstellt, die Wahrheit zu sagen, denn ich vermute, daß Ihr Euch früher schon gesehen habt. Ich nehme es aus zwei oder drei Gründen an, erstens, daß Remund und zwei seiner Gefährten unsere Sprache beherrschen, wie wenn sie hier geboren wären, zweitens, daß Vidförul erwähnte, daß unsere Tochter uns sagen könnte, wer für uns den Sieg über Geiraldus errang, und drittens, wie Euch zumute wurde, als Ihr Euch sahet. Ich denke nun, daß Ihr uns damals die Unterstützung gebracht habt, und ich glaube nun zu verstehen, wie sich alles zugetragen hat, und es dürften noch mehr daran beteiligt gewesen sein als Ihr allein.«

Nun sehen Remund und alle anderen, daß sie es nicht verheimlichen können und es am besten ist, wenn diese Abenteuer der Allgemeinheit bekannt würden. Deshalb erzählt Remund von Anfang an und bis jetzt alles, was ihn betrifft. Auch die Königstochter erzählt von ihrem Traum, und dasselbe tut der Herr Erzbischof. Diese Abenteuer scheinen dem König und allen anderen sehr wundersam zu sein, und in solchen Ereignissen scheint sich zu zeigen, daß alles auf die Weise sein muß, wie es der Herrgott will, auch wenn es in einigen Bereichen gegen die Natur ist. Danach steht Vidförul auf und tritt vor Remund und sprach wie folgt: »Nun will ich Euch meine Geschichte erzählen. Sie beginnt damit, daß ein König Percius heißt. Er herrscht über Indialand hit minna. Er hat einen Sohn, der Perciakus heißt, und das bin ich. Die Königstochter Elina schickte nach dem Traum nach mir und bat mich herauszufinden, wer den Ring besaß, der an ihrem Finger steckte, und zu versuchen, ob ich diesen Mann zu ihr bringen könnte. Deshalb verließ ich mein Land, bis ich nach Saxland in die Waldlichtung kam, wo Remund saß und sich mit seiner Figur vergnügte. Ich nannte mich dann Vidförul, und so hat er mich seither genannt. Und nun ist meine Geschichte zu Ende.«

68 Beginn der Hochzeitsfeier

Danach gehen der König und Remund zurück in den Palast, und sie trinken dort froh und heiter. Diese Neuigkeit verbreitet sich in der ganzen Stadt, und jeder läuft, wie er kann, um Remund und seine Männer zu sehen. Der König läßt eine Feier mit den besten Speisen und Getränken, die es gab, vorbereiten. Zudem schickt er einen Boten zum König Percius und zum König von Persidialand. Der heißt Indiakus, und seine Tochter Juliana. Sie war die Geliebte von Königssohn Perciakus, und die Geliebte von Berald hieß Percia, die Tochter von König Percius. Sie war die schönste und vornehmste aller Frauen. Perciakus hatte Berald und seine Schwester zusammengebracht. Außerdem läßt der König alle großen Leute in Indialand einladen. Es soll dort niemand uneingeladen kommen müssen, weder jung noch alt, arm oder reich, Inländer oder Ausländer.

Als die Zeit da war, zu der man zur Feier kommen sollte, kam zuerst Percius mit seinen Leuten und dann Indiakus, König von Susa, mit einem schönen Gefolge. Perciakus und Berald halten nun bei diesen Königen um die Hand ihrer Töchter an. Und mit der Unterstützung des Königs und Remunds wurde sogleich eingewilligt. Sie verloben sich auf der Stelle mit den Mädchen. Die Hochzeiten sollten nun alle gleichzeitig stattfinden. Die Freude nimmt von neuem zu. Es kamen Herzöge, Grafen, Jarle und Barone und allerhand mächtige Leute, die Länder und Lehen vom Indierkönig Johannes hatten, so daß alle Hallen und Räume vollbelegt waren und ein großer Teil in Landzelten untergebracht werden mußte, denn es waren dort so manche Männer, daß sie kaum gezählt werden konnten. Die

Feier wird nun mit großer Zucht und Würde eröffnet. Die Bräute sollten erst am Hochzeitstag zur Feier kommen. Elina bewirtete in ihrem Schloß ihre ganze Frauenschar, und Remund bewirtete alle Herren. Seine Leute dienten drinnen und draußen. So vergeht dieser Tag und die Nacht dazu.

69 Die Erfüllung des Traums

Nun kommt der Hochzeitstag, und alles soll unternommen werden, was Ehre und Würde mit sich führen und von den Leuten geleistet werden kann und die Leute zu ihrer Freude und zum Spaß haben wollen. Nun werden allerhand Künste und Spiele in so vielfältiger Weise vorgeführt, daß noch niemand so etwas gesehen hatte. Zudem ertönt die ganze Stadt vom Lärm der Leute.

Als nächstes sollen die Könige zur Kirche gehen. Die Straße, auf der die Hofleute gehen sollten, wurde geräumt. Zuerst ging Junker Remund an die Stelle, die König Johannes ihm zuwies. Der König von Persidia und der König von Parcia führten ihn, bis ihm der Erzbischof und der Oberkönig selber entgegenkommen. Als nächstes gehen alle Tore des Schlosses auf, und es kommen viele Leute, Männer und Frauen, zu Remund und zum König heraus. Es war dort eine große Menschenmenge versammelt. Hier bewahrheitet sich nun Remunds Traum, und darüber braucht man nicht öfter zu schreiben. Alles geht nun so vor sich, wie es der Traum vorgab, so daß nichts davon abwich, und deshalb braucht man ihn nicht, wie ich eben sagte, öfter zu beschreiben, bis sie, Remund und die Königstochter, ins Bett gehen. Berald und Perciakus lagen bei ihren Bräuten in einem anderen Zimmer in der Nähe von dem, in dem Remund bei Elina lag. Die ganze Nacht über ließ Remund das Schloß von zweitausend Rittern bewachen.

Nun verstreicht die Nacht. Am Morgen früh kommt der Oberkönig selber zum Bett des Kaisersohns und seiner Tochter, denn er verwahrte selber die Schlüssel, die zum Obergemach paßten. Der König freut sich, als er die beiden froh und wohlbehalten vorfindet. Remund und die Königstochter kleiden sich an. Sie gehen zur Kirche und dann zu Tisch. So verläuft die Feier während der nächsten sieben Tage. Es wurde mit aller Würde, Pracht und Ehre, Ehrung und Ansehen bewirtet, so daß alle, die da waren, wegen der vielfältigsten Kostbarkeiten sagen, sie hätten noch nie so etwas gesehen oder miterlebt.

Am achten Tag der Feier sollte ein Ritterturnier in der Nähe der Stadt zwischen den Persidialeuten und den Franzeisen stattfinden. Nun waren viele vor der Stadt, aber noch mehr drinnen. In jeder Schießscharte und auf jedem Turm waren Leute, um ihr Spiel zu sehen. Es gibt sich nun viel Freude und Vergnügen im Turnier der Ritter. Die Franzeisen sind meist überlegen, außer zwei Rittern aus Persidia, die so tüchtig waren, daß sie alle aus den Sätteln warfen, gegen die sie ihre Schäfte richteten. Damit geht dieses Spiel am Abend zu Ende. Es gefällt den Persidialeuten gut, und sie rühmen sich und sagen, es sei nicht sicher, ob Remund sie besiegen würde, wenn einer von beiden gegen ihn anträte. Den Saxar gefällt dies gar nicht, sie sagen es schnell ihrem Herrn und seinen Schwurbrüdern. Diese werden sogleich sehr zornig, Remund um Erlaubnis bittend, daß sie am folgenden Tag am Spiel teilnehmen dürften. Aber Remund will das unter keinen Umständen, sagend, sie sollten am nächsten Tag zuerst untereinander kämpfen.

Nun wählen sie die zwanzig tüchtigsten Ritter aus ihrer Truppe aus. Sie reiten am folgenden Tag aus, und es geht wie am Tag zuvor, daß die Saxar meist überlegen sind, denn diese eben erwähnten zwanzig werfen die ab, die sich ihnen entgegenstellen. Das gefällt den Saxar gut. Jetzt kommen die zwei Ritter, von denen erzählt worden ist. Einer heißt Iron, der andere Paron. Sie waren Brüder. Sie reiten rasch heran und werfen jeden ab, der sich ihnen entgegenstellt. Am Abend haben sie die zwanzig, die erwähnt wurden, und viele andere dazu abgeworfen. Das gefällt den Indialeuten gut und sie rühmen sich und sagen, daß Remund keiner der beiden im Turnier besiegen würde, wenn sie gegen ihn anträten. So geht dieser Tag zu Ende. Die Saxar erzählen dies Remund und ferner, daß es so nicht weitergehen könne, aber er sagt, sie sollten auch am dritten Tag ausreiten. Er befiehlt gleichzeitig, daß man sein Pferd und die Pferde aller seiner Schwurbrüder bereit machen solle. Das tun sie, und nun scheinen ihnen die Aussichten besser zu sein.

Es kommt der dritte Tag. Alle Saxar und Franzeisen reiten aus, ebenfalls die Leute aus Persidialand und Parcia und viele andere. Es beginnt nun sogleich ein großes Turnier, und die Saxar sind überlegen. Aber als Iron und Paron kommen, wagt es keiner, gegen sie anzureiten, und sie prahlen sehr. Nun bemerken die Leute, daß unbekannte Ritter am Spiel teilnehmen, jeden abwerfend, der sich ihnen entgegenstellt. Sie verrichten so viel, daß sie in kurzer Zeit zweihundert Ritter abgeworfen haben. Iron und Paron bemerken das und steuern sogleich ihre Pferde dorthin, wo sie den größten Lärm hören. Alle, die sie kennen, fliehen, und jene, die nicht zurückweichen wollen, fallen schmählich vom Pferd. Dadurch gibt es viel Platz, und das Heer teilt sich auf. Nun sieht Remund, wo die Brüder durchreiten, und wendet sich beiden allein zu, wünschend, daß die Indialeute einmal ein bißchen von seinen ritterlichen Fertigkeiten sähen. Nun sollt Ihr hören, wie das Ende ihrer Auseinandersetzung sein wird.

70 Remunds ritterliche Fertigkeiten

Danach beginnt ein sehr harter Angriff, denn diese Brüder reiten gleichzeitig auf ihn los, gleichzeitig mit all ihren Kräften auf ihn einschlagend, denn sie erkannten ihn an seinen Waffen und seinem Wuchs, und sie wollten ihn gern überwinden, wenn sie es vermöchten. Aber es kam ganz anders, denn er saß so fest im Sattel, daß er sich durch ihre Stöße kein bißchen rührte, und sein Pferd weicht nicht um Haaresbreite zurück. Doch Remund stieß seinen Spieß so fest in Irons Schild, daß er vom Pferd weggeschleudert wurde und eine lange Strecke flog und so hart landete, daß er eine lange Weile bewußtlos lag. Paron packte er mit der Hand und hob ihn aus dem Sattel hoch und ritt eine lange Weile mit ihm, ihn dann aufs Feld werfend, und er lag lange bewußtlos.

Durch diese Ereignisse wurden die Indialeute und die Persidialeute sehr ruhig und von Furcht befallen, denn es schien ihnen ein großes Wunder und eine Ungeheuerlichkeit, daß ein Mann allein solches verrichten und den Sieg erringen könnte. Und deshalb rufen sie alle mit einer Stimme, sagend, daß es keinen gebe, der ihm ebenbürtig wäre, auch wenn man auf der ganzen Welt suchte. Das Spiel wird jetzt abgebrochen, denn niemand wagt nun, gegen die Saxar oder die Franzeisen anzureiten. Remund erringt Lob und Ruhm zuerst von den Häuptlingen und besonders vom Oberkönig und auch vom Volk, Männern und Frauen, jungen und alten, reichen und armen. Sein Lob und sein Ruhm verbreiten sich auf der ganzen Welt, denn er hatte seine Ruhmestaten in allen Erdteilen vollbracht, zuerst in Europa, dann in Afrika, und nun erneut in Asia. Und deshalb loben und preisen ihn alle, wie es angemessen war.

Nun reitet Remund mit allen seinen Leuten in die Stadt. Der Oberkönig geht ihm mit allen seinen großen Leuten entgegen, ihn mit großer Freude begrüßend. Remund wird in die größte Halle geführt. Es herrscht dort bei einer trefflichen Feier große Freude. Und so geht die Hochzeit zu Ende. Nun wurden treffliche Geschenke gemacht, zuerst allen Königen und den größten Häuptlingen, dann auch dem Volk, und es wurde darauf geachtet, daß keiner unbeschenkt wegziehen würde. Die Feier endet nun damit, daß jeder zu sich nach Hause ging, dem König und Remund und der Königstochter Elina für alle Wohltaten dankend. Remund bleibt nur eine kurze Weile in Indialand und läßt seine Abreise so rasch wie möglich vorbereiten. König Johannes bietet ihm an, das aus seinem Reich mitzunehmen, was er wolle. Und nach seinem Ableben vermacht er Remund oder seinen Erben sein Reich.

71 Remunds Rückreise

Als nächstes läßt Remund viele Kamele und gezähmte Löwen vorbereiten und mit Gold und Edelsteinen und teuren Waffen und anderen kostbaren Gegenständen, die nirgends auf der Welt außer in Indialand zu bekommen waren, beladen. Nun sind Remund und die schöne Frau Elina bereit. Sie trennt sich dann von ihrem Vater und ihren Verwandten und Freunden. Aber sie nimmt viele Dienstleute mit. Schwiegervater und Schwiegersohn trennen sich in großer Freundschaft und Herzlichkeit.

Remund reitet mit allen seinen Leuten, darunter Perciakus, Sohn von Percius, aus der Stadt hinaus. Er folgt Remund in sein Reich in Indialand hit naesta. Dort wurde Remund von seinem Vater eine würdige Feier ausgerichtet, und er bleibt dort sieben Tage. Und er wird dort mit würdigen Gaben verabschiedet. Und er macht ihnen treffliche Gegengaben. Und sie trennen sich in der größten Freundschaft. Und Remund bietet Perciakus ein Reich in Indialand an, wenn der König gestorben ist. Und König Percius gibt Berald mit seiner Tochter Gold und Kostbarkeiten und viele teure Gegenstände. Und sie trennen sich in größter Liebe. Sie reiten, bis sie zum Fluß Indus kommen. Danach setzen sie über den Fluß und reiten nördlich durch Media und Arabia und weiter, bis sie zum Jordan kommen. Dort waschen sich Elina und das ganze Heer von Remund im Fluß. Danach reiten sie, bis sie nach Jorsalaborg kommen. Remund besucht viele heilige Stätten und opfert viel Geld, am meisten dem Grab des Herrn. Danach verabschiedet er sich vom Patriarchen in großer Herzlichkeit, ihm viele Geschenke machend, und befiehlt sich und seine Frau seiner Fürbitte an. Danach reitet er zu seinen Schiffen, mit seinem ganzen Heer an Bord gehend. Danach segeln sie aufs Meer hinaus, nicht eher die Segel streichend, ehe sie nach Fenedi kommen. Dort wird Remund gut begrüßt. Er geht von Bord und reitet in sein Reich.

Die Bevölkerung des Landes wurde sehr froh, als sie, Remund und seine Frau, kamen. Sie machen nicht eher Halt, ehe sie nach Magadaborg, die Hauptstadt seines Reiches, kommen. Alle Leute der Stadt reiten ihnen in einer Prozession entgegen und führen ihn und seine Frau zur Hauptkirche der Stadt und danach zum Palast. Es herrscht über seine Heimkehr eine große Freude. Nun schickt Remund Boten mit Briefen in seinem ganzen Reich herum, viele große Leute zu sich rufend und mitteilend, er wolle sich in der Hauptstadt seines Reiches an Pfingsten krönen lassen, Könige und Herzöge, Jarle und Barone mit so vielen Leuten, wie sie mitnehmen wollten, zu sich einladend. Dort soll keiner, der kommen will, uneingeladen bleiben. Die Feier wird nun mit all den Speisen, die in Saxland und anderswo zu haben waren, die ganze Zeit über vorbereitet. Zur bestimmten Zeit kommen alle diese Leute, die eingeladen worden waren, und außerdem noch andere. Häuser und andere Räume wurden mit weniger bedeutenden Leuten belegt, die Hallen aber mit Herren und Häuptlingen und anderen Würdenträgern.

72 Die Krönung

Als nächstes kommt der Krönungstag von König Remund und Frau Elina. Viele waren auf diesen Tag gespannt, denn es waren viele sehr gespannt, die Frau zu sehen, die aus Indialand hit yzta gekommen war, da man doch so viel von ihrer Schönheit und ihrem feinen und vornehmen Benehmen erzählt hatte, denn niemand außer ihren Dienern hatte sie gesehen, seit sie gekommen war. Und es schien den Leuten ein großes Wunder, daß man sie nicht sah, obwohl man mit ihr sprach und sie mit allen anderen Leuten zur Kirche geführt wurde.

Es trug sich so zu wie damals, als Remund zum ersten Mal in Indialand war. Und deshalb soll nun wieder zur Geschichte zurückgekehrt werden. Es war die Zeit gekommen, als der König und die Königin zur Kirche geführt werden sollten. Es wurden allerhand Instrumente für sie gespielt, die zu haben waren. Zwei Könige führten den Kaisersohn Remund, wie es seinem Rang geziemte, und zwei die Königin. Nun sahen alle Leute sie und ihr Antlitz. Nun eilt jeder, der kann, hin, auf nichts anderes achtend, als sie zu betrachten, solange es ihm vergönnt ist. Über ihr wurde der Glashimmel getragen, von dem früher erzählt wurde, um ihr Gesicht vor der Sonnenhitze zu schützen. Mit diesem Schmuck werden sie und der König zur Kirche geführt.

Danach werden zwei mit großer Kunstfertigkeit gefertigte Stühle, aus gebranntem Silber mit trefflichem Schmuck gearbeitet und mit rotem Gold bemalt, herbeigetragen. Diese Stücke hatte Remund aus Indialand mitgebracht. Danach wird die Weihe vorgenommen, und es verrichten dies drei Erzbischöfe und viele Bischöfe mit der Unterstützung vieler hoher Geistlicher. König Remund opfert sein gutes Schwert und löst es für zehn Mark Gold aus. Die Messe wird zu Ende gesungen. Und der König und die Königin werden mit großer Ehre und Würde und allem Ansehen, die man ihnen im Land erweisen konnte, zur größten Halle geführt.

Nun sitzt der König auf seinem Thron und die Königin bei ihm. Alle wundern sich über ihre Schönheit, ihr feines und vornehmes Benehmen und die kostbare Kleidung, die sie trug, denn weder vorher noch nachher kam je wieder eine solche in die nördlichen Länder. Und lange Zeit achtete niemand außer dem König darauf, zu essen oder zu trinken. Alle loben die Königin und den König für seine Schönheit, Berühmtheit und Tapferkeit, Kunstfertigkeit und Ruhmestaten, die er in allen Dritteln der Welt vollbracht hatte. Es herrscht nun bei dieser Feier große Freude. Es wird nun an nichts gespart. Die Feier dauert die nächsten sieben Tage. Dann wird sie beendet, und allen werden treffliche Gaben geschenkt. Auch die Königin schenkt treffliche Gaben. Und sie wird sehr beliebt. Herren und Häuptlinge und auch alle Schwurbrüder des Königs kehren in ihre Reiche zurück. Sie wurden mit trefflichen Gaben und ehrenvollen Würden und königlichen Titeln verabschiedet. Sie hielten ihre Freundschaft, solange sie lebten. Sie herrschten in ihren Reichen bis zu ihrem Todestag. Und damit ist ihre Geschichte beendet.

König Remund zieht nun durch alle seine Reiche, befreit und befriedet sie von Unfrieden. Er besaß große Ländereien, war tüchtig im Regieren und straft Unsitten hart. Er war bei der ganzen Bevölkerung sehr beliebt, großzügig gegenüber Reichen und mild gegenüber Armen, und deshalb liebten ihn alle.

Der König und die Königin hatten einen Sohn. Er hieß Rikard nach Remunds Vater. Er glich seinem Vater. Sie sandten ihn nach Indialand, und dort wurde er König. Sie hatten einen zweiten Sohn, der Johannes hieß. Und der wurde nach seinem Vater König. Nun herrschen König Remund und Königin Elina in ihrem Reich mit großer Ehre, Würde und Ansehen bis zu ihrem Todestag. Und so beschließen sie ihr Leben mit einem guten Ende.

Und hier endet die Geschichte von dem Kaisersohn Remund und der schönen Königin Elina. Habe der Dank, der las, und der, der schrieb, und alle die, die zuhören! Schütze uns nun alle Gott im Himmelreich! Amen.

Die Saga von Sigurd Thögli

Übersetzung von Herbert Wäckerlin

1 Prolog

Viele Menschen haben in früheren Zeiten manche Geschichte zur Kurzweil von anderen verfaßt, einige nach alten Erzählungen oder gelehrten Männern, doch einige auch auf der Grundlage alter Bücher, die zuerst in knappem Stil verfaßt, aber später mit passenden Worten angereichert wurden, denn das meiste war später aufgeschrieben worden, als es erzählt worden war. Manche sind auch schlecht in Kenntnis gesetzt, denn der eine sieht und hört oft, was ein anderer nicht vernimmt, obwohl sie sich beide am selben Ort befinden. Es ist auch die Art vieler einfältiger Menschen, daß sie nichts glauben, außer sie sehen oder hören es, besonders wenn es ihrer Natur fern liegt, wie die Pläne weiser Männer und die Kraft und Tapferkeit der Männer aus früheren Zeiten sowie nicht weniger ihre List und Zauberei und große Magie, die sie zum ewigen Unglück einiger Menschen, für andere zu ihrem Ansehen, Besitz und ihrer Pracht benutzten. Manchmal waren sie erregt und dann wieder ganz ruhig, wie Odin es war und andere, die von ihm die Zauberei und die Heilkünste erlernten. Es gibt auch genügend Zeugnisse davon, daß sich Leichen durch die Eingebung unreiner Geister bewegt haben, so wie in der Saga von Olaf Tryggvason bei Einar Skarf oder bei Freyr in Schweden, den Gunnar Helming erschlug.

Nun wird weder dies noch anderes nach jedermanns Geschmack sein, denn niemand braucht solches zu glauben, wenn er nicht will; aber am besten und klügsten ist es zuzuhören, während erzählt wird, und sich lieber daran zu ergötzen, als sich zu ärgern, denn es ist stets so, daß man nicht an andere sündige Dinge denkt, solange man gut unterhalten ist. Es ziemt sich auch für die Anwesenden, nicht zu lästern, wenn langweilig erzählt oder in unschönen Worten über etwas gesprochen wird, denn weniges wird so wohlbedacht gemacht, dass es nicht verbessert werden könnte.

2 König Lodivicus von Saxland und seine Söhne

In den Tagen des berühmten Arturus, der über Bretland herrschte, welches später England genannt wurde, herrschte ein König namens Lodivicus über Saxland. Er war stark und streng, aber gütig und gnädig zu den Niedrigen und Nichtigen, war verständig und streitbar in allen schweren Aufgaben, sobald er sie anging; um es kurz zu machen, es mangelte diesem König in keiner Angelegenheit noch an Kühnheit zu königlicher Würde. Eufemia hieß die Königin, die Tochter des Königs von Kurland, der klug und scharfsinnig in allen Wissensgebieten war. Dieser König hatte Holtsetuland und Friesland unter seiner Gewalt und hatte über Holtsetuland einen seiner guten Herzöge eingesetzt, einen sehr verständigen Mann. Dieser hieß Neri. Er war verheiratet, und seine Frau hieß Secilia. Sie hatten einen Sohn namens Randver, ein großer, stattlicher Mann, sehr stark und äußerst geschickt in allerlei Fertigkeiten und den besten Männern in ganz Saxland ebenbürtig. Sein Vater gab ihm dreißig Knappen, die mit ihm ausritten, um Tiere und Vögel zu jagen und sich in vielen Kampfkünsten zu üben.

Nun ist davon zu beginnen, wie König Lodivicus in seinem Reich weilt. Er bekam mit der Königin vier Kinder, drei Söhne und eine Tochter. Sein ältester Sohn hieß Halfdan, der zweite Vilhjalm, der dritte Sigurd und ihre Schwester Florencia. Sigurd schien in seiner Jugendzeit nicht gerade frühreif zu sein; es kam den Leuten so vor, als könne er nur wenig von dem begreifen, was die Menschen so trieben. Als er sieben Jahre alt war, hatte noch niemand ihn sprechen gehört. Deshalb hielten der König und andere Männer ihn für einen Tölpel, der weder Sprechen noch Denken lernen könne, und der König vernachlässigte ihn sehr.

Die Königin aber liebte ihn von all ihren Kindern am meisten, und so sagt sie, sie glaube, es werde sich erweisen, daß er kein Dummkopf sei, noch bevor er sein Leben beende. Bei diesem Gespräch war einer der Grafen namens Lafranz aus der Stadt Lixion anwesend; er war weise und – obschon nun reifen Alters – äußerst geübt in allen Fertigkeiten. Er sagt, es werde sich herausstellen, daß dieser Knabe kein Tölpel sei. »Ich will ihn«, sagt der Graf, »zu mir einladen und ihn bei mir aufziehen, um Gewißheit zu erlangen, ob er ein Tölpel ist oder nicht.« Der König und die Königin nahmen dies mit Dank entgegen und sagten, sie wollten dies gerne annehmen. Daraufhin reiste Sigurd, der Sohn des Königs, mit Graf Lafranz zu ihm nach Lixion. Man nannte ihn nun Sigurd Thögli, »den Schweigsamen«, denn man wußte nicht recht, ob er die Sprache der Menschen verstehen konnte oder ob er stumm war.

Halfdan, der älteste der Brüder, war ein sehr hochmütiger Mensch und glaubte, kaum jemand wäre zu finden, der ihm ebenbürtig sei. Er war unbeherrscht und unklug in seinen Worten, war jedoch stark und kämpfte gut. Sein Bruder Vilhjalm war beliebt, denn er war sehr freigebig, stark und außerordentlich tüchtig in allen Fertigkeiten, waffengewandt und wunderschön, und in allen Dingen war er geschickter als sein Bruder Halfdan. Er verfiel wegen seinen Fähigkeiten nicht in Prahlerei, und doch war er in vielerlei Angelegenheiten ein kluger Ratgeber. So verweilen sie nun zu Hause im Reich, bevor mehr von ihnen erzählt wird. Es vergeht eine lange Zeit.

3 König Flores von Frakkland und seine Tochter Sedentiana

Zu dieser Zeit herrschte über Frakkland ein König namens Flores. Dieser König war der berühmteste und vornehmste, der je in Frakkland regiert hatte. Er stammte im väterlichen Geschlecht aus Pul, seine mütterlichen Ahnen jedoch waren Abkömmlinge der Vasallen der Frakklandkönige. Sein Vater war König Felix aus der Stadt namens Aples. Die Königin hieß Blanchiflur, die schöner war als jede andere Frau. Sie war nach Babylon geschafft worden, und von dort hatte König Flores sie sich unter großen Gefahren wiedergeholt, wie es in seiner Saga heißt.

Sie hatten eine Tochter namens Sedentiana. Ihr Aussehen hatte deshalb die ererbte Reinheit ihrer Vorfahren, weil »süße Äpfel von süßem Baume fallen«. So traf auch hier zu, daß es im nördlichen Weltteil niemanden ihresgleichen gab, was Aussehen und weltliche Künste anlangte. So war sie von feiner Art im Wuchs ihrer Glieder, denn sie war wie gewachsenes Schilf von geziemender Zartheit. Ihre Augen waren strahlend wie Sterne bei klarem Wetter und aus ihnen schien ein Licht zu scheinen. Der Kopf war rund wie Inseln, die in ihrem leuchtenden Glanz eine goldene Farbe haben, wie brennendes Feuer oder Sonnenstrahlen, und mit ihrem schönen Haar konnte sie ihren ganzen Körper einhüllen. So waren ihre Wangen und ihr schöner Mund und alles so lieblich geformt, daß allen leicht ersichtlich war, daß hier die Natur mit ihrer Glückskraft ihre ganze Sorgfalt aufgebracht hatte, um sie allen anderen Mädchen, die es da auf der ganzen Welt gab, weit überlegen zu erschaffen.

Doch als dieses prächtige Mädchen sich mit allen natürlichen Gaben der Welt geschmückt und bestückt sah und allen Jungfrauen der Welt an Wortgewandtheit und allem Wissen überlegen war, da begann sie in Hochmut und Überheblichkeit zu schwelgen. So verschmähte sie beinahe alle vornehmen Frauen und Söhne vornehmer Männer, so sehr, daß sie wußte, daß niemand in der nördlichen Welt geboren war, mit dem sie sich ohne vollkommene Herablassung in Liebe hätte verbinden können. Und daher wagte es kein Mann, weder Königssöhne noch andere, um ihre Hand anzuhalten, weil sie alle mit Schimpf und Schande, mit schmählichen Worten und schlechten Taten, abgewiesen hatte, und so wurde ihr kein Mann angetraut, solange ihr Vater und ihre Mutter sich um sie kümmern mußten.

Nun aber war die Zeit gekommen, als der König und die Königin von allem weltlichen Volk Abschied nehmen und allein Gott dienen wollten, so wie die Königin es versprochen hatte, als beide sich einst in harter Mühsal und Drangsal in Babylon befanden. Blanchiflur hatte nämlich christliche Eltern, welche König Felix zusammen mit anderen Pilgern gefangen genommen hatte, und obwohl die Mutter das Mädchen unter heidnischem Volk gebar, hatte sie sie doch heimlich den christlichen Glauben gelehrt. Und als sie aus Kaldealand aus dem großen Babylon zurückkamen, zeigte Blanchiflur ihrem liebsten Flores viele Beweggründe für den christlichen Glauben, und auf ihren Ansporn hin fuhr König Flores übers Meer nach Jorsalir und erfuhr dort die Wahrheit über alle Wunder, die unser Herr Jesus Christus hier auf der Welt vollbrachte, und danach reiste er zurück und nahm den heiligen Glauben an; und darauf wurde ihre Tochter Sedentiana geboren.

Doch bevor der König sich aus seinem Reich zurückzog, gab er sowohl alles Land wie auch losen Besitz sowie die Städte und Festungen mitsamt Abgaben und Einkünften seiner Tochter zum Eigentum und unter ihre Befehlsgewalt, und ließ alle mächtigen Männer des Landes den Treueid auf sie schwören, als ob sie die alleinige Herrscherin über das Land wäre. Alle wollten dem gerne zustimmen, wie der König es geschehen lassen wollte. Da wurde sie in ihrer Hauptstadt namens Treveris zum Thron geführt. Eine goldene Krone wurde ihr aufs Haupt gesetzt und obschon sie mit Edelsteinen besetzt war, wirkte sie wie weiße Asche auf ihrem Haar und zu ihrem lieblichen Antlitz.

Nachdem dies alles erfüllt und vollbracht ist, nimmt der König von seiner Tochter Sedentiana und vom ganzen Volk Abschied und suchte einen abgeschiedeneren Ort auf. Sedentiana aber blieb in ihrer Stadt und bringt die gesamte Reichsgewalt unter sich. Sie will sich König nennen lassen. Sie war sowohl herrisch als auch herrschsüchtig, und sie ließ jeden erschlagen, der ihren Willen oder ihre Anordnungen mißachtete, und es fürchteten sie alle. Dennoch hegten alle Leute eine große Zuneigung zu ihr, denn sie war freigebig und vergab viel Geld, und so wurde sie im ganzen Land bekannt. Darauf ruft sie alle Männer zusammen, die im Bauhandwerk am kunstfertigsten waren, und sagt ihnen, daß sie eine Festung bauen lassen wolle, so sicher und stark, daß weder Feuer noch Eisen, Zauberwort noch Zauberkunst ihr Schaden zufügen könnten. Sie wurde dorthin gesetzt, wo zwei Landzungen mit hohen Klippen hinausführten, und über dem Sund, der ins Land einschnitt, sollte die Festung gebaut werden. Oberhalb waren jedoch so hohe Steilklippen, daß dort niemand hinübergelangen konnte, und nur bei den Vorratsschuppen, über denen die Burg gebaut war, konnte man mit großen Schiffen anlegen und sich, wenn man wollte, mit einer Winde mitsamt Schiff und Mannschaft in die Festung hochziehen lassen. Aber außen im Sund ließ sie zwischen starken Stützen ein Eisengatter einsetzen, so daß man nicht mit heimlichen Kniffen in die Festung gelangen konnte.

Sie ließ in dieser Festung eine prächtige Halle und viele andere Räumlichkeiten bauen. Dorthin ließ sie Wein und allerhand Speisen und Reichtümer, wie Gold und gute Kleidung, schaffen. Einen großen Vorrat an Waffen ließ sie dorthin bringen und stellte dort in der Festung die schneidigsten Ritter auf, um sie zu verteidigen, falls irgendwer so kühn wäre, sie mit Krieg heimzusuchen. Sedentiana hält sich nun in all ihrer Pracht in ihrem Reich auf, setzte jedoch einen mächtigen Herzog über die Stadt Treveris und weilte dort immer dann, wenn sie für ihre Vasallen Feste geben wollte.

4 Vilhjalm und Halfdan auf Heerfahrt

Nun soll davon begonnen werden, wie sich die Brüder Halfdan und Vilhjalm zu Hause im Reich ihres Vaters aufhalten; Sigurd jedoch hielt man nicht für einen Mann, ob er nun einer war oder nicht.

Eines Tages fing Halfdan ein Gespräch an und sagt folgendes zu seinem Bruder: »Was für Ruhm und Berühmtheit werden wir erlangen, wenn wir zu Hause sitzen wie Mädchen, die auf eine Partie warten? Da du nun klug und schlau bist, verlange ich, daß du uns beiden guten Rat weißt; und laß uns zusammenhalten und vor den König, unsern Vater, treten und ihn bitten, daß er uns Männer und Schiffe, gute Waffen und Wegzehrung gibt und uns Adelstitel verleiht. Laß uns danach auf Kriegszug gehen und uns Reichtum und Ruhm zulegen.« Vilhjalm antwortet: »Solches ist wohl gesprochen, mein Bruder«, sagt er, »doch besser dünkte es mich, wenn wir zusammen dafür sorgen, daß du deinen Übermut etwas dämpfst und nichts zunichte machst, wenn es dir vorkommt, daß ich ein Vorhaben besser durchführen kann als du.« Und obschon Halfdan sonst ein sehr hochmütiger Mann war, will er sich doch damit einverstanden erklären, und darauf treten sie vor ihren Vater; und Vilhjalm ergreift das Wort für sie und bringt alles so vor, wie es nun besprochen war. Aber wie der König das Ansinnen seiner Söhne vernimmt, antwortet er: »Es wird gewiß angemessen erscheinen, daß eurem Gesuch zugestimmt wird, denn so gerne wollte ich dazu beitragen und dazu sehen, daß ihr ganz berühmt werdet. Ich will es mich etwas kosten lassen, jedoch nicht mehr, als es uns oder das Reich beschneide, für den Fall, daß möglicherweise euer Bruder, der nun nicht hier ist, hierher käme und ebensolches verlangen würde, auch wenn es unwahrscheinlich ist; es wird dann nämlich nicht gleichmäßig geteilt, wenn er auf nichts mehr zurückgreifen kann, wenn er es nötig hat. Es ist zu befürchten, daß ich darin einen Entschluß fassen muß, denn es ist doch mit allem zu rechnen, da vieles sich über eine lange Zeit bei einem jungen Mann verändern kann; und ich erkenne, daß er größer gewachsen, stärker und stattlicher ist als ihr beide.«

Darauf läßt König Lodivicus seinen Söhnen zehn Kriegsschiffe herrichten und besorgt eine Mannschaft sowie Waffen und Wegzehrung nach Bedarf. Hierauf schlägt er sie und viele andere Söhne vornehmer Männer, die ihnen folgen sollen, zu Rittern. Und danach weist er den Brüdern die Führung über ihr Gefolge zu und machte sie beide zu Herzögen. Daraufhin, als die Brüder ganz ausgerüstet waren, baten sie ihren Vater und ihre Mutter um Erlaubnis zur Abreise, und sobald der Wind vom Land her wehte, segeln und rudern sie los und fassen dann einen Beschluß, wohin gesteuert werden soll. Halfdan forderte seinen Bruder auf, die Entscheidung darüber zu fällen, und der sagt, daß sie ihr Heer ins Eystrasalt lenken würden – »denn mir ist zu Ohren gekommen, daß es dort große Kriegsschätze und viele Inseln und versteckte Buchten gibt. Man kann von dort auch weiter nach Asien steuern, wenn das Wetter nicht gut ist, um Beute zu machen.« Es wurde nun so gemacht, wie Vilhjalm es bestimmte. Ihr Vater hatte ihnen verläßliche Lotsen mitgegeben, die sich in den Meeren zu allen Ländern der gesamten nördlichen Welt hin auskannten.

Nun kommen sie ins Eystrasalt und heeren dort in weiten Gebieten und siegten immer, denn sie hatten eine streitbare Mannschaft, die den Kampf gewohnt war. Im Osten der Küste von Balagard trafen sie auf einen Wikinger namens Gard der Grieche. Er hatte im gleichen Sommer in weiten Teilen der Welt geheert und besaß eine große Kriegerschar. Sie sahen ihn bei einer Insel mit fünfzehn Schiffen, und die waren alle groß. Da hielten die Brüder auf die Meerenge zwischen den Inseln zu, und sie erblicken einander nun. Gard und einige Männer mit ihm gingen auf der Insel an Land, und von dort sieht er die Schiffe der Brüder und zählt sie und kehrt zu seinen Schiffen zurück; und er sagt seinen Leuten, daß sich ihnen nie eine größere Aussicht auf Beute darbieten werde als jetzt. »Wir werden es so einrichten, daß sie diese Nacht nicht davonkommen können.« Nun reden die Brüder miteinander. Vilhjalm fragt Halfdan, ob es denn ratsam sei, gegen die Wikinger zu kämpfen, obwohl sie eine kleinere Mannschaft hätten. Aber Halfdan sagte, er sei begierig darauf, sich zu beweisen, und drängt eifrig darauf, daß sie angreifen sollten. Nun bringt Vilhjalm dies vor seine Männer, und wenige waren erpicht auf diese Schlacht – »denn man sagt, mit denen ist kein guter Umgang möglich, und der Mannschaftsunterschied ist groß.« Und so kam es soweit, daß Vilhjalm entscheiden sollte, ob sie die Flucht ergreifen oder kämpfen sollten.

Vilhjalm sprach: »Ich sehe schon«, sagt er, »daß wir in diesem Fall keine Möglichkeit zur Flucht haben. Wenn uns ein wenig Glück beschieden ist, dann wird kein Mannschaftsunterschied diesen Sieg bestimmen. Ich will auch nicht, daß als erstes von uns bekannt wird, daß wir nach Hause gelaufen seien; wir seien so feige, daß wir fliehen würden, bevor wir in Lebensgefahr kämen. So wäre es dem berühmten Alexander von Macedonia wohl vorgekommen, der die Flucht für liederlicher als jedes Laster hielt. Vertrauen wir auf unsere Glückskraft und denken wir an nichts anderes, als daß uns der Sieg gewiß sei. Laßt uns so furchtlos wie möglich sein, aber nicht unüberlegt drauflosgehen, sondern uns gegenseitig decken. Die Schuten, die wir im Sommer erbeutet haben, sollen mit den Männern besetzt werden, die am besten schießen können. Sie sollen genug Schuß haben und von der Flotte abgelöst sein. Wenn aber auf den Schiffen der Nahkampf begonnen hat, sollen sie so schnell wie möglich herbeirudern und mit einem dichten Steinhagel tapfer Hilfe leisten; und verschont nicht die, die vor euch sind, denn ein Mann soll eher für den Ruhm als für eine lange Zeit leben; und so sollt ihr es machen, weil es die Wikinger für gewöhnlich mit der Angst zu tun bekommen, wenn ein heftiger Geschoßhagel losgeht. Sie werden schnell fliehen und einige ihr Leben verlieren, wir aber werden die Schiffe und das übrige Vermögen an Gold und Geschmeide bekommen. Stärkt euren Mut!« Sie willigten darin ein und erhofften sich durch sein Zureden ein verläßlicheres Glück.

5 Die Schlacht gegen Gard den Griechen

Frühmorgens, als die Sonne lieblich zu scheinen begann, gab es große Unruhe und Waffengeklirr auf den Schiffen, und beide Seiten rüsten zum Kampf; und als die Brüder bereit waren, rudern sie zum Angriff aus dem Inselsund, und die Wikinger ihnen entgegen. Vilhjalm stand auf dem Achterdeck der »Löwe«; so hieß sein Schiff, da ein Löwenkopf auf dem Vordersteven ausgeschnitzt war, wobei die Zunge lose im Kopf lag und von einer Seite zur andern schlenkerte, ganz mit Gold verziert.

Gard der Grieche, der Anführer der Wikinger, stand auch auf dem Achterdeck seines Langschiffs, und er war sowohl großgebaut und breitschultrig, wie auch knollennasig, schwarzbraug und dunkelhäutig, mit weit auseinanderliegenden Augen; er hatte einen langen Bart, und der war schwarz, graugesprenkeltes Haar, war hart und krummnasig und grinste auf den Stockzähnen. Da Vilhjalm sich jedoch nicht den Wortattacken des Wikingers aussetzen wollte – denn er hatte viel gehört, wußte jedoch nur, daß irgendeine bösartige Zauberkraft von seinen Worten ausging –, kam er ihm zuvor und sprach zu ihm: »Wer ist das da, der auf dem Achterdeck steht, dieser Erfolglose, Leichenfahle und dem Tod Verfallene, Schwarze und Scheußliche, Gräßliche und Häßliche, Verfluchte und Verdammte, Unwissende und Unwillkommene? Eine Zeitlang habe ich überlegt, was da hin und her gefleucht und geflattert, geschritten und geglitten ist, aber jetzt erkenne ich mit meinen Eigenschaften, daß dies wohl der arme und elende Schutzgeist gewesen ist, der dir hierher gefolgt sein muß, und der daher so unstet ist, daß er nun vorhat, sich von dir zu trennen. Außerdem habt ihr lange Zeit schlecht zusammengelebt, denn dein Gebaren zeigt offen, daß du voll Hexenkraft und heillos, schandbefleckt und verrückt, tatenlos und treubrüchig, ehrlos und arglistig bist. Oder verstehst und weißt du etwa nicht, du übler Sohn einer Stute, daß wir die Sendboten des Glücks sind und dazu entschlossen, einem solchen Gaukler sein groteskes Leben zu rauben? Denn das wäre eine große Befreiung fürs Land, daß solche Lumpen rasch aus der Welt und aus der Gemeinschaft tüchtiger Männer entfernt würden. Ich beschwöre dazu nun alle Trollweiber und Teufel, Götter und Gauner, Unter- und Oberirdischen, Gespenster und schändlichen Gäste, Elfen und Ungeziefer, auf daß dir alle Schmach und abscheuliche Schande, Verhöhnung und Feigheit, Tod und Gemeinheit widerfahre. Der helfe dir und deinen Gefolgsleuten in seine Heimstätte, die dort in der Hölle liegt, und der ist jetzt bereit, dich und euch alle in Empfang zu nehmen.«

Nun, wie der Wikinger seine Worte hört, wurde er rasend vor Wut und wußte kaum, was er beginnen sollte, und sprach schließlich dennoch: »Nie zuvor, seit ich geboren wurde, habe ich irgendeinmal so höhnische Worte und Demütigungen eingesteckt, und gewiß kann man dich einen gewaltigen Dummkopf nennen; und doch könnte dich meine Wut nicht verschonen, auch wenn du dir meinen Zorn nicht gegen dich wünschtest; und niemals wieder wirst du Gelegenheit haben, solche Worte gegen einen Mann auszusprechen. Und dann wollte ich, daß du weißt, daß der Schutzgeist nicht von mir abgefallen ist, denn er wird keinen von euch verschonen noch aufhören, bevor ihr alle in der Hölle seid.«

Hierauf brüllen die Wikinger den Schlachtruf, und es wird der Befehl zum Angriff gegeben, und rasch begann eine harte Schlacht; und die Wikinger liefern einen langen und heftigen Fernkampf. Die Brüder aber weisen ihre Leute an, sich währenddessen so gut es geht zu schützen und nicht zurückzuschießen, eher aufzupassen und sich auf den Schuten niederzuwerfen, und so wurde es gemacht und einige Männer der Brüder wurden verwundet. Doch daraufhin beginnen sie den Nahkampf und feuern einander an, und die Brüder sind an der Spitze und gehen an einem Schiff längs, auf dem sich hartgesottene Wikinger befanden. Dorthin kam ihre Flotte von Schuten, die vorhin erwähnt worden ist, und sie bringen nun ihre Schießkünste zur Anwendung, und viele Wikinger finden nun durch dieselben Geschosse, die sie zuvor besessen hatten, den Tod; und danach macht Vilhjalm sich ans Entern des Schiffes, und gleich darauf auch sein Bruder Halfdan, und sie schlugen heftig um sich, hieben nach beiden Seiten und erschlugen manchen Mann. Jetzt entern viele das Schiff und erschlagen alles, was ihnen im Weg steht, und säubern das Schiff von Vorder- bis Achtersteven, so daß kein Mann mehr stand. Die Männer auf den Schuten lassen sich nun zu diesem Schiff treiben und legen bei den Wikingern an, die Brüder sprangen jedoch zurück auf ihre Schiffe und gehen bei einem anderen Schiff längs. Gard der Grieche jedoch legte sogleich bei einem anderen Schiff der Brüder an, welches ungewöhnlich groß war, und hatte vor, es zu räumen. Aber da kamen die Kämpfer auf den Schuten ihnen zu Hilfe und ließen einen äußerst heftigen Geschoßhagel auf die Wikinger niederprasseln, und so fiel eine große Anzahl Männer auf dem Langschiff; und da wendet Gard sich von dort ab und einer anderen Stelle zu. Doch die, mit denen er gekämpft hatte, drehen zu einem anderen Schiff ab und führten dort einen so heftigen Angriff durch, daß sie das Schiff säubern. Auch die Brüder ließen nicht ab, bevor sie nicht alle Männer erschlagen hatten, die sich auf dem Schiff befanden, bei welchem sie nun längs gegangen waren. Da waren drei Schiffe der Wikinger geräumt, jedoch keines der Brüder. Der Kampf wendet sich nun gegen die Wikinger. Und jetzt muntert Vilhjalm seine Leute auf, am Langschiff Gards anzulegen, und dies tun sie und halten mit zwei Schiffen darauf zu. Die »Löwe« der Brüder war ein so gewaltiges Schiff, daß es kein größeres gab, nur das Langschiff Gards. Nun kommen die Brüder mit Enterhaken an das Langschiff heran, und ein harter Kampf begann; und sie treiben ihre Männer an, sagen, daß jetzt ihr ganzer Sieg davon abhänge, wer von beiden den anderen überwinde. Auf der anderen Seite des Langschiffs liegen die Männer, die auf den Schuten gewesen waren, und ließen auf das Kriegsschiff Speere und allerhand Geschosse niederregnen; und nun werden viele Männer auf dem Langschiff stark verwundet, einige fallen auch. Daraufhin machen sich die Brüder und viele Männer mit ihnen daran, es zu entern.

Und als die Brüder auf das Kriegsschiff gelangt waren, da mußte ihnen nicht erst gesagt werden, was sie anfangen sollten, denn sie halten ihr Schwert nun nicht zurück und hauen nach beiden Seiten; doch das Schwert, welches Vilhjalm besaß, war das beste, und keiner kam ihm unter, der nicht von jedem seiner Schläge tödlich getroffen wurde. Und nun erkennt Gard, wie große Verluste sie ihm beibringen. Er erinnerte sich an die schmählichen Schimpfworte, die Vilhjalm ihm entgegengeschleudert hatte, und wollte sich nun gerne dafür rächen und spornt seine Krieger, die am nächsten bei ihm standen, kräftig an, die Männer anzugreifen und sie vom Schiff zu jagen, sie zu erschlagen und über Bord zu werfen. Gard drängt nun energisch auf sie ein und wendet sich dorthin, wo die Männer der Brüder zuvor gewesen sind. Er hatte einen großen und scharfen Hauspieß in der Hand. Abwechselnd hieb und stieß er damit und bescherte somit, genauso wie seine Krieger, vielen Männern einen schnellen Tod, und sie rücken nun gegen Vilhjalm vor, wo ein heftiger Kampf ausbricht. Halfdan aber geht Gard entgegen, und sie fangen da ihren Zweikampf an. Halfdan war ein starker Mann und kampferprobt, doch seine Waffen taugten nicht soviel wie die, welche der Wikinger besaß, und Halfdans Schutzwaffen wurden arg in Stücke gehauen, denn Gard war waffengewandt, hiebkräftig und standfest, da er mächtig stark und Schlachten gewohnt war; und so schlug er Halfdan viele Wunden, und nicht zu kleine. Dennoch verteidigt der sich mannhaft, denn er war ein äußerst mutiger Mann.

Nun ist an einer anderen Stelle davon zu berichten, daß die Gefolgsleute der Brüder alle Hände voll zu tun haben, weil sich auf dem Langschiff zwölf Krieger befanden, in die Gard all sein Vertrauen für den Angriff setzte. Alle auf einmal attackieren nun Vilhjalm, doch der wehrt sich gut und tapfer, und sie bringen ihm keine Wunden bei. Aber er weiß dennoch, daß er gegen sie wohl ermüden könnte, falls er sein Glück nicht versuchen würde. Und weil er gelernt hatte, mit seinem Schwert einen Schlag auszuteilen, den niemand sehen konnte, benutzt er diesen nun, denn mit ein und demselben Schlag bringt er ihnen allen den Tod und wurde selbst nicht verwundet; und dennoch lag ihm daran, in Erfahrung zu bringen, wie es um seinen Bruder Halfdan stand, und er sieht, daß dieser wohl von Wunden und Erschöpfung überwältigt wird, denn all seine Kleider waren blutdurchtränkt. Und jetzt begibt er sich in einer blitzschnellen Bewegung zu ihm hin und schlägt Gard beide

Hände bei der Armbeuge ab; Gard weicht zwar zurück, aber Halfdan nimmt sofort den Hauspieß auf, den der Wikinger hatte, und griff ihn an; der jedoch wandte sich gegen ihn und lief in den Stoß des Speeres hinein und starb sogleich und stürzte über Bord; und er kam nie mehr hoch, und so endete sein Leben.

6 *Der Sieg der Brüder*

Nach dem Tod Gards des Griechen ließ Vilhjalm Halfdan auf ihr Schiff bringen und seine Wunden verbinden. Er hatte so viel Blut verloren, daß er davon ohnmächtig wurde. Später kamen Ärzte herbei und verbanden seine Wunden. Vilhjalm jedoch feuert seine Männer nun energisch an, das Kriegsschiff zu räumen, und lieferte ihnen einen heftigen Kampf, und sie erschlagen viele Männer und zersprengen zuletzt alle; einige fallen tot zu Boden, manche auch über Bord und ertrinken. Aber diejenigen, die noch lebten, lieferten sich ihm aus, und Vilhjalm schenkte all denen, die sich ihm ergaben, das Leben. Und als sie auf den anderen Schiffen sahen, daß ihr Anführer gefallen war, hieben sie die Taue durch, welche die Schiffe zusammenhielten, und machten sich mit sechs Schiffen zur Flucht auf; neun aber waren geräumt und alles Kriegsvolk erschlagen, außer denen, die auf dem Langschiff übrigblieben. Darauf ließ Vilhjalm die toten Männer vom Langschiff räumen und alle Habe zusammenlegen und auf sein Schiff bringen; und das war ein gewaltiger Schatz und Reichtum im Übermaß. Er nahm das Langschiff und drei andere Schiffe in Besitz, legte jedoch auf den anderen Feuer, mit denen er nicht fahren wollte. Und als die Arbeit beendet war, lagerten sie ein wenig davon entfernt an Land, sahen dort aber keine Siedlungen; und sie blieben lange an Land, da es dort große Wälder gab, an einigen Orten liebliche Täler, doch auch Gebirge und oberhalb schöne Berghänge. Es gab mancherlei Tiere und Vögel, und sie holten sich sowohl mit Falken als auch mit Hunden Wildbret. Sie waren solange an diesem Ort, bis Halfdan von seinen Wunden genesen war. Da haben sie Lust, im Landesinneren umherzustreifen, um sich an den Bäumen des Waldes und den schönen Pflanzen zu erfreuen.

7 Das Zwergenkind

Nun trägt es sich eines Tages so zu, daß Halfdan allein an Land gegangen war und es ihn hierhin und dorthin verschlug. Er kommt dahin, wo ein Bach aus dem Gebirge durch ein tiefes Bett rann. Dort wuchsen allerlei duftende Pflanzen. Nicht weit davon entfernt sieht er einen großen Stein stehen, so hoch wie ein Haus. Dort hatte er Lust zu bleiben und setzte sich beim Bach nieder. Da sieht er weiter oben ein Wesen, das ihm merkwürdig schien. Es war von der Gestalt eines Menschen. Es hatte dicke Gliedmaßen und Arme, die bis zu den Füßen reichten, aber so kurze Beine, daß sie nicht einmal handbreit waren. Halfdan schaute sich das verächtlich an, und es war, als ob ihm die Augen aus den Höhlen treten wollten. Halfdan nahm einen Stein auf und warf ihn nach diesem Wesen und traf es am Kiefer; der brach entzwei, und das Zwergenkind schrie mit so schrecklicher Stimme los, daß es ihm vorkam, als hätte er solches noch nie gesehen, und im nächsten Moment war es verschwunden, und er wußte nicht, was aus ihm wurde.

Daraufhin ging Halfdan zu den Schiffen und sagte seinem Bruder Vilhjalm, was sich zugetragen hatte. Aber der ließ sich über diese Tat übel aus und sagt, er denke, daß sich dies für ihn zum Unglück wenden werde – »denn fast alle Trolle und Elfen sind rachsüchtig, wenn man sie falsch behandelt oder beehrt, und nicht weniger strengen sie sich an, es gut zu entgelten, wenn ihnen Gutes getan wird.« Halfdan sagte, er schenke dem keinen Glauben, und darauf gehen sie zu den Schiffen. Und wie sie die Abendmahlzeit zu sich genommen hatten, gingen die Männer schlafen; und als Halfdan eingeschlafen war, träumte er, daß es ihm vorkam, er sähe einen Zwerg auf sich zukommen, der gleich gestaltet, nur größer gewachsen war wie der, den er tagsüber gesehen hatte; und er war äußerst unfreundlich und sprach: »Es soll dir so erscheinen, als ob du wach bist, denn all das, was ich dir mitteile, wird für dich Wirklichkeit werden. Das, was du heute getan hast, war wahrlich eine ganz große Schandtat, daß du mit einem Stein den Kiefer meines Kindes zerschlagen hast. Nun sollst du für gewiß erfahren, daß ich dir auferlege, daß kein Königssohn in den Nordlanden eine schmählichere Fahrt begonnen haben soll als du; und von nun an sollst du bei anderen Adelssöhnen niemals als etwas anderes als ein unbedeutender Mann von niederem Stand gelten; und keinesfalls wird sich dein Schicksal gut entwickeln, auch wenn du dies für wahrscheinlich hältst, solange du den Schutzgeist deines Bruders Vilhjalm beanspruchst.« Der Zwerg endete damit, daß er ihm mit einer Rute drei Schläge auf den Kopf gab, worauf ein heftiger Schmerz folgte; doch dann machte sich der Zwerg davon. Aber als Halfdan erwachte, hatte er so starke Kopfschmerzen, daß es ihm beinahe vorkam, als springe ihm das Gehirn aus dem Schädel, und er konnte sich den ganzen Tag nicht vom Bett erheben.

Doch am Tag darauf ging Vilhjalm an Land und kam zu der Stelle, zu der Halfdan am Tag zuvor gelangt war, und setzt sich nieder und wartete, ob sich irgendein Ereignis abspielen würde. Und wie er lange dort gesessen hatte, sah er denselben Anblick, den sein Bruder Halfdan zuvor gesehen hatte, daß das Zwergenkind am See saß. Vilhjalm nahm einen Goldring von seinem Arm und rollte ihn dem Kind zu, und dieses brach in lautes Gelächter aus und griff sofort nach dem Ring und nahm ihn mit sich und machte sich gleich darauf auf und davon. Vilhjalm aber ging zu den Schiffen und, die Männer legen sich wie gewohnt schlafen. Als Vilhjalm eingeschlafen war, da schien es ihm, als käme der Zwerg mit freundlichem Gebaren zu ihm und spräche zu ihm: »Wohl hast du heute getan, Vilhjalm, als du meinem Kind so viel Gold gegeben hast. Doch das, was ich deinem Bruder Halfdan auferlegt habe, kann ich nun nicht mehr zurücknehmen, und dasselbe unglückliche Geschick wirst du haben, wenn du dich auf sein Schicksal einläßt. Aber deinetwegen sollen sich seine Kopfschmerzen bessern, die er durch mein Zutun bekommen hat. Und hier ist ein Schwert, das ich dir geben will. Es ist so scharf, daß du kein ebensolches finden wirst, und es hat die Eigenschaft, daß du niemals in einen Zweikampf oder eine Schlacht geraten wirst, in der du eine Niederlage erleidest.« Er legte das Schwert ans Kopfende seines Bettes und verschwand dann. Als Vilhjalm jedoch erwachte, wollte er zu gerne erfahren, an welchem Ort dies geschehen war, was sich vor seinen Augen zugetragen hatte, und griff nach dem oberen Ende des Bettes und erkannte sogleich, daß dort das Schwert lag; und es war an Griff, Knauf und Parierstange so vergoldet, daß es über das ganze Achterdeck erstrahlte, und beinahe schienen ihm die Schwertschneiden zu glühen, wenn er es zog. Er gab der Klinge einen Namen, und sie sollte Gunnlogi heißen. Und diesen Namen trug sie nun fortan.

8 Der Kampf gegen die Riesen

Am Morgen erwachen die Brüder und ihr Heer. Halfdan war nun gesund, und Vilhjalm meint, daß sie nicht länger dort bleiben würden – »wir werden Kurs von hier weg nehmen, denn der Sommer ist schon weit fortgeschritten.« Da sprach Halfdan zu seinem Bruder: »Ich denke, ich weiß«, sagt er, »daß du das Langschiff, das Gard dem Griechen gehört hat, in Besitz zu nehmen gedenkst. Mir wird es aber nicht gefallen, wenn ich kein Langschiff steuern soll. Obwohl ich Gard den Wikinger nicht besiegen konnte, habe ich mich doch in Lebensgefahr begeben. Ich habe ihm zum Schluß auch die Todeswunde zugefügt.« Vilhjalm antwortet: »Du brauchst darum nicht viele Worte zu machen, weil hier weder Streit noch Zwist nötig sein wird, denn auch wenn ich dies Schiff besitze, sollst du jenes haben, welches ich früher besaß, und nimm es nun in Besitz und gebrauche es gut. Und hiermit gebe ich dir das Schwert, das ich zuvor getragen habe, und es wird dir beim Schlagen viel weniger entgleiten als das, welches du vorher getragen hast, und dazu den Hauspieß, der Gard gehört hatte.« Halfdan dankt seinem Bruder nun herzlich für diese gute Tat. Als nächstes wird für die Schiffe zur Abfahrt geblasen, und sie setzen Segel und fahren in Richtung Austrveg, wobei sie immer die Küste auf der Steuerbordseite haben.

Eines Tages, als sie der Küste entlangsegelten und das Meer in Landesnähe sehr tief war, geschah es, daß sie vorne am Strand einen Riesen stehen sahen. Er war so hochgewachsen, daß nicht viel zu zwölf Ellen fehlte. Er hatte ein großes Auge, und das war im Nakken, ein vier Ellen langes Horn ragte aus seiner Stirn, Zähne hatte er wie ein Narwal, ein Maul so groß wie eine Felsspalte und ein ellenlanges Kinn. Seine Unterlippe war so breit, daß er sie über den Nakken zurückwarf, um so sein Auge abzuschirmen. Er war nasenlos und hatte wenig Haare. Diese Art Trolle nennt man in den Büchern Zyklopen. Er gab ihnen mit einem schweren Wurfspieß, den er in der Hand hatte, Zeichen, und es kam ihnen so vor, als ob er ihnen zupfiff. Und sie fanden es merkwürdig, daß es ihnen erschien, als ob die Schiffe unter ihnen festgefahren wären und es sie mehr zum Land hinzöge. Da meint Vilhjalm, daß der, der da an Land stehe, wohl reich an Zauberkraft sei und wohl vorhabe, ihnen Schiffe und Güter streitig zu machen – »und er wird fest damit rechnen, daß nicht weit von hier noch mehr Riesen sind, und die werden uns unsere Habe nehmen und uns selbst erschlagen, denn das sind Menschenfresser.«

Als sie an Land gekommen waren, nimmt Vilhjalm einen Spieß mit einer Wurfleine und schleudert ihn dem Riesen durchs Auge und zur Stirn heraus, und der Riese schrie mit so furchtbarer Stimme, daß es von jeder Klippe widerhallte. Er drehte sich rundherum und brach mit dem Horn Geröll heraus. Sie waren mittlerweile mit den Schiffen an Land gelangt. Es schützte sie aber, daß die See ruhig und bis ans Land heran tief war. Dann sahen sie von oben aus dem Gebirge eine Unzahl Riesen herabströmen und von dort auf die See zuhalten; und in diesem Augenblick fiel der Riese, den Vilhjalm getroffen hatte, tot zu Boden. Vilhjalm wies seine Männer da an, sich gegen die Riesen zu rüsten. »Laßt uns so schnell wie möglich nacheinander Geschosse auf sie schleudern, denn entweder schrecken die sie ab oder nicht.« Es wurde nun so gemacht, daß die Männer ihre Schußwaffen nahmen, und in diesem Augenblick kamen sechzig Riesen dorthin, wo ihr Kumpan im Todeskampf lag, und hoben um ihn ein Geschrei und so gräßliches Gebaren an, daß sie dergleichen noch nicht gehört hatten. Doch dann nehmen die Riesen Stangen und Bengel, schießen und werfen sie von oben auf die Männer herab, und davon zersplitterten ihre Schiffe. Da nahmen die Brüder ihre Waffen und die, die Bogen hatten, ihre Schußwaffen und einige ihre Speere auf und schossen so schnell hintereinander auf die Riesen, wie sie konnten. Manche wurden tödlich getroffen, andere verwundet, und zuletzt waren die Riesen so eingeschüchtert, daß sie unter schrecklichem Gekreisch ins Landesinnere liefen und glaubten, großes Ungemach erlitten zu haben. Vilhjalm wies seine Männer an, so schnell wie möglich die Segel zu hissen. Sie waren ganz erpicht darauf und hielten nicht inne, bis sie nach Saxland kamen, und dort steuerten sie auf die Stadt Bardvik zu. Und als König Lodivicus erfährt, daß seine Söhne zurückgekommen waren und auf ihrer Heerfahrt weit und breit viele Siege errungen hatten, ging er ihnen am Strand mit Würde entgegen und lud sie zum Gastmahl ein. Sie nahmen dies an und zogen mit fünfhundert Männern nach Hause; einige hingegen bewachten die Schiffe und Schätze.

Nachdem das Gastmahl vorüber war, gingen die Adelssöhne, die den Brüdern gefolgt waren, auseinander und mitsamt den gewaltigen Reichtümern, die sie erworben hatten, heim zu ihren Vätern und Ländereien; und es schien ihnen, daß sie in dieser Fahrt sehr dazugewonnen hätten, und sie blieben den Winter über zu Hause. Die Brüder hingegen ließen Gold und viele ungewöhnliche Kostbarkeiten nach Hause schaffen. Ihr Vater sollte davon bekommen, was er wollte. Den Gefolgsleuten schien es auch ein großes Vergnügen zu hören, was die Brüder von den Schlachten und ihren Fahrten mit den Geschehnissen, die sie erlebt hatten, erzählten.

9 Halfdans Heiratsabsichten

Als dieser Winter vergangen war, geschah es eines Tages, daß Halfdan zu einem Gespräch mit seinem Bruder kam und so zu ihm spricht: »Was denkst du nun, mein Bruder, was wir im Sommer tun sollen? Werden wir wieder in den Nordländern heeren oder suchen wir weiter entfernte Abenteuer? Oder beabsichtigst du, mit dem Heerfahren zu brechen und friedlich herumzusitzen?« Vilhjalm antwortet: »Was steht dir am ehesten im Sinn, was wir beginnen sollen, oder welchen Vorschlag willst du machen?« – »Ich werde nicht vor dir verbergen, was mir vorschwebt, doch dazu würde ich deine Hilfe und Unterstützung brauchen. Um eine Frau will ich werben und meine Hochzeit mit Reich und Reichsherrschaft festlegen.« – »Du wirst dir überlegt haben«, sagt Vilhjalm, »wohin dieses Gespräch führen soll.« – »Ganz bestimmt, mein Bruder«, sagt Halfdan, »und ich will dies nicht in einem fernen Land angehen. Über Frakkland herrscht eine Herrin namens Sedentiana. Sie will ich mir zur Ehefrau werben. Dies schiene mir eine würdige Partie und würde mir prächtig anstehen, was meinen Rang anbelangt. Denn bei den meisten Königstöchtern in den Nordlanden, dünkt mich, ist wenig an Ansehen dazuzugewinnen, eher ein Ehrverlust einzuhandeln.«

Nun antwortet Vilhjalm: »Eine große Überraschung scheint es mir, Halfdan, daß du dich selbst nicht kennst, denn auch wenn du wohl mit körperlichen Fertigkeiten ausgestattet bist, da haben schon Männer um ihre Hand angehalten, in deren Vergleich sie dich für unbedeutend halten wird, und dennoch hat sie sich mit höhnischen Worten abgewendet und sie mit Spott davongejagt. Und deshalb bitte ich dich, Bruder, daß du deine Kräfte richtig einschätzt und nicht so hoch hinauf willst, daß man erwarten muß, daß dein Glück sich von dir abwendet; und ganz gewiß wird es mir widerstreben, dir Unterstützung für diese Ausfahrt zu gewähren. Doch an jeden anderen Ort, wo du dieses Vorhaben angehen willst, will ich dir gerne folgen. Du kannst es allerdings gerne bei deinem Vater versuchen, um zu erfahren, was für einen Rat er beisteuern will, aber da besteht wenig Hoffnung, daß du in solchen Dingen etwas erreichen kannst, außer es stehen Land und Reich, Gold und Geschmeide zum Angebot, denn sonst ist kaum etwas zu machen.« – »Man darf nichts unversucht lassen, Bruder«, sagt Halfdan, »und solches ist kleinmütig gesprochen. Es wird niemandem helfen, mich von dieser Fahrt abzubringen. Ich werde diese Fahrt trotzdem machen, auch wenn du und mein Vater mich nicht mit Rat und Tat unterstützen wollt.« Vilhjalm sagt, er denke, daß keine Fahrt zu ihrer Entwürdigung führen werde, wenn nicht diese – »doch ich will nichts anderes als mit dir kommen, weil du es so ehrlich meinst mit dieser Fahrt.«

Daraufhin treten sie vor ihren Vater und berichten ihm von ihrem Vorhaben, so wie es gerade erzählt worden ist, und fragen den König, was er dazu beisteuern wolle oder wieviel in ihrem Vermögen stünde, seinem Sohn Halfdan als Angebot mitzugeben, wenn sie um Königin Sedentiana werben würden, die in der Stadt Treveris weilt. Wie der König dies hört, antwortet er folgendes: »Seltsam ist euer Anliegen, und ich finde es merkwürdig für einen so klugen Mann, wie du es bist, Vilhjalm, daß du dein Geschick nicht einschätzen kannst, wenn auch dein Bruder Halfdan so unklug ist, daß er sich nicht um sich selbst zu kümmern vermag, noch zu erkennen, wie ihm geschieht. Nun kannst du sehen, daß diese Reise zu eurer Demütigung führen wird.« Vilhjalm antwortet: »Ich fahre nicht etwa mit, weil ich nicht erkennen würde, daß es so ausgeht, wie Ihr sagt. Aber ich habe nicht das Herz, mich ohne einen Versuch von meinem Bruder Halfdan zu trennen, weil er so ehrlich dazu entschlossen ist zu fahren, obgleich er auch ganz allein ohne seine eigenen Diener fahren würde. Und deshalb bitten wir darum, daß du uns sagst, was du beisteuern willst, auch wenn es zu nichts führt.« Der König sagt, daß er Holtsetuland und Friesland beisteuern wolle, und das will er mit Brief und Siegel festhalten, falls Halfdan das Mädchen früher oder später bekommen sollte – »aber ich halte dieses Angebot nicht aufrecht, falls er sie nicht bekommen sollte.« Danach bereiten sie sich auf ihre Reise vor, und als sie und ihre Schar gerüstet waren, bat Vilhjalm um Erlaubnis zur Abreise, und sie treten die Wegfahrt an und segeln nach Frakkland und landen mit ihren Schiffen in der Nähe der Stadt Treveris.

10 Werbung und Demütigung der Brüder

Jetzt werden die Landsleute auf das Heer, das sich ihrem Land genähert hat, aufmerksam und wollen von dem Heer Bericht erhalten, ob sie sich in friedlicher Absicht hier befänden oder nicht, und sie erfahren schnell, daß dies die Söhne des Königs von Saxland waren und sie nicht vorhatten, dort eine Heerfahrt zu unternehmen. Und nun kommen diese Neuigkeiten Königin Sedentiana zu Ohren, und sie begibt sich sogleich in ihre starke Burg, die sie hat bauen lassen. Sie wies ihre Landsleute jedoch an, daß die Söhne des Saxlandkönigs Handel treiben könnten, soviel sie wollten, solange sie bereit wären, mit der Bevölkerung den Kauffrieden einzuhalten.

Aber als die Brüder dessen gewahr werden, daß sich die Königin in ihrer Festung aufhielt, dünkte es sie sogleich noch schwieriger zu bewältigen, eine Unterredung mit ihr zu erlangen, und sie beschließen, aus der Meerenge heraus auf die Festung zuzuhalten, um herauszufinden, ob sie von dort Zugang zur Königin bekämen; und so machten sie es und halten auf die Meerenge zu und warten darauf, daß die Sperre aufgemacht wird, und fahren bis zum Fuße der Festung hinein. Und schließlich bekamen sie die Erlaubnis, und das Gitter wurde geöffnet, und sie steuerten in die Bucht unterhalb der Burg. Da ruft Vilhjalm zu den Wachmännern der Festung hoch und verlangt, daß sie sein Anliegen der Königin vorbringen, und sagt, daß sie um eine Unterredung mit ihr ersuchen wollen, was sie mit prächtigen Präsenten und guten Geldgeschenken unterstreichen möchten, und sie gaben jedem der Wachen einen Goldring, damit sie ihr Anliegen vorbrachten. Die taten, wie ihnen geheißen wurde, und brachten die Angelegenheit vor die Königin. Sie aber sagt, daß die beiden Brüder Erlaubnis bekommen sollen, hinauf in die Festung zu kommen, doch kein Mann mit ihnen. Und danach wurde ein Seil aus der Burg und in das Schiff der Brüder hinuntergeworfen, und nun binden sie Gold und kostbares Geschmeide, welches sie der Königin zu präsentieren gedachten, an das Seil, und darauf werden sie selbst in die Festung hinaufgezogen. Sedentiana war in ihrer Halle anwesend, und sie treten vor sie hin und sprechen sie auf ehrenvolle Weise an, und sie nahm sie freundlich auf und sagte, es stünden Wein und weidlich Speisen bereit, so lange sie es wünschten. Sie nahmen ihr Angebot dankend an und verlebten diese Nacht in guter Gastlichkeit.

Am Morgen jedoch tragen die Brüder ihr Anliegen mit den wertvollen Gaben, die sie der Königin zugedacht hatten, vor und forderten sie auf, diese anzunehmen, aber sie sprach, sie wolle ihre Geschenke nicht entgegennehmen, sagte, sie sei überaus reich und würde einzig einen Tausch gegen Wertstücke vornehmen, welche ihnen päßlicher erschienen. Vilhjalm sagt, daß er ein Ritter heißen wolle und er sei immer noch ein Königssohn und kein Kaufmann; und was er anderen auf ehrenvolle Weise schenken wolle, wolle er ohne Handel darbringen. Und daraufhin bringt Vilhjalm im Namen seines Bruders Halfdan die Werbung vor und sprach wie folgt: »Nun ist die Zeit gekommen«, sagt er, »die päßlich ist, unser Anliegen kundzutun und vorzutragen, denn wir wollen darum ersuchen, ob Ihr Euch, Herrin, mit Halfdan, meinem Bruder, als Königin verheiraten wollt; und wir können von ihm vielerlei über seine Ruhmestaten berichten. Dies als erstes, daß er den allermeisten Königssöhnen an ritterlichen Künsten überlegen, reich an Schätzen, Land und losem Besitz, freigebig und vornehm, gewaltig und großzügig ist und sich just in manch einer Gefahr ausgezeichnet hat. Er besitzt jetzt Holtsetuland und Friesland. Er stammt von einem hervorragenden Geschlecht ab, von dem Ihr wohl gehört habt, und wenn diese Reichtümer zusammenkämen, könnte er sich wegen dieser ausgezeichneten Partie sogleich in Eitelkeit über die meisten Könige der Nordländer erheben. Nun erwartete ich mir von Euch eine weise Antwort, daß Ihr eine klare Entscheidung in unserer Sache fällt, ob wir etwas häufiger kommen können, um diese Vereinbarung einzulösen und dann dazu die vornehmsten Vasallen mit uns zu bringen.«

Wie Vilhjalm seinen Antrag zu Ende geführt hatte, konnte man rasch den zornigen Zustand der Königin erkennen und bemerken, denn sie wurde ganz bleich und blickt wutentbrannt zu Vilhjalm und sprach: »Du, Vilhjalm«, sagt sie, »behauptest vielleicht, du seist in dieser Angelegenheit hergekommen, um uns somit deine Ehrerbietung zu erweisen, wie mit den Präsenten an Gold und Geschmeide, aber du hast dich nun selbst verraten, da du uns zum Zeichen wahrer Beschämung Schmach zufügen wolltest, denn es lassen sich in unserem Reich genügend Knechte finden, die uns besser geboten scheinen als dieser Bruder von dir, und ganz gewiß will ich ihn nicht einmal als meinen Diener gebrauchen. Es dünkt mich höchst erstaunlich und unerhört, daß er sich selbst nicht schämt –

oder du an seiner Stelle –, wo doch die hervorragendsten Königssöhne aus dem Südteil der Welt um mich angehalten haben und meine Hoheit sie doch abzuweisen imstande war; und gewiß kroch dieser groteske Gaukler früh aus seinem Zuhause, weg von Butterfaß und Mutterschoß, um sich wie ein Simpel oder Schuft zum Narren zu machen; und fürwahr soll dieser treulose Betrüger sein Anliegen derart bei uns vorgetragen haben, daß ihm und dir die Lust vergeht, noch öfter um solcherlei Dinge zu ersuchen oder uns mit solchen Sachen zu belästigen. Und weil du, Vilhjalm, mir diese falsche Werbung zu Ohren gebracht hast, sollst auch du für ihn büßen.«

Sie rief nach ihren Rittern und befahl ihnen, rasch herzukommen; und als sie kamen, ließ sie die beiden ergreifen und binden wie Räuber oder Betrüger und hierauf wurden sie gut gefesselt. Sie kamen nicht dazu sich zu wehren, denn sie waren waffenlos, und es kamen viele auf einen Mann. Danach nahm sie Schere und Rasiermesser und schnitt beiden Brüdern die Haare ab und schor ihre Köpfe kahl und rasierte sie dann und beschmierte ihre Köpfe mit Teer. Daraufhin ließ sie acht Diener rufen, die mit Peitschen und Schwertern herkommen sollten. Als sie kamen, befahl sie, die Brüder derart auszupeitschen, daß ihnen die Haut abfiel, und das taten sie. Und als ihr Rücken ganz blutig war und die Knechte von der Anstrengung zu ermatten begannen, ließ sie sie Schwerter nehmen und wies sie an, ihnen mit den Schwertspitzen eine Eule in den Rücken zu ritzen. Hierauf ließ sie sich glühende Kohlen bringen und in ein Becken legen, und sobald dieses glutheiß war, ließ sie es beiden Brüdern auf den Unterleib stellen, und Halfdan wurde bis zur Verstümmelung verbrannt, aber auch Vilhjalm wurde arg versengt.

Da ließ sie sie losbinden und sprach: »Jetzt habt ihr hier den gebührenden Erfolg gehabt, und es wäre am angemessensten, euch den Eid abzunötigen, daß ihr dies hier niemals rächen werdet noch euch dafür rächen laßt. Aber ich tue dies deshalb nicht, weil ich weiß, daß ihr nichts anderes als entartete Abkömmlinge und Schwächlinge seid. Ich würde erwarten, daß dies hier einen Zweiten oder Dritten davon abhält, so arglistig zu sein und sich nicht zu schämen, wenn er solche Worte an mein Ohr trägt. Mit Sicherheit wird es euch bei dem Unterfangen, diese Demütigungen zu rächen, an glücklichem Geschick fehlen. Fahr jetzt nach Hause, Halfdan«, sagt sie, »verschreckt und verlacht, verschmäht und verspottet, beschimpft und geschunden, und Vilhjalm hat für dich gebüßt, da er dir auf diese Reise folgte.« Vilhjalm antwortet: »Wahr magst du sprechen, Herrin, daß es uns an Glück mangeln wird, diese Schande zu rächen. Aber es mag auch sein, daß die königliche Art unserer Sippe noch nicht so weit niedergekommen ist, daß sie es dulden wollte, daß solche Schande ungerächt bliebe. Und ich ahne, daß deine Anmaßung und dein Hochmut irgendwann nicht minder gedämpft und verachtet werden, als sie jetzt hoch über alles Maßhalten hinaussprudeln. Und wenn du nicht noch mehr Männern solche Demütigungen zugefügt hättest als nur uns Brüdern, wäre ein sauberer Tod trefflicher, als diese Entwürdigung ohne Rache zu erdulden.«

Daraufhin ließ sie sie in dieselben Kleider stecken und an das Seil binden, welches von oben ins Schiff hinabreichte, mitsamt dem Gold und Geschmeide, von dem die Brüder gesagt hatten, es solle der Königin angeboten werden. Sie hingegen stand ganz oben, als ihre Diener die Brüder von oben ins Schiff hinabließen. Obwohl Vilhjalm noch schwerfällig in seinen Bewegungen war, griff er zwei Speere und schleuderte sie mit beiden Händen gleichzeitig zur Mauer hinauf, und sie durchbohrten die Männer, welche sie heruntergelassen hatten. Sie stürzen tot vornüber ins Leere. Aber Halfdan wurde von gewaltigem Zorn und großer Wut gepackt. Er nahm eine Standarte und warf sie der Königin entgegen, und die prallte vor ihre Brust, so daß es sie umstieß, und sie lag so lange in Ohnmacht, daß alle dachten, sie käme nicht mehr zu sich. Dies sieht Vilhjalm und sprach: »Den hat der Schlag getroffen, dem es zustand, und solche Jungfrauen zeigen kein Benehmen.« Sobald sie jedoch sprechen konnte, befahl sie, daß ihre Krieger ihre Waffen nehmen und allerlei Geschosse auf die Wurfmaschinen legen und Enterhaken an ihre Schiffe werfen sollten. Es gab nun viel Geschrei und Gerufe in der Festung, als die Männer sich zur Schlacht rüsten.

11 *Die Heerfahrt der Brüder in Frakkland*

Nun ist davon zu berichten, daß Vilhjalm seinen Männern zuruft, sie sollen sich gegen die Burgbesatzung rüsten und Schilde und Schutzwaffen über sich halten, einige hingegen sollen sich an die Ruder setzen und sich so geschwind wie möglich aus dem Hafen davonmachen. Es war nun Eile geboten, an die Ruder zu gehen, aber für jene in der Festung war es zu spät, ihre Kriegsgeräte aufzubauen, weil sie in Angst und Sorge lange betrübt bei der Königin verweilt hatten. Als sie wieder zu sich kam, waren die beiden aus dem Hafen entkommen, setzten ihre Segel und fahren nach Tartaria und lagen dort vor einigen Inseln. Die Brüder lassen die zwei Ärzte zu sich kommen, denen sie das größte Vertrauen schenkten, und ließen sie geloben, niemandem von ihren Verstümmelungen zu erzählen, noch von der schimpflichen Schande, die sie durch die Behandlung Königin Sedentianas in ihrer Festung erlitten hatten. Sie wurden rasch fachkundig verarztet und der Teer von ihren Köpfen entfernt. Sie genasen schnell, außer dort, wo sie verbrannt worden waren, denn das war nur zögernd verheilt. Die Stelle war sehr tief ausgeschmort.

Hierfür gingen die Brüder, sobald sie wohlauf waren, auf einen heftigen Heereszug zurück nach Frakkland und verursachten großen Schaden an Sedentianas Reich. Sie brandschatzten Siedlungen, Dörfer und Burgen und erschlugen so viele Leute, daß man sie kaum zählen konnte, und folterten sie mit verschiedensten Foltermethoden. Niemand wagte es, gegen sie vorzugehen, denn alles war von Furcht ergriffen und erschreckt und floh zur Festung der Königin. Sie plünderten alles, dessen sie habhaft werden konnten, Wertstücke und lose Habe, und beluden damit ihre Schiffe. Daraufhin gingen sie zu ihren Schiffen zurück und steuerten den Rheinfluß hinauf. Dort lagen sie viele Tage vor Anker und vergnügten sich an Land mit mancherlei Zeitvertreib. Manchmal jedoch ritten sie in die Wälder, um Wild zu jagen, Hirsch und Hindin und viele andere Tiere, manchmal aber saßen sie in ihren Lagerzelten und vertrieben sich die Zeit mit Wein.

12 *Der Löwenritter*

Eines Tages, als die Brüder an Land waren und sich vergnügten, trug es sich so zu, daß sie in einem großen Wald ganz in der Nähe vom Rheinfluß umherstreiften. Sie stoßen auf eine weite Lichtung. Auf der Lichtung war ein großer See und darin lagen viele liebliche Inseln. An diesem Tag herrschte eine gewaltige Hitze. Da fragte Halfdan seinen Bruder, ob er ins Wasser gehen wolle, um seine Kunst und Gewandtheit im Schwimmen zu gebrauchen und zu diesen Inseln hinauszuschwimmen, um zu erfahren, was sich dort befände. Vilhjalm meint, er sei nur allzu bereit dazu. Sie zogen nun ihre Badekleider an und schwimmen vom Land weg und halten auf die Inseln zu und fanden dort alle Arten von Früchten, Eiern und Vögeln.

Aber als sie sich dort die Zeit vertrieben hatten, wie es ihnen gefiel, schwimmen sie an Land und gehen unter einen gewaltigen Baum, der in voller Blüte stand und Laub und Äste weit hinausreckte. Dort setzten sie sich nieder und zogen ihre Badekleider aus und haben vor, sich in ihre Prachtgewänder zu kleiden. Und wie sie nackt waren, bemerkt Halfdan spöttisch zu seinem Bruder: »Was bedeutet dieser rote und rosenfarbige Ring mit der zusammengezogenen Haut, der auf deinem Bauch zum Vorschein kommt? Oder wieso trägst du dein Haupt so haarlos? Oder was bedeutet der rot geritzte Vogel da, der mir aussieht, als wäre er auf deinen Rücken gemalt? Außerordentlich geschickt ist dieser Maler gewesen, wenn er eine derart feine Form auf deinen Leib gepinselt hat.« Vilhjalm sagt: »Warum treibst du Spott mit mir über solche Dinge, wenn du an dir dieselben Male siehst?« Halfdan sagt: »Es hat keine Bedeutung, wenn wir auch solche Dinge aussprechen, weil es hier jetzt keiner mitbekommen kann. Aber nur langsam werde ich diese schändliche Schmähung und äußerst unehrenhafte Erniedrigung vergessen, die uns Königin Sedentiana von Treveris angetan hat, als sie unseren Unterleib mit glühenden Becken ansengen ließ und uns mit scharfgeschliffenen Eisenspitzen eine Eule auf den Rücken ritzte und uns schließlich die ganze Haut wegpeitschen, hier oben unsere Haare abschneiden und mit einem Messer abrasieren und Teer darüber schütten ließ.« Und wie Halfdan so über diese Angelegenheit geredet und geschwatzt hat, hören sie oben in der großen Eiche menschliche Laute, doch nicht in einer Sprache, die sie verstehen konnten, und nun weichen sie rasch zurück und schauen nach oben und sehen in den Ästen des Baumes einen stolzen und stattlichen Ritter, wie sie noch nie zuvor einen gesehen hatten.

Er war würdevoll ausgerüstet, denn er hatte kostbare Gewänder an, und einen vollkommen goldfarbenen, mit Edelsteinen besetzten Helm. Sein Antlitz war vornehm, mit heller Haut und schönen Augen. Seine Arme und Beine waren wohlgeformt und kräftig. Keinen ausgezeichneteren Mann als diesen hatten sie je gesehen, denn sein Haar glänzte vollkommen und kräuselte sich kunstvoll. Er stieg sogleich vom Baum herunter und ging eiligen Schrittes fort und dorthin, wo sein Pferd mit vergoldetem Sattel und Zaumzeug angebunden war, ganz im Plattenpanzer und mit seinem Schild, der mit einem Löwen aus Gold bemalt war, und auf den obendrein allerhand Tiere gezeichnet waren. Sein Banner war aus roter Seide und mit einem Drachen aus Gold mit klaffenden Kiefern gekennzeichnet. Danach läuft dieser Ritter in den Wald fort, und sie sahen ihn nicht mehr.

Nun sprach Vilhjalm: »Es kommt mir so vor, als ob es besser gewesen wäre, nicht so viel zu reden, denn diese Schande mag sich nun verbreiten und weit herum bekannt werden, die du nun vor diesem Ritter allzu deutlich gemacht hast.« Halfdan sagt: »Wer wird dieser ausgezeichnete Ritter wohl gewesen sein, der nicht mit uns sprechen wollte? Einerseits hob er sich von anderen ab, andererseits wird er wohl mächtig sein; außerdem führte er sich großartig auf.« Vilhjalm antwortet: »Ich habe Sigurd Thögli, meinen Bruder, nicht öfter gesehen als du. Und doch denke ich, daß er hier richtig erkannt worden ist, auch wenn er sich sehr verändert hat und auf mich jetzt keinen tölpelhaften Eindruck mehr machte.« Halfdan erwidert: »Meiner Treu«, sagt er, »wenn er das war, dann habe ich keine Angst, wenn er irgendetwas von unserem Gespräch mitbekommen hat, denn das, was er zu stammeln versuchte, konnte ja doch niemand verstehen.« Vilhjalm sprach: »Ich nehme eher an«, sagt er, »daß er in mehr Sprachen kundig sein muß, als du irgendwann verstehen wirst, und ich habe bemerkt, daß er sich in einer Sprache gewählt ausdrückte, die wir nicht verstanden. Es scheint mir wahrscheinlich, daß dies wohl skotisch war, was er redete. Also weiß er, was sich gehört, was unser brüderliches Verhältnis angeht, so daß uns keine Schande aus seinen Worten entstehen wird.« Nun beenden sie ihr Gespräch und kehren zu ihrem Zeltlager zurück, und all ihre Gefolgsleute kommen dorthin, und sie schliefen die Nacht über.

13 Die Flucht vor dem Drachen nach Saxland

Morgens gingen sie wieder an Land, und nicht weit von dort entfernt war ein Gebirge, wo es gewaltig hohe Felswände gab, und es kam ihnen merkwürdig vor, daß sie aus diesem Gebirge Getöse und lautes Krachen zu hören vermeinten, wie sie auch in der Nacht zu sehen glaubten, daß dort ein Feuer brenne. Und als sie sich an diesem Tag in der Nähe der Schiffe die Zeit vertrieben, trägt es sich zu, daß in den Lüften über ihnen ein gewaltiges Sausen ertönt, und zugleich sehen sie, daß ein schrecklicher Drache mit aufgerissenem Rachen über das Heer hinwegfliegt; und als sie diese furchtbare Erscheinung erblickten, wurden sie von Angst erfüllt und laufen zusammen; und in diesem Augenblick fliegt dieser gräßliche Drache über sie hinweg und speit in Stößen so viel Gift aus, daß darin sechzig Leute aus dem Gefolge der Brüder umkamen, und in dem Moment senkt der Drache sich mit offenen Kiefern zu den Brüdern nieder und nahm in seinen Klauen gleich zwei von den Gefolgsleuten mit nach oben, verschlang noch einen dritten und flog darauf zu dem Berg, auf dem sie es hatten glänzen sehen.

Nach diesem überraschenden Vorfall fordert Vilhjalm seine Leute auf, so schnell wie möglich zu den Schiffen zu eilen und nicht länger noch mehr Verluste und Schaden abzuwarten. Und aus dem Schrecken heraus, den sie durch diesen Überfall bekommen hatten, begeben sie sich auf die Schiffe und hissen die Segel und halten nach Hause auf Saxland zu. König Lodivicus ging ihnen mit einem Willkommensgruß entgegen und fragte seinen Sohn Vilhjalm, wie die Brautwerbung verlaufen sei. Vilhjalm wollte wenig erzählen, außer daß sie den König der Frakkländer nicht bekommen hätten. Da erwidert der König: »Unglaubwürdig scheint es mir, daß sie euch Brüdern nicht größere Schmach angetan hat, als für uns offenbar ist. Es ist aber verzeihlich, daß ihr eure Schande so lange wie möglich verbergt, welche ihr vermutlich durch sie erlitten haben werdet.« Vilhjalm sagte, sie würden hier gar nichts bestreiten, und sie beenden darauf ihr Gespräch.

14 *Sigurds Erziehung bei Graf Lafranz*

Nun soll die Saga sich einer anderen Stelle zuwenden und davon berichten, wie Sigurd Thögli bei Lafranz, dem Grafen von Lixion, aufwuchs. Sie waren stets miteinander zusammen, mal in den Wäldern, mal zu Hause auf der Burg in einem geheimen Raum, und viele hegten den Verdacht, daß der Königssohn bei dem Grafen Künste und Fertigkeiten erlernen würde, denn er war allen Männern in Saxland an Fähigkeiten und Wissen überlegen und vermochte viele Sprachen zu sprechen.

Damals war Sigurd achtzehn Jahre alt. Er war so großgewachsen, daß keiner im ganzen Land ihm gleichkam. Sigurd war gegenüber allen Männern, die er kannte, großzügig mit Geld, und aus diesem Grund mochte ihn jedermann in der Stadt, und sie grämten sich sehr, weil sie dachten, er könne nicht wie die anderen Leute sprechen. Und so sagten sie: »O du, Schicksalskraft«, sagten sie, »weshalb wolltest du es diesem Mann an einem Teil deiner Gaben mangeln lassen? Welches Unrecht hat er dir angetan, daß es dir angemessen erschien, daß er nicht sprechen können sollte? Falsch verhieltest du dich da, als du denen gewaltige Wortgewandtheit verliehst, die ihre Zungen zum Schlechten und zu übler Verleumdung vieler Menschen nutzen wollten. Aber du verwehrtest sie ihm, der seine Zunge zu großer Ehre und Achtung und vielen zum Nutzen gebrauchen würde.« Aber obschon sie solche Dinge sagten, wußten sie doch gar nicht, daß sie die Schicksalskraft zu Unrecht rügten, denn Sigurd war weder das Sprechen noch das Denken verwehrt, obwohl sie das nicht wußten.

15 *Sigurds Aufbruch auf Abenteuerfahrt*

Es fügte sich an einem Tag, daß der Graf und Sigurd beide zusammen waren. Da sprach Sigurd zu seinem Ziehvater: »Es kommt nun so«, sagt er, »daß ich begierig bin, auf Abenteuersuche zu gehen, wenn diese anfallen, und deshalb will ich sogleich von hier aufbrechen und erproben, was es mit meinem Schicksal auf sich hat; doch nicht ohne Eure Erlaubnis.« Der Graf antwortet: »Weil du nach diesen Dingen verlangst, kann das nicht so rasch vonstatten gehen, denn weder sind Schiffe noch Streitmacht gerüstet, weder Waffen noch Wegzehrung. Ich möchte jedoch dazu beitragen, daß deine Fahrt nicht weniger stattlich ausfallen wird als die deiner Brüder, und dafür will ich all meine Macht, meinen Einfluß und meine Gunst einsetzen, die ich zur Verfügung habe und gewähren kann.« Sigurd erwidert: »Fürwahr wünschte ich, daß meine Reise in keinerlei Weise unehrenhafter ausfiele, als die ihre es gewesen ist, obschon das nicht in aller Welt bekannt sei. Aber ich bin von meinem Vater und meinen Brüdern eine Zeitlang geringgeschätzt worden, vielmehr haben sie mich als einen Tölpel angesehen, und deswegen sollst du meine Fahrt ohne Pracht ausrüsten. Gerade eben diese Ritterrüstung und dies gute Roß, das Ihr mir früher zugedacht und überlassen habt, werde ich von hier mitnehmen, und dazu ein zweites Pferd, beladen mit den Dingen, die ich bei mir haben will. Ich will Eure Männer nicht und für diesmal keinen einzigen Schildknappen, denn diese Reise dient nicht zum Schmuck. Es könnten sich Dinge ereignen, bei denen ich nicht bereit bin, mehr Leute um mich zu haben als mich selbst.« Der Graf sagt: »Darüber wirst du wohl selbst entscheiden wollen, aber dennoch scheint mir diese Fahrt sowohl unehrenhaft als auch unwürdig, denn wenig ist von einem einzelnen zu berichten. Doch so wie Ihr Euch gebt, wird das Euren Erfolg nicht aufhalten können, falls das Glück sich Euch zuwenden will.«

Hierauf bereitet sich Sigurd auf die Reise vor, mit derselben Ausrüstung, von der erzählt worden ist, als seine Brüder ihn im Baum gesehen hatten; und dazu läßt er ein starkes Zugpferd bringen. Dann lädt er sich Gepäck und ein Weinfaß auf und reitet aus der Burg fort. Der Graf und das ganze Volk wünschten Sigurd alles Gute. Sigurd reitet nun seines Weges und wendet sich nach Valland und von dort nach Lumbardi. Er steuerte weder Städte noch Festungen, weder Siedlungen noch Höfe an.

16 Die Befreiung des Löwen

Nun kam Sigurd über den Rheinfluß, nicht weit von dort, wo die Brüder Vilhjalm und Halfdan mit ihrem Gefolge gelegen hatten. Sigurd begibt sich in den Wald in einen engen Talkessel hinauf und stieg dort von seinem Pferd. Die Nacht war da angebrochen. Er packt sein Gepäck aus und stellt sein Zelt auf und bereitet sein Nachtquartier gut vor. Daraufhin nahm er seinen Bogen und Pfeile, geht in den Wald und schießt sich Wildbret, geht danach zurück zu seinem Zelt und entzündet ein großes Lagerfeuer, legt seine Leckerbissen hinein und wärmt sich am Feuer und trinkt. Dann legt er sich schlafen und schlummert eine Weile. Und er erwacht davon, daß er im Wald Getöse und gewaltiges Krachen hört, zuweilen auch klägliches Geheul und Gebrüll, und bemerkt, daß der Wald sich gegen eine gewaltige Kraft anstemmt und die Eichen fast bis zum Bersten gebogen wurden, und wie sie sich lösten, gab es ein lautes Krachen. Und gleich weit entfernt davon, hörte er einen merkwürdigen Laut.

Er möchte nicht anwesend sein, wenn sich dieses Ding dorthin bewegt, wo er lag. Er zieht sich rasch an, nimmt Platten- und Leinenpanzer und stülpt sie sich über, gürtet sich mit dem Schwert, welches Lafranz ihm gegeben hat.

Dieses Schwert fuhr in Stahl und Stein, ohne daß seine Schneiden davon schartig zu werden schienen. Es hatte die Eigenschaft, daß keiner ein so mächtiger Zauberer war, daß er dessen Schneiden stumpf machen konnte, und keiner war so mit Zauberkräften gestärkt, daß dieses Schwert ihn nicht beißen würde, auch wenn andere Waffen ihn nicht verwundeten. Die eine Seite der Klinge war vergiftet, doch die andere nicht, da es eintreten könnte, daß einer mit diesem Schwert etwas träfe, ohne zu wollen, daß das Gift wirke. Aber dennoch war ein kleiner Beutel am Schwertgriff befestigt, und darin war ein heilkräftiger Stein von roter Farbe, und wenn der mit Wein bestrichen und so auf die vergiftete Wunde gelegt wurde, zog er alles Gift heraus. Dieses Schwert schnitt Stahl genauso wie Kleidung, und obwohl das Schwert gute Eigenschaften hatte, war es nicht zuletzt mit Gold und glänzenden Steinen geschmückt, und Griff, Knauf und Parierstange waren über und über mit hervorragender Kunstfertigkeit graviert. Die Schwertscheide war vollkommen mit Tieren, Vögeln und Drachen bemalt.

Dieses Schwert hatten die vier Zwerge, welche man in der nördlichen Welt die geschicktesten nannte, für den König von Sikiley geschmiedet. Aber ein Riese namens Faunus aus dem Norden aus Svafa hatte das Schwert von dort gestohlen. Diesen Riesen wiederum erschlug ein Krieger namens Sigurd, der Manarlegg genannt wurde. Er war der Vater Jarl Ulfs von Skotland; derselbe Ulf war der Vater Sigurds des Kühnen, welcher mit Blotharald von Grecia kämpfte, wie in der Saga von Secilia, der schönen Tochter König Sveins von Sikiley, erzählt wird. Doch Guion, der Großvater des Lafranz von Lixion, hatte Sigurd Manarlegg getroffen, als dieser gegen den Riesen gekämpft hatte und von seinen Wunden im Sterben lag und das Schwert vom Riesen erlangt hatte. Guion nahm Sigurd und schaffte ihn zu sich nach Hause auf die Burg und pflegte ihn. Er genas schließlich und gab das Schwert als Belohnung für die Pflege, und so hatten es ihre Vorfahren seither. Und nun gab Lafranz dieses Schwert Sigurd, seinem Ziehsohn, und es ist jetzt nicht unwahrscheinlich, daß er vorhat, ebendies Schwert einzusetzen, wenn ihn nicht Herz und Mut verlassen.

Er nimmt nun seinen Schild und Speer und gürtet sich mit seinem Schwert und geht danach hinaus und sieht im Wald, wie dort ein Drache fliegt. Der war sehr furchteinflössend und hielt einen Löwen in seinen Klauen umklammert und mit seinem Schwanz umfangen. Aber obwohl man den Löwen den König aller anderen Tiere nennen könnte, da hatte er doch gegenüber diesem verderbenbringenden Drachen weder die Kraft noch die Wildheit, weil dieser den Löwen so fest gepackt hatte, daß er sich nicht befreien konnte. Der Drache wollte mit ihm über den großen Wald aufsteigen, der in ihrer Nähe lag, und auf das große Gebirge zusteuern, welches die Brüder Sigurds gesehen hatten und wo dieser grimmige Drache wohl seinen Hort hatte. Weil nun der Drache Schwierigkeiten hatte, sich zu rühren, begann er sehr zu schwanken, während er sich über den Wald erhob, denn der war überaus hoch; und jedesmal, wenn er sich nach Kräften bemühte, sich über die Äste des Waldes zu erheben, krallte sich der Löwe mit seinen Tatzen mit aller Kraft an den Eichen fest, so daß sie sich allesamt beinahe bis zum Brechen bogen. Und als den Löwen die Kraft verließ, sich an den Eichen festzuhalten, und sie zurückfederten, gab es ein gewaltiges Krachen, und die Klauen des Drachen fuhren ins Fleisch des Löwen. Da brüllte dieser laut auf und heulte sehr. Und in diesem Moment spie der Drache Gift und Feuer weit hinaus von sich weg, so daß es Sigurd vorkam, als werde der Wald versengt. Aber obwohl es Sigurd schien, daß dieser Drache schwer zu überwinden sei, kam es ihm in den Sinn, daß er den Löwen als Zeichen auf seinem Schild trug. Da wollte er dem Löwen nun helfen, obgleich dies große Lebensgefahr bedeutete. Er geht jetzt in den Wald, dorthin, wo der Drache mit dem Löwen flog. Sigurd hielt nun seinen Schild vor sich und trat unter die Stelle, an der der Löwe in den Krallen des Drachen hing. Er sah sich nicht imstande, auf ihn loszugehen, da er den Löwen nicht verletzen wollte. Er mußte auch derart weit über sich hinauf hauen oder stechen, daß er kaum hinanreichen konnte.

Der Löwe bemerkte Sigurd nun und gab sich ihm gegenüber ganz zahm, als ob er von ihm irgendwie Barmherzigkeit oder Rettung erwartete, und als der Löwe sich so gut er konnte festkrallte, sank der Drache etwas herunter, und in diesem Augenblick stieß Sigurd dem Drachen unter den Flügel, aber oberhalb des Löwen, so daß der Speer in den Leib eindrang; und als der Drache diese Wunde erlitt und ein Blutschwall aus ihm herausspritzte, war seine Kraft sogleich geschwächt, so daß er nicht die Ausdauer hatte, das Tier festzuhalten, und so kam es frei und fiel zu Boden und konnte sich kaum mehr bewegen. Doch Sigurd zog rasch sein Schwert und hieb dem Drachen die Beine ab, und sie fielen zur Erde hinunter. Da begann der Drache, auf wundersame Weise in alle Richtungen Gift zu speien. Sigurd schützte sich mit seinem Schild und trat unter ihn, oder eher unter die größten Bäume, die in seiner Nähe waren, und als es einen kurzen Moment ruhig war, sprang Sigurd heran und hieb nach dem stark gewundenen Schwanz, so daß er abfiel, und da fiel der Drache zur Erde nieder. Sigurd hieb dann dem Drachen den Kopf ab, und dies war die erste vollbrachte Ruhmestat von Sigurd Thögli, seit er von seinem Ziehvater aufgebrochen war.

17 Sigurds neuer Begleiter und die Erlangung des Drachenhorts

Sigurd ging dorthin, wo der Löwe lag. Er war blutüberströmt und voller Wunden. Da bemerkte Sigurd jedoch, daß das Tier ihn mit freundlichen Augen anblickte und zu ihm kroch, und er tätschelte das Tier und ging darauf zu seinem Zelt und gab dem Tier zu fressen; und es war dort drei Nächte, und er pflegte es.

Danach macht er sich zum Aufbruch bereit und ist erpicht darauf, ins hohe Gebirge zu gelangen, das er gesehen hat und wo er erwartete, daß der Drache wohl seinen Hort gehabt hatte. Er nimmt nun seine Pferde, reitet seines Weges. Er will herausfinden, ob das Tier ein Stück mit ihm mitlaufen will. Und dies sprang sofort auf und ist bereit für die Reise mit Sigurd. Nun reitet er zu den hohen Bergen und zum Fuß der gewaltigen Felsklippen, wo der Drachenhort sich befand. Sigurd reitet nun die Klippen entlang. Dort sieht er eine weite Schlucht. Sie war sehr breit und gewaltig, doch unten in der Kluft waren steile Felswände, und nicht gerade sehr niedrige. In der Kluft sah er ein helles Glitzern. Er glaubte zu erkennen, daß von dort wohl das erhoffte Gold erstrahlte, auf dem der Drache wohl gelegen hatte. Sigurd stieg dort von seinem Pferd und schießt sich Wildbret und bereitet es zu und gibt seinem Tier zu essen. Er erkennt, daß dieses Tier wohl beinahe die Menschensprache versteht. Es liegt draußen vor dem Zelteingang, Sigurd hingegen legt sich schlafen.

Am Morgen steht er auf und zieht sich an. Danach geht er hinauf zu den Felswänden und überlegt, auf welche Art er zu den Klippen hinaufgelangen könnte. Der Löwe folgte ihm. An einer Stelle sieht er ein Bachbett oben bei den Klippen, wo er glaubte, ein Mann müsse hinaufgelangen können, wenn er ein Seil hätte, um sich daran festzuhalten. Doch als Sigurd die Klippen sorgfältig betrachtete, zeigte der Löwe seinem Meister sowohl seine Unerschrockenheit als auch seine Klugheit, nämlich was er zu tun vermochte. Denn der Löwe ist geschmeidig wie eine Katze, und wenn er seinen Schwanz um sich legt, gibt es fast nirgends einen so hohen Berg, daß er zu Schaden käme, würde er von ihm herunterspringen.

Viele Gaben der Natur besitzt er, und wundersame dazu. Er schläft mit offenen Augen und sieht alles, was sich ihm nähert und was ihm Schaden oder Schrammen zufügen kann. Das Weibchen wirft seine Jungen tot und so liegen sie drei Tage und drei Nächte lang leblos da; und dann kommt das Männchen hinzu und bläst die Jungen an, bis sie lebendig werden, und er steht darin für Gott selbst, der seinen Sohn am dritten Tage nach seiner Peinigung von den Toten auferstehen ließ. Er schleift den Schwanz auf der Erde lang, so daß niemand seine Spur verfolgen kann. Meister Lucretius nennt den Löwen in seiner Natur heilig, denn er schadet den Menschen nicht, außer in bitterer Hungersnot, solange der Mensch ihn nicht bedrängt, und er gibt den Menschen auch frei, wenn dieser sich in seine Gewalt begibt.

Nun läuft der Löwe das Bachbett hinauf, bis er bei den Klippen ankommt, dann läuft er wieder zurück. Sigurd ging darauf zu seinem Zelt und speist und so auch sein Tier. Danach nimmt er ein langes Seil und kehrt zu der vorher angegebenen Stelle in den Klippen zurück. Da nahm Sigurd das eine Ende und band es dem Tier fest vorne um die Schultern. Dann machte er mit seinen Händen vor dem Tier Zeichen zu den Klippen hoch, und der Löwe rannte sogleich die Klippe hinauf. Sigurd sofort hinterher, wobei er sein Schwert bei sich hatte, und hielt sich am Seil fest. Und das Tier lief in mäßigem Tempo davon, so schnell, wie es für Sigurd angemessen war, und sie kamen bald darauf zur Klippe hinauf. Danach gingen sie in die Schlucht hinauf, dorthin, wo Sigurd es hatte glitzern sehen, und dort stieß er auf den Hort des Drachen. Dort, wo der Drache gelegen hatte, gab es Gold zur Genüge, doch da waren zwei großgewachsene Junge im Hort, und die erschlug er beide. Der

Löwe hingegen sträubte sich und gebärdete sich wild. Viele Waffen und Gebeine von Menschen sah er dort liegen. Viel Gold war dort in einer Höhle, so daß vier Pferde nicht mehr tragen konnten, und dies war überall in große Schmelztiegel gelaufen. Sigurd hieb mit dem Schwert die Tiegel, in die das Gold gelaufen war, aus dem Felsen und lud das Gold dem Löwen auf und eilte darauf denselben Weg zurück. Er ließ seinen Löwen hinter sich her von oben die Klippen herunterlaufen, ging selbst jedoch voraus und hielt sich am Seil fest. Danach begab er sich zu seinem Zelt und lud das Gold von seinem Begleiter ab. Es war dann Nacht geworden, und Sigurd schickte sich an, mit seinem Tier zu speisen, und schlief die Nacht über.

18 *Die Reise durch das Gebirge Alpes*

Morgens, als die Sonne zu scheinen begann, kleidet Sigurd sich an und begibt sich darauf zum Essen und bereitet sich auf die Reise entlang dem Gebirge vor. Es dünkte ihn, das Gebirge nähme nur zögernd ein Ende, denn an diesem Tag kam er nicht bis in die Ausläufer der Berge. Dieses Gebirge heißt Alpes, und es reicht nach Kampania hinaus, zwischen den Ländern, von denen eines Galicia und das andere Albania genannt wird; und das Gebirge verläuft quer durchs Land, und es gibt überall gewaltige Höhlen und Kuhlen, und diese Höhlen und Kuhlen waren damals überall von allerlei üblen Wesen oder Riesen bewohnt, die keine gemeinsame Natur mit den Menschen der Welt besaßen. Als der Abend herankam und es für die Pferde Sigurds Zeit war sich auszuruhen, war er auf eine wunderbare Ebene gelangt, die sich weit vor den Bergen erstreckte. Dort entlud er seine Pferde und ließ sie grasen, errichtete sein Zelt und schlief die Nacht über.

19 *Der Überfall der Trollweiber*

Der Löwe lag ganz nah vor dem Zelteingang, und Sigurd erwacht dadurch, daß jener gegen Ende der Nacht zu brüllen anfing; und er glaubte zu verstehen, daß sich irgend etwas zutragen müsse, was dem Tier die Aufregung wert schien, denn es war nicht gewöhnlich, daß es sich so verhielt, außer es wäre wütend oder würde durch eine Übermacht bedrängt. Deshalb zog er sich schnell an, nahm seinen Schild und sein Schwert und trat aus seinem Zelt heraus. Er lauschte und wollte wissen, was ihm vor die Augen oder zu Ohren käme. Die Nacht war strahlend hell, und er sieht unweit vom Zelt zwei Trollweiber. Die eine sprach: »Schwester Fala«, sagt sie, »nun kommen wir zu reicher Beute, denn diese Pferde werden wir morgen früh zu unserer Mahlzeit haben. Wähle du jetzt, ob du dich lieber an die Pferde machen oder dich mit diesem riesigen Hund abgeben willst, der diesen Menschen begleitet, denn er ist von wildem Äußeren. Der, der das Zelt besitzt, wird aber wohl fest eingeschlafen sein.« Sie antwortet: »Du, Flegda«, sagt sie, »bist von uns die ältere und hast viel mehr Kraft als ich. Mich dünkt auch, dieser Hund brüllt bösartig, und er gefällt mir nicht, denn er hat grimmige Augen. Ich glaube, es ist mir eine Freude, mich mit den Pferden abzugeben, und ich werde dies angehen.«

Nun springt Fala dorthin, wo die Pferde waren, und als diese die Trollweiber sahen, erschraken sie sehr, denn Fala war sehr ungeschlacht, von dunklem Aussehen, großgewachsen, wie es sich eben für Trolle gehörte. Ihr Mantel aus Ziegenfell war weit, nicht gerade gepflegt, kurz im Rückenteil, vorne aber lang. Sie wandte sich zuerst dem Pferd zu, das ihr feister und viel größer gewachsen schien; und als sie ihm nahekam, wunderte sich das Roß und wieherte aufgebracht und schreckte auf. Und als sie ihre langen Klauen in den Schweif des Pferdes graben wollte, schlug es ihr mit beiden Hufen so heftig unter den Kiefer, daß er beinahe entzweibrach. Das Pferd jedoch kam dieses Mal davon; und abwechselnd kehrte es zurück und wieherte laut auf, um dann energisch davonzugaloppieren. Flegda aber wendet sich zum Zelt, und wie der Löwe sie sieht, bewegt er sich auf sie zu und fletscht unter gräßlichem Gebrüll und Knurren die Zähne; und als nächstes springt er mit furchtbarer Wut und Kraft auf das Trollweib zu und packt sogleich das kurze Haar, das sie auf ihrem häßlichen Kopf trägt, mitsamt Haut und Schwarte, und riß es ihr ganz von oben bis zu den Ohren vom Schädel herunter. Sie wich darauf in großer Furcht und unter üblem Gekreisch zurück, und da sieht sie, wie dort Sigurd mit gezogenem Schwert stand, um ihr den Garaus zu machen und einen raschen Tod zu bereiten, und daher fällt sie zu Boden. Doch der Löwe brüllte über ihr, stand bereit, sie aufzuschlitzen und zu zerreißen. Sie rief Sigurd zu und sprach: »Du würdevoller und berühmter Ritter, der dort steht, hilf mir und rette mich vor dem Tod, den dein Beschützer und Schoßtier mir nun kurzerhand bereiten wird. Unbedachterweise kamen meine Schwester Fala und ich aus diesen Bergen, weil wir dich plagen wollten, und wenn du mir nun helfen und das Leben schenken willst, werden wir zwei Schwestern es dir derart lohnen, daß kein König oder Königssohn nördlich von Grickland für das Geschenk des Lebens weder einen wertvolleren noch hervorragenderen Lohn bekommen soll, als du ihn von uns erhalten wirst.«

Da Sigurd davon zu hören bekommen hatte, daß manche Trolle hochherzig waren und alles daran setzten, es gut zu belohnen, wenn sie gut behandelt würden, lief er nun dorthin, wo das Trollweib und oben auf ihr sein Löwe lag. Sigurd sprach dann mit drohendem Blick zu dem Tier und befahl ihm, von ihr abzulassen; und sobald der Löwe ihn weniger freundlich sah, als er es gewohnt war, verstand er sogleich, was er wollte, ging sofort von ihr weg und kroch zu Sigurds Füßen, und der tätschelte das Tier. Das Trollweib jedoch stand auf, wenn auch sehr langsam, denn durch die rauhe Behandlung des Löwen war sie schwer verwundet und beinahe bewegungsunfähig. Und wie ihre Schwester Fala dies nun sieht, fürchtet sie sich sehr, als sie sah, welch magische Kraft diesem Ritter und seinem Begleiter anhaftete; und wie sie sah, daß ihrer Schwester das Leben geschenkt worden war, wußte sie für sich keinen besseren Rat als Sigurd um Gnade zu ersuchen, und deshalb fiel sie Sigurd zu Füßen, auf dieselbe Weise bittend wie ihre Schwester. Doch Sigurd bat sie aufzustehen und ihr Leben zu empfangen. Sie freute sich und tat es so. Flegda jedoch verlor viel Blut. Sigurd nahm ein Tuch und Speck und band es ihr um den Kopf.

20 Sigurds Bewirtung bei den Trollweibern

Nach diesem Vorfall nun sprach Flegda zu Sigurd: »Es mag so sein«, sagt sie, »daß sich hier das Sprichwort bewahrheitet, in welchem es heißt: ›Wenige lohnen das Geschenk des Lebens, wie es ihm zusteht‹. Wir Schwestern hingegen werden uns dennoch bemühen zu vollbringen, was wir versprochen haben. Wir wollen dich, Sigurd, nun bitten, daß du zur großen Behausung kommst, über die wir beide verfügen, denn Öskrud, unser Vater, ist jetzt seit drei Nächten tot, und wir haben nun nach ihm das ganze Erbe übernommen, weil unsere Mutter seit langem tot ist. Aber wir wollten gerne, daß dein Begleiter nicht mit dir geht, weil wir sehr große Angst vor ihm haben.« Da antwortet Sigurd: »Ihr braucht ihn nicht zu fürchten, denn er tut denen nichts zuleide, die mir Gutes wollen. Er will sich auch auf keinen Fall von mir trennen.«

Danach gingen sie alle zusammen in die Berge hinauf und trafen auf eine Spalte in den Klippen und traten in die Spalte hinein; und auf der einen Seite der Spalte trafen sie auf eine Geheimtür und dort gehen sie hinein und finden dann vor sich eine gewaltige Behausung vor; die war innen im hinteren Teil gut mit Wandbehängen ausgestattet, im vorderen Teil jedoch waren auf beiden Seiten bequeme Sitze angefertigt und aus dem Berg gehauen, so groß, daß wohl drei Leute auf jedem sitzen konnten. Sie erzählen Sigurd, daß ihr Vater Öskrud diese Höhle errichtet hat, um dort Trinkgelage abzuhalten, wenn er andere Riesen aus dem Gebirge Alpes zu sich einlud, und er gab für sie jeweils große Gastmähler. Er hatte aber zusätzlich noch einen anderen Raum, um Männer von hoher Geburt und höfischer Sitte, denen er wohlgesinnt war, darin zu bewirten, falls sie durch irgendeinen Zufall dorthin kämen. »Und dorthin werden wir gehen«, und so tun sie es. Dieser Raum war innen vollkommen mit Stoffen aus feinstem Tuch ausgekleidet. Dort erblickt er ein prächtiges Bett mit goldenen Bettvorhängen. Da war auch ein großes, gut ausgestattetes Bett, welches zur Größe der Schwestern paßte. Auf der einen Seite des Raumes sah er, daß dort wohl ihr Essen und Trinken verwahrt wurde. Auf der anderen Seite jedoch mochte die Höhle wohl Gold und Geschmeide, Gewänder und Gewebe und prachtvolle Kriegsausrüstung in sich bergen, denn Öskrud, ihr Vater, war so kundig und großartig in den Künsten der Zauberei, daß er beinahe alle Dinge zu sich geholt hatte, die er besitzen wollte, wo auch immer auf der Welt sie sich befanden. Er erlangte auch volles Wissen darüber, wohin die Dinge gelangt waren, die auf der Welt am außergewöhnlichsten waren.

Nun war Sigurds Löwe in die Höhle gekommen und legte sich vor die Füße Sigurds, und die Schwestern wichen etwas zur Seite, um ihm nicht zu nahe zu kommen, denn sie hatten große Angst vor ihm; deswegen wählten sie die Möglichkeit, von der sie dachten, daß sie ihnen am meisten nützen und dem Tier gefallen würde, und gaben ihm zu fressen; und der Löwe wurde freundlich zu ihnen und aß, wie es ihm beliebte. Sie ließen vor Sigurd einen kleinen Eßtisch stellen, der an beiden Enden mit goldenen Rosen verziert war, und ließen dazu ein schneeweißes, ganz goldgewirktes Tuch kommen, sowie ein anderes Tuch für das Messer, das nicht weniger ausgezeichnet war. Danach brachte man ihm mit Honig gebackenes Weizenbrot, vermischt mit allerlei Kräutern, und dazu sämiges Öl aus Bienenwachs und Balsam, und das brannte nun auf dem Tisch vor ihm in schönen Lampen. Hierauf wurden frische Gerichte mit Fleisch, gepfefferten Pfauen und anderem Wildbret und dazu bester Wein und Claret vor ihn gesetzt. Sigurd staunte sehr darüber, daß ihm in einer Trollhöhle so viel Aufrichtigkeit und allerhand Ehren zuteil werden sollten, wie man sie in dieser Weise sogar inmitten der Welt am kaiserlichen Thron selten oder niemals vorzufinden vermochte; und als Sigurd gegessen und getrunken hatte, wie es ihm beliebte, verlangte es Sigurd danach, zu Bett zu gehen, da er in dieser Nacht wenig oder fast gar nicht geschlafen hatte und es nun schon Tag geworden war.

Nun bringen sie ihn zu dem Bett, das erwähnt worden ist; und nachdem er seine Hände in einem Silberbecken gewaschen hat, legt er sich ins Bett und schläft bald ein und erwacht nicht, bevor es kurz vor Mittag war. Dann kleidete er sich an und wusch sich wieder die Hände; und wenn diese Trollweiber auch häßlich und ungeschlacht waren, wußten sie Sigurd doch vollkommen zu dienen. Es wurde ihm dann auf dieselbe Art wie in der Nacht ein Tisch gedeckt, und als er gegessen und getrunken hatte, wie es ihm beliebte, da sprach Flegda zu Sigurd: »Ich glaube, ich weiß«, sagt sie, »daß die Eigenart von uns Trollen und die solcher menschlicher Wesen, wie ihr es seid, wohl nicht vereinbar ist, aber gerne wollten wir Schwestern, daß du hier wohnst, falls es dir ein wenig zusagen könnte. Doch wenn du von hier aufbrechen willst, würden wir es gerne so einrichten wollen, daß wir ein bißchen Ruhm dadurch erlangen, daß wir dir das Geschenk des Lebens zu lohnen hatten. Nun sollst du aber zuerst den Zeitvertreib haben, hier Gold und Glitzersteine und kostbare Kleinode anzusehen.« Sigurd sagt, daß ihm das wohl beliebe, und nun führen sie ihn in die Seitenhöhle, in der sich Reichtümer im Übermaß befanden.

21 Hilfreiche Abschiedsgeschenke

Wie nun Sigurd in diese Seitenhöhle kam, erblickte er eine sehr robuste Kiste, die sorgfältig gearbeitet, ganz mit Eisen beschlagen und fest verschlossen war; und doch sah er dort viele andere Truhen, obschon diese die stabilste war. Sigurd sprach: »Mich interessiert es nicht, deine Truhen aufzumachen.« Flegda antwortet: »Sie bergen nur solches in sich, daß es dir wenig bringt zu erfahren, was wir anderwärtig besitzen.« Und nun kommen sie zu einer großen Kiste. Sie schließt sie auf. Sie setzten Sigurd auf einen schönen Stuhl und breiteten vor ihm die Decke aus, die zuoberst in der Kiste lag. Oben auf diese Decke jedoch legten sie zuerst Gewänder und Gewebe, in den verschiedensten Farben und mit Gold gewoben, mit Ringen, Tieren und Vögeln, teilweise auch mit Rosen oder Lilien in Grün und Rot. Hierauf wurden Ringe in vielgestaltiger Ausfertigung vor ihn gebracht; als nächstes Silber- und Goldgefäße in ausgezeichneter Ausführung, vergoldet und graviert und mit Edelsteinen besetzt.

Nun bitten sie Sigurd, hiervon entgegenzunehmen, was er wolle. Er sagt, daß er für den Augenblick nichts davon haben wolle. Sie baten ihn, den Lohn für sich einzufordern, sobald er es wolle – »und doch soll dies nicht als Belohnung dafür gelten, daß du uns das Leben geschenkt hast.« Und jetzt nehmen sie ein Schachspiel mitsamt Brett auf, und das war ganz mit Gold eingelegt und mit Edelsteinen besetzt. Das Spiel jedoch war mit größter Kunstfertigkeit einesteils aus Gold, andernteils aus Silber gefertigt und graviert; niemals hatte Sigurd eine solche Kostbarkeit gesehen. Dieses Schachspiel und das Brett hatte der berühmte König Arturus von Bretland besessen. Flegda sprach: »Sigurd, dieses Kleinod will ich dir schenken, und diese Eigenschaft hat dieses Schachspiel, daß der, der es besitzt, stets gegen jeden die Oberhand haben wird, mit dem er es zu tun hat, und auch jeder, den dieser die Oberhand haben lassen möchte.« Und Sigurd dankte, und es dünkte ihn ein äußerst wertvolles Kleinod. Da nahmen sie eine gelbgoldene Bettdecke auf, welche die ganze Höhle erleuchtete. »Diese Decke sollst du besitzen, Sigurd«, sagt Flegda. »Sie hat die folgende Eigenschaft, daß zwischen den Menschen, über denen sie ausgebreitet wird, Zuneigung und feine Freundschaft entsteht, wo auch zuvor Haß und Harm war.«

Danach nahmen sie ein Tuch auf, falteten es auseinander und entnahmen daraus zwei Dinge. Das eine war ein großer Fingerring. In diesem Ring war ein so schön erstrahlender Edelstein, daß das Licht, das er von sich gab, allen Glanz, der zuvor in der Höhle war, überwand und überstrahlte. Flegda sprach: »Diesen Ring will ich dir schenken, Sigurd. Und dieser Ring hat folgende Eigenschaft, daß jede Frau oder Jungfrau, die den Stein erblickt, der auf diesem Ring angebracht ist, sofort von der Hitze der Liebesglut und des Verlangens erfaßt wird, so daß sie glauben wird, nicht weiterleben zu können, ohne Eure Liebe zu erhalten. Dies ist eine weitere Eigenschaft dieses Rings: Falls du ihn an deiner Hand trägst, können dir weder Gift, Feuer noch Waffen schaden, und kein Mensch sieht dich, wo auch immer du hingehen willst. Diesen Ring sollst du zu eigen bekommen und wohl gebrauchen, denn diese Dinge sind dir von ganzem Herzen gegeben worden.«

»Nun gibt es noch diesen einen Gegenstand, den du für ein Kleinod halten wirst; und das ist eine Holztafel mit vier abgeteilten Flächen, und in jeder Fläche sitzt ein Spiegel. Diese Eigenschaft hat ein Teil des Spiegels: Wenn du dort hineinschaust, erscheinst du so glanzvoll und gütig, daß kein Menschenauge je eine so schöne Erscheinung gesehen hat, wie du sie dann haben wirst. Diese Eigenschaft besitzt ein weiterer Teil dieses Spiegels: Wenn du dorthinein schaust, erscheinst du allen Menschen häßlich und gräßlich wie ein Troll, mit dunkler und ungeschlachter Erscheinung, stechendem Blick und gebogener Nase, schwarzem Haar, großem Wuchs. Wenn du in den dritten Spiegel schaust, scheinst du ein Zwerg zu sein, von winzigem Wuchs, mit fußlangen Armen, großen Füßen und einem Kopf, viel größer, als es sich gehört. Schaust du in den vierten Teil des Spiegels, erscheinst du als ein häßlicher Schweinehirt. Doch wenn du dich der Rückseite dieses Spiegels zuwendest, erscheinst du in deinem eigentlichen Aussehen.«

Sigurd war sehr erfreut über diese Kostbarkeiten; er hatte weder irgend etwas anderes dieser Art je gesehen, noch davon zu hören bekommen, um so weniger als man irgend etwas Derartiges auf der ganzen Welt finden könnte. Er nimmt nun diese wertvollen Kostbarkeiten an sich und dankt ihnen sehr für ihre Geschenke. Sie kümmern sich nun mit überaus großer Fürsorge darum. Sigurd fordert sie auf, zu dem Hort zu gehen, den der Drache, den Sigurd erschlagen hatte, besaß, um so viel Gold für sich einzusammeln, wie unter ihm gelegen hatte. Sie willigten darin ein und wünschten ihm alles Gute, Ansehen und Ehre, Gesundheit und Glück, und fordern ihn auf, Gold und Geschmeide bei ihnen abholen zu lassen, wann immer er wolle. Er dankt ihnen herzlich, und beim Abschied sprach Flegda: »Wir haben dir das Geschenk des Lebens nicht gelohnt, wie du es verdient hast, Sigurd. Doch falls du eine Kleinigkeit benötigst, Menschenmann, rufe meine Schwester und mich beim Namen, und es wird dir nicht schlechter ergehen, als wenn du es nicht tust.« Nach diesem Gespräch gingen sie auseinander. Sigurd ging zu seinem Zelt. Sie hatten alles dorthin gebracht, was Sigurd benötigte. Daraufhin nahm er seine Pferde und steigt auf, sein Löwe aber läuft voraus.

22 Graf Lafranz' Warnung vor Sedentiana

Sigurd reitet nun aus dem Gebirge Alpes und hält nordwärts nach Valland und kommt weder in Städte noch Siedlungen, denn er will nicht, daß jemand seiner Reise gewahr wird, bevor er zur Stadt Lixion gelangt ist. Graf Lafranz hieß ihn in aller Freundlichkeit willkommen. Nun war es nicht wie früher, als er schwieg, wenn er gegrüßt wurde, sondern er grüßte alle mit höfischen Worten, offen zeigend, daß ihm nicht weniger Wortgewandtheit als auch andere Künste gegeben waren, und das schien allen Leuten eine große Neuigkeit, daß sich dieser vornehme Königssohn nun mit so feiner Sprache hervortun sollte, von dem sie zuvor dachten, er wäre wohl stumm. Er war zu der Zeit acht Monate fort gewesen.

Sigurd berichtet nun dem Grafen, seinem Ziehvater, alles von seinen Reisen und von den großen Ruhmestaten, die ihm auf dieser Fahrt zugekommen waren; zuerst, wie er den gewaltigen Drachen und die jungen Drachen erschlug und wie er den Löwen erlangte und ihn zu seinem Begleiter machte. Danach zeigte er ihm die seltenen Kostbarkeiten, welche die Trollweiber ihm gegeben hatten. Der Graf maß dem große Bedeutung zu, welch große Ehre und gewaltigen Ruhm Sigurd auf dieser Fahrt erlangt hatte.

Sigurd erzählt ihm auch, was er von seinen Brüdern erfahren hatte, von der Fahrt, die sie zu einem Treffen mit Sedentiana unternommen hatten. Der Herzog bat ihn, sie zu meiden wie die gefährlichste Giftschlange, damit er durch ihr Zutun keine Schmach erleide. »Ich habe gehört, daß ein Königssohn aus dem Numidiareich aus Afrika mit großem Gefolge losgefahren ist und um diese Jungfrau geworben hat und von ihr eine üble Behandlung und geringschätzige Worte abbekommen hat; und sie wollte ihn auf keinen Fall dulden. Er erlitt jedoch keine solche Schande wie die Brüder, aus dem Grund, weil er sich nicht so unklug in ihre Gewalt begeben hat wie sie. Und er holte sein Heer zu den Schiffen und ließ die Stadt der Königin mit aller Gewalt und Kriegsgerät angreifen, doch da sie die härtesten Krieger zur Verteidigung hatte und ihr ein großes Landheer zuströmte, endete es so, daß er – obschon der Königssohn ein hervorragender Mann im Umgang mit Waffen und an Tüchtigkeit war – nicht Widerstand leisten konnte, und er verlor den größten Teil seines Gefolges, wobei er selbst nur mit Not davonkam.« Sigurd antwortet: »Weder steht mir der Sinn danach, noch habe ich das Verlangen, irgend etwas mit ihr zu tun zu haben, doch ich bin mir nicht sicher, ob ich vor ihr schlechter abschneiden könnte als meine Brüder, und würde es gut verlaufen, läge ein um so größerer Sieg darin, sie zu überwinden, je mehr Leute sie früher mit ihrer List und Schlauheit verspottet und überwunden hat.« Nun beenden sie dieses Gespräch, und Sigurd weilt dort für eine Zeit in guter Freundschaft.

23 *Die Schwurbruderschaft mit Randver*

Die Brüder Sigurds, Vilhjalm und Halfdan, erfahren nun, daß ihr Bruder Sigurd von zu Hause fortgeritten und jetzt zurückgekommen war. Doch sie hatten keine Kenntnis davon, was er auf seiner Reise erreicht hatte. Irgendwann nun spricht Sigurd zu seinem Ziehvater: »Ich will jetzt, daß du mir fünf Kriegsschiffe und auf diesen eine ausgewählte Mannschaft als Gefolge und Fahrtgenossenschaft zur Verfügung stellst. Ich will zuerst auf Holtsetuland zusteuern, um mir dort einen guten und zuverlässigen Begleiter zuzulegen, denn mir ist gesagt worden, daß Jarl Neri einen berühmten Sohn haben soll, der gut mit Fertigkeiten ausgestattet sei. Er ist so einzigartig im Reich meines Vaters, daß mich besonders danach verlangt, ihn zum vertrauten Freund zu haben; und ich werde dort mein Gefolge vergrößern, wenn mir danach ist.« Der Graf sagt, ihm stehe zur Verfügung, was ihm beliebe, und so läßt der Graf Schiffe herrichten und wählt dazu das streitbarste Gefolge, und sie fahren, sobald sie bereit waren.

Der Graf nimmt nun in aller Liebe und Freundlichkeit von seinem Ziehsohn Abschied. Sie hissen daraufhin ihre Segel und fahren aufs Meer hinaus, kommen jedoch nicht ins Reich von König Lodivicus. Sigurd hatte seinen Löwen bei sich. Und sie lassen nicht ab, bevor sie Holtsetuland erreichen und im Hafen anlegen. Der Jarl merkt schnell, daß Kriegsleute mit fünf Schiffen in sein Land gekommen sind, die jedoch nicht heeren wollten; und als Jarl Neri dessen gewahr wird, schickt er sogleich seinen Sohn Randver zu den Schiffen, um zu erfahren, was für Leute sie seien; ob der Jarl sich auf Krieg einstellen solle, oder ob sie sich friedlich im Land aufhalten wollen.

Randver geht nun mit seinen Dienern los und rüstet sich ritterlich und kommt zum Heerlager und trifft dort auf Leute, und die begrüßen ihn freundlich und fragen, wer der höfische Ritter sei. Er sagte, daß man ihn in diesem schönen Land antreffen könne, wo die Städte weit und breit mit goldenen Dachfirsten und vergoldeten Kuppelspitzen versehen seien – »und das, wonach du gefragt hast, kann er euch ebenso erhellen und kundtun.« Nun geht Randver in das Landzelt hinein und sieht dort einen so vornehmen Mann sitzen, daß er desgleichen noch nicht gesehen hatte, und trat vor ihn hin und sprach ihn auf höfische Weise an. Dieser nahm die Grußbotschaft freundlich entgegen und forderte ihn auf, zu ihm zu sitzen und Wein zu trinken. Randver sagt, daß er erst seinen Auftrag beenden wolle: »Ich möchte, wenn es Euch beliebt, von Euch Euren Namen erfahren und von wo Ihr seid; und falls Ihr Euch hier friedfertig im Land aufhalten und weder heeren noch plündern wollt, so will der Jarl, der hier herrscht, Euch Frieden anbieten und ein Festmahl und Freundschaftsgaben für Euch bereithalten, wenn ihr denn so bedeutende Leute seid, wie Euer Auftreten offenbart, daß ihr es wohl sein müßt.« – »Wohl sprichst du«, sagt Sigurd, »und wir wollen Euer ganzes Angebot annehmen. Doch sage mir, in welcher Stellung oder in welchem Rang du stehst; aber da du uns nach dem Namen gefragt hast, so sind wir Euch dies zu offenbaren nach rechter höfischer Sitte schuldig. Ich heiße Sigurd, Sohn Hlodvers, des Königs von Saxland, und deshalb wird es wohl Euren Erwartungen entsprechen, daß ich im Reiche meines Vaters nicht heeren werde.« Der Sendbote antwortet: »Mein Name ist Randver, und ich bin der Sohn von Jarl Neri. Er herrscht über dieses Reich, und gewiß werden wir uns über Euer Kommen freuen.«

Danach bittet er um Erlaubnis zu gehen und trifft seinen Vater, ihm berichtend, daß dort der Sohn König Hlodvers mit einem großen Gefolge angekommen sei, und wie der Jarl dies erfährt, stattet er seine Ritter gleich so herrlich wie nur möglich aus und reitet zu den Schiffen und heißt den Königssohn mit großer Freundlichkeit willkommen und lädt ihn mit all seinen Leuten zum Gastmahl zu sich ein. Der Königssohn nimmt dies wohl an und reitet mit dem Jarl heim zu seiner Halle. Sie steigen dort von ihren Pferden. Sigurd wird zum Thron geführt, und der Jarl mit ihm. Dann strömt eine große Menge an Leuten in die Halle. Nun ist die Halle sowohl mit den Leuten des Jarls als auch mit denen Sigurds voll besetzt, und daraufhin wurden allerhand Gerichte aufgetragen und gute Weine getrunken und allerhand Späße und Wettspiele veranstaltet. Randver, der Sohn des Jarls, hielt sich stets treu bei Sigurd auf und bediente ihn an diesem Gastmahl. Und als drei Nächte vergangen sind, macht sich Sigurd zum Fortsegeln auf. Doch Jarl Neri bietet ihm an, was auch immer er aus seinem Reich haben wolle. Randver, der Sohn des Jarls, bietet Sigurd seine Begleitung und Dienste an. Sigurd nahm dies auch dankend an und meinte, er glaube, daß er wohl keinen tüchtigeren oder besser mit Fertigkeiten ausgestatteten Mann als ihn bekommen könnte, und mit dem Einverständnis seines Vaters Neri wurde Randver zum Schwurbruder Sigurds. Der Jarl gab ihnen zwei Schiffe mit Besatzung und Waffen, und sie begeben sich darauf zu den Schiffen und nehmen in größter Liebe und Freundschaft Abschied; jeder pries den anderen.

24 Der Zwerg Nip und die Schlacht gegen Börk und Brusi

Danach segeln sie von dort weg und steuerten in Richtung Austrveg und unterwarfen sich Mohren und Berserker. Randver war ein äußerst tüchtiger Mann und kam Sigurd in allen Fertigkeiten am nächsten. Sie heerten während des Sommers in weiten Gebieten und errangen jedesmal den Sieg, und damit eine Menge an Besitztümern sowie dreißig Schiffe.

Sie kamen zuletzt zu einer Insel. Sie lag im Osten in Jamtaland und war stark bewaldet. Sie legten ihre Schiffe vor Anker. Die

Schwurbrüder gehen an Land, um sich die Zeit zu vertreiben, und streiften weit im Wald umher, bis sie im dichten Forst auf eine kleine und armselige Hütte trafen, und gingen zur Tür hin. Die Tür war verschlossen. Sie klopften an die Türe. Ein Mann ging zur Tür und schloß auf; der war sowohl dunkelhäutig als auch kleinwüchsig. Er war sehr ungehalten und sprach: »Die tun ja nicht gerade wenig wichtig, die hier draußen stehen und meine Hütte einreißen wollen; solches ist nicht die Art eines vornehmen Mannes. Die, die euch morgen an meiner Stelle voll und ganz bestrafen werden, sind nicht weit von hier.« Er wollte die Tür ins Schloß knallen, und das Kerlchen stieß heftige Worte aus; doch die Schwurbrüder waren schneller und traten durch die Türöffnung auf das Kerlchen zu. Sigurd fragte ihn nach seinem Namen. Er sagte, er hieße Nip und besäße die Herrschaft über die Insel. »Erzähl uns ruhig von irgendwelchen Geschehnissen, mein Kerlchen«, sagt Sigurd. »Hier ist ein Goldring, den ich dir geben will.« – »Sei gepriesen für deine Gabe, und ich werde dir sagen, was ich weiß, und es werden dir gute Neuigkeiten scheinen, wenn dies Sigurd ist, Hlodvers Sohn, der hervorragende Mann, von dem erzählt wird, er habe viele Großtaten vollbracht, und sein Schwurbruder Randver. Es liegen hier nun südlich der Insel zwei Brüder vor Anker, und die kann man wegen ihrer Bosheit und Zauberkunst kaum als Menschen bezeichnen. Sie haben hier einen halben Monat lang mit fünfzehn Schiffen gelegen. Der eine heißt Börk und der andere Brusi; die beißt kein Eisen. Sie bewegen sich in und auf der Erde. Sie rücken in jedem Kampf ohne Rüstung vor. Brusi hat einen großen Speer und Börk einen Langblattspieß, und die verfehlen ihr Ziel beim Zuschlagen nicht. Solches würde großes Ansehen bedeuten und wäre eine hervorragende Tat, derartige Leute unterzukriegen. Sie haben ein schlagkräftiges Gefolge, Mohren und Berserker und so manches üble Gesindel.« Sigurd dankt ihm für die kurzweilige Unterhaltung. Nip sprach: »Sigurd, hier ist ein Messer, daß ich dir schenken möchte. Es wird die Brüder beißen, wenn es bei dir darauf ankommt.«

Sie trennen sich nach diesem Gespräch, gehen darauf zu ihren Schiffen und erzählen ihren Leuten genau, was das Kerlchen zu ihnen gesagt hat. »Es gilt nun«, sagt Sigurd, »sich Eigentum wie auch Ansehen zu verschaffen. Wir werden jetzt unser Gut an Land schaffen. Statt dessen soll aber jeder Steine auf sein Schiff bringen. Laßt uns mannhaft bestehen oder tapfer sterben, denn so haben es Männer früher getan.« Sie sagten, so würden sie es tun. Die Nacht verstrich. Frühmorgens legt die ganze Heerschar auf den Schiffen der Schwurbrüder ihre Rüstungen an. Sie rudern danach südlich vor die Landzunge und sehen die Schiffe der Wikinger sowie ein so schönes Langschiff, wie sie kein gleichartiges je gesehen hatten, denn es war oberhalb der Wasserlinie ganz und gar durchgeschnitzt und mit Gold und Silber eingelegt, wo sie es für zierreich hielten. Die Schwurbrüder führen sofort einen Seeangriff auf die Wikinger durch und lassen einen Geschoßhagel fliegen; und die, die ihm ausgesetzt sind, erwachen nicht gerade aus einem guten Traum, bewaffnen sich tüchtig und wehren sich mannhaft. Es geht nun ein Tumult und Getöse los, als die Brüder auf dem Langschiff erwachen.

Brusi fragt, wer so kühn sei, daß er es wage, ihnen Ungemach zu bereiten, und wer sich mit ihnen schlagen wolle. Sigurd sagt, wer er ist. Brusi antwortet: »Von dir habe ich zu hören bekommen, wenn dies Sigurd Thögli ist; gewaltiger Vorwitz und Vermessenheit haben dich gepackt, so frisch von zu Hause aufgebrochen, daß du es wagen willst, dich mit uns Brüdern zu schlagen, wo doch alle Schöpfung der Welt, um so mehr die Menschen, Angst vor uns beiden hat. Allzu lange glaubst du wohl gelebt zu haben, und dementsprechend soll es dir ergehen, bevor dieser Tag verstrichen ist.« Sigurd antwortet: »Richtig erkennst du mich an meinem Namen, doch die große Vermessenheit liegt in dem erbärmlichen Körper, an dem du Anteil hast, daß doch dein überaus häßlicher Kopf meint, daß es keiner wagen wird, gegen euch zu kämpfen; demgemäß soll's dir ergehen.«

Darauf bricht eine äußerst heftige Schlacht mit Steinhagel und Geschoßregen los, die sie einander lieferten. Da gab es große Verluste auf beiden Seiten. Die Schwurbrüder rückten ganz unerschrocken vor und erschlugen Wikinger zu beiden Seiten, und sie säuberten viele Schiffe. Sigurd sieht auch, daß die Brüder Börk und Brusi jeden Mann erschlugen, den sie mit ihren Waffen erreichten. Ihr Gefolge fiel haufenweise. Der Tag verstrich, und als die Sonne unterging, wurden Börk und Brusi wütend und sehr gefährlich; es fiel einer nach dem anderen aus dem Gefolge der Schwurbrüder. Die Situation stand kurz davor, daß in ihrem Gefolge die Flucht einsetzte. Sigurd feuert seine Leute nun heftig an und fordert sie auf, sich nach Kräften zu bewähren und nicht zu fliehen: »Es ist jetzt ruhmvoller, in Tapferkeit zu fallen als von hier zu fliehen!« Da bewährte sich jeder, wie er es vermochte.

Es ging so auf Abend zu, und beide hielten den Friedensschild hoch. Jedermann aus dem Gefolge der Schwurbrüder, außer den Mannschaften dreier Schiffe und des Langschiffs, welches Jarl Neri ihnen übergeben hatte, lag da erschlagen. Sie steuerten zurück, lagen an derselben Stelle vor Anker wie zuvor und verbanden die Wunden ihrer Männer. Als das Kriegsvolk jedoch eingeschlafen war, ging Sigurd ganz allein an Land und zur Hütte hin. Nip stand draußen und fragt Sigurd nach Neuigkeiten oder wie die Schlacht verlaufen sei. Sigurd berichtet ihm alles bereitwillig. Nip fragt: »Was gibt es an Neuigkeiten oder Neues in deinen Angelegenheiten, Kamerad, daß du ganz allein in der Nacht hierherschleichst?« Sigurd sprach: »Ich will dich auffordern, daß du morgen mit mir gegen die Wikinger kämpfst und mir deine Tüchtigkeit zur Verfügung stellst; und sei auf dem Schiff mit mir.« Nip antwortet: »Darüber läßt sich nicht verhandeln, Sigurd, daß ich so etwas tun werde, weil ich noch nie Menschenblut gesehen habe und sofort erschlagen oder über Bord geworfen würde; oder ich erschlage mich selbst, sobald der Kampf anbricht, denn nichts widersteht den Brüdern. Ich werde eher ruhig zu Hause in der Kate liegen, als daß ich mich in solche Lebensgefahr begebe.« Er läuft in die Hütte und verschließt sie, Sigurd hingegen geht zu den Schiffen und schläft die Nacht durch. Die Brüder hatten zehn Schiffe und die ganze Besatzung, die sich auf ihnen befand, verloren, und es gab übles Gemurre in ihrem Gefolge.

25 *Der Sieg der Schwurbrüder*

Als nun der Tag anbrach, rüsten sich beide Seiten zum Kampf und führen einen heftigen Seeangriff durch. Es findet dann eine so heftige Schlacht statt, daß Sigurd glaubt, noch nie in solche Lebensgefahr geraten zu sein. Es fiel reichlich Gefolge auf beiden Seiten. Doch als Sigurd es am wenigsten erwartet, taucht bei Sigurds Langschiff ein schmuckes Schiff auf, klein und vollbesetzt mit Kriegsvolk, welches zum Kampf gerüstet war. Dieses legt längs an ein Schiff der Wikingerbrüder an, und in kurzer Zeit erschlugen sie jedermann darauf; und so fuhren sie längs an ein zweites heran und dann an ein drittes. Sigurd meint zu erkennen, daß hier sein Freund Nip gekommen ist, und nicht ohne magische Gegenstände. Er sieht, daß Pfeile aus jedem seiner Finger schießen und zu den Schiffen der Brüder fliegen und daß vor jedem Pfeil ein Mann in die Schußlinie gerät. Sigurd feuert sein Gefolge energisch an und befiehlt ihnen, an die kleinen Schiffen längszugehen – »ich hingegen werde am Langschiff anlegen.« Er tut es so und er und Randver machen sich sogleich ans Entern; darauf einer nach dem anderen. Man braucht nicht nach den Gründen zu fragen; es erschlägt jeder den anderen. Es herrscht nun nicht gerade absolute Stille auf dem Langschiff, sondern Aufschreien und Anstacheln, Getöse und Tumult, als beide ihre Männer anspornen. Es gab nun ungeheuer große Verluste bei beiden Gefolgen. Sigurd und Randver bewährten sich äußerst mannhaft und räumten sich den Weg zum Mast frei, hauen und stechen nach beiden Seiten; dort kommen ihnen die Berserker der Brüder entgegen, zwölf insgesamt. Es gibt eine heftige Schlacht, keiner verschonte den anderen. Die Berserker stießen energisch vor und hatten Eisenkeulen in den Händen und hieben nach beiden Seiten; alles wich vor ihnen zurück. In diesem Augenblick sieht Sigurd, daß Nip dort angelangt ist, und treibt seinen Schwurbruder energisch dazu an, gegen die Berserker nicht zu zögern – »und laßt sie uns so schnell wie möglich aus dem Weg räumen.« Sie sagten, sie wollten dies gerne tun; Nip war der hitzigste. Es endete mit ihrem Aufeinandertreffen so, daß sie alle Berserker erschlugen.

Die Brüder auf dem Achterdeck sahen, daß ihre Krieger gefallen waren. Sie bahnen sich energisch ihren Weg. Sie hauen jetzt nach beiden Seiten, bis sie dorthin kommen, wo die Schwurbrüder sich befinden. Brusi sticht mit dem Speer nach Sigurd und zielte auf seine Mitte. Sigurd jedoch brachte den Schild vor sich, und der Speer glitt ab und drang in den Oberschenkel und durch ihn hindurch; dies war eine große Wunde. Sigurd schlägt Brusi mitten auf den Schädel, doch das Schwert setzte nirgends an, glitt in die Schulter ab und von dort in den Arm. Brusi geriet durch die Wunde etwas aus der Fassung und taumelte an die Bordwand. Dort stand das Kerlchen Nip mit einer großen, spitzenbewehrten Keule und setzt Brusi derart eins unters Ohr, daß er über Bord des Langschiffs fällt und hinabsinkt. Sigurd schwächte der Blutverlust sehr, und er verbindet sich mit seinem Hemdzipfel; und wie er dies getan hat, sieht er, daß weit entfernt vom Langschiff ein großer, böser Wal ist.

Er schwimmt unter ungeheurem Schnauben und Schlagen hoher Wellen heran und ist in kurzer Zeit prustend beim Langschiff angelangt. Sigurd glaubt zu erkennen, daß dieses böse Ungeheuer jedermann töten würde, der sich auf dem Langschiff befindet, falls es zu bestimmen hätte. Sigurd erbittet nun den Beistand der Geschwister Flegda und Fala gegen dieses böse Wesen. Und als er dies ausgesprochen hatte, schossen unter dem Langschiff zwei nicht gerade allzu kleine Wale hervor und dem bösen Wal entgegen und greifen, in ihrem heftigen Kampf mächtig untertauchend und große Wellenberge aufwerfend, sofort an, wo sie sich gegenseitig auseinanderrissen. Sigurd glaubte, noch nie zuvor einen solchen Kampf gesehen zu haben, derart heftig, wie ihn diese Wesen führten. Die See begann sich nun mit ihrem üblen Blut recht zu vermischen. Ihr Aufeinandertreffen endete auf die Weise, daß der böse Wal ins Meer hinaus davonschwimmt, die anderen jedoch hinterher, und man sieht sie nicht mehr wieder.

Sigurd steht nun sehr der Sinn danach zu erfahren, wie es seinem Schwurbruder wohl ergeht, und er begibt sich zurück über den Mast auf das Langschiff; er sieht da Spuren des Geschehenen, daß Randver und Nip beide auf Börk eindringen, doch der weicht in den Gestalten verschiedener Wesen rasch aus, so daß sie ihm keine Verletzung zufügen können. Randver ist stark und bis auf den Tod verwundet und fällt vor großer Erschöpfung und Blutverlust zu Boden. In diesem Augenblick kommt Sigurd heran und haut Börk von oben in den Schädel; das Schwert nahm auch das Ohr mit, so daß es in der Schulter steckenblieb. Nip hingegen schlug mit der Keule zu. Es entbrennt nun ein äußerst heftiger Kampf, als sie zu zweit auf Börk losgehen; sie überwältigen einander abwechselnd, jeder teilt dem anderen gewaltige Hiebe aus. Sigurd glaubte, kein Ende darin abzusehen, wer von beiden wohl gewinnen würde, doch zuletzt kommt es so heraus, daß sie ihn zu Tode prügelten und ihn darauf über Bord warfen und den Siegesruf ausstießen.

Die Wikinger begaben sich in die Gewalt Sigurds, und Sigurd und seine Leute erlangten eine Menge an Besitztümern. Sigurd dankte Nip für seine wertvolle Hilfeleistung und gab ihm reichlich Geld, und sie trennten sich in guter Freundschaft. Sigurd bleibt einen halben Monat dort und pflegt seine Leute und seinen Schwurbruder; als sie jedoch gesund sind, fahren sie von dort weg, und Sigurd steuert das Langschiff Brusanaut, Randver aber das andere. Sie halten nicht inne, bevor sie nach Hause ins Reich von Jarl Neri gelangen. Er heißt sie herzlich willkommen, und sie blieben den Winter über dort.

26 Der Kampf gegen König Feritas von Lumbardi und seinen Sohn Valteri

Doch als es Frühling wurde, gingen sie auf Kriegszug und erschlugen übles Gesindel. Sie unterwarfen auch manches Königreich und machten es sich tributpflichtig. Als aber der Sommer herannahte, hielten sie nach Osten nach Lumbardi; dort herrschte ein König namens Feritas. Er hatte viele andere Könige und Jarle unter seinem Schutz und Schirm. Der König hatte eine Königin und mit ihr zwei Kinder gezeugt; sein Sohn hieß Valteri, Provincia die Tochter. Valteri war in allen Fertigkeiten ein so hervorragender Mann, daß in diesem Land in sämtlichen Fähigkeiten keiner seinesgleichen zu finden war. So war auch seine Schwester mit allen weiblichen Künsten versehen.

Die Schwurbrüder Sigurd und Randver kamen dort an Land und boten dem König zwei Möglichkeiten an: seine Herrschaft aufzugeben und ihr Untertan zu werden oder zu kämpfen. König Feritas sagte, er würde seine Herrschaft ganz bestimmt nicht ohne Versuch aufgeben; so rüsten sich beide zum Kampf. Der König holt Mengen und Massen an Leuten zu sich herbei. Und zur festgesetzten Zeit stellen beide Seiten ihre Heere in Schlachtordnung auf, und es hebt eine heftige Schlacht an, Geschrei und Waffengeklirr, als sie einander in abwechselnden Angriffen gewaltige Schläge und einen schnellen Tod austeilten. Manche wurden erschossen, manche hingegen erschlagen oder niedergehauen; einer fiel, ein anderer wurde verwundet. So ging es den ganzen Tag lang. Die Schwurbrüder rückten gegen die Schlachtreihen an. Niemand hielt ihnen stand. Es fielen Scharen in beiden Heeren. König Feritas und sein Sohn Valteri rückten tapfer vor. Sie hauen und stechen nach beiden Seiten und rauben manchem Mann Leib und Leben und rücken gegen die Schlachtreihen vor. Valteri und Sigurd trafen sich im Kampf und teilen einander gewaltige Hiebe aus. Es verschont da keiner den anderen. Die Schlacht wird unterbrochen, als die anderen sich ihren Kampf anschauen. Die beiden kämpfen keine lange Zeit miteinander, bis sie sich beide die ganze Rüstung zerschlagen und viele und große Wunden einstecken. Valteri hat sowohl mehr als auch größere abbekommen. Er schlägt sich solange, bis er sagt, daß er vor Erschöpfung und Blutverlust überwunden sei, und sich in Sigurds Gewalt begibt. Doch auch an einer anderen Stelle liefern sich Männer einen Schlagabtausch, König Feritas und Randver. Sie fügen sich gegenseitig Wunden zu und ihr Aufeinandertreffen endet so, daß beide überwältigt werden. So endet die Schlacht.

Der König und sein Sohn Valteri werden nach Hause getragen und zu Ärzten gebracht, Sigurd und Randver hingegen begaben sich zum Heerlager und konnten sich mit ihrem Sieg brüsten; und innerhalb von sieben Nächten waren beide Parteien wieder ganz geheilt. Der König sendet seinen Sohn Valteri zu Sigurd und lädt ihn mitsamt seinem Heer zu einem vierzehntägigen Gastmahl zu sich nach Hause ein. Valteri überbringt Sigurd Worte und Angebot seines Vaters. Sigurd nimmt dies gerne an. Er begibt sich darauf mit vierhundert Mann zu ihm in seine Halle. Der König geht ihm in aller Freundlichkeit entgegen und führt ihn direkt neben sich zum Thron. Es wird allerhand Bier, Wein und Starkbier, Kräuterwein mit Honig und Claret aufgetragen und reichliche Bewirtung aller Art geleistet. Der König schickt nach seiner Tochter, und als sie kam, wurde für sie auf allerlei Musikinstrumenten gespielt, gesungen, geflötet, posaunt, und sie wurde mit ihren Dienerinnen an ihrer Seite zum Sitzen zu einem Thron vor ihrem Vater geführt. Es herrschte größte Freude und Vergnüglichkeit in der Halle. So verging dieser Tag, doch als es Nacht wurde, ging jeder zu seinem Gemach und schläft die Nacht hindurch. So verlief dieses Gastmahl in großer Würde.

27 Der Angriff Ermedons von Blaland auf Lumbardi

Dies geschah eines Tages, als sie beim Gastmahl saßen und viel Vergnügen hatten: Die Tür zur Halle ging auf, und es traten zwölf Männer in die Halle vor den König und grüßten ihn. Der König fragte, woher sie gekommen seien oder wem sie dienten. Der, der ihr Anführer war, antwortet: »Wir sind aus Blaland gekommen, und unser ehrwürdiger Herr und Gebieter sandte uns hierher zu Euch, welcher Ermedon heißt, der Sohn des Königs Lucidarius, mit dem Ansinnen, daß er Eure Tochter mit aller Macht und Ehre der Welt, die ihm zur Verfügung steht, erlangen will. Er hat sich mit seiner Macht und Gewalt in Heereszügen so manches Königreich mit allem Hab und Gut unterworfen. Alle, die von ihm gehört haben, fürchten sich vor ihm. Ich kenne kein weibliches Geschöpf unter der Sonne dieser Welt, daß es mir keine Erniedrigung für ihn schiene, dieses zu heiraten. Er ist mit seiner ganzen Heeresmacht und Schiffsflotte hierher in Eure Häfen gekommen und hat ein Heerlager an Land errichtet; er hat dreißig Schiffe und eine vortreffliche Auswahl an Männern. Wäret Ihr so kühn, einfältig oder übelwollend, daß Ihr Euch nicht damit einverstanden erklären wolltet, deine Tochter zu verheiraten, forderte er Euch nach Ablauf von drei Tagen zum Kampf heraus; ich weiß, daß Ihr dann Euer Leben, Euer Gut und Eure Schätze, Euer Reich und Eure Tochter mit wenig Ansehen verlieren werdet.« Der König antwortet: »Berichte deinem Herrn folgendes, daß ich es vorziehe, den Kampf mit ihm auszutragen, nach dem, was er gesagt hat.« – »Jetzt hast du das gewählt, was dir am besten ansteht«, sagt der Sendbote.

Danach gingen sie fort und zu ihren Schiffen und berichteten Ermedon, wie König Feritas auf sein Ansinnen geantwortet hatte. Ermedon, der Königssohn, brach in Zorn aus und sagte, man solle dessen ganzes Reich niederbrennen und brandschatzen, doch König Feritas gefangen nehmen und zu Tode quälen. Und zur festgesetzten Zeit rüsten sich beide, König Feritas, sein Sohn Valteri sowie die Schwurbrüder aus der Stadt mit ihrem ganzen Heer und Ermedon, der Königssohn, auf der anderen Seite, mit seiner ganzen Schar vor sein Heerlager tretend. Beide Parteien stellen sich nun in Schlachtordnung auf.

Sigurd und Randver glaubten, noch nie solch übles Gesindel gesehen, noch davon gehört zu haben, wie das, welches Ermedon in allerlei Gestalt bei sich hatte. Zuerst Mohren und Berserker, Zwerge und zwielichtiges Volk, Riesen und räudige Trolle. Er hatte Volk von Indialand bei sich, das Cenoefali hieß; sie bellten wie Hunde und hatten Hundsköpfe. Er hatte auch Leute bei sich, die ein Auge mitten auf der Stirn hatten; manche aber waren kopflos und hatten Mund und Augen auf der Brust. Die waren auch dabei, die Augen auf den Schulterblättern hatten; dieses Volk war groß wie Riesen und so schwarz wie Pech.

Die Heere prallten nun aufeinander. Es gab jetzt Geschrei und Gerufe auf beiden Seiten. Man konnte dort gewaltige Hiebe sehen, Schußwechsel und Scharmützel, die beide einander in abwechselnden Angriffen lieferten. Es fiel in kurzer Zeit eine Unmenge von

Leuten aus beiden Gefolgen und dennoch mehr aus dem Gefolge des Königs Feritas, denn keiner widerstand dem Gesindel Ermedons, wenn es auf die Schlachtreihen eindrang. Und als die Schwurbrüder und Valteri dies bemerken, gehen sie auf diesen zusammengesuchten Haufen los und bieten ihnen einen harten Kampf mit gewaltigen Schlägen und einem raschen Tod. Sie lassen nicht eher ab, als daß sie bis zum Abend dieses üble Volk erschlagen haben; einige jedoch flohen unter wüstem Geheul zum Heerlager. Ermedon, der Königssohn, rückte vollkommen unerschrocken vor und erschlug eine Unmenge an Gefolgsleuten und ging den Schlachtreihen entgegen, bis er zur Schildburg von König Feritas kam, die dieser um sich herum hatte aufstellen lassen. Dort machte er einen großen Angriff und läßt nicht ab, bevor er die ganze Schildburg aufgebrochen und den Standartenträger von König Feritas erschlagen hat; dieser floh selbst in die Stadt. Ermedon verfolgte die Fliehenden jedoch und begab sich darauf in sein Heerlager.

Dann wurde der Kampf aufgegeben und Sigurd, Randver und Valteri begeben sich nach Hause zur Halle. Der König sagte, ihre Fahrt sei nicht glatt verlaufen, so wie Ermedon vorgegangen war. Die Leute schliefen die Nacht über.

28 *Ermedons Schwurbruderschaft mit Valteri, Randver und Sigurd*

Bei Anbruch des Tages und bei strahlendem Sonnenschein nehmen sie den Kampf auf; beide Seiten muntern ihr Gefolge zum Angriff auf. Man brauchte da nicht nach den Gründen zu fragen, denn jeder wollte den anderen überwinden und Ruhm erlangen. Es fiel bei diesem Angriff nun ein unüberwindliches Heer auf beiden Seiten; das Vordringen war nun heftiger als zuvor.

Der Königssohn Ermedon ging durch die Schlachtreihen der Schwurbrüder hindurch und erschlug jeden Mann, der ihm in den Weg kam, und es häuften sich die Erschlagenen zu beiden Seiten, bis sie sich im Getümmel trafen, der Königssohn Valteri und Ermedon. Das war ein äußerst heftiger Schlagabtausch und ein hitziger Kampf. Valteri wurde stark verwundet, und seine ganze Rüstung war zerschlagen, bis er wegen seiner Wunden und dem Blutverlust und vor

Erschöpfung niederfiel. Randver erblickt, daß Ermedon Valteri bezwungen hat, und geht Ermedon entgegen und haut ihm mit seinem guten Schwert in den Schild und spaltet diesen bis hinunter durch den Schildriemen entzwei, so daß es in der Erde steckenblieb. Ermedon wirft die Schildteile nieder und schwingt das Schwert zweihändig mit großer Wut und haut Randver in den Schild und diesen in zwei Teile, und das Schwert traf den oberen Teil des Oberschenkels und schnitt ihn so über dem Knie. Dies war eine große Wunde, und er wurde sogleich kampfunfähig. Sigurd kommt in diesem Moment hinzu und sieht, daß sein Schwurbruder gefallen ist, und er will nicht mit ansehen und noch weniger ertragen, daß dies lange ungesühnt bleibt. Deshalb haut er Ermedon in großer Wut in den Helm und diesen entzwei, und das Schwert blieb im Knochen stecken. Dies war eine große Wunde. Dem entgegen schlägt Ermedon auf Sigurd ein, in seinen Schild hinein und diesen der Länge nach entzwei. Doch die Schwertspitze traf die Schulter, den Schulterknochen und das Fleisch seines Armes bis zum Ellenbogen. Sigurd wurde stark verwundet. Er machte eine heftige Bewegung und hieb mit aller Kraft nach Ermedon. Der Hieb traf das Bein unterhalb des Knies und ging durch die ganze Wade hindurch bis zum Fersenbein. Von dieser Wunde wird Ermedon jedoch so überaus wütend, daß er derart ungestüm nach Sigurd haut und mit dem Schwert nach ihm sticht, daß Sigurd den ganzen Tag nichts anderes zu tun hat, als sich zu verteidigen, bis Ermedon vor Erschöpfung und Blutverlust aufgibt, auf Sigurd zugeht und seine Waffen und sich selbst in dessen Gewalt übergibt. Sigurd nahm dies wohl an – »und ich will, daß wir beide die Schwurbruderschaft eingehen; und laßt uns alle zusammenbleiben, Randver und Valteri.« Ermedon willigt darin freudig ein: »Ich bekomme niemals bekanntere oder tüchtigere Begleiter als euch alle zusammen.« Sie taten es nun so.

Darauf wurde der Kampf aufgegeben, und die Schwurbrüder gingen allesamt in großer Ehrerbietung und Freude nach Hause zur Halle. Valteri und den vielen, die verwundet worden waren, wurde Pflege zuteil. König Feritas bot Sigurd aus seinem Reich, was immer er haben, gewähren oder empfangen wolle. Doch Sigurd sagte, er hätte genug an Gold und Silber in Verwahrung. »Ich möchte«, sagt Sigurd, »daß Ihr, König Feritas, mich über die Heiratsbedingungen Eurer Tochter entscheiden laßt.« Der König gesteht dies Sigurd mit Handschlag zu.

Sie hielten sich dort beim König einen Monat lang in guter Gastfreundschaft auf. Zum Abschied überreicht König Feritas Sigurd gute Geschenke, und so segelten sie nach Hause nach Svafa und alle Schwurbrüder blieben dort den Winter über.

29 Sedentianas Vorkehrungen gegen die Schwurbrüder

Im folgenden Sommer rüsten die Schwurbrüder ihre Schiffe aus. Sie fragen Sigurd, wohin er nun fahren wolle. »Nach Frakkland will ich, daß wir fahren«, sagte Sigurd, »mit all unserem Heervolk, das wir ausrüsten können, und Sedentiana, der Tochter von König Flores, die in Treveris weilt, all die Beleidigung, Schande und Demütigung heimzahlen, die sie Leuten zufügte und zufügen ließ.« Sigurd berichtet seinen Schwurbrüdern alles ganz genau, was Sedentiana seinen Brüdern zugefügt hat. Jene sagten, sie seien begierig darauf. Sie segeln nun nach Frakkland. Und als sie an Land kommen, verbrennen und brandschatzen sie alles, erschlagen Leute und plündern Besitz. Einige von den Leuten fliehen in die Berge oder Wälder. Lassen wir dann die Schwurbrüder tun, wozu sie Lust haben.

Eines Morgens stand Königin Sedentiana zeitig auf, läßt all ihre Leute in Treveris zusammenrufen und spricht folgendes: »Ich will euch kundtun, daß vier Schwurbrüder hierher in mein Reich gekommen sind, und sie reisen nicht friedfertig. Sie erschlagen Menschen und brennen Siedlungen nieder. Der Anführer von ihnen heißt Sigurd, genannt Thögli, ›der Schweigsame‹; der Zweite heißt Ermedon, der Dritte Valteri und der Vierte Randver. Sie haben ein unbezwingbares Heer mit dreißig Schiffen und wollen Sigurds Brüder rächen. Es muß nun rasch der Entschluß gefaßt werden, Kriegsvolk zu versammeln, eine große Menge an Leuten im ganzen Land. Sie kommen innerhalb von drei Tagen hier an. Ich weiß genau, daß dies die Wahrheit ist, durch die Eigenschaft und das vollkommene Wissen meiner Steine, denn mich kann nichts überraschen, was sich in dieser Gegend der Welt zuträgt. Es ist nun eine Ehre, sich tüchtig zu beweisen, wo Macht und Ansehen auf dem Spiel stehen, und gebt denen ihren gebührenden Lohn, die hierhergekommen sind.« Sie sagen, sie wollen alle nach ihrem Willen handeln. Es wird nun zum Kriegszug aufgeboten, und es strömt eine Unzahl von Leuten aus verschiedenen Gebieten in die Stadt. Sedentiana ließ die Mauern der Stadt Treveris bis über den Mauerrand hinaus rundherum mit Holz bedachen und Schießscharten einbauen. Über den Schießscharten ließ sie kleine Befestigungen mit vier Türen anfertigen und plazierte fünfhundert Ritter, um die Stadt in den eben erwähnten Befestigungen mit allerhand Kriegsgerät, Schußwaffen, Büchsen und Katapulten zu bewachen. Dazu hatten sie Teer und siedendes Pech, um es über das Kriegsvolk zu schütten, welches darunter stehen würde.

Die Königin hatte sich zuvor ein geheimes Haus in Treveris bauen lassen. Dieses Haus war nicht an die anderen Häuser der Stadt angebaut. Es war fest gemauert. Im oberen Teil dieses Hauses war ein Obergeschoß, welches innen in den schönsten Farben mit allerhand Erzählungen prächtig ausgemalt war: von König Thidrik, von den Söhnen Isungs und von Jung-Sigurd, von König Half und seinen Kriegern, von Ector und dem Kampf um Troja und auch von Alexander dem Großen. Sedentiana hatte auch rings um diesen Turm einen Garten anlegen lassen, mit duftenden Pflanzen und Obstbäumen, die allerlei frische Früchte trugen. Sie und ihre ganze Schar von Jungfrauen waren dort so aufgehoben, daß kein Mann ohne Zauberkünste gegen ihren Willen ein Gespräch mit ihr erlangen oder sie treffen konnte. Dort waren auch ihre Hofkleider und ihre Krone, Gewürze und Kleinode, Gewänder und Gewebe, ganz aus glitzerndem Gold, aufgehoben.

Zur angegebenen Zeit kommen auch Sigurd und seine Schwurbrüder mit ihrem ganzen Heer nach Treveris und stellen ihr Heerlager rings um die Stadt auf. Die Leute Sedentianas sehen nun, daß wahr ist, was sie ihnen vorhergesagt hat.

30 *Kerker, Befreiung und Handel mit einem Zwerg*

Frühmorgens, als die Sonne auf der ganzen Welt wunderbar schien, rüstete sich das Kriegsvolk Sedentianas in der Stadt, und es gibt großen Lärm und Waffengeklirr. Als alles Volk zum Kampf bereit war, hält Sedentiana vor ihren Leuten eine lange und gewandte Rede und sagt folgendes: »Ihr werdet wohl nun erfahren haben, daß Sigurd und seine Schwurbrüder hierhergekommen sind und ihr

Heerlager direkt vor Treveris aufgestellt haben; und ich weiß, daß sie hiermit vorhaben, mit einem Kriegszug unser ganzes Reich unter sich zu sammeln und einzunehmen und so mein Ansehen und meine Macht, die die Welt mir gegeben hat, zu verringern. Ich wollte, falls mein Wille geschehen sollte, daß die Schwurbrüder keine bessere Fahrt hierher zu uns hätten als die Brüder Vilhjalm und Halfdan. Es ist für euch nun eine große Ehre, tapfer vorzurükken und heftig zu kämpfen und niemals nachzugeben. Ich will, daß ihr meinen Plan befolgt, wenn die Heere aufeinandertreffen. Ihr sollt heftige Angriffe durchführen, euch tüchtig bewähren und ehrenvoll sterben; und laßt dies so lange andauern, bis der Tag vorgerückt ist. Doch ich weiß, daß sie sich von der Stadt entfernt von euch zurückziehen, denn sie wollen zwischen euch und die Stadt. Aber darin halte ich euch zu größter Achtsamkeit an, daß ihnen dies nicht gelingt, denn dann sind wir und unser Reich in ihrer Gewalt. Ihr sollt eure Stellung halten und euren Angriff vorantreiben, bis es bei unseren Männern Verluste gibt. Dann macht euch nach Hause zur Stadt auf, leistet weiterhin tapferen Widerstand und liefert ihnen einen harten Kampf. Laßt euch danach durch die Stadttore hereintreiben. Die Schwurbrüder werden allen voran mit Gebrüll und Geschrei und energischen Anfeuerungsrufen die Fliehenden verfolgen; nun sei sowohl Besitz als auch Ruhm zu erringen. Sie werden es so tun. Und wenn es so glücklich herauskommt, daß die Schwurbrüder die Fliehenden hinein durch die Stadttore verfolgen, sollen die Männer, die sich an den Schießscharten und in den Befestigungen befinden, sowohl Geschosse und Büchsenfeuer auf sie prasseln lassen als auch siedendes Pech über sie schütten. Sie werden dann bei ihrem Vordringen in die Stadt zur Unterstützung der Brüder ins Wanken geraten. Wir sollten denen gebührend eins aufs Dach geben, die bei uns eingeschlossen sind, Sigurd und seinen Schwurbrüdern.« Sie sagten alle, sie wollten nach ihrem Willen handeln.

Sie gingen daraufhin zur Stadt hinaus. Beide Seiten stellten ihr Heer in Schlachtordnung auf, und es entbrannte rasch ein harter Kampf. Ihr Aufeinandertreffen verlief ganz so, wie Sedentiana es vorhergesagt hatte, bis die Schwurbrüder alle durch die Stadttore hereingekommen waren und allen voran die Fliehenden verfolgten. Das Heer wollte hinter ihnen eindringen, und als die Brüder ganz nahe an die Stadtmauer gelangten, schütteten die Verteidiger heißes Blei und Pech auf sie hinunter, und die, die in den Befestigungen und an den Schießscharten waren, schossen auf sie. Es fiel dadurch eine Unmenge an Gefolgsleuten, aber die anderen rannten davon – und jedem waren seine eigenen Beine die liebsten – zurück zum Heerlager.

Nun ist von den Schwurbrüdern zu berichten, daß sich, sobald sie durch das Fallgatter der Stadt hereinkamen, das ganze Kriegsvolk, das geflohen war, umdrehte und ihnen entgegen kam und sie mit großer Wut angriff. Jene wehrten sich mit Tatkraft und Tüchtigkeit und töteten manchen Mann, und die Erschlagenen häuften sich um sie herum, und Sigurd und Ermedon kamen am besten voran. Königin Sedentiana sieht dort in ihrem Turm, wo sie saß, daß ihr Kriegsvolk niedergemäht wird wie junges Holz. Sie feuert ihr Gefolge an und sagt, daß später für sie keine besseren Aussichten mehr bestünden als jetzt, sie zu überwinden. Diese Auseinandersetzung ging bis zum Abend, bis es kein Licht zum Kämpfen mehr gab. Die Schwurbrüder wurden dann mit Schilden umzingelt und danach gefangen genommen, und es wurden ihnen Eisen an die Füße gelegt und Bogensehnen um die Arme, und man zog ihnen bis auf die Unterhosen alle Kleider aus. Sedentiana ordnet an, sie in den Kerker abzuführen und sie dort hineinzuwerfen, und dort sollten sie zu Tode hungern. »Und seht zu, daß sie nicht davonkommen.« So machen sie es. Sie führen sie in den Wald, der nahe der Stadt lag. Sie gehen dort in den Wald, wo sie eine Anhöhe vor sich erblicken, und als sie zur Anhöhe gelangten, kommen sie dorthin, wo eine große Felsplatte lag, und fünf von Sedentianas Männern packen diese und hoben sie weg. Dort war ein kleines Loch, wo es für einen Mann möglich war hineinzugelangen. Dorthinein warfen sie als ersten Sigurd. Es ging lange, bevor er unten auftraf, doch tat er dies zuletzt.

Als Sigurd unten auftraf, war er tief bewußtlos und lag noch eine Weile da. Er bemerkt, daß ein flacher Stein in seiner Nähe ist. Er scheuert die Bogensehnen dagegen, schneidet sie rasch entzwei, und so sind Sigurds Hände frei. Er hört, daß Ermedon nun hereingelassen wird und vermag ihn aufzufangen, bevor er unten auftrifft. Dies gelingt ihm mit all seinen Schwurbrüdern so. Es scheint ihnen nun gut ausgegangen zu sein, daß sie alle heil und an einen Ort gelangt sind. Danach hörten sie, daß die Felsplatte über das Loch geworfen wurde, und die, die mit ihnen gekommen waren, gingen fort. Danach befreite sich Sigurd aus seinen Fußeisen, und so auch die Schwurbrüder, und sie tappen nun in diesem Raum umher. Dort ist es sowohl faulig als auch kalt. Es beginnt ihnen schnell kühl zu werden. Da fangen die Schwurbrüder nun zu ringen an, und so wird ihnen schnell heiß. In diesem üblen Loch sind Schlangen und Kröten und manch andere Kriechtiere, von denen Sigurd weiß, daß sie ihnen schaden können. Er nimmt seinen Ring, den ihm Flegda im Gebirge Alpes geschenkt hat, und legt ihn offen in seine Hand. Es konnte ihnen dann kein Gift mehr schaden, wenn er es nicht wollte.

Sie waren einen halben Monat in diesem üblen Loch. Sigurd und seine Schwurbrüder lagen vor Hunger im Sterben. Es geschah eines Morgens früh, daß Sigurd hörte, daß Männer zu dem Loch kamen und die Steinplatte plötzlich weggestoßen wurde. Einer von ihnen fragt nach, ob irgendeiner von denen wohl noch lebe, die da gerade kürzlich hineingeworfen worden sind. Die, die ihn begleiteten, sagten, sie wüßten es nicht. Er erwidert darauf: »Dann werden wir sichergehen und ihnen den Kopf abschlagen; so befahl es uns Königin Sedentiana. Ich will als erster hinabgleiten und euch dann auffangen.« Sie banden ihm eine Leine um und er glitt hinab. Doch als er sich von der Leine lösen wollte, wurde er angefallen und zu Boden gezogen und schonungslos um, den Hals gepackt und zu Tode gewürgt. Sigurd ruft zu denen, die draußen waren, hinauf und forderte sie auf, so schnell wie möglich hier zu ihm hereinzukommen – »denn die sind noch nicht tot, die hier hereingeworfen wurden, doch der meiste Mut ist ihnen vor Hunger abhanden gekommen, wie zu erwarten war. Einer von ihnen ist tot. Es sind keine so hervorragenden Männer hierhergekommen, wie sie es waren.« Sie sagten, sie wollten es so tun. Sie ließen einen hinabgleiten. Sigurd erschlägt ihn, und so machte er es mit dreien. Nur jener war da noch übrig, der das Seil hielt. Er sprach: »Ihr seid lange daran – so viele tüchtige Männer –, diesen Halbtoten die Köpfe abzuschlagen.« Sigurd sagt, daß sie nun alle fertig seien – »und zieh uns so schnell wie möglich herauf.« Sigurd bindet sich an die Leine. Der andere zieht und strengt sich mit aller Kraft an und schafft es zuletzt, Sigurd heraufzuziehen. Als Sigurd hinaufgelangt ist, packt er jenen, der noch lebt, mit seinen Händen und bricht ihm den Hals. Danach zieht er alle seine Begleiter herauf. Sie meinten, daß sie nun in eine bessere Lage geraten seien als im Kerkerloch. Sigurd forderte sie auf, so rasch wie möglich in den Wald zu gehen. Sie taten es so und gingen so zwei Tage lang, ohne daß sie einen Menschen bemerkten. Sie bekamen keine andere Nahrung als Früchte von den Bäumen und hüllten ihre Leiber in Birkenrinden, bis sie zuletzt zu einer langen Landspitze gelangten.

Sie sahen dort viele Schiffe liegen und glauben zu erkennen, daß sie ebendiese Schiffe besessen haben, und sie erkennen deutlich die Langschiffe Sörkvisnaut und Brusanaut. Sie sahen auch, daß diese Leute Heerzelte an Land haben. Ermedon fragt Sigurd, ob sie zu den Schiffen gehen oder einen anderen Weg nehmen sollen. Sigurd antwortet, zwei Seiten habe jedes Wagnis. »Wir müssen unbedingt zu den Schiffen gehen. Wir können allerdings nicht wissen, ob sich das Glück nicht von uns abwendet, oder ob unsere Männer hierhergekommen sind, jene, die davongekommen sind.« Sie tun es nun so. Als sie die Mannschaft sahen, erkannten sie einander wieder. Es gibt ein großes, freudiges Wiedersehen, da sie ihre Hausherren heil wiedergetroffen haben. Es werden ihnen gute Kleider und Speisen gebracht. Die Mannschaft meinte, sie hätten während all dieser Zeit abfahrbereit auf günstigen Wind gewartet, nachdem sie von der Stadt Treveris an diese Stelle gefahren wären. Es herrscht nun reichlich Freude, und es gibt ein Trinkgelage und Erzählungen über Ruhmestaten, als jeder dem anderen von seinen Fahrten erzählte. Sie lagen dort noch drei Tage vor Anker, ohne daß Fahrtwind aufkam. Sigurd Thögli ist jede Nacht allein an Land, stets über dieselbe Situation nachdenkend; welche Schmähung und Mißhandlung er und seine Schwurbrüder durch Königin Sedentiana erlitten haben.

Eines Nachts im Wald umherstreifend und über sein Vorgehen nachdenkend, sieht er in seiner Nähe im Wald einen Zwerg stehen, der sich die Hände vors Gesicht hält. Doch wie Sigurd zu ihm herankommt, weicht der Zwerg heftig und töricht zurück und nimmt seine Beine in die Hand, Sigurd jedoch hinterher. Sigurd wundert sich, wie flink der Zwerg war, so klein, wie er war, und setzt ihm eifrig nach, bis sie aus dem Wald herauskommen. Sigurd sieht einen schönen und großen Stein. Er denkt bei sich, daß der Zwerg den Stein wohl vor ihm erreichen wolle, und dies dünkte ihn schlechter Lohn für seine Mühe. Deshalb nimmt er die Beine in die Hand, so schnell er nur kann und schafft es, den Stein zu erreichen. Der Zwerg sprach: »Übel tust du daran, Sigurd Thögli, daß du mich von meiner Wohnung fernhältst. Es stünde dir besser an, zuerst die Erniedrigung zu rächen, die Sedentiana dir und deinen Schwurbrüdern zugefügt hat; solches ist doch eine großartigere Rückkehr für einen berühmten Königssohn. Solche Haudegen, für die Ihr Euch haltet, und die Ihr glaubt, mit eurer Hitzigkeit alles fertigzubringen, daß Ihr es nicht fertigbringen solltet, eine kleine Jungfrauenkönigin zu überwinden, wie Sedentiana, die Tochter von König Flores und von Blanchiflur, es ist. Ich wollte nicht, daß mir solches widerfährt. Ich bin im Vergleich zu Euch sowohl unbedeutend als auch klein in jeder Hinsicht, wenn das der Mann ist, für den ich ihn halte. Ich traue mir zu, ihr einen bestimmten Streich zu spielen, durch den sie ihren Teil abbekommen mag.« Sigurd antwortet: »Richtig erkennst du den Mann. Wir beide werden einen Tausch zusammen vornehmen, daß du in deine Behausung kommst, und hier ist ein Goldring, den du als Zugabe empfangen sollst.« – »Dies wird wohl geschehen müssen«, sagt der Zwerg. »Sedentiana besitzt den Stein, der bewirkt, daß sie nichts überraschen kann, denn wenn sie in ihn hineinschaut, sieht und erfährt sie, was sich in diesen Gebieten der Welt zuträgt, und jeden Mann erkennt sie mit Namen und Geschlecht, wie auch immer er sich in seinem Äußeren verändert hat. Ich werde ihn Sedentiana in einem Stück wegnehmen müssen, sonst geht es nicht gut aus für mich. Komm nach Ablauf von drei Nächten hierher, Sigurd.« Er willigte darin ein und begab sich zu den Schiffen.

31 Der Raub von Sedentianas Zauberstein und Sigurds Verstellung

Nachdem drei Nächte verstrichen sind, kommt Sigurd zur selben Stelle, die der Zwerg ihm zuvor genannt hat. Der Zwerg stand draußen vor der Tür des Steines und hielt in seiner Hand einen dunkelroten Stein, so schön und glitzernd, daß Sigurd glaubte, noch nie einen derart vollkommenen gesehen zu haben, denn ein Licht strahlte über eine weite Entfernung von ihm aus. Der Zwerg sprach: »Sigurd, mein Tauschgenosse, der Stein, von dem ich dir so viel erzählt habe, ist hier. Ich habe mein Wort dir gegenüber nun voll gehalten. Du hältst das ganze Schicksal Königin Sedentianas in deinen Händen, und das ist mir zuzuschreiben. Hier ist ein Ring, Sigurd, den ich dir geben will. Er hat viele gute Eigenschaften in sich: Dies ist die erste, daß dich, wo auch immer du hingehst, keiner sieht, wenn du ihn mit deiner Hand umschließt; und alle Schlösser öffnen sich, zu denen du kommst; und wo auch immer du hinkommst, in

Städte, Hallen oder Festungen, und seien sie auch vollbesetzt mit Leuten, wird jedermann stehen- oder sitzenbleiben müssen, der dorthin gekommen ist, so lange wie du es willst, und in Schlaf versinken. Nimm nun beides und mach guten Gebrauch davon.« Sigurd gab ihm zum Abschied einen großen Geldbeutel voll mit Gold, und der Zwerg wünschte ihm alles Gute. Sigurd ging nach Hause zurück, und keiner hatte sein Weggehen bemerkt.

Die Nacht verstreicht, und bei Anbruch des Tages spricht Sigurd zu seinen Schwurbrüdern: »Am meisten steht es mir im Sinn, daß ich die Jungfrauenkönigin Sedentiana wiedertreffen möchte. Ich weiß, daß ich von ihr ein noch schlimmeres Schicksal erfahre als zuvor, aber das kümmert mich nun gar nicht, denn vollkommene Schmach und Schande hat sie mir schon bei unserem vorigen Aufeinandertreffen angetan. Ich will ein Schiff mit streitbaren und gut bewaffneten Männern haben, befrachtet mit allerhand Gütern. Randver soll mich begleiten. Ich werde mich Amas nennen, und er sich Amelon. Ich sei der Sohn eines Königs aus dem Reich Afrika. Ich werde uns beide so unkenntlich machen, daß wir nicht erkannt werden. Ich will dies deshalb so einrichten, da ich vorhabe, diesen Winter in der Stadt Treveris für mich einen Aufenthalt zu erwirken. Ich werde sagen, ich sei ein Kaufmann. Aber ihr, Ermedon und Valteri, sollt heim nach Lumbardi zu König Feritas segeln und von dort im kommenden Sommer mit eurem ganzen Heer und eurer ganzen Seemacht hierher zu mir zurückfahren. Ich beabsichtige dann hierherzukommen, falls ich am Leben bin.« Sie sagten, sie würden es so tun, wie er es gesagt hatte.

Es rüsten sich nun beide Parteien zur Abreise, und sie trennen sich in guter Freundschaft. Ermedon und Valteri segeln nach Lumbardi, Sigurd und Randver hingegen nach Frakkland und hielten auf die Häfen zu, in denen sie sich das letzte Mal aufgehalten hatten. Sigurd tat seinen Männern alles kund, was er und die Schwurbrüder besprochen hatten.

32 Sigurds Einlaß in die Stadt

Wie sie nun in die erwähnten Häfen kamen, nahm Sigurd Thögli den erwähnten Spiegel, den Flegda ihm geschenkt hatte, und schaut nun in den Teil des Spiegels, wo er mit aschfahler Gesichtsfarbe und von ungeschlachtem Äußeren wie ein Bergbewohner erschien, und ebenso erschien das Äußere Randvers, der dann Amelon hieß. Sigurd nahm auch den Ring, den Flegda ihm gegeben hatte und der so glänzend war, daß er weit und breit erstrahlte. Jede Frau, die in den wundersamen Edelstein hineinschaute, der im Ring eingefaßt war, wurde von der aufgereizten Glut großer Liebe derart überwältigt und hitzig, daß sie glaubte, nicht leben zu können, wenn sie nicht heimlich die leibliche Liebe dessen, der den Ring trug, erlangte. Hierauf stellten sie an Land ihr Heerlager auf.

Nun geraten die Neuigkeiten zu Königin Sedentiana, als sie in der Stadt Treveris weilte, daß dort ein großes Heer an Land gekommen ist und diese Leute dennoch friedfertig dahinziehen. Und sowie die Königin diese Neuigkeit erfährt, sendet sie ihre Barone und Bürgersleute aus, um Neuigkeiten über das Heer in Erfahrung zu bringen; ob sie sich in ihrem Land friedlich bewegen und nicht heeren wollen.

Doch Sedentiana begab sich in ihren Turm, um in ihrem Stein zu schauen, was für welche dies wohl sein würden, die dort an Land gelangt waren, und sah nun, daß er ganz verschwunden war. Die Königin verstummte darüber völlig, da sie ihre schöne Kostbarkeit verloren hatte, zum anderen auch noch bedenkend, daß sie sich dies keinem lebenden Menschen gegenüber werde anmerken lassen dürfen, weil allen zuvor ihre Weisheit bekannt gewesen war.

Die Sendboten der Königin kommen zu den Schiffen. Die Männer sind stattlich anzusehen und gewandt in der Rede. Sie treten als nächstes vor die Herren Amas und Amelon und begrüßten sie nach höfischer Sitte. Herr Amas empfing sie ehrenvoll, sie freundlich dazu einladend, in seinem Zeltlager Wein zu trinken. Doch sie meinen, sie würden erst wissen wollen, ob sie beabsichtigten, der Königin und den Landsleuten Frieden zu entbieten oder nicht. Herr Amas sagt, er wolle hier keinen Kriegszug durchführen. Darauf erwidert der Anführer der Sendboten, daß Königin Sedentiana den Herrn Amas diesen Winter auf ihre Kosten einlade, mit so vielen Leuten, wie es ihm am besten gefalle. Amas nimmt dies wohl an, doch nur unter der Bedingung, daß er dieses Angebot annehme, falls sie ihm die Ehre erweisen wolle, in ihrer Stadt Treveris zu weilen.

Nachdem dies besprochen ist, reiten die Sendboten nach Hause und treffen ihre Herrin, ihr den Ausgang des gesamten Auftrags berichtend. Die Königin sprach: »Keiner zuvor war so kühn, daß er uns vor diese Bedingung stellte. Doch damit weder Makel noch Mangel unser Ansehen befalle, darf es nicht sein, daß er unser Angebot so deute, daß es nicht aufrichtig gemeint sei. Deshalb soll dem von unserer Seite mit gutem Willen zugestimmt werden. Und sagt ihm dies, falls er meint, seine Ehre in dieser Sache etwas zu vergrößern.« Weil ihre Sendboten ihr berichten, daß dieser vornehme Herr sehr unappetitlich anzusehen sei, von dunklem Äußeren und mit ungeschlachtem Leib, vermochte sie ihre in Fleisch und Blut übergegangene List und Tücke nicht abzulegen. Es kann nun auch sein, daß der weltliche Verstand zweier ebenbürtiger Menschen aufeinanderstieß und Gleiches mit Gleichem vergolten wurde. Daher denkt sie, daß sie in ihrer neuen Burg bleiben werde, damit dieser Dunkle sie nicht mit seinen Augen anschaue, um seine Augen an ihr zu ergötzen, wenn sie sich auch beide dort in der Stadt aufhielten.

Nun lassen die Sendboten der Königin Amas wissen, daß ihm die Bedingung erfüllt werde, daß sie diesen Winter über in ihrer Stadt Treveris weilen solle; und hiermit wolle sie ihm eine ihrer Städte zur Verfügung stellen, damit sich dort sein Kriegsvolk aufhalten könne, von dem er sich nicht begleiten lassen wolle.

33 Sedentianas Gegenlist

Nach kurzer Zeit gingen Amas und Amelon sowie sechzig Ritter mit ihnen zur Stadt. Nach Anordnung der Königin treten viele tüchtige Ritter hinaus und ihnen entgegen und führen Amas mit Pracht und Aufwand in die Stadt und von dort zu seinem Sitz. Ihm am nächsten saß Amelon. Es wurden da den Herren und dem Gefolge der Königin die Sitze zugewiesen und Gerichte aufgetragen, und es wurde Wein getrunken. Nun wundert sich Amas, daß Sedentiana so spät in die Halle kam, die zu sehen es ihn am meisten verlangte. Die Mahlzeit ging auf die Weise vorüber, ohne daß Sedentiana kam. Nun fragt Amas, wo die Königin sei oder weshalb sie nicht einhalten wolle, wozu sie sich einverstanden erklärt habe. Nun wurde ihm kundgetan, wo die Königin weilte und ihr Haus war. Und kein Mann durfte sie weder aufsuchen noch anschauen.

So verging der Winter, daß Amas in Treveris saß und die Königin weder sehen noch mit ihr sprechen konnte. Amas war diesen Winter über sehr schweigsam und trug einen großen, mit Gold geschmückten Zobelpelz vor seinen Augen, und so konnte man sein Gesicht nicht genau sehen. Als es bis zum Sommer noch zwei Wochen waren, sagt Herr Amas zu seinen Leuten, daß sie das Heer bei den Schiffen versammeln sollen; und Amelon solle ihnen folgen. »Ich hingegen werde hier den Sommer abwarten.« Danach bereiten sie ihre Schiffe vor.

34 Sedentianas Verführung und Umgang mit dem Schweinehirten

Als der Sommer kam, erhebt sich Herr Amas früh, kleidete sich in seine Prachtgewänder und nimmt seine Ritterrüstung. Aber weil er diesen Winter gegenüber den Rittern und Gefolgsleuten der Königin nicht mit Gold gespart hatte, waren ihm alle bereitwillig zu Diensten. Es wurde nun ein Pferd mit goldverziertem Sattel zu ihm geführt, und er sprang hurtig auf, seinen Speer und sein Banner in der Hand. Keinen Mann glaubten sie je gesehen zu haben, der höfischer war, und sie beklagten alle, daß er mit einem so schwarzen Äußeren beschaffen sein sollte, so reich an Künsten wie er in jeder anderen Hinsicht war. Wie er gerüstet war und von allen Leuten der Stadt Abschied genommen und mit höfischen Worten gesprochen hatte, reitet er fort und vor das Haus, in welchem Königin Sedentiana sich aufhielt. Er nahm seinen Spiegel und schaut nun in den Teil, in dem er so schön erschien, daß kein Menschenauge derartiges je gesehen hatte, mit strahlenden Augen und goldenen Locken. Königin Sedentiana war nun angekleidet und die Tür geöffnet, durch welche sie hinausschauen konnte, um das zu erblicken, worauf sie neugierig war.

Als Amas vor das Haus der Königin gelangt war, rief er ihr zu und sagte folgendes: »Du mächtige Herrin und stolze Königin des ganzen Reiches der Frakkländer, wenn Eure Güte meine Worte nun bei meiner Abreise erhören will, dann ist derselbe Amas hierhergekommen, dem Ihr mitsamt meinen sechzig Dienern den ganzen Winter über Eure Bewirtung gewährt habt. Auch wenn ich nun nicht so hochgestellt bin, daß es mir gelungen wäre, Euer Antlitz zu erschauen oder mit Euch diesen ganzen Winter lang auch nur ein

Wort zu sprechen, und obschon ich vollkommen häßlich sein mag und ungeschlacht aussehe, mag es doch sein, daß ich nicht weniger fein sprechen kann als der, der schöner ist. Deshalb fuhr ich vom König, meinem Vater, aus Afrika fort, da ich beabsichtigt hatte, die Augenweide zu erfahren, Euch zu sehen; und nun bin ich hierin so unwissend, wie ich es war, als ich von zu Hause wegfuhr. Von größerer Bedeutung dünkt mich nun diese Verschmähung zu sein, die Ihr mir hier zugefügt habt, als wenn ich all meinen Besitz und mein Reich eingebüßt hätte. Doch in dieser Stadt habe ich Gold und Geschmeide und schmucke Edelsteine zurückgelassen. Nehmt Euch davon so viel, wie es Euch beliebt, denn es ist alles Euer Eigentum, und habt noch einen schönen Tag.«

Er hatte sich nun den langen Zobelpelz abgenommen, den er zuvor vor seinem Gesicht getragen hatte. Und weil die Herrin neugierig war, dieses häßliche Gesicht zu sehen, von dem ihr viel erzählt worden war, blickte sie zum Fenster hinaus, bevor er sich auf seinem Pferd umgewandt hatte, und Amas hielt den erwähnten Ring, den er an seiner Hand trug, hoch hinauf. Sie sah nun sowohl ihn als auch den strahlenden Stein, der sich im Ring befand. Von diesem Anblick wurde sie so sehr erregt, daß sie freudlos, furchtsam und verbittert wurde, und ein so wundersamer Funke des Verlangens sprühte in ihrer Brust und in ihrem Herzen, derart rasend und hitzig, daß sie spürte, sie würde schon bald nicht mehr leben können, sollte sie die Liebe und Zuneigung dieses höfischen Ritters missen, der so wunderbar schön und vornehm war, über alle irdischen Geschöpfe hinaus, die sie je gesehen hatte.

Nun, da sie sich ernstlich erkrankt vorfand und wegen der erwähnten Ursache schweres Bedrücken auf ihrer Brust lag und die Zeit vorüber war, da sie länger darüber schweigen konnte und der Ritter wohl nach Hause entschwinden würde, rief sie ihm zu und sagte folgendes: »Edler Ritter Amas«, sprach sie, »halte inne und warte auf mich! Reite nicht so schnell, denn ich will, bevor du fortreitest, mit dir über mein Anliegen sprechen.« Ritter Amas hielt nun für eine kleine Weile inne. Die Königin eilte nun so rasch wie möglich aus ihrem Haus, ohne ein Dienstmädchen als Begleitung herbeizurufen. Amas weicht nicht so rasch zurück, und die Königin setzte ihm mit ernster Absicht und fleischlichen Gelüsten nach, um ihn zu treffen und ein Gespräch mit ihm zu führen, und sie läuft nicht gerade freudigen Herzens dort hinterher, wo Amas davonreitet. Als sie durch das Stadttor hinausgekommen waren, wandte er sich mit seinem Pferd zu ihr um. Da entbrannte jedesmal, wenn sie seine Schönheit sah, ihre Liebesglut aufs neue, und doch wurde ihr verwehrt, ihn mit ihren Worten zu erreichen, denn er ritt um so schneller, je heftiger sie ihm nachsetzte. Sie waren nun schlußendlich weit von der Stadt fortgekommen. So bewegten sie sich den ganzen Tag auf die Weise fort, daß sie ihn stets auf der nächsten Anhöhe sah und erwartete, ihm nahezukommen; doch dies geschah um so weniger, als sie sehr zu ermüden begann. Da fingen die Wolken an sich zusammenzuballen, und es kam scharfer Wind und Kälte auf. Es war auch Nacht geworden. Sie sah den Ritter nirgends mehr. Sie hatte nicht mehr Kleider an als ein Nachthemd und ein Wams aus Seide. Sie war äußerst müde geworden.

Nun, als die Sonne ihre Strahlen verbarg, begann das Wetter abzukühlen und der Wind anzuwachsen, und es folgte ein Unwetter mit Schneetreiben, und als nächstes entstand ein Schneesturm. Und die Königin fing nun an, sowohl Frost als auch Kälte zu spüren, und sie wundert sich selbst darüber, wie es so sollte kommen können. Sie weiß nun ganz gewiß, daß sie so weit von ihrer Stadt fortgeraten ist, daß sie nirgends eine naheliegende Siedlung kennt, und wegen der Dunkelheit und des Schneesturms weiß sie nicht, wohin sie sich wenden soll. Sie fängt jetzt vor Kälte arg zu zittern an, so ganz und gar vom Weg abgekommen, und versucht, ob sie irgendeinen Unterschlupf finden kann, um ihr Leben zu retten, und wankt nun weiter, bis sie auf eine kleine Anhöhe stieß und sich unter heftigem Zittern darunterlegt.

Wie sie nun lange dort gelegen hatte und glaubte, vor sich ihren Tod zu erblicken, sehr darüber nachsinnend, wie das Glück sie in einem kurzen Augenblick so sehr herumgeworfen und sich von ihr abgewandt hatte, hört sie in ihrer Nähe ein Getrampel und schaut auf. Sie sieht dort eine große Schweineherde laufen und ihnen nachfolgend einen Schweinehirten, der sie hart antreibt, und wie er dorthin kam, wo die Königin lag, und ihre Kleider sich rührten, blieb er stehen und wunderte sich, ging hin, stocherte nach ihr mit seinem Stab und sprach: »Ist das ein Mensch oder ist das ein Geschöpf ohne Verstand, das mir Antwort geben kann?« Sie antwortet: »Mit Sicherheit ist es eine Frau, und ich bin keineswegs arm, obwohl ich nun in einer erbärmlichen Lage sein mag. Und weil du mich hier gefunden hast, bitte ich dich, daß du mein Leben rettest, so daß ich durch den Frost hier nicht umkomme. Ich werde dir das auf eine Weise lohnen, daß du danach immer als ein bedeutenderer Mann erscheinen wirst als zuvor.« Der Schweinehirt erwidert: »Zuerst mußt du mir sagen, was für eine Frau du bist, denn es ist mir nicht möglich, die Belohnung einzuholen, wenn ich deinen Namen nicht kenne.« Die Königin antwortet: »Manch einer hat mehr für sein Leben eingesetzt, als seinen Namen zu nennen, und dennoch bitte ich darum, daß du dies vor jedermann geheimhältst, daß du mich hier allein gefunden hast. Denn so manches kann mit Abenteuern und Ereignissen geschehen. Ich bin Sedentiana, Königin von Treveris und dem ganzen Frakkreich, und deshalb brauchst du nicht zu befürchten, daß ich dich für deine Hilfe nicht vollumfänglich belohnen könnte.« Er erwidert: »Wahrhaftig«, sagt er, »ein solches Geschick hätte ich nicht erwartet; und weil es sich so ergeben hat, will ich kein Geld für die Rettung, nur Euch selbst.« – »Fort, hinfort, Schweinehirt«, sagt Sedentiana, »und sprich nicht so ungesittet, denn das wäre für mich eine ewige Schande, und gewiß wäre es viel besser, unser Leben zu lassen, als daß uns diese Erniedrigung widerfahre.« – »Wie kann ich dir da helfen?« sagt er. »Ich habe hier keine Kleider und weiß keine andere Abhilfe, als daß Ihr Euch an meinem Fleisch erwärmt. Ihr mögt wahrlich erfahren, daß ich, wenn Euer feines Fleisch sich durch mich erwärmt, wie ein Mann sein werde, obschon mein Fleisch nicht so vergnüglich ist wie das Eure, und doch müßt Ihr dies entweder wagen oder nicht; in welchem Fall du hier sterben wirst. Welcher Makel mag dir daraus entstehen, da es keiner weiß, außer dir und mir?« Es kommt zuletzt so heraus, daß die Königin sagt: »Ich will es eher darauf ankommen lassen, ob ich mich wegen dir vor einem Makel bewahren kann oder nicht, als mein Leben jetzt zu verlieren.«

Darauf legt er sich bei ihr nieder und macht ihren Körper heiß und legt ihn sich zurecht. Und dann nahm er sie mit Gewalt, und sie wunderte sich sehr darüber, wie erfreulich sich sein Körper anfühlte und auch darüber, wie kräftig sie nun angepackt wurde. Nun wurde sie vollständig dessen beraubt, was sie niemals wiedererlangen konnte, und das war ihre Jungfernschaft. Wie nun die Nacht sehr fortgeschritten und der Herrin von Amors Spielen heiß geworden war, weil das Wetter sich zu bessern begann, da nimmt der Schlaf sie in seine Obhut, und sie schläft ein.

35 *Sedentianas Nacht mit dem Zwerg*

Sedentiana erwacht bei strahlendem Sonnenschein, darüber nachsinnend, was vor sich gegangen ist oder ob sie wohl geträumt habe, und doch erkennt sie, daß sie tatsächlich wach gewesen sein muß. Der Schweinehirt war verschwunden. Es ging ein sanfter Wind. Sie stand auf, sah sich um und wußte nicht genau, wohin sie sich zu ihrer Stadt zu wenden hatte. Sie glaubte zu wissen, daß es wohl ein langer Weg sein müsse, so daß sie kaum an einem einzigen Tag zurückzukehren vermochte, auch wenn sie den rechten Weg ginge.

An diesem Punkt sieht sie, wie Ritter Amas unter einem Obstbaum hervorreitet, der dort in der Nähe war, und er wandte sich mit seinem Pferd zu ihr um, während sie ihn nun sorgfältig betrachtet und so den Ring erblickt. Nun tobte und entbrannte von neuem all ihre Liebesglut für ihn. Und wie sie sieht, daß er davonzog, rief sie ihm nach und sagte: »Geliebter Herr Amas, komm her und sprich mit mir!« Doch er ritt davon wie zuvor und kümmerte sich nicht um ihre Worte. Man braucht auch nicht viel Wesens darum zu machen, daß dieser Tag auf den Abend zuging wie der vorige Tag, daß die Königin stets auf seine Bewegungen achtete und danach gierte, ihm hinterherzulaufen und er davonritt, sobald sie ihn zu Gesicht bekommen konnte. Und als der Abend gekommen war, wurde sie so müde, daß sie keinen Fuß mehr vor den andern setzen konnte. Es kam ein gewaltiger Schneesturm mit Frost, Schneetreiben und Wind auf. Herr Amas war da verschwunden, und sie wußte nicht, wohin sie gehen sollte. Eine so mächtige Kälte brach auf sie herein, daß sie ihren Tod vor sich zu erblicken glaubte, sofern sie keine Hilfe bekäme. Wie sie lange umhergewankt war, sieht sie, daß dort im Wald ein großer Stein stand, und sie wollte sich dort niederkauern, damit er das Wetter am besten von ihr abhielte. Doch sie glaubte nun klar zu wissen, daß sie sterben würde. Als sie sich dort niederwarf, in vielen Dingen über ihr glückliches Leben und dies Unerklärliche nachsinnend, welches sich nun um ihr Schicksal abspielte, welche Wunder und Ungeheuerlichkeiten sie nun erlebt hatte, begehrte sie nun wegen ihrer Schande einen raschen Tod zu finden.

Wie sie sich unter den Stein niedergeworfen hatte, sieht sie einen häßlichen, kleinen Zwerg neben sich stehen. Er hatte ein schwarzes, bis zu den Füßen reichendes Übergewand aus Fellen. Er war dick und hatte einen großen Kopf, und doch war er nicht größer als eine stika. Er sprach so zu ihr: »Wird es wohl etwa so sein, wie es mir scheint und meine Weisheit mich wissen läßt, daß hier Sedentiana liegt, die Königin von Treveris? Gewiß würde dies keiner denken, daß du dich in einer so erbärmlichen Lage befinden könntest. Was willst du mir denn dafür geben, daß ich dir heute Nacht das Leben rette?« Sie antwortet: »Zwerge verlangt es sehr nach Gold. An dem soll es dir nicht mangeln, wenn du mich aus dieser tödlichen Gefahr herausholst.« – »Etwas ganz anderes bin ich bereit anzunehmen«, sagt er, »ich will diese Nacht mein Vergnügen mit deinem hellen Körper haben.« – »Lieber will ich sterben«, sagt sie, »als darin einzuwilligen.« – »Mir entsteht kein Kummer durch deinen Tod«, erwidert er. »Und doch ist es nicht richtig, daß ein Mensch sich selber tötet, wenn er die Wahl hat zu leben.« Sie überlegte dann, daß sie die Möglichkeit hätte, in ihrem Aufeinandertreffen alles von ihm zu bekommen, und sprach: »Keine Schande werde ich durch dich erleiden wollen, und doch will ich das Leben wählen. Und falls ich gegen meinen Willen irgendeine Beleidigung von dir erfahre, wirst du dies bestimmt verbergen wollen.« Er sagt, so solle es sein. Er legt sich nun unter den Stein und macht Platz in seinem Pelzkittel. Der wurde so groß, daß ihr war, als ob sie in einem heißen Raum wäre. Er greift sie sich sogleich mit großer Kraft, so daß sie keinen Widerstand leisten konnte, und hat mit ihr sein ganzes Vergnügen. Dies wunderte sie jedoch am meisten, daß er sich ihr in all ihrem Verkehr als mannhafter und natürlicher Mann erwies.

Gegen Ende der Nacht schläft die Königin ein, doch es war ganz gutes Wetter, und die Sonne war längst aufgegangen. Sie setzt sich auf und sieht eine große Silberplatte mit allerhand Leckerbissen und einem Schöpfgefäß mit Wein dastehen und erkennt, daß dies für sie bestimmt sein muß und daß dieser Zwerg wohl um vieles gesitteter gewesen sein wird, als sie ahnte. Da sie sowohl hungrig als auch durstig geworden war, nahm sie sich zu Essen und zu Trinken. Als sie dies getan hatte, sieht sie, daß dort Herr Amas auf seinem Pferd sitzt und ihr entgegenkam. Und als sie sein Antlitz erblickte, erstrahlend in wundersamer Schönheit, wie sie keines sterblichen Mannes Augen je gesehen hatten, und seinen feinen Ring sieht, wie der Edelstein im Ring funkelte, entbrannte die Glut und Bitterkeit in ihrem Herzen von neuem, während sie bei sich dachte, sie würde ihr

Leben hergeben, um ihn zu treffen. Sie macht sich nun auf, ihm entgegenzulaufen, doch in diesem Augenblick bewegt er sich mit seinem Pferd davon, und sie ziehen an diesem Tag auf dieselbe Weise fort wie am vorigen Tag, daß sie ihn stets sah. Doch am Abend verschwand er. Da braut sich wie durch Zauberkünste erneut ein wilder Schneesturm zusammen, so daß sie davon überwältigt zu werden scheint, denn der Weg kam ihr durch Gesträuch und Dornengestrüpp sehr schwer passierbar vor. Dabei wurde nun das Seidenkleid, welches sie zuvor über sich geworfen hatte, von ihr gerissen, und so auch die Schuhe von ihren Füßen. Sie sah jetzt nirgends einen Unterschlupf in ihrer Nähe, außer einem ziemlich dicken Baum, und unter diesen begibt sie sich mit heftigem Zittern und glaubt nun vollends zu wissen, daß sie in dieser Nacht ihr Leben lassen wird.

36 Die Nacht mit dem Riesen und Sedentianas Erkenntnis

Wie sie nun eine Zeitlang dort gelegen hatte, klagend über Kummer und Kränkung, Verdruß und Drangsal, Irrsinn und Unverstand und nun gerade ihren traurigen Tod vor sich erblickend, da sieht sie als nächstes etwas, das sie wenig erfreute, nämlich nicht weit weg in der Finsternis des Schneetreibens einen großen Riesen, schwarz und schlecht, mit großen Nüstern und krummer Nase, und zwar so gekrümmt, daß die Biegung, die in der Nase war, auf einer Seite weit hinaus zu seiner furchigen Backe reichte, bis zu dem üblen Ohr, das er auf seiner schändlichen Wange trug, und die Nasenlöcher sich weit oben von den Ohren herab auf die andere Wange erstreckten, wobei sie so groß waren, daß kleine Menschen sich in jedes von ihnen hineinschmiegen konnten. Dort unten sah sie einen breiten Rand heraushängen, sehr unansehnlich, ganz herab bis zum Brustkasten, so daß es nicht unwahrscheinlich war, daß dies der Geifer aus seinem Inneren war. Sein Mund ist wie eine Gletscherspalte oder eine Kluft, aus der Wasser hinausstürzt, und er war sowohl schief wie auch schräg. Die Augen waren wie schalenförmige Kappen, schwarz und zottig und wie wenn zwei Gewässer mitten drin flössen. Sein Schädel war haarlos und glänzte wie Eis, doch von den

Wangen hing schwarz und lang Flaum herab. Er war in einen Mantel aus Ziegenfell gekleidet, der so groß war, daß ein Bauersmann ihn nicht würde vom Boden aufheben können.

Bei diesem Anblick erschrak sie sehr und befürchtete, daß er geradewegs auf sie zusteuern würde. Als er herankam, sprach er: »Verdientermaßen liegst du nun da, Sedentiana. Wo ist nun dein Hochmut oder deine Überheblichkeit? Wo gibt es eine Magd in ganz Frakkland, die sich nun in einer erbärmlicheren Lage befindet als du? Und jetzt läßt du wahrscheinlich dein Leben und erst noch in großer Schmach, denn wenn es so ist, wie deine vererbte Anlage mir sagt, was du früher für dein Leben getan hast, und weil die Schande von nun an nicht mehr rückgängig gemacht werden kann, werde ich es wohl angehen, bei dir zu liegen, auch wenn es dich dünkt, ich sei nicht nett genug. Ich kann doch diese Nacht dein Leben retten. An mir hast du einen viel größeren Nutzen als an deinem Zwerg oder dem Schweinehirten, denn die kann ich beide zusammen mit meiner Faust totschlagen.« Die Königin sprach: »Eine furchtbare Ungeheuerlichkeit ist mir nun widerfahren, und bestimmt kein Geschöpf auf dieser Welt ist wohl so von allem Unglück umgeben wie ich, und ich bitte dich, Riese, daß du mir eher einen schnellen Tod bescherst und nicht durch Nötigung oder Pein, daß für mich Schande darin liegt, denn die Riesen aus den Gebirgen und Klippen können ihre Kraft nicht zurückhalten, wenn sie mit ihren Händen eine Menschenfrau ergreifen wollen.« Der Riese bemerkt nun, daß es ihr die Sprache verschlägt vor lauter Zittern. Er nimmt sie nun und legt sie unter seinen großen Pelzkittel, und auf der Stelle bekam sie genügend Wärme. Er schien sich nicht so schrecklich anzufühlen, wie er übel anzusehen war, und nun war er auch nicht größer als ein Menschenmann; und er war in ein Seidenhemd gekleidet. Er ordnet nun ihren schönen Leib, wie es ihm gefällt.

Nach einer gewissen Zeit schläft die Herrin ein und erwacht bei strahlendem Sonnenschein. Der Riese war verschwunden, und jetzt wunderte sie sich sehr, wohin sie gekommen war, denn sie lag unter einem Obstbaum, der in ihrem Garten angepflanzt war. Außerdem fand sie ihren magischen Stein vor. Dorthin kamen dann auch ihre Dienstmädchen und freuen sich sehr, als sie auf ihre Herrin trafen. Sie hatten schon vorgehabt, nach ihr zu suchen. Die Königin ging dann zu ihrem Haus und kommt nun wieder zu Verstand, von dem sie spürte, daß sie ihn für eine Weile verloren gehabt hatte. Sie erkennt, daß sie sich wohl nicht weiter weg als in ihrem Garten herum bewegt hat.

Hiermit verstand sie durch ihre Klugheit und Art, daß sie wohl geschwängert worden war. Sie schaut nun in ihren magischen Stein. Sie erblickt und erkennt jetzt ganz genau, daß dies Sigurd Thögli gewesen ist, der jede Nacht bei ihr gelegen hat, der ihr als Schweinehirt, Zwerg und Riese erschienen ist. Die Königin ist in ihrem Herzen doch etwas erfreut über diesen Umstand.

37 Der Tod des Löwen auf Sikiley

Als Sigurd und Königin Sedentiana nach den erwähnten Ereignissen auseinandergegangen sind, nimmt er seinen Zauberspiegel und schaut in den Teil, in dem er in seinem eigenen Aussehen erschien, reitet danach zu den Schiffen, und dort waren all seine Männer hingekommen. Sein Tier kommt ihm dort entgegen; seine Männer hatten sich den Winter über darum gekümmert. Sie hießen ihn mit großer Freundlichkeit willkommen, besteigen ihre Schiffe, segeln danach aufs Meer hinaus und fahren als erstes nach Sikiley. Dort herrschte ein König namens Agapitus, und wie er dessen gewahr wird, daß ein großes Heer an Land gekommen ist und der überaus bekannte Krieger namens Sigurd, der ein Königssohn aus Saxland war, dieses Heer anführte, wollte er ihn und seine Schwurbrüder nur ungern auf dem Kriegszug erleben und bietet ihnen Schutz und Frieden, Bewirtung und gewählte Gaben an, und sie sollen von seinem Reich empfangen, was ihnen beliebe und sich zu gewähren zieme. Sigurd nahm dies wohl an, und König Agapitus bereitet ihnen ein feines Gastmahl, und Sigurd und seine Schwurbrüder begeben sich mit einer großen Menge an Gefolgsleuten dorthin. Sigurd wurde der Platz beim König zugewiesen; daran anschließend Ermedon, Valteri und Randver und danach ihrem Gefolge. Der Löwe folgte Sigurd und war sowohl umgänglich als auch zahm, wenn man ihm nichts zuleide tat; aber wenn er mit List oder Spott gereizt wurde, wurde er sofort so wild, daß er keinen verschonte.

Zur Stadt Sirakus, wo der König dieses Gastmahl hielt, waren viele Leute gekommen, und unter anderem befand sich dort ein Jarlssohn namens Herburt, der so groß und stark war, daß es in diesem Land in allen Fähigkeiten niemanden seinesgleichen gab. Er hatte eine große Schar von Jünglingen bei sich. Sie glaubten, in den meisten Angelegenheiten über anderen Männern zu stehen, und waren ehrgeizig und unbedacht.

Wie nun Sigurd und seine Leute drinnen tranken, Herburt hingegen mit seiner Schar draußen war und allerhand Wettkämpfe durchführte, kamen sie dorthin, wo ruhig wie ein Hund der Löwe lag. Sie gingen hin und wunderten sich über das Tier, und einer von ihnen stocherte mit seinem Speer nach dem Tier. Doch dieser Löwe war so klug, daß er wußte, daß dies zum Spott getan wurde, und brüllte sogleich schrecklich auf, sprang auf den Mann zu und biß ihn tot. Da fordert Herburt seine Leute auf, den Löwen zu erschlagen. Sie nahmen nun ihre Waffen und griffen das Tier an, doch der Löwe wehrte sich gut und tötete zwölf. Da wurde der Jarlssohn Herburt wütend, nahm seinen Speer, stieß nach dem Tier und durchstach es, und als es spürte, daß es seine Todeswunde empfangen hatte, sprang es auf Herburt zu, so rasend und stürmisch, daß es sich in dessen Helmrand verbiß und diesen von ihm wegriß, und es brachte Herburt selbst zu Boden und machte sich daran, ihn zu zerfetzen; doch da kippte der Löwe auf eine Seite und war sofort tot.

38 Der Zweikampf zwischen Sigurd und Herburt

Die Neuigkeiten, daß sein Löwe erschlagen worden ist und doch vielen Männern zuvor zum Schaden gereicht habe, gelangen nun sogleich zu Sigurd. Er wird darüber sowohl betrübt als auch zornig und ruft nach seinen Leuten, fordert sie auf, ihre Waffen zu nehmen, und sagt, er wolle seinen Begleiter rächen.

Nun laufen sie zu ihren Waffen, und sobald sie gerüstet sind, rennen Sigurd und seine Schwurbrüder auf die Schlachtreihen Herburts zu und erschlagen einen nach dem anderen. Wie Herburt dies sieht, läuft er auf die Schlachtreihen Sigurds zu und führt sich auf wie ein Wolf in der Schafherde, erschlägt alle nacheinander. Doch obschon er fähig war und ein ausgewähltes Heer hatte, sah er ein, daß er gegen so viele und gewaltige Krieger keinen Widerstand leisten konnte. Aber er wußte, daß der König sanftmütig und umgänglich war und daß er Sigurd in Frieden und Ehren eingeladen hatte; er würde sich bei diesem Streit bestimmt ruhig verhalten wollen. Da ruft er Sigurd zu und sprach: »Laßt ab«, sagt er, »und metzelt meine

Leute nicht nieder. Ich erschlug dein Tier und nicht sie; jedoch tötete es so einige von meinen Männern. Ich dachte, daß es vollends gerächt wäre, wenn ein Mann dagegen komme, doch nun ganz besonders, da ich hier wohl hundert Männer verloren habe. Gewähre meinen Männern Waffenstillstand und räche an mir selbst den Schaden, den du glaubst erlitten zu haben.« Sigurd hört seine Rede und fordert ihn zum Zweikampf heraus und befiehlt seinen Männern aufzuhören, und so wurde es getan.

König Agapitus war nun mit seinem ganzen Heer herausgekommen und wollte ihren Zorn besänftigen. Sigurd will auf gar keinen Fall etwas anderes hinnehmen, als mit Herburt zu kämpfen. Ihre Pferde wurden geholt und mit Sätteln und Brünnen ausgerüstet, und es gab starke Speere mit schönen Bannern. Sie wurden mit Schwertern gegürtet und mit Kriegsrüstung ausgestattet; aber dieser Ritter Herburt hatte sich nach seinem Vermögen die kostbarste Rüstung ausgewählt. Und ihre Pferde besteigend, treiben sie sie mit ihren Sporen an und reiten aufeinander zu, und jeder stößt den anderen mit großer Kraft. Weder bogen sich ihre Lanzen, noch brachen sie, auch das Sattelzeug nicht. Vielmehr hielten ihre Pferde diese gewaltige Wucht nicht aus, noch hielten sie ihr stand, welche die beiden jetzt in ihrem Anritt an den Tag legten, denn ihre Pferde, obschon sie an Turniere gewöhnt waren, fielen beide von den starken Stößen flach hin. Die beiden standen behende auf und sprangen auf ihre Pferde, gönnten ihnen erst eine kleine Ruhepause und reiten daraufhin ein zweites Mal aufeinander zu, in einem gleichen Angriff wie zuvor; und so noch ein drittes Mal. Nun sieht Sigurd ein, daß er diesen Jarlssohn in dieser Art Kampf nicht überwinden kann. Deshalb steigen sie nun von ihren Pferden, kommen zusammen und bekämpfen sich. So oft hauen sie zu, daß es schien, als wären vier Schwerter auf einmal in der Luft; doch keiner sah, daß der Jarlssohn vor Sigurd etwa Fersengeld geben würde, denn mit jedem Hieb schnitt er ein wenig von dessen Rüstung weg. Funken stoben in die Luft von ihren Hieben und dem Aufeinanderklirren der Stahlklingen, und keiner vermeinte zu wissen oder zu erkennen, wer ausdauernder sein würde. Keiner von beiden vermochte den übriggebliebenen Teil des Schildes vor sich zu bringen, um nicht getroffen zu werden. So kam es zuletzt, daß sie einander sämtliche Rüstungsteile abgeschlagen hatten, und als noch einige Rüstungsteile vorhanden waren, um sich damit zu schützen, wurden sie beide müde. Daraufhin hauen sie einander ins Fleisch, und ihr Zorn ebbt dadurch nicht ab, bis sie auf den Knien waren, und jeder will den anderen überwinden; und nun sieht Sigurd ein, daß er diesen Mann nicht zu überwinden vermag, außer mit einem Trick oder einer List. Und Herburt teilt nun so viele Hiebe aus, daß Sigurd nicht zurückhieb und sich vor dessen Hieben schützte und sich selbst auf die Weise ausruhe. Als jener es jedoch am wenigsten erwartet, springt Sigurd auf und hieb, wie es für ihn am leichtesten ging, in Herburts Helm, so daß dieser zerbrach. Doch die Brünnenhaube war innen mit etwas gefüttert, das Eisen nicht beißen kann, und so kam das Schwert nicht bis auf den Schädel durch. Von der Schwere des Schlages verlor Herburt jedoch das Bewußtsein, und wie Sigurd sich anschickt, ihm den Kopf vom Rumpf zu trennen, brachte er es nicht fertig und wurde vom vielen Blut, das aus seinen Wunden schoß, ohnmächtig und sank vollends nieder und fiel zu Boden.

Der König und seine Vasallen traten heran, und er ließ sie zu seiner Halle in eine schöne Unterkunft bringen. Es wurden ihnen alle Kleider abgenommen und die besten Ärzte herbeigeholt, um ihre Wunden zu untersuchen und festzustellen, ob sie genesen würden. Da ihre Eingeweide nirgends verletzt waren, meinten die Ärzte, es bestehe Hoffnung auf ihr Überleben, und es befand sich nun jeder von ihnen in seiner Unterkunft.

39 Die Versöhnung und Schwurbruderschaft mit Herburt

Die Schwurbrüder wurden wegen der Schwäche ihres Herrn Sigurd sehr betrübt. Randver war ein ausgezeichneter Arzt; obschon er etwas verwundet war, wollte er es doch selbst auf sich nehmen, Sigurd zu pflegen. Doch Sigurd sagt, es solle nicht so geschehen – »eher sollst du in die Unterkunft zu Herburt gehen und alle Bemühungen darauf richten, ihn zu heilen, wie du es bei mir tun würdest, denn ich mag ihn wegen seiner Tüchtigkeit, da ich keinen anderen meinesgleichen weiß als ihn.« So mußte es nun geschehen, wie Sigurd es gebot, und Randver kam in die Unterkunft, in der Herburt sich befand. Dort drinnen waren einige seiner Dienstleute, die ihn grüßten. Herburt hatte eine forsche Sprache und fragte Randver, was sein Begehr hier wäre. Er sagt, daß Sigurd ihn geschickt habe, um Herburt eher als ihn selbst zu heilen – »doch wenn Ihr dies nicht annehmen wollt, gehe ich meines Weges.« Herburt erwidert: »Wohl ergehe es diesem guten Ritter, der mir, seinem Feind gegenüber, eine solche Rechtschaffenheit zeigt. Eine große Ehrhaftigkeit und höfisches Verhalten erwies er mir nun, und da ich denke, daß die Zeit kommen wird, wo der Haß nachlassen, aber an dessen Stelle ein herzliches Verhältnis zwischen uns aufkommen wird, will ich dies gerne annehmen.«

Nun liegen sie während der Zeit, die vom Sommer übrig ist, und bis zum Anbruch des Winters in ihren Wunden. Der König kam oft zu ihnen und bittet Sigurd, diesen Winter bei ihm zu bleiben, und bat ihn, so viel Kriegsvolk zu haben, wie er wollte; und eine Burg will er ihm und seinem Heer überlassen, um dort zu verweilen, für die, die nicht mit ihm zum Hofe des Königs ziehen würden. Sigurd dankt dem König für sein Entgegenkommen und will dies annehmen.

Nun war Herburt auf den Beinen und gesund geworden. Randver ging zu Sigurd und pflegte ihn. Es ging rasch, so daß Sigurd kurz darauf auf den Beinen war. Sobald der König dies erfährt, ruft er nach dem berühmten Jarlssohn Herburt, der wegen seiner Fähigkeit weit über allen Männern in seinem Reich stand, und wie sie in einen geheimen Raum gelangt sind, sagt der König, er wolle, daß er und Sigurd sich versöhnen, und dem pflichtet Herburt bei. Der König läßt nun Sigurd dorthin rufen, und sobald er in diesen Raum kommt, läuft Herburt ihm entgegen, küßt ihn und sprach: »Hier habe ich den getroffen, von dem ich dachte, es gäbe wohl keinen wie ihn in den Nordländern, der mich an ritterlichen Künsten und im ritterlichen Umgang übertroffen hat und der mir so große Tauglichkeit und Tapferkeit bewies; deshalb gebe ich den ganzen Vergleich zwischen uns beiden in Eure Gewalt.« Sigurd erwidert: »Ich bekenne, daß ich zweifelsohne von dir überwunden worden bin, und deshalb hast du zwischen uns zu entscheiden; dies übergebe ich gerne in deine Gewalt.« – »Auf keinen Fall soll das geschehen«, erwidert Herburt, »und ich bitte den König darum, daß er dieses Urteil über Euch fälle.« Der König antwortet: »Weil Sigurd als vornehmster geboren und nicht weniger als jeder andere Mann, von dem wir Bescheid wissen, in seinen Fertigkeiten begabt ist, wollen wir, daß Sigurd als einziger zwischen euch entscheide.«

Darauf hob Sigurd so zu seiner Rede an: »Ich bringe zu Beginn dieser Rede vor, daß wir beide, Herburt und ich, von diesem Tage an und auf alle Zeit Fahrtgenossen und Schwurbrüder sein sollen, als ob wir eigentliche Brüder wären; und hiermit will ich ihm meine Schwester Florencia zur Frau geben, die in Saxland weit über allen Frauenpartien steht. Zu der Zeit, wo ich von Tartaria kommen werde, sollst du zur Hochzeit fahren; und mit ihr übergebe ich die Stadt Lixion und das Reich, das daran angrenzt.« Der Jarl dankt Sigurd nun außerordentlich für all die Ehrungen, die er ihm zuteil werden ließ. Die Handlung wurde vollzogen, womit sie zu Schwurbrüdern wurden, und sie weilten dort nun den ganzen Winter über in guter Gastfreundschaft.

40 Die traurige Geschichte des Königs von Tartaria

Sobald es Frühling wird und See und Stürme sich zu legen begannen, machen sich die Schwurbrüder ans Ausrüsten ihrer Schiffe. Herburt bietet sich an, mit ihnen zu fahren, doch Sigurd sagt, daß für sie erst einmal kein Bedarf dazu bestehe; aber falls es sich so ergebe, daß sie sich später in irgendwelchen schweren Prüfungen beweisen wollten, würden sie gerne seine Unterstützung haben wollen; doch jetzt solle er sich um sein Reich kümmern, bis Sigurd wieder zurückkäme. Sigurd schickte seine Sendboten mit Briefen nach Saxland und läßt alle Anordnungen verlauten, daß der vornehme Herr Herburt, der Jarlssohn von Sikiley, seine Schwester bekommen solle. Sie fahren daraufhin ihres Weges und führten es aus. Sigurd überreicht König Agapitus herrliche Geschenke und mancherlei Geschmeide. Und der König sagt, daß er und seine Männer sich dort in Frieden bewegen sollen, wo sie wollen. Danach bitten sie um die Erlaubnis zur Abreise und besteigen ihre Schiffe.

Sobald es guten Fahrtwind gab, segeln sie in Richtung Austrveg und gelangen ins Reich des Königs der Tartarer; und gleich als die Vasallen und herrschenden Männer des Landes bemerken, daß ein großes Heer an Land gekommen ist, begeben sie sich mit einer großen Kriegerschar zu den Schiffen und wollen wissen, ob sie sich friedlich im Land bewegen oder heeren wollen, und wenn sie Gefahr zu erwarten hätten, wollten sie es vor dem König verbergen, wie es ihre Gesetze besagen, daß der König nichts erfahren solle, wovon er betrübt würde. Sigurd tut ihnen kund, daß er keinen König bekriegen wolle, den er für rechtmäßig in seinem Reich halte. Wie sie gewahr werden, daß dies friedliche Leute sind und Sigurd Thögli, dieser außerordentlich berühmte Mann, dorthin gekommen ist, melden sie dies dem König, und es waren freudige Neuigkeiten für ihn. Er lädt Sigurd und seine Vertrauten zu einem reichen Gastmahl ein, und dies nimmt Sigurd an. Und als dieses Gastmahl vorbereitet ist, reitet der König ihnen entgegen, und sie ziehen zurück zur Hauptstadt, in der der König residierte, und er setzte sich auf seinen Thron. Sigurd setzte er neben sich, dann seine Schwurbrüder. Viele Leute füllten die Halle, und man konnte dort so manche stattlichen Männer sehen, allen überlegen, welche sie zuvor gesehen hatten. Sigurd sah, daß der König voller Gram war und weder Essen noch Trinken zu sich nahm; aber dennoch versuchte er, Sigurd zu erfreuen. Schließlich sprach Sigurd zum König: »Ich erkenne, Herr, daß Ihr entweder krank seid oder voller Gram, so daß Ihr deswegen weder Speise noch Trank zu Euch zu nehmen vermögt. Falls wir jedoch von einer Behandlung zu Eurer Erleichterung und Heilung wüßten, würden wir dies versuchen wollen.«

Der König antwortet: »Richtig erkennt Ihr, daß ich den Kummer in mein Herz gehüllt habe, den kein lebender Mann auf der Welt lösen oder Besserung dafür schaffen kann. Doch weil Ihr danach ersucht, bin ich es Euch schuldig, dies zu offenbaren. Im nördlichen Teil dieses Landes liegt ein Gebirge namens Kaleon; es ist gewaltig, mit hohen Klippen. In diesem Gebirge liegt eine große Siedlung, doch nur von Riesen, und es gibt zwei Brüder, welche in ihrer Bosheit und Zauberkraft die mächtigsten sind. Wir hatten eine Tochter namens Albina, sie war so schön und lieblich, daß kaum eine in Tartaria ihresgleichen war. Wir hatten keine Kinder außer ihr; und nun, vor sieben Nächten, trug es sich so zu, daß meine Tochter Albina und ihre Dienstmädchen in den Obstgarten gegangen waren, der nicht weit von hier ist, und es waren zwölf Ritter zur Bewachung bei ihnen. Dorthin kam, von ihnen unbeachtet, der Riese, griff mit seiner Hand zwei meiner Ritter und schleuderte sie so heftig durch die Luft, daß sie niemals mehr ihren Atem ausstießen. Ebenderselbe Riese ergriff meine Tochter und trug sie mit sich ins Gebirge. Die Mädchen hingegen waren so erschreckt, daß jede von ihnen in eine andere Richtung lief und sie sich im Wald versteckten, wobei einige gerade erst nach Hause gekommen sind. Nun ist dies der Grund für unseren Seelenschmerz, daß wir sie sehr lieben, jedoch wissen, daß keine menschliche Macht sie zurückzubringen vermag; und ich bin mir sicher, daß sie jetzt wohl tot sein wird.«

Wie Sigurd diese Geschichte hört, wollte er den König gerne erfreuen. Da er wohl auf seine Glückskraft vertraute, sprach er zum König: »Mein Herr«, sagt er, »seid nicht traurig, denn ich werde diesem Riesen Eure Tochter entreißen, sei es mit List oder Gewalt, andernfalls soll ich tot daliegen.« – »Weh, o weh«, sagt der König, »gerne hätte ich lieber geschwiegen als Euch diese Geschichte erzählt zu haben, denn dies liegt außerhalb der Fähigkeit irgendeines Menschen, der auf der Erde geboren ist, und niemals kämen so viele tausend Männer zusammen, daß sie dem Riesen etwas antun könnten; genauso wenig seinem Bruder, der über den nördlichen Teil des Gebirges herrscht.« – »Dies soll nun gewagt werden«, meint Sigurd, »doch nur unter der Bedingung, daß ich die Verfügungsgewalt über das Mädchen haben will, falls es sich unwahrscheinlicherweise so zuträgt, daß ich dem Riesen das Mädchen zu entreißen vermag.« Der König sagt, daß er dies gerne tun wolle. Er spricht ihm darüber hinaus auch das beste Königtum aus seinem Reich zu. Durch diese Aussicht und Verheißung Sigurds wurde der König sehr froh, und sie verbleiben nun den ganzen Tag in Freude und Vergnügen.

41 *Die Befreiung der Königstöchter aus der Hand zweier Riesen*

Gleich frühmorgens läßt Sigurd seine Reise vorbereiten. Er nahm sein gutes Pferd und seine vollständige Kriegsrüstung, Speer und Schwert, Schild und Helm. Der König bietet ihm ein so großes Heer an, wie er es haben will, doch Sigurd sagt, er führe dies nicht mit einer Kriegerschar durch – »denn es ist weniger schlimm, einen oder zwei Mann zu verlieren, als eine ganze Schar an Kriegern. Ihr sollt mir zwanzig Ritter mitgeben, um mir den Weg zu diesem Gebirge zu weisen. Randver soll mit mir ziehen; Ermedon und Valteri und das ganze Heer hingegen sollen zurückbleiben.«

Und sobald sie gerüstet waren, besteigen sie ihre Pferde und reiten zu den Bergen, und die Ritter kehren daraufhin wieder um. Doch Sigurd und Randver reiten gegenüber den Bergen der See entlang; und dort inmitten eines Waldes waren auch so große Bäume, daß sie noch nie solche gesehen hatten. Davon werden große Schiffe gemacht, die Einmaster genannt werden, auf denen man Fracht befördert, und die nur wenig kleiner als große Handelsschiffe sind. Dort beim Wald steigen sie von ihren Pferden und ließen sie grasen. Danach gehen sie in den Wald und sehen dort viele wundersame, große Bäume; und doch überragte ein einziger die anderen weit an Höhe und Dicke. Da sagt Sigurd, daß sie die kleineren Bäume um den großen Baum herum fällen sollten, so daß es dort möglich würde, darum herum zu laufen. So machen sie es. Randver versteht nicht, wozu sie diese Arbeit verrichten. Die ganze Nacht über waren sie an dieser Arbeit und rodeten den Weg hinauf ins Gebirge frei, so daß dort gut voranzukommen war, falls dies notwendig sein sollte. »Nun wird das Schicksal bestimmen«, meint Sigurd, »ob der Riese zu Hause ist oder nicht, wenn wir beide kommen. Doch falls dort in dieser Höhle übles Gesindel zu Hause ist, werden wir sie zuerst aus dem Weg räumen, wenn es so verlaufen sollte.« Sie begeben sich nun ins Gebirge unter die Klippen, erblicken sogleich die Tür zur Höhle und kommen darauf zu einem so gewaltigen Tor aus Stein, daß es ihnen wie ein großes Wunder erschien. Es war auf allen Seiten, oben und unten, mit Eisenbalken beschlagen und befestigt, und unten im Tor war ein zweites, kleineres Tor, jedoch in der gleichen Form wie das große, wobei dieses nicht verschlossen war. Es war aber so schwer, daß sie beide es kaum öffnen konnten. Doch sie gelangten zuletzt in die Höhle, und die war groß und hoch und in jeder Hinsicht gewaltiger als die, auf welche Sigurd im Gebirge Alpes gestoßen war, und sie lassen ihre Augen sich nun an die Dunkelheit gewöhnen.

In diesem Augenblick schießen zwei überaus großgewachsene Trollwesen in Ziegenfellen auf sie zu, und jedes von ihnen hatte zwei Eimer in seinen Händen. Keiner der beiden Schwurbrüder wurde überrascht, denn Randver hieb mit einer großen Axt in die Brust des einen, so daß die Spitze des Axtblattes den ganzen Unterleib aufriß und die Eingeweide über den Fußboden quellen. Sigurd hingegen durchstieß das andere so kräftig, daß das Schwert eine Elle hinten aus dem Rücken kam. Sigurd gab Anweisung, daß sie noch warten sollten, ob vielleicht noch mehr hervorkämen. Als sie eine Weile so dagestanden hatten, jeder auf seiner Seite der Tür, hören sie, daß zwei weitere auftauchen und die, die vorher gekommen sind, tadeln, daß sie nie zurückkämen. Die, die vorher gekommen waren, hatten Eimer zum Tragen gehabt; und jetzt bücken sich jene nieder, in der Absicht, die Wassereimer aufzuheben, ohne darauf zu achten, daß Menschen gekommen waren. Randver hieb mit dem Schwert nach dem Hals, und auch Sigurd, und es riß den beiden die Köpfe ab.

Daraufhin begeben sie sich in die größere Höhle, und dort war es hell, denn dort waren große Fenster in den Berg gehauen. Sie sehen, daß dort die Königstochter auf einem Stuhl saß und sich hinter ihrem Rücken eine Steinsäule befand, und an diese Steinsäule war sie mit Eisenketten festgebunden, so daß sie nicht freikommen konnte. Und sobald sie die beiden sieht, ruft sie mit jämmerlicher Stimme und sagt: »Würdige Herren«, sagt sie, »macht, daß ihr so rasch wie möglich davonkommt, denn ihr seid allzu rasch in den Tod gelaufen. Denn diesem Riesen kommt nichts unbemerkt unter, und jetzt wird er bestimmt vollends erfahren haben, daß ihr hierher gekommen seid; und wenn er kommt, bevor ihr euch in Sicherheit bringen könnt, seid ihr so gut wie tot. Er hat die Tochter des Königs von Aquitania entführt, die Luciana heißt. Sie ist nun hier und sitzt im inneren Teil der Höhle, auf dieselbe Weise bewacht wie ich. Er hat sie seinem Bruder versprochen, und sie haben nun vor, beide zusammen hier Hochzeit zu halten. Er ist zu Aurgelmir gegangen, um seinen Bruder zu holen. Ich weiß, daß wir beide dann in großer Schmach sterben.« Sigurd sprach: »Erst sollt ihr befreit werden.« Sigurd befreite sie beide und sprach zu Randver: »Du sollst dich eilig mit den Königstöchtern fort aus der Höhle machen und dich in den Wald hineinbegeben; ich aber werde später kommen und mich um den Riesen kümmern, wenn er zurückkommt.«

Nun beeilen sie sich, so schnell es geht, und als sie unten am Abhang angekommen sind, bemerkt er, daß dort der Riese dahinzieht und ziemlich große Schritte machte. Als dieser in seine Behausung kam, behagte es ihm ziemlich wenig. Die Königstöchter waren fort, und auch jene, die sie geholt hatten. Seine große Bosheit und Zauberkraft wurde nun geweckt, und er läuft ihnen in großer Eile nach, Sigurd und Randver mit den Königstöchtern jedoch davon. Der Riese lief in großen Schritten. Er holte rasch zu ihnen auf. Er hatte eine lange und schwere Eisenstange in der Hand und schwang sie über seine Schulter und hat vor, damit zuzuschlagen, sobald er in ihre Reichweite kommt. Sie hatten da die große Eiche erreicht, die erwähnt worden ist. Da bat Sigurd Randver, die Königstöchter vor dem Baum niederzusetzen. »Wir beide aber werden gegen ihn eine heimliche List anwenden und uns unter dem Baum gegen ihn wenden.« Und so taten sie es.

42 Die Erschlagung des Riesen

Nun kommt der Riese und sieht, wie dort Sigurd steht, und schlägt mit der dicken Eisenstange nach ihm; und wie Sigurd bemerkt, wie die Stange herabsaust, springt er unter dem Schlag weg unter die eine Seite des Baumes. Es fegte durch den Hieb die Äste vom Baum, und alle wurden abgeschlagen, doch die Stange bohrte sich mehr als zur Hälfte in die Erde. Da lief Randver herbei und hieb ihm mit der Axt unter das Schulterblatt in den Rücken, so daß diese eingetaucht steckenblieb, und zog sie rasch zurück. Der Riese zog die Stange zu sich, schwang sie heftig hinauf und wollte nach Randver schlagen. In diesem Augenblick sprang Sigurd auf den Riesen zu und bohrte seinen Speer in dessen Leib; doch der drang nicht so weit in den Rumpf ein, daß er in seine Bauchhöhle gelangte. Der große Baum steckte die Schläge des Riesen wie zuvor ein, so daß die Äste, die Rinde und die Borke absprangen, dort wo die Stange einschlug. Da ergoß sich aus dem Riesen so viel Blut, als ob es ein Wasserfall wäre. Randver sprang unter dem Hieb weg unter die eine Seite des Baumes, und er traf ihn nicht. Der Riese wurde rasend in seiner fürchterlichen Zauberkraft, lief mit erhobener Stange um den Baum herum und wollte Sigurd erschlagen, doch der war flink und wendig, und so traf ihn kein Hieb. Da schaute er mit grimmigem Blick nach Albina und Luciana. Randver bemerkt, daß der Riese sich wild gebärdet und daß er sie wohl erschlagen und keine verschonen will. Er lief mit ihnen weit weg vom Baum.

Nun begann der Riese sehr zu ermatten, und wie er sieht, daß er Sigurd mit diesem Vorgehen nicht erreicht, lief er mit großer Zauberkraft zur Eiche und umfaßt sie mit beiden Händen und Oberarmen. Sigurd zog sein gutes Schwert, und in diesem Moment kam Randver hinzu und hieb mit der Axt dem Riesen die Hand am Baum beim Handgelenk ab, und Sigurd schlug ihm geräuschvoll die andere mit dem Schwert ab. Der Riese schwang da die Armstümpfe und schlug mit ihnen unter fürchterlichem Gebaren nach beiden

Seiten. Sigurd nahm da seinen Speer und stach von vorn in den Unterleib des Riesen, so daß jener bei den Schulterblättern herauskam. Da wollte sich der Riese von oben auf Sigurd stürzen, damit er unter ihm zu Tode komme. Er fiel zu Boden, und der Blutfluß füllte alle Vertiefungen und kleinen Täler, die in der Nähe waren, und er trat Erde und Steine mit den Füßen. Sie gehen hin, um auf ihn einzuschlagen, bis der Kopf von ihm abging.

Da traten Albina und Luciana zu ihnen hin, sich außerordentlich für das Geschenk des Lebens und die große Heldentat, die sie vollbracht hatten, bedankend und sich danach erkundigend, woher diese Herren denn wären. Diese erzählten wahrheitsgetreu, wie es sich zugetragen hatte. »Nun sollt ihr hier warten, und wir zwei werden in die Höhle zurückgehen.« Und so machen sie es und holen von dort viele Wertgegenstände und Feuer, begaben sich danach zurück und verbrannten den Riesen auf einem Scheiterhaufen. Die Schwurbrüder nahmen dann ihre Pferde und banden ihre Kostbarkeiten auf ein Pferd, die Königstöchter hingegen ließen sie auf vergoldeten Sätteln reiten. Sie reiten dann ihres Weges, bis sie zum König von Tartaria kamen und brachten ihm seine Tochter Albina. Der König freute sich über ihr Kommen mehr, als man erzählen könnte; und sie wurden durch diese Heldentat sehr berühmt und verweilten nun in Ruhe dort.

43 Sedentianas Sohn Flores

Nun wollen wir uns in der Erzählung Königin Sedentiana zuwenden, nämlich daß sie sich, nachdem Ritter Amas fort war, in ihr heimliches Gemäuer begab und dort Tag und Nacht in großem Kummer verweilte, fortwährend über ihr Geschick nachsinnend. Sie wußte nun, daß sie schwanger war, und doch wollte sie dies vor jedermann verbergen, außer vor den zwei Dienerinnen, die Tag für Tag bei ihr waren und mit ihr die ganze Wahrheit kannten. Zur angebrachten Zeit bekommt sie die entsprechende Krankheit, um ihr Kind zu gebären; und nach langer Pein gebar sie einen Knaben, der so lieblich und hübsch war, wie es die, die bei ihr waren, in der Weise nie zuvor gesehen haben konnten. Ihre Dienerinnen fragen nun, wie dieser Knabe heißen solle. »Nach meinem Geschlecht«, sagt die Königin, »soll er Flores heißen, nach dem Namen meines

Vaters, und er soll hier im Verborgenen aufwachsen, so daß nur ich und ihr davon wißt. Doch ich werde jetzt nicht von seinem väterlichen Geschlecht schwatzen. Er wird doch schließlich die Sitte der Christenmenschen annehmen, der mein Vater und meine Mutter gefolgt sind, wenn sie auch nun in diesem Lande sehr vernachlässigt worden ist.«

So wird erzählt, daß sich diese Voraussage in den Tagen Kaiser Constantinus' und Flovents erfüllt habe, welcher Frakkland christianisierte und es vom Joch der Heiden befreite.

44 Randvers und Valteris gemeinsame Hochzeit mit den Königstöchtern

Nun ist davon zu erzählen, daß der König von Tartaria Sigurd und Randver anbietet, so lange in seinem Reich zu verweilen, wie es ihnen beliebt. »Und empfangt außerdem all die Ehrungen, die Ihr wählen wollt, und dazu meine Tochter sowie das beste Königtum, das in Tartaria liegt; denn ich habe zwölf Königtümer unter meiner Gewalt. Es ist zu unserer allergrößten Zufriedenheit, daß Ihr Euch hier im Land niederlaßt.« Sigurd antwortet: »Ich habe hier einen Schwurbruder bei mir, der in keiner Hinsicht zaghafter ist als ich. Er hat sich noch größerer Gefahr ausgesetzt, um Eure Tochter von dem Riesen zurückzugewinnen, und niemals wäre ich heil davongekommen, wenn er mir nicht geholfen hätte. Nun will ich dieses Mädchen für ihn freigeben, denn niemals würde sie einen erwünschteren oder wackereren Mann bekommen.« Die Königstochter antwortet: »Wenn ich dich verlieren soll, dann wähle ich keinen anderen als ihn, denn nun habe ich deine Tüchtigkeit gesehen; und dennoch will ich euch dazu auffordern, daß ihr beide euch hier bei meinem Vater den Winter über niederlaßt, denn dann dünkt es ihn, seine Ehre habe sich vermehrt.« Sigurd willigt darin ein. »Ich will die Königstochter Luciana in Valteris, meines Schwurbruders, Gewalt geben.« Dieser meint, er wolle dies mit ihrem Einverständnis gerne. Sie sagt, daß Sigurd über ihre Heirat bestimmen solle. Beider Hochzeit sollte gemeinsam in der Hauptstadt stattfinden.

Und zur festgesetzten Zeit kam dort eine große Anzahl vornehmer Leute zusammen, die dorthin eingeladen worden waren. Bei

Tisch saßen Könige, Jarle, Herzöge, Landbesitzer und allerlei berühmte Leute. Dieses Fest ging mit großem Glanz vonstatten. Alles fröhliche Treiben wurde da vollführt, von dem die Leute in irgendeiner Weise wußten, daß es auf der Welt verbreitet war, zuerst ein berittenes Turnier, ein Wettschießen und Scharmützel, bisweilen wurden allerhand Musikinstrumente gespielt. Dieses Fest dauerte vierzehn Tage. Allen wurden würdige Geschenke überreicht, und jeder zog heimwärts in seine Stadt.

45 Getrennte Wege

Diesen Winter zog Randver in das Reich, welches er mit seiner Königin Albina übernommen hatte. Er residiert dort in der größten Stadt und zieht durch das Reich, und die Schwurbrüder Sigurd und Ermedon mit ihm; alles Volk begibt sich in Randvers Gewalt, und er wird dort zum König gemacht.

Doch als der Frühling kam, will Sigurd heim nach Saxland, um die Hochzeit von Herburt und seiner Schwester vorzubereiten; außerdem möchte er, daß König Randver und Königin Albina mit ihm reisen, und nun wurde kurzum ihre Reise vorbereitet. Sie segeln erst nach Sikiley. Herburt bietet ihm an, was auch immer er aus seinem Reich haben oder empfangen will, und Sigurd dankte ihm herzlich. Sigurd sagt Herburt, wann seine Hochzeit sein soll. »Und lade aus Sikiley alle wichtigen Männer ein.« Sigurd segelt heim nach Saxland, Valteri und Luciana hingegen segeln nach Aquitania. Der König, ihr Vater, ist von ganzem Herzen froh und bietet Valteri von seinem Reich, was auch immer er haben oder empfangen will. Valteri willigte darin freudig ein. Der König übergab ihm die Hälfte seines Reiches und machte Valteri darüber zum König. Randver hielt auf Holtsetuland zu und besuchte seinen Vater; und der hieß ihn sehr willkommen und erfährt rasch, daß er König ist und die Tochter des Königs von Tartaria zur Frau hatte und sie dort bei ihm war. Er ruft darauf alle Landbesitzer und Vasallen zu sich und veranstaltet ein vornehmes Fest und setzt seinen Sohn auf einen Thron und seine Königin neben ihn.

46 Herburts Hochzeit mit Sigurds Schwester Florencia

Sigurd kommt nun mit seiner Schar nach Saxland. Er hatte seine Schiffe mit allerhand wertvollen Gütern beladen, die er auf den Kriegszügen und in der Höhle des Riesen erbeutet hatte. Als König Hlodver diese Neuigkeiten erfährt, ist er darüber erfreut und entbietet all seine Leute, ihm in allen Ehren entgegenzureiten. Dort hielten sich Sigurds Brüder Vilhjalm und Halfdan auf und hießen ihn willkommen. Damals war die Mutter Sigurds verstorben. Und auch sein Vater war alt. Es wurde nun ein hervorragendes Fest für Sigurd vorbereitet und von den Schiffen nach Hause geschafft, was immer sie brauchten, Wein, Starkbier und Honig sowie allerlei wertvolle Güter.

Seine jungfräuliche Schwester geht ihrem Bruder entgegen und begrüßte ihn in aller Freundlichkeit; und er setzte sie zu sich und erzählt ihr unter anderem folgendes, sagt, daß sie einem Mann versprochen sei – »und der heißt Herburt, Sohn eines Jarls von Sikiley. Er ist ein so bekannter Mann und großer Krieger, daß man seinesgleichen im nördlichen Teil der Welt nicht finden würde, denn in unserem Kampf und Aufeinandertreffen war er ausdauernder als ich.« Das Mädchen antwortet: »Weil es sich so ergeben hat, daß du sowohl an Verstand wie auch an Tüchtigkeit unser Oberhaupt geworden bist, wird es sich wohl für alle deine Verwandten zum Unglück wenden, sich gegen deinen Willen und deine heilvollen Entscheidungen zu stellen. Du wirst mir dies bestimmt deshalb zugedacht haben, damit uns dies vollkommen zur Ehre gereichen wird, und deswegen werde ich wie früher deinen Ratschlägen Folge leisten.« Danach läßt Sigurd mit großem Aufwand Vorbereitungen für die Hochzeit treffen und aus allen Handelsplätzen des Landes Dinge herbeischaffen und alle Vasallen im Land einladen.

Und zur festgesetzten Zeit kommt Herburt mit seiner Schar von Vasallen und Hofleuten, Jarl Neri und sein Sohn Herr Randver und ihr Gefolge sowie König Valteri von Aquitania. Die Hochzeit wurde nun in der Stadt Bardvik abgehalten, und die Vasallen wurden an ihre Plätze gewiesen. Die Könige saßen auf Thronen, und der Bräutigam in ihrer Mitte. Mehr fröhliches Treiben wurde dort vollführt, als man es mit Worten beschreiben kann. Dieses Fest dauerte zwölf Tage. Sigurd gab seiner Schwester das Reich, welches sein Ziehvater Herr Lafranz besessen hatte, und die Stadt Lixion als Mitgift.

Daraufhin wurden allerhand Kostbarkeiten aufgetragen und den Vasallen und danach allen, welche an diesem Fest anwesend waren, geschenkt. Da nahm Sigurd das gute Schachbrett mit, welches er im Gebirge Alpes erlangt und welches König Artus besessen hatte – und kein Mensch hatte solche Kostbarkeiten je gesehen –, und legt ihnen eine seiner Eigenschaften dar. Das Schachbrett und die Figuren schenkte er seinem Schwager, Herrn Herburt. Seinen Brüdern jedoch gab Sigurd die größten Kostbarkeiten, die er aus Tartaria hergebracht hatte; dies war ein Schachbrett, welches der König von Tartaria ihm gegeben hatte. Es war wunderbar graviert und ganz und gar aus reinstem Gold, so daß keiner dort je eine solche Meisterschaft bei irgendeiner Art von Kunstwerk gesehen hatte. Auf dem Brett waren sechzehn Felder zwischen den Ecken und sechzehn Spielfiguren an jeder Kante sowie gleich viele Bauern auf jeder Seite. Der Meister namens Boddi, der dort im Land wohnte, dachte als erster daran, dieses Brettspiel zu erfinden, und es wurde nach ihm Boddatafl genannt. Sigurd zeigte den Männern, auf welche Weise man Schach spielen sollte. König Randver überreichte er zwölf Schiffe mit Rahe und Takelwerk und mit all seinen Männern obendrein. Nachdem dies verrichtet ist, wird die Hochzeit in einer gewandten Rede für beendet erklärt. Jarl Neri wurden gute Gaben geschenkt, zuerst vier Ringe aus Gold, hergestellt mit großer Kunst und Fertigkeit, und vornehme Kleidung aus kostbarem Gewebe. König Valteri hingegen gab er schöne Königsgewänder, ganz in Gold erstrahlend, und manch andere wertvolle Kleinode. Danach zieht jeder in seine Heimstätte. Herburt fährt mit seiner Frau heim nach Sikiley.

47 *Erneuter Besuch bei Sedentiana*

Sigurd weilte diesen Winter über zu Hause in Saxland. König Hlodver gab sein Reich in die Gewalt der Brüder, denn er wurde alt und glaubte die Führung über das Reich nicht länger halten zu können. Jarl Neri gab sein Reich in die Gewalt Randvers, und Randver setzte darüber einen Regenten ein, da er zuvor das Land in dessen

Gewalt übergeben hatte, und weilte dort den Winter über mit seiner Frau.

Doch als der Frühling kam, sagt Sigurd zu seinen Brüdern und Ermedon, daß er wolle, daß sie und mit ihnen Randver allesamt auf Kriegszug gehen würden; und so machen sie es. Sie fahren erst ins Eystrasalt und erwarben dort großen Ruhm. Von dort fuhren sie hinaus nach Tartaria und lagen dort eine Weile vor Anker, und Randver fuhr mit seiner Frau nach Hause in sein Reich und setzte Männer mit ihr zur Beaufsichtigung des Landes ein. Danach kehrte er zurück zu seinen Fahrtgenossen, und sie fragen bei Sigurd nach, wohin es gehen solle. Er sagt, er wolle, daß sie die Großzügigkeit Königin Sedentianas der Großen erproben; und falls sie ihnen keine Ehre erweisen wolle, würden sie in ihrem Land heeren und niemanden verschonen. Vilhjalm meint, daß er nicht dorthin wolle, es sei denn, sie verrichteten alles Üble, das sie bewerkstelligen können. Sigurd sagt, so solle es auf keinen Fall geschehen – »denn ich habe von ihr keine schweren Vergehen ausstehen, und sie ist trotz allem die berühmteste Frau in den Nordlanden.« Es soll nun so geschehen. Sie segeln nun nach Frakkland auf die Häfen zu, welche Sigurd früher angesteuert hat.

Diese Neuigkeit gelangt zu Königin Sedentiana, und sie ruft ihren höchsten Rat zu sich, sich danach erkundigend, wie sie Sigurd Thögli und seine Schwurbrüder empfangen solle. Sie geben den Rat, sie so gut wie möglich zu empfangen – »denn ansonsten werden sie Eurem Reich Schaden zufügen.« Diesen Ratschlag nimmt sie an und schickt ihre Männer zu ihnen und lädt sie zu einem vornehmen Festmahl ein. Sigurd sagt, daß sie dies annehmen würden. Er wählt aus seinem Heer fünfhundert Männer aus, die am höfischsten waren. Die Brüder Vilhjalm und Halfdan waren sehr unwillig, dieses Angebot anzunehmen, denn sie erinnerten sich an die Demütigungen, die sie dort zuvor erfahren hatten. Dennoch hatte Sigurd zu entscheiden. Sie reiten nun zur Stadt, und die Ritter der Herrin kommen ihnen entgegen und führen sie mit Gesang und allerhand Musikinstrumenten zu den Sitzen. Da kam ihnen auch Sedentiana entgegen, heißt sie freundlich willkommen und führt sie zum Thron. Zu ihrer einen Seite saß Randver, zu ihrer anderen hingegen Vilhjalm und Halfdan. Danach verteilten sich die Herzöge und Herren der Herrin und auch Sigurds Ritter auf ihre Plätze, bis tausend Leute Platz genommen hatten, und keiner war unbedeutender als ein Ritter und überdies noch Dienstleute. Danach kamen allerlei

Gerichte und vielerlei Sorten Wein herein. Königin Sedentiana setzte sich gegenüber von Sigurd auf einen goldenen Thron; sie war so schön und lieblich, daß keiner glaubte, je eine solch rosengleiche Blume gesehen zu haben. Sie hatte eine goldglänzende Krone mit Edelsteinen auf ihr Haar gesetzt, welche so schön erstrahlte wie brennendes Feuer. Alle Leute wunderten sich nun über die Bescheidenheit der Königin, daß sie ihnen die Ehre erwies, drinnen zu sitzen und mit ihnen zu reden. Am Abend wurden die Leute zum Schlafen eingeteilt, die Königin jedoch ging zu ihrem Haus; und sie schliefen die Nacht hindurch.

48 *Sedentianas Schauspiel*

Am kommenden Morgen steckten die Leute in ihren Kleidern. Es war freundliches Wetter, und die Leute gingen weit umher, um sich mit verschiedenen Spielen die Zeit zu vertreiben; und danach begaben sich die Leute zu Tisch, jeder auf seinen Platz. Sedentiana setzte sich auf ihren Thron. Die Brüder Vilhjalm und Halfdan betrachteten sie nicht gerade wohlwollend und waren eher schweigsam. Als die Leute am fröhlichsten waren, kamen allerhand Spielmänner herein, manche mit Flöten, Geigen, dem symphonium, dem psalterium und Harfen, mit allerlei Saitenspielen. Danach kamen Spaßmacher, Spielmänner und Illusionisten und führten viele wundersame Dinge auf; und als dies vorüber war, war der Tag weit fortgeschritten.

Daraufhin spielten sich wundersame Dinge ab. Es kamen acht Knechte in die Halle und trugen zwischen sich zwei Figuren. Die waren angekleidet und sehr geschickt gefertigt. Allen Leuten schien es, daß diese den Brüdern Vilhjalm und Halfdan sehr ähnlich sahen. Die Knechte zogen ihnen die Kleider aus, nahmen sodann Peitschen und schlugen sie derart, daß Blut von ihnen zu fließen schien; und darauf wurden Schere und Rasiermesser genommen, ihnen sämtliches Haar abgeschnitten und abrasiert; daraufhin wurde ein Schwert genommen und eine Eule auf ihren Rücken geritzt; weiter wurde ein Becken genommen, auf Glut gesetzt und dann auf die Unterleiber dieser Figuren, gleichzeitig meckerten die Knechte, als ob sie dadurch gepeinigt würden. Durch diesen Anblick wurden die Brüder sehr erregt und erkannten, daß dies zu ihrer Schmähung getan wurde, und erbleichten sehr. Sigurd sprach zur Königin: »Was für ein kunstfertiges Spiel ist dies, was Ihr hier vorspielen ließet? Es ist so, als wären dies irgendwelche Figuren. Bringt so etwas nicht vor uns, was wir nicht verstehen können, es ist auch keiner in unserem Gefolge, der solcherlei Spiele verstünde.« Die Königin lächelte über seine Worte und erwidert nichts. Sigurd sprach zu seinen Brüdern: »Was ist der Grund dafür, daß ihr beiden bei diesem Anblick so bleich werdet? Denn mich dünken solche Dinge nicht von großer Bedeutung. – Hier soll Gleiches mit Gleichem vergolten werden.« Doch sie antworten nichts.

Dies ging insgesamt drei Tage so weiter, genau auf dieselbe Weise, und die Brüder waren von dem Anblick sehr erregt, jedesmal wenn dieses Spiel vorgeführt wurde. Sigurd forderte sie auf, sich nicht darum zu kümmern – »denn ich will euch beiden versprechen, daß die Königin in den nächsten drei Tagen anderes zu tun haben wird, als uns zu verspotten.« Dies hörten nicht mehr Leute als nur die Brüder, und die waren erfreut über seine Worte und erwarteten, daß sie sich erfüllen würden und es so herauskommen würde, wie Vilhjalm es ihr bereits vorausgesagt hatte.

49 Die Enthüllungen des Schweinehirten und des Zwergs

Nun kommt der vierte Tag, und es wurde um so besser bewirtet, um so länger das Gastmahl dauerte. Und als die Zeit herankam, in der man gewohnt war, daß die Spiele kämen, betritt ein schändlicher Schweinehirt die Halle, ganz auf die Weise ausgestattet, wie es erwähnt worden ist, als er auf der Heide zur Königin kam. Er trat vor den Thron der Königin und sprach folgendes zu ihr: »Stinkende Hure, die du Königin von Treveris genannt wirst. Jetzt ist die Zeit gekommen, wo ich nicht länger schweigen kann über die Schande, die du mir zuzufügen gedenkst, und auch wenn dir Sigurd Thögli, von dem du nie die Augen hebst, hochgestellter erscheint als ich, besitze ich doch größeren Anspruch auf dich als er. Denn damals auf der Heide, als ich nackt neben deinem Körper lag, da prüfte ich ganz tüchtig deine Jungfernschaft. Dies weiß ich, daß ich dein erster Mann war; und obwohl du danach so manchen bei dir liegen gehabt hast, besitzt keiner außer mir den vollen Anspruch auf dich.« Diese Angelegenheit verwundert alle, die in der Halle waren. Manch anderes erzählte dieser Schweinehirt noch, indem er zuerst von ihrem Beisammensein und ihrer Vereinbarung erzählte, weil sie Ritter Amas verloren hatte und ihn zu sich locken wollte. Sigurd sprach: »Nun kann es sein, daß es sich hier offenbart, wie Meister Ovid und manch anderer Gelehrte sagt, daß in solchen Dingen nur wenigen Frauen zu vertrauen ist. Bedenkt, wie zuverlässig die wohl gewesen wäre, wenn irgendein fähiger Mann sie heimlich aufgesucht hätte, wenn sie einem derart schändlichen Schuft ihre Umarmung gestattete.« Seine Brüder fingen an, über sie zu lachen, und verspotteten sie mit vielen schmählichen Worten. Dem Schweinehirt schien sein Vorhaben noch nicht vollendet, und so griff er nach der Königin und wollte sie vom Thron herunterreißen und wegtragen. Dies gelang ihm nicht, da sie sich äußerst tapfer wehrte und nach ihrem Gefolge ruft, daß sie ihr helfen sollen. Doch die saßen alle fest, jeder auf seinem Sitz. Dieses Kräftemessen ging lange so weiter, daß die Königin sich wehrte; aber der Schweinehirt drang auf sie ein, bis Herr Randver aus seinem Sitz aufstand und den Schweinehirt mit dem Knauf seines Schwertes fort aus der Halle prügelte. Die Königin wurde rot wie Blut und verbarg nun ihr Antlitz und begibt sich in ihr Haus und kam diesen Abend nicht mehr herein.

Am Morgen waren sämtliche Kleider der Königin ausgetauscht. Sie zog ihre Trauerkleidung an und gedachte ihres Unglücks. Sigurd und seine Begleiter waren nun sehr froh. Und als die Leute gut gelaunt waren und sich dessen am wenigsten versehen, kommt ein Zwerg in die Halle, von der Gestalt, wie sie früher erwähnt worden ist, und bewegt sich sogleich rasch zum Thron der Königin, sprach zu ihr dieselben Worte, die der Schweinehirt zuvor gesagt hatte, und forderte die Königin auf, sich an die Zeit zu erinnern, als er sie aus ihrer Lebensgefahr gerettet hatte. »Ich dachte damals, daß ich mit dir den nächsten Zwerg gezeugt haben sollte, zu dem Gold, das sich in meinem Stein befindet.« Zuletzt ging er unter den Thron der Königin und machte Anstalten, alles aus der Halle fortzutragen. Randver schlug mit dem Schwertknauf auf den Zwerg ein und warf ihn weit hinaus auf den Fußboden der Halle. Da mußte er hinausgehen. Sigurd sprach: »Die Neugierde hat sie gepackt, daß sie sich nicht damit zufriedengab, Menschenmänner auszuprobieren, sondern sogar derartige Lebewesen.« Sigurds Brüder und viele andere lachten darüber unter großem Scherzen, so daß sie ihre Worte nicht zu Gehör bringen konnte. Sie machte sich dann aus der Halle davon und schloß sich in ihrem Haus ein. Das Gefolge und die hochgestellten Leute jedoch vergnügten sich mit Wein, solange es ihnen beliebte.

50 Die Enthüllungen des Riesen und Sigurds Bekenntnis zur Vaterschaft

Nun kam der sechste Tag des Gastmahls. Wieder kam Sedentiana in ihren Trauerkleidern zu ihrem Thron, wie alle ihre Mädchen sehr bekümmert und betrübt ob der Demütigung, die ihr angetan worden war. Dennoch saß sie an diesem Tag auf dieselbe Art wie zuvor in der Halle.

Wie Sigurd und seine Brüder sich erfreuten und die Tische aufgestellt wurden, ging die Tür zur Halle auf, und es gibt einen großen Tumult und gewaltige Unruhe. Die Männer, welche ihr Geschäft verrichten wollten, wurden nun so heftig umhergeworfen, daß sie gebrochene Knochen hatten, manche sogar tot waren. Nun trat ein Riese in die Halle herein, schwer, schwarz wie der Teufel, so daß sich alle außer den Schwurbrüdern Sigurd, Randver und Ermedon fürchten. Er war von so abscheulichem Äußeren, wie es zuvor von dem geschildert worden ist, welcher zur Königin gekommen war. Sie wurde bei diesem Anblick herzlich betrübt, denn sie erkannte, daß er sie wohl auf die gleiche Art plagen würde wie jene, die zuvor gekommen waren. Er sprach mit brüllender Stimme zu ihr: »Auch wenn dir Sigurd Thögli wie dein Geliebter vorkommt, wovon du nun hoffst, daß es so geschehen wird, kann ich dies jetzt rasch beenden; denn ich kann ihn mit meiner Faust schnell totschlagen. Ich glaube, ich habe Anspruch auf dich und deinen Körper, seitdem ich mit ihm alles Vergnügliche getrieben habe, wie es mich gelüstete; und da war ich erfreut, daß ich mit dir wohl einen weiteren Sohn gezeugt habe, der mir gleicht.« Und nun geht er zum Thron und hebt alles zusammen in die Höhe und begibt sich damit die Halle entlang hinaus. Da ruft die Königin nach Hilfe, doch der Riese schreit mit brüllender Stimme gegen sie an und sagt, er werde jeden erschlagen, der herankomme; und alle fürchteten sich heranzugehen. Wie er zu den Hallentoren gelangt ist, ruft die Königin nach

Vilhjalm und Halfdan und sprach: »Helft mir, ehrenwerte Männer, denn ich bin jetzt in einer erbärmlichen Lage. Obschon es mit uns beiden, Vilhjalm, nicht gut gelaufen ist und ich nichts Gutes getan habe, da war es mir doch kein Herzenswunsch, was dich betraf, und du hast dies ja bereits vollkommen gerächt.« Nun laufen Vilhjalm und Halfdan zum Riesen hin und prügelten mit gewaltigen Schlägen auf ihn ein, und er lief heulend fort. Sie nahmen den Thron mitsamt der Königin und trugen ihn an den Platz, an dem er zuvor gestanden hatte. Sigurd sprach: »Es ist nun zu sehen, daß diese Königin keinen Mangel an Unterkünften bei sich hat, da sie diesen Riesen bei sich liegen hatte, und es scheint mir wahrhaftig, daß man die da nicht gerade eine Jungfrau nennen kann, die ihn zwischen ihre Beine legte.« Alle wurden sprachlos bei dieser Angelegenheit.

In diesem Augenblick betrat ein junger Knabe die Halle, und es folgten ihm zwei Mädchen. Dieser Knabe war so schön, daß sie niemals einen schöneren gesehen zu haben glaubten. Er war würdig in goldgewirkte Gewänder gekleidet. Er hatte ein Goldband um die Stirn und die goldenen Locken waren wunderhübsch glänzend über seine Ohren zurückgebunden. Er war so großgewachsen wie ein Achtzehnjähriger. Er trat vor den Thron, auf dem Sigurd saß, und sprach: »Mein lieber Vater Sigurd Hlodversohn, sei hier mit all deinen Gefolgsleuten willkommen, mit dem besten Ansehen und Aufwand, der dir und deinen Männern in unserem Reich geboten werden kann.« Sigurd erwidert und blickte den Knaben an: »Wer brachte dir bei, Knabe, mich deinen Vater zu nennen, und wer ist deine Mutter?« Der Knabe antwortet: »Königin Sedentiana ist meine Mutter. Sie hat mir gesagt, daß du mein Vater wärst.« Sigurd antwortet: »Wie alt bist du?« – »Vier Jahre«, sagt er. – »Das mag wohl zusammenpassen«, sagt er, »denn um diese Zeit herum werde ich wohl hierhergekommen sein, wie es mit dieser Zeugung übereinstimmt. – Der Schweinehirt, der vor zwei Tagen hierher kam, und der Zwerg gestern sowie dieser gräßliche Riese, der eben erst hier hereingekommen ist, sie alle erhoben Anspruch auf deine Mutter. Ich hingegen kam nie zuvor in dieses Reich, und es ist viel eher glaubhaft, daß irgendeiner von ihnen dein Vater sein wird.«

Die Königin antwortet: »Willst du, Sigurd«, sagt sie, »ein um so größerer Lügner sein als die meisten anderen Menschen, je länger du geschwiegen hast als alle anderen? Dieser Knabe wird jetzt ja wohl weder dem Schweinehirten oder dem Zwerg noch dem Riesen gleichen. Obschon du in unserer Auseinandersetzung klüger gewesen bist als ich und mir Illusionen vorgegaukelt hast, wußte ich doch durch meine Weisheit und den magischen Stein gleich, daß du es warst, auch wenn ich es nicht habe verhindern können, und du glaubst in dieser Angelegenheit deine Brüder und viele andere gerächt zu haben. Nun jedoch ist all meine Hinterlist ausgespielt und ausgetrieben. Jetzt, wo du mich wohl für eine leichtfertige Frau halten wirst, kann es sein, daß ich dieses Reich nicht mehr lange regiere. Ich verkünde dies vor allen Vasallen im Lande, daß ich Frakkland und Pul an meinen Sohn übergebe, welcher nun hier vor euch steht.« Der Knabe antwortet: »Eine große Gabe ist dies, Mutter, wenn der Königstitel ihr folgen sollte, und dennoch will ich keines von beiden unter diesen Umständen mein eigen nennen; beides übergebe ich an meinen Vater, falls er sich dazu bekennen will, daß er mein Vater ist.« Sigurd lächelte über seine Worte und sprach: »So jung kannst du keine Gaben geben.« Der Knabe erwidert: »Wenn meine Gaben keinen Bestand zu haben vermögen, wessen Schuldigkeit wird es wohl sein, das Reich zu regieren und zu bewahren, außer der meines Vaters?« – »Wem gibst du deine Mutter zur Frau?« fragt Sigurd. – »Sie wird sich selbst jemandem geben«, erwidert er, »denn sie hat zwar Gewalt über mich, doch ich nicht über sie.«

»Ein kluger Knabe ist dies«, sagt Randver, »und gewiß ist er eher eines vornehmen Mannes Sohn, als der eines Riesen oder Zwergen, und es ziemt sich für Euch, Herr, diese Königin nicht länger zu kränken, welche so vornehm und in ihrer Gestalt so vollendet schön ist, da sie doch vorhat, dich zu bekommen.« Sigurd sagte, er habe bereits gegen ihren Willen gehandelt – »doch von dieser Stunde an soll sie zwischen uns beiden bestimmen. Ich will nun zugeben, daß ich der Vater dieses Knaben Flores bin.«

51 Sigurds Werbung um Sedentiana

Als Sigurd zugegeben hatte, daß er der Vater von Flores war, ging dieser auf seinen Vater zu und küßte ihn in einer Umarmung. Danach fordert Sigurd Sedentiana auf, ihre Hofkleidung wieder anzuziehen und ihre ganze Freude wieder aufzunehmen. Sie tat es so. Sigurd bringt daraufhin seine Werbung vor und bittet Sedentiana um ihre Hand, und das unterstützten alle Vasallen. Es wurde rasch vollführt, was beide Seiten wollten. Sigurd verlobte sich mit Sedentiana, und die Vasallen des Landes übergaben ihm den Königstitel. Er nahm das ganze Reich in seine Gewalt, außerdem Pul und Saxland, sein Vatererbe.

52 Die Bedrohung Tartarias durch einen Riesen

Zu dieser Zeit kam die Nachricht nach Frakkland, daß ein Riese namens Öskrud, der Bruder desjenigen, welchen Sigurd und Randver besiegt hatten, großen Schaden bei den Leuten des Königs von Tartaria anrichtete, und daß er seinen Bruder rächen und Albina, die Gattin König Randvers, entführen wollte; doch die Vasallen hätten sie in verschiedenen Städten in Sicherheit bringen können. Wie die Sendboten diese Nachrichten vortrugen, meint Randver zu Sigurd, daß er ihn kaum um eine so große Sache bitten könne – »doch ich glaube trotzdem, keine Gelegenheit zu haben, ihn zu besiegen, außer ich genieße Eure Unterstützung.« Sigurd sagt, er sei es ihm schuldig, ihm das ganze Heer mitsamt seinen Brüdern und Ermedon zur Verfügung zu stellen.

Sie rüsten nun ihr ganzes Heer mit sechzig Schiffen und segeln erst nach Tartaria und suchen dort den Oberkönig auf. Er freute sich sehr über ihr Kommen und erzählt ihnen von den Schwierigkeiten, die sich dort zugetragen haben, daß der Riese weiterum die Siedlungen zerstört und viele hundert Männer erschlagen habe – »und ich habe erfahren, daß er vorhatte, binnen fünf Tagen in die Siedlungen zu kommen.« Wie nun Sigurd diese Nachricht erfährt, bietet er sein ganzes Heer sowie das Königsgefolge auf, sich danach erkundigend, welchen Plan sie sähen, den Riesen Öskrud zu besiegen, so daß sie so wenig Leute wie möglich verlieren würden. Randver antwortet: »Dies weiß ich ganz genau«, sagt er, »daß ich in diesem Heer keinen kenne, der dies so scharfsinnig erfaßt wie du, und deshalb wollen wir deinem Plan folgen.« – »Für diese Fahrt will ich«, sagt Sigurd, »die fähigsten Männer meines Heeres auswählen, denn wir können nicht mit dem ganzen Heer an diesen Riesen herankommen, um ihn zu besiegen. Ein Teil des Heeres soll die Schiffe bewachen, und ich will, daß Halfdan sie begleitet; denn ich will nicht, daß wir uns mit allen Brüdern gleichzeitig hinaus in eine solche Lebensgefahr begeben.« Halfdan erwidert: »Es wird wohl eher wahr sein, daß ihr mich für eine geringe Hilfe erachtet; doch es ist ungewiß, ob ich es weniger wagen würde, diesen Riesen zu sehen, als irgendeiner von euch, und ihr könnt mich nicht zurückhalten.« Sigurd sagt, daß er entscheiden solle, obschon es nicht besser sei. Sigurd sagt, daß sie so heimlich wie möglich Schilde ins Gebirge bringen sollen, so daß der Riese dessen nicht gewahr würde. »Und in einer Nacht, wenn er sich im Schlaf befindet, soll eine Schildburg auf beiden Seiten des Höhleneingangs vorgeschoben werden, und es sollen dann für beide Seiten die Entschlossensten ausgewählt werden, die anwesend sind. Auf der einen Seite werden ich selbst und Halfdan sein, auf der anderen Seite jedoch Randver, Ermedon und Vilhjalm, mein Bruder. Es halte danach jedermann seine Stellung und soll nicht allzu jagdeifrig werden, und noch weniger allzu zögerlich. Stecht mit den Speeren zu und haut mit Schwertern und Äxten, jeder wie er es am besten vermag, einige auf die Unterarme und auf den Kopf, einige auf die Beine, denn wenn seine Arme oder Beine gebrochen sind, ist er schon besiegt.«

53 Die Erschlagung des Riesen und die Bergung seiner Schätze

Nach dieser Beratschlagung wählt König Sigurd das Gefolge, da ihm bekannt war, welche am zuverlässigsten waren. Eines Nachts, als es finster war, gehen sie bei Nieselregen hinauf ins Gebirge unter die Felsen und stießen auf das Höhlentor, stellen nun ihre Schildburg auf und plazieren das Gefolge dahinter. Sigurd war dem Tor auf der einen Seite am nächsten, Vilhjalm, Randver und Ermedon aber auf der anderen Seite, und Halfdan dort gegenüber.

Der Tag war angebrochen, als sie die Vorbereitungen vollendet hatten. Sie hören drinnen in der Höhle eine Unruhe, und als nächstes wird das Tor zur Höhle geöffnet, und sie erblicken den Riesen, so gewaltig, grobschlächtig und schrecklich, daß sie glaubten, noch keinen gesehen zu haben, der in seiner ganzen Gestalt ebenso schmählich war. Er kniff die Augen zusammen und sah im ersten Augenblick nicht klar, was gegen ihn verrichtet worden war. Er hatte einen großen Speer, so gewaltig und schwer, daß er wohl nicht weniger als drei Schiffspfund wog, und der ganze Schaft war mit hartem Stahl umwickelt.

Wie er aus dem Tor der Höhle hervorkam, wollte Halfdan nicht zu zögerlich sein und trat mit seinem Speer unter der Schildburg hervor, zusammen mit sechs weiteren seiner Kameraden, und sie hatten vor, den Riesen alle auf einmal zu besiegen. Doch er bemerkte sie zuerst, schwang seinen großen Speer gegen sie, und Halfdan und seine Männer wurden da getroffen, und sie flogen durch diesen Hieb so schnell davon wie ein Bolzen, der von einer Armbrust abgeschossen wird. Sie waren tot, bevor sie auf der Erde aufschlugen. Sigurd stieß dann mit seinem Speer dem Riesen so kräftig in den Leib, daß er bis über die Tülle des Speerblattes hineindrang. Randver wartete auch nicht lange und verfehlte sein Ziel nicht. Er hieb mit der Axt am Schaft des Speers auf die Hand des Riesen, und sie wurde mitten in der Handfläche abgetrennt; der Riese konnte den Speer mit dieser Hand nicht fassen. Er brach den Speer Sigurds von sich ab, und der Schaft zerbrach in viele Teile. Vilhjalm setzte einen Hieb nach dem anderen auf den Unterarm des Riesen, und in dem Moment schlug dieser mit seinem großen Speer in die Schildburg, so daß alle Schilde zersplitterten und zwölf Männer, die dahinter standen, getötet wurden. Da hieb Vilhjalm dem Riesen die andere Hand ab. Der große Speer fiel darauf nieder. Die Männer liefen von allen Seiten heran und griffen ihn an. Sie hackten ihm so die Beine ab, daß er sie weder länger gebrauchen noch auf ihnen stehen konnte. Da fiel der Riese nun so hart zu Boden, daß dort, wo sie standen, von seinem Fall die ganze Erde bebte, und er war sofort tot. Danach lösten sie die Schildburg auf, gingen in die Höhle und erschlugen dort neun Trolle, die sich bei dem Riesen aufgehalten hatten.

Daraufhin erkundeten sie die Höhle und fanden dort viele Wertgegenstände und Schatzkisten. Sie fanden in einer Truhe zwei Kelche und Schalen, die äußerst kunstfertig hergestellt und mit Edelsteinen besetzt waren; viele große Trinkhörner aus Gold waren dort, schöne Ringe, Spangen und Trinkgefäße, Gürtel und wertvolle Kleidung. Dies alles nahmen sie mit sich, doch den Riesen und sämtliche Trolle verbrannten sie. Danach suchten sie den König auf und berichten ihm genau von ihrer Reise. Es wurden nun die Besitztümer vorgewiesen, welche sie aus der Höhle erlangt hatten. Sigurd sagt, daß zuerst jedem zurückgegeben werden solle, was ihm geraubt worden sei. Sigurd bat den König zu nehmen, was immer von diesen Gütern er wolle; doch der König sagt, Sigurd habe alle Kostbarkeiten zu wählen. Da nahm Sigurd die schönsten Stücke, zwei Trinkhörner, einen Kelch und eine Schale und überreichte sie dem König. Sigurd hatte aus der Höhle würdevolle königliche Gewänder sowie eine Krone, kostbare Gewebe, einen Kelch und ein Trinkhorn geholt. Dies nahm er vom Unverteilten. Danach verteilte er das andere unter seinen Männern und auch unter denen, welche die Schiffe bewacht hatten.

Daraufhin trennten sie sich in größter Zuneigung. Randver fuhr heim in sein Reich, Sigurd, Vilhjalm und Ermedon hingegen segeln nun aufs Meer hinaus. Vilhjalm fragt, wohin sie nun steuern sollen. »Nach Gardariki«, sagt Sigurd, und so machen sie es.

54 Der Kampf um Gardariki und die Hochzeiten Vilhjalms, Ermedons und Sigurds

Davon ist nun als nächstes zu erzählen, daß aus Armenia ein König namens Sarodakes gekommen war. Er war weiter östlich über das Meer gesegelt und besaß sechshundert Schiffe. Er kam auf seinem Schiff nach Gardariki. Dort herrschte ein König namens Villimot. Keiner war stattlicher und tüchtiger in ganz Ruzia, welches wir Gardariki nennen. König Sarodakes war groß wie ein Troll, schwarz und ungeschlacht. Er hatte fünfzehn Mohren voller Zauberkraft bei sich, und die biß kein Eisen. Sie hatten viel Vieh erbeutet und in weiten Gebieten geheert und unzählige Leute niedergemetzelt und suchten den König auf. Sie stellten ihn vor die Wahl, seine Tochter namens Fluvia mit König Sarodakes zu verheiraten und ihr Gold und Geschmeide, Land und Reich mitzugeben; ansonsten würde er sein Reich verwüsten und ihn erschlagen und dann seine Tochter mitnehmen. Der König lehnt es ab, ihm das Mädchen zur Frau zu geben, und will sein Reich und sie selbst verteidigen, denn sie will ihn nicht haben; lieber will sie ihr Leben verlieren. König Villimot und Sarodakes hatten viele Schlachten geschlagen, und zuletzt floh jener zur Stadt Holmgard und schloß sich und sein Heer dort ein. König Villimot hatte versprochen und mit seinem Wort fest verbürgt, demjenigen die Hälfte seines Reiches sowie seine Tochter zu übergeben, der ihn und sein Land von der Belästigung durch diese bösartigen Männer befreien würde.

All diese Nachrichten zusammen gelangten zu den Schwurbrüdern, und sie halten eine Versammlung mit ihrem Heer ab, ob sie dem König von Ruzia Unterstützung geben sollen oder nicht. Doch dies wurde den Brüdern zur Entscheidung überlassen. Sigurd meint, daß sie wohl mit einem Plan würden vorgehen müssen. »Sie werden sich keiner Gefahr versehen, wenn wir uns ihnen heimlich nähern. Wir werden die Schiffe heimlich dem Land entlang in die Häfen führen, welche ihrer Schiffsflotte am nächsten liegen. Die dreißig, die Stachelkeulen haben, sollen den Mohren entgegentreten, die kein Eisen beißt, und in der Nacht zu ihnen hinlaufen, wenn sie in ihren Landzelten schlafen.« Diesen Plan hielten alle für erfolgversprechend, und sie fahren mehr des Nachts als tagsüber, bis sie in die erwähnten Häfen gelangten. Dort lagen die Wikinger auf einer Ebene vor der Stadt, und dort war eine Anhöhe zwischen den Schiffen der Brüder. In derselben Nacht zieht das Heer an Land, und sie laufen ohne Gnade zum Heerlager der Heiden und erschlagen in kurzer Zeit eine Unmenge von Kriegsleuten; diese erwachen nicht gerade aus einem guten Traum. Sigurd, Vilhjalm und Ermedon jedoch begeben sich zu dem Landzelt, wo Sarodakes, die Mohren und die Berserker schliefen, denn dies war wegen seiner Größe und Schönheit leicht erkennbar. Zuerst wurden alle Wachen erschlagen, doch die bliesen noch das Kriegshorn. König Sarodakes erwacht jedoch in großer Furcht und hat vor, die Flucht zu ergreifen. Aber diejenigen, die dafür bestimmt sind, setzen ihre Streitkolben in Bewegung und prügeln nicht gerade allzu sanft auf die Mohren ein, bis sie alle getötet waren. Sigurd bemerkte genau, wohin Sarodakes sich wandte. Sigurd hieb ihm mit seinem guten Schwert derart in den Rücken, daß er in der Mitte entzweigetrennt wurde. Vilhjalm und Ermedon erschlugen eine große Anzahl von ihrem Kriegsgefolge, denn sie hatten ein erlesenes Heer. Es wurden dort im Heerlager fünfzehntausend Männer erschlagen, und so manche flohen und wurden weit über die Ebene gejagt und getrieben.

Dann war das Licht des Tages angebrochen, und als die Sonne erstrahlte, erblicken die Leute aus der Stadt sie und wundern sich sehr über diese Ereignisse. Sie treten nun mit einem bewaffneten Heer aus ihrer Stadt heraus und trafen auf einige, vor denen sie flohen. Sigurd und die Schwurbrüder jedoch wandten sich mit einigen

Kriegsleuten zu den Schiffen und liefen in einem ungestümen Angriff auf sie zu und erschlugen jedermann, außer denen, die aufs Meer hinaus segelten; und darauf trennten sie sich.

Danach begibt sich Sigurd zur Stadt Holmgard und hatte einen prächtigen Sieg errungen. Der König wurde nun gewahr, wer ihm Hilfe geleistet hatte, und erfuhr, daß sie die bekanntesten und berühmtesten Schwurbrüder in den Nordlanden waren, und trat ihnen in allem Aufwand entgegen und lud sie mitsamt ihrem ganzen Heer zu sich in die Halle ein. Und dies nehmen die Schwurbrüder an und gingen mit dem König sowie der Hälfte ihres Heeres zur Halle; ein Teil hingegen ging zu den Schiffen. Der König, Sigurd, Vilhjalm und Ermedon setzten sich auf einen Thron. Vilhjalm war ein würdiger Mann und gut mit allen Fertigkeiten ausgestattet. Da betrat die Königin die Halle, und ihre Tochter Fluvia, welche eine Krone aus reinem Gold trug. Sie war so rot und rosengleich, so blank und blumig, so fein und rein, daß sie glaubten, nie ihresgleichen gesehen zu haben, außer Sedentiana. Der König dankt ihnen sehr für seine Befreiung und sagt, daß er sein Wort, seine Erklärungen und sein feierliches Versprechen denen gegenüber einhalten wolle, die sein Land und Leben befreit haben. »Ich will nun, Sigurd, meine Tochter in deine Hände geben.« Sigurd dankt dem König für seine Worte. Und noch bevor das Fest vorüber ist, bringt Vilhjalm seine Werbung vor und bittet Fluvia, die Königstochter, um ihre Hand. Dies wurde rasch vollzogen. Vilhjalm verlobte sich mit Fluvia, und die Hochzeit fand innerhalb des kommenden Monats statt.

Nun wird die Hochzeit vorbereitet, und die Vasallen aus dem ganzen Land werden eingeladen. Zur festgesetzten Zeit kamen Könige, Jarle und Barone zu den Feierlichkeiten, und es wurden ihnen Plätze zugewiesen und allerhand Getränke aufgetragen. Das Fest verlief überaus gut und dauerte einen halben Monat, mit allem Prunk und fröhlichen Treiben, welches man veranstalten konnte. Doch als es zu Ende ging, wurden allen Leuten ihrem Ansehen angemessene Geschenke gegeben. Danach zog jeder nach Hause in sein Reich.

Vilhjalm ließ sich dort im Reich nieder, Sigurd und Ermedon jedoch segeln aus Gardariki fort. Ermedon fragt Sigurd, wohin sie nun steuern sollen. »Wohin es dein Wunsch ist zu segeln«, sagt Sigurd. – »Nach Lumbardi«, meint Ermedon, »um mit Eurer Hilfe Provincia, die Tochter von König Feritas, zu erlangen.« – »So soll es geschehen«, sagt Sigurd. Ermedon dankt ihm für seine Worte und seinen guten Dienst. Sie halten nun auf Lumbardi zu, und sobald der König erfährt, daß Sigurd dorthin gekommen ist, lädt der König ihn zum Gastmahl ein, und dies nehmen Sigurd und Ermedon an. König Feritas geht ihm in aller Freundlichkeit entgegen. Es werden ihnen Plätze zugewiesen und allerhand Getränke aufgetragen. Dann wird allerhand fröhliches Treiben vollführt, geflötet, posaunt, symphonium und psalterium gespielt, manche singen auch zu zweit. So verging der Tag.

Es ging drei Tage lang so, daß Festlärm und Fröhlichkeit sich gleich blieben; doch am vierten Tag des Festes bittet Ermedon um die Hand von Provincia, der Tochter von König Feritas. König Feritas übereilte diese Angelegenheit nicht, doch mit der Unterstützung und den Worten Sigurds wurde Ermedon das Mädchen zugesprochen und sogleich die Hochzeit vorbereitet. Dieses Fest dauerte über einen Monat, mit allen Ehren, die man erbieten konnte. König Feritas übergab seinem Schwiegersohn Ermedon die Königswürde sowie das halbe Reich, nach seinem Tode jedoch das ganze. Zum Abschied schenkten König Feritas und Ermedon Sigurd viele wertvolle Kleinode, und sie versicherten sich gegenseitig ihrer Freundschaft.

Sigurd segelt sodann heim nach Frakkland. Sedentiana kommt ihm in großem Aufwand entgegen und führt ihn nach Hause in die Halle und setzt ihn auf seinen Thron. Flores, sein eigener Sohn, begrüßt ihn überaus freudig. Es gibt nun Festlärm und Fröhlichkeit zur Genüge in der Halle, und Gelage und Geschichten über Ruhmestaten, die jeder dem anderen erzählt.

Doch als der dritte Tag des Festes kam, sagt Sigurd zu Königin Sedentiana, daß sie für die Hochzeitsfeierlichkeiten innerhalb von vier Monaten Vorbereitungen treffen lassen solle. Sigurd sendet Männer mit Einladungen zu all seinen Freunden; zuerst zu seinem Bruder Vilhjalm und zu Ermedon, Valteri und Randver sowie zu allen Vasallen und dem Rat des Reiches innerhalb des Landes. Und zur festgesetzten Zeit kommen die Vasallen, und König Sigurd führt sie in großer Freude hinein. König Sigurd besteigt seinen Thron, und daneben sitzt sein Bruder Vilhjalm, dann Ermedon, Valteri und Randver, weiterhin die Vasallen und Ritter. Es gibt nun vergnügliches Treiben in der Halle, mit Gesang und Geschichten über Ruhmestaten. Es wurde allerhand Wein aufgetragen, Kräuterwein und Claret sowie der Wein garnatum. Sodann werden allerhand Leckerbissen hereingebracht, gepfeffert und gewürzt mit Kräutern. Es herrscht nun gewaltiger Festlärm und Fröhlichkeit im Königsgefolge, welches König Sigurd und alle der Reihe nach bewirtete. Es verging keine lange Zeit, bevor Spielmänner mit allerhand Musikinstrumenten in die Halle hereinkamen; zuerst wurde geflötet und posaunt, symphonium und psalterium, Harfen und Geigen, quinternium und organum gespielt. Danach kamen Gaukler und Wahrsager.

Als nächstes wird Königin Sedentiana von vier Königen und sechs Jarlen in die Halle hereingeführt, so blank und blumig, rein und beredt, anmutig und angenehm, wie sie sich jeder lebende Mann wünschen würde, und keiner glaubte, je ihresgleichen gesehen zu haben; und außerdem wird sie von sechzig Königs- und Jarlstöchtern begleitet. Königin Sedentiana wurde zu ihrem Platz geführt, einem goldenen Thron auf der gegenüberliegenden Seite König Sigurds, und ihre Mädchen neben ihr. Nun legte sich die Freude nicht, vielmehr wuchs sie noch an. So ging es bis zum Abend. Dann wurden König Sigurd und Königin Sedentiana in aller Pracht, Freude und Vergnüglichkeit zu ihrem Bett geführt. Sie schliefen die Nacht hindurch. Am Morgen gab es ein gleiches Fest wie zuvor. So ging es insgesamt einen Monat. Als dieser vergangen war, gab Sigurd seinem Bruder Vilhjalm und Ermedon, Randver und Valteri ehrenvolle Geschenke; und sie trennten sich in Freundschaft und hielten diese bis zu ihrem Todestag. Es fuhr jeder mit würdevollen Geschenken nach Hause.

König Sigurd und die Königin ließen sich in ihrem Reich nieder. Aber nach ihrem Todestag übernahm ihr Sohn Flores das Königtum, und er war der gewaltigste Kriegsmann, wie sein Vater König Sigurd, und machte sich manchen König und dessen Reich tributpflichtig und erschlug Mohren und Berserker und vieles andere Gesindel.

Doch als Flores, Sigurds Sohn, das Alter erreichte, nahm er sich eine würdige Königin und zeugte mit ihr viele Kinder und ließ sie nach seinem Vater Sigurd und seiner Mutter Königin Sedentiana benennen.

Diese Saga ist nun zum Ende gekommen.

Die Saga von Damusti

Übersetzung von Jürg Glauser

1 Kaiser Catalachus von Griechenland und seine Tochter Gratiana

Es ist der Beginn dieser Geschichte, daß ein hervorragender Kaiser, der Catalachus hieß, über ganz Griechenland regierte; er war mächtig, handlungskräftig und wohl besonnen, großzügig und von seinen Leuten geliebt, energisch und gestreng und in Gefahren ein sehr mutiger Mann; es war in allem um ihn bestellt, wie es einem vornehmen Häuptling anstand. Er hatte eine Königin geheiratet, wie es seiner Würde geziemte, doch ihr Name wird nicht genannt, und sie kommt in dieser Geschichte nicht vor, denn sie war gestorben, als sich diese Geschichte ereignete. Der Kaiser hatte mit der Königin eine Tochter bekommen, die Gratiana hieß; sie war zu dieser Zeit noch jung. Der Kaiser war ein guter Christ und liebte Kirchen und Priester und das ganze Christentum, wie es sich geziemte, und dies taten auch alle seine Untertanen. Kaiser Catalachus hielt sich stets in der Stadt Constantinopolis auf, die wir Mikligard nennen, außer wenn er zu Feiern oder Einladungen im Land Mikligard reiste; dies ist ein großes Reich, dort steht das größte Heiligtum, das Aegisip heißt; ein zweites ist Templum Domini in Jerusalem und ein drittes die Kirche des Heiligen Peter in Rom. In Mikligard ist der Sitz eines Erzbischofs. Es gibt auch viele andere Kirchen in der Stadt, doch Aegisip ist die Mutter von allen. Mikligard ist so beschaffen, daß dort ein Sund ist, der Säulensund heißt. In der Mitte des Sundes sind Säulen aus Eisen aufgestellt. Auf beiden Seiten gehen zwei Landspitzen ins Meer hinein, auf diesen sind starke und hohe Stadtmauern angelegt, so daß nichts außer einem fliegenden Vogel sie überqueren kann; auf zwei Seiten der Säulen befinden sich Gitter aus Eisen, die man je nach Bedarf auf- oder zumachen kann und die mit großer Kunstfertigkeit hervorragend geschmiedet sind. Weiter innen liegt ein langer und breiter Fjord, dort kann eine Unzahl von Kriegsschiffen liegen. Und wenn der Sund geschlossen ist, dann kommt niemand aus Gard hinaus oder hinein.

Die Kaisertochter Gratiana wurde in jungem Alter zum Studium angehalten, damit sie die Weisheit und Beredsamkeit anderer Völker erlernte, und sie wurde in dieser Kunst so beschlagen, daß sie die besten Gelehrten an Gelehrsamkeit übertraf und auch alle Sprachen sprechen konnte. Als dies abgeschlossen war, wurde sie in den Fertigkeiten von Frauen und Handarbeiten ausgebildet, und es war damit wie mit anderen Dingen, daß keine Jungfrau oder Frau an Gratiana heranreichte. Von ihrer Schönheit und ihrem Aussehen ist zu erzählen, daß zu ihren Zeiten niemand schöner oder gleich schön war, und entsprechend waren ihre Kleidung, ihr Benehmen und ihr ganzes Verhalten, ihre vornehme Art und Weisheit, daß niemand eine Frau anders hätte wählen oder sich wünschen können, als wie Gott sie geschaffen hatte. Aber dennoch war da etwas an ihrem Äußeren, das sie von allen anderen unterschied, und zwar wird von ihrer hellen Erscheinung erzählt, daß sie an Helligkeit jene Pflanze übertraf, die Lilie heißt; aber wenn etwas geschah und sie die Farbe wechselte, dann kam so rasch eine Röte in ihr Gesicht, daß diese nicht geringer war als ihre Helligkeit, gleich wie ein klarer Sonnenschein am frühen Morgen. Sie besaß ein Jungfrauengemach, in dem sie sich stets mit ihren Jungfrauen, die ihr dienten, aufhielt; sie waren alle von adliger Geburt und aus guten Geschlechtern, und sie hatte andere angestellt, um diesen zu dienen. In anderen Zimmern darum herum waren noch viele Männer und auch Frauen, bereit zu sämtlichen Diensten, die sie wünschte oder brauchte. Und so groß war der Ruhm, der sich von dieser Jungfrau in allen Ländern verbreitete, daß keine Königs- oder Kaisertochter ihr ebenbürtig schien; deshalb entschlossen sich viele Könige und Königssöhne, um sie zu werben, aber sie wollte keinen haben. Der Kaiser betrachtete es als eine große Schwierigkeit und eine Gefahr für das Reich, daß sie alle abwies und keinen haben wollte; deshalb beschloß er, daß sie selbst von sich aus entscheiden und aus denen, die um sie warben, einen Mann wählen sollte.

2 Die zwölf Weisen des Kaisers

Es gab im Reich mehrere Großhäuptlinge, die Kaiser Catalachus dienten, doch er war der Herr und Häuptling von allen, von Jarlen und Bürgern und vielen anderen großen Männern. Der Kaiser hatte zwölf Häuptlingen die größte Macht übertragen, um in allen Angelegenheiten, kleinen wie großen, zu urteilen, welche sich unter den Leuten im Land ergeben würden, und dies auch dann, wenn der Kaiser selber zugegen war. Diese Männer waren ihm eine große Unterstützung und Sicherheit; er nannte sie seine Weisen, und sie durften diesen Namen tragen, denn alle waren sie äußerst kluge

Männer; es sollten nie weniger als zwölf sein, und wenn einer wegfiel, wurde ein neuer hinzugewählt; man konnte durchaus sagen, daß sie zusammen mit dem Kaiser die ganze Regierung über das Land innehatten. Es war dort Sitte, daß die Weisen und viele andere Leute jeden Sommer nach Mikligard kommen sollten; jeder Häuptling sollte dann die Abgaben entrichtet haben, die er zu zahlen hatte. Dann sollte auch in allen Rechtssachen geurteilt werden, die noch nicht von den Weisen behandelt worden oder so ausgegangen waren, wie es dem Kaiser gefiel.

3 Damusti

Den Mann erwähne ich nun endlich, der doch die größte Rolle in der Geschichte spielt und der der Sohn eines mächtigen Mannes war; sein Vater war einer der Weisen gewesen; er hatte ihn in jungen Jahren verloren, und der Kaiser nahm ihn auf und setzte einen Mann ein, der sein Eigentum verwalten sollte, das sowohl groß wie gut war, denn er war das einzige Kind seines Vaters; er hieß Damusti; er war inländisch nach seinem ganzen Geschlecht. Der Kaiser ließ ihn unterrichten, so daß er besser ausgebildet war als die Allgemeinheit der Leute; außerdem bildete er sich in Spielen und allen Fertigkeiten aus, die sich für einen höfischen Mann zu beherrschen geziemte, so daß ihm niemand in diesen Fertigkeiten gleichkam; als er an Kraft zunahm, bildete er sich in den ritterlichen Tätigkeiten aus, so daß sich niemand mit ihm darin zu messen brauchte, und es wurde über ihn erzählt, daß er von sämtlichen Männern im Land der beste in der Ritterschaft und allen Fertigkeiten und der stärkste aller Männer war, schön an Leibeswuchs und am tapfersten. Er war kein herausragender Mann an Schönheit, sah aber doch recht gut aus, hatte helles, weiches Haar, das gut fiel, hatte eine helle und rötliche Gesichtsfarbe. Als er achtzehn Jahre alt war, war keiner seiner Zeitgenossen in ganz Griechenland so tüchtig und tapfer. Dann schlug ihn der Kaiser zum Ritter und gab ihm einhundert Mann als Gefolge und Dienerschaft; er kaufte sich einen Hof in der Stadt und hielt dort seine Männer auf seine Kosten, denn er hatte seinen Besitz angetreten. Diese Männer nannte er seine Burschen, und diese Truppe ritt stets mit ihm, wenn er etwas außerhalb der Stadt zu besorgen hatte; wenn er jedoch zu Hause war, hielt er sich immer beim Kaiser auf und diente ihm bei Tisch. Zu seinem Dienst gehörte auch, daß er für die Versorgung und Verteidigung des Landes zuständig war, und er schützte das Land vor Übergriffen böser Leute; dazu erhielt er vom Kaiser die Unterstützung und Mannschaft, derer er bedurfte; man konnte bald erkennen, daß ihm dies leicht von der Hand ging, denn es fehlte ihm in Gefahren weder an Mut noch Kühnheit oder Tatendrang, und der Kaiser hatte in ihm Rückhalt und eine große Stütze. Deshalb hielt ihn der Kaiser vor allen anderen Männern am Hof in Ehren. Stets unterhielten und vergnügten sich Damusti und die Kaisertochter zu ihrer Freude, und sie waren auch im gleichen Alter. Damusti wurde beim Volk bald beliebt, er freundete sich auch mit allen Weisen an, so daß sie seine Vertrauensleute wurden. Auch gewöhnte er sich schon in jungen Jahren an, jeden Tag die Marienmesse zu lesen; und es wird erzählt, daß er sich nie in so großer Freude oder so großem Kummer befand, daß er darauf verzichtete, denn er ließ sich nichts so angelegentlich sein wie dies; doch wenn er während des Tages wegen dringender Verpflichtungen nicht dazu kam, dann las er sie während der Nacht, so daß keine Messe versäumt wurde. Es wird erzählt werden, bevor diese Geschichte zu Ende ist, welchen Lohn er in diesem Leben bekam, aber es ist wahrscheinlich, daß er einen größeren und besseren Lohn in der anderen Welt bekommen hat. Nun stand das Reich von Kaiser Catalachus in solcher Ehre.

4 Ankunft einer prächtigen Flotte

Davon ist zu erzählen, daß eines Tages im Sommer bei sehr gutem Wetter und schönem Sonnenschein, als die Weisen und die Leute, die dorthin gekommen waren, aus der Stadt ritten, Schiffe nach Gard segelten. Das konnte man zwar kaum als große Neuigkeit bezeichnen, denn das kam oft vor, aber es schien den Leuten dennoch eine ungewöhnliche Begebenheit zu sein, weil es sich mit dieser Segelfahrt nicht in gleicher Weise verhielt wie mit jenen Schiffen, die sonst dorthin segelten: es waren nicht mehr als fünf Schiffe. Es wehte ein ruhiger Wind landeinwärts, und die Sonne schien gegen den Wind; es waren lauter Drachenschiffe, oberhalb der Wasseroberfläche, und am Steven wie am Bug waren sie alle mit Gold und Silber verziert; auch waren ihre Segel, die Takelage und alle Wetterfahnen wie Gold anzuschauen, und man konnte diese Segelflotte am ehesten damit vergleichen, wenn ein Sonnenstrahl über das Meer zieht; eines der Drachenschiffe war am größten, und dieses fuhr in der Mitte, zwei weitere fuhren zu beiden Seiten auf gleicher Höhe; das Schiff in der Mitte ragte so viel über die anderen hervor, wie es länger als diese war, aber keines überholte eines der anderen. Nun werden diese Neuigkeiten Kaiser Catalachus erzählt; er antwortete: »Das werden keine Männer von hier sein, die mit so großem Prunk dahersegeln; ich denke deshalb, daß irgendein ausländischer Häuptling aus fernen Landen über die schönen Schiffe befiehlt; er reist mit kleiner Mannschaft und ohne Getöse, sie werden in friedlicher Absicht kommen, und man soll die Gitter öffnen und ihnen den besten Platz geben, damit sie im Hafen anlegen können, wo sie wollen.« Nun wurde getan, wie es der Kaiser befahl. Die Schiffe segeln nun in Richtung Gard; die Fremden sehen, daß die Tore offen sind und segeln in den Sund hinein, legen an den Kais an und ziehen die Segel ein; sogleich sind die Zelte aufgestellt; alle wunderten sich, wie anmutig und rasch sie alle Dinge erledigten. Und so sehr ihnen die Schiffe und die Segelfahrt bemerkenswert schienen, die Zelte übertrafen diese Pracht noch bei weitem, denn sie waren alle aus purem Gold. Die Drachenschiffe waren im Hafen so angeordnet, daß zwei nahe beim Land lagen, jedes mit dem Steven zum anderen, und eine Landungsbrücke war von dem Schiff gelegt, das am nächsten beim Land war; dann lagen je zwei andere Bord an Bord nebeneinander, und zu äußerst das große Drachenschiff, und dieses war gleich lang wie zwei von den anderen und in dem Maß breiter, wie es länger als sie war; es wurden Leitern von den niedrigeren Drachenschiffen angelegt, damit man auf das große Drachenschiff hinaufsteigen konnte. In der Stadt wurde viel darüber gesprochen, wer diese Leute wären; es war an dem Abend jedoch keine Muße, um sie zu treffen.

5 Einladung an König Jon

An diesem Abend sprach der Kaiser Catalachus beim Trinkgelage zu Damusti: »Morgen sollst du zu diesen Leuten gehen und sie danach fragen, ob sie in friedlicher Absicht unterwegs sind und uns mit Freude und Fröhlichkeit, Ehre und Preis besuchen wollen, oder ob sie mit ihrer Fahrt anderes im Sinn haben. Wenn sie friedliche Absichten haben, wie ich vermute, dann lade den Anführer mit seinem ganzen Gefolge zu einer geziemenden Feier zu uns ein, sei er nun König oder Jarl, Herzog oder von anderem Rang, selbst wenn er keinen hat.« Nun vergeht die Nacht, und früh am Morgen ging Damusti zu den Leuten von den Schiffen, und er kommt dorthin, als die Sonne im Nordosten steht. Da waren von den Schiffen, die am nächsten beim Land waren, sieben Landungsbrücken ausgelegt worden, und zwölf Männer waren bei jedem Brückenende auf dem Land postiert. Damusti hatte alle seine Männer mitgenommen und geht nun zu einer Brücke hin und begrüßt die, die da waren, und der Anführer von ihnen erwiderte den Gruß freundlich; Damusti glaubte bald feststellen zu können, daß sie alle die gleiche Sprache sprachen. Er sagte: »Wer ist der Anführer dieser Schiffe?« Der andere antwortete: »Er heißt Jon.« Damusti fragte: »Ist er ein König, oder hat er einen anderen Rang?« »Sicher ist er ein König«, sagte der andere. Damusti fragte: »Aus welchem Land ist er?« »Aus den Südlanden«, sagt der andere. »Wie viele Leute sind auf Euren Schiffen?« sagt Damusti. Ihm wurde geantwortet: »Einhundert Mann auf jedem Drachenschiff, aber zweihundert auf dem Drachenschiff des Königs.« Da sprach Damusti: »Ich bin der Bote unseres Kaisers Catalachus, und ich möchte Euren König treffen.« Der andere antwortete: »Dann mußt du hier auf mich warten, ich werde zu ihm gehen und ihm dies sagen.« Er tat dies und kam zu König Jon, der eben dabei war, sich anzuziehen. Er sprach: »Hier ist ein Bote von Kaiser Catalachus gekommen und bittet um Erlaubnis, Euch zu treffen.« König Jon antwortete: »Ist er in Begleitung von vielen?« Dieser sagt: »Er hat einhundert Mann bei sich.« Der König antwortete: »Sag, daß er nur mit zwölf komme; und wenn er das Schiff betritt, dann zieht die Brücken ein, damit nicht mehr kommen.« Er ging und sagte Damusti, daß er mit zwölf Männern zu König Jon gehen solle. Damusti geht nun mit diesen Männern, und als sie auf das Schiff kommen, werden die Brücken eingezogen; Damusti merkte dies nicht. Er geht zur Lypting von König Jon; dieser hatte sich auf seinen Thron gesetzt und kämmte sich mit einem goldenen Kamm, und man konnte die Farbe des Haares nicht von der des Kammes unterscheiden, er hatte das Haar über die Stirn nach vorne gekämmt. Damusti grüßt ihn schön und zuvorkommend, denn das konnte er wohl. Der König nimmt das Haar von den Augen weg und betrachtet den, der ihn grüßte, und erwiderte seinen Gruß freundlich. Da sprach Damusti: »Wer ist der vornehme Mann, der hier in unser Land gekommen ist?« Er antwortete: »Ich heiße Jon.« Damusti sprach: »Bist du ein König, oder hast du einen anderen Rang?« Er antwortete: »In meinem Reich werde ich König genannt, und wer bist du?« Damusti antwortete: »Ich heiße Damusti.« »Welchen Rang hast du?« sagt der König. »Ich bin ein Bursche von Kaiser Catalachus«, sagt Damusti. König Jon antwortete: »Dann habt ihr eine gute Auswahl an Männern, wenn solche Burschen sind, du wirst aber noch einen anderen Rang bekleiden als Bursche.« »Ich verteidige das Reich des Königs und bin in seinem Rat«, sagt Damusti. »Das habe ich vermutet«, sagte der König, »und du wirst dafür gut geeignet sein.« Da sprach Damusti: »Ich bin der Bote von Kaiser Catalachus. Er will wissen, ob Ihr Frieden bietet und im Land friedlich aufgenommen werden wollt oder nicht.« König Jon sprach: »Sicher haben wir friedliche Absichten, und das erwarten wir auch selber.« Damusti sprach dann: »Kaiser Catalachus will Euch nun an diesem Tag zu einer Feier einladen, mit Eurem ganzen Gefolge.« Der König sprach: »Das ist eine großzügige und sehr gutgemeinte Einladung, und sag Kaiser Catalachus, daß ich heute kommen werde, aber zuerst werde ich essen gehen, denn nun ist die Zeit dafür gekommen; später am Nachmittag werde ich mit der Hälfte meiner Mannschaft, das sind dreihundert Leute, zu ihm zum Trinkgelage kommen, aber ich werde hier schlafen.« »Dann ist mein Auftrag fürs erste erledigt«, sagt Damusti, »und ich werde mit Eurer Erlaubnis nach Hause gehen.« König Jon sprach: »Wohin immer du willst.« Damusti ging dann zu Kaiser Catalachus, der zu Tisch gegangen war. Der Kaiser sprach: »Hast du die Männer von den Schiffen getroffen?« »So war es«, sagt Damusti. Der Kaiser sprach: »Wer sind diese Männer?« Damusti antwortete: »Ein König aus Südlanden, der Jon heißt und sagt, er komme mit friedlichen Absichten.« Catalachus sprach: »Hast du ihn zu uns eingeladen?« »So war es«, sagt Damusti. Der Kaiser sprach: »Wie hat er es aufgenommen?« »Sehr gut«, sagte Damusti, »mit großer Freundlichkeit; und er kommt heute hierher, um bei Euch mit dreihundert Männern später am Nachmittag am Trinkgelage teilzunehmen, aber er wird am Abend auf die Schiffe gehen.« Catalachus fragte: »Wie gefällt dir dieser Mann?« »Sehr gut«, sagt Damusti, »denn er ist ein so schöner Mann an Aussehen, daß ich noch nie einen ebenso schönen gesehen habe. Etwas ist besonders an ihm, nämlich daß sein Haar und seine Haut so hell sind, daß ich außer bei Eurer Tochter noch nie etwas Vergleichbares gesehen habe; es wird niemand einen Unterschied zwischen ihrer und seiner Helligkeit feststellen können. Und entsprechend ist sein ganzer Wuchs des Körpers und Leibes, und jeder würde sich wünschen, so zu sein wie er; er ist kein sehr großer Mann, etwas über dem Durchschnitt; er hat vortreffliche scharfe und rasche Augen; und er wird sehr mutig sein.«

6 *König Jon wirbt um Gratiana*

Nun läßt König Jon seine ganze Gefolgschaft durch Hornsignal zum Landgang zusammenrufen, er versammelte seine Leute, hielt eine kurze Rede und sprach: »Nun hat uns Kaiser Catalachus eingeladen, und es soll die Hälfte meiner Gefolgschaft mit mir kommen. Hütet euch wohl vor dem Trinken, aber seid gutgelaunt und zurückhaltend im Gespräch, und überlaßt mir das Antworten. Nehmt mit Freude und Freundlichkeit alles an, was zu euch gesagt und getan wird, aber wenn man euch mit Haß begegnet, vergeltet es doppelt oder mehr.« Nun bereitet sich König Jon zum Landgang vor und seine Gefolgschaft mit ihm; sein Pferd wurde mit vergoldetem Sattel und Gurt vom Schiff geführt, König Jon stieg in guter ritterlicher Manier auf sein Pferd, aber seine Leute gingen zu Fuß, denn der Weg war kurz; das Banner von König Jon wurde hochgehalten, es war ganz goldgewirkt, so daß es hell glänzte. Nun wurde Kaiser Catalachus gesagt, daß König Jon seinen Zug begonnen hatte. »Dann wollen wir ihm entgegengehen«, sagt der Kaiser, »und wir wollen unser Banner hochhalten.« Saitenspieler und Musikanten gingen Kaiser Catalachus mit allerlei Instrumenten voraus. Und ehe sich die Gefolgschaften trafen, stieg König Jon vom Pferd; es wurden geziemende Grußformeln ausgetauscht, als sie sich trafen. Catalachus nahm König Jon bei der Hand und führte ihn in einer Prozession zum Palast. Burschen nahmen König Jons Pferd und führten es in den Stall. Beide Könige setzten sich zusammen auf den Thron, zur einen Seite von Jon saß seine Gefolgschaft, und sie besetzte die eine Seite der Halle, und die Männer von Kaiser Catalachus saßen neben ihm auf der anderen Seite. Es wurden dann Tische mit den allerbesten Speisen und Weinen, die man in jenem Land bekommen konnte, aufgestellt, und man eröffnete dort nun eine vortreffliche Feier; Damusti bediente am Tisch von Kaiser Catalachus. Und als man lange gesessen hatte und alle in der Halle plaziert waren, wie es sein sollte, da sprach Kaiser Catalachus: »Wer ist der würdige Mann, der hier zu uns gekommen ist?« Er antwortete: »Ich heiße Jon.« Catalachus sprach: »Bist du ein König?« Er antwortete: »König werde ich von meinen Leuten genannt.« »Aus welchem Land seid Ihr?« König Jon antwortete: »Es wird das Reich der Kleinlande genannt; es ist stark gegliedert und wird von Wäldern und Strömen geteilt, und deshalb heißt es Kleinlande, und es liegt südlich von Blaland. Aber es ist dennoch ein großes Reich und sehr wohlhabend, wie Ihr an den Dingen gesehen haben werdet, die wir mit uns führen, eine Fülle von Gold und Steinen und anderen Schätzen.« »Ist die Fahrt lang?« sagt der Kaiser. »Nicht sehr lang«, sagt der König. »Wohin wollt Ihr mit einer so kleinen Mannschaft segeln?«, sagt Kaiser Catalachus. König Jon antwortete: »Fürs erste nicht weiter als bis hierher nach Mikligard, denn uns schien es verlockend, den weisesten und mächtigsten Häuptling und vornehmsten Kaiser zu besuchen, dann auch Eure Sitten und Großzügigkeit kennenzulernen, von denen man sich viel erzählt, und dies schien uns ein ausreichender Grund, wenn es auch nicht mehr wäre. Aber was noch mehr ist, werde ich rasch eröffnen und es nicht verheimlichen: Mir ist gesagt, daß Ihr eine Tochter habt, eine so schöne und hübsche Jungfrau, daß sich ihresgleichen nicht findet, und entsprechend sei ihre Ausbildung, Weisheit und höfisches Benehmen, und so wird uns von ihrer Ausbildung und Weisheit berichtet, daß sie die meisten Meister an Gelehrsamkeit übertreffe und es in allen Südlanden keine ihr vergleichbare Frau gebe. Um diese Jungfrau will ich werben, und dies mit so viel Mitgift, wie Ihr ihr geben wollt; im Gegenzug will ich mich selber und mein Königreich, meine Länder und Untertanen, Gold und Silber und guten Gegenstände, und all das Gut, das mir Gott geschenkt hat, geben.« Kaiser Catalachus sagt: »Ich werde auf diese Sache, die Ihr mit Würde vorbringt, gut antworten, aber Ihr werdet von der Schwierigkeit gehört haben, die da ist, daß viele Könige und Königssöhne hierher gekommen sind und um sie geworben haben und daß sie allen dieselbe Antwort gegeben hat, nämlich daß sie keinen haben wollte; deshalb habe ich es ihr überlassen, sich mit meinem Rat und meiner Zustimmung selber einen Mann auszuwählen.« König Jon antwortete: »Es scheint keine Bedeutung zu haben, welche Antwort anderen gegeben wurde; die Hauptsache ist, wenn ich eine gute Antwort bekomme.« Kaiser Catalachus sprach: »Ich will nur Gutes dazu beitragen und dir nicht entgegenarbeiten; aber sie ist jetzt nicht da, um zu antworten, und ich will dir sagen, wie es sein soll, daß sie selber über deinen Antrag entscheiden soll.« König Jon ließ sich das wohl gefallen. Die Feier dauert den ganzen Tag mit viel Prunk, Freude und Ehre; am Ende des Tages sagt König Jon, daß er zu den Schiffen zurückkehren will; Kaiser Catalachus bat ihn, zu tun, wie es ihm beliebe. Nun werden die Tische weggetragen, und man geht hinaus, König Jon steigt auf sein Pferd, und die Könige verabschieden sich mit großer Freundlichkeit. Allen Leuten und auch Kaiser Catalachus schienen die Schönheit dieses Mannes und seine Vornehmheit sehr bemerkenswert.

7 Jon und Gratiana

An diesem Abend geht Damusti zu seinem Hof; die Nacht verstreicht. Und am Morgen, nachdem der Kaiser gekleidet und von der Kirche gekommen ist, geht er zum Gemach seiner Tochter, die auf ihrem Thron saß. Sie steht auf und begrüßt ihren Vater mit großer Freundlichkeit, und er nimmt auf den Kissen neben ihr Platz. Sie sprach: »Was habt Ihr, Vater, nun an Neuigkeiten zu erzählen?« Catalachus antwortete: »Ich kann dir Neuigkeiten erzählen: Es ist ein vortrefflicher König aus Kleinlanden hier angekommen; er war gestern bei mir eingeladen und wird es auch heute sein; er hat um dich geworben, aber ich habe die Antwort darauf dir überlassen. Du sollst nun heute mit uns beim Trinkgelage in der Halle teilnehmen.« Sie antwortete auf seine Rede, indem sie sprach: »Wie Ihr wollt, Vater«, sagt sie, »doch wie gefällt Euch dieser Mann?« »Sehr gut«, sagt der Kaiser, »denn er ist so schön, daß ich nicht seinesgleichen gesehen habe, und entsprechend ist seine Vornehmheit; er drückt sich besser aus als alle anderen Leute, ich halte ihn auch für einen weisen und sehr gebildeten Mann.« Gratiana antwortete: »Euch gefällt dieser Mann gut«, sagt sie. »So ist es«, sagt der Kaiser, »aber ich denke, daß er Euch nicht weniger gut gefällt, wenn du ihn siehst.« »Das wäre etwas Neues«, sagt sie, »wenn mir dieser Mann gefällt, da mir doch die anderen, die früher kamen, nicht gefallen haben.« Sie sprechen so lange darüber, wie es ihnen angebracht schien. Der Kaiser geht zurück zur Halle und setzt sich auf den Thron. König Jon hielt es wieder wie am Tag zuvor, nimmt den Morgentrunk auf den Schiffen ein und bereitet danach wie zuvor den Landgang vor; nun soll jener Teil des Gefolges mitgehen, der am Tag vorher nicht dabei war. Es wurde nun dem Kaiser gesagt, daß König Jon seinen Zug begonnen hatte. Kaiser Catalachus geht ihm entgegen, sie begrüßen sich sehr freundlich, aber bereits vertrauter als zuvor, sie gehen zuerst zur Kirche und danach zum Palast. Nun werden wie zuvor allen Plätze angewiesen. Danach werden die Tische mit weißen Tüchern und geziemendem Tischzeug gedeckt; ein Stuhl wurde vor den Thron von Kaiser Catalachus gestellt, und er wurde mit Daunenkissen bedeckt, und man erhöhte den Stuhl in der Mitte zu einem Thron, so daß er nicht niedriger war als derjenige, auf dem der Kaiser saß. Aber als sie eine kurze Weile mit Freude und großer Ehre gesessen und getrunken hatten, kam die Kaisertochter mit ihren Jungfrauen in die Halle; sie waren dreizehn zusammen, sechs gingen vor ihr her, die anderen sechs hinter ihr; ein Mann führte jede von ihnen, aber die Kaisertochter führten zwei, einer auf jeder Seite, und sie hielten ihre Kleider hoch; aber weiter nach außen gingen Männer mit Stangen und trugen ein Tuch aus edlem Gewebe über ihr; es war vergoldet und mit großer Geschicklichkeit gemacht, und man konnte sie wegen dieses Tuches nicht sehen. Und als sie zum Tisch beim Thron kam, grüßte sie ihren Vater und den anderen König mit großer Gewandtheit und Vornehmheit; sie und alle anderen erwiderten ihren Gruß freundlich. Die Leute hoben hervor, daß sie nie hellere Menschen gesehen hätten als die beiden, König Jon und die Kaisertochter Gratiana, und man konnte keinen Unterschied in ihrer Schönheit entdecken. Es ergab sich so, daß die Kaisertochter gegenüber König Jon zu sitzen kam, und beide konnten einander genau betrachten. Und als man eine Weile getrunken hatte, sprach König Jon: »Ich will nun die Sache vorbringen, die ich gestern in bezug auf die Werbung um Eure Tochter, Kaiser, vortrug. Ihr habt die Antwort ihr überlassen, aber ich verstehe, daß sie deshalb hierher gekommen ist, weil sie uns eine Unterhaltung erlaubt.« Kaiser Catalachus antwortete: »Ich werde deine Sache gut aufnehmen, aber ich habe versprochen, daß sie selbst sich einen Mann wählen dürfe, und dies soll nun auch so sein.« »Hängt es nun von meiner Antwort ab?« sagt die Kaisertochter. »So ist es«, sagt König Jon. Sie sprach: »Es bestätigt sich nun, was man sagt: Kurz fliegt ein Pfeil von einem kurzen

Bogen; und wir Frauen überlegen kurz, ich werde mit der Antwort auf diese Sache nicht lange zuwarten. Wenn ich mit einem ausländischen Häuptling verheiratet werde, dann steht nur dieser zur Wahl.« Diese Antwort erregte König Jon so sehr, daß er rot wie Blut wurde und sprach: »Du hast dich maßvoll geäußert; es kann auch sein, daß es irgendeinen Inländischen gibt, von dem Ihr meint, er würde keinen schlechteren Mann als ich abgeben. Und wenn dem so ist, dann sag es, denn bisher ist erst das gesagt, was zurückgenommen werden kann, und dann komme ich Euch nicht zu nahe.« Dann sprach Kaiser Catalachus: »Nach unserem Wissen ist dies nicht der Fall.« »Es kann gut sein«, sagt König Jon, »aber es kann auch gut sein, daß es so wäre, auch wenn Ihr es nicht wüßtet; ich sehe, daß ein Mann aus Eurem Gefolge verschwunden ist, der gestern hier diente.« »Das wird Damusti sein«, sagte Kaiser Catalachus, »das ist nicht verwunderlich, denn er hat in der Stadt einen Hof und hält dort seine Burschen.« »Es kann sein, daß dem so ist«, sagt König Jon, »doch dies ist der Mann, den ich im Verdacht habe.« Gratiana sprach: »Ich habe diesen Vorbehalt nicht deshalb angebracht, weil etwas an dem ist, was Ihr sagt; und ich weiß von keinem Häuptling, weder einem inländischen noch einem ausländischen, den ich liebe; aber ich kann wohl sagen, daß ich keinen Mann gesehen habe, der mir besser gefällt als Ihr.« Sie hatte dann die Farbe gewechselt und war rot wie eine Rose; man konnte darin zwischen ihr und König Jon nicht unterscheiden. Danach sprach er: »Ihr sollt nicht meinen, Jungfrau, daß ich dies sagte, um Euch zu verhöhnen oder zudringlich zu sein, sondern eher aus Vorsicht, denn darauf soll man wohl achten, von dem viel abhängt, daß es gut gelingt.« »Ich will es auch gut aufnehmen«, sagt sie. Das Gespräch zwischen ihnen hörte dann für den Augenblick auf.

8 Die Verlobung

Nun trägt König Jon die Werbung vor, und viele aus beiden Lagern unterstützten ihn; es war eine leichte Sache, ihr Jawort zu bekommen, und es ist zu erzählen, daß König Jon schließlich mit der Kaisertochter Gratiana verlobt wurde, denn es war damals Gesetz, daß die Verlobung sofort stattfinden sollte, wenn die Frau versprochen war. Im Sommer sollte König Jon zur Hochzeit nach Mikligard kommen und seine Frau holen. Als dies geklärt war, begaben sich die Leute zum Trinkgelage, und sie saßen mit Freude und Jubel den ganzen Tag bis zum Abend; sie tranken zusammen aus einer Schale, König Jon und Gratiana. Am Abend sagt König Jon, daß er zu den Schiffen zurückkehren will. »Herr, es verhält sich wohl so zwischen uns, wie zu erwarten war«, sagt er, »daß zwischen Eurer und meiner Großzügigkeit ein großer Unterschied ist, da Ihr mich nun zwei Tage mit großem Gefolge und hohen Kosten bewirtet habt. Nun will ich Euch morgen mit so vielen Leuten, wie Ihr wollt, zu einer Feier auf meine Schiffe einladen; ich möchte, daß Gratiana mit all ihren Jungfrauen mit Euch kommt, um unsere Schiffe und Einrichtung und die Güter, die wir im Inneren der Schiffe aufbewahren, zu sehen.« Kaiser Catalachus antwortete: »Ihr könnt keine große Menge bewirten, da Ihr auf den Schiffen seid, und ich werde mit zweihundert Mann kommen.« »Das ist wenig«, sagt König Jon. Nun steht die Kaisertochter auf und geht in gleicher Weise hinaus, wie sie hereingekommen war; damit war die Feier beendet, und König Jon ging zu den Schiffen. Die Nacht verstreicht. Am Morgen, als er gekleidet war, läßt er sein Drachenschiff vorbereiten und alle Planken mit bestem Schmuck behängen. Vorne waren Vorderbänke, und das Schiff war in seiner ganzen Länge mit Deckplanken belegt und so eben, als ob es ein Hallenboden wäre; ein viereckiger Tisch mit reichen Biervorräten wurde beim Mast aufgestellt. Er teilt nun Leute für alle Dienste ein. Nun machen sich Kaiser Catalachus und seine Tochter Gratiana und das Gefolge, das sie begleitete, bereit; der Kaiser war auf einem Pferd, seine Tochter und ihre Jungfrauen hingegen in einem Wagen. König Jon war an Land gekommen und begrüßte sie mit großer Freundlichkeit; er nahm Kaiser Catalachus bei der Hand und führte ihn auf die Schiffe hinauf, und andere Männer führten die Kaisertochter, bis sie auf dem großen Drachenschiff zur Lypting kamen. König Jon setzte den Kaiser Catalachus an seine eine, Gratiana und ihre Jungfrauen an seine andere Seite, und den Männern von Kaiser Catalachus wurden Plätze an langen Tischen in der ganzen Länge des Drachenschiffs zugewiesen. Die Feier verlief den ganzen Tag gut und mit den edelsten Speisen und Getränken; die Könige unterhielten sich aufs beste miteinander, und so ging es bis zum Abend. Dann sagt der Kaiser Catalachus, daß er zu Hause schlafen will, und er und seine Tochter und ihr Gefolge machen sich auf, um nach Hause zu gehen. Sieben Nächte war König Jon in

Mikligard, und es gefiel ihm gut, und jeden Tag waren die beiden zusammen, entweder auf den Schiffen oder zu Hause im Palast, und König Jon vergnügte sich stets mit der Kaisertochter. Und als diese Zeit vorbei war, erklärt König Jon, daß er wegfahren will. Der Kaiser begleitet ihn auf dem Weg zu den Schiffen, und zum Abschied sprach er zu König Jon: »Verlasse dein Reich und die anderen Dinge so, wie wenn du im Herbst nicht zurückkehren würdest, denn ich will nicht, daß Ihr im Winter von einem Land zum anderen unterwegs seid, sondern Euch anbieten, den Winter über mit so vielen Männern, wie Ihr wollt, bei mir zu bleiben, und danach sei dein Ruhm größer als zuvor.« »Dies ist ein großzügiges und gutgemeintes Angebot«, sagt König Jon, »und ich werde es mit Dank annehmen.« Nun trennen sich die Könige in größter Freundschaft und Liebe; König Jon besteigt seine Schiffe und verläßt sogleich den Hafen. Die Neuigkeit verbreitet sich im ganzen Land. Nun ereignen sich drei Geschichten, und man kann doch nur eine aufs Mal erzählen; die Geschichte wendet sich nun zuerst Damusti zu.

9 *Die drei Tiere von Damusti*

Nun erfährt auch Damusti diese Neuigkeit, und sie berührt ihn so sehr, daß er ganz ruhig wird, und dennoch bemerkten dies nur wenige außer seinen Burschen, die wagten aber nicht, darüber zu sprechen. Damusti war nie im Palast des Königs, als König Jon dort weilte, sondern immer nur in seinem Hof, und König Jon hatte richtig vermutet. Damusti hatte drei Dinge, die er sehr liebte: sein Pferd, das er Fulltrui nannte; es war viel Geld wert, Damusti fühlte sich sicher, wenn er auf dem Rücken dieses Pferdes saß; es war groß wie ein Kamel, so schön wie die Sonne, stark wie ein Löwe. Es stand im Winter wie im Sommer im Stall, aß Getreide und trank Bier; es war schnell wie ein Vogel und sprang auf alles, was sich ihm in den Weg stellte, und wild war es wie ein hungriger Wolf. Das zweite war sein Falke; er war weiß wie Schnee, er nannte ihn Hvitserk; es war ein großer Vogel, der die Menschensprache verstand. Das dritte war sein Hund, den er Albus nannte; er war groß wie ein Rind, hatte Haare bis zum Boden und eine spitze Schnauze; er war hart und wild im Kampf; Damusti fand, er sei ein so guter Begleiter wie fünfzehn Mann.

Damusti war lange still, denn er liebte die Kaisertochter so sehr, daß er es jedem Mann außer sich allein mißgönnte, sich ihrer zu erfreuen; er überlegt sich nun ein Vorgehen, das ein böses Vorhaben ist. Er geht zum Kaiser und begrüßt ihn; der Kaiser erwidert seinen Gruß freundlich. Der Kaiser sprach: »Du kommst selten zu uns, Damusti.« »Aber trotzdem ist hier bei Euch eine große Menge von Leuten gewesen«, sagt Damusti. »Ich bin gekommen«, sagt Damusti, »um um Erlaubnis zu bitten, die Stadt wegen Geschäften, die ich zu besorgen habe, verlassen zu dürfen.« Der Kaiser antwortete: »Wohin immer du willst.« »Ich werde aber nur meine Burschen als Begleitung haben.« Der Kaiser sprach: »Komm zur Hochzeit zurück.« Er antwortete: »Das werde ich tun.« »Du wirst die Weisen treffen«, sagt der Kaiser. »So wird es sein«, sagt Damusti. Der Kaiser sprach: »Lade sie in meinem Namen zur Feier ein.« »Das will ich erledigen«, sagt Damusti. Danach grüßt er den Kaiser, bereitet seine Reise vor und reitet aus der Stadt hinaus.

10 Damustis Verschwörung

Es ist nun zu erzählen, daß Damusti zu jenem Weisen kommt, der am nächsten der Stadt war; er richtete sogleich eine Feier für ihn und sein Gefolge aus; dort saß Damusti drei Nächte. »Ich sehe«, sagt der Weise, »daß du, Damusti, nicht die gleiche Freude und das frohe Aussehen hast, wie es sonst deine Art ist, bedrückt dich etwas? Sag mir, was es ist.« Damusti sprach: »Wirst du etwas unternehmen, wenn ich es dir sage?« »Das verspreche ich«, sagt der Weise, »daß ich etwas tun würde, wenn ich deine Krankheit wüßte.« Damusti sprach: »Ich habe erfahren, daß der Kaiser seine Tochter verheiraten will, und das steht mir vor meiner Freude, denn ich gönne es niemandem außer mir allein, sich ihrer zu erfreuen. Ich werde nun um Unterstützung bitten, um König Jon zu töten, wenn er an Land kommt; du weißt, daß im Herbst stets solche Windverhältnisse herrschen, daß man wegen des Windes nicht nach Gard kommt und nur drei Tagesreisen von Gard entfernt anlegen kann. Auf der Strecke liegt ein großer Wald, es ist eine Tagesreise bis zum Wald, eine zweite durch den Wald hindurch, eine dritte bis zur Stadt; in diesem Wald werde ich ihm auflauern.« Der Weise sprach: »Etwas Großes hast du dir da vorgenommen, aber ich kann das nicht ein gutes Vorhaben nennen, und ich werde darauf so antworten, daß ich dich in dieser schwierigen Sache und bei diesem bösen Vorhaben nicht unterstützen will.« Damusti sprach: »Du sollst keineswegs allein sein, denn ich werde alle Weisen dazu bringen, und vorher nicht aufhören.« Dann brechen sie diese Unterredung ab. Und als drei Nächte verstrichen waren, reitet er zum zweiten Weisen und trägt ihm das gleiche Anliegen vor, und so einem nach dem anderen, bis sie sich alle trafen und einig und übereins wurden in dem bösen Vorhaben, König Jon zu verraten; noch viele andere Häuptlinge zieht er in diesen Bund hinein. Sie kamen nun alle an einem Ort mit dem ganzen Heer zusammen, und es wird erzählt, daß ihre Truppen nicht geringer als sechstausend Mann waren, und sie beendeten ihre Reise erst, als sie zur gleichen Zeit, als man dort König Jon erwartete, in jenen Wald kommen, der vorher erwähnt worden ist.

11 König Jon reist nach Gardareich

Nun soll hier abgebrochen und davon erzählt werden, was zur gleichen Zeit geschah. Als König Jon abgereist war, sandte Kaiser Catalachus überall Leute hin, um allerlei Güter zu beschaffen, die man im In- und Ausland bekommen konnte; er ließ viele Unterkünfte errichten und viele Leute zu dieser Feier einladen, so daß niemand ohne Einladung kommen mußte. Drittens ist von König Jon zu erzählen, daß er aus Gard wegsegelte; die Reise verlief gut, und er kam heim in sein Reich. Und gegen Ende des Sommers läßt er die besten Schiffe zu sich entbieten und ließ sie mit hervorragendem Zubehör ausrüsten, belud sie mit Gold und Silber und allerlei Gütern, und es waren nicht weniger als dreißig Drachenschiffe, das größte davon wollte er selber steuern. Und als die Schiffe nach seinen Wünschen vorbereitet waren, wählt er Männer aus seinem Reich, die hervorragendsten an Härte, Vornehmheit und Gesittetheit, die sich finden ließen; er hatte ein Gefolge von nicht weniger als dreitausend Mann, denn einige sollten im Herbst zurücksegeln, während er selber im Winter nicht zurückkommen wollte. Danach segeln sie, bis sie nach Gardareich kommen, denn sie hatten dorthin guten Fahrtwind. Aber danach legte sich der Wind, und sie müssen anlegen, wo sie eine gute Landestelle finden. Sie liegen die Nacht über auf den Schiffen an Land, und am anderen Morgen bereitet sich König Jon für den Landgang vor; sie müssen nun ihren Füßen vertrauen, denn es waren keine Pferde auf dem Schiff, außer jenem von König Jon, denn er hatte nicht die Absicht gehabt, sein Gefolge auf dem Land reisen zu lassen. Die Schiffe und das Geld bleiben nun zurück, denn sie nehmen nur ihre leichteste Kleidung und Waffen mit; ein Drittel des Gefolges blieb bei den Schiffen mit dem ganzen Geld zurück. König Jon reist nun den ganzen Tag und kommt am Abend zu dem Wald, wo man ein Landzelt für den König errichtete. Hier kommt nun die Geschichte zusammen, und es wird erneut abgebrochen. Damusti war schon im Wald und hatte Leute im ganzen Wald beiderseits des Weges verteilt, der so breit war, daß gleichzeitig zehn Männer darauf reiten konnten. Am Morgen macht sich König Jon bereit und spricht zu seinem Gefolge: »Heute Nacht habe ich geträumt, daß wir heute in Gefahr geraten werden, und wenn dies geschieht, dann wollen wir dafür sorgen, daß einmütig davon geredet wird, niemand habe sich besser gewehrt als wir, denn das Leben stirbt, aber die Nachrede nie. Aber ich will den Traum nicht erzählen, weil ich nicht umkehren will; aber wenn ich daheim in Kleinlanden einen solchen Traum gehabt hätte, dann wäre niemand von uns weggezogen. Aber nun ist es geschehen, und man kann nichts dagegen tun; einmal muß auch jeder sterben.«

12 *König Jon fällt im Kampf*

Nun reitet König Jon mit seinem Gefolge in den Wald, einige gingen vor ihm, einige hinter ihm, König Jon war in seiner Ritterrüstung zu Pferd. Und als sie in die Mitte des Waldes kamen, flogen ihnen Waffen entgegen. Sogleich beginnt ein harter Kampf; die Männer von König Jon leisteten heftig und tapfer Gegenwehr und treiben die anderen weit in den Wald zurück. Aber weil der Stärkeunterschied groß war, so daß drei oder noch mehr auf einen kamen, und sie zudem eingepfercht waren und von allen Seiten bedrängt wurden, und sie drittens vom Fußmarsch müde und schlecht bewaffnet und alle zu Fuß waren, fallen die Truppen von König Jon. Und als der König sieht, daß seine Leute fallen, reitet er durch die Reihen und tötet so viele Leute, daß man sie kaum zählen konnte, und befiehlt ihnen anzugreifen, bis niemand außer ihm allein von seinen Leuten am Leben ist. Dann greifen alle Weisen ihn an und können ihn dennoch nicht vom Pferd stürzen, ehe Damusti ihn mit einem Spieß angreift, aber König Jon hält so kräftig dagegen, daß der Schaft des Spießes zerbrach, und in diesem Augenblick fallen ihn alle Weisen an, so daß sein Pferd aus Erschöpfung tot zusammenbricht. Nun steht der König auf dem Boden, und ein guter Kerl würde ihm gerne helfen, wenn er könnte, denn er kämpft, wie wenn ein hungriger Wolf in eine Herde Schafe einbricht. Dann reitet Damusti auf ihn zu und will ihn umrennen, die Weisen greifen den König alle an, und in diesem Augenblick springt er Damusti entgegen, so daß dieser vom Pferd springt, aber wegen Erschöpfung und vieler Wunden kann man Waffen an ihn legen, und er fällt mit guter Nachrede; Damusti hat ihm den Todeshieb versetzt. Dieser Kampf hatte den ganzen Tag gedauert, so daß dann dunkle Nacht war; es lag ein hoher und großer Haufen von toten Männern auf dem Weg, so daß man nicht durchkommen konnte, und so viel wird über dieses Menschensterben erzählt, daß niemand mit dem Leben davon kam außer Damusti, den Weisen und einhundert Männern. Und als sie an einem Ort zusammenkamen, da sprachen die Weisen: »Was willst du unternehmen? Nun ist König Jon tot, der wegen seiner Berühmtheit und Herzensgüte mit keinem Menschen vergleichbar war.« Damusti antwortete: »Zurück in die Stadt zu Kaiser Catalachus und ihm Versöhnung und Selbsturteil anbieten, wenn er meint, er sei durch diese Tat zu Schaden gekommen.« Die Weisen sprachen: »Aber wenn er sich mit dir nicht versöhnen will?« »Dann werde ich ihn töten«, sagt Damusti. »Das werden wir nicht tun«, sagen sie, »Waffen an unseren Kaiser zu legen; unsere Unternehmung ist schon schlecht genug, wir wollen nicht auch noch Verräter an unserem Herrn werden.« »Das wird nicht nötig sein«, sagt Damusti. Nun reiten sie zur Stadt, und als sie zum Stadttor kommen, geschieht es, daß Damusti von seinem Pferd stürzt und in Ohnmacht fällt. Die Männer steigen nun von den Pferden und machen sich lange mit ihm zu schaffen; dann erwacht er, und die Weisen fragen, wie es gehe. Er sagt, er sei von einer schweren Herzkrankheit befallen. »Geht mit meiner Botschaft zum Kaiser«, sagt er, »und bietet ihm Selbsturteil in meiner Sache an, aber mich soll man in meinen Hof bringen.« Nun wurde dies getan; Damusti legte sich zu Bett und bleibt dort eine Weile.

Nun ist von den Weisen zu erzählen, daß sie zum Kaiser kamen und ihn grüßten, der Kaiser erwidert den Gruß. Sie erzählen ihm alle Ereignisse, die sich zugetragen hatten; diese waren noch nicht bekannt. Der Kaiser verstummt ob dieser Geschichte und sprach danach: »Warum habt Ihr Damusti in diesem bösen Vorhaben unterstützt?« Sie antworteten: »Wo Rauch ist, ist auch Feuer, aber wir wollen Euch dennoch dafür Selbsturteil anbieten, denn so will es Damusti.« »Wo ist er?«, sagt der Kaiser, »und warum kam er nicht zu uns?« Sie sagen, was sich zutrug. Der Kaiser sprach: »Ich will nicht den Unfrieden im Land schüren und mein Reich gefährden.« Danach versöhnten sie sich, und alle Weisen und das Heer, das sie zusammengezogen hatten, gehen weg. Aber diese Nachricht verbreitet sich rasch, und man findet sie schlimm. Dies erfährt Gratiana, und sie ist so betroffen, daß sie davon krank wird und sich nur langsam erholt. Nun läßt Kaiser Catalachus das Schlachtfeld untersuchen, und die Leiche von König Jon wurde gefunden, denn sie war leicht zu erkennen; danach wurde sie zur Kirche gebracht, in einen Steinsarg gelegt und in der Marienkapelle begraben; auch viele andere wurden zur Kirche gebracht. Die Schiffe von König Jon wurden nach Gard gebracht, und das ganze Geld bewahrten die Männer, die bei seinen Schiffen waren, und sie gingen zu Kaiser Catalachus.

13 *Damustis Reue*

Es soll nun erzählt werden, daß Damusti sich erholt, nachdem er eine Weile gelegen hatte; und als er sich dazu fähig fühlt, geht er zum Kaiser und übergibt sich und seine ganze Sache in dessen Gnade, so wie es die Weisen getan hatten; der Kaiser versöhnt sich mit ihm. Aber als Damusti gesund geworden ist, erkrankt Gratiana schwer, sie liegt eine Weile und stirbt danach. Nun herrscht eine so große Trauer in Mikligard, wie sie vorher noch nie dagewesen war, da der Kaiser nun die zwei Menschen verloren hatte, von denen er sich die größte Unterstützung erhofft hatte, seinen Schwiegersohn König Jon und seine Tochter Gratiana, und es schien, daß die Herrschaft über das Königreich seinem Geschlecht verlorengehen würde. Die Kaisertochter wurde für das Grab vorbereitet, wie es nur für die wenigsten geschieht, denn es wurden ihr ihre besten Kleider und ihr königlicher Schmuck angezogen, und sie wurde in einen Steinsarg gelegt; dieser wurde mit den besten Kräutern ausgelegt, die einen allerlieblichsten Duft von sich gaben, und dann verschlossen, so daß weder Erde noch Schmutz an den Leichnam kommen konnten. Über ihrem Grab standen viele Menschen in Trauer, und dort war auch Damusti mit unfrohem Herzen. Sie wurde südlich der Kirche beerdigt. Und als dies geschehen war, gingen die Leute nach Hause. Damusti ging zu seinem Hof, und an diesem Abend konnte er weder essen noch trinken oder schlafen, dennoch ging er zu seinem Bett und legte sich nieder; es war niemand in dem Zimmer außer ihm und seinem Burschen. Er überlegt nun manches, jedoch am eifrigsten, welche harte Strafe ihn in der anderen Welt erwarten würde wegen seiner Verbrechen und Missetaten, die er um einer Kaisertochter willen begangen hatte, die er dann aber doch nicht bekommen hatte; er sieht nun ein, daß dies unklug gewesen war und wendet nun seinen Sinn dorthin, wo es am meisten nützt: Er bittet Gott um Gnade und Vergebung, daß er für seine Verbrechen büßen könne; er erinnert sich nun an die vielen Gnadentaten, die Gott dem seligen Apostel Petrus erwiesen hat, der Gott drei mal verleugnet hatte und Reue zeigte und dafür Verzeihung und Gnade und eine erhabene Herrschaft erhielt; und an Maria Magdalena, wie sie bereute und weinend hineinging und die Füße des Herrn mit Tränen wusch und sie mit ihrem Haar trocknete; solches und manches andere führt er sich vor Augen, das Gott allen reuseligen Menschen und den ihn ohne Ende Liebenden gegeben hatte; und er bereute so sehr, daß er ganz in Tränen zerfloß. Danach befiel ihn eine große Müdigkeit; plötzlich sah er ein großes Licht ins Zimmer kommen, das so hell war, daß es ihn blendete und das ganze Haus erleuchtete. Eine Frau kam ins Haus, sie war so, daß von ihren Augen und ihrer ganzen Erscheinung funkelnde Strahlen ausgingen, aber trotzdem konnte er sie erkennen. Sie kam zu seinem Bett, blieb dort eine Weile stehen und sprach: »Hier liegst du, Damusti, und bist von einer großen Sorge weggeschlafen, was zu erwarten war. Jetzt bist du sprachlos, daß hier die Königin Maria zu dir gekommen ist; du sollst jedoch wissen, daß dir mein Sohn wegen deiner Übeltaten und Totschläge zürnt, und dennoch erlaubte er mir, dich zu besuchen; er hörte deine Rufe, und wenn sie ernst gemeint sind, dann kann dir geholfen werden; auch ich hörte deine Rufe, als du mich zu Hilfe riefst. Nun soll dir von mir geholfen werden, weil du mich in den Marienmessen ansprachst und dies nur sehr selten unterlassen hast; und allen, die dies in guter Absicht tun, soll es vergolten werden. Nun sollst du aber aufstehen und deine Waffen ergreifen, wenn du deine Geliebte verteidigen willst, denn das braucht sie jetzt. Nimm dein Pferd Fulltrui, denn nun wirst du erproben, was für ein Pferd es ist und was es kann; deinen Falken Hvitserk und deinen Hund Albus sollst du mitnehmen. Nie bist du in eine solche Gefahr geraten, aber ich werde dir helfen.« Nun verschwindet das Licht rasch, das Damusti im Haus sah.

14 *Damusti kämpft mit dem Ungeheuer Alheim*

Damusti erwacht nun und denkt darüber nach, was er gesehen hatte, und er versteht nicht, weswegen er solches geträumt hat, denn er hat keine Liebe zu einer anderen als zur Kaisertochter, von der er doch wußte, daß sie tot war. Aber er wollte dem auch nicht mißtrauen, was er gesehen hatte, steht auf und kleidet sich in seine Rüstung, geht zu seinem Pferd und sattelt es, besteigt es und ist für den härtesten Kampf bereit, nimmt den Falken und plaziert ihn hinter dem Sattel und ruft den Hund. Es fällt ihm ein, zur Kirche zu reiten, aber als er dort ankommt, sind die Kirchentore verschlossen und verriegelt, denn es war Nacht; es war entsprechend der Jahreszeit sehr dunkel. Er reitet um den Kirchhof zur Marienkapelle, dort steigt er vom Pferd und fällt auf die Knie, und es kommt ihm in den Sinn, daß er seine Abendmesse vergessen hat; er fängt nun an, sie zu lesen; und als er damit fertig ist, will er die Marienmesse lesen. Da hört er ein Sausen oder einen Lärm wie von einem Schwarm fliegender Vögel oder das Geräusch vieler Leute; er versteht, daß dieser Lärm zum Kirchhof kommt. Da hörte er, wie gesprochen wird: »Was ist los, daß ihr nicht weitergeht, oder ertragt ihr es nicht, die Kirche zu sehen? Und wenn dem so ist, dann verschwindet wieder nach Hause, verfluchte Hündinnen, aber ich gehe weiter.« Kurz danach sieht Damusti, daß ein Wesen in den Kirchhof kommt; es war so groß, daß es ihm weit über den Kirchhof hinauszuragen schien, und behaart, so daß das Haar bis auf den Boden reichte; Damusti glaubte einen Hund zu erkennen, sah aber weder Augen noch Schnauze. Ein Mann ritt hinterher; der war so groß, daß sein Kopf über die Kirche hinausragte, Damusti war nicht klar, welches das größere Ungeheuer war, sein Pferd oder der Mann selber. Ein Falke saß auf seinem Schoß, und der war erstaunlich groß. Dieser Mann war ganz wie ein Ritter gerüstet. Er reitet südlich dem Kirchhof entlang und will nicht in Richtung des Sonnenlaufs reiten. Damusti steht auf und führt sein Pferd hinter sich, und als er von der Ostseite um die Ecke der Kirche kommt, sieht er, was dieser treibt, nämlich daß er sehr damit beschäftigt war, Erde vom Grab der Kaisertochter zu schaufeln; so schien es Damusti, als ob er nur seine Hände brauchte. Damusti bleibt stehen und betrachtet ihn, bis er den Steinsarg in seinem Schoß hat; dann ging Damusti zu ihm und sprach: »Wer ist dieser, der da so viel schafft?« Er antwortete: »Nur der, der weiser ist als du und dich nicht nach deinem Namen fragen muß.« Damusti sprach: »Was für ein Mensch bist du, und woher kommst du, und was willst du?« Dieser antwortete: »Das geht dich nichts an, wer ich bin oder woher ich komme, aber meinen Namen will ich dir sagen: Ich heiße Alheim. Und du kannst sehen, was ich vorhabe: Ich will die Kaisertochter holen, denn ich habe sie für mich und keinen anderen bestimmt; ich will mich ihrer tot erfreuen, da ich es nicht konnte, als sie lebte; aber wenn ich gewußt hätte, daß du hier bist, hätte ich länger gewartet, um sie zu holen.« Damusti sprach: »Du sollst dich ihrer nie erfreuen, wenn ich bestimmen kann.« Alheim sprach: »Glaubst du denn, daß du sie mir verwehren kannst.« »Das habe ich vor«, sagt Damusti. Alheim sprach: »Es ist unvernünftig und anmaßend von dir, mit mir kämpfen zu wollen, denn mir scheint es keine große Leistung, dich zu überwinden, und ich werde mich dazu nicht bewaffnen.« Damusti sprach: »Das erprobe nun und sei bereit.« Alheim sprach: »Ich werde keine große Vorbereitung brauchen, denn ich will keine Waffen gegen dich benutzen; es scheint mir, daß es zu nichts führen würde, denn ich will dich mit meinen Fäusten erschlagen, und das wird für dich reichen, wenn du allein bist; aber meinen Schild werde ich benutzen, um mich zu schützen.« Nun springt Damusti auf ihn los; es war ein solcher Größenunterschied zwischen ihnen, daß Damusti ihm nur bis zur Mitte des Schenkels reichte, und er war doch sehr groß. Damusti griff ihn mit dem Spieß an; der war sehr scharf, man konnte sowohl hauen wie stechen mit ihm. Und als sie lange gekämpft hatten, griffen die Pferde einander an und bissen sich, und ebenso die Falken und Hunde, und sie hatten einen nicht geringeren Kampf. Damusti geht nun auf Alheim los, mit sicherem Herzen, er haut und sticht, aber Alheim hält den Schild vor. Da sprach Alheim: »Wirst du nicht müde, Damusti?« sagt er, »willst du die Kaisertochter aufgeben?« Damusti antwortete: »Das wird nie geschehen, solange ich stehen kann.« »Du siehst«, sagt Alheim, »daß du nicht gegen mich ankommst, aber ich kann dich töten, wenn ich will.« Damusti sprach: »Wo wohnst du, bist du ein König, und was für ein Mensch bist du?« Er antwortete: »Dort wo ich wohne, habe ich das meiste Sagen, aber ich bewohne nicht diese Welt, denn es gibt mehrere Welten als diese eine, und es gibt so viele Menschen, daß nicht alle in dieser Welt wohnen können.« »Du bist kein Mensch«, sagt Damusti. Alheim sprach: »Ich bin ein Mensch und geschaffen wie ein Mensch.« Damusti sprach: »Weißt du, wer Himmel und Erde geschaffen hat?« »Ich weiß«, sagte Alheim, »daß Gott allein die Welt und den Menschen und alles andere geschaffen hat; ich sehe, daß er besser als alles andere in der Welt ist, aber ich habe nicht die Veranlagung, um ihm zu dienen.« Nun springen Damusti und der andere auf und greifen einander heftig an, und es geschieht wie zuvor, daß er ihn nicht verletzen kann, bis er ermüdet. Da sprach Alheim: »Willst du ausruhen, Damusti, und die Kaisertochter aufgeben?« Nun ruhen sie aus, und Damusti hält die Hände vor das Gesicht und bittet um Gnade, daß dieses Ungeheuer ihn nicht vernichte, er ruft nun Maria an, daß sie mit ihm sei und ihn begleite. Danach steht Damusti auf und sprach: »Steh auf, Alheim, denn nun soll es zwischen uns umgekehrt sein.« »Du hast nur deinen Mut«, sagt Alheim, »denn du kannst dir nicht helfen; nun sollst du sehen, wie ich mir helfen kann, denn nun werde ich nichts als meine Hände haben, um mich zu wehren, und dies wird mir dennoch ausreichen.« Nun greift Damusti ihn mit Macht mit dem Schwert an; das war eine sehr gute Waffe, die noch nie versagt hatte; er haut nun mit beiden Händen, wild und häufig, und wenn er oben nach ihm schlug, schlug er mit flachen Händen dagegen, aber wenn er unten nach ihm schlug, schlug er mit den Füßen dagegen und wehrte die Schläge so ab. Nun greift Damusti ihn mit Macht an und will eher vor Erschöpfung platzen, als daß er aufgeben würde. Und weil alles in irgendeiner Weise aufhören muß, kommt es hier aus Gottes Gnaden zwischen ihnen so zu einem Ende, daß Damusti, so müde vor Erschöpfung, daß er kaum stehen kann, einen großen Hieb haut; Alheim hebt wie gewohnt den Arm hoch und will auf die flache Seite des Schwertes schlagen, aber das kam nun nicht so, denn er schlug auf die Schwertschneide, und der Arm wurde oberhalb des Ellenbogens abgetrennt; der Unterarm flog in die Luft hinauf, und es heulte in ihm; als er herabkam, hielt Alheim den Stumpf hin, und der Arm war so heil wie zuvor. Alheim sprach: »Hast du das gesehen, Damusti? Mach das nach.« Damusti antwortete: »Ich habe es gesehen, und das habe ich noch nie gesehen.« »Nun ist mein Arm heil, den du mir abgehauen hast, jetzt habe ich meinen Arm gerettet, denn wäre er auf den Boden gefallen, wäre ich danach für immer einarmig geblieben.« »Das war schade«, sagt Damusti. »Da kannst du sehen, daß mir nichts unmöglich ist«, sagt Alheim, »aber dennoch werden wir unser Spiel beenden, denn du bist der erste, der mich verletzt hat. Nun sind mein Pferd, mein Falke und mein Hund tot, aber jemand war mit dir, mit dem ich nicht kämpfen will, und nun wollen wir uns hinsetzen und miteinander reden.« Damusti war froh, denn es schien ihm an der Zeit auszuruhen. Dann sprach Alheim: »Nun ist es so, wie es bestimmt ist, daß du zu deinen Dingen kommst, denn du bist nicht allein auf dich gestellt, und die anderen sind mächtiger als ich, aber ich will nicht meinen Arm gegen die Kaisertochter austauschen, wenn du ihn mir ein zweites Mal abhaust, denn dort, wo ich wohne, brauche ich beide Arme. Ich sage dir, daß die Kaisertochter lebt, aber ich habe es so angestellt, daß man sie für tot hielt, und ich wollte sie holen, wenn es niemand sah; aber nun hast du es erfahren, und ich verstehe nicht, wer es dir gesagt hat. Aber alle seltsamen Vorkommnisse, die du erlebt hast, und ebenso die Kaisertochter, seit sie mit König Jon verlobt wurde, habe ich verursacht: ich belegte dich mit Augen der Begierde, sie zu begehren, denn ich wußte, daß niemand anders außer dir es wagen würde, König Jon zu töten, und ich wäre nicht allein gegen ihn angetreten, und auch Ihr hättet ihn nicht überwinden können, hätte ich nicht sein Pferd unter ihm getötet; und den ganzen Tag habe ich ihm Böses angetan, obwohl mich niemand sah, denn ich wollte nicht, daß irgend jemand, weder er noch sonst einer, sich ihrer erfreue. Und danach belegte ich dich mit einer Krankheit und wollte dich so erledigen, aber das konnte ich nicht, denn du hast stets etwas gemurmelt, was Maria gefiel, aber dir ist ein anderes Schicksal und ein anderes Lebensende bestimmt. Danach ließ ich dich gesunden, belegte aber die Kaisertochter mit einer Krankheit; es war zwar so, daß ich sie nicht töten konnte, was ich aber auch nicht wollte; aber ich konnte bewirken, daß sie tot schien und begraben wurde; dann wollte ich sie holen, und es hätte es niemand gemerkt. Aber ihr Christen, die besseren von euch, vollbringt alles mit der Unterstützung Eures Häuptlings, auch wenn es den Dümmeren nie möglich scheint, bevor wir es versuchen; es ist nicht verwunderlich, daß der Schmied seine Arbeit ändert, wie er will, aber nachdem er sich auf deine Seite geschlagen hat, will ich nicht mit dir kämpfen, denn er wendet mein Glück in Furcht, so daß ich nicht länger wage, mit dir zu streiten.« Damusti sagt: »Das hatte ich erwartet, daß von dir, du Teufel, nur Böses kommen würde, aber sag mir, wo wohnst du.« Dieser antwortete: »Warum fragst du ständig nach dem, was ich am wenigsten gern sage und dich nichts angeht? Und fragst du mich nicht nach deinem eigenen Schicksal?« »Danach frage ich dich nicht«, sagt Damusti, »denn jener sitzt höher als du, der es kennt, aber ich will es nicht wissen, bevor es soweit ist, denn bisher ist es hart gewesen.« Alheim sprach: »Nun werde ich dir etwas raten, und du kannst den Rat annehmen, wenn du willst; aber es wird dir gehen, wie ich dir sage.« Damusti antwortete: »Ich will keinen Rat von dir haben, aber ich kann dem zuhören, was du sagst.« Alheim sprach: »Nun wirst du die Kaisertochter in deinen Besitz nehmen, wenn wir uns trennen, und nach Hause in deinen Hof bringen; und wenn du ihr einen heilenden Trunk verabreichst, wirst du sehen, daß Leben in ihr ist, denn ich legte einen Lauch unter ihre Zungenwurzel, so daß ihr in den folgenden zwölf Tagen der Hunger nichts anhaben konnte. Du wirst sie beherbergen, bis sie Kraft und Gesundheit gewonnen hat, dann wirst du sie zum Kaiser bringen. Er wird dich fragen, wo ihr euch getroffen habt; das sollst du ihm nicht sagen, aber bitte ihn, daß er innert dreier Tage eine Versammlung einberuft, und dort sollst du das Ereignis erzählen, so daß alle von unseren sämtlichen Worten und Werken und Auseinandersetzungen hören, und nenne zum Wahrzeichen deiner Erzählung mein Pferd, meinen Falken und meinen Hund, die hier liegen bleiben. Dann wirst du die Kaisertochter bekommen und Kaiser im Griechenreich werden. Und dann wenn du die Macht übernommen hast, ist es am besten für dich, deinem Gott das Glück zu lohnen, das er dir gab, denn du hast nicht Geringes zu büßen; du wirst viel Hilfe brauchen. Dein Lebensende steht nicht fest, und ich werde darüber nichts sagen, und nun werden wir uns trennen; ich bin nun schlechter ausgerüstet als zuvor, als wir uns begegneten, denn ich kam geritten, aber nun gehe ich zu Fuß.« Damusti sprach: »Gehe dorthin, wo du wohnst, und die Trolle sollen dich holen.« Dann ging Alheim auf demselben Weg, den er gekommen war, fort; Damusti saß da, und wie zuvor kam ein Sausen über ihn. Als es vorüber war, ging Damusti zum Steinsarg, schließt ihn auf, und sogleich strömt ihm ein süßer Duft entgegen. Er nimmt die Kaisertochter mit ihrer ganzen Kleidung und legte sie auf eine reine Stelle, wälzt den Sarg wieder ins Grab, schaufelt mit dem Schild Erde darauf und richtet es so ein, daß man keine Veränderung sehen konnte. Nun nimmt Damusti die Kaisertochter in seinen Besitz und legt sie auf seinen Schild, geht damit zu seinem Pferd, legt den Schild auf den Sattel, steigt dahinter auf und reitet zu seinem Hof, wo er die Kaisertochter in sein Zimmer trug. Da war die Nacht verstrichen und der Tag gekommen; niemand hatte seine Abwesenheit bemerkt. Er verabreicht der Kaisertochter sogleich einen heilenden Trunk, und es zeigt sich bald ein roter Tropfen auf ihrer Wange; darauf öffnet sie die Augen und sprach: »Bist du es, Damusti?« »So ist es«, sagt er. »Wieso bin ich hier«, sagt sie, »und wo sind meine Dienerinnen?« Er sagt: »Sie sind nicht hier.« Nun nimmt er den Lauch und warf ihn ins Feuer, aber er barst und rollte aus dem Feuer, und er wußte nicht, was aus diesem teuflischen Ding wurde. Nun soll hier abgebrochen werden.

15 Gratianas Heilung

An diesem Morgen gingen die Leute wie üblich früh zur Kirche der Stadt, und sie sehen, daß der Kirchhof umgegraben ist; dort findet man auch die Ungeheuer, die Alheim besessen hatte, das Pferd, den Falken und den Hund; so große Lebewesen hatte noch niemand gesehen. Dies wurde in der ganzen Stadt und auch dem Kaiser erzählt. Er geht dorthin, sah und sprach: »Dies sind große Ungeheuer, die haben nicht menschlichen Wesen gehört, und dies wird von großer Bedeutung sein.« Der Kaiser läßt nun den Kirchhof säubern, die Ungetüme in einen Sumpf werfen und den Kirchhof wieder herrichten; man konnte keine Veränderung am Grab der Kaisertochter sehen, aber überall in der Stadt wurde von diesem Ereignis gesprochen. Gratiana verbrachte sieben Tage in Damustis Hof, und als sie verstrichen waren, war sie wieder gesund wie zuvor. Da sprach Damusti: »Nun wirst du nach Haus zu deinem Vater gehen wollen.« »Das will ich«, sagt sie. Er nimmt sie in seine Arme und trägt sie zum Palast, als der Kaiser zu Tisch saß, begrüßt ihn und sprach: »Hier ist Eure Tochter, Herr.« Der Kaiser schaute sie an und sprach: »Wie kann das sein?« »Es ist so, weil es so sein soll«, sagte Damusti. »Wo seid ihr einander begegnet?« sagt der Kaiser. »Es ist nun keine Muße, das zu erzählen«, sagt Damusti, »aber laßt innert dreier Tage eine Versammlung einberufen.« Er stimmte zu. Der Kaiser läßt nun seine Tochter neben sich sitzen und fragt, was ihr widerfahren sei, aber sie sagte, sie könne sich an nichts anderes erinnern, als daß sie in ihrem Gemach geschlafen habe, aber in Damustis Hof aufgewacht sei. Der Kaiser sagt, daß man sie für tot gehalten habe. Es wurde nun Freudenbier getrunken, aber am Abend ging die Kaisertochter zu ihren Dienerinnen, die sich über ihre Rückkehr sehr freuten. Der Kaiser läßt nun eine Versammlung einberufen, und als drei Tage verstrichen sind, kamen die Leute zur Versammlung; die Kaisertochter war auch da. Da steht Damusti auf und beginnt die Erzählung an dem Punkt, als König Jon nach Mikligard kam, und er erzählt, was sich danach zutrug, »und zum Wahrzeichen habe ich das, was Ihr sahet, das Pferd, den Falken und den Hund von Alheim.« Allen schien dies ein großes Ereignis zu sein, und sie fanden, es sei mit Wundern zugegangen. Da sprach Kaiser Catalachus: »Was für ein Mensch, denkst du, war Alheim, war er ein Troll oder ein Mensch?« Damusti antwortete: »Ich denke nicht, daß er ganz und gar ein Troll war, denn so bös war er nicht, daß ich Angst gehabt hätte; aber sein Wuchs und seine Kraft waren schrecklich, und ich denke, daß er ein Mischling war; er wußte über alles Bescheid, Gutes und Böses.« Der Kaiser sprach: »Du hast in euren Auseinandersetzungen großes Glück gehabt.«

16 Damustis Hochzeit

Als nächstes erhebt Damusti sein Wort und hält um die Hand der Kaisertochter an. Der Kaiser sprach: »Vieles wird anders, als man denkt; so ist es auch, wenn Gratiana meine Tochter einem Mann verheiratet wird, der weder Land noch Untertanen hat, aber dennoch soll sie darüber bestimmen.« Gratiana antwortete: »Das hatte ich mir nicht gedacht, daß ich den Mann heiraten würde, der König Jon tötete, aber dennoch halte ich es für richtig, daß du, Damusti, nun dich selber erfreuen sollst, wenn es etwas gibt, das dich erfreut, denn ich verstehe, daß du mich mit Gottes Hilfe aus Trollsgewalt befreit und dafür dein Leben gewagt hast.« Als sie dies so gut aufnahm, unterstützten ihn viele, und es kam am Ende dazu, daß Damusti sich mit der Kaisertochter verlobt, und damit ist die Versammlung beendet. Es wurde nun eine Feier vorbereitet, aber es brauchte wenig dazu, denn jene Feier, die König Jon hätte haben sollen, war noch vorbereitet; es war eine große Menschenmenge da, und bei dieser Feier erhält Damusti die Kaisertochter mit großer Ehre. Und nach der Feier war Damusti stets am Hof des Kaisers, hält aber seine Burschen in seinem Hof. Der Winter verstreicht, und im Sommer kommen die Weisen ihrer Gewohnheit gemäß und verrichten ihre Schulden, und es kam dann zu einer vollständigen Versöhnung zwischen ihnen und dem Kaiser. Der Totschlag von König Jon wurde als großes Ereignis empfunden, vor allem in Kleinlanden. Kaiser Catalachus läßt Jons Schiffe und den größten Teil des Geldes nach Kleinlanden zurückschicken. Und nachdem dies alles erfolgt ist, verhalten sie sich ruhig, und Kaiser Catalachus hat in Damusti eine sehr große Unterstützung. Es entwickelt sich eine große Liebe und Freundschaft zwischen Damusti und der Kaisertochter.

17 *Kaiser Catalachus stirbt und Damusti wird Kaiser*

Nun ist davon zu erzählen, daß Kaiser Catalachus schwer erkrankt und sich zu Bett legt, und als es mit ihm zu Ende ging, ruft er seinen Schwiegersohn Damusti zu sich und sprach: »Ich glaube, daß mich diese Krankheit zum Tode führen wird, aber da die Gesetze es so vorschreiben, daß du wegen unserer Verschwägerung nach mir die Herrschaft über das Königreich übernimmst, bitte ich dich darum, daß du ruhig und bestimmt bist und das Reich gut regierst; laß die Weisen ruhig in Sachen der Landesregierung mitbestimmen.« Er gab Damusti und allen, die es benötigten, viele gute Ratschläge, und danach starb er, und allen schien dies ein sehr großer Verlust. Es wurde ihm ein geziemendes Begräbnis vorbereitet, und man beerdigte ihn in der Kirche neben König Jon; er wurde in Tücher gehüllt und in einen neuen Steinsarg gelegt; eine große trauernde Menschenmenge versammelte sich, denn alle trauerten und beweinten einen so freigebigen und gutherzigen Herrn, wie Kaiser Catalachus es gewesen war. Danach läßt Damusti in der Stadt eine Versammlung einberufen, an der er zum Kaiser gemacht wurde; überall, wo er hinkam, schworen ihm das Land und die Untertanen

Treue, und man gab ihm den Namen des Kaisers über das ganze Griechenreich, Männer traten in seine Dienste und schworen ihm Eide; er gab den Häuptlingen nach dem Vorbild des alten Kaisers Platz im Rat. Und als er dies getan hatte, ließ er sich in seinem Reich nieder und regierte gut und ruhig; er wurde bei seinen Untertanen bald beliebt.

Es wurde erzählt, daß sie einen Sohn hatten; er wurde getauft und nach seinem Großvater Catalachus genannt; er war in seinem ganzen Verstand frühzeitig entwickelt. Das Reich von Damusti steht nun in großer Würde dieser Welt. Als der Sohn acht Jahre alt wurde, war er so kräftig, daß es nicht seinesgleichen gab, auch bei etwas Älteren nicht, und entsprechend war sein Verstand; vieles lernte er von seiner Mutter und den größten Meistern. Der König und die Königin und alle anderen liebten den Sohn sehr, denn er schien ihnen ein guter Häuptling zu werden. In jenem Sommer, von dem nun erzählt worden ist, kamen die Weisen und viele andere Leute zur bestimmten Zeit nach Mikligard; es war dort eine große Menschenmenge, man besprach die Angelegenheiten des Kaisers und hielt die Gerichtsverhandlungen ab, die dorthin einberufen worden waren. Am letzten Tag der Versammlung steht der Kaiser auf und sprach: »Es ist allen bekannt, daß ich einen Sohn habe, der zwar jung an Jahren ist, aber bereits sehr reif an Verstand und an Körperwuchs; ich will ihm den Kaisernamen und das ganze Reich übergeben; ihr sollt ihm Treueeide schwören und ihn zu eurem Kaiser nehmen. Ich beauftrage meine Weisen, daß sie zusammen mit meinem Sohn das Land regieren, bis er das Alter und den Verstand hat, es selber zu tun.«

18 Damusti dankt ab und wird Einsiedler

Nun traten zuerst die Weisen vor, dann alle großen Männer und fast die ganze Allgemeinheit, dies dauerte den ganzen Tag; man schien nicht zu wissen, warum der Kaiser dies so rasch tat, denn er war rüstig und durchaus fähig. Und als dies abgeschlossen war, sprach der Kaiser: »Ihr werdet wissen wollen, warum ich so spreche; doch ich sage euch, daß ich noch heutigen Tages meine Königsherrschaft und alle Würde, die ich gehabt habe, und allen weltlichen Schmuck niederlegen will; ich will die Scharlachkleider ablegen und an ihrer

Stelle härene Kleidung und einen weißen Rock mit einer schwarzen Kutte nehmen und in die Unterkunft, die ich mir vorbereitet habe, gehen; das ist eine Zelle, denn ich habe viel zu büßen und für die Seele vorzusorgen. Für die andere Welt will ich nicht alles aufsparen: Ich werde kein anderes Essen als Brot und Wasser haben und auf diese Weise leben, so lange, wie es Gott gefällt. Niemand soll zu mir kommen, außer dem, der mein Essen bringt, und dem Geistlichen, dem ich meine Sünden beichte; ich will keine Neuigkeiten erfahren und nichts Angenehmes von der Welt haben, es weder sehen noch davon hören. Und Gratiana wird eine andere Zelle bewohnen; so schwer es mir fällt, auf all das zu verzichten, was ich erwähnt habe, am schwersten fällt mir, mich von meiner Königin zu trennen, die ich wie mein Leben liebe, aber so soll es nun sein.« Und als er seine Rede beendet hat, betrübte es viele, ihren Kaiser so rasch zu verlieren. Danach umarmte Damusti seine Königin und alle anderen Menschen, die er liebte, mit großem Kummer und trennt sich dort von allen anderen Untertanen und seinem Reich und seiner Herrschaft, und er ging zu der Zelle, die er in einem Felsen hatte machen lassen. Im Felsen waren mehrere Klausen, denn er war aus weichem Gestein und an vielen Stellen mit Mörtel verbunden; in einer Klause betete er, in einer anderen schlief er, in einer dritten verrichtete er seine Notdurft. Nirgends war mehr Licht, als der kleine Schimmer, den man dort, wo tagsüber das Essen gebracht wurde, sah. Auf die gleiche Weise war die Zelle der Königin gemacht. Danach geht Catalachus zum Palast und setzt sich auf den Thron seines Vaters; und alle Weisen waren ihm wohlgesonnen, er hielt sie in aller Würde und Ehre, wie es früher gewesen war, sie zeigten ihm dagegen allen Gehorsam, den sie seinem Vater entgegengebracht hatten; aber dennoch wählte er zwei der Weisen aus, die in seinem Rat sein sollten, denn das hatte Damusti befohlen. Als er an Alter zunahm, wurde er sehr beliebt und regierte das Reich gut und weise. Und es ist von vielen Schlachten und Kämpfen zu berichten, die er mit den Nachkommen von König Jon austrug, bevor es zu einer Versöhnung kam, was mit der Zeit geschah, auch wenn es nicht in dieser Geschichte erzählt wird. Der Einsiedler Damusti war noch am Leben, als sich dies ereignete, und es gibt viele Geschichten über ihn. Aber von Gratiana ist zu erzählen, daß sie nur kurz lebte, nachdem sie in die Zelle gegangen war, denn Gott wollte sie, die nicht viel zu büßen hatte, nicht mit einem harten Leben plagen; danach wurde sie in die

Kirche gebracht und neben ihrem Vater begraben, und auf der anderen Seite lag König Jon; sie hatte ihr Leben in guter Weise beendet, und sie wird auch Gutes empfangen haben. Aber Damusti wurde alt und lebte lange mit vielen Gebresten, aber Gott allein weiß, welche Belohnung er für seine Gebresten erhielt, aber es ist wahrscheinlich, daß er eine gute Belohnung erhielt. Als Gott dann seinen Geist forderte, wurde er zur Kirche gebracht und in einen Steinsarg neben seine Königin gelegt. Und die vier liegen in einem Grab. Nun geht hier die Geschichte zu Ende, daß man uns alle zu Christus sende, dieser Welt zum Glück und zum Gewinn, und zur ewigen, nie endenden Glückseligkeit in der anderen Welt.

Anhang

Anmerkungen

Vorbemerkungen

1. *Zur Aussprache und Transkription isländischer Wörter*

Die Betonung liegt regelmäßig auf der ersten Silbe; Akzente sind ohne Einfluß auf die Betonung. Alle Vokale mit Akzent wurden in alter Zeit lang gesprochen, Vokale ohne Akzent kurz (Ausnahme: æ = dt. *ä* sowie œ = dt. *ö* sind immer lang).

Häufig verwendet man jetzt nicht die rekonstruierte, zu verschiedenen Zeiten nicht immer einheitliche altisländische, sondern die heutige isländische Aussprache. Hierfür können jedoch nur einige grobe Annäherungen gegeben werden.

Die wichtigsten Abweichungen von der deutschen Aussprache:

		altisl. Aussprache	heutige isländ. Aussprache
á	=	*a* [lang]	*au*
é	=	*e* [lang]	*je* [wie engl. *yes*, aber lang oder kurz]
í	=	*i* [lang]	*i* [geschlossener *i*-Laut, lang oder kurz]
ó	=	*o* [lang]	*ou*
u	=	*u* [kurz]	ähnlich wie kurzes offenes dt. *ü*
ú	=	*u* [lang]	*u* [lang oder kurz]
y	=	*ü* [kurz]	wie i [offener *i*-Laut, lang oder kurz]
ý	=	*ü* [lang]	wie í
æ	=	*ä* [lang]	*ai*
œ	=	*ö* [lang]	*ai*, œ wird heute nicht mehr benutzt, gleichgesetzt mit æ
ei	=	*ej* [nicht *ai*!]	*ej*
ey	=	etwa: *öü*	*ej*
au	=	*au*	etwa: *öü*
ø	=	*ö*	(heute nicht mehr verwendet, dafür neuisl. ö)
ǫ	=	(bis Anfang 13. Jh. wie sehr offenes *o*, danach wie *ö* gesprochen und heute auch *ö* geschrieben)	
s		immer stimmlos, wie dt. *ß*, auch im Anlaut	
ð, Ð	=	wie engl. *th* in *father, this* (stimmhafter dentaler Reibelaut)	
þ, Þ	=	wie engl. *th* in *bath, think* (stimmloser dentaler Reibelaut)	
f	=	dt. *f* (im Anlaut und in der Gemination) dt. *w* (in anderen Stellungen)	

2. Wiedergabe altisländischer Namen im Text

Die Namen werden in der Form des Nominativs Singular wiedergegeben, doch ohne die Endung -r, -n oder -l, also *Vilmund* statt *Vilmundr*.
Akzente werden weggelassen.
Die isländischen Spezialzeichen werden folgendermaßen transkribiert:
þ = th   ð = d   æ = ae
œ = oe   ø = ö   ǫ = ö
Spezielle, nur in einzelnen Handschriften verwendete Buchstaben können aus technischen Gründen nicht wiedergegeben werden. An ihrer Stelle werden die üblichen Zeichen der normalisierten Orthographie benutzt.

3. Handschriftensiglen

Die Siglen für die Handschriften setzen sich zusammen aus einer Abkürzung für die Handschriftensammlung, einer laufenden Nummer und einer Bezeichnung für das Format (Größe) der Handschrift.
Es bedeuten:
AM *Den arnamagnæanske håndskriftsamling* [Arnamagnäanische Handschriftensammlung], jetzt zum größten Teil in Stofnun Árna Magnússonar á Íslandi in Reykjavík, zum Teil in Det Arnamagnæanske Institut in Kopenhagen
GKS *Den gamle kongelige samling* [Alte königliche Sammlung], zum großen Teil in Det kongelige bibliotek [Königliche Bibliothek], Kopenhagen, zum Teil auch in Stofnun Árna Magnússonar á Íslandi, Reykjavík
ÍBR *Handritasafn Reykjavíkurdeildar Hins íslenska bókmenntafélags* [Handschriftensammlung der Reykjavík-Abteilung der Isländischen Literaturgesellschaft], in Landsbókasafn [Nationalbibliothek], Reykjavík
JS *Safn Jóns Sigurðssonar* [Sammlung von Jón Sigurðsson], in Landsbókasafn [Nationalbibliothek], Reykjavík
NKS *Den nye kongelige samling* [Neue königliche Sammlung], zumeist in Det kongelige Bibliotek [Königliche Bibliothek], Kopenhagen
Stockholm Perg [auch Holm perg](Pergamenthandschrift) in *Kungliga biblioteket* [Königliche Bibliothek], Stockholm.

4. Literaturhinweise

Literaturhinweise in den Anmerkungen und im Nachwort werden nur in Kurzform gegeben, die vollständigen Titel finden sich in der Auswahlbibliographie, Allgemeine Literatur, oder in den Bibliographien zu den einzelnen Sagas.

Anmerkungen zur Saga von Ali Flekk
(Gert Kreutzer)

Die Übersetzung erfolgte nach der Ausgabe von Åke Lagerholm: *Drei Lygisǫgur.* 1927, S. 84–120.

S. 19: TITEL: In der Handschrift AM 181k, fol. lautet der Titel: *Hier hefzst saga af Alafleck Rijgardzsyne* [»Hier beginnt die Saga von Alafleck Rigardsson«], in AM 182 fol.: *Saga Af Ala Fleck* [»Saga von Ali Fleck«].

S. 20: KAPITELEINTEILUNG: Die Kapiteleinteilung wurde von der Ausgabe Lagerholm 1927 übernommen, die auch Textgrundlage der Übersetzung war. Die Überschriften stammen vom Übersetzer.

IN DIE ZUKUNFT SCHAUEN KONNTE: Die Gabe, in die Zukunft zu sehen, wird Sagapersonen häufiger zugesprochen. Hier dient sie letztlich der Begründung des Aussetzungsbefehls.

HATTE KEINE KINDER: Die Kinderlosigkeit eines Herrscherpaares als Ursache großen Kummers ist ein außerordentlich weit verbreitetes Märchen- und Legendenmotiv, es spielt aber auch in der altnordischen Literatur eine gewisse Rolle (vgl. dazu Kreutzer 1987, S. 86ff.). Hier ist es nur formelhaft angedeutet, außerdem paßt es schlecht zur folgenden Aussetzungsgeschichte.

DANN SOLL MAN IHN AUSSETZEN: Aus den altnordischen Rechtstexten geht hervor, daß vor der Einführung des Christentums auch im Norden die Aussetzung von Kindern als eine Form der Geburtenkontrolle erlaubt und üblich war. Die Entscheidung oblag dem Familienoberhaupt, in der Regel also dem Vater: Erst wenn er das Kind durch Kniesetzung akzeptiert hatte bzw. dem Kind seine erste Nahrung gegeben wurde, war sein Leben geschützt. Diese Sitte fand in der Literatur ihren Niederschlag, wobei im Einzelfall schwer zu entscheiden ist, ob die Berichte auf Reminiszenzen an ältere einheimische Praktiken oder auf Wandermotive zurückzuführen sind. Immer handelt es sich hier um »mißglückte« Aussetzungen, bei denen die Kinder durch glückliche Umstände gerettet werden und zu bedeutenden Menschen heranwachsen. Die hier vorliegende Ausgestaltung des Motivs hat Parallelen u. a. in der *Gunnlaugs saga ormstungu* (»Saga von Gunnlaug Ormstunga«), der *Finnboga saga* (»Saga von Finnbogi«), der *Harðar saga Grímkelssonar* (»Saga von Hörd Grimkelsson«) und dem *Þorsteins þáttr uxafóts* (»Geschichte von Thorstein Uxafot«), aber auch in außernordischer Literatur. Die negative Prophetie über das erwartete Kind, der Aussetzungsbefehl, die Vorkehrungen zur Rettung des Kindes, die Auffindung, das Aufwachsen im Verborgenen, die Epiphanie und schließlich die Anerkennung – dies sind Standardelemente des Motivs, denen wir z. B. schon in der Mosesgeschichte begegnen (vgl. Kreutzer 1987, S. 173–196).

S. 21: FLECK AUF DER RECHTEN WANGE: Dabei dürfte es sich um ein Muttermal oder Feuermal handeln, vergleichbar dem roten Stern oder Kreuz auf

Brust oder Stirn, die in der französischen und deutschen Epik des Mittelalters Zeichen von hoher Geburt sind (vgl. Lagerholm, S. 87, und Leach, *Angevin Britain*, S. 327).

JEDESMAL WIEDER VERGESSEN: Eine direkte Parallele dazu, daß kein Name an einem Neugeborenen haften will, findet sich in der Prosa vor der *Helgakviða Hjörvarðssonar* (»Lied von Helgi Hjörvardsson«) in der Edda. Der Gedanke, daß ein Name (oder Beiname) an einem Menschen »befestigt« werden mußte, damit er »haften blieb«, wird in der Sagaliteratur häufiger ausgedrückt. Man erreichte dies, indem man dem Betreffenden mit dem Namen zugleich ein Geschenk gab. Áli ist in Norwegen und Island als Name historischer Persönlichkeiten belegt und begegnet u. a. in der Skaldendichtung als Name von Seekönigen. Seine schwedische Form lautet Åle (vgl. etwa die bekannte Steinsetzung an der Südküste Schonens, die »Åles stenar« genannt wird). Vermutlich hafteten die anderen Namen nicht an dem Kind, weil sie seiner königlichen Geburt nicht angemessen waren.

S. 22: BLATÖNN: *Blátǫnn* (»Blauzahn«) begegnet als Eigenname nur hier, ist aber als Beiname von Harald Blauzahn *(Haraldr blátǫnn)* geläufig. Da *blár* neben »blau« auch »schwarzglänzend« bedeutet, ist hier eher an schwarze Zähne zu denken.

NOTT: Altnordisch *nótt* »Nacht« kommt als Personenname nur hier vor.

IHR SCHICKE ICH DICH ALS EHEMANN: Zu den auffälligsten Motiven dieser Saga gehören die Verwünschungen (altnordisch *álǫg*, neuisl. *álög*, eigentlich »Auflegungen«) und Gegenverwünschungen, die in keinem altnordischen Text in vergleichbarer Häufigkeit auftreten. Hier beginnt es mit dem Fluch der bösen Magd Blatönn und dem Gegenfluch Alis. Zu den *álög*-Motiven vgl. Lagerholm 1927, LVIII–LXIII, der besonders auf die Parallelen zu keltischen Volksmärchen aufmerksam macht. Zum *álög*-Motiv und seinen irischen Parallelen vgl. v.a. E. Ó. Sveinsson 1929, bes. S. XXX ff. und LIII f.; E. Ó. Sveinsson 1932, S. 100–123 und 1957, S. 324; 1975. Zu Verwünschungen siehe auch Buchholz 1980, S. 91 ff. (mit ausführlichen Literaturangaben).

S. 23: MEIN VATER WAR EIN MENSCH: Mischwesen wie Hladgerd, die eine Trollin als Mutter und einen Menschen als Vater hat, kommen in späteren Sagas wie dieser häufig vor, wobei in der Regel erwähnt wird, daß das Kind in Aussehen und Wesen mehr nach dem einen oder dem anderen Elternteil geht.

BEI IHR ZU SCHLAFEN: Die Lüsternheit der Trollinnen ist ein stehendes Motiv (vgl. etwa auch die Trollinnen in Ibsens *Peer Gynt*).

S. 24: NICHT EINMAL BIS ZU DEN LENDEN REICHTE: Daß die Kleidung der Trollinnen das Hinterteil freiließ, gehört zum Standardtyp der Trollinnen.

PFERDEFLEISCH UND MENSCHENFLEISCH: Dies ist die gewöhnliche Nahrung von Trollen.

S. 25: MÄDCHENKÖNIG: Der »Mädchenkönig« (altnordisch *meykonungr*, mey-

kóngr, masculinum!) ist eine in diesen Sagas häufig auftretende Figur: eine jungfräuliche Herrscherin, die ihre zahlreichen Freier mit Schimpf und Schande abweist, häufig sogar als Strafe für ihre Vermessenheit hinrichten läßt (vgl. Lagerholm 1927, S. 95; vor allem Wahlgren 1938 sowie unten das Nachwort zur Saga von Sigurd Thögli, S. 424f.).

STUTTHEDIN: *Stutthedinn* bedeutet »kurzer Lederrock«. Dieser Name kommt sonst nicht vor, wohl aber andere Zusammensetzungen mit *-hedinn*.

LEIBWACHE: Altnordisch *gestir* (»Gäste«) war in Norwegen die Bezeichnung einer Art königlicher Leibwache, welche den Wachtdienst am Hofe zu versehen und gefährliche Aufträge des Königs zu erledigen hatte.

AUF DER NIEDEREN BANK: An den beiden Längsseiten der Halle waren Bänke angebracht. In der Mitte der einen (»höheren«) war der Hochsitz des Hausherrn, gegenüber, in der Mitte der »niederen«, der Hochsitz des Ehrengastes.

S. 26: TARTARIA: *Tartariá, Tattariá, Tattariáríki* bezeichnen in den Sagas das Herkunftsland der Ta(r)taren irgendwo in Zentralasien.

INGIFERS: Lagerholm (1927, S. LXVII) setzt diesen Namen mit dem *Yngvifreyr* (Ingifrey) der *Ynglinga saga* gleich. Das Wort *Ingifer* erscheint auch schon in spätmittelalterlichen Kräuterbüchern für das Gewürz Ingwer (vgl. Heizmann 1993, S. 108).

S. 27: ZURÜCK NACH INDIALAND: Hiermit beginnt die Haupthandschrift der *Ála flekks saga*.

KÖNIG RIKARD VON ENGLAND: In der *Hálfdanar saga Brǫnufóstra* (»Saga von Halfdan Brönufostri«) kommt ebenfalls ein König Rikarðr von England vor, der nach der Meinung einiger der Vater Álaflekks gewesen sei.

GLODARAUGA: *Glóðarauga* »Glutauge«, nur hier als Name vorkommend.

S. 28: ZU EINEM WOLF WIRST: Das Werwolfmotiv, das schon aus der Antike (Herodot, Ovid) bekannt ist, tritt in der Märchenliteratur der verschiedensten Völker auf, besonders häufig aber in der keltischen Welt. Auch in der altwestnordischen Literatur finden wir zahlreiche Belege für den Glauben an Werwölfe (Boberg 1966, S. 55), u. a. im *Bisclarets ljóð*, einer ins Altnorwegische übersetzten Verserzählung der französisch-englischen Dichterin Marie de France aus dem 12. Jahrhundert, der davon abhängigen späten *Tjódels saga*, der *Jóns saga leikara*, in der *Gylfaginning* der *Snorra Edda* und vor allem der *Völsunga saga* (»Saga von den Völsungen«). Vgl. Lagerholm 1927, S. LXIIIf.; Granlund/Bø 1982; zu keltischen Vorlagen für das Werwolfmotiv in der *Ála flekks saga* s. Leach 1921, S. 210ff. und 382.

S. 29: MACHEN WIR IHN VOGELFREI: Der Wolf wird wie ein menschlicher Geächteter behandelt (vgl. Karl von Amira: *Thierstrafen und Thierprozesse*. Innsbruck 1891).

DIE AUGEN DIESES WOLFES: Daß bei Verwandlungen die Augen unverändert bleiben, ist ein gängiges Motiv.

S. 30: SO SCHNELL WIE MÖGLICH VERBRENNEN: Daß die Wolfshaut verbrannt wird, ist eine Bedingung für die dauerhafte Erlösung (vgl. auch die *Völsunga saga*).

S. 31: SCHLUG MICH MIT EINER EISENRUTE: Dieses Motiv kommt in der Märchenliteratur vieler Völker vor: Eine Person wird von einem Feinde verwundet und kann von niemand anderem als diesem selbst oder einem seiner Angehörigen geheilt werden. Lagerholm (1927, S. LXV f.) weist darauf hin, daß auch hier wieder die nächsten Parallelen auf keltischem Boden zu finden seien, und zitiert die irische Sage *The sick-bed of Cuchulainn*: »The same night two women come to him while he sleeps, and strike him one after the other until he is almost dead. He falls into a wasting illness.« Im Norden könnte das Motiv wohl auch über die Tristansage bekannt geworden sein (vgl. Gertrude Schoepperle: *Tristan and Isolt*. London, Frankfurt a. M. 1913. S. 377). Zur Heilungssuche in Indien vgl. Schlauch 1934, S. 52, 136 und 153.

S. 34: TAG UND NACHT GLEICH MÄCHTIG: Diese Stelle ist inhaltlich etwas rätselhaft, vielleicht ist gemeint, daß Tag und Nacht gleich dunkel sind, also ewige Finsternis herrscht.

IHN SOLLTEN SIE GUNNVARD NENNEN: Daß Personen unter falschem Namen auftreten, ist in den Märchensagas ein verbreitetes Motiv.

S. 35: MANDAN UND ANDAN: Offenbar ad hoc erfundene Namen, denen aber in der altnordischen Literatur viele andere Namenpaare zur Seite stehen, die sich ebenfalls nur im Anlaut unterscheiden (Fenja und Menja, Fjalarr und Galarr, Haukr und Gaukr usw.)

S. 36: BLUTSBRÜDERSCHAFT: Die Blutsbrüderschaft ist uns durch zahlreiche nordische Quellen gut bekannt, vor allem aus der *Gísla saga* (»Saga von Gisli«) und der *Fóstbrœðra saga* (»Saga von den Eidbrüdern«). Blutsbrüder mußten sich beistehen, und der Überlebende hatte den anderen zu bestatten und vor allem zu rächen.

S. 37: GROSSSCHWEDEN: (altnordisch *Sviþjóð in mikla*) dachte man sich auf dem Gebiet des heutigen Rußland.

MYRKVID: Der *Myrkviðr* (»Dunkelwald«) kommt schon in der Edda vor; in der *Atlakviða* (»Lied von Atli«) etwa müssen ihn die Burgunden durchqueren, um zu Atli (Etzel) zu gelangen.

S. 40: VALLAND: Die in der nordischen Literatur übliche Bezeichnung für Gallien.

SAXLAND: Die übliche Bezeichnung für Norddeutschland, steht bisweilen aber auch für ganz Deutschland.

Anmerkungen zur Saga von Vilmund Vidutan
(Gert Kreutzer)

Die Übersetzung beruht auf der Ausgabe von Agnete Loth: *Late Medieval Icelandic Romances*. Vol. 4. Copenhagen 1977. S. 137–201.

S. 41: VILMUND VIDUTAN: Der Name *Vilmundr* kommt sonst nicht vor. Der Beiname *viðutan* bedeutet »außerhalb, abseits, from outside« und wird in der Saga in dieser räumlichen Bedeutung sowie auch in übertragener Bedeutung als »*nokkut frályndr*, geistesabwesend, absentminded« verwendet (Glauser 1993, S. 702).

S. 42: KAPITEL: Die Numerierungen der Kapitel folgen der Edition von Agnete Loth. Die Kapitelüberschriften stammen vom Übersetzer.
HOLMGARDAREICH: *Hólmgarðar* ist die nordische Bezeichnung für Novgorod, *Hólmgarðaríki* oder auch *Garðaríki* ist das »Reich der Rus, Rußland«, das von schwedischstämmigen Wärägern in der Wikingerzeit gegründet wurde.
UNGARIA: Offenbar ist Ungarn gemeint.
HJARANDI: Der Name Hjarandi ist auf Island sehr selten, in der *Sverris saga* (»Saga von König Sverrir«, 1184–1202) wird aber zweimal ein *Hjarandi hvíða* als einer der Anführer der Birkibeinar erwähnt (u. a. *Flateyjarbók* II, S. 568 und 639, siehe Lind 1905–15 und Lind 1920–21).
HVIDA: Der Beiname *hvíða* »Windstoß« ist sonst noch einmal belegt bei einem *Þrándr hvíða* (siehe Lind 1920–21).
DIE ZUKUNFT WEISSAGE: Zu Weissagungen über neugeborene Kinder vgl. Kreutzer 1987, 66–85.

S. 43: SOLEY: *Sóley* = »Sonneninsel«.
GULLBRA: *Gullbrá* = »Goldbraue, Goldwimper«.
PFLEGEMUTTER: Zur Pflegekindschaft vgl. Kreutzer 1987, 221 ff. mit Literaturhinweisen.
SILVEN: In der *Karlamagnús saga* ist eine Siliven die Pflegemutter des Landres. Eine Pflegemutter Sylven kommt auch in der *Flóres saga konungs ok sona hans* vor (vgl. unten).

S. 44: KOL KRYPPA: Der Beiname *kryppa* bedeutet »Buckel«, *Kolr* ist ein typischer Sklavenname. Ein *Kolr kroppinbakr* (»Buckel«) begegnet in der *Þorsteins saga Víkingssonar*, einer um 1300 entstandenen Vorzeitsaga.
ÖSKUBUSKA: Das erste Glied dieses herabsetzenden Namens gehört zu *aska* »Asche«, das zweite dürfte wie die deutsche Entsprechung »-puttel« (diminutivisch zum Stamm *fut-) verhüllend die weiblichen Geschlechtsteile meinen. Zu Cinderella im Norden vgl. Rooth 1951.

S. 45: VIDBJOD: *Viðbjóðr* = »Abscheu, Widerwillen«.
ULFAR DER STARKE: Im Original *Úlfar hin rammi*.
ULF ILLT-EITT: *Úlfr Illt-Eitt* = Ulf »nur Böses, reine Bosheit«. Es gab eine historische Figur mit diesem Beinamen, den übel beleumundeten Kapitän und königlichen Gefolgsmann *Ölvir illt eitt*, der 1232 enthauptet

wurde, weil er an der Ermordung des Orkneyjarls beteiligt war (vgl. *Flateyjarbók* III, S. 101 und 103 ff.).

S. 48: ALDEIGJUBORG: Heute Ladoga.

S. 49: SVIDI DER KÜHNE: Im Original *Sviði hinn sókndjarfi* »der Kampfkühne«.
BÖGOBOSI: *Bǫgubosi* (Bogen-Bosi) ist der Held der *Bósa saga*, einer abenteuerlichen Vorzeitsaga aus dem 14. Jahrhundert. Der Bauernsohn Bósi wird von König Hring *(Hringr)* geächtet, mit dessen Sohn Herraud *(Herrauðr)* er auf Abenteuer zieht. Am Ende heiratet Bósi die Königstochter Edda.

S. 50: GAEFA: *Gæfa* bedeutet »Glück«. Im folgenden wird wiederholt mit der Doppelbedeutung »die Ziege Gaefa« und »Glück« gespielt.

S. 53: TRAUM: Prophetische Träume sind in der Sagaliteratur häufig, vgl. Henzen 1890, Haeckel 1934, Kelchner 1935, Turville-Petre 1958 und 1971.

S. 57: MESSTÖCKE: Im Original wird in *stikur* gemessen. Eine *stika* entspricht in Island nach 1200 zunächst zwei Ellen, später zunehmend einer Elle.

S. 58: UND DA IST ER NOCH HEUTE ZU SEHEN: Auch eine so phantastische Saga verzichtet nicht auf Glaubwürdigkeitstopoi dieser Art, um sich einen realistischen Anstrich zu geben.

S. 59: VIDUTAN: *viðutan* hier räumlich: »draußen, außerhalb, abseits«.

S. 60: DRACHEN UND DROMUNDE: Drache *(dreki,* Plural *drekar)* ist die Bezeichnung für ein großes nordisches Kriegsschiff, *drómundr* (Plural *drómundar)* wird vor allem für ein im Mittelmeer verwendetes Kriegsschiff benutzt.
BLÖKUMANNALAND: Ein sagenhaftes, geographisch nicht näher zuzuordnendes Land. Es ist wohl meist mit *Bláland* in Afrika (Äthiopien) gleichzusetzen, kann aber wohl auch die Walachei in Südrumänien am Schwarzen Meer bezeichnen.

S. 67: GALICIA: Offenbar Galicien in Nordspanien.
AUSTRVEG: Mit *Austrvegr* »Ostweg« ist das Gebiet der östlichen Ostseeanrainer mit Finnland, Estland, Livland und Kurland (im heutigen Lettland) gemeint, ein beliebtes Gebiet für Raub- und Handelszüge der Wikinger. Nach Schier 1996, S. 251, Parallelbildung zu *Nóregr* (aus *Norðvegr* »Nordweg«), dem mittelalterlichen Namen Norwegens.
BROKAT: Im Original *pell* (neutrum), ursprünglich wahrscheinlich »Pelz«, später »kostbarer (Seiden-)Stoff (mit eingewebten Verzierungen)«.

S. 76: Die Passage in eckigen Klammern ist in der Handschrift ausradiert und nur unter UV-Licht lesbar. Solche Schreiberkommentare, häufig auch in Versen, die von Gebeten über Stoßseufzer bis zu allerlei Grobheiten reichen, finden sich in mittelalterlichen Handschriften häufig.

Anmerkungen zur Saga von König Flores und seinen Söhnen
(Gert Kreutzer)

Vorlage der Übersetzung ist die *Flóres saga konungs ok sona hans* in der Ausgabe von Åke Lagerholm: *Drei Lygisögur.* 1927, S. 121–177.

S. 77: TITEL: Der Titel fehlt zwar in den ältesten Handschriften, er ist aber durch einige Papierhandschriften und den Schluß der Saga gesichert.

S. 78: PROLOG: Dieser Prolog enthält eine Reihe von Aussagen, die sich sonst nirgends finden und die ihn höchst bemerkenswert machen. Vor allem betrifft dies die Gruppierung der Sagaliteratur nach ihrer Thematik und ihrer Funktion. (Zu den Prologen allgemein vgl. Sverrir Tómasson 1988, zur *Flóres saga konungs ok sona hans* vor allem S. 360f.). Andere Gedankengänge, etwa die Verteidigung der Sagaunterhaltung, tauchen in verschiedenen Texten auf (vgl. u. a. den Prolog zur *Göngu-Hrólfs saga* und das Kapitel 4 der »Saga von Remund dem Kaisersohn« unten) und waren wohl Allgemeingut, so daß es trotz der z. T. wörtlichen Übereinstimmungen mit dem Prolog der *Þiðreks saga* nicht zwingend ist, hier mit Lagerholm (S. 122) eine direkte Abhängigkeit anzunehmen. Interessant ist die Tatsache, daß in den meisten Papierhandschriften der Prolog fehlt (Lagerholm, S. LXXXI). Sverrir Tómasson (S. 361) führt das darauf zurück, daß in späteren Zeiten die Argumente für die Sagaunterhaltung wohl bereits selbstverständlich gewesen seien.

KAPITELEINTEILUNG: Die Zahlen der Kapitel wurden von Lagerholms Ausgabe übernommen. Die Überschriften stammen vom Übersetzer, lehnen sich aber teilweise an die Lagerholms an.

FLORES: Der Name *Flóres* begegnet auch in der »Saga von Sigurd Thögli« (vgl. unten), kam aber sicher durch die Übersetzung des altfranzösischen Versromans *Floire et Blanchefleur* (12. Jahrhundert) in der zweiten Hälfte des 13. Jahrhunderts *(Flóres saga ok Blankiflúr,* »Saga von Flores und Blankiflur«) in den Norden.

TRAKTIA: Wahrscheinlich ist mit *Traktiá* »Tracia« gemeint, obwohl es hier als Stadt bezeichnet wird. Tracia wird u. a. in der *Snorra Edda* und auf der Großen *Mappa mundi* von ca. 1250 genannt (zwischen *Grecia* und *Constantinopolis),* vgl. Simek 1990, 210 u. a.

TATTARIAREICH: *Tattaríaríki,* »Reich der Tartaren«, ist im zentralen bzw. östlichen Asien zu denken. Der Name kommt in anderen Vorzeitsagas vor, z. B. in der *Egils saga einhenda,* der »Saga von Remund dem Kaisersohn« und in der »Saga von Sigurd Thögli«. Vgl. Simek 1990, S. 364, und Metzenthin 1941, S. 107.

AUSTRVEG: Mit *Austrvegr* »Ostweg« ist auch hier das Gebiet der östlichen Ostseeanrainer gemeint, vgl. oben S. 353 (Anm. zur »Saga von Vilmund«).

SAXLAND: »Sachsenland«, meist Norddeutschland, manchmal auch ganz Deutschland (als Übersetzung für *Germania*).
FRAKKLAND: »Frankenland«, ist nicht unbedingt mit Frankreich gleichzusetzen, sondern umfaßt auch das Gebiet um Aachen als Zentrum sowie Belgien.

S. 79: KARTAGIA: *Kartagía* auch in anderen Sagas für »Karthago«.
ELENA: Die Handschrift wechselt zwischen Eléná und Elíná. In der Übersetzung wurde einheitlich die Form Elena verwendet.
LUNGBARDI: *Lungbarði* »Lombardei«.
GEISELN: Das Nehmen oder der Austausch von Geiseln war auch in Skandinavien üblich, vgl. *Ágrip* (ed. Bjarni Einarsson 1985) S. 28, 30, 34; *Heimskringla* (ed. Bjarni Aðalbjarnarson 1941–1951) I, S. 316, 347; II, 183, 187, 277; III, S. 161; *Orkneyinga saga* (ed. Finnbogi Guðmundsson 1965) S. 41, 287, 296f.

S. 80: JUNGFRAU: Mit *jungfrú* aus mittelniederdt. *junkfrowe* werden unverheiratete Frauen hoher Abkunft bezeichnet.

S. 81: ALEXANDRIA: Dies bedeutet hier wie auch sonst öfter nicht die Stadt Alexandria, sondern offenbar das ganze Ägypten oder seinen nördlichen Teil.
SIKILEY: »Sizilien«.

S. 82: BRACHTEN SIE IN IHRE GEWALT: Daß die entführte Königstochter den Namen Elena trägt, mag auf den Einfluß der Trojasage zurückzuführen sein, die in einer altnordische Version mit dem Titel *Trójumanna saga* verbreitet war (vgl. die Übersetzung von Stefanie Würth in *Isländische Antikensagas*, I., 1996, in der Reihe SAGA).
SEGRIS: In den Handschriften *Segia, Segris, Siggia, Segria*, ist nicht zu identifizieren, vgl. aber den Flußnamen Seggia und den Männernamen Segris in der *Karlamagnús saga*.
LIESS IHN NACH SEINEM VATER FELIX NENNEN: Zur Benennung von Neugeborenen nach verstorbenen Verwandten (»Nachbenennung«) vgl. Kreutzer 1987, S. 206–217.
IN LINNEN GEWICKELT: Zum Wickeln der Neugeborenen vgl. Kreutzer 1987, S. 149–153.
NACH EINEINHALB JAHREN: Bedingt durch die Sitte des Wickelns lernten die Kinder üblicherweise erst mit etwa drei Jahren das Laufen.
ÜBERTRAF SEINE BRÜDER: Das gängige Märchenmotiv: der jüngste Bruder ist immer der beste.

S. 86: KONNTE NIEMAND DEN OFFENEN HIMMEL SEHEN WEGEN DER PFEILE UND SPEERE. Eine formelhafte Ausdrucksweise, die ähnlich z. B. in der *Alexanders saga* (»So dicht fliegen Speere, Pfeile und allerhand Schußwaffen, daß man kaum den klaren Himmel sehen kann.« *Isländische Antikensagas*, I, 1996, S. 173) oder auch in der »Saga von Remund dem Kaisersohn« (vgl. oben S. 188) vorkommt.
MEILEN: Im Original *hundrað rasta: röst* (femininum) ist eigentlich eine

Wegstrecke, die man, ohne auszuruhen, in einem zurücklegt, ca. 10 km.
OTTE: Ótte aus dem Deutschen entlehnt (Otto). Tritt seit der Mitte des
14. Jahrhunderts in Norwegen meist in dieser Form auf.
HELMBLÄTTER: Gemeint sind blattartige Verzierungen der Helme.
MARMORSTEIN: Eine ähnliche Situation wird in der *Karlamagnús saga*
(»Saga von Karl dem Großen«) beschrieben, als sich Rollant nach der
Schlacht ermüdet auf vier Marmorsteine setzt.

S. 89: FENEDI: Mit *Féneði* ist Venedig gemeint. Da Venedig in den eigentlichen
Kosmographien nicht erwähnt wird, wohl aber im Itinerar des Abtes
Nikulás (ein Reiseführer für Pilger nach Rom und Jerusalem von 1154/
59), vermutet Simek (1990, S. 364), daß der Autor der Saga dieses Werk
gekannt hat. Da aber ein Sintram von Venedig in der *Þiðreks saga* (»Saga
von Dietrich von Bern«) eine wichtige Rolle spielt, ist diese mit Sicherheit hier als Quelle anzunehmen.
REINALD: In der *Þiðreks saga* ist Reinald einer der Mannen Erminreks.
SUSA: *Súsá* (die Handschriften haben fälschlich *Sasá*) ist ebenfalls der *Þiðreks saga* entnommen, wo *Susa(t)* das westfälische Soest bezeichnet, die Hauptstadt Attilas.
BERTRAM: Der Name Bertram ist vermutlich der *Karlamagnús saga* entnommen, wo Reinald und Bertram zusammen genannt werden.
SEGARD: *Ségarð* ist in der *Þiðreks saga* die Burg der Brynhildr.

S. 90: BLALANDSINSELN: *Bláland* (»Blauland«, wobei altnord. *blár* »blau« häufig auch für »schwarz« steht) bezeichnet im allgemeinen Äthiopien, ausnahmsweise auch Mauretanien. Die *Blálandseyjar* sind nicht genau zu lokalisieren, müssen aber in der Nähe Afrikas gedacht werden.
KORDUBAN: Kordúbán ist wohl mit dem spanischen Cordoba identisch (lat. Corduba) und kommt in ähnlicher Form auch in der *Karlamagnús saga* vor.
KORDO: Vielleicht ist mit Kordó am ehesten Korfu gemeint. In der *Karlamagnús saga* kommt Kordu als Name einer spanischen Stadt vor.

S. 91: BERSERKER: Berserker kommen häufig in der altnordischen Literatur vor, zumeist als gefährliche, mit übernatürlichen Kräften ausgestattete Gewalttäter. Daß sie gegen Waffen gefeit sind und wie Wölfe heulen, gehört zum üblichen Klischee (vgl. Kreutzer 1981).

S. 92: AUSTRLÖND: »Ostländer«.

S. 93: SIEBEN LAGEN ELFENBEIN: In der *Alexanders saga* wird von Darius berichtet, er habe einen siebenfältigen Schild besessen (»Sein Schild war von siebenfacher Stärke«, *Antikensagas*, I, 1996, S. 172). Im Norden bestanden die Schilde gewöhnlich aus einer, manchmal auch aus zwei Lagen. In der *Karlamagnús saga* wird von einem vierfältigen Schild gesprochen. Elfenbein als Material für Schilde und Sättel wird u. a. in der *Þiðreks saga* und der *Flóres saga ok Blankiflúr* erwähnt.
RUNGA: Runga heißt auch Viðgas Bannerträger in der *Þiðreks saga*.

S. 95: AXT MIT HORNSTIEL: Eine solche Axt wird nur hier erwähnt. Im Norden waren die Axtstiele immer aus Holz, manchmal mit Eisen beschlagen.

S. 96: SEGELSTANGEN: Stangen, die das Segel beim Kreuzen gespannt hielten. Bei Seegefechten offenbar häufig als Waffen verwendet.

S. 97: NÄCHTLICHE TOTSCHLÄGE: Einen Menschen nachts hinzurichten wurde als Mord angesehen. Vgl. die *Egils saga*: »Tötung zur Nacht ist Mord« (Schier 1996, S. 154).

FLUGDRACHE: Fliegende Drachen (altnord. *flugdreki*) kommen in der Sagaliteratur häufig vor: Boberg (1966, S. 38 f.) führt Belege in drei Isländersagas *(Njáls saga, Bjarnar saga hítdœlakappa* und *Gull-Þóris saga)* sowie in 14 anderen Sagas an.

THIDREK VON BERN: Diese Episode, in der Sistram von Thidrek und Fasold befreit wird, findet sich in der *Þiðreks saga* (I, S. 196 ff.).

S. 98: KÜSTENSTADT: Gemeint ist Segris, vgl. Kap. 5.

S. 100: GREIF: Der Vogel Greif (altnord. *gammr*) begegnet auch in der *Bósa saga*, der *Egils saga Ásmundarsonar*, der *Örvar-Odds saga* (vgl. Boberg 1966, S. 41) und in der *Þiðreks saga* (II, S. 362), die hier vielleicht das Vorbild abgab.

GASKONIA: In dieser oder ähnlicher Form in der *Karlamagnús saga* u. a. für die Gascogne in Frankreich.

S. 101: SYLVEN: In der *Karlamagnús saga* ist eine Siliven die Pflegemutter des Landres. Eine Pflegemutter Silven kommt auch in der »Saga von Vilmund Vidutan« vor (vgl. oben).

S. 103: MARGYGR: Von Olaf dem Heiligen wird in der *Legendarischen Óláfs saga* und in den großen Kompilationen (*Flateyjarbók*, AM 61 fol. und *Bergsbók*) berichtet, er habe eine gefährliche *margýgr* besiegt; eine Beschreibung dieses gefährlichen Wasserwesens findet sich auch im »Königsspiegel« *(Konungs skuggsjá)*. Über Einzelheiten und Zusammenhänge der Überlieferungen, die Vorgeschichte der *margýgr*-Figur, die u. a. auf die antike Sirene zurückgeht, sowie andere Wasserfrauen s. Kreutzer 1985.

S. 104: VERSINKE IN DIE TIEFE DES MEERES: Dem Motiv vom Wal, der mit einer Insel verwechselt wird, begegnen wir u. a. im *Physiologus* (als Aspedo) und in einer Interpolation der *Örvar-Odds saga*. Der früheste Beleg im nördlichen Europa dürfte aber die *Brandanus*-Legende sein (vgl. Kreutzer 1985, S. 28).

RIESE: Die Erziehung eines Menschen bei Riesen ist ein häufiges Motiv. Schon vom Norwegerkönig Harald Harfagri wird berichtet, er sei bei einem Riesen aufgewachsen.

RIESENTOCHTER: Die sexuelle Verbindung mit einem Riesenmädchen ist ein häufiges Motiv, das u. a. in der *Kjalnesinga saga*, der *Örvar-Odds saga* und der *Hálfdanar saga Brönufóstra* begegnet.

S. 105: KARBON: Mit Karbón ist wohl dieselbe Insel gemeint, die im Kap. 12 Kordóbún genannt wird.

ZU TODE ZU QUÄLEN: Diese Szene erinnert stark an eine Hinrichtungsszene der *Jómsvíkinga saga* (»Saga von den Jomswikingern«), die vermutlich auch das Vorbild abgegeben hat.

S. 110: LOTORINGIA: Dieselbe Namensform für Lothringen in der *Karlamagnús saga*.

GUIMAR: Der Name ist wohl aus *Guimars ljóð*, einem Text in den *Strengleikar* (wörtlich etwa: »Saitenspiel«, eine Prosaübersetzung französischer *lais*) übernommen.

S. 111: BRETTLAND: Bret(t)land ist der Name für Wales.

S. 112: WIE DIE THIDREKS SAGA BERICHTET: Nach der *Þiðreks saga* war Sintram der Sohn von Boltrams Sohn Reginbald, und Herburt der Sohn des Herþegn und der Isolde. Herburt entführt Hildr, die Tochter des Königs Artus von Bertangaland; Fallborg, die Tochter Isungs, wird mit Aumlungr verheiratet.

Anmerkungen zur Saga von Remund dem Kaisersohn
(Jürg Glauser)

Die Übersetzung beruht auf der Ausgabe von Sven Grén Broberg: *Rémundar saga keisarasonar*. København 1909–1912.

S. 113: TITEL: »Die Saga von Remund dem Kaisersohn« heißt in den isländischen Handschriften meist *Rémundar saga keisarasonar*, manchmal mit dem Zusatz *ok Elínu kóngsdóttur* (»und der Königstochter Elina«) oder ähnlich. Die als *Sagan af Remundi og Melusínu* (»Saga von Remund und Melusina«) und ähnlich bezeichnete Übersetzung des sogenannten »Volksbuches« von der *Melusina* hat mit der vorliegenden »Saga von Remund dem Kaisersohn« überhaupt nichts zu tun (zur isländischen *Melusinen*-Übersetzung vgl. Hubert Seelow, *Die isländischen Übersetzungen der deutschen Volksbücher*, Reykjavík 1989).
Der Name Remund könnte wie so viele andere in dieser Saga aus der *Karlamagnús saga* übernommen worden sein. Dort heißen zwei männliche Figuren »Rémund«.

S. 114: SAXLAND: Mit Saxland wird in den Sagas meist der Norden Deutschlands gemeint, es bezeichnet manchmal aber auch ganz Deutschland, vgl. auch die Anmerkungen zur »Saga von Ali Flekk« (S. 352) und zur »Saga von Sigurd Thögli« (S. 373 f.). Saxland ist der hauptsächliche oder teilweise Handlungsort zahlreicher Rittersagas, etwa der *Þiðreks saga*, *Konráðs saga keisarasonar* (»Saga von Konrad dem Kaisersohn«), der »Saga von Sigurd Thögli« und der *Valdimars saga* (»Saga von Valdimar«).
GATTIN DES KAISERS: Die Frau des Kaisers wird in dieser Saga meist »Königin« (altisländisch *dróttning*) genannt. So bezeichnet der isländische Text den Erzbischof an dieser Stelle als den »Bruder der Königin des Kaisers«.

BRUANT: Daß in altnordischen Erzählungen besonders gute Pferde einen Namen tragen, kommt sehr häufig vor. Vermutlich ist der Name von Remunds Pferd, Bruant, aus der *Karlamagnús saga* übernommen, denn dort tragen zwei Pferde diesen Namen: das Pferd von König Sadómi (*Karlamagnús saga, Af Oddgeiri danska*, Kapitel 23) und vor allem das Pferd von Rollant (*Karlamagnús saga, Af Otúel*, Kapitel 7).

WICHEN NICHT UM HAARESBREITE ZURÜCK: Im isländischen Text heißt es hier »nicht um den Wert eines einzigen Pfennigs« *(þat vert væri eins pennings)*.

S. 116: EHREN UND ANSTAND: Die Häufung von Stabreimformeln an Kapitelenden, wie sie hier zu beobachten ist, stellt in einigen Märchensagas ein wichtiges stilistisches Merkmal dar. Dieses Stilmittel kann in Übersetzungen natürlich nur teilweise nachgebildet werden. So versuchen in der Übersetzung dieser Stelle die Paare »in Ehren und Anstand, Ansehen und Auszeichnung, Würde und Wertschätzung« die altisländischen Formeln *með heiðr ok hæversku, sæmd ok sóma, virðing ok frama* (Sven Grén Broberg, utg.: *Rémundar saga*. 1909–12, S. 11) wiederzugeben. Auch im folgenden wird dort, wo dies durchführbar scheint, angestrebt, die besonders markanten Stabreime und die in dieser Saga auch recht häufig vorkommenden Endreime im laufenden Prosatext nach Möglichkeit in der deutschen Übertragung wiederzugeben. Es muß in den Anmerkungen darauf verzichtet werden, jedesmal ausdrücklich auf dieses Phänomen hinzuweisen. Wo jedoch im deutschen Text ein Stab- bzw. Endreim steht, gibt dieser stets eine entsprechende Wendung im isländischen Original wieder.

S. 117: HÖRT NUN, GUTE LEUTE: Solche direkten Hinwendungen zu einem als anwesend und zuhörend gedachten Rezipientenkreis kommen im Rahmen der altnordisch-altisländischen Prosaliteratur vor allem in den übersetzten *Riddarasögur* vor (besonders in der *Elis saga ok Rósamundu*). Obschon sie natürlich toposhaft sind und in der Literatur des europäischen Mittelalters zahllose Entsprechungen haben, indizieren sie, daß – zumindest im Rahmen der von der Saga selbst erstellten Fiktion – das Vorlesen die von den Erzählungen intendierte Form der Vermittlung war; vgl. dazu beispielsweise Jürg Glauser: *Isländische Märchensagas*. 1983, besonders das Kapitel 3 (»Vorlesen und Zuhören«), S. 61–100; Jürg Glauser: *Erzähler – Ritter – Zuhörer*. 1985, S. 93–119; Stephen A. Mitchell: *Heroic Sagas and Ballads*. 1991, S. 91–114. Das Kapitel 4 der »Saga von Remund« hat als Ganzes auch den Zweck, im Rahmen der sich eben entfaltenden Handlung eine Gliederung und zugleich ein spannungsaufbauendes Moment einzuführen.

UND DANN SCHEINT IHM: Der Traum ist natürlich ein auch in der altisländischen Literatur sehr verbreitetes Motiv (vgl. z. B. auch die »Saga von Ali Flekk«). Broberg meint in der Einleitung seiner Ausgabe der *Rémundar saga* (S. XXXI–XLIII) allerdings, daß es für diese Form eines gegenseitigen Traums keine genaue Entsprechung bzw. keine direkte Vorlage in der nordischen oder der internationalen Literatur gibt. Für Motivparallelen (Traum sowohl der Frau wie des Mannes bzw. im Traum erlangter Gegenstand [vgl. hier den Ring, Ende von Kapitel 5]) nennt er hauptsächlich östliche Literatur, darunter auch die im Norden und in Island bekannte Sammlung *Sieben weise Meister* sowie *Le petit Artus de Bretagne*.

S. 118: IN KOSTBARES, WEISSES TUCH GEKLEIDET: Im altisländischen Text wird das Tuch bzw. der Stoff als *purpuri* bezeichnet (Broberg: *Rémundar saga*. 1909–12, S. 15). Dabei handelt es sich um einen meist rötlich gefärbten, kostbaren Stoff, »ein Gewebe aus Seide oder Wolle [...], dessen vom Schwarzrot bis zu lichten Tönen wechselnde Farbe dem Rohstoff durch den Saft zweier besonderer Schneckenarten gegeben wurde [...] Unter anord. *purpuri* scheint für gewöhnlich ein Gewebe von violetter, dunkelroter oder brauner Farbe verstanden zu sein [...]. Eine Abart war der weiße Purpur (mlat. *purpura alba*), vgl. *af hvítum purpura* [»aus weißem Purpur«] (*Erex saga*, 36), Hjalmar Falk: *Altwestnordische Kleiderkunde*. 1919, S. 69.

LEIERN, ZITHERN, HARFEN UND GEIGEN UND TROMMELN UND ORGELN: Im Rahmen von Begrüßungsfeierlichkeiten u. ä. werden in der »Saga von Remund« wiederholt solche Prozessionen mit Musikanten erwähnt (siehe unten S. 366, 372). Für die hier genannten Instrumente vgl. auch die Anmerkung von Herbert Wäckerlin zu einer entsprechenden Aufzählung in der »Saga von Sigurd Thögli« (unten S. 390f.) sowie Hugo Steger: *Philologia musica*. 1971; allgemein Curt Sachs: *Reallexikon der Musikinstrumente*. Berlin 1913 sowie Eberhard Thiel: *Sachwörterbuch der Musik*. Stuttgart, 4. Aufl., 1984.

Zu den hier erwähnten Instrumenten im einzelnen: Die Stelle lautet im Zusammenhang im altisländischen Wortlaut der Handschrift AM 539 4to: *Þar gekk út margt fólk, fyrst leikarar, þá pípapar; ok allra handa hljóðfæri váru þá leikin: simfón ok saltérium, hǫrpur ok gígjur ok timpanistria ok organ* (Broberg, *Rémundar saga*, S. 16). Altisländisch *simfón* (lateinisch *symphonia*) bezeichnet eine Art Drehleier; *saltérium* (»Psalterium, Psalter«) ein zitherähnliches Zupfinstrument; *hǫrpur*: Harfen; *gígjur*: Geigen; das vermutlich als Plural zu fassende Wort *timpanistria* gibt die größten Probleme auf: In anderen Handschriften wird es auch *timpanista, timphanistrium, Tymphanum, Tympanistrium, tymphanistris, timphanis* genannt und könnte dem deutschen *Tympanon* »Handtrommel« bzw. »Handpauke« entsprechen; die Handschrift AM 181h fol [ca. 1650] schreibt *bumban*, was vermutlich ebenfalls eine Art Pauke meint. Wegen der unsystematischen Terminologie ist darunter wohl eine »Pauke« oder »Trommel« zu verstehen, genaue Parallelbelege aus dem 14./15. Jahrhundert fehlen aber offenbar. In hellenistischer und römischer Zeit bezeichnete das Femininum *tympanistria* eine »Handpaukenschlägerin« (Karl Ernst Georges: *Ausführliches Lateinisch-Deutsches Wörterbuch*, 2. Band, 1967, Sp. 8274), *Tympanum* »eine kleine Rahmentrommel oder Handpauke, [die] aus einem hölzernen oder metallenen Reifen, der beidseitig mit einer Rinds- bzw. Hirschlederhaut bespannt war [bestand]. [...] Es wurde wie ein Tamburin in der linken Hand gehalten und mit den Fingern der rechten getupft oder geschlagen.« (Günter Fleischhauer: *Etrurien und Rom*. Musikgeschichte in Bildern. Band 2, Lf. 5, S. 82–83); *organ* dürfte eine hier wohl als ebenfalls tragbares Instrument gedachte (Dreh-)Orgel, (Dreh-)Leier sein. Ich danke den Musikhistorikern Prof. Dr. Max Lütolf, Universität Zürich, und Prof. Dr. Martin Staehelin, Universität Göttingen, für freundliche Auskünfte.

S. 119: PACEM: Es handelt sich hier um den liturgischen Friedenskuß *(pax vobiscum, pax tecum)*, den Remund vom Erzbischof empfängt und an die Königstochter weitergibt. Die Handschrift AM 540 4to (zweite Hälfte 17. Jahrhundert) hat die unverständliche Form *fasen*.

S. 120: KARBUNKULUS: Steine mit besonderen Eigenschaften (Leuchtkraft, Unsichtbarmachen o. ä.) werden in dieser Saga an verschiedenen Stellen erwähnt und spielen vor allem im mittleren Teil eine gewisse Rolle, als sich Remund heimlich am Hof des Königs von Indien aufhält. Erwähnungen solcher »Natursteine« (altisländisch *náttúrusteinar*) finden sich vor allem in der altnordischen Übersetzungsliteratur (vgl. Broberg, *Rémundar saga*, S. XLV–XLVI).

GOLDRING, DEN ER VON DER JUNGFRAU EMPFING: Gegenstände werden in den phantastischen Sagas häufig in Träumen vermittelt; daß Träumenden selbst Verletzungen zugefügt werden, zeigt beispielsweise die »Saga von Ali Flekk«.

S. 122: FIGUR: Das Motiv der nach der geliebten Frau angefertigten Statue ist hier sicher aus der *Tristrams saga ok Ísondar* (»Saga von Tristram und Isond«), der vermutlich um 1226 besorgten altnorwegischen Übersetzung von *Tristan et Iseult* des Anglonormannen Thomas, entliehen; in der *Tristrams saga* läßt sich Tristram von Kunstschmieden ein Ebenbild von Ísond machen, das er zu küssen und zu umarmen pflegt. Tristram stellt allerdings in seiner Grotte ein ganzes Figurenkabinett auf, das neben Ísond deren Hündchen und Dienerin, Bringvet, sowie den Riesen, einen Löwen und den bösen Ratgeber umfaßt (vgl. *Tristrams saga*, Kapitel 79–81). Broberg, *Rémundar saga*, S. XLIII, weist auf andere Bild- bzw. Statuenmotive in der altisländischen Literatur hin *(Þiðreks saga, Landnámabók, Jarlmanns saga ok Hermanns)*.

S. 123: NÖDRUBIT: Neben Tieren werden in der altisländischen Literatur auch besondere Waffen häufig mit Namen versehen; Nödrubit (altisländisch *Nǫðrubítr*) bedeutet »Natternbeißer«, d. h. »Schlangenbiß«.

CAPADOCIALAND: Damit ist die Landschaft Kappadokien in Kleinasien gemeint, die in verschiedenen altnordischen Schriften geographischlandeskundlichen Inhalts genannt wird (z. B. in der *Stjórn*, vgl. Rudolf Simek: *Altnordische Kosmographie*. 1990, S. 563, 569–570; vgl. auch unten S. 369).

S. 124: SCHÄNDLICHES VERHALTEN: Eskupart beschuldigt hier Remund der *ergilæti* (»feiges, besonders auch unmannhaftes Verhalten«) und spielt auf die sexuellen Konnotationen des Begriffs an. Dieser ist abgeleitet von *argr / ragr* und meinte ursprünglich wohl vor allem ein als pervers eingestuftes sexuelles Verhalten des Mannes, meist passive Homosexualität (vgl. dazu Preben Meulengracht Sørensen: *The Unmanly Man*. Odense 1982).

ICH HEISSE ESKUPART, MEIN VATER AGAMENON: Beide Namen sind in verschiedenen Sagatexten überliefert. Eskupart heißt beispielsweise ein Riese in der *Bevers saga*, der dem Helden wie hier eine Frau streitig macht, von Bevers im Zweikampf jedoch geschont wird und sich diesem, nachdem er Christ geworden ist, als Gefolgsmann anschließt (*Bevers saga*, Kapitel 18); Eskupart heißen auch der Widersacher und der Sohn des Titelhelden der *Gibbons saga*, die diese Namen einer Vermutung Einar Ólafur Sveinssons zufolge aus der *Bevers saga* übernommen hat (Einar Ólafur Sveinsson, in: *Viktors saga ok Blávus*, 1964, S. CXXVII). Unklar ist, ob der Name aus der *Gibbons saga* in die *Rémundar saga* oder in die umgekehrte Richtung entliehen wurde, da diese beiden Sagas viele Berührungspunkte untereinander aufweisen.

Der antike Sagenkönig Agamemnon war im isländischen Mittelalter vor allem durch die *Trójumanna saga* (vgl. *Isländische Antikensagas* I, 1996), jedoch auch aus anderen Schriften wie der *Alexanders saga* oder der *Flóres saga ok Blankiflúr*, bekannt.

TARTARIA: *Tartaríá, Tattaríá, Tattaríáríki* o. ä. bezeichnet in den Sagas das Herkunftsland der Ta(r)taren irgendwo in Zentralasien. Es erscheint beispielsweise in der »Saga von Ali Flekk« (vgl. die Anmerkung S. 350) oder der »Saga von Sigurd Thögli« (vgl. die Anmerkung S. 379).

DER BÖSE ESKUPART: Von hier an wird Remunds Gegner als ›bös‹ bezeichnet, was eine neue Dimension des Religiösen in die Saga einführt. Wie in den übersetzten Rittersagas aus dem Kreis der französischen Heldensage (*Karlamagnús saga, Elis saga ok Rósamundu* usw.) kämpft der Held in diesen Auseinandersetzungen auch für die Sache des Christentums gegen Feinde, die oft sehr deutlich als Mohammedaner gezeichnet werden (vgl. zu dieser religiösen Thematik in den Ritter- und Märchensagas Jürg Glauser: *Vorbildliche Unterhaltung*. 1987, S. 96–129).

S. 125: BISS IHN NÖDRUBIT DENNOCH BIS ZUM SCHILDRIEMEN DURCH: Hier wird an das Bild vom Schwert als Schlange, die dem Gegner einen Biß zufügt, angeknüpft.

DU WIRST DURCH DIESE KLEINE WUNDE STERBEN: Diese Stelle verbindet mehrere in der isländischen Erzählliteratur verbreitete Motive zu einem Ganzen. Erstens bedient sich Eskupart der traditionellen Verwünschungsformel »Ich bestimme jetzt, daß ...« (altisländisch *Mæli ek um at* [manchmal ergänzt durch *ok legg ek á at* [»und ich erlege es auf, daß«]); vgl. dazu vor allem die »Saga von Ali Flekk«, die dieses Muster ja zur eigentlichen Handlungskonstituierung verwendet. Zweitens werden solche Verwünschungen häufig von überwundenen, tödlich verwundeten Widersachern ausgesprochen. Drittens ist hier bemerkenswert, daß nur eine Frau – meist die (zukünftige) Geliebte und/oder spätere Ehefrau – den mit dem Fluch bzw. einer Krankheit belegten Helden heilen kann; auch in diesem Punkt hat die »Saga von Remund« Stoffgemeinsamkeit mit anderen Sagas aus dem Umkreis der Übersetzungsliteratur: *Tristrams saga ok Ísondar, Elis saga ok Rósamundu, Mírmanns saga, Ívens saga, Jarlmanns saga ok Hermanns* u. a. Dieser Abschnitt, in der der von Remund überwundene und tödlich verletzte Riese Eskupart den Helden Remund verflucht, ihn aber gleichzeitig auf die einzige Rettungsmöglichkeit aufmerksam macht, zeigt sehr schön, wie die Saga in der Verwendung verbreiteter Erzählstoffe vorgeht. Zudem dient der Fluch als Mittel, der an diesem Punkt etwas stagnierenden Handlung neue Spannung zu verleihen: Die Fragestellung, die der Text zu lösen hat, ist nun vorgegeben (Heilung des verwundeten Helden); vermag er dieses Problem zu lösen, werden gleichzeitig die beiden Hauptfiguren, die sich ja erst im Traum begegnet sind, miteinander vereint.

S. 126: IM GANZEN WELTKREIS: Im isländischen Text steht hier *í allri heimskringlunni* (Broberg, *Rémundar saga*, S. 42), was *orbis terrarum* entspricht und »die bewohnte Welt« meint; in der altnordischen Überlieferung ist die Bezeichnung vor allem durch Snorri Sturlusons Geschichte der norwegischen Könige, *Heimskringla* (»Weltkreis«), bekannt, sie findet sich aber auch in anderen Werken wie dem »Königsspiegel« *(Konungs skuggsjá)* oder der *Nikulás saga erkibyskups* II (vgl. Rudolf Simek: *Altnordische Kosmographie*. 1990, S. 199).

S. 127: MAUMENT UND ALLEN GÖTTERN: An solchen Stellen ist die bereits oben (S. 362) erwähnte, hauptsächlich aus der übersetzten Karls-Epik (*Karlamagnús saga, Elis saga ok Rósamundu* usw.) in die altnordische Literatur übernommene Verteufelung Andersgläubiger überdeutlich ablesbar; vgl. auch die nächste Anmerkung.
BEI MAUMENT UND TEROGANT UND APOLLO UND DEM SCHÖNEN VINNO: Die gemeinsame Nennung mehrerer antiker bzw. (vermeintlich) islamischer Gottheiten konnte die »Saga von Remund« aus ihren Vorlagen übernehmen. So wird schon in der *Karlamagnús saga* der Gott Maumet in der Regel mit antiken Göttern kombiniert, besonders häufig Jupiter, aber auch mit Apollon oder Jovis. Eine ausführliche Aufzählung findet sich etwa im *Þáttr af Agulando konungi* (»Geschichte von König Agulandus«) der *Karlamagnús saga* (Kapitel 6), wo es heißt,

vier heidnische Gottheiten hätten die größte Macht, nämlich »der
mächtige Makon und der gewaltige Maumet und der dicke Terrogant
und der starke Jupiter«. Maumet erscheint sehr häufig in der *Bevers saga*
und der *Mírmanns saga*, dagegen nur einmal in der *Tristrams saga ok
Ísondar* (Kapitel 12). Der Götternamen Terrogant wurde in der *Rémundar saga* aller Wahrscheinlichkeit nach ebenfalls aus der *Karlamagnús
saga* übernommen, wo er in der Regel zusammen mit Maumet auftaucht; auch die *Elis saga* und die *Bevers saga* erwähnen Terrogant wiederholt. Der Islam wurde im mittelalterlichen Island primär durch die
literarische Wahrnehmungsperspektive der übersetzten Rittersagas,
die die Themen der französischen Heldensage, vornehmlich also der
sogenannten Reconquista (Rückeroberung Spaniens) behandelten,
rezipiert. So erstaunt es nicht, daß die in den französischen Vorlagen
und Modellen ausgedrückte Weltsicht und Einstellung zum Islam
auch in einigen isländischen Erzählungen durchschlägt.

Die antiken Götternamen und teilweise die Funktionen der entsprechenden Gottheiten waren im mittelalterlichen Island vorwiegend aus
historischen und »pseudohistorischen« Schriften wie den sogenannten
Antikensagas – allen voran »Die Saga von den Trojanern«, aber auch
»Die Saga von Alexander dem Großen« – bekannt. Einige Handschriften der »Saga von Remund« haben an dieser Stelle eine leicht abweichende Aufzählung; so nennt die Handschrift AM 538 4to aus dem
Jahre 1705 Jupiter und bezeichnet ihn als *tyrkja Þór* (»Thor der Türken«); vgl. dazu ebenfalls die Anmerkungen und Kommentare von
Stefanie Würth in ihrer Übersetzung *Antikensagas*, I, 1996.

S. 129: ICH HEISSE VIDFÖRUL: Vidförul (altisländisch *Víðfǫrull*) bedeutet »der
Weitgereiste«, worauf sich Remund in der anschließenden Replik bezieht. Das Wort dient Fremden, die ihre Identität nicht preisgeben
wollen, auch in anderen Sagas als Deckname (beispielsweise in der *Mágus saga* und der *Örvar-Odds saga* [vgl. *Isländische Vorzeitsagas*, I, 1997, S.
232]). Die typisierte Figur des weitgereisten Wanderers hat auch dem
altenglischen Kataloggedicht *Widsith* den Namen gegeben.

BEVOR ICH DIR ALLES ERZÄHLE, WAS ICH WEISS ODER IHR FRAGT: Der für
die altisländische Sagaprosa charakteristische unvermittelte Wechsel
zwischen »du« *(þú)* und »Ihr« *(þér)* wurde in der vorliegenden Übersetzung nach Möglichkeit beibehalten.

S. 131: DRITTEL DER WELT [...], DAS AFFRIKA HEISST: Über die geographischen
und kosmographischen Kenntnisse und Vorstellungen des mittelalterlichen Island orientiert ausführlich Rudolf Simek, *Altnordische Kosmographie*, 1990.

DER KRANKE KARRENRITTER: Dieses für »Die Saga von Remund« zentrale Motiv des Ritters, der in einem Wagen fährt, hat in der isländischen Literatur keine Entsprechung und dürfte direkt von Chrestien
de Troyes' um 1170 entstandenem Roman *Lancelot ou Le chevalier de la*

charrette entnommen worden sein. Über das Wagen-Motiv hinausgehende Stoffparallelen zwischen dem *Lancelot* und der *Rémundar saga* existieren allerdings nicht. Es ist auch nicht zu klären, in welcher Form der *Lancelot*-Stoff in Island konkret bekannt war (vgl. dazu Rudolf Simek: *Lancelot in Iceland*. 1985, S. 205–216).

S. 133: ICH HEISSE AKILLAS, UND MEIN VATER HEISST ENEA: Diese beiden Namen aus der griechischen Heldensage dürfte die Saga ebenfalls aus der *Trójumanna saga* entnommen haben.

S. 135: SIE HEISST ROSAMUNDA: »Rosamunda« ist der Name der weiblichen Hauptfigur der *Elis saga ok Rósamundu*, die zu den wichtigen unmittelbaren Modellen und Stoffgebern der »Saga von Remund« gehört.

S. 139: DESHALB MÜSST IHR DIES NUN, MEIN LIEBER VATER, GRIMMIG RÄCHEN: Die vom keuschen Helden verschmähte liebeswillige Frau, die den Unschuldigen darauf in Racheabsicht verleumdet, gehört zu den verbreiteten Figuren der internationalen Erzählliteratur. Das Motiv hat in 1. Moses 39, 7–20 (Joseph und Potiphars Frau) eine frühe Ausformung gefunden und ist im Mittelalter – auch in Nordeuropa – unter anderem im Rahmen der Sammlung *Sieben weise Meister* überliefert worden (vgl. Christine Reents, Ines Köhler-Zülch: Joseph: Der keusche J., *Enz. d. Märchens*, 7, 1993, Sp. 640–648; Hubert Seelow: *Die isländischen Übersetzungen der deutschen Volksbücher*. 1989).

EINEN GROSSEN HÄUPTLING ZU SICH RUFEND: »Die Saga von Remund« gehört zu den Märchensagas, die unter dem Einfluß der Übersetzungsliteratur recht ausgiebig Gebrauch vom Stilmittel des Präsens-Partizips machen. Wenn in der vorliegenden Übersetzung an einigen Stellen der Versuch unternommen wird, dieses Stilmittel direkt mit einer entsprechenden Konstruktion im Deutschen wiederzugeben, so geht es dabei natürlich nicht um die Herstellung einer stilistischen Äquivalenz zum isländischen Originaltext, sondern lediglich darum, auf Art und Weise sowie Umfang seiner Verwendung in dieser Saga aufmerksam zu machen. Die nach Möglichkeit wörtliche Übersetzung hat hier also die gleiche Aufgabe wie die angestrebte Nachbildung von Stab- und Endreimen.

S. 144: DIES WAREN GROSSE HELDENTATEN: Das Motiv des Löwenritters, das in anderen Sagas für die Handlungsentwicklung wichtig ist (vgl. z. B. die *Ívens saga* und im vorliegenden Band natürlich »Die Saga von Sigurd Thögli« mit dem einschlägigen Kommentar), wird hier in der »Saga von Remund« nur in stark abgeschwächter Form verwendet, indem die Löwen nicht gerettet, sondern im Gegenteil getötet werden. Der Anfang der Löwen-Szene zitiert – vielleicht in einer Art ironischen Spiels mit der Artus-Tradition – jedoch die wesentlichen Elemente der ersten Phase der Löwenritter-Szenen: Aufenthalt des/der Helden in einem Wald, Lärm durch die Löwen, Kampfvorbereitung, um darauf ganz anders weiterzufahren.

S. 145:   MIT ALLERHAND INSTRUMENTEN: Vgl. für die Instrumente die Anmerkungen auf Seite 360f. oben.

S. 147:   IN DER SPRACHE *indiorum*: Der isländische Text der Haupthandschrift AM 539 4to hat an dieser Stelle die flektierte lateinische Form *(á tungu indiorum)*. Varianten haben dafür *jndea, indos, jndijs, indios* (vgl. Broberg, *Rémundar saga*, S. 131).

S. 148:   DER DIE GLEICHE KRAFT HAT: Wörtlich steht im isländischen Text »mit der gleichen Natur« *(með samri náttúru)*; vgl. zu den Steinen, die die Kraft haben, unsichtbar zu machen, oben S. 361.

S. 150:   MANCH EINER MIT WENIGER GEMEINSAMKEITEN WÜRDE FRAGEN: In einigen Handschriften beginnt die Königstochter denn auch ihre Antwort wie folgt: »Du bist nicht sehr neugierig« oder »Du bist nicht sehr wißbegierig« (vgl. die Varianten bei Broberg, *Rémundar saga*, S. 145–146). Elinas Name wurde wohl auch aus der Trojanersage übernommen.
SAMSON [...] ABSALON [...] ARISTOTELIS: Die Kenntnis dieser biblischen und antiken Namen und Figuren stammt vermutlich aus den im Altisländischen bekannten Übersetzungen der Bibel *(Stjórn)* und der griechischen Sage (Trojaner- und Alexanderstoff).

S. 152:   SIKILEY: Sikiley ist die altisländische Bezeichnung für Sizilien (vgl. Rudolf Simek: *Altnordische Kosmographie*. 1990).

S. 153:   WENN ICH BESTIMME, WIE ICH BESTIMMEN SOLL: Die Königstochter meint wohl, »wenn ich mich so entscheiden darf, wie ich es richtig finde« o. ä.; einen solchen Wortlaut haben auch einige der anderen Handschriften (vgl. Varianten bei Broberg, *Rémundar saga*, S. 157).

S. 154:   JOHANNES, DER MÄCHTIGE INDIAKÖNIG [...] STADT HELIOPOLIS: Es ist bemerkenswert, daß der Text erst an dieser Stelle den Namen des indischen Königs und der Hauptstadt des Reichs nennt. Spätestens hier wird jedoch deutlich, daß die *Rémundar saga* das idealisierte Indien-Bild aufgreift, das auch in der Literatur des skandinavischen Mittelalters verbreitet war und als faszinierender imaginärer Raum in dessen Vorstellungswelt zirkulierte. Eine in dieser Beziehung sehr aufschlußreiche, mit der *Rémundar saga* vergleichbare Erzählung ist die »Saga von Eirik dem Weitgereisten« *(Eiríks saga víðförla)*, die Indien ausführlich beschreibt. Die an dieser Stelle der *Rémundar saga* interessierenden Elemente sind unter anderem der Name des christlichen (!) Herrschers *(Johannes)*, die Bezeichnung der Hauptstadt als »Sonnenstadt« *(Heliopolis)*, der Überfluß an Edelsteinen im Palast, die explizite Erwähnung des Paradieses. Diese Elemente gehen mit Sicherheit auf den sogenannten »Brief des Priesters Johannes« *(Epistola quae sub nomine Presbyteri Johannis fertur)* zurück, einer in Briefform gehaltenen, ursprünglich lateinisch geschriebenen, später in zahlreiche Volkssprachen übersetzten, fiktiven Darstellung der Wunder und Reichtümer Indiens aus dem 12. Jahrhundert. (Vgl. dazu vor allem Margaret Schlauch: *Romance in Iceland*. 1934, bes. S. 49–55, sowie die bibliographischen Angaben bei Allan Karker: Jon Præst, in: *Medieval Scandinavia: An Encyclopedia.* 1993, S. 344–345).

S. 154: KRIEGSGERÄT: Vgl. zur Kriegstechnologie in den Märchensagas den Exkurs von Herbert Wäckerlin in den Anmerkungen zur »Saga von Sigurd Thögli« unten S. 427–431.

S. 158: EIN BUCKLIGER BAUER: Das Wort *þorparaknittr*, das hier vom Text verwendet wird (Broberg, *Rémundar saga*, S. 178), findet sich in keinem der gedruckten Wörterbücher zum Alt- und Neuisländischen. Es bedeutet sicher soviel wie »Bauer« (so auch eine andere Handschrift); das zugrundeliegende Verb *knýta* bedeutet »krumm, bucklig, knotig werden« (Rücken usw.).

S. 165: NACHMITTAG: Das altisländische *nón* bezeichnet die Zeit um drei Uhr am Nachmittag.

LIEF ES IHM EINE ZEIT LANG ZUWIDER: Das Wissen über Aristoteles und Alexander den Großen dürfte der Verfasser der »Saga von Remund« vermutlich aus der *Alexanders saga* geholt haben.

WIE DEN MEISTEN LEUTEN [...] KLAR GEWORDEN IST: Der Text ist hier nicht ganz eindeutig; die Parallelhandschrift Stockholm Perg fol nr 7 hat beispielsweise den folgenden, klareren Wortlaut: »das geschah auf Gottes Befehl, wie den meisten klar werden wird, die das Abenteuer hören. Aber bitten wir alle, daß Gott ihnen eine gute Verbindung gebe und nicht lange (damit) warte« (Broberg, *Rémundar saga*, S. 205).

S. 166: WENN ER INNERHALB VON DREI JAHREN ZURÜCKKOMMEN KANN: Das Motiv der durch eine Abwesenheit des Mannes bedingten und meist auf drei Jahre angesetzten Heiratsfrist wird in der isländischen Literatur vor allem in einigen Isländersagas (vgl. z. B. »Laxdoela Saga« oder *Gunnlaugs saga ormstungu*) thematisch und erzählstrukturell wirksam, wenn der Termin der Rückkehr aus dem Ausland vom Helden nicht eingehalten werden kann. Hier in der »Saga von Remund« wird die Bedingung, spätestens nach drei Jahren zurückzukehren und um die wartende Braut zu werben, erfüllt, so daß sich daraus keine weiteren Komplikationen für die Handlung ergeben.

S. 167: DES HEILIGEN BARTOLOMEUS, DES APOSTELS UND PATRONS DIESES LANDES: Auch in der Erwähnung von Bartholomaeus kann sich der Verfasser der *Rémundar saga* auf gesichertes mittelalterliches Wissen abstützen: der heilige Apostel und Märtyrer Bartholomaeus (der nach der Legende enthauptet wurde und dessen Fest am 24. oder 25. August gefeiert wird) soll nach Ausweis frühchristlicher Quellen (apokryphes biblisches *Evangelium Bartholomaei*) als Missionar vornehmlich in »Indien«, Persien und Armenien tätig gewesen sein; (vgl. Matthias Zender: Bartholomaeus, in: *Lexikon des Mittelalters* 1 [1980], Sp. 1491).

S. 171: MENILAUS, DER KÖNIG VON TARTARIAREICH: Für den Namen Menilaus/Menelaos kommt als mögliche Quelle wiederum in erster Linie »Die Saga von den Trojanern« in Frage. Auch die *Elis saga ok Rósa-*

mundu (Kapitel 51) kennt König Menelaos. Die Verbindung von Menilaus mit dem Tartarenreich (vgl. dazu oben S. 362) stammt jedoch mit Sicherheit vom Verfasser der *Rémundar saga*.

FRANZ: Hier und im folgenden verwendet die *Rémundar saga* abwechselnd die Länderbezeichnung *Franz* und *Frakkland*; die Bewohner werden *Frakkar* bzw. *Franzeisar* (oder ähnlich), »die Franzeisen«, genannt; vgl. für den geographischen Bereich, den dieser Ländername im Isländischen abdeckt, den entsprechenden Kommentar zur »Saga von Sigurd Thögli«, S. 374.

DER HEISST KLIBANUS: Für die Namen der drei Brüder Klibanus, Libarus und Kalabrin gab vermutlich wiederum die *Karlamagnús saga* die Vorlage ab; dort heißen drei Nebenfiguren, die nichts miteinander zu tun haben, Kalabre (König), Klibanus (Häuptling) und Liberes (Herzog).

S. 172: STADT ANGES: Diese Stadt Anges, für die es in der isländischen Literatur keine unmittelbare Entsprechung gibt – in der *Karlamagnús saga* kommt Angels, in der *Elis saga ok Rósamundu* Angveo (und ähnlich) und Angursborg als Ortsnamen vor –, ist offenbar in Afrika gedacht. Es könnte sich vielleicht um das nordafrikanische Tanger handeln (?). Das westfranzösische Angers/Anjou an der Maine ist auszuschließen. Im folgenden schildert der Text die Reise Remunds und seiner Gefährten über Portugal, Galicien, Frankreich zurück nach Deutschland. Die geographischen Namen sind für diese Gebiet dann wieder sehr präzis und entsprechen dem Wissensstand (vgl. die folgenden Anmerkungen).

STADT, DIE BERSIDON HEISST: Mit *Bersidón* (so die Haupthandschrift AM 539 4to) ist Lissabon gemeint; andere Handschriften bezeichnen die Stadt als Elibón, Lisbón, Lizibón, Lysebon, Lysbotnar oder – Handschrift AM 181h fol (ca. 1650) – Feneði (»Venedig«). Dabei wird *Lysbotnar* besonders »islandisiert« und konstruiert aus einem Stamm *lýs-* »hell« und *botn* »innerster, hinterster Teil einer Bucht«.

LIBERUM DONUM: *Liberum Donum* ist die Bezeichnung für Santiago de Compostela, mit dem man auch im mittelalterlichen Norden als »Stadt des Heiligen Apostels Jakob«, wie es die *Rémundar saga* richtig ausdrückt, wohlvertraut war. Der spanische Germanist Vicente Almazán hat die literarischen, kirchen- und baugeschichtlichen Beziehungen zwischen Skandinavien und Galicien in einer ausführlichen Untersuchung dargestellt (Vizente Almazán: *Gallaecia Scandinavica*. Vigo 1986).

S. 173: GALLIA: Auch die in diesem Abschnitt genannten Orts- und Ländernamen entsprechen dem damaligen geographischen Kenntnisstand und lassen sich weitgehend identifizieren. *Gallia* bezeichnet das südliche und westliche Frankreich; *Terfelsborg* ist eine Nebenform für das sonst übliche und in einigen Handschriften der *Rémundar saga* auch verwendete Treverisborg (oder ähnlich) und meint Trier (vgl. den Kommentar zur »Saga von Sigurd Thögli«, S. 375); etwas weniger klar ist *Stöduborg* (altisländisch *Stǫðuborg*), eigentlich »Stadtburg«, das sich auf Stade beziehen könnte (Nebenformen in den anderen Handschriften lauten Stadzborg bzw., evtl. in Anlehnung an *cité* gebildet [?], Sitads, Sithades, Sithacis [und ähnlich]); der lateinische Name der nach 1000 gegründeten gräflichen Burg Stade lautete *castrum Stadis*, was ins Altisländische übertragen genau zu Staðsborg bzw. Stǫðuborg führt; sowohl Stade wie die gleich anschließend genannten Städte *Gandrheimr* (»Gandersheim«) und *Hildisheimr* (»Hildesheim«) liegen in Niedersachsen; *Magadaborg* (altisländisch *Mágaðaborg*) ist Magdeburg an der Elbe.

Nun reitet Junker Remund [...] in die Halle: Hinweise auf die Realisierung des Motivs des in großer Eile in die Königshalle reitenden Helden in anderen Rittersagas gibt Broberg in der Einleitung seiner Ausgabe der *Rémundar saga*, S. XLIII–XLIV).

S. 175: mit Trommeln und Tambouren: Auch hier bezeichnen die einzelnen Handschriften der *Rémundar saga* die Instrumente zum Teil unterschiedlich. So steht neben *bumba* (für »Trommel«) auch *trumba* und statt *tabúra* (»Tambour«) *basúna* (vgl. oben S. 360f.).

König Jason [...] Mesopotamia: Die Orts- und Personennamen dürften hier aus verschiedenen Vorlagen entstammen. *Ninive* kommt in der *Karlamagnús saga* und der »Saga von Alexander dem Großen« vor, *Jason* wird des öfteren in der »Saga von den Trojanern« erwähnt, *Josias* heißt einer der heidnischen Herrscher aus Alexandria in der *Elis saga* und kommt sicher von dieser Saga in die »Saga von Remund«, *Mesopotamien* wird in der vor allem biblische Texte enthaltenden Handschrift *Stjórn* beschrieben (zum letzteren Text vgl. Rudolf Simek, *Altnordische Kosmographie*, 1990, bes. S. 562). *Atacusia* konnte nicht identifiziert werden.

Ermland hit mikla: Die geographischen Bezeichnungen dieses Abschnitts sind zum größten Teil in Rudolf Simeks Darstellung (*Altnordische Kosmographie*. 1990) behandelt. Zu *Capadocialand* (»Kappadokien«) vgl. schon oben (S. 362); *Ermland hit mikla* (»Groß-Ermland«) ist Armenia maior (Simek S. 203–204); *Svithjod hin mikla* (altisländisch *Svíþjóð hin mikla*) Scythia, dessen Lage nicht genau faßbar wird (vgl. dazu auch den Kommentar zur »Saga von Sigurd Thögli«, S. 382); *Bitinia* (erwähnt in der *Stjórn*, vgl. Simek S. 570) ist die römische Provinz Bithynien (lateinisch *Bithynia*) im nordwestlichen Kleinasien; vielleicht handelt es sich bei *Nisiaborg* um die alte bithynische Königstadt Nikomedeia oder um die Stadt Amisos; *Vindland* (»Wendenland«) ist »ein slawisches Gebiet an der Südküste der Ostsee« (Simek, S. 210); *Nef* ist vielleicht der Dnjepr.

S. 183: Wechselbalg: Der »Wechselbalg« (altisländisch *skiptingr*) ist eine Figur aus dem nordischen Volksglauben; es handelt sich um das Kind eines Trollweibs, das von ihr mit einem menschlichen Kind vertauscht wurde; hier wird der Begriff allerdings ganz einfach als Schimpfwort verwendet.

S. 185: SPATZ: An dieser Stelle steht in der Handschrift AM 539 4to tatsächlich *spör*, also »Spatz, Sperling«; vermutlich sollte allerdings wohl eine Wendung wie unten Kapitel 59 stehen, »Speer und Pfeile« (*ǫr*), was mehr Sinn machen würde. Wenn es sich nicht lediglich um ein Versehen des Schreibers handelt, wurde der Tendenz, vor allem in deskriptiver Hinsicht stabende Paarformeln zu verwenden und nötigenfalls selber zu bilden, hier auf Kosten der inhaltlichen Klarheit der Vorrang gegeben. Denkbar ist natürlich, daß der Schreiber die toposhafte Schlachtenschilderung mit einer scherzhaften Wendung auflockern wollte.

S. 186: UM WEIHNACHTSESSEN BITTEN MUSSTEN: Wörtlich steht hier im isländischen Text »so daß sie danach nie mehr um ›Vorräte für das Julfest‹ bitten mußten« (*svá at þeir þurftu aldri síðan jólavistar at biðja*, vgl. Broberg, *Rémundar saga*, S. 286).

LAUCHKNOLLE: Vgl. zu *laukshöfuð* Wilhelm Heizmann: *Wörterbuch der Pflanzennamen im Altwestnordischen*, 1993, S. 35: »die Knolle des Lauchs«; dänisch *Løghoved* wird in *Ordbog over det danske Sprog* als »fuldvoksent (hvid)løg« (»ausgewachsener [Knob]Lauch«) erklärt. Das Wort ist im altnordischen Wortschatz spezifisch für die Übersetzungsliteratur der Rittersagas mit Belegen in der *Clari saga*, *Elis saga*, *Rémundar saga* und *Gibbons saga*. So findet sich beispielsweise in der *Elis saga ok Rósamundu* (Handschrift Stockholm Perg fol nr 7, zweite Hälfte 15. Jahrhundert) die zur vorliegenden Stelle genau entsprechende Formulierung im Rahmen einer Kampfszene *vann þeim eigi meira en eitt rotit laukshofut* (»half ihnen nichts mehr als eine verfaulte Lauchknolle«), vgl. *Elis saga ok Rosamundu*. Hrsg. von Eugen Kölbing, 1881, S. 129)

S. 188: AIOL: Wilhelm Heizmann: *Wörterbuch der Pflanzennamen*. 1993, S. 1, erklärt dieses Lehnwort aus dem Altfranzösischen, das in der altisländischen Überlieferung in der *Karlamagnús saga*, der *Rémundar saga* und der *Saulus saga ok Nikanors* – und zwar ausschließlich in Beschreibungen harter Waffen – vorkommt, als »Bezeichnung einer exotischen, besonders harten und zähen Holzart; zugrunde liegt möglicherweise hebräisch *ayil* ›großer, mächtiger Baum‹«. In Kapitel 53 oben (S. 179) war in einer vergleichbaren Stelle von »Stechpalme« (altisländisch *beinviðr*) die Rede. Die Handschrift AM 570b 4to (zweite Hälfte 15. Jahrhundert) hat für »Holz« *(viðr)* – vermutlich versehentlich – *hestr* »Pferd« (vgl. Broberg, *Rémundar saga*, S. 295).

DEN SCHICKSALSFADEN DURCHZUTRENNEN: Das hier verwendete Bild spielt an auf die drei Schicksalsgöttinnen Urd, Skuld, Verdandi, die Nornen der nordischen Mythologie.

S. 189: SIE HAUEN MIT SCHWERTERN [...] ANDERE STEINE: In dieser Passage nennt der altisländische Text neben den klischeehaft verwendeten Schwertern und Speeren der Reihe nach weitere Waffen: *arbyst* (»Armbrust«), vielleicht eine spätere Form der Waffe, die zuvor »nach dem zum Abschießen dienenden Mechanismus« (so Hjalmar Falk: *Altnordische Waffenkunde*, S. 92–93) altisl. *lásbogi* (›Schloßbogen‹, »Armbrust«) genannt wurde; *handbogi* (»Handbogen«), eine ältere Bezeichnung für die Armbrust; *hvatstjaki* (?) (»Stange, Staken mit scharfer Spitze [?]«), wobei die handschriftliche Form *huatstøkum* (Broberg, *Rémundar saga*, S. 303, Varianten) dieses sonst nirgends belegten Wortes ein Schreibfehler für *hvatstjøkum* sein könnte (vgl. auch Bjarni Vilhjálmsson: *Riddarasögur*, V. 1954, S. 352); *gaflak* oder *gaflok* (»kleiner, leichter Wurfspeer«); *flettiskepta* (»eine Art Wurfwaffe, Stock mit einem spitzen, scharfen Stein am Ende«).

S. 192: BEIGEIALAND [...] MUNDIU-BERGE... FENEDI: Mit diesen drei geographischen Begriffen sind Bayern, die Alpen (altisländ. *Munduf̨ǫll*) und Venedig gemeint.

GRIKKLANDS-MEER: Die Seereise führt Remund über das Meer bei Griechenland (altisländ. *Grikklandshaf*) ins Heilige Land; altisländ. *Jórsalir* ist das Grundwort für *Jórsalahaf* (»Jorsala-Meer«), *Jórsalaland* und *Jórsalaborg* (»Stadt Jerusalem«). *Askalon* ist die alte Hafenstadt, an der heutigen israelischen Mittelmeerküste gelegen. Die folgende Reisebeschreibung versteht sich zum größten Teil von selber, da sie auf verbreiteten und bekannten Überlieferungen basiert.

S. 193: INDIALAND HIT YTRA: »Das äußere Indien« (vgl. dazu Margaret Schlauch: *Romance in Iceland*. 1934).

DORT WIRD VIEL WEIHRAUCH ANGEBAUT: Die Kenntnis solcher landeskundlicher Einzelheiten wie auch die geographischen Namen in diesem Abschnitt ließen sich in Texten wie der *Stjórn* (vgl. Rudolf Simek: *Altnordische Kosmographie*. 1990, bes. S. 562 ff.) oder dem *Lucidarius* aneignen. Diese zweite Reise, die Remund nach Indien unternimmt, wird ganz anders als die erste geschildert: während es im ersten Fall darum ging, die fremde Frau, die Remund würde heilen können, zu finden, ist hier in dieser zweiten Beschreibung eine geographisch-landeskundliche Digression eingeführt, die in ihrer Funktion, gelehrtes Wissen zu vermitteln, starke Ähnlichkeiten mit der *Kirjalax saga* aufweist (vgl. Robert Cook: Kirialax saga, in: *Medieval Scandinavia: An Encyclopedia*. 1993, S. 355).

PARCIALAND [...] ENOS: Fast alle hier erwähnten Orts- und Personennamen finden sich in den soeben angeführten Schriften (*Stjórn, Lucidarius, Kirjalax saga* usw.).

S. 194: REMUND SCHICKT NUN VIDFÖRUL UND BERALD MIT DER BOTSCHAFT IN DIE STADT: Es handelt sich hier um eine Werbung mittels Werbeboten, ein in der mittelalterlichen Brautwerbungsepik sehr beliebtes Erzählmuster, das es erlaubt, eine Handlung über eine größere Dimension auszudehnen.

S. 197: IHR HAAR WAR NUR DEM ALLERHELLSTEN GOLD VERGLEICHBAR: Das Motiv der goldenen Haarpracht und des Kämmens bei der Ankunft eines Boten findet sich in ausführlicherer Form als hier in der *Dámusta saga* (vgl. die Anmerkung zur Stelle in der »Saga von Damusti«, S. 395).

S. 198: TIMPANISTRIA: Vgl. den ausführlichen Kommentar zu *timpanistria* oben S. 360f.

S. 199: DER SIE BESTEIGEN SOLL: In einer Reihe von Handschriften fehlt dieser Nebensatz *(at hon skal kjósa sér mann at láta fara upp á sik)*. Broberg, der Herausgeber der Saga, kommentiert in seiner Einleitung diese Stelle wie folgt: »In einigen Fällen war ich unsicher darüber, inwiefern der Text von a [Handschrift AM 539 4to] geändert werden sollte oder nicht. Besonders möchte ich die Stelle: »der sie besteigen soll« erwähnen, welche vermutlich als ein späterer Zusatz betrachtet werden dürfte, da sie nur in a vorkommt. [...] Ich habe, wenn auch mit großem Zweifel, den verunzierenden Ausdruck im Text stehen lassen.« (S. XV, Anm. 2; übersetzt aus dem Schwedischen).

S. 203: EINER HEISST IRON, DER ANDERE PARON: Diese beiden Personennamen sind aller Wahrscheinlichkeit nach aus der *Þiðreks saga* entlehnt. Sie zeigen sehr schön das intertextuelle Spiel, das in den Märchensagas stattfinden konnte: Íron, Sohn von König Artus und Jarl von Brandenburg, jagt im *Írons þáttr jarls* der *Þiðreks saga* einen Wisent; einer seiner Jagdhunde heißt Paron! Mittelalterliche Rezipienten, die natürlich mit der *Þiðreks saga* vertraut waren, werden sich über solche Anspielungen sicher gefreut haben.

S. 204: SEIN PFERD WEICHT NICHT UM HAARESBREITE ZURÜCK: Vgl. die Anmerkung zur entsprechenden Stelle oben (S. 359).

S. 205: INDIALAND HIT NAESTA: »Das nahe Indien«.

S. 208: UND HIER ENDET DIE GESCHICHTE [...] SCHÜTZE UNS NUN ALLE GOTT IM HIMMELREICH! AMEN: Vgl. für die Einordnung solcher Schreiberformeln die Literatur, die oben für das Kapitel 4 der *Rémundar saga* angegeben ist (S. 359).

Anmerkungen zur Saga von Sigurd Thögli
(Herbert Wäckerlin)

Die Übersetzung beruht auf der Ausgabe der *Sigurðar saga þǫgla* in *Late Medieval Icelandic Romances*. Ed. by Agnete Loth. Vol. II. Copenhagen 1963, S. 93–259.

S. 209: TITEL: Sigurd Thögli *(Sigurðr þǫli)* bedeutet übersetzt etwa »Sigurd der Schweigsame«.

S. 210: PROLOG: Dieser Prolog ist in demselben Wortlaut auch in zwei Handschriften der *Göngu-Hrólfs saga* (AM 589f 4to, f. 13r und AM 567 4to XI β, f. 1r.) überliefert (vgl. Sverrir Tómasson: *Formálar íslenskra sagnaritara*, Reykjavík 1988).

DENN DAS MEISTE WAR SPÄTER AUFGESCHRIEBEN WORDEN, ALS ES ERZÄHLT WORDEN WAR *(þviat flest hefir seirnna [samansett] verit en sagt er)*: Es wird darauf hingewiesen, daß eine zeitliche Diskrepanz zwischen den erzählten Ereignissen und dem Zeitpunkt der Niederschrift bestehen könne, was sich eben darin ausdrücke, daß die geschilderten Ereignisse der Vorlage »mit passenden Worten angereichert« seien. Dies wird im folgenden noch weiter begründet.

MANCHMAL WAREN SIE ERREGT UND DANN WIEDER GANZ RUHIG: Es wird wohl der für Odin namengebende ekstatische Zustand angesprochen (altnordisch *óðr* »Wut«), welchen man zur Ausübung seiner Zauberei erreichen muß und welcher auch für die Odinskämpfer, die Berserker, für den Kampf entscheidend ist. Diese Art der ekstatischen Zauberei läßt eine schamanistische Vorstufe Odins vermuten (vgl. Rudolf Simek: *Lexikon der germanischen Mythologie*, 1995).

SO WIE IN DER SAGA VON OLAF TRYGGVASON: Hier wird auf den *Ögmundar þáttr Dytts ok Gunnars Helmings* (»Geschichte von Ögmund Dytt und Gunnar Helming«) in der *Óláfs saga Tryggvasonar en mesta* (»Größte Saga von Olaf Tryggvason«, eine Kompilation von Geschichten und Legenden über König Olaf Tryggvason) verwiesen, wo Gunnar Helming (»Hälftig«, da er gerne zwei- oder mehrfarbige Mäntel trägt) in Schweden auf einer Prozession die durch Eingebung des Teufels lebendige Statue des Gottes Freyr tötet und selbst für eine Weile Freys Platz einnimmt. Zu beachten ist die Vorstellung der Dämonisierung des Heidnischen in dieser Geschichte, bei der die Lebendigkeit der Statue nicht als unmöglich, sondern nur als teuflisch angesehen wird. Es heißt dort *ok sva var miqk magnat likneski Freyrs at fiandinn m(ælti) við menn or skurð goðínu* (»und das Abbild Freys war so sehr verzaubert, daß der Teufel aus dem geschnitzten Götzenbild zu den Menschen sprach«), und als Gunnar ihn besiegt, *hleypr þa or likneskinu sa fiandi er þar hafði i leyndz* (»da springt aus dem Abbild der Teufel, der sich dort verborgen hatte«). Die angewiesene Episode mit Einar Skarf (»Kormoran, Scharbe«?) ist in der größten *Óláfs saga* nicht zu finden. Es bleibt zu vermuten, daß der Verfasser sie aus anderer Quelle kennt, oder daß er sie in irgendeiner Weise verwechselt.

SAXLAND: Möglicherweise ist hier nicht nach Gebrauch kosmographischer Texte »Deutschland« gemeint, sondern eher ein Reich, welches das Gebiet des Herzogtums Sachsen umfaßte, mit seinem Zentrum in der Region um Braunschweig und Hannover. Darauf würde auch die Identifikation der Königsresidenz des Königs Lodivicus hinweisen (s. u.). Letztlich jedoch ist dieses Reich wie alle übrigen Reiche der »Saga von Sigurd Thögli« in fiktiver Vorzeit angesiedelt und mit einem im Gegensatz zu den Itinerarien nur wenig ausgeprägten geografischen Wissen beschrieben.

S. 211: KURLAND: Das an der Ostsee liegende »Kurland« im heutigen Lettland.
HOLTSETULAND: Das Gebiet »Holstein«.
SIGURD SCHIEN IN SEINER JUGENDZEIT NICHT GERADE FRÜHREIF ZU SEIN: Die Saga verwendet hier das Motiv des *kolbítr* (»Kohlenbeißer«) für Sigurd, welches in nordischen Sagas oft Verwendung findet (siehe unten Nachwort, S. 426).
LIXION: Da über die Lage dieser Stadt im Text nichts Wesentliches ausgesagt wird, außer daß sie im Gebiet des Saxlandkönigs liege, ist es nicht möglich, eine gesicherte Lokalisierung vorzunehmen. Dennoch läßt der Umstand, daß Lafranz in der Handschrift als Graf bezeichnet wird, eine mögliche Lokalisierung in der Grafschaft »Lisieux« in der Normandie zu, welche auf Lateinisch neben »*Noviomagus Lexoviorum*« auch »*Lexovium*« heißt (allerdings liegt Lisieux weit von sächsischem oder auch deutschem Gebiet entfernt).

S. 212: FRAKKLAND ist die altnordische Entsprechung für »Frankenreich«; wahrscheinlicher bezeichnet es aber vielmehr das Gebiet um das heutige Lothringen und Rheinland; vgl. Peter Foote: *Aachen, Lund, Hólar*. Paris 1975.
PUL: In der kosmographischen Literatur auch *Pulsland* genannt, bezeichnet dieser Begriff das Gebiet »Apulien«, welches historisch lange Zeit Teil des Königreichs Sizilien war.
APLES: Wahrscheinlich die Stadt »Neapel«, die in der kosmographischen Literatur nicht erwähnt wird, in der Sagaliteratur hingegen zumindest in der *Flóres saga ok Blankiflúr*.
WIE ES IN SEINER SAGA HEISST: Hier wird auf die *Flóres saga ok Blankiflúr* verwiesen, welche im folgenden summarisch wiedergegeben wird. Dem Verfasser der »Saga von Sigurd Thögli« muß diese also weitgehend bekannt gewesen sein. Allerdings wird in der *Flóres saga ok Blankiflúr* keine Tochter der beiden erwähnt. Zum möglichen Zweck der Einbindung der *Flóres saga ok Blankiflúr* siehe das Nachwort, S. 427.
»SÜSSE ÄPFEL VON SÜSSEM BAUME FALLEN«: Solche Einfügungen von Sprichwörtern in einen dazu passenden Kontext – oder vielleicht aus dem Kontext der erzählten Saga erst entstandene »Sprichwörter« – finden sich in der gesamten altnordischen Literatur häufig.
DER KOPF WAR RUND WIE INSELN: *Hofudit uar bollott sem eyiar þær er gullz lit hafa*. Diese in ihrer Art wohl einmalige Beschreibung der Erscheinung einer Frau ruft ein sehr bizarres Bild hervor. Möglicherweise will der Sagaverfasser den vom Sonnenaufgang oder Sonnenuntergang goldglänzenden Strand einer Insel mit dem von goldenem Haar umwogten Kopf Sedentianas vergleichen, wobei der Vergleich in seinen metaphorischen Bildbezügen nur durch den Text an dieser Stelle schwer herstellbar ist. Helfen könnte eine Stelle in der Kosmographie

der *Stjórn*, AM 227, fol. (Zeilen 168–171, S. 523 bei Simek: *Altnordische Kosmographie)*; dort werden zwei Inseln erwähnt, welche *crisen* und *argiren* heißen, da auf ihnen viel Gold resp. Silber zu finden sei, »und viele Leute behaupten, daß sie so anzusehen wären wie Gold und Silber« (Übersetzung Simek, S. 558).

S. 213: KALDEALAND: Das Land der »Chaldäer«, eines semitisch-aramäischen Volksstammes.

JORSALIR: In der kosmographischen Literatur auch *Jórsalaborg*; die Stadt Jerusalem, nach mittelalterlichem Weltbild das Zentrum der Welt.

TREVERIS: Diese Stadt läßt sich eindeutig als »Trier« bestimmen, welches nach seinem lateinischen Namen *Augusta Treverorum* seit der Zeit Constantinus' II. (328–340) *Treveri* oder *Treveris* genannt wurde. Ihre durch Klippen geschützte Lage wird im Text auch erwähnt. Es ist anzunehmen, daß der Verfasser der Saga von der eindrucksvollen Stadtmauer mit der Porta Nigra aus römischer Zeit gehört hat und die Krönung Sedentianas – motiviert durch sein Wissen um die Funktion der Stadt als Kurfürstensitz – bewußt dort stattfinden läßt. Trier paßt auch gut in das oben enger definierte Gebiet »Frakkland« (siehe Anmerkung zu *Frakkland*).

S. 215: EYSTRASALT: Die »Ostsee«. Sie war in der Wikingerzeit eines der beliebtesten Gebiete für Raubzüge.

S. 216: KÜSTE VON BALAGARD: *Balagardzsidu*. Hiermit ist der südlichste Küstenstreifen Finnlands gemeint.

GARD DER GRIECHE: *Garðr en girzki*. Die Ausweisung des Wikingers als »Griechen«, als »Fremden«, zeigt, welche pejorative Wandlung der Begriff »Wikinger« durchgemacht hat. Obschon die Brüder Vilhjalm und Halfdan auf ihren Heerfahrten eigentlich dieselben Praktiken anwenden, stehen die »Wikinger« auch später im Text immer auf der Seite der »Bösen« *(illzkumenn)*.

GLÜCK: Altnordisch *hamingia*. Die Begriffe *hamingja* und *óhamingja* (»Unglückskraft«) bezeichnen die im mittelalterlichen Skandinavien sehr verbreitete Vorstellung von einer personifizierten Glückskraft, d. h. einer schicksalsbeeinflussenden Wesenheit, die über den einzelnen aus seiner Sippe heraus wacht und welche durch die Taten des einzelnen beeinflußt werden kann. Nach dem Tode kann diese *hamingja* – im Gegensatz zur persönlichen *fylgja* (»Folgegeist«) – auch auf nachfolgende Familienmitglieder übergehen und bekommt somit eine sippenerhaltende Funktion (vgl. Simek: *Lexikon der germanischen Mythologie*).

S. 217: SCHUTEN: Kleine und wendige Schnellsegler, welche flach im Wasser liegen und kein Takelwerk besitzen.

»LÖWE«: Der Name des Langschiffes der Brüder deutet als erstes auf die Löwenmotivik hin, welche im Zusammenhang mit Sigurd später weiterentwickelt wird (in seinem heraldischen Zeichen und in seinem

Begleiter). Welche Funktion dieser Schiffsname hier erfüllen soll, da das Schiff doch Vilhjalm und nicht etwa Sigurd gehört, ist ungewiß. Möglicherweise handelt es sich einfach um eine motivische Vorausschau, die den Leser eine größere Kohärenz in der Erzählung erfahren läßt, da sozusagen durch die Wiederkehr des Löwen ein Zusammenhang der Ereignisse gesehen werden kann. Zum Löwenmotiv siehe das Nachwort, S. 425f.

LANGSCHIFF. Altnordisch *dreki* »Drache«. Das wikingerzeitliche Langoder Kriegsschiff (auch *langskip, leiðangrsskip* »Heerbannschiff« oder *landvarnarskip* »Landwehrschiff«) hatte trotz einer Länge von bis zu 30 Metern nur sehr wenig Tiefgang, so daß man damit auch weit in relativ seichte Flüsse hinein fahren konnte. Der *dreki* hatte als Vordersteven einen geschnitzten Drachenkopf, der wohl meist bunt bemalt war, um dem Gegner noch mehr Schrecken einzuflößen (vgl. Gwyn Jones: *A History of the Vikings*, 1984, n).

WER IST DAS DA: Das Verfassen oder Vortragen solcher Schmähreden *(níð)* war im mittelalterlichen Island und Norwegen einem Verbrechen wie Mord oder Vergewaltigung gleichgesetzt und dementsprechend strafbar. Das *níð* galt also als mächtig und gefährlich, da es die göttlichen Kräfte provozierte. In Vilhjalms Rede ist vor allem die Beschimpfung »Sohn einer Stute« dem klassischen *níð* zuzurechnen, da sich dahinter der Vorwurf der Sodomie und somit der entwürdigendsten Nachkommenschaft verbirgt. Ansonsten wird vor allem Gards Ehrlosigkeit und Schwäche herausgestrichen; Eigenschaften, welche dem Idealbild eines freien Mannes diametral gegenüberstehen und welche Gard in die Passivität verweisen (vgl. Meulengracht Sørensen: *The Unmanly Man*. Odense 1983).

S. 218: SCHUTZGEIST: Altnordisch *hamingja*. In Vilhjalms Rede ist der oben erklärte Begriff der *hamingja* eindeutig als Wesenheit aufgefaßt, welche sich bei der zu schützenden Person aufhält. Es handelt sich hier wohl kaum um ein spätes Beispiel heidnischen Fylgjen-Glaubens, sondern vielmehr um ein literarisches Motiv.

S. 221: HIEBEN SIE DIE TAUE DURCH, WELCHE DIE SCHIFFE ZUSAMMENHIELTEN: Dies heißt, daß die eigenen Schiffe vorher nach altnordischer Gepflogenheit für den Seekampf zusammengebunden waren, um eine größere Kampffläche zu bilden, und um gewisse taktische Manöver durchführen zu können.

S. 222: UND ES WAR, ALS OB IHM DIE AUGEN AUS DEN HÖHLEN TRETEN WOLLTEN: *og uar sem vtan vid lægi augun*. Dieses Bild will nicht so recht zu dem »verächtlichen Blick« passen, eher würden wir diesen Vergleich mit dem Wort »glotzen« in Verbindung stellen. Das altnordische *glotta*, wie auch der neuisländische Gebrauch dieses Wortes, läßt jedoch eine solche Übersetzung nicht zu.

S. 223: GUNNLOGI: Übersetzt etwa »Kampflohe«, »Feuer des Kampfes«.

S. 224: AUSTRVEG: Die beinahe schon feststehende Wendung *sigla í Austurveg* bezeichnet die Fahrt in die Länder *Eistland* (»Estland«), *Kúrland*, *Eysýsla* (die Insel »Ösel« vor Estland), möglicherweise bis nach *Hólmgarðr* (»Novgorod«). *Reiðgotaland* (wahrscheinlich ein Gebiet in Polen oder Ostpreußen) und *Vindland* (»Wendenland«, das Land des Stammes der Wenden, zwischen dem heutigen Polen und Deutschland) mögen wohl teilweise ebenfalls mit einbezogen worden sein (siehe *Heimskringla*).

DIESE ART TROLLE NENNT MAN IN DEN BÜCHERN ZYKLOPEN: *Ciclopes*. Die Stelle läßt erkennen, daß der Verfasser gewisse Wundervölkerverzeichnisse gekannt haben muß, wahrscheinlich entweder aus der *Hauksbók* (a) oder aus der Handschrift AM 194 8vo (b). Dort heißt es über die Zyklopen (a) *Cikoplex heita menn er auga er eitt i hofde. en þat er i miðju enni* (Simek: »Cyclopes heißen die Leute, die nur ein Auge im Kopf haben, aber das in der Mitte der Stirne«), und (b) *Ciclopi ero enn þar & hafa eitt auga & er þat j midio enni & fedazt [vid] dyra holld* (Simek: »Dort sind auch die Cyclopes, die nur ein Auge im Kopf haben, aber das in der Mitte der Stirne, und sie leben vom Fleisch von Tieren«). Allerdings weicht die Beschreibung in der »Saga von Sigurd Thögli« wesentlich von den Wundervölkerverzeichnissen ab und vermischt die Merkmale verschiedener Wesen; vermutlich sind die beinahe zwölf Ellen Größe von den *Acrobi* übernommen, das Horn auf der Stirn von den *Hornfinnar*, die über den Nacken werfbare Unterlippe von einem Volk, welches dies zum Schutz vor der Sonne tut. Hinzufügung des Verfassers ist die Verschiebung des Auges von der Stirn in den Nacken. Andererseits wird der Verfasser auch mit dem Polyphem-Abenteuer aus der Odyssee in irgendeiner Weise vertraut gewesen sein müssen, verwendet aber diese Motive sehr frei (vgl. Naumann: »*Das Polyphem-Abenteuer*«. 1979).

S. 225: DASS ES VON JEDER KLIPPE WIDERHALLTE: *at duergmali let j huerium hamre*. In der deutschen Übersetzung verschwindet die folkloristische Poesie dieser Umschreibung, denn dahinter steht die Idee, daß das Echo durch die Sprache bzw. Laute der Zwerge aus dem Fels des Gebirges entsteht. Noch im heutigen Isländischen heißt das Echo *bergmál* (»Sprache des Berges«), eine weniger wesenhafte Fassung derselben Metapher. Diese Vorstellung taucht erst im Spätmittelalter auf, hat jedoch möglicherweise ihren Vorläufer in uns nicht schriftlich überlieferten (nord)germanischen Mythen; zumindest nennt Snorri in seiner *Edda* (*dvergatál* in der *Gylfaginning*) eine Reihe von Zwergennamen, welche zu fels- oder erdbewohnenden Zwergen gehören.

BARDVIK: Die Residenzstadt des Königs Lodivicus entspricht dem ca. 5 km nördlich von Lüneburg gelegenen Handelsplatz »Bardowiek«, welcher heute im Städtchen Bardowick wieder besteht. Das mittelalterliche Bardowiek wurde im Jahre 1189 vom Sachsenherzog Heinrich dem Löwen zerstört, nachdem die Stadt Lübeck seit ihrer Neugründung 1159 zunehmend die Kaufleute aus der Umgebung zu sich gezogen hatte. Bardowiek war während des Früh- und Hochmittelalters ein wichtiger Handelsplatz, welcher dem Verfasser der »Saga von Sigurd Thögli« offenbar wichtig genug erschien, um ihn als Königsstadt der Saxländer in seine Erzählung einzubringen (vgl. *Lexikon des Mittelalters*). Diese Wahl ist in Anbetracht der Vielzahl wesentlich größerer und bedeutenderer Städte in Deutschland verwunderlich, weniger jedoch, wenn man sich, wie oben erwähnt, nur den norddeutschen Raum als das »Saxland« der Saga vorstellt.

S. 226: DOCH DAZU WÜRDE ICH DEINE HILFE UND UNTERSTÜTZUNG BRAUCHEN: *og þar uilldi ec faa þitt fulltingi*. Mit *uilldi* setzt das Handschriftenfragment AM 567 4to XX β ein; es beinhaltet die folgende Werbefahrt zu Sedentiana bis zum Beginn ihrer Schmährede auf die Brüder und endet mit *presentum*, »wie mit den Geschenken« (Kap. 10).

S. 228: KAUFFRIEDEN: Dahinter steht die zum Ende des 10. Jahrhunderts aufkommende Idee des sogenannten »Gottesfriedens«, der die *laboratores* und die *oratores* vor der Unbill des Krieges schützen soll. Dieser Schutz vor körperlichem und materiellem Schaden wurde als erstes vor allem für die fahrenden Kaufleute realisiert, an deren Wohl die Feudalherren besonders interessiert waren, da sie durch Zölle und sonstige Abgaben sowie durch die Verleihung der Marktrechte an Städte indirekt sehr vom Handel dieser Leute profitierten. In Skandinavien scheint dieser Kauffriede schon früh an den nordischen Handelsplätzen realisiert worden zu sein, welche durch die »Umfriedung« mit Holzpalisaden als »Friedensland« vom Umland abgegrenzt wurden, wo also weder Schwerter getragen noch Auseinandersetzungen geführt werden durften (vgl. v. a. Carsten Müller-Boysen: *Kaufmannsschutz und Handelsrecht*. 1990).

S. 229: UM DIESE VEREINBARUNG EINZULÖSEN: Hier klingt bereits an, was später Herburt tatsächlich vollführt (Kap. 46), nämlich die Brautfahrt, welche der zukünftige Ehemann unternimmt, um die Braut zu heiraten und nach der Hochzeit heimzuführen. Diese Heirat ist mit dem Einverständnis der Familienväter zuvor bereits zu vereinbaren, damit eine rechtlich vollwertige Ehe *(brúðkaup)* vollzogen werden kann; ansonsten besteht nur ein *lausabrullaup*, eine »lose Ehe«, welcher die gesetzliche Gültigkeit abgesprochen werden kann (vgl. z. B. *Egils saga*).

S. 230: FRÜH AUS SEINEM ZUHAUSE: *snemma heiman*. Genau hier, mitten in Sedentianas Schmährede, beginnt das Handschriftenfragment AM 567 4to XXα mit *snemma*. Die Passage beinhaltet den Rest von Sedentianas Rede, die Folter der Brüder, Sedentianas abschließende Worte sowie die Antwort Vilhjalms und bricht nach *clæda* »und sie ließ sie kleiden« (Kap. 10) wieder ab.

S. 232: TARTARIA: Es handelt sich wohl um eine dem nord- und westeuropäischen Kulturkreis angepaßte Variante des »Tartarer-Reichs«. Später im Text wird nur erwähnt, daß sie den Austrveg fahren, um Tartaria zu erreichen (siehe Kap. 40, S. 286).

RHEINFLUSS: Der »Rhein« wird in der kosmographischen Literatur (v. a. in den Itinerarien) als bedeutender Grenzfluß zwischen Frankreich und Deutschland öfter erwähnt.

S. 234: SKOTISCH: Das »Schottische«.

S. 235: FRAKKLÄNDER: Die vom Landesbegriff *Frakkland* abgeleitete Übersetzung versucht damit sowohl die moderne Assoziation von »Franzosen«, wie auch den Stammesbegriff der »Franken« zu vermeiden. Zwar läßt sich historisch die Bezeichnung »Frankreich« auf Philipp II. (1181) zurückführen, doch wurde aus Gründen der Einheitlichkeit bei der vielleicht etwas befremdlichen Bezeichnung verblieben.

S. 236: OBWOHL SIE DAS NICHT WUSSTEN: Diese Art von erklärenden Erzählerkommentaren sind in zahlreichen *Riddarasögur* üblich, in der »Saga von Sigurd Thögli« jedoch eher selten.

NICHT IN ALLER WELT BEKANNT: An dieser Stelle beginnt das erste Fragment der Handschrift AM 596 4to mit *see ægi alþýðo manna kunnikt worðit*. Hier beginnt auch die eigentliche Abenteuerfahrt Sigurds.

S. 237: VALLAND: Das Gebiet »Wallonien« im Norden des Frankenreichs, welches sich ins heutige Belgien und Luxemburg erstreckt.

LUMBARDI: Auch als *Lungbardij*, die »Lombardei«.

S. 238: EIN HEILKRÄFTIGER STEIN VON ROTER FARBE: Die Vorstellung, daß dem Rubine eine heilkräftige Wirkung innewohne, erklärt sich aus der im Mittelalter weit verbreiteten Annahme, daß zwischen konkreten oder auch abstrakten Dingen durch ihre Gleichartigkeit (Gesetz der Sympathie) oder ihre Entgegengesetztheit (Gesetz der Antipathie) gewisse Kräfte existieren, welche man sich mit Hilfe der Magie zunutze machen und kontrollieren könne. Die rote Farbe des Rubins belegt hiernach seine Sympathie zur Farbe des Blutes und damit zum Blut selbst, so daß der Rubin es aus diesem Grund von Gift zu reinigen vermag. Das Bestreichen mit Wein bekräftigt diesen Prozeß durch seine rote Farbe weiterhin. (Vgl. dazu vor allem Richard Kieckhefer: *Magic in the Middle Ages*. 1990).

SVAFA: Im Kapitel 12 der *Magnússona saga* in der *Heimskringla* von Snorri Sturluson erfahren wir, daß Sigurd Jorsalafari (»der Jerusalemfahrer«) (ca. 1090–1130) auf seinem Weg zurück von Byzanz auch durch *Sváfa* reiste. Durch die Wegbeschreibung ist eindeutig ersichtlich, daß es sich dabei nur um das »Herzogtum Schwaben« handeln kann. In der »Saga von Sigurd Thögli« erhält dieses Gebiet aber wesentliche Züge der ungezähmten Wildnis, wenn es hier als Riesenheimat genannt wird.

MANARLEGG: Die Form *manar-* gehört wohl zu altisländisch *mǫn*

»Mähne«, was vielleicht auf stark behaarte Beine (?) verweisen könnte.
SKOTLAND: »Schottland«.
GRECIA: Die lateinische Form von »Griechenland«.
WIE IN DER SAGA VON SECILIA: Es handelt sich hier nicht um die *Ceciliu saga* (»Saga von Cecilia«), eine Heiligensaga. Welche Saga dem Verfasser vorlag, ist nicht zu eruieren; vermutlich handelt es sich um eine nicht überlieferte Ritter- oder Märchensaga. Auf dieselben Ereignisse wie hier wird auch im Schlußteil der *Samsons saga fagra* (der »Saga von Samson dem Schönen«) verwiesen. In der *Mírmanns saga* gibt es zwar eine sizilianische Königstochter namens *Cecilía*, ihr Vater heißt jedoch Vilhjálmur; außerdem läßt sich auch hier keine Episode mit einem Blót-Haraldur finden.
SIKILEY: Das Königreich »Sizilien«, in der Vorstellung des Verfassers wahrscheinlich auf die Insel Sizilien beschränkt.

S. 241: BACHBETT: Was genau Sigurd oben in den Felsen sieht, ist schwer zu sagen, denn *rák* kann neben »Bachbett« auch »Furche, Rinne« oder sogar »Strom« bedeuten. Später heißt es allerdings *Nu rennur leonit vp rakinna*, er läuft also diese *rák* hinauf, weshalb ein natürlich durch Wasser entstandenes – jedoch nicht mehr Wasser führendes – Bach- oder Flußbett am ehesten in den Kontext paßt. Möglicherweise könnte auch ein kleiner, talartiger Einschnitt im Berg gemeint sein.
MEISTER LUCRETIUS: Das Werk, worauf sich der Verfasser hier vermeintlich bezieht, ist Lukretius' *De rerum natura*. Es ist sehr wahrscheinlich, daß der Verfasser den Verweis auf dieses Werk aus einer Stelle der großen Bibelkompilation *Stjórn* (AM 227, fol. oder AM 226, fol.) übernommen hat (Zeilen 250–251, S. 525 bei Simek 1990). Bei Lucretius läßt sich keine Stelle finden, an welcher der Löwe heilig genannt würde; im Gegenteil wird er bis auf eine Stelle als äußerst wild und unbändig geschildert. Die erwähnten Eigenschaften des Löwen finden sich hingegen in dieser Form ebenfalls in der *Stjórn*, bis auf die Erwähnung, daß der Löwenvater dem Jungen ins Gesicht bläst, um ihm Leben einzuhauchen; dies findet sich jedoch im *Physiologus*, einem christlich-allegorischen Tierbuch, von welchem auch einige Kapitel (nicht allerdings das über den Löwen) in zwei Fragmenten in altisländischer Übersetzung überliefert sind. Es ist anzunehmen, daß dieses neben der Bibel wohl meistübersetzte Werk des Mittelalters entweder durch mündliche Weitertradierung oder aber in der Form von Bestiarien auf Island und somit auch dem Verfasser bekannt gewesen sein muß. Siehe auch Matthew James Driscoll: *Sigurðar saga þǫgla*, 1992, S. lxxvi, wo er ebenfalls zu diesem Schluß kommt.

S. 242: ALPES: Die »Alpen«, von denen der Verfasser die Vorstellung einer regelrechten Wildnis hegt, in der keine zivilisierten Völker leben können. Sie bilden für ihn ein Grenzgebiet der kulturellen Welt, eine Zone des Abenteuers zwischen dem Mittelmeer und Nordeuropa, welche er noch gewaltiger erscheinen läßt, indem er ihre Ausläufer nach Osten und Westen wesentlich erweitert.

KAMPANIA: Nach dem »Itinerar des Abtes Nikulaus ins Heilige Land« *(Leiðarvísir)* die »Campagna« in Süditalien, welche dort mit Apulien gleichgesetzt wird. Der Verfasser der »Saga von Sigurd Thögli« zählt also die Apenninen sozusagen zu den südlichen Ausläufern der Alpen.

GALICIA: »Galicien« in Nordspanien. Auch hier scheint der Verfasser die Pyrenäen und die Sierra Nevada zu den westlichen Alpen zu zählen.

ALBANIA: Damit ist tatsächlich »Albanien« gemeint, welches vor allem in den Wundervölkerverzeichnissen auftaucht. Dort sollen nach der Etymologie Menschen leben, welche weißhaarig geboren werden.

S. 243: FALA: Altnordisch *fála* bedeutet an sich bereits »Trollweib, Schlampe«.

FLEGDA: Wahrscheinlich aus altnordisch *flagð* »Trollweib, Unholdin« gebildet, ist der Name wie Fala sprechend.

S. 2440: GRICKLAND: Die ans Altnordische angepaßte Form der Bezeichnung für »Griechenland«.

›WENIGE LOHNEN DAS GESCHENK DES LEBENS, WIE ES IHM ZUSTEHT‹: Ein weiteres Sprichwort, hier jedoch als solches in der Erzählung angekündigt (s. Anm. S. 374).

ÖSKRUD: *Qskruðr*. Ein Riesenname, welcher auch in den *þulur* (Merkversen v. a. in den Handschriften der Snorra-Edda) vorkommt sowie auch in zahlreichen Sagas (z. B. in der *Hrings saga ok Hringvarðar* als »Alpenriese«). Die Bedeutung des Namens dürfte etwas Ähnliches wie »Brüller, Schreier« sein, abgeleitet von altnordisch *ǫskr* »Geschrei, Gebrüll«.

S. 246: TUCH FÜR DAS MESSER: Möglicherweise diente dieses Tuch *(knijfaduc)* zum Abwischen des Messers beim Essen. Dies ist die einzige Stelle im altnordischen Sagakorpus, wo dieser Begriff gebraucht wird; nur im *Diplomatarium Norvegicum*, einer norwegischen Dokumentensammlung, ist er noch belegt.

CLARET: Die altfranzösische Bezeichnung für einen mit Kräutern versetzten süßen Wein, welche semantisch unabhängig von Begriffen für normalen Wein weit im mittelalterlichen Westeuropa verbreitet war.

S. 247: SIE SETZTEN SIGURD AUF EINEN SCHÖNEN STUHL: *þær settu S[igurd] a einn vænan stol*; an dieser Stelle bricht das erste Fragment der Handschrift AM 596 4to mit *Þær settu vnder S[igurd] einn stol hardla wæn[an]* (»sie stellten unter Sigurd einen sehr schönen Stuhl«) ab. Es fehlt im folgenden ein Blatt.

S. 249: NUMIDIAREICH: Wahrscheinlich »Numidien«, welches wohl auch nach der Vorstellung des Verfassers im Gebiet der römischen Provinz in Nordafrika (Algerien) zu suchen ist. Zumindest wird in der altisländischen Handschrift AM 764, 4to, f. 40v (14. Jahrhundert), einer vermischten Weltbeschreibung, die Stadt Hippo erwähnt, welche in Numidien liegen soll.

S. 251: UND ALS JARL NERI DESSEN GEWAHR WIRD: *og er Nerj jarl uerdur þess wijss*; hier setzt die Handschrift AM 596 4to wieder ein mit *oospakliga ok sem Nerj jarll werdr þess wis* (»kriegerisch [?] und wie Jarl Neri dessen gewahr wird«).

OB SIE SICH FRIEDLICH IM LAND AUFHALTEN WOLLEN: Auch hier klingt wieder die Institution des Gottesfriedens an, in der Vorstellung, ein Gebiet könne für Schutz- oder »Asylsuchende« abgegrenzt werden. Jedenfalls mußte man sich damit auch unter die Obhut des Landeskönigs begeben, sich also in gewisser Weise zu seinem zeitweiligen Untertanen machen (vgl. Müller-Boysen: *Kaufmannsschutz und Handelsrecht*).

HLODVERS: Gemeint ist natürlich der zuvor »Lodivicus« genannte König der Saxländer. Weshalb der Verfasser diesen plötzlichen Wandel von der lateinischen zur altnordischen Fassung des Namens vollzieht, ist schwer zu sagen. Jedenfalls benutzt er von nun an nur noch die altnordische Form des Namens.

S. 252: MOHREN: Wörtlich sind dies die »Schwarzmänner« *(blámenn)*, die Bewohner von Bláland (siehe die Anmerkung in der »Saga von Alexander dem Großen«, S. 296 und S. 300); daß diese in der Ostsee anzutreffen sind, wirkt etwas befremdlich. Möglicherweise nimmt der Verfasser Berichte von Mohren und Berserkern im sogenannten Großschweden *(Svíþjóð en mikla)* aus der ethnographischen Literatur auf (vgl. Snorris Prolog in der *Heimskringla*). Dieses Großschweden oder Skythien ist in der geografischen Literatur im östlichsten Teil Europas angesiedelt, womit solche Völker nach nordisch-mittelalterlichem Verständnis wohl auch an der Ostsee zu sichten wären.

JAMTALAND: Eigentlich das mittelschwedische Gebiet »Jämtland«.

S. 253: NIP: Altisländisch *nípr* entspricht *nípa* »Bergspitze«; als Eigenname *Nípa* gehört es aber zu dänisch *nibe* »Schnabel«. Diese Bedeutung klingt auch im sogenannten *nípuleikr* an, bei welchem einer den anderen an der Nase packt und fragt: »Wo wohnt Nip?«, worauf eine feststehende Antwort gegeben werden muß. Im Dänischen ist *Nibe/Næb* auch ein »Naseweis, Wichtigtuer, vorlauter Kerl«, was die Funktion des Zwerges hier genau trifft.

SEI GEPRIESEN FÜR DEINE GABE: *Gef þu allra manna heilaztur*. Eine feststehende Wendung, welche bereits Formelcharakter aufweist und sich somit von einem wörtlichen Verständnis entfernt hat.

BÖRK: *Bǫrkur;* übersetzt etwa »Baumrinde, Borke«.

BRUSI: *Bruse;* altisländisch *brúsi* bedeutet unter anderem »Riese«; hier erhält der Wikinger diesen Namen wohl zum Zeichen seiner besonderen Größe.

BRUSI HAT EINEN GROSSEN SPEER UND BÖRK EINEN LANGBLATTSPIESS: Brusi besitzt eine Waffe mit der altisländischen Bezeichnung *stórr atge-*

irr, während Börk einen *brynþvari* besitzt. Letzteres (wörtlich ein »Brünnenbohrer«) bezeichnet eine nur selten genannte Waffe, welche aufgrund ihrer Speerblattform wohl besonders dazu geeignet war, in die Zwischenräume eines Schutzpanzers einzudringen. Der Schaft war eher kurz, das Blatt lang und mit langer Tülle versehen, welche eine Querstange *(járnteinn)* aufwies. Der *atgeirr* hingegen wurde sowohl zum Hauen wie auch zum Stechen benutzt, wobei die Erwähnung des stechenden Gebrauchs überwiegt. Offensichtlich gibt es zwei Arten von *atgeirr*, eine schwere und eine etwas leichtere, die im Seekampf als Wurfwaffe gebraucht werden konnte (vgl. Hjalmar Falk: *Altnordische Waffenkunde*, Kristiania 1914).

S. 254: DURCHGESCHNITZT: Das altnordische Wort *gagnskorinn* impliziert eigentlich eine durchbrochene Reling; andererseits ist ein tief ausgeschnittenes Relief in den Bordwänden oberhalb der Wasserlinie plausibler, vor allem wenn die Verzierungen noch mit Gold und Silber eingelegt sind. Die Übersetzung »durchgeschnitzt« soll eine Entscheidung des Lesers für die eine oder die andere Variante ermöglichen.

DASS DOCH DEIN ÜBERAUS HÄSSLICHER KOPF MEINT: *er þu ætlar þitt hitt naudliota hǫfud*. Hier macht Sigurd eine seltsame Auftrennung von Brusis Körper, indem er dessen Kopf ein Eigenleben zuspricht, wo er bereits vorher davon gesprochen hat, daß Brusi an einem erbärmlichen Körper teilhat. Brusi erscheint somit als Großmaul, das seine Körperkräfte nicht richtig einschätzt.

BEIDE HIELTEN DEN FRIEDENSSCHILD HOCH: Bereits in der Germania des Tacitus (98 n. Chr.) wird die Bedeutung des Schildes neben seiner offensichtlichen Schutzfunktion hervorgehoben. Es heißt, daß die Krieger ihren Schlachtruf in die Wölbung des Schildes schreien, um ein Echo zu erzeugen. Ihre Heereskleidung soll auch sehr einfach sein, der Schild hingegen ist bemalt. Es ist daher nicht verwunderlich, daß später dem Schild auch andere Funktionen zugedacht wurden, da er durch seine weiße Bemalung (bzw. seine natürliche Holzfarbe) und seine Größe als Signalgegenstand gut geeignet war, die Unterbrechung einer Schlacht anzuzeigen. Dazu wurde er wohl auf eine Stange gesteckt. Zum Teil wurde bei gebogenen Schilden auch einfach das Vorweisen der weißen Innenseite als Friedenszeichen benutzt (vgl. Falk: *Altnordische Waffenkunde*).

S. 255: DES LANGSCHIFFS, WELCHES JARL NERI IHNEN ÜBERGEBEN HATTE: Eigentlich hat er ihnen ja zwei Schiffe übergeben (siehe Anmerkung zu SÖRKVISNAUT, S. 386).

S. 256: MAN BRAUCHT NICHT NACH DEN GRÜNDEN ZU FRAGEN: Dieser formelhafte Kommentar zeigt gut die Stereotypie der Schlacht- und Kampfbeschreibungen auf.

S. 257: BRUSANAUT: Im Altnord. bezeichnet der Begriff *nautr* eine »Gabe«. Er steht meist in Verknüpfung mit einem Schenkernamen, welcher besonders angesehen ist, da durch ein solches Geschenk Ansehen gewonnen werden konnte. Hier wird der Begriff in ironischer Weise auf Brusi angewendet, welcher sein Schiff natürlich alles andere als freiwillig hergab.

S. 258: ZUR FESTGESETZTEN ZEIT: *at akvedinne stunndu*. Hier findet sich zum ersten Mal diese Wendung, welche auch im folgenden an einigen Stellen für das Herannahen von Schlacht- oder Heiratsterminen gebraucht wird. Daß man sich auf Zeit und Ort einer Schlacht einigt, ist im Spätmittelalter zumindest für wichtige Auseinandersetzungen ein sehr gebräuchliches Vorgehen, welches nicht zuletzt den Herolden beider Parteien Zeit und Möglichkeit geben sollte, die Namen der adligen Widersacher zu erfassen, um allenfalls die Strategien nach Kriterien des Lösegeldes anzupassen (vgl. Volker Schmidtchen: *Kriegswesen im späten Mittelalter*. 1990).

S. 259: STARKBIER: Altnordisch *bjórr* bezeichnet ausschließlich importiertes, starkes Bier, während das einheimische, schwächere Bier *mungát* genannt wurde (vgl. Gert Kreutzer: *Bier, Met und Wein*. 1989).

BLALAND: siehe Anmerkung zu MOHREN, S. 382.

IN HEERESZÜGEN: Eigentlich »mit einem Heerschild« (*med herskillde*). Der Gegenüberstellung von *rauðr skjǫldr* und *hvítr skjǫldr* (»roter« bzw. »weißer Schild«) entspricht die Paarung *herskjǫldr* und *friðskjǫldr* (»Heerschild« und »Friedensschild«). Das Aufstecken eines »roten« bzw. »Heer-Schilds« auf eine Stange ist beispielsweise in der »Saga von Eirik dem Roten« (*Eiríks saga rauða*), Kap. 11 oder in der *Þjalar-Jóns saga*, Kap. 10, das Zeichen zur Ankündigung einer Fehde (vgl. Falk: *Altnordische Waffenkunde*). Siehe auch Anmerkung S. 383.

S. 260: CENOEFALI: In den Wundervölkerverzeichnissen der *Hauksbók* (a) und der Handschrift AM 194 8vo (b) heißt es (a) *Cenocefali hafa hunds hofuð, oc hafa þeir gauð firir mal. klær ero a fingrum oc a taom en engir negll* (Simek: »Die Cynocephali haben Hundsköpfe, und als Sprache haben sie ein Gebell; an den Fingern haben sie Klauen, aber an den Zehen keine Nägel.«) bzw. (b) *Cenocefali aa inndia landi hundz hǫfut & geyja* (Simek: »In Indien sind die Cynocephali, die haben Hundsköpfe und bellen«).

ER HATTE AUCH LEUTE BEI SICH, DIE EIN AUGE MITTEN AUF DER STIRN HATTEN: Hier spricht der Verfasser von den Zyklopen, wie sie eigentlich in den Wundervölkerverzeichnissen beschrieben sind (siehe Anmerkung S. 377 zu seiner eigenen Beschreibung).

MANCHE ABER WAREN KOPFLOS UND HATTEN MUND UND AUGEN AUF DER BRUST: In der *Hauksbók* heißt es *þeir ero enn þar er hǫfuð lausir ero en a bringunni er beði munnr oc augu* (Simek: »Dort sind auch die, welche kopflos sind, aber Mund und Augen auf der Brust haben«), in der Handschrift AM 194 8vo *Lamnies ero aa india landi hǫfutlausir þeir hafa munn & augu aa briosti & braar* (Simek: »In Indien sind die Lamnies, welche kopflos sind, aber Mund und Augen auf der Brust haben und die Augenbrauen.«).

DIE AUGEN AUF DEN SCHULTERBLÄTTERN HATTEN: In der *Hauksbók* findet sich *sumir hofuð lausir þa er munnren ofan a bukenum. en augu a herðar bloðum. oc er har a sem a dyrum* (Simek: »Manche Kopflose haben den Mund am Leib unten, die Augen aber in den Schultern, und sie sind behaart wie Tiere.«), in der Handschrift AM 194 8vo *Adrir hafa suira en augu aa herdarblaudum* (Simek: »Manche Kopflose haben einen Hals, die Augen aber in den Schultern«). – Vgl. zu diesen Völkern auch die Umzeichnung von zwei Blättern aus einer Handschrift der altisländischen Übersetzung des »Physiologus« im Vorsatz des vorliegenden Bandes.

SO SCHWARZ WIE PECH: *biartir sem bic*. Eigentlich bedeutet altnordisch *bjartr* »hell, glänzend«. Hier jedoch ist durch den Vergleich mit Pech eindeutig »schwarz« oder »schwarzglänzend« gemeint.

S. 263: SVAFA: Vermutlich meint der Verfasser hier Deutschland als ganzes, denn in Schwaben sind die Schwurbrüder ja nicht beheimatet.

S. 263 f.: ES WIRD NUN ZUM KRIEGSZUG AUFGEBOTEN: *er nu herqr up skorinn*. Wörtlich bedeutet *skera (upp) herqr* »einen Kriegspfeil schnitzen«. Diese Wendung wird verschiedentlich in der altnordischen Literatur gebraucht; in den Gesetzen des norwegischen Gulathings (*Gulaþingslǫg* 312, Landslov III, 3) heißt es demgemäß, daß ein eiserner Pfeil längs der Küste, und ein hölzerner Pfeil in den Fjordregionen sowie auf dem Land herumzusenden sei, um Truppen zum Krieg aufzubieten (vgl. Falk: *Altnordische Waffenkunde*).

BÜCHSEN: *byssum*. Die Erwähnung dieser Feuerwaffen verdient besondere Beachtung, denn solche werden wohl nur sehr selten in der altnordischen Literatur erwähnt. Zu weiteren Ausführungen: siehe Exkurs im Nachwort.

THIDRIK: *Þiðrikr*, Theoderich der Große (ca. 454–526), der König der Ostgoten, welcher als Dietrich von Bern in die Nibelungensage Eingang fand. Im Altnordischen ist der wohl durch die Hanseverbindungen mit Skandinavien bekannte Sagensstoff in der *Þiðreks saga* (»Saga von Thidrek von Bern«) überliefert; Spuren finden sich aber bereits in der Theoderich-Strophe auf dem Runenstein von Rök (Östergötland, Schweden, 9. Jahrhundert).

SÖHNEN ISUNGS: Es wird auf die *Þiðreks saga* verwiesen. Dort wird Sigurd zum Ratgeber und *merkismaðr* (»Standartenträger«) König Isungs von der Bretagne, und sie kämpfen später gemeinsam mit dessen elf Söhnen gegen König Dietrich und seine Ritter. Nach langen Zweikämpfen – von denen die Isungssöhne die meisten gewinnen und dadurch viel Ruhm ernten – trennen sich Dietrich und Isung in Freundschaft. Gegen Ende der Saga wird erzählt, wie König Isung und seine Söhne im Kampf gegen König Hertnid von Vilkinaland fallen, da

Hertnids Frau Ostasia mit ihren Zauberkräften Löwen und Drachen herbeiruft, welche die zwölf schließlich überwinden.

JUNG-SIGURD: Der junge Sigurd oder Siegfried der Nibelungensage.

KÖNIG HALF: Die Geschichte von König Half und seinen Kämpen wird in der *Hálfs saga ok Hálfsrekka* (Ende 13. Jahrhundert) erzählt, einer *fornaldarsaga* (»Vorzeitsaga«), welche Stoffe aus der Heldensage verwendet, die bestimmt vor das 10. Jahrhundert zurückreichen. Nach 18 Jahren kehrt König Half mit seinem Gefolge in sein Reich zurück, obschon ein Traum ihn vor dem Verrat König Asmunds warnt. Schließlich wird er mitsamt seinen Kriegern in seiner Halle verbrannt. Nur zwei von ihnen überleben und dichten das »Utstein-Lied« und das »Hroks-Lied« auf die Ereignisse.

ECTOR UND DEM KAMPF UM TROJA: Hektor, der älteste Sohn des Königs Priamus in Homers Ilias, ist der nobelste und großzügigste von allen Anführern der Trojaner, wird jedoch nach 10 Jahren der Verteidigung Trojas von Achilles erschlagen, der ihn an seinen Wagen bindet und dreimal um die Stadtmauern schleift (vgl. Stefanie Würth: *Isländische Antikensagas*, I. 1996).

ALEXANDER DEM GROSSEN: Alexander III, der Große von Macedonien (356–323 v. Chr.). Die Überlieferung seiner Taten findet sich im mittelalterlichen Norden in der Übersetzung der Alexandreis des Walter von Châtillon, der *Alexanders saga* (vgl. Würth: *Isländische Antikensagas*, I).

S. 265: GEBÜHREND EINS AUFS DACH GEBEN: *makliga clappa vm tialldkulr*; wörtlich »gebührend auf die Zeltkuhlen klopfen«. Das Bild ist wohl ein nachts in den Zelten überraschtes Heer, wo die Krieger in ihren Zelten aufstehen, und man im folgenden ihre Köpfe unter den Zeltplanen als hervorstehende Beulen sieht. Es ist dann ein leichtes, diese zu erschlagen oder gefangenzunehmen, wie dies bei den umzingelten Schwurbrüdern der Fall sein soll.

S. 268: SÖRKVISNAUT: Eigentlich handelt es sich bei dieser »Gabe« um eines von Jarl Neris Schiffen, welche er Sigurd und Randver für ihre Fahrt mitgegeben hat (Ende Kapitel 23). Später, im Kapitel 24, ist dann davon die Rede, daß zumindest eines von diesen Schiffen ein Langschiff sei. Weshalb hier das Geschenk einem Sörkvi zugeordnet wird, ist unklar.

ZWEI SEITEN HABE JEDES WAGNIS: Auf diese Sentenz *(tueir se j hættu huerrj)* wird nicht, wie manchmal der Fall, ausdrücklich verwiesen (mit Formeln ähnlich wie »daher kommt wohl das Sprichwort«). Es fehlt daher auch der Eindruck eines Erzählerkommentars.

DASS DER ZWERG DEN STEIN WOHL VOR IHM ERREICHEN WOLLE: Der Glaube, daß Zwerge in Steinen leben, ist in der altnordischen Erfahrungswelt verankert. Hier wird das Märchenmotiv gebraucht, wonach

man durch das Aussperren eines Zwerges von diesem einen Wunsch
frei hat.

S. 269: JUNGFRAUENKÖNIGIN: Das Motiv des *meykóngr* (»Jungfrauenkönig«), ist
für die Märchensaga sehr wichtig (siehe auch »Saga von Ali Flekk«).
Dazu ausführlicher im Nachwort S. 424f.

S. 272: GLEICHES MIT GLEICHEM VERGOLTEN WURDE: Dieses Sprichwort *(kome
krokur motj kroc)* setzt den Gedankengang fort, daß sich in Sigurd und
Sedentiana zwei geistig ebenbürtige Gegner gefunden haben, die sich
gegenseitig zu überlisten imstande sind. Daß Erfolg in der Liebe nur
durch ein Spiel der Intelligenz zu erreichen ist, zeigt sich bereits in den
Sprüchen der *Hávamál*, wo es heißt, daß der, der die Liebe einer Frau
gewinnen will, schöne Worte sprechen soll (Strophe 92); es gewinnt,
wer zu schmeicheln versteht. Sigurd und Sedentiana begehen zwar
eher den Weg der Abweisung und Verstellung, doch auch hier ist Geistesschärfe und Überzeugungskraft gefragt.

S. 278: STIKA: Eigentlich ein »Stecken, Maßstock«, welcher in Island nach
1200 zunächst 2 Ellen (ca. 110 cm) maß, später jedoch zunehmend als
Ellenmaß gebraucht wurde. Hier ist nicht zu bestimmen, ob der Text
noch mit der alten stika mißt (vgl. *Kulturhistorisk leksikon for nordisk
middelalder*, Bd. 10, Sp. 553).

S. 279: DASS DIES DER GEIFER AUS SEINEM INNEREN WAR: *sem þat uære frodan vr
honum*; hier bricht die Handschrift AM 596 4to erneut ab, mit *sem froða
mæti* ER (bzw. OR, wie Driscoll: *Sigurðar saga,* 1992 vermutet). Es fehlen
bis zu dieser Stelle in der kürzeren Redaktion jedoch der Kampf mit
Börk und Brusi, einschließlich der Nip-Episoden; weiterhin die
Kämpfe mit Valteri und Ermedon und die Belagerung von Treveris
mit der nachfolgenden Gefangennahme und Flucht Sigurds sowie der
Diebstahl des magischen Steines durch den Zwerg. Die Handlung
geht also von der Besiegelung der Schwurbruderschaft mit Randver
direkt zu ihrer Verstellung als Amas und Amelon über. Von dieser
Stelle an fahren die Redaktionen inhaltlich parallel weiter. Im folgenden fehlen wahrscheinlich drei Blätter (vgl. Driscoll: *Sigurðar saga*).

S. 280: ER ORDNET NUN IHREN SCHÖNEN LEIB, WIE ES IHM GEFÄLLT: *og skickar
hann nu hennar fǫgrum lijkama sem honum lijkar*. Das altnordische Wort
skikka wird normalerweise meist im militärischen Zusammenhang
verwendet, wo es »ordnen, in eine (bestimmte) Ordnung bringen« von
Schlachtreihen bedeutet. Hier ist der martialische, gewalttätige Aspekt
also ganz bewußt unterstrichen, Sedentianas Demütigung somit durch
ihre Objektivierung noch verstärkt.

S. 281: SIRAKUS: Gegründet 734 v. Chr., erreichte die Stadt Sirakus ihren Höhepunkt im 5. Jahrhundert v. Chr. und fiel 212 v. Chr. an Rom. Im 9.
Jahrhundert wurde sie von den Arabern erobert und 1085 ins normannische Königreich Sizilien eingegliedert.

S. 285: NICHT WENIGER ALS JEDER ANDERE MANN, VON DEM WIR BESCHEID

WISSEN, IN SEINEN FERTIGKEITEN BEGABT: Diese Art des negativen Vergleichs, bei dem das zu Vergleichende (hier die Fertigkeiten) in einer grammatischen Umkehrung von einer positiven in eine negative Formulierungsweise verkehrt wird, ist als rhetorisches Stilmittel in der altnordischen Literatur immer wieder anzutreffen.

S. 287: KALEON: Wohl ein fiktives Gebirge, das sich in den altnordischen Kosmographien nicht finden läßt.

S. 289: EINMASTER: *eintriæningar*. Sehr wahrscheinlich sind damit nicht irgendwelche fantastischen Einbäume gemeint, sondern die *knerrir*, die Frachtschiffe der Skandinavier, Einmaster mit einem wesentlich größeren Laderaum als Kriegsschiffe (vgl. Jones: *A History of the Vikings*).

GROSSE HANDELSSCHIFFE: *buzur*. Während die *eintrjáningar* wohl eher kleinere Küstenschiffe bezeichnen, kann man in den *buzur* wohl die hochseetauglichen Frachtschiffe erkennen, wie sie als Wrack 3 (kleines Küstenfrachtschiff) resp. Wrack 1 (größeres Hochseefrachtschiff) bei Roskilde gefunden wurden (vgl. Jones: *A History of the Vikings*).

DIE GANZE NACHT ÜBER WAREN SIE AN DIESER ARBEIT: *alla þessa nott uoru þeir j þessu starfi*; hier setzt die Handschrift AM 596 4to zum letzten Mal ein, mit *Alla þessa nott uoro þeir i starfi* (»Die ganze Nacht über waren sie an der Arbeit«); es beginnt also ein neuer Abschnitt.

S. 290: AQUITANIA: Die Grafschaft »Aquitanien« im Südwesten Frankreichs, welche bis zum Jahr 877 noch ein fränkisches Königtum war. Seit dem 12. Jahrhundert war Aquitanien Ziel ständiger Gebietsstreitigkeiten zwischen England und Frankreich.

AURGELMIR: In dem »Vafthrudnir-Lied« *(Vafðrúðnismál)* der Lieder-Edda wird der Urriese Aurgelmir (etwa »sandgeborener Brüller«) erwähnt. Snorri setzt ihn in der *Gylfaginning* seiner *Edda* mit Ymir gleich, dem Riesen, aus dem nach der altnordischen Mythologie die Welt erschaffen wurde. In unserer Saga hält sich der Bruder des Riesen offenbar bei einem weiteren Riesen namens Aurgelmir auf; dabei ist es hier nicht wahrscheinlich, daß damit tatsächlich der mythologische Urriese gemeint ist. Vielmehr wird Aurgelmir für den Verfasser einfach ein gebräuchlicher Riesenname geworden sein.

S. 292: MEHR, ALS MAN ERZÄHLEN KÖNNTE: Solche Erzählformeln finden sich in den mittelenglischen *Romances* (z. B. *Sir Orfeo*, l. 32: *Ac no man may telle hir fairnisse*) ebenso häufig wie in den altnordischen *Riddarasögur*. Meist werden sie bei Aufzählungen verwendet, um den Zuhörer/Leser nicht mit zu vielen Details zu langweilen. Hier jedoch ist die Funktion der Intensitätssteigerung im Ausdruck der übermäßigen Freude vorherrschend.

S. 293: SITTE DER CHRISTENMENSCHEN: *cristina manna sid*. Interessanterweise stellt sich im Verständnis des mittelalterlichen Skandinavien der Übergang vom Heidentum zum Christentum als Wechsel des *sið*r, also der

»Sitten und Gebräuche«, des »sittlichen Verhaltens«, dar. *Siðr* nimmt demzufolge nur sekundär – und im Rückblick auf diesen Übergang – die Bedeutung »Religion« an. Dies zeigt, daß äußerliche Verhaltensänderungen als wesentlich wahrgenommen wurden, nicht etwa primär ein Wechsel der inneren Einstellung.

CONSTANTINUS: Der erste christliche Kaiser Konstantin der Große (ca. 288–337). Er ließ Byzanz erbauen (330–336) und sich von Papst Sylvester bekehren, worauf er nach einer gefälschten Urkunde aus dem 5. Jahrhundert, der *Donatio Constantini*, dem Papst die geistliche Herrschaft über die gesamte christliche Ökumene sowie die weltliche Macht über Rom und das Abendland überlassen haben soll.

FLÓVENTS: Hier wird auf die Ereignisse in der *Flóvents saga* angespielt, eine wohl im 13. Jahrhundert entstandene *Riddarasaga*. Sie erzählt von dem Neffen des Kaisers Konstantin, Flovent, der bei einem Zwischenfall einen Grafen tötet und nach Frankreich fliehen muß. Dort trifft er den noch heidnischen Frankenkönig Florent, welchem er gegen die angreifenden Sachsen unter König Salatres beisteht. Nachdem er König Salatres besiegt hat, zieht er von den zwei heidnischen Prinzessinnen, welche sich in ihn verliebt haben, die sächsische Marsibilia vor und heiratet sie. Flovent bekehrt zuerst sie und danach ganz Frankreich zum Christentum, läßt Tempel zerstören und Kirchen erbauen und wird endlich von seinem Onkel Konstantin wieder wohl aufgenommen. Er stirbt in hohem Alter und wird in Notre Dame begraben (vgl. *Medieval Scandinavia*, 1993, 201 f.).

IN KEINER HINSICHT ZAGHAFTER IST ALS ICH: Siehe Anmerkung S. 387–388.

S. 295: ZUM UNGLÜCK WENDEN, SICH GEGEN DEINEN WILLEN UND DEINE HEILVOLLEN ENTSCHEIDUNGEN ZU STELLEN: *horfa til ohamingiu ath snua moti þjnum uilia og heilum radum*; hier läßt sich gut erkennen, wie die *óhamingja* abhängig vom Gefüge der Sippe empfunden wurde. Sigurd als Familienoberhaupt »an Verstand und Tüchtigkeit« ist somit Hauptträger des Sippenglücks; sich gegen seine Entscheidung zu stellen würde das Gleichgewicht der Glückskräfte auflösen, einerseits durch aufkommende Unstimmigkeiten, andererseits durch die Schwächung der sozialen Stärke im noch immer stark Thing-orientierten Denken des nordischen Mittelalters. Dieses Konzept der *óhamingja* ist also wie vieles andere nicht an die eigentlich feudalen Strukturen der Saga angepaßt.

S. 296: SECHZEHN SPIELFIGUREN: Die Beschreibung dieses Schachspiels ist ungewöhnlich, hat doch das Brett offenbar 16 mal 16 Felder. Ob es sich um Unwissen von Seiten des Verfassers über das Schachspiel handelt, oder ob es tatsächlich ein spezielles, *Boddatafl* genanntes Brettspiel gegeben hat, ist hier nicht zu beantworten. Der Name *Boddi* (»Bauer«) taucht im Eddalied *Rígsþula* als Eigenname auf; es handelt sich dort um einen der sprechenden Ständenamen, den Sohn *Karls* (»des freien Mannes«). Der Vater des berühmten Skalden Bragi inn gamli heißt ebenfalls Boddi. Es wäre zu untersuchen, ob einer der beiden Namensverwandten in besonderer Verbindung mit dem Brettspiel stand.

MIT RAHE UND TAKELWERK: Die Rahe ist eine Querstange am Mast für das trapezförmige Rahsegel, das Takelwerk (bzw. die Takelage) ist ein umfassender Begriff für das gesamte Segelwerk inklusive Mast.

S. 298: JE EINE SOLCH ROSENGLEICHE BLUME GESEHEN ZU HABEN: Solch emblematische Passagen sind selten in der altnordischen Literatur. Viel öfter wird der Vergleich oder die Metapher als Stilmittel angewendet. Hier wird Sedentiana allerdings direkt als Blume bezeichnet, ähnlich der Rose im *Roman de la Rose*, deren Bedeutung durch ihre eigenen Eigenschaften und durch den narrativen Kontext festgelegt wird. Allerdings ist hier im Vergleich zum *Roman de la Rose* das Emblem der »rosengleichen Blume« nur in dieser Textpassage wirksam.

AM KOMMENDEN MORGEN STECKTEN DIE LEUTE IN IHREN KLEIDERN: *A Th komanda morni stodu menn j sijn cledi*. Die Übersetzung will die Eigentümlichkeit der hier verwendeten Formulierung bewahren, da sie von den sonst üblichen Arten der Kapiteleröffnung erfrischend abweicht. Es wird beinahe der Eindruck erweckt, als sei es etwas besonders Erwähnenswertes, daß die Leute an diesem Morgen Kleider trugen; als ob sie dies für gewöhnlich nicht täten. In der Handschrift AM 596 4to, 8v ist *ok toko handlaugar* (»und sie wuschen ihre Hände«) hinzugefügt, was eher den Eindruck einer Morgentoilette erweckt.

SYMPHONIUM: »Symphonia« konnte im Mittelalter generell ein Instrument bezeichnen, welches mehr als einen Ton auf einmal zu produzieren vermochte; häufig waren dies Tasteninstrumente jeglicher Art, welche Saiten anschlugen. In diesem Textzusammenhang ist anzunehmen, daß die »Drehleier« gemeint ist, welche, seitdem sie als Begleitinstrument zu den gesungenen *Chansons de gestes* benutzt wurde, ständig an Beliebtheit dazugewann und schließlich von keinem spätmittelalterlichen Fest mehr wegzudenken war (vgl. v. a. Stanley Sadie: *The New Grove Dictionary of Music & Musicians*. 1980).

PSALTERIUM: Eigentlich das »Psalter«, ein dreieckiges oder quadratisches Zupfinstrument, welches v. a. bei den Persern sehr häufig gebraucht wurde. Allerdings steht *psalterium* in mittelalterlichen Texten oft auch für die Harfe, das aus dem Walisischen stammende *Crwth* (welches der nordischen *Lyra* sehr ähnlich ist) oder für andere zitherartige Instrumente. Da hier im Kontext die Harfen jedoch speziell erwähnt werden, bleiben die Zither oder die keltische Lyra wahrscheinlich (vgl. v. a. Sadie: *The New Grove Dictionary of Music*. 1980).

ILLUSIONISTEN: *puersyningarmenn*. Die Bedeutung ist eigentlich unklar. Der Kontext zeigt, daß eine Gruppe von Leuten gemeint ist, die etwas wesentlich anderes vorführen und zu den »wundersamen Dingen« beitragen. Wahrscheinlich beinhaltet das Wort die gleiche Vorstellung wie das von Bjarni Vilhjálmsson in seiner Edition vorgeschlagene *sjónhverfingamaður* »Magier, Illusionist«, bezeichnet also jemanden, der falsche Dinge vorgaukelt.

S. 299: HIER SOLL GLEICHES MIT GLEICHEM VERGOLTEN WERDEN: An dieser Stelle wird das obige Sprichwort (siehe S. 387 in einem befremdlichen Zusammenhang gebraucht. Sigurd durchschaut wohl eigentlich die Anspielungen Sedentianas, gibt sich jedoch vor den versammelten Gästen unwissend. Es handelt sich bei Sigurds Äußerungen also um ein Verstellungsspiel, welches er mit Sedentiana führt, bei dem Sprichwort jedoch um ein dramatisches *aside* (siehe unten).

S. 300: ICH DACHTE DAMALS, DASS ICH MIT DIR DEN NÄCHSTEN ZWERG GEZEUGT HABEN SOLLTE, ZU DEM GOLD, DAS SICH IN MEINEM STEIN BEFINDET: *hugde eg þaa at eg skylldi hafa getit med þer annan duerg til gullz þess at j mijnum steine er*. Die genaue Aussage dieser Passage ist mir nicht klar. Demütigt der Zwerg die Königin mit dem Hinweis, daß ein Sohn von ihr nur ein weiteres »Kleinod« in seiner Sammlung wäre? Möglicherweise soll das Kind auch nur da sein, um mit seinen Reichtümern zu spielen.

S. 302: ACHTZEHNJÄHRIGER: In der Handschrift AM 596 4to, 9v ist er nur *suo stor vexti sem .viij. vetra gǫmul bǫrn* (»so groß gewachsen, wie achtjährige Kinder«). Die frühe Reife des Helden – und damit vor allem der schnelle und kräftige Körperwuchs – ist ein international gebräuchliches Motiv seit der Zeit der ersten Heldenepen und in der altnordischen Literatur verbreitet.

»DAS MAG WOHL ZUSAMMENPASSEN«, SAGT ER, »DENN UM DIESE ZEIT HERUM WERDE ICH WOHL HIERHERGEKOMMEN SEIN, WIE ES MIT DIESER ZEUGUNG ÜBEREINSTIMMT«: Diese Aussage macht im folgenden Kontext nur Sinn, wenn sie als *aside* gewertet wird, eine vor sich hingesprochene Gedankenäußerung, welche dem Zuhörer/Leser einen Einblick in die Motivation der handelnden Person erlaubt. Der Verfasser läßt Sigurd seine Erkenntnis ohne Mitwissen der anderen anwesenden Charaktere an uns weitergeben, so daß wir am folgenden Spiel mit der unwissenden Sedentiana teilhaben können.

S. 304: UND ICH HABE ERFAHREN, DASS ER VORHATTE, BINNEN FÜNF TAGEN IN DIE SIEDLUNGEN ZU KOMMEN: Angehängt an die vorherige Mitteilung, daß der Riese bereits die Siedlungen verwüstet hätte, mutet dieser Nachtrag etwas seltsam an. Wahrscheinlich hatte der König zuvor von der Absicht des Riesen erfahren, konnte jedoch nicht verhindern, daß der Riese nach fünf Tagen Frist seine Absicht in die Tat umsetzte. Die Reihenfolge der Aussagen ist also nicht chronologisch, vielmehr wird die Aussage in der direkten Rede als Nachtrag hinzugefügt.

S. 306: SCHIFFSPFUND: *skippunnd*. Ein Schiffspfund sind nach unterschiedlichen Angaben zwischen 125 und 160 kg, der Speer des Riesen soll also gut um die 400 kg wiegen.

BIS ÜBER DIE TÜLLE DES SPEERBLATTES: *yfir falinn*. Die Tülle ist der Teil des Speerblattes, welcher auf den Schaft gesteckt wurde. Zwei *geirnaglar* (»Speernägel«) hielten dann Tülle und Schaft zusammen (vgl. Falk, *Altnordische Waffenkunde*).

KELCHE: *spijrur*. Die Bedeutungen von altnordisch *spíra* reichen von »Stange, Stab, Latte« über »Leuchter« und »Schößling« bis zu »Kelch, Becher«. Die Übersetzung wählte hier die für einen Schatzfund wahrscheinlichste Möglichkeit, obwohl es mit *ker* ein weitaus gebräuchlicheres Wort für »Kelch« gäbe.

SCHALEN: *skurrnir*. Altnordisch *skurn* bedeutet eigentlich »Nuß- oder Eierschale«. Es ist nicht klar, was in diesem Kontext gemeint sein soll. Beides müßte wohl in kostbar verzierter Form vorliegen, um als Kleinod gewertet zu werden. Die Übersetzung benutzt den wohl oder übel zweideutigen Ausdruck »Schale«, da schon zuvor ein sogar mehrdeutiges Wort vom Verfasser benutzt worden ist. Beide Wörter könnten somit möglicherweise in selten gebrauchten Bedeutungen (etwa »Trinkgefäß, Schale«) verwendet worden sein.

S. 307: GARDARIKI: Das »Reich der Rus, Rußland«, also etwa das Gebiet um die Städte *Hólmgarðr* (Novgorod) und *Kænugarðr* (Kiew), welche in der Wikingerzeit von schwedischstämmigen Warägern gegründet wurden.

ARMENIA: Das Land »Armenien«. Hier haben neben den Wundervölkern auch mißgestaltete, unzivilisierte Könige wie Sarodakes ihre Heimat.

ÜBER DAS MEER: *um lanndagard*; wörtlich etwa »über die Umhegung des Landes«. Hierbei handelt es sich um eine der wenigen – wenn auch einfachen – Kenningar (poetische Umschreibungen), welche in den *Riddarasögur* zu finden sind: Was nämlich sämtliches Land umgibt, ist nach mittelalterlichem Weltbild »das Meer«. Solche Kenningar sind eigentlich typisch für die komplizierte Verskunst der Skaldik. Es ist deshalb anzunehmen, daß *landagarðr* für den Verfasser bereits eine stehende Wendung war und keine poetische Eigenleistung mehr dargestellt hat.

RUZIA: In den *Fornaldarsögur* und den *Riddarasögur* eine häufiger zu findende Bezeichnung für »Rußland«. In der kosmographischen Literatur wird dagegen meist auf die altnordische Entsprechung *Garðaríki* verwiesen.

HOLMGARD: Die Stadt »Novgorod« (siehe Anmerkung S. 377).

S. 308: WIKINGER: Der Begriff hat sich hier weit von seiner eigentlichen Bedeutung entfernt. Die semantische Komponente der nordischen Herkunft geht im Spätmittelalter völlig verloren, wobei die räuberische Tätigkeit bis zur Unmenschlichkeit überspitzt wird, und der »Wikinger« zum *illskumaðr* (»übler Wicht, Bösewicht«) mutiert. Siehe auch Anmerkung S. 375: GARD DER GRIECHE.

S. 309: UND DIE HOCHZEIT FAND INNERHALB DES KOMMENDEN MONATS STATT: *og war brullaup jnnan þess manadar er næst kom*; an dieser Stelle endet die Handschrift AM 596 4to mit *skylldi brullaupit wera jnnan þess mánadar er næstr kom* (»sollte die Hochzeit innerhalb des kommenden Monats stattfinden«). In dieser letzten Passage stimmen die beiden Redaktionen inhaltlich weitgehend überein. Möglicherweise endet die kürzere Redaktion also, ohne die Vermählung Sigurds mit Sedentiana/Seditiana zu beschreiben, was allerdings etwas seltsam anmutet (vgl. Driscoll: *Sigurðar saga*).

S. 310: GARNATUM: Eine eigentliche mittelalterliche Weinbezeichnung dieses Namens in der Art von *claret* gibt es nicht. Vielmehr wird es sich hier um eine aus dem Lateinischen entlehnte nähere Charakterisierung handeln. Im Mittellateinischen gibt es *garnatus* als Variante von *granatus* »Granat«, womit wir uns hier wahrscheinlich einen »granatfarbenen Wein« (vielleicht einen sehr dunklen Burgunder?) vorzustellen haben.

S. 311: QUINTERNIUM: Im spätmittelalterlichen Deutschland wurde dieses Instrument »Quinterne« genannt. Es handelt sich um ein relativ kleines, viersaitiges Zupfinstrument mit ovalem Körper, kurzem Hals und sichelförmigem Wirbelkasten, welches aus einem Stück geschnitzt wurde; alles in allem war sie also mit der Laute verwandt (vgl. v. a. *The New Grove Dictionary of Music*, 1980).

ORGANUM: Eine Orgel, zu dieser Zeit wahrscheinlich noch mit oben offenen Pfeifen. Diese wurden nicht nur in Kirchen, sondern auch an weltlichen Fürstenhöfen zur Unterhaltung benutzt (in Byzanz bereits im 8. und 9. Jahrhundert). Man hat sie sich allerdings lediglich in der Größe eines großen Xylophons vorzustellen, und sie unterschieden sich auch im Klang wesentlich von den heutigen Kirchenorgeln (vgl. v. a. *The New Grove Dictionary of Music*, 1980).

Anmerkungen zur Saga von Damusti
(Jürg Glauser)

Die Übersetzung beruht auf der Ausgabe von Louise Fredrika Tan-Haverhorst (Hg.): *Þjalar Jóns saga. Dámusta saga. I. Teksten.* (Proefschrift) Haarlem 1939. S. CXIX–CLXC, S. 48–108.

S. 313: DIE SAGA VON DAMUSTI: Wie bei allen isländischen Sagas gibt es auch für die »Saga von Damusti« in den Handschriften eine ganze Reihe unterschiedlicher Bezeichnungen, z. B. »Märchen von Damusti«, »Saga des Weisen Damusti in Griechenland«, »Die Saga von König Jon und Damusti in Griechenland«, »Saga von Damusti und Jon dem König von Kleinlanden«, »Die Saga von Damusti, der König Jon tötete und mit Alheim kämpfte«, »Hier fängt die Saga von Damusti an«. Der hier gewählte Titel ist allgemein in die Forschungsliteratur eingegangen.

S. 314: KAISER: Der griechische Herrscher Catalachus wird im Text meist als Kaiser, manchmal jedoch auch als König bezeichnet.
MIKLIGARD: Die altisländische Bezeichnung »Mikligard« (*Mikligarðr*, eigentlich »Große Stadt«) oder »Gard« (altisländisch *Garðrinn*, »Die Stadt«) bezeichnet in dem vorliegenden Text sowohl die Stadt Konstantinopel (Byzanz) selbst wie manchmal auch das ganze Reich des byzantinischen Kaisers. Griechenland heißt in altisländischen Schriften in der Regel *Grikkland* oder *Girkland*, wird in der Saga von Damusti teilweise jedoch auch *Garðaríki* (eigentlich »Reich der Gardar, Höfe [von schwedischen Händlern in Rußland]«) genannt, obwohl mit diesem Namen sonst Rußland bezeichnet wird. Es findet sich in Kapitel 14 auch *Grikkjaríki* (»Reich der Griechen«). Vgl. für die geographischen Kenntnisse in altisländischen Schriften vor allem Rudolf Simek: *Altnordische Kosmographie*. 1990.
AEGISIP: Altisländisch *Ægisip* gibt das griechische *Hagia Sophia* (»Heilige Weisheit«) wieder. Für diese im Jahre 360 fertiggestellte Hauptkirche in Konstantinopel gibt es im Altnordischen verschiedene Bezeichnungen, u. a. *Agisif*, *Ægisif* oder *Egisif*.
SÄULENSUND: Mit dem Terminus *Stólpasund* (»Säulensund«, »Meerenge mit den Säulen«) wird in altisländischen Schriften eigentlich meist die Straße von Gibraltar bezeichnet, die auch den Namen »Njörfasund« (»Enge Meeresstraße«) hat. Hier bezieht sich *Stólpasund* auf die Meerenge zwischen Goldenem Horn und Bosporus. Kenntnis von einer Absperrung dieser Meerenge durch ketten- bzw. gitterähnliche Vorrichtungen zeigt beispielsweise schon Snorri Sturluson (ca. 1178–1241), der im Kapitel 15 der *Haralds saga Sigurðarsonar (Heimskringla)* beschreibt, wie es Harald Sigurdsson gelingt, die Ketten zu durchbrechen und trotz Verbots der Kaiserin aus der Stadt zu entkommen. Vgl. dazu beispielsweise Sigfús Blöndal: *The Varangians of Byzantium*. 1978.

S. 317: DRACHENSCHIFFE: Kriegsschiffe mit Drachenköpfen an den Steven wurden im Altisländischen *drekar* (»Drachen«) genannt.

S. 318: ZELTE: Es handelt sich hier um zeltartige Überdachungen, die auf dem Schiffsdeck zum Schutz von Menschen, Tieren und Ladung angebracht wurden.

S. 319: JARL: In der norwegischen Hierarchie war der Jarl der dem König am nächsten stehende Rang.
AUS DEN SÜDLANDEN: Das Reich von König Jon wird hier »Südlande« (*Suðrlönd*, Pl.), unten jedoch häufig auch »Kleinlande« (*Smálönd*, Pl.) genannt. Beides sind Bezeichnungen für fiktive Reiche.

LYPTING: Als *Lypting* wurde das erhöhte Deck im Achterschiff bezeichnet. Vgl. Hans Kuhn: *Das altnordische Seekriegswesen.* 1991.

DAS HAAR ÜBER DIE STIRN NACH VORNE GEKÄMMT: Die hier nur angedeuteten, nicht aber ausgeführten Motive »(Goldenes) Haar« und »Kamm bzw. kämmen« sind in der Märchen-, Sagen- und Mythenliteratur der Welt natürlich äußerst verbreitet. Interessant ist an dieser Stelle der »Saga von Damusti«, daß eine rudimentäre Form des Motivkomplexes »Brautwerber mit goldenem Haar« und »Selbständige Gattenwahl der Prinzessin« vorzuliegen scheint, wie sie für das Märchen vom Goldener (AaTh 314) charakteristisch ist. Vgl. dazu z.B. Günter Dammann: Goldener. In: *Enzyklopädie des Märchens,* Bd. 5, Sp. 1379.

S. 322: BLALAND: Das altisländische *Bláland* kann sowohl »Blauland« wie »Schwarzland« bedeuten; letzteres würde in der fiktiven Geographie dieser Texte vermutlich am ehesten auf ein nicht näher zu lokalisierendes Gebiet in Afrika hinweisen. Vgl. dazu auch die Anmerkungen zu BLALAND und MOHREN in der »Saga von Sigurd Thögli« oben S. 382 und 384 sowie Stefanie Würth: *Isländische Antikensagas,* I, 1996, S. 300, Kommentar zu S. 279.

S. 323: WENN DU IHN SIEHST: Wechsel in der Anrede zwischen »du« (*þú,* 2. Person Singular) und »Ihr« (*þér,* 2. Person Plural) sind im Altisländischen häufig; wie hier in der Übersetzung nachgebildet, wird in beiden Fällen eine einzige Person angesprochen.

S. 324: VON EINEM KURZEN BOGEN: Es handelt sich hier um ein Sprichwort, das im Isländischen sonst in der leicht abweichenden Form »Rasch fliegt ein Pfeil von einem kurzen Bogen« *(Skjótt er að skjóta af skömmum boga)* existiert (vgl. Finnur Jónsson: *Íslenskt málsháttasafn.* 1920, S. 18). Diesen – hier auch passenderen ? – Wortlaut haben die *Dámusta saga*-Handschriften der **b**-Gruppe (vgl. Ausgabe Tan-Haverhorst 1939, S. 72), und er findet sich beispielsweise auch in Peder Låles dänischer Sprichwortsammlung: *Snart er skuddet af stakket* [kurz] *bove* (vgl. Finnur Jónsson: *Íslenskt málsháttasafn.* 1920, S. 204).

S. 327: FULLTRUI: *fulltrúi* bedeutet »Vertrauter«.

SCHÖN WIE DIE SONNE: Im isländischen Text steht an dieser Stelle *suo fagur sem Dualins leijka* (Ausgabe Tan-Haverhorst, S. 77), was vermutlich mit »so schön wie Dvalins Spielgefährtin/Gespielin bzw. Betrügerin« zu übersetzen ist. Die Saga bezieht sich hier auf das eddische Lied *Alvíssmál,* in dem es in Strophe 16 heißt: »*Sól* heißt die Sonne bei den Menschen, *sunna* bei den Göttern, die Zwerge nennen sie ›Dvalins Gespielin/Betrügerin‹«). Wenn die etwas unklare Edda-Stelle so richtig gedeutet ist (vgl. dazu *Edda.* Hrsg. v. Gustav Neckel. II. Kurzes Wörterbuch von Hans Kuhn, 1968, s.v. *leica,* f., sowie Hugo Gering: *Kommentar zu den Liedern der Edda,* Erste Hälfte: Götterlieder. 1927, S. 333), ist »Dvalins Gespielin/Betrügerin« ein sogenanntes *heiti,* also eine dichterische Umschreibung für »Sonne«. Die dahinterstehende Vorstellung, die zahlreiche Entsprechungen im skandinavischen Volksglauben hat, besagt, daß die Sonne mit dem Zwergen – »Dvalinn« ist ein Zwergenname aus der altnordischen Mythologie – spielt, d. h. ihn überlistet, denn Zwerge und Riesen versteinern beim Anblick der Sonne am Morgen.

Die Membranhandschrift der *Dámusta saga* hat an dieser Stelle lediglich den Wortlaut *uænn sem leika* (»schön wie eine Gespielin [?]«), doch dürfte vermutlich auch hier ursprünglich die Formel »schön wie Dvalins Gespielin« gestanden haben. Vgl. dazu Bjarni Einarsson (Hg.): *Munnmælasögur 17. aldar*, 1955, S. cliv.

HVITSERK: *Hvítserkr* bedeutet »Weißhemd«.

S. 330: ZEHN MÄNNER: Andere Handschriften sprechen an dieser Stelle von zwei Männern.

DENN DAS LEBEN STIRBT, ABER DIE NACHREDE NIE: Die Vorlage zu dieser Stelle findet sich in der bekannten Strophe 76 der altisländischen *Hávamál* der Lieder-Edda: *Deyr fé, deyia frœndr, / deyr siálfr it sama; / enn orðztírr deyr aldregi, / hveim er sér góðan getr* (»Das Vieh stirbt, die Verwandten sterben, du selber stirbst ebenso; nur die Nachrede stirbt nie, wenn man sich eine gute erwirbt.«).

S. 331: SELBSTURTEIL: Altnordisch *sjálfdœmi* bedeutet »Selbsturteil, (Recht zum) Urteil in eigener Sache«; es ist vor allem in den isländischen Sagas bezeugt und führt mit sich, daß der Kläger nach eigenem Gutdünken die Höhe der für einen Totschlag zu entrichtenden Buße bestimmen kann.

S. 334: RICHTUNG DES SONNENLAUFS: Das altisländische *réttsælis* bedeutet »entsprechend dem Lauf der Sonne«, »im Uhrzeigersinn«; vielleicht ist mit dieser Stelle eine Tabuvorstellung des Jenseitigen verbunden?

S. 335: ALHEIM: Das altisländische *Alheimr* bedeutet »Die ganze Welt«. Einem Vorschlag Konrad Maurers entsprechend würde der Name dieses Wesens in der *Dámusta saga* vielleicht jedoch richtiger als *Álheimr* (»Aalwelt«) wiedergegeben und könnte eine Bezeichnung für das Meer sein, wie dieses in Strophe 24 der *Alvíssmál* von den Riesen genannt wird. Vgl. dazu Konrad Maurer: *Isländische Volkssagen*. 1860, S. 322, sowie Bjarni Einarsson: *Munnmælasögur*. 1955, S. clv.

S. 337: SCHMIED: Dieser Textstelle – die im Isländischen wie folgt lautet: *Ei er það undr, þótt smiðrinn breyti smíði sínu sem hann vill* – liegt vermutlich ein Sprichwort zugrunde; es konnte allerdings in keiner Sprichwortsammlung und keinem Wörterbuch verifiziert werden.

S. 338: LAUCH: Der Lauch als Heilpflanze ist im altnordischen Schrifttum vielfach belegt. Vgl. hierzu v. a. Wilhelm Heizmann: *Wörterbuch der Pflanzennamen*. 1993).

DIE TROLLE SOLLEN DICH HOLEN: Eine verbreitete isländische Verwünschungsformel lautet: »Es haben dich alle Trolle«, d. h. »Die Trolle sollen dich holen«, »Geh zum Teufel«.

S. 339: NIMMT DAMUSTI DIE KAISERTOCHTER IN SEINEN BESITZ: Eine andere Handschrift hat hier lediglich: »Nun nimmt er die Kaisertochter«.

EIN ROTER TROPFEN AUF IHRER WANGE: Es handelt sich bei dieser Stelle um eine Form des Dornröschen-Motivs (Schlafende Schönheit, AaTh 410).

S. 340: MISCHLING: Als »Mischling« (altisländisch *blendingr*) wurden Wesen bezeichnet, die halb Mensch, halb Troll waren. So wird beispielsweise der Riese Thorir im Kapitel 61 der *Grettis saga* als »Mischling« bezeichnet.

DASS DAMUSTI SICH MIT DER KAISERTOCHTER VERLOBT: Es handelt sich hier um eine Kurzform des Erzählstoffes »Rasch getröstete Witwe« (AaTh 1350).

S. 343: ZELLE: Das Motiv des »Moniage«, des Rückzuges eines Helden in ein Kloster, ist in der mittelalterlichen Literatur sehr verbreitet.

S. 344: DASS MAN UNS ALLE ZU CHRISTUS SENDE: Auch im Original findet sich ein entsprechender Reim *ender* (»Ende«)/*sender* (»gesandt«).

Nachwort

Isländische Märchensagas
(Jürg Glauser)

1. Was ist eine Märchensaga?

Unter dem Kunstwort »Märchensaga« – das relativ jungen Datums und keineswegs unumstritten ist – wird gemeinhin eine Gruppe kürzerer und längerer isländischer Prosaerzählungen zusammengefaßt, die sich im wesentlichen ins 14. und 15. Jahrhundert datieren lassen. Obwohl es aufgrund der spezifischen literarhistorischen Gegebenheiten unmöglich ist, eine präzise und erschöpfende Definition dieser Untergruppe der Sagaliteratur zu geben, wird in der Regel ein Kern von rund 30 mit Sicherheit ins Mittelalter zu datierenden Texten als Märchensagas bezeichnet; bei einer ganzen Reihe von Übergangs- und Mischtexten und vor allem bei einer sehr großen Anzahl nachreformatorischer Sagas mit ähnlichen Merkmalen sind Gattungszuordnung und Terminologie dagegen noch weit weniger eindeutig.

Märchensagas galten der Forschung lange Zeit aus den unterschiedlichsten Gründen als suspekt und einer ernsthaften Beschäftigung nicht wert: Als Erzählungen aus dem Spätmittelalter, das in Skandinavien und besonders in Island als Periode von Fremdbestimmung und politischem, wirtschaftlichem und kulturellem Niedergang betrachtet wurde, gehören die Märchensagas einer »nachklassischen« Phase in der Geschichte der isländischen Prosaliteratur an; erst durch die vermehrte Zuwendung zu früher vernachlässigten Perioden, Gattungen und methodischen Fragestellungen, die sich in den letzten Jahren abzeichnet, sind Texte aus dem isländischen Spätmittelalter überhaupt ins Blickfeld der Sagaforschung geraten. Als Vertreter einer populären Schemaliteratur, die ständig selbst auf ihre Unterhaltungsfunktion verweist (was allerdings keineswegs heißt, daß sie darauf zu reduzieren wären), wurden die Märchensagas von einer wissenschaftlichen Auseinandersetzung systematisch ausgeklammert; die Züge eines phantastischen Erzählmodus, der die Märchensagas dominiert und starke ironische und groteske Elemente aufweist, wurden an den Idealen des vermeintlich nüchtern-realistischen Erzählmodus der Isländer- und Königssagas aus dem 13. Jahrhundert gemessen und durchwegs als Merkmale des schlechten Geschmacks der Schreiber und Leser im ausgehenden Mittelalter gewertet. Aber auch als Beispiel einer europäisch geprägten Literatur konnten die Märchensagas in keiner Weise auf ein den Isländersagas vergleichbares Interesse hoffen; Märchensagas thematisieren an der Textoberfläche nicht unmittelbar isländische Probleme und Figuren, die als historisch verstanden werden konnten, wie es bei den Königs- und Isländersagas der Fall ist. Ihr Raum ist ein rein fiktional konstituiertes Universum, das zwar gewisse reale Dimensionen hat, jedoch zum großen Teil ins Reich der Literatur, der Imagination, verweist. Die hier dargestellten Konflikte orientieren sich weniger an der realen Welt Islands und Skandinaviens, wie andere Sagagruppen es scheinbar tun, sondern sind primär literarisch vermittelte Phänomene; dies bedeutet, daß es nicht sehr ergiebig ist, die Märchensagas direkt und unvermittelt auf die isländische Realität zu beziehen; dagegen bilden sie einen durchaus organischen Bestandteil einer in den beiden letzten vorreformatorischen Jahrhunderten an Umfang und Bedeutung ständig zunehmenden Erzählliteratur in den europäischen Volkssprachen, zu der beispielsweise späte Isländersagas, Rittersagas, Vorzeitsagas oder Rímur und – außerhalb Islands – frühe Romane, Balladen, Romanzen usw. gehören.

An dieser hier einleitend schematisch umrissenen Definition von Märchensagas müßte bei genauerer Betrachtung fast jede Aussage mehr oder weniger stark modifiziert werden. So zeigen zum Beispiel neue Untersuchungen, daß es keineswegs sinnvoll ist, in der isländischen Literaturgeschichte für die Zeit nach 1300 an einer allzu starren Grenzziehung zwischen Isländersagas als »realistischer« Gattung und Ritter-, Vorzeit-, Märchensagas als »phantastischen« Genres festzuhalten. Auch ist im Fall der Märchensagas die Festlegung der Gattung und Begrenzung des Untersuchungszeitraums auf das Mittelalter nicht berechtigt, weil ihr Weiterleben in handschriftlicher Überlieferung bis zum Ersten Weltkrieg ein Spezifikum der Geschichte der isländischen Populärliteratur in der Frühen Neuzeit darstellt. Im folgenden soll versucht werden, einigen der hier angedeuteten Fragen etwas ausführlicher nachzugehen.

2. Terminologie

Der deutsche Begriff *Märchensaga* ist insofern unglücklich, als er nur einen Teil der damit bezeichneten Texte inhaltlich befriedigend umschreiben kann. Er ist deswegen nicht allgemein akzeptiert worden, was natürlich vor allem auch für die Sagaforschung außerhalb des deutschen Sprachraums zutrifft. Schon in seiner auf deutsch publizierten Studie der isländischen Märchenvarianten von 1929 hat etwa der isländische Literaturhistoriker Einar Ólafur Sveinsson am Terminus »Märchensagas« kritisiert, »viele von den *lygisögur* haben überhaupt nichts mit Märchen zu tun« (vgl. Einar Ól. Sveinsson: *Verz. isländ. Märchenvarianten,* S. XXVII, Anm. 1; für die folgende Diskussion vgl. vor allem Jürg Glauser: *Isländische Märchensagas,* S. 17–22).

Der von Sveinsson verwendete Begriff *Lygisögur* (»Lügensagas«) bezieht sich auf den fiktionalen Inhalt der Erzählungen, ihre mangelnde Glaubwürdigkeit. Diese Terminologie hat eine lange Tradition, indem laut dem Zeugnis der »Saga von Thorgils und Haflidi« (*Þorgils saga ok Hafliða,* 13. Jahrhundert) bereits der norwegische König Sverrir im 12. Jahrhundert »solche Lügengeschichten am unterhaltsamsten« genannt haben soll (*Sturlunga saga,* I, Rv. 1947, S. 27; deutsche Übersetzung in »Thule«, Band 24). Vor allem der pejorative und wertende Aspekt und die Vagheit haben dazu geführt, daß die neuere Forschung sich des

Begriffes eigentlich kaum mehr bedient. Ein Terminus, der sich im Englischen eingebürgert und neuerdings als »rómansa« auch ins Isländische Eingang gefunden hat, ist »*Romance*« (vgl. Marianne E. Kalinke: »Riddarasögur«. In: *Medieval Scandinavia*; Torfi H. Tulinius: *Íslenska rómansan*).

Andere Bezeichnungen, die sich im Isländischen und zum Teil in mittelalterlichen Werken finden, heben thematische Kriterien hervor. So spricht man häufig von *isländischen* oder *originalen* bzw. *nicht-übersetzten Riddarasögur* (»Rittersagas«) und macht damit deutlich, daß es sich im Unterschied zu den Riddarasögur, die im 13. Jahrhundert als Übersetzungen und Bearbeitungen höfischer Erzählungen aus dem französischen und anglo-normannischen Bereich ins Altnorwegische entstanden, bei den Märchensagas um Texte handelt, die ohne jeden Zweifel entstehungsmäßig nach Island gehören und für ihre Geschichten keine direkten Vorlagen in fremden Literaturen verwenden (gerade die Frage der Stoffherkunft läßt sich allerdings oft überhaupt nicht eindeutig klären).

Kurt Schier, dessen einführende Darstellung *Sagaliteratur* von 1970 dem Terminus »Märchensagas« (»in Ermangelung eines treffenderen Ausdrucks«) im deutschsprachigen Raum zum Durchbruch verholfen hat, unterstreicht die Nähe einiger (jedoch keineswegs aller!) Märchensagas zu den Riddarasögur durch die Bezeichnung »jüngere isländische Riddarasögur« (Kurt Schier: *Sagaliteratur*, S. 112–113); es handelt sich dabei um Märchensagas, die vermutlich während einer frühen Phase in der Geschichte dieser Untergruppe entstanden.

So spiegelt auch die terminologische Unsicherheit die Tatsache wider, daß diese Texte noch keineswegs erschöpfend erforscht sind. Der Hauptgrund für die abweichende Terminologie liegt allerdings in dem Umstand, daß Märchensagas Mischformen, hybride Formen darstellen, die mit Hilfe lediglich eines Kriteriums nicht gesamthaft zu beschreiben sind.

3. Zur Entstehung der Märchensagas als Gattung

Märchensagas sind somit literarische Texte, die sich als mehr oder weniger klar definierbare Gattung bzw. Untergruppe der isländischen Sagaliteratur konstituierten, indem sie Stoffe, Themen und Sichtweisen, narrative Formen und Strukturen, in gewisser Weise sogar Erzählmodi aus älteren Gattungen übernahmen und daraus neue Erzählungen machten. In genau dieser Weise, als Weiterführung vorhandener Traditionen nämlich, entstanden die ersten Märchensagas vermutlich bereits um das Jahr 1300. Sie lehnten sich eng an die übersetzten Riddarasögur an und sind von diesen gar nicht immer deutlich zu trennen. Ein weiteres wichtiges Reservoir, aus dem die Märchensagas Motive und Erzählstrukturen holten, bildeten die sogenannten *Fornaldarsögur* (»Vorzeitsagas«), eine ihrerseits heterogene Gruppe von Erzählungen, die, vereinfacht ausgedrückt, aus der germanischen Heldensage bekannte Themen in Prosaform weitererzählten, jedoch in Untergruppen wie den »Wikingersagas« und vor allem den »Abenteuersagas« allgemeines hoch- und spätmittelalterliches Erzählgut – Märchenstoffe, Legenden, Schwänke, Novellistik usw. – aufgriffen. Hauptfiguren der Fornaldarsögur sind in der Regel Helden aus den nordischen Ländern, wobei einige ihren Ursprung in historischen Gestalten haben dürften, Schauplätze sind die dem nordischen Mittelalter vertrauten (realen und fiktiven) Räume außerhalb Islands, die Handlungszeit liegt in einer vag gefaßten nordischen Vorzeit (vgl. dazu den von Ulrike Strerath-Bolz besorgten Band *Isländische Vorzeitsagas*, I, München 1997, in dieser Reihe).

Einzelne Märchensagas befinden sich in ganz unterschiedlicher Nähe zu den Riddarasögur und den Fornaldarsögur. Die im vorliegenden Band berücksichtigten Sagas repräsentieren die Gesamtheit der Gattung recht gut, indem sowohl vorzeitsaganahe Texte wie die »Saga von Vilmund Vidutan« *(Vilmundar saga viðutan)* und die »Saga von Ali Flekk« *(Ála saga flekks)*, daneben mit der »Saga von Remund dem Kaisersohn« *(Rémundar saga keisarasonar)* und der »Saga von Sigurd Thögli« *(Sigurðar saga þögla)* rittersaganahe Texte aufgenommen sind. Die »Saga von Damusti« *(Dámusta saga)* zeigt, daß die auch im isländischen Spätmittelalter populäre Marienliteratur als Teil der Legendenübersetzungen zu den vielen Stoff- und Motivgebern der Märchensagas gehörte. Schließlich sollte darauf hingewiesen werden, daß jüngere Texte aus der Gruppe der Isländersagas wie etwa die vermutlich aus dem späten 14. oder frühen 15. Jahrhundert stammende »Saga von Viglund« *(Víglundar saga)* – »a late *Íslendingasaga* influenced by romance and *fornaldarsögur*« (Elizabeth Ashman Rowe: »Víglundar saga«. In: *Medieval Scandinavia*, S. 692) – eine Reihe von Gemeinsamkeiten mit den Märchensagas aufweisen.

Wie erwähnt läßt sich mit einiger Sicherheit davon ausgehen, daß sich das Korpus der Märchensagas als Ganzes im frühen 14. Jahrhundert etablierte. Ausschlaggebend für diese Datierung sind die Überlieferung der Erzählungen in Pergamenthandschriften (vgl. dazu unten) sowie Stoff- und Motivbeeinflussungen aus anderen Texten. Da jedoch alle Märchensagas anonym sind und es auch sonst keinerlei Möglichkeiten gibt, einzelne Elemente in den Texten auf außerliterarische Phänomene zu beziehen, läßt sich keine exakte absolute Chronologie dieser Sagas aufstellen. Allenfalls kann man zu relativen Datierungen einzelner Märchensagas untereinander und in bezug auf andere Sagas gelangen.

4. Die einzelnen Märchensagas

Da die Märchensagas aus den dargestellten Gründen im allgemeinen wenig bekannt sind und fast nur wissenschaftliche Spezialliteratur über sie verfügbar ist, sollen in der folgenden Liste die wichtigsten von ihnen aufgeführt werden (vgl. Glauser: *Isländische Märchensagas*. 1983, mit Berücksichtigung der Literatur bis ca. 1982; dort finden sich im Anhang [S. 234–317] ausführliche Inhaltszusammenfassungen der einzelnen Sagas auf deutsch. Die danach erschienene Literatur ist zum Teil in den Artikeln über die Märchensagas in *Medieval Scandinavia. An Encyclopedia*. Ed. Phillip Pulsiano. New York, London 1993, eingearbeitet; vgl. darin vor allem den sehr präzisen und weiterführenden Artikel von Marianne E. Kalinke: Riddarasögur. 1. Indigenous). – Die im vorliegenden Band übersetzten Sagas werden in der Liste durch * markiert.

»Die Saga von Adonias« *(Adonias saga)*
»Die Saga von Ali Flekk« *(Ála flekks saga)* *
»Die Saga vom schönen Baering« *(Bærings saga fagra)*
»Die Saga der Blomstrvellir [= Blumenfelder]« *(Blómstrvallasaga)*
»Die Saga von Damusti« *(Dámusta saga)* *
»Die Saga vom hochmütigen Dinus« *(Dínus saga dramblátá)*
»Die Saga von Ector« *(Ectors saga)*
»Die Saga von König Flores und seinen Söhnen« *(Flóres saga konungs ok sona hans)* *
»Die Saga von Gibbon« *(Gibbons saga)*
»Die Saga von Grega« *(Grega saga)*
»Die Saga von Hring und Tryggvi« *(Hrings saga ok Tryggva)*
»Die Saga von Jarlmann und Hermann« *(Jarlmanns saga ok Hermanns)*
»Die Saga von Jon Leikari [= Spieler]« *(Jóns saga leikara)*
»Die Saga von Kirjalax« *(Kirjalax saga)*
»Die Saga von Konrad dem Kaisersohn« *(Konráðs saga keisarasonar)*
»Die Saga von Magus dem Jarl« *(Mágus saga jarls)*
»Die Saga von Mirmann« *(Mírmanns saga)*
»Die Saga von Nitida« *(Nitida saga)*
»Die Saga von Remund dem Kaisersohn« *(Rémundar saga keisarasonar)* *
»Die Saga vom schönen Samson« *(Samsons saga fagra)*
»Die Saga von Saulus und Nikanor« *(Saulus saga ok Nikanors)*
»Die Saga vom kühnen Sigrgard« *(Sigrgarðs saga frækna)*
»Die Saga von Sigrgard und Valbrand« *(Sigrgarðs saga ok Valbrands)*
»Die Saga von Sigurd Fot [= Fuß]« *(Sigurðar saga fóts)*
»Die Saga von Sigurd Turnari [= Turnierkämpfer]« *(Sigurðar saga turnara)*
»Die Saga von Sigurd Thögli [= dem Schweigsamen]« *(Sigurðar saga þögla)* *
»Die Saga von Thjalar-Jon [= Feilen-Jon]« *(Þjalar-Jóns saga)*
»Die Saga von Valdimar« *(Valdimars saga)*
»Die Saga von Viktor und Blavus« *(Viktors saga ok Blávus)*
»Die Saga von Vilhjalm Sjod [= Geldbeutel]« *(Vilhjálms saga sjóðs)*
»Die Saga von Vilmund Vidutan [= Außerhalb]« *(Vilmundar saga viðutan)* *

Versucht man nun, diese Texte chronologisch nach ihrer Entstehungszeit zu ordnen, so ergibt sich mit sehr vielen Vorbehalten folgendes Bild. Zu einer ältesten Gruppe um oder kurz nach 1300 entstandener Märchensagas gehören Texte wie »Die Saga von Magus dem Jarl«, »Die Saga von Konrad dem Kaisersohn«, »Die Saga vom schönen Baering«, vielleicht auch »Die Saga von Mirmann« und »Die Saga von Sigurd Fot«. Bei der »Saga von Sigurd Fot« handelt es sich um eine Saga mit sehr engen Beziehungen zu den Abenteuersagas. Die anderen der eben genannten Märchensagas unterscheiden sich kaum von den übersetzten Riddarasögur. Man darf somit annehmen, daß die ältesten Vertreter dieser Textgruppe gleich alt oder nicht wesentlich jünger als einige der späteren Isländersagas wie »Die Saga von Njal«, »Die Saga von Hrafnkel« oder »Die Saga von Grettir« sind. Wenn jedoch stimmt, daß die frühesten Märchensagas fast gleichzeitig wie diese – ja immer hochgeschätzten – Isländersagas verschriftlicht wurden, läßt sich zumindest aus überlieferungsgeschichtlicher Sicht nicht mit dem verdorbenen Geschmack jener Zeit, den die Forschung häufig gegen die Märchensagas und andere Erzähltypen aus dem Spätmittelalter mobilisiert hat, argumentieren.

Eine weitere Gruppe relativ früh entstandener Märchensagas dürfte aus der Zeit um die oder kurz nach der Mitte des 14. Jahrhunderts stammen. Zu ihnen sind – wiederum nur mit einer gewissen Wahrscheinlichkeit – »Die Saga vom schönen Samson«, »Die Saga von König Flores und seinen Söhnen«, »Die Saga von Kirjalax«, »Die Saga von Remund dem Kaisersohn«, »Die Saga von Nitida«, »Die Saga von Gibbon« und »Die Saga von Viktor und Blavus« zu zählen. Andere lassen sich bloß sehr allgemein ins 14. Jahrhundert datieren: »Die Saga von Damusti«, »Die Saga vom hochmütigen Dinus«, »Die Saga von Sigurd Thögli«, »Die Saga von Vilmund Vidutan«, »Die Saga von Thjalar-Jon«, vermutlich auch »Die Saga von Ali Flekk« und »Die Saga von Sigurd Turnari«. Das bedeutet, daß mindestens die Hälfte der Märchensagas in einen Zeitraum zwischen um oder kurz nach 1300 und um 1400 gehören wird.

Aus dem 15. Jahrhundert dürften Erzählungen wie »Die Saga der Blomstrvellir«, »Die Saga vom kühnen Sigrgard«, »Die Saga von Adonias«, »Die Saga von Valdimar«, »Die Saga von Jarlmann und Hermann«, »Die Saga von Ector«, »Die Saga von Saulus und Nikanor« oder »Die Saga von Sigrgard und Valbrand« stammen.

Da eine zuverlässige Datierung der Märchen- und Abenteuersagas aussteht, sollten die hier als Forschungsmeinung referierten Altersangaben mit großer Vorsicht betrachtet werden. Einige Sagas wie »Die Saga von Jon Leikari« liegen lediglich in späten Papierhandschriften vor und stellen manchmal auch Prosabearbeitungen von Rímur dar, die ihrerseits auf Märchensaga-Stoffen beruhen. Von anderen – beispielsweise »Die Saga von Hring und Tryggvi« oder »Die Saga von Grega« – sind lediglich Bruchstücke von Pergamenthandschriften erhalten. Die verlorenen ursprünglichen Fassungen dieser und zahlreicher anderer Erzählungen können, jedenfalls solange keine eingehenden Untersuchungen des Handschriftenbestandes und keine wissenschaftlichen Editionen vorliegen, jeweils nur vag ins 14. oder 15. Jahrhundert datiert werden.

Trotz all dieser Einschränkungen läßt sich in der Formierung der Märchensagas als mehr oder weniger eigenständiger Untergruppe innerhalb der Sagaliteratur eine Entwicklung ausmachen, die ihren Ausgangspunkt im hybriden und liminalen Charakter der frühen Texte aus dem Zeitraum 1300–1350 mit ihren engen Beziehungen zu den übersetzten Riddarasögur und den Fornaldarsögur hat und allmählich eine spezifische eigene Form ausbildet. Die »idealtypische« Märchensaga gehört somit einer etwas späteren Stufe an und wird von den erwähnten Erzählungen aus der zweiten Hälfte des 14. und aus dem 15. Jahrhundert repräsentiert. Wegen der beträchtlichen Schwierigkeiten, die unter anderem mit der Datierung von Märchensagas verbunden sind und die es beim gegenwärtigen Wissensstand eigentlich noch gar nicht erlauben, eine wirkliche Geschichte der Gattung zu schreiben, pflegt man die einzelnen Erzählungen hauptsächlich nach thematisch-stofflichen, stilistischen und strukturellen Kriterien zu ordnen.

5. Themen und Probleme

Das Beschreiben von Stoffen und Motiven in diesen Erzählungen war ein wesentliches Anliegen der älteren Forschung, die sich zum ersten Mal ausführlich mit den Märchensagas befaßte. So legt beispielsweise die noch heute äußerst wertvolle Darstellung von Margaret Schlauch: *Romance in Iceland* aus dem Jahre 1934 (Nachdruck New York 1973) nicht eine historische Perspektive auf das Material an, sondern untersucht vor allem Herkunft und Importwege von »recurrent literary themes« (so das Kapitel V bei Schlauch). An Schlauchs Arbeit ist nicht zuletzt der komparatistische Ansatz bemerkenswert, der es ihr erlaubt, auf zahllose Parallelerscheinungen in der spätantiken und der mittelalterlichen Literatur aufmerksam zu machen.

Wer sich eher dafür interessiert, wie diese Sagas die international verbreiteten Märchenmotive aufgriffen und adaptierten, ist neben der bereits erwähnten Arbeit von Einar Ólafur Sveinsson über die isländischen Märchenvarianten auf Inger M. Bobergs Motivverzeichnis der altnordischen Literatur von 1966 angewiesen (Inger M. Boberg: *Motif-Index of Early Icelandic Literature.* 1966). Astrid van Nahl hat in einer gründlichen Studie die Motiv- und Stoffbeziehungen zwischen den Märchensagas und der übrigen Sagaliteratur, besonders den Riddarasögur und Fornaldarsögur untersucht (Astrid van Nahl: *Originale Riddarasögur als Teil altnordischer Sagaliteratur.* 1981). Schließlich hat sich Marianne E. Kalinke in verschiedenen Arbeiten zu den Märchensagas auch mit Fragen von Stoff- und Motivgeschichte beschäftigt, so unter anderem in einer Darstellung des Brautwerbungsmusters in der isländischen Literatur des 14. und 15. Jahrhunderts (Marianne Kalinke: *Bridal-Quest Romance in Medieval Iceland.* 1990; vgl. auch von derselben Autorin den Forschungsbericht Norse Romance *[Riddarasögur].* In: *Old Norse-Icelandic Literature. A Critical Guide.* Ed. by Carol J. Clover and John Lindow. Ithaca, 1985, S. 316–363, sowie den Überblicksartikel Riddarasögur, 1. Indigenous [vgl. oben]). In dieser Darstellung beschränkt sich Kalinke nicht auf die Gattungsgrenzen der Märchensagas und bezieht die thematisch und entstehungsgeschichtlich verwandten Abenteuersagas in ihre Untersuchung mit ein. Die jüngste ausführlichere Behandlung dieser Texte – Torfi H. Tulinius' Kapitel im zweiten Band der isländischen Literaturgeschichte (vgl. oben) – trennt schließlich gar nicht mehr zwischen Märchen- und Vorzeitsagas und spricht wie erwähnt von »Romanze« als einem Oberbegriff, unter dem die Stoffe und Themen beider Sagagruppen betrachtet werden.

Und in der Tat lassen sich – wie bereits erwähnt – für eine solche Gesamtschau, die bisherige Gattungsgrenzen überschreitet, viele gute Gründe anführen. Jüngere Vorzeitsagas, vornehmlich »Abenteuersagas«, und Märchensagas repräsentieren beispielsweise gleichermaßen spätmittelalterliche Schemaliteratur und teilen mit anderen Vertretern dieser Literaturart und Epoche wesentliche Merkmale. Wenn man auf die Abenteuersagas und Märchensagas eine thematisch-stoffliche und erzählstrukturelle Sicht anlegt, zählen sie zum umfangreichen Korpus der Brauterwerbungsepik, die bekanntlich eines der Hauptthemen mittelalterlicher *romance* darstellt. So konnte Marianne Kalinke völlig zu Recht schreiben, ein Großteil der isländischen Märchensagas seien eigentliche »bridal-quest romances« (Marianne Kalinke: »Riddarsögur«. In: *Medieval Scandinavia*. 1993, S. 529). Wenn man zudem berücksichtigt, daß in einigen weiteren Märchensagas der *plot* dadurch ausgelöst wird, daß dem Helden bzw. seiner Familie irgendein Unrecht zugefügt wird, läßt sich auf einer etwas stärker abstrahierenden Ebene sagen: In den allermeisten Märchensagas geht es um immer wieder gleiche Erzählverläufe, die nur oberflächlich variiert werden; aber das ist ja gerade ein Prinzip der Schemaliteratur, beispielsweise des »Märchens«. Ausgangspunkt ist durchweg ein Mangel (an einer Braut oder an sozialem Status) oder ein Schaden, und entsprechend besteht der Zielpunkt der Handlung darin, diese mangelhafte Ausgangssituation zu beheben. So stehen mit ganz wenigen Ausnahmen am Schluß einer Märchensaga die Heirat und die Thronbesteigung des Helden. Rivalen, die sich ihm entgegenstellen, treten als Konkurrenten um die begehrte Frau oder die Machtposition auf. Ein Erzählmuster mit besonderen Möglichkeiten zur Handlungskomplizierung bietet die Anwendung des sogenannten *meykóngr*-Motivs; Erzählungen, in denen diese jungfräulichen Herrscherinnen *(meykóngr* = »Mädchenkönig«, masc.) mit ihrem ausgesprochenen Zug zur Misogamie eine zentrale Rolle ausüben, gehören zur Kerngruppe der Märchensagas. Im vorliegenden Band zählt dazu vor allem die »Saga von Sigurd Thögli«, wo in den Anmerkungen und im Nachwort das *meykóngr*-Motiv eingehender behandelt wird. Stets manifestiert sich die Handlung der Märchensagas in der Suche als der zentralen, sammelnden, strukturbedingenden Bewegung des Textes. Eine an den Themen und Stoffen orientierte Kurzdefinition der Märchensagas kann dann vielleicht lauten, daß es sich um »glücklich endende Brauterwerbungserzählungen in märchenhaft-ritterlichem Milieu« handle (Jürg Glauser: *Isländische Märchensagas*. 1983, S. 12).

6. Erzählweise und Erzählstil

Bei einer literarhistorischen Einordnung der Märchensagas und ihrer poetikgeschichtlichen Beschreibung muß darauf hingewiesen werden, daß in ihnen ein für die isländische Literatur neues Fiktionalitätsbewußtsein faßbar wird. Während es in den großen Isländersagas des 13. Jahrhunderts noch kaum ausführliche und explizite Überlegungen zur Poetik der Texte in den Texten selbst gibt, tritt dieses poetologische Bewußtsein erstmals im Rahmen der nordischen Literaturgeschichte in den übersetzten Rittersagas zutage. Beispiele für ein verändertes Reflektieren der Erzählmöglichkeiten und Wirkungsweisen eines erzählenden Textes finden sich in den Märchensagas wie in den Rittersagas und den Abenteuersagas vornehmlich in den Prologen, wofür im vorliegenden Band die »Saga von König Flores und seinen Söhnen«, die »Saga von Sigurd Thögli« oder das Kapitel 4 der »Saga von Remund dem Kaisersohn« mit einer ähnlichen Passage Beispiele bieten (vgl. für die Prologe im isländischen Schrifttum vor allem Sverrir Tómasson: *Formálar íslenskra sagnaritara á miðöldum*. Reykjavík 1988).

Diese veränderte Einstellung der Texte zum eigenen Literarizitätscharakter ist nun, wie neuere Untersuchungen deutlich gemacht haben, keineswegs auf die Märchensagas als einer sich um 1300 formierenden Gattung beschränkt, sondern umfaßt auch die späteren Isländersagas, die gleichzeitig mit den Märchensagas verschriftlichten Vorzeitsagas, aber auch die »nachklassischen« Bearbeitungen von Texten und Erzählungen wie zum Beispiel den Königssagas, von denen es aus dem frühen und mittleren 13. Jahrhundert, allen voran bei Snorri Sturluson, »klassische« Fassungen gibt. Die hier als gesteigertes bzw. verändertes Fiktionalitätsbewußtsein umschriebene neue Einstellung zu Fragen von Realität und Phantasie, Wahrscheinlichkeit, Glaubhaftigkeit und ihrer angemessenen Repräsentierung in einem fiktionalen Text äußert sich nicht zuletzt in der größeren Bedeutung, die ironisierenden Schreibweisen in den spätmittelalterlichen Erzählungen zukommt. In den Sagas – und vor allem auch in den Rímur und Balladen – des 14. und 15. Jahrhunderts wimmelt es zudem von Beschreibungen grotesker Phänomene, hauptsächlich natürlich grotesker Körper: Trolle, Trollinnen, Berserkerkämpfer, Mohren und vergleichbare Feindwesen werden häufig in ihren übergroßen, jedes menschliche Maß sprengenden Proportionen geschildert (vgl. hierzu Torfi H. Tulinius: *Íslenska rómansan*. S. 244). Fast alle Texte der hier vorgelegten Sammlung bieten reichlich Anschauungsmaterial. Bis jetzt überhaupt nicht untersucht wurden die möglichen Beziehungen der isländischen Sagaliteratur des ausgehenden Mittelalters zu hyperbolischen Erzählmodi und Erzählweisen bei kontinentalen Autoren dieser Zeit, die dann später beim Franzosen Rabelais oder beim Deutschen Fischart – um nur zwei der markantesten Namen zu erwähnen – Höhepunkte erreichen. Es ist jedoch zu vermuten, daß man hier wesentliche Entsprechungen und Impulsgeber finden würde, handelt es sich doch um Phänomene einer gemeinsamen spätmittelalterlichen Ästhetik, die ihrerseits in einem spezifischen Epochenstil – und nicht in verschlechtertem Geschmack – einen Ausdruck findet.

Von diesen Fragen natürlich nicht zu trennen sind sämtliche mit dem Sprachstil der Märchensagas verbundenen Aspekte, für die es auch noch keine zusammenhängende Darstellung gibt. Man wird aber behaupten dürfen, daß dem in diesen Sagas und Rímur eingeschriebenen Gestus des Hyperbolischen die von der Übersetzungsliteratur inspirierten Stilarten der Märchensagas entgegenkamen: Elemente wie die auf Emotionalität orientierte höfische Rhetorik, die hyperbolischen und oft stereotypisierten Beschreibungen, das große Gewicht der akustischen Eigenheiten poetischer Sprache, die auf Plastizität ausgerichtete Bildsprache usw. finden im sogenannten »höfischen« bzw. im »florissanten« Stil vieler Ritter- und Märchensagas ihren adäquaten, auch zeitgemäßen und damit gültigen Ausdruck (die hier genannten Stilkategorien stammen aus der neuen Darstellung von Þorleifur Hauksson, Þórir Óskarsson: *Íslensk stílfræði*, Reykjavík 1994, S. 256–272; vgl. zum Erzählstil dieser Sagas unter anderem auch Einar Ólafur Sveinsson: *Viktors saga ok Blávus.* 1964; Eyvind Fjeld Halvorsen, *Riddersagaer.* 1969; die Einleitung von Matthew James Driscoll zu seiner Ausgabe der *Sigurðar saga þǫgla,* 1992, jeweils mit weiterführenden Literaturangaben).

7. Die Universen der Märchensagas

Das Universum der isländischen Märchensagas ist wie erwähnt abstrakter Art und nicht wie in den Isländer- und Königssagas dem Realen verpflichtet. Eine wichtige Traditionslinie, die aus den Rittersagas in die Märchensagas läuft, ist die des Höfisch-Feudalen. So ist die in den Märchensagas repräsentierte Welt eine in mancher Hinsicht ritterlich-aristokratische. Sie nehmen aber auch insofern eine Zwischenstellung zwischen anderen Sagagruppen ein, als hier nordische und südländische Schauplätze und damit jeweils verbundene Motivkomplexe miteinander vermischt werden. Während das Ziel der Suche in den Märchensagas fast immer ein höfisch definierter Raum ist, führt der Weg dorthin oft durch nicht-höfische, manchmal zuweilen sehr deutlich vor-höfisch, nordisch bestimmte Räume. Mit den Vorzeitsagas teilen die Märchensagas diese skandinavischen Traditionen, mit den Rittersagas die kontinentalen, zuweilen orientalischen Erzählmodelle und Vorstellungen. Die Texte dieses Bandes zeigen diese unterschiedlich bewerteten Welten sehr schön. Die Anmerkungen zu den einzelnen Sagas versuchen auch nachzuweisen, wo die Verfasser ihr konkretes geographisches Wissen jeweils hergeholt haben. Natürlich handelt es sich dabei um literarisch vermittelte Kenntnisse, wie sie vorwiegend die älteren isländischen Übersetzungen (übersetzte Rittersagas, Länderkunden und andere Sachliteratur), aber auch Schriften des 14. und 15. Jahrhunderts bereithielten. In ihnen fanden sich manchmal recht präzise, in der Regel allerdings doch eher vage Vorstellungen über die Länder Europas (*Saxland, Frakkland* usw.), Länder im Osten (*Indland*) und im Süden (*Afrika, Bláland* und andere).

Fremde Welten, damit zusammenhängend das Fremde und die Fremden, werden in den Märchensagas ebenso imaginiert wie in den direkten Modelltexten, den übersetzten Rittersagas und den diesen zugrundeliegenden altfranzösischen und evtl. lateinischen Ausgangswerken, aber auch den Wikinger- und Abenteuersagas oder den Isländer- und Königssagas. Die Begegnung mit dem Fremden wird der Wahrnehmungsperspektive des Helden unterworfen, Fremde werden verketzert, wo sie sich ihm als Gegner und Mitbewerber in den Weg stellen. Alles Nicht-Ritterliche gerät in dieser zweipolig aufgeteilten Welt rasch zum Feindlichen, seien es Riesen, Berserker, Trolle oder fremde Ritter und Andersgläubige. In einigen, keinesfalls jedoch allen Texten finden sich –

vorgeprägt in den Rittersagas und modifiziert in den Märchensagas – in der Begegnung und der Auseinandersetzung mit dem Islam Spuren von dem, was Edward Said unter dem Begriff »Orientalism« analysiert hat.

8. Zur Sozialgeschichte der Märchensagas

Die Autoren der Märchensagas sind samt und sonders anonym, und es läßt sich aufgrund der beachtlichen Belesenheit, die einige von ihnen demonstrieren, nur vermuten, daß sie eine geistliche Ausbildung genossen hatten. Im Island des 14. und 15. Jahrhunderts, als Märchensagas als eine neue, aktuelle und prestigeträchtige Literatur empfunden wurden, rekrutierten sich die sozialen Träger, also die Besteller und Mäzene dieser Literatur, aus den prinzipiell gleichen Kreisen wie bei den anderen Gattungen. Die allerdings recht spärlichen Angaben über frühe Besitzer von Märchensagahandschriften, die sich aus dem erhaltenen Material für die beiden Jahrhunderte vor der Reformation (die in Island 1550 durchgesetzt wurde) ablesen lassen, deuten unzweifelhaft darauf hin, daß diese Sagas von der höchsten sozialen Schicht rezipiert wurden. Im Verlauf des 14., vor allem dann des 15. Jahrhunderts, welches als »das englische Jahrhundert« in der isländischen Geschichte bezeichnet worden ist, sammelten einige wenige isländische Großgrundbesitzer einen beträchtlichen Reichtum an, der vor allem aus dem Stockfischhandel mit den Engländern stammte. Überhaupt waren die wirtschaftlichen und kulturellen Kontakte der Isländer mit Großbritannien in dieser Zeit intensiv, was auch ein Grund für die Vertrautheit tonangebender Kreise mit kontinentalen Kulturentwicklungen gewesen sein dürfte. Auf jeden Fall zeugen auch andere literarische Gattungen wie die Balladen und die Rímur, daß der Anschluß an die modernen europäischen Formen in Island ohne weiteres gefunden worden war. Nichts wäre verfehlter, als die Literatur dieser Zeit pauschal als Trivialliteratur zu bezeichnen.

Die Reformationswirren des 16. Jahrhunderts brachten eine Unterbrechung der Handschriftentradierung mit sich. Auch als im 17. Jahrhundert, während der sogenannten »Handschriftenrenaissance«, die nun einsetzte, erneut zahlreiche Sammelhandschriften mit Sagas, darunter den immer beliebteren Märchensagas, angelegt wurden, war dies eine Literatur für die Oberen, nicht die verarmten Kleinbauern und Fischer. Man wird die Märchensagas wohl erst für das 18. und dann hauptsächlich für das 19. und frühe 20. Jahrhundert als eine Literatur der kleinen Leute bezeichnen dürfen; für die früheren Epochen fehlen die entsprechenden literarhistorischen und -soziologischen Grundlagen für eine solche Einordnung. Doch diese wie so viele andere Fragen in der Geschichte der isländischen Populärliteratur sind so gut wie nicht untersucht. Erst in allerjüngster Zeit wendet sich die literaturtheoretisch und -historisch interessierte Forschung den Jahrhunderten zwischen dem Ende des Mittelalters und dem Anfang der Moderne zu und widmet dabei gerade den frühneuzeitlichen Rezeptionsstufen der mittelalterlichen Märchensagas eine besondere Aufmerksamkeit; bei diesen Bemühungen geht es unter anderem um das Verhältnis von

Sagas und Rímurbearbeitungen der Sagastoffe, um die handschriftliche Überlieferung in ihrer konkreten Diversität und Materialität, um Aspekte auch von Medialität und Varietät, also um all die vielfältigen soziokulturellen und kulturhistorischen Phänomene, die eine handschriftliche Kultur von der Kultur des gedruckten Buches unterscheiden (vgl. hierzu vor allem die in der allgemeinen Auswahlbibliographie angegebenen Arbeiten von Driscoll und Glauser).

In der Regel wurden die isländischen Märchensagas im Lauf der letzten 100–150 Jahre als die kümmerlichen literarischen Produkte einer Zeit betrachtet, die allgemein – wirtschaftlich, politisch, kulturell, moralisch, ästhetisch – von Niedergang und Verfall geprägt schienen. Diesem gelehrten Diktum der vergangenen Jahrzehnte, das sich nur der gründlichen Verkennung der tatsächlichen Überlieferungsgegebenheiten verdankte, steht ihre immense Beliebtheit beim isländischen Publikum durch das gesamte Spätmittelalter und die frühe Neuzeit hindurch entgegen. Während rund 600 Jahren erfüllten Märchensagas zahlreiche Funktionen: Sie dienten selbstverständlich der Unterhaltung, boten daneben aber auch zahllose Möglichkeiten, sich neues Wissen anzueignen, Belehrung und Bildung zu vermitteln. Zusammen mit anderer mittelalterlicher Literatur, die in nach-mittelalterlichen Zeiten rezipiert wurde, garantierten Märchensagas ein literarisch-imaginäres Kontinuum und trugen so wesentlich bei zur Schaffung und Bewahrung kultureller Identitätsangebote. Auch in dieser Hinsicht sind die isländischen Märchensagas der ausländischen populären Literatur, etwa den Balladen oder den sogenannten »Volksbüchern« aus England oder vom Kontinent, die ebenfalls eine mehrhundertjährige Verbreitung hatten, vergleichbar. In Island allerdings ist die Eigenart zu beobachten, daß diese populäre Literatur – nicht zuletzt die Märchensagas mit ihren Wurzeln um das Jahr 1300 – in fast ungebrochener Kontinuität bis zum Beginn des 20. Jahrhunderts handschriftlich überliefert wurde. Erst als mit der allmählichen Modernisierung Islands, die in den letzten Jahrzehnten des 19. Jahrhunderts einsetzte, die traditionellen, in vielen Bereichen noch quasi-mittelalterlichen Lebens- und Kulturformen der Isländer abgelöst wurden, als man die isländischen Märchensagas nicht mehr von Hand abschrieb und am Abend auf dem Bauernhof aus einer Handschrift laut vorlas, sondern in Buchform kaufte, war auch für Märchensagas die Zeit abgelaufen.

Die Saga von Ali Flekk
(Gert Kreutzer)

Von der *Ála flekks saga* sind etwa 35 Handschriften bewahrt, von denen die Pergamenthandschrift AM 589 e 4to aus der zweiten Hälfte des 15. Jahrhunderts die wichtigste darstellt (Faksimileausgabe Loth 1977) und als »die älteste, vollständigste und in gewissem sinne auch beste pergamenthandschrift« (Lagerholm 1927, S. LXXI) Lagerholms Ausgabe zugrunde liegt (= **A**). Der Anfang fehlt (der Sagatext setzt erst gegen Ende des 7. Kapitels mit den Worten *heim til Indíalands* »heim nach Indialand« ein), und da verschiedene Blätter am oberen und äußeren Rand stark beschnitten wurden, hat der Text auch sonst an einzelnen Stellen gelitten. Die fehlenden Stellen können aber aus der Abschrift dieser Pergamenthandschrift ergänzt werden, die in der Papierhandschrift AM 181 k fol. von ungefähr 1650 vorliegt (= **a**). Die Redaktion **A** liegt der Edition von Lagerholm (1927) und dieser Übersetzung zugrunde. Eine zweite, insgesamt etwas knappere Redaktion bieten die fragmentarische Pergamenthandschrift AM 571 4to aus dem 16. Jahrhundert (= **B**) und die zumindest indirekt von ihr abhängige Papierhandschrift AM 182 fol. aus dem 17. Jahrhundert (= **b**). Nach dieser Handschrift veröffentlichte Jiriczek (1894) einen Auszug. Die übrigen Papierhandschriften scheinen keinen selbständigen Wert zu besitzen. Eine Diskussion der Handschriftenverhältnisse und der beiden Redaktionen findet sich bei Lagerholm (1927, S. LXVIII ff.).

Die *Ála flekks saga* dürfte aufgrund ihres Charakters und ihrer motivischen Nähe zu anderen isländischen Sagas auf Island entstanden sein. Von ihrem Verfasser wissen wir nichts, ebensowenig von ihrem genaueren Entstehungsort, trotz Einarssons Vermutung, sie sei in Oddi (Südisland) entstanden (Einarsson 1966, S. 272). Als Entstehungszeit wird um 1400 (Finnur Jónsson 1924, Bd. 3, S. 110), kurz vor 1400 (Lagerholm 1927, S. LXVII) oder das 15. Jahrhundert (Einarsson 1957, S. 164) vermutet. Lagerholms relativ frühe Datierung beruht v. a. auf sprachlichen Argumenten.

Wie meist haben wir hier keinen reinen Prototypen einer bestimmten Sagagattung vor uns. Die *Ála flekks saga* vereint in sich Züge der Rittersagas und der *Fornaldarsögur* (»Vorzeitsagas«; die Nähe zu den *Fornaldarsögur* betonen Jónsson 1924, Bd. 3, S. 109; Halvorsen 1969, S. 180, und vor allem de Vries 1967, Bd. 2, S. 540, der sie zu der Untergruppe »Fornaldarsögur« der *lygisögur* stellt; ähnlich Simek/Pálsson: »eine den Fornaldarsögur nahestehende Märchensaga«, 1987, S. 5). In erster Linie ist sie aber wohl doch eine »Märchensaga« im eigentlichen Sinne des Wortes (Lagerholm 1927, S. LVf.; Sveinsson 1929, S. LIIIf.; B. Vilhjálmsson, 1954, S. XI; Schier 1970; Glauser 1983), da sie wie kaum eine zweite auf Märchenmotiven aufbaut.

Die Komposition der *Ála flekks saga* macht einen etwas ungeordneten Eindruck, und zumindest auf den ersten Blick scheint es sich um eine recht wirre Aneinanderreihung unterschiedlichster Motive, Personen und Schauplätze zu handeln. Am Ende gelingt es dem Erzähler aber doch, die verschiedenen Handlungselemente, Exkurse und Nebenhandlungen zu einem einigermaßen befriedigenden Abschluß zu bringen. Der »rote Faden« der Komposition sind die Verfluchungen (altnordisch *álög*), die nirgends sonst in solcher Vielzahl auftreten, und zwar meistens paarweise als Fluch und Gegenfluch. Da ständig neue Flüche ausgesprochen werden, kaum daß die Handlung zu einem Ruhepunkt gelangt scheint, erhält die Erzählung immer wieder neue Impulse, bis am Ende alle Flüche und Gegenflüche »abgearbeitet«, die Bösen tot und die Guten miteinander verheiratet sind. Der Verfasser offenbart dabei eine erstaunliche Phantasie oder vielmehr Kenntnis der entsprechenden Märchenmotive, die in schriftlicher oder mündlicher Form in Island umliefen. Zu den einzelnen Motiven und ihren

Parallelen ist Näheres in den Anmerkungen gesagt, aber insgesamt gilt, daß diese Saga wegen dieses breiten Motivspektrums – Kindesaussetzung, ein Tier als Helfer, Werwolfmotiv, Heilungssuche in Indien, der verkleidete Wintergast (Sveinsson 1964, S. CXXV), die »Mädchenkönig«-Figur, Riesen und Trolle, Verwünschungen und Verwandlungen usw. – zumindest ein hohes folkloristisches Interesse beanspruchen darf.

Literarisch erfüllt der Text dagegen keine allzu großen Ansprüche. Die Sprache ist ausgesprochen schlicht, mit kurzen Sätzen und einfachen Perioden, wie wir sie ähnlich von Volksmärchen gewöhnt sind. Stilistische Eigenheiten der Übersetzungsliteratur, wie Partizipialkonstruktionen, rhetorischer Schmuck und modische Lehnwörter aus der ritterlichen Sphäre fehlen fast völlig. So hat Lagerholm, dessen Auseinandersetzung mit dieser Saga immer noch die gründlichste ist, die *Ála flekks saga* als »eine der isländischesten« Märchensagas (er gebraucht den überholten Terminus *lygisaga* »Lügensaga«) bezeichnen können, die wir besitzen. Sein Gesamturteil ist freilich negativ genug: »Beträchtlich älter [als wenig vor 1400] kann sie jedoch kaum sein, da sie ja deutlich das gepräge des verfalls zeigt und es zu einem früheren zeitpunkte wohl kaum denkbar gewesen wäre, daß ein verfasser, der eine so verblüffende kenntnis der verschiedenartigsten sagamotive gezeigt hat, aus diesen nicht mehr zustande gebracht hätte als das recht dürftige und einfache produkt, als das man die saga vom literarischen standpunkte doch bezeichnen muß.« (1927, S. LXVII f.)

Der Stoff der *Ála flekks saga* wurde im 17. Jahrhundert von Gísli Jónsson aus Melrakkadal (gest. 1670 oder 71) zu einem Rímurzyklus verarbeitet (Lbs 974 4to und JS 384 8vo), zwei weitere Rímur entstanden im 18. und im 19. Jahrhundert, alle sind unveröffentlicht.

Die Saga von Vilmund Vidutan
(Gert Kreutzer)

Wenn Finnur Jónsson die *Vilmundar saga* als unbedeutend und unselbständig charakterisierte (*Litteraturhistorie*, Bd. 3, S. 118), so urteilte er ganz im Geiste einer Zeit, welche die Isländer- und Königssagas zum alleinigen Stilmaßstab erhob und die anderen Saga-Genres als Zeichen der Dekadenz und des Geschmacksverfalls beiseite schob. In den letzten Jahrzehnten hat sich jedoch eine positivere Bewertung dieser Saga durchgesetzt, welche den erzählerischen und kompositorischen Eigenarten und Stärken dieses Textes besser gerecht wird.

Daß die *Vilmundar saga* bis weit in die Neuzeit zu den beliebtesten Texten ihrer Art in Island gehörte, beweist die reiche Überlieferung in fast fünfzig Handschriften. Die drei ältesten Manuskripte stammen aus dem 15. Jahrhundert (AM 568 4to, AM 343a 4to, AM 577 4to). Von diesen Pergamenthandschriften stellt wiederum AM 568 4to aus der 2. Hälfte des 15. Jahrhunderts wie bei der *Ála flekks saga* und der *Flóres saga konungs ok sona hans* die Haupthandschrift dar, auf der die Editionen und auch die vorliegende Übersetzung basieren (siehe oben Anmerkungen zur *Ála flekks saga*).

Wie fast alle anderen ist auch diese Saga anonym überliefert. Wahrscheinlich ist sie im 14. Jahrhundert entstanden, und zwar eher gegen dessen Ende. Als Entstehungsort wurde Oddi in Südisland vermutet (Stefán Einarsson, 1966, S. 272), freilich ohne nähere Begründung.

Die *Vilmundar saga* läßt sich nur schwer einer Sagagattung zuordnen: Am ehesten gehört sie wohl zur Gruppe der originalen (d. h. nicht auf südlichen Vorbildern beruhenden) Rittersagas (isländisch *frumsamdar riddarasögur*), obwohl sie einen Bauernsohn zum Helden hat, sie vereint in sich aber auch charakteristische Züge der Vorzeitsagas *(Fornaldarsögur)*, der Abenteuersagas und der Märchensagas im engeren Sinn: Verkleidung, Bedingungen für eine Heirat, Bewahrung der Jungfrau, der unliebsame Freier, die falsche Beschuldigung des Helden, Menschen in Tiergestalt, prophetische Träume (Schlauch 1934, S. 166f.) und Aschenbrödelmotiv (Name Öskubuska, verlorener Schuh).

Dennoch sind es die Verbindungen zur höfisch-ritterlichen Dichtung, die den Charakter des Textes am stärksten bestimmen. Sie betreffen generell die Schilderung des adligen Milieus und der ritterlichen Lebensart und das Ende mit der dreifachen Hochzeit, auf das die Handlung zuläuft, im besonderen aber den Perceval/Parzival-Stoff (isoliertes Aufwachsen des Helden, vgl. *Parcevals saga*), vielleicht auch Motive der *Pélérinage de Charlemagne* und des *Erec* (Joie de la Court-Episode, vgl. *Erex saga*; Schlauch, 1967, S. 88f.; Togeby, 1972, S. 384f.), ohne daß hier aber von unmittelbaren literarischen Übernahmen gesprochen werden kann.

Einen einzigen expliziten intertextuellen Verweis gibt die Saga, indem sie Vilmund zum Enkel des Bögu-Bósi aus der *Bósa saga* (vgl. Glauser 1983, S. 90f.; Reifegerste 1985), einer Vorzeitsaga, macht. Auffallende motivische und strukturelle Parallelen gibt es aber auch zur *Hálfdanar saga Eysteinssonar*, einer anderen Vorzeitsaga, wobei die Richtung einer möglichen Abhängigkeit völlig offen ist.

Stilistisch fügt sich die *Vilmundar saga* in den Rahmen ein, den wir auch bei den anderen in diesem Band vertretenen Sagas kennen, wobei Personal-, Zeit- und Gattungsstil eine kaum zu differenzierende Verbindung eingehen: Auch hier ist der Stil lockerer als bei den »klassischen« Isländer- und Königssagas, weniger durchgeformt und mit seinen durch »und« (altisländisch *ok, en*) verbundenen paratakischen Ketten einem mündlichen improvisierenden Erzählen noch näher als die meisten anderen Sagas des Genres. Hier scheint auch jedes Bemühen um eine rhetorische Aufwertung zu fehlen, die z. B. in der »Saga von Sigurd Thögli« mit ihren Alliterationen, Parallelismen, Antithesen usw. so ins Auge fallen. Hier haben wir einen schlichten, der Alltagsrede nahestehenden Stil, der seine größten Stärken in den lebendigen Dialogen ausspielt. Auch in diesem Text wechselt das Tempus häufig, bisweilen mitten im Satz, ohne daß ein erkennbarer Grund vorläge. In der Übersetzung wurde hinsichtlich des Stils eine wirkungsadäquate Lösung angestrebt, und da eine konsequente Übernahme aller Stileigenheiten im Deutschen zwangsläufig den falschen Eindruck eines unbeholfenen, primitiven Stils hätte hervorrufen müssen, wurde, wo es geboten schien, eine behutsame Glättung vorgenommen: Manche Satzketten wurden aufgelöst, im Deutschen störende Wiederholungen vermieden (das Isländische ist in dieser Hinsicht noch heute viel unempfindlicher) und Tempuswechsel, wo sie den Lesefluß zu stark behinderten, zuweilen ausgeglichen. Ziel war eine Textgestalt, die sich in etwa in der Mittellage der Erzählrede bewegt, ohne durch besondere Künstlichkeit oder Kunstlosigkeit aufzufallen, denn genau dies scheint mir die Wirkung des Originals auf die Zeitgenossen gewesen zu sein.

Anders als die Isländer- und Königssagas ist die *Vilmundar saga* räumlich und zeitlich nur sehr vage bestimmt. Sie spielt fern von Skandinavien, in den äußersten Randzonen der damals bekannten Welt. Hauptschauplatz der Ereignisse ist Gardariki *(Garðaríki* = Rußland; die *Vilmundar saga* ist »the history of a Russian peasant youth«, Leach, 1921, S. 286) mit der Residenzstadt Holmgard *(Hólmgarðar* = Nowgorod) und deren Umgebung. Diese Gegend fiel durchaus noch in den Horizont des nordischen Handels, war aber wohl nur wenigen Isländern aus eigener Erfahrung bekannt, da der Osthandel von den skandinavischen Ostseeanrainern dominiert wurde. So bleiben die geographischen Angaben sehr schematisch auf Standardszenarien beschränkt: die idealtypisch beschriebene Stadt mit ihrer Stadtmauer, der Zugbrücke, den Burgen, Wohn- und Funktionsgebäuden, dem Kampfplatz und dem Hafen auf der einen Seite und die Weiten des Landes mit dem abgelegenen Tal, in dem Vilmund aufwächst, den riesigen Wäldern und der Sandebene, die mit ihrer warmen Quelle an isländische Verhältnisse erinnert, auf der anderen. Alles wird auf den Gegensatz zwischen Stadt und Land, zwischen zivilisierter Welt und Natur hin angelegt. Dabei hat die Natur das Doppelgesicht des Ursprünglichen als Schutzraum und Zufluchtsort und des Bedrohlichen, Lebensfeindlichen. So steht der Wald mit der Burg Kols für die elementare Bedrohung durch eine wilde, ungezähmte Natur.

So wie die Räume symbolisch für bestimmte Lebenssphären stehen, so sind auch die Personen in erster Linie Stellvertreter bestimmter gesellschaftlicher Gruppen und als solche idealtypisch dargestellt. Etwas vereinfacht sind es drei Stände, die hervortreten: der Adel, vertreten v. a. durch den König Visivald *(Vísivaldr)*, seinen Sohn Hjarandi und Gudifrey *(Guðifreyr)* von Galicia, der Stand der freien Bauern mit Vilmund *(Vilmundr)* als Exponenten, und schließlich die Unfreien, die in Gestalt des Knechtes Kol *(Kolr)* und der Magd Öskubuska zu einer ernsthaften Bedrohung der gesellschaftlichen Ordnung werden.

Erzählt wird nun die Geschichte der Integration des Bauernsohnes Vilmund in die Gruppe des Adels. Es ist ein Prozeß mit erheblichen Hindernissen und Rückschlägen, der aber am Ende zum Erfolg führt, da er in beiderseitigem Interesse ist. Der Adel benötigt Vilmund, da er sich ohne seine Hilfe nicht der Bedrohung von außen erwehren kann. Vilmund gewinnt an Lebensart, Ehre und Macht. Augenfälliges Symbol der Integration ist seine Einsetzung als Herzog und die Hochzeit mit der Königstochter Soley *(Sóley)*. Vilmund steht am Ende neben Hjarandi und Gudifrey als Gleicher unter Gleichen.

Am Anfang allerdings steht Vilmund in jeder, nicht nur in geographischer Beziehung abseits. Dies drückt auch sein Beiname Vidutan *(viðutan)* aus, der im

Text sowohl räumlich (»abseits, entfernt, außerhalb«) als auch übertragen (»geistesabwesend«) erklärt wird. Am Ende, als beides nicht mehr zutrifft, wird der Beiname auch nicht mehr verwendet.

Vilmund durchläuft diesen Bildungs- und Aufstiegsprozeß erfolgreich kraft seiner persönlichen moralischen und heroischen Integrität, die ihn vor den anderen Vertretern seines Standes auszeichnet und ihm zuerst die Anerkennung Hjarandis und der klugen Pflegemutter Silven, am Ende auch des Königs verschafft. Welch wesentliche Rolle diese persönlichen Eigenschaften spielen, läßt sich am Gegenbild des *Úlfr illt eitt* (»reine Bosheit«) ablesen. Auch er ist ein Bauernsohn, strebt aber, anders als Vilmund, aus eigenem Ehrgeiz und in Überschätzung seiner Möglichkeiten den Aufstieg in den Adel an und büßt dafür mit seinem Leben. In diesem Zusammenhang fällt ein etwas negatives Licht auf König Visivald, der einer Heirat Ulfs mit seiner Tochter schon zugestimmt hatte. Eine implizite Kritik an Visivald enthält der Text auch dadurch, daß er ihn andeutungsweise als Vertreter eines rigiden Verhaltenskodex darstellt, den erst die wiederholten Vermittlungsbemühungen seines Sohnes Hjarandi kompromißfähig und versöhnungsbereit machen – wie übrigens auch Vilmund, der ähnliche Schwierigkeiten hat, seine Realitätsdefizite und emotionalen Sperren abzubauen.

Eine besondere Schlüsselszene ist die Weissagung für die beiden Königstöchter, die in eigenartiger Weise abgestuft werden, eine Differenzierung, die sich in ihrer Erziehung und ihrem weiteren Lebensweg, vor allem in ihrer Heirat fortsetzt. Dieser erzählerische Aufwand soll offenbar andeuten, daß die Unterschiede zwischen königlichem Geburtsadel und neuem Adel, trotz aller persönlichen Tugenden, nicht völlig eingeebnet sind. Hier wird dem Geburtsadel die Notwendigkeit vor Augen geführt, sich von außen zu erneuern und Unterstützung zu sichern, andererseits wird dem neuen Dienst- und Funktionsadel sein Platz ein wenig unterhalb des Geburtsadels angewiesen. Nur durch Öffnung und Reform der alten Ordnung ist letztlich ihr Bestand zu sichern, so mag vereinfacht die politische Botschaft dieser Saga lauten. Auf den zweifellos lohnenden Vergleich der *Vilmundar saga* mit der *Friðþjófs saga* (»Saga von Fridthjof«), die ihren Konflikt ebenfalls wesentlich aus dem Anspruch eines Bauernsohns auf Ebenbürtigkeit mit dem königlichen Adel bezieht (vgl. Weber 1981, S. 483 f.), kann hier aus Platzgründen nicht eingegangen werden. Webers Zusammenfassung des ideologischen Gehalts dieser Saga lautet: »Sie baut die Figur Friðþjófs ideologisch über einem einzigen Thema auf: dem jedem Geburtsadel gleichwertigen ›natürlichen Adel‹ des Repräsentanten der vor-feudalen Freiheit einer großbäuerlichen Gesellschaft. Damit rekurriert sie auf die Verhältnisse in Norwegen vor Haraldr hárfagri [...] Sie rekurriert aber auch implizit auf die Gründung des isländischen Freistaats.« (Weber, S. 484). Läßt sich hier der Bezug zu isländischen Interessen noch ohne große Umwege herstellen, so fällt dies bei der *Vilmundar saga* ein wenig schwerer (vgl. Glauser 1993, S. 703). Die genealogische Anbindung an das Wikingergeschlecht Bögu-Bosis und die bewußt allgemein gehaltene Szenerie und das vertraute Personeninventar machen eine

Übertragung dennoch nicht abwegig. Vielleicht hat man im Verhältnis Herzog Vilmunds zum König von Hólmgarðar das Verhältnis Islands zu Norwegen gespiegelt gefunden, da es im Grunde ja genau dem Modell entspricht, das sich seit dem 13. Jahrhundert in führenden Kreisen Islands durchgesetzt hatte und dem offensichtlich auch Snorri Sturluson anhing: ein freies Herzogtum Island in einem von persönlicher Freundschaft und gegenseitiger Solidarität bestimmten Verhältnis zum norwegischen Königreich. Diese Wunschvorstellung trug dem Selbstbewußtsein Islands ebenso Rechnung wie den politischen und wirtschaftlichen Realitäten und der Einsicht in die kulturelle Überlegenheit der aristokratischen Gesellschaft. Hinter der Botschaft von einer wechselseitigen Angewiesenheit mochte die Befürchtung der Isländer stehen, *viðutan*, also abseits, zu bleiben oder ins Abseits zu geraten.

Aus anderer Sicht betrachtet, bedient diese Saga natürlich auch ganz einfach das alte Märchenschema vom Bauernjungen (Vilmund), der am Ende die Prinzessin (Soley) bekommt, wobei dieses Motiv zugleich unter Umkehrung der Geschlechterkonstellation verdoppelt scheint, indem Soley das Aschenputtel zumindest spielt und am Ende den bewunderten Helden und Herzog Vilmund heiratet. So haben wir hier ein interessantes Spiel mit den Rollenfunktionen, bei dem im Grunde offenbleibt, wer denn nun das »Aschenputtel« ist: Vilmund, Soley oder gar Öskubuska, die ja auch eine »Karriere« macht, wenn auch im negativen Sinne? So haben wir hier fast schon eine Vorausdeutung auf die ironischen Verwechslungsgeschichten der Romantik.

Auch in anderen Dingen zeigt sich, daß bei der *Vilmundar saga* ein Erzähler am Werk ist, der sein Handwerk versteht. Es gelingt ihm mit besonderer Kunst, unabhängige Handlungsstränge intermittierend zu verfolgen und am Ende zusammenzuführen, ohne daß er oder der Leser darüber den Faden verliert (vgl. Torfi H. Tulinius 1993, S. 225). Wie bei der klassischen Saga hält er sich mit eigenen Bewertungen zurück, und er tritt nur dann in den Vordergrund, wenn er die Handlung disponiert: »Nun ist darauf zurückzukommen, daß« u. ä. Meistens wählt er nicht seinen erhöhten, auktorialen Standpunkt, sondern erzählt perspektivisch in der Weise, daß wir die Dinge durch die Augen Vilmunds sehen, ein Verfahren, das durch die eingeschränkte Sicht Vilmunds um so wirkungsvoller ist. So ahnt der Leser zwar häufig einiges mehr als die Hauptfigur, er wird aber andererseits immer in partieller Unwissenheit und Spannung gehalten. Das Verwirrspiel wird u. a. dadurch aufrechtgehalten, daß die falsche Prinzessin als Prinzessin bezeichnet wird. In der vorliegenden Übersetzung ist wie in der Handschrift darauf verzichtet worden, hier (wie es in der englischen Nacherzählung in der Edition geschieht) mit Anführungszeichen (»Prinzessin« für Öskubuska) zu operieren, um so für den Leser Ambivalenzen aufzulösen. Ob das Publikum damals aber nicht vielleicht durch die Stimmführung auf den wahren Sachverhalt hingewiesen wurde, wissen wir freilich nicht.

Mit den Isländersagas haben die Märchensagas gemeinsam, daß eine explizit psychologisierende Personendarstellung fehlt bzw. vermieden wird. In den Märchensagas ist darüber hinaus, wie im Märchen und in der Schemaliteratur überhaupt, die Figurendarstellung generell eher an Typen und Funktionsträgern orientiert als an individuellen Charakteren. Dennoch kann m.E. das Verdikt N. W. Olssons nicht uneingeschränkt gelten, wonach die Personendarstellung der »Saga von Vilmund« »dull and lifeless«, also langweilig und leblos sei (1949, S. XII f.). Gerade für Vilmund gilt dies nicht. Er macht sogar eine deutlich erkennbare Entwicklung durch: vom rührend-naiven, aber intelligenten und zielstrebigen jungen Mann, der entschlossen ist, sein Glück zu suchen, über ein trotziges, bis zur Selbstüberschätzung reichendes Selbstbewußtsein, um am Ende zur ritterlich vollkommenen Persönlichkeit zu reifen.

Obwohl Vilmund die einzige Figur ist, die wir »von innen« sehen, ist er dennoch kein Sprachrohr des Erzählers, sondern eher ein Identifikationsangebot. Aus seiner Naivität zieht der Autor geschickt herausgearbeitete komische Effekte, z. B. wenn Vilmund, der noch nie eine Stadt gesehen hat, die Stadtmauer als merkwürdig geformten und gefärbten Berg ansieht. Der leicht distanzierte Spott des Autors stellt Vilmund aber nie in unsolidarischer Weise bloß, und immer, wenn er von anderen ausgelacht wird, findet sich jemand, der ihn in Schutz nimmt. Humor und Ironie sind überhaupt ein Kennzeichen dieses Textes, der freilich auch von Grobheiten und den üblichen Grausamkeiten der Kampfszenen nicht frei ist. Die vielleicht grausamste Szene aber, in der Vilmund dem König in seiner Naivität den Kopf der Öskubuska auf den Tisch stellt, wird implizit auch vom Erzähler als sträflicher Bruch der Konventionen verurteilt. Hier wird Vilmund (wie einst Parzival) schuldlos schuldig, und es trifft ihn die Verbannung.

Die Beliebtheit der Vilmund-Geschichte zeigt sich auch in ihrem Nachleben. Seit Mitte des 15. Jahrhunderts entstanden nicht weniger als fünf Rímurzyklen (s. Ólafur Halldórsson 1975; zum Verhältnis von Saga und Rímur vgl. Þórólfsson 1934, bes. S. 498 f.), eine Form episch-lyrischer Dichtung, welche der Sagaprosa seit dem Spätmittelalter allmählich den Rang ablief. Einer dieser Rímurzyklen stammt von Hallur Magnússon (um 1530–1601) und wurde wiederum Grundlage einer jüngeren Prosa-Redaktion der Saga (3 Papierhandschriften aus dem 18./19. Jahrhundert). Auf der Grundlage dieser Version entstand wiederum im 19. Jahrhundert die färöische Tanzballade *Vilmunds kvæði* (CCF 104). Sie schildert die Schlacht Hjørandis und Vilmundurs gegen König Buris. So haben wir hier eine wirklich wechselvolle Textgeschichte von der Saga zu Rímur, wieder zu einer Saga und schließlich zu einer Ballade.

Die Saga von König Flores und seinen Söhnen
(Gert Kreutzer)

Die ausführlichste Auseinandersetzung mit der *Flóres saga konungs ok sona hans* sind noch immer Vorwort und Anmerkungen Lagerholms zu seiner Ausgabe. Ein aktuellerer Überblick über Forschungsergebnisse und Sekundärliteratur findet sich bei Glauser (1983, S. 253 f.).

Die Haupthandschriften der *Flóres saga* sind die Pergamenthandschriften

AM 343 a 4to (= **A**, ca. 1450–1475), AM 586 4to (= **B**, ca. 1450–1500, Lücke von zwei Blättern zwischen Kap. 12,7 und 20,12; Faksimileausgabe Loth 1977) und AM 577 4to (= **C**, ca. 1450–1500, enthält nur Kap. 3,3 bis 11,4). Diese drei Handschriften sind eng verwandt und weisen nach Lagerholm nur »höchst unbedeutende« Varianten auf. Gemeinsame Fehler lassen auf eine gemeinsame Vorlage schließen.

Auf der Grundlage dieser Handschriften wurde die Saga zum ersten Mal 1927 von Åke Lagerholm in dem Band *Drei Lygisǫgur* herausgegeben; der Prolog war schon von Jiriczek 1893–94, S. 4, veröffentlicht worden. Lagerhom nennt neben den Pergamenthandschriften noch 22 Papierhandschriften der Saga, insgesamt dürften es etwa 42 sein (so Tómasson 1988, S. 361; Glauser 1983, S. 253, spricht von rund 35 Abschriften). Lagerholm gewann den Eindruck, daß alle Papierhandschriften auf die eine oder die andere der genannten Pergamenthandschriften zurückgingen und deshalb kein besonderes Interesse verdienten.

Ihrem ganzen Gepräge nach ist diese Saga eine Rittersaga, zumindest gilt dies für die Rahmenerzählung. Die vier Binnenerzählungen enthalten dagegen neben den ritterlichen Elementen auch zahlreiche Motive aus Saga und Märchen. Da es keinen vernünftigen Grund gibt anzunehmen, die *Flóres saga* sei im Ganzen oder in Teilen eine Übersetzung, ist sich die Forschung darin einig, daß sie von einem Isländer verfaßt wurde, wahrscheinlich im dritten Viertel des 14. Jahrhunderts (»wahrscheinlich nicht später als ungefähr 1350–75«, Lagerholm 1927, S. LXXIX), vielleicht in Oddi in Südwestisland (so Einarsson 1966). Als Gattungsbezeichnung wird neben »Märchensaga« (Schier 1970, Glauser 1983) auch »Originale Riddarasaga« (Simek 1990, S. 363, u. a.) verwendet.

Die *Flóres saga* hat eine klar strukturierte Komposition: Nach dem Prolog, der die verschiedenen Arten von Sagas behandelt und dabei ein Wort für die Glaubwürdigkeit der als »Lügensagas« abgewerteten Erzählungen von phantastischen Abenteuern und Heldentaten einlegt, beginnt der Hauptteil, der sich aus einer Rahmenhandlung mit vier in sie eingebetteten Lebensgeschichten des Sintram, des Únús/Félix, des Sekundús/Fénix und des Tertiús/Ajax zusammensetzt. Ihre nächste Parallele hat diese Komposition in der *Egils saga einhenda ok Ásmundar berserkjabana* (»Saga von Egil dem Einhändigen und von Asmund dem Berserkertöter«) und der *Blómstrvalla saga*, das Erzählen von Lebensgeschichten begegnet aber auch im Norden auch sonst häufig, aber auch z. B. im keltischen Raum und in *Tausendundeiner Nacht*. Die Rahmenerzählung der *Flóres saga* enthält im wesentlichen Schilderungen von Brautwerbungen und Entführungen und von Kämpfen und Schlachten, die durch diese verursacht werden. Mit dem Prolog zusammen bildet der Schlußsatz: »Deswegen schließen wir hier nun die Saga von König Flores und seinen Söhnen« eine Art zweiten, äußeren Rahmen.

Auch wenn sie selbst keine übersetzte Rittersaga ist, weist sie doch deutliche Einflüsse dieses Genres auf, das seinen Einzug in Skandinavien hielt, als »Bruder Robert« 1226 auf Geheiß des norwegischen Königs Hákon Hákonarson (1217–1263) einen französischen Tristanroman ins Altnordische übersetzte. Dies betrifft zum einen die Thematik und das Milieu, zum anderen aber auch die stilistische Gestalt. Hier nimmt die *Flóres saga* eine Art Mittelstellung ein: Sie übernimmt von der Übersetzungsliteratur das deutliche Bestreben, durch Alliterationen (z. B. *væn ok kurteis, vitr ok vinsæl*), längere Perioden, eine wortreichere Ausdrucksweise mit sprachlichen Schmuckfiguren und durch lange Reden dem Text einen rhetorischen Anstrich zu geben, geht hier aber über ein gewisses Maß nicht hinaus. Zwar ist der Einfluß des gelehrten Stils mit seinen Partizipialkonstruktionen (*aldri verð ek Flóres konungi unnandi* »niemals werde ich König F. liebend«) spürbar, aber doch weit weniger als in der »Saga von Sigurd Thögli« oder der »Saga von Remund dem Kaisersohn«. Die modischen Lehnwörter aus dem Französischen und (Nieder-)Deutschen wie *hæverskr* (»höfisch«), *kurteiss* (»courtois«, »höfisch«), *jungfrú* (»Jungfrau« im Sinne von »junge Dame vornehmer Abkunft«), *margreifi* (»Markgraf«) usw. fehlen nicht, und auch durch Personennamen wie Flóres, Félix, Fénix, Ajax und Elena will sich der Verfasser offensichtlich einen gelehrten Anstrich geben (vgl. auch den falschen lateinischen Akkusativ in: *undir hann laut allt Affríkam at mestu* im Kap. 3). Es kommt auch eine gewisse Gefühlsbetontheit in die Erzählung, die der Saga vorher fremd war: »Darüber braucht man sich nicht zu verwundern, daß es ihr Herz bedrückt, daß sie mit Gewalt von ihrer Familie geraubt wurde«; »denn an ihr hing er mit ganzem Herzen«; »nach der Frau, die König Flores am meisten geliebt hatte«. Insgesamt ist der Stil dieser Saga zwar weniger schlicht als etwa der der »Saga von Ali Flekk«, aber doch noch weit weniger umständlich und rhetorisch überladen als in anderen, wohl späteren Vertretern der Märchensagas/Originalen Rittersagas. Nicht selten kommt sogar ein Schuß Ironie als Würze hinzu, z. B. in der Antwort von König Flores auf die Bewerbung Sintrams: »Herr Sintram! Das will ich gerne glauben, daß Ihr Euch eine solche Partie nicht entgehen lassen wollt« (Kap. 11), oder in der trockenen Feststellung: »Nun wurde mir klar, daß ich in keiner allzu vorteilhaften Lage war« (Kap. 20). Geschmacklose Übertreibungen (v. a. bei den Kampfschilderungen) drängen sich weniger in den Vordergrund.

Bei der Fülle der Motive mit internationaler Verbreitung, die diese Saga enthält, ist ein genauer Nachweis in jedem Einzelfall unmöglich. Einige spezielle Hinweise finden sich in den Anmerkungen, so soll hier ein wenig auf die generellen Einflußwege eingegangen werden. Natürlich hat Leach nicht Unrecht, wenn er den Stoff der *Flóres saga* letztlich als orientalisch-byzantinisch bezeichnet (1921, S. 384), aber es gibt doch weit näher liegende Quellen, die eine Rolle gespielt haben dürften, und zu einem großen Teil dürfte der Verfasser auch auf einheimisches Material zurückgegriffen haben.

Mit Sicherheit hat er reichlich aus der *Þiðreks saga* geschöpft, die er als einzige Saga unmittelbar als Quelle nennt, und zwar offenbar Gedanken des Prologs, Motive, Namen und mit Sintram sogar eine der Hauptpersonen. Daneben hat er mit ziemlicher Sicherheit die *Óláfs saga helga* (»Saga von Olaf dem Heiligen« in Snorris *Heimskringla*), das *Speculum regale* (»Königsspiegel«), die *Karlamagnús saga* (»Saga von Karl dem Großen«), die *Trójumanna saga* (»Saga von den Trojanern«, Entführung der Elena) und die *Hrólfs saga Gautrekssonar* (»Saga von Hrolf Gautreksson«, Gefängnis-Episode) verwendet. Ob auch altnordische Kosmographien (so Simek 1990, S. 353 f.) oder die *Blómstrvalla saga* (Lagerholm 1927, S. LXXVIII, hält dies trotz der chronologischen Probleme für möglich) als Quellen in Frage kommen, wäre noch näher zu untersuchen (zu den Quellen der *Flóres saga* v. a. Lagerholm 1927, S. LXXVII ff., dem sich Togeby 1972, S. 380 anschließt). Einar Ólafur Sveinsson (1976) sieht in den Abenteuern der Königssöhne mit Drache, Greif, Ochse und Riese eine Adaption der Episode mit den isländischen Schutzgeistern in der *Óláfs saga Tryggvasonar* der *Heimskringla* (vgl. auch Hugus 1975, S. 340). Bei dieser Zusammenstellung drängt sich allerdings die Vermutung auf, hier könnten in dem einen wie dem anderen Falle bildliche Darstellungen der vier Evangelistensymbole als Anregung der Phantasie eine Rolle gespielt haben. Finnur Jónsson (1924, III, S. 111) vermutet auch die *Placidus saga* als Quelle. Viele Motive sind allerdings so universal, daß keine Notwendigkeit besteht, eine bestimmte Einzelquelle anzunehmen. Hierzu gehören die Exiljugend des Helden, der unwillkommene Freier (Schlauch 1934), der Drachenkampf (mit den aus dem *Beowulf* bekannten Elementen »Seil« und »verräterischer Begleiter«, vgl. Schlauch 1930, 1934, S. 111 f.), Vater-Söhne-Kämpfe (Mogk 1909, S. 884) und manche andere.

Man kann dem Verfasser aber zubilligen, daß er aus dem höchst disparaten Material eine in sich schlüssig komponierte Saga zustande gebracht hat, daß er gut erzählen kann, Humor hat und eine Spannung erzeugen und aufrechterhalten kann. Auch Vilhjálmsson erkennt an, daß er »nicht schlecht erzählt« (1954, Bd. V, S. X), und Lagerholm lobt: »Der verfasser hat doch eine nicht verächtliche fähigkeit, aus den zusammengestoppelten motiven ein ganzes zustande zu bringen« und »die sprachlichen klischees und die stereotypen wendungen verwendet er mit einer gewissen virtuosität.« (S. LXXVI f.). Ob die ganze Saga »für moderne leser allerdings wenig reiz hat« (a. a. O.) – das müssen diese schon selber entscheiden.

Daß die *Flóres saga* aber bis weit in die Neuzeit hinein große Beliebtheit genoß, davon zeugen die vielen Abschriften und die Umformungen zu Rímurzyklen. Vielleicht sind auch zwei isländische Holzschnitzereien aus der Mitte des 18. Jahrhunderts, die Gestsson (1977) als Darstellungen von Drachenkampf- und Meeresungeheuer-Episoden in der *Flóres saga* deutet, späte Zeugnisse des Nachwirkens der »Saga von König Flores und seinen Söhnen«.

Die Saga von Remund dem Kaisersohn
(Jürg Glauser)

Die »Saga von Remund dem Kaisersohn« *(Rémundar saga keisarasonar)* gehört zu den umfangreichsten und mit einiger Wahrscheinlichkeit auch zur Schicht der ältesten isländischen Märchensagas. Marianne Kalinkes und P. M. Mitchells Bibliographie verzeichnet für die *Rémundar saga keisarasonar* 41 Handschriften, von denen die Mehrzahl aus dem 17.–19. Jahrhundert stammt (Marianne E. Kalinke, P. M. Mitchell: *Bibliography of Old Norse-Icelandic Romances*. 1985, S. 92). Die chronologische Verteilung der bewahrten Handschriften sieht etwa wie folgt aus: 14. und 15. Jahrhundert sechs bewahrte Pergamenthandschriften und -fragmente, 16. Jahrhundert ein Fragment, 17.–19. Jahrhundert je ca. zehn bewahrte Papierhandschriften.

Das älteste erhaltene Fragment einer Pergamenthandschrift mit Text aus der *Rémundar saga* ist AM 567 4to II (zwei Blatt), das etwa in die Mitte des 14. Jahrhunderts zu datieren ist. Ein weiteres Fragment, AM 567 4to XIXg (ebenfalls zwei Blatt), stammt vermutlich aus dem späten 14. Jahrhundert. Aus dem 15. und 16. Jahrhundert sind bewahrt: AM 574 4to, AM 579 4to, AM 750b 4to, Stockholm Perg fol nr 7, AM 567 4to XIXb (alles Fragmente bzw. unvollständige Handschriften). Diese Verteilung entspricht damit recht genau den auch sonst zu beobachtenden Überlieferungsverhältnissen der Märchensagas im spätmittelalterlichen und frühneuzeitlichen Island. Allerdings ist die relativ frühe Entstehung der *Rémundar saga* um etwa 1350, die durch diese Handschriftenüberlieferung wahrscheinlich gemacht wird, bemerkenswert; sie weist die *Rémundar saga* der formativen Phase der Märchensagas zu und erklärt, warum die Saga sowohl »rückwärts« (also in bezug auf die altnorwegische Übersetzungsliteratur) wie »vorwärts« (das heißt in bezug auf die späteren Märchensagas) einen zentralen Platz einnimmt.

Die isländische Textgrundlage, auf die für die vorliegende deutsche Übersetzung zurückgegriffen wurde, ist die Ausgabe, die Sven Grén Broberg 1909–1912 in der Reihe »Samfund til Udgivelse af gammel nordisk Litteratur« besorgte; Broberg druckte den Wortlaut der Handschrift AM 539 4to vollständig ab. Er entschied sich für dieses Manuskript, da es als einziges den Text der *Rémundar saga keisarasonar* ohne Verlust aufweist; zudem gab Broberg den unvollständigen *Rémundar saga*-Text der Handschrift Stockholm Perg fol nr 7 *in extenso* wieder. Gegen dieses Verfahren wäre an sich nichts einzuwenden – die Tatsache allerdings, daß Broberg den Text von AM 539 4to entsprechend den damaligen Richtlinien der Editionsreihe in einer rekonstruierten Orthographie vorlegte, die dem isländischen Sprachstand von ca. 1300 entspricht, führt dazu, daß die Ausgabe philologisch unbrauchbar ist, denn die Handschrift AM 539 4to stammt aus dem 17. Jahrhundert. Solch archaisierende Textherstellungen sind aus heutiger Sicht äußerst fragwürdig, weil sie in völlig ahistorischer Weise die Transmissionsbedingungen eines lebendigen Textes außer acht lassen. Auch wenn diese philologischen Vorbehalte im Fall einer Übersetzung natürlich weniger gewichtig sind, muß man sich doch immer vergegenwärtigen, daß die Textform, in der die vorliegende Saga gelesen wird, aus dem 17. und nicht aus dem 14. Jahrhundert datiert.

Die »Saga von Remund dem Kaisersohn« ist eine der Märchensagas, die eine besonders enge Beziehung zur höfisch-ritterlichen Tradition aufweisen und sich durch thematische und stoffliche Nähe zu den übersetzten Rittersagas, weniger zu den Vorzeit- bzw. Abenteuersagas auszeichnen. Da Broberg schon zu Beginn des Jahrhunderts eine gut zugängliche Ausgabe vorlegte, die zudem eine umfangreiche stoff- und literaturgeschichtliche Einleitung auf schwedisch beinhaltet, sind vor allem Aspekte, die mit den literarischen Quellen, Vorlagen,

Modellen der Saga zu tun haben, verhältnismäßig früh und intensiv erforscht worden. Für eine Zusammenfassung der Forschung kann auf den entsprechenden Abschnitt in der Untersuchung des Verfassers sowie auf den neueren Lexikon-Artikel von Robert Cook verwiesen werden (vgl. Jürg Glauser: *Isländische Märchensagas.* 1983; Robert Cook: Rémundar saga keisarasonar. In: *Medieval Scandinavia. An Encyclopedia,* 1993, S. 526). Diese Quellenstudien haben gezeigt, wie sehr »Die Saga von Remund dem Kaisersohn« in ein intertextuelles Netz eingebunden ist; die Anmerkungen zur Saga oben (S. 358–372) verweisen an den einschlägigen Stellen auf die wichtigsten Erzählungen, die als Modelle und Quellen für Motiv- und Stoffparallelen in Frage kommen, sind jedoch keineswegs vollständig und können dies beim gegenwärtigen Forschungsstand auch nicht sein.

Unter den mittelalterlichen Erzählungen, von denen Echos in der »Saga von Remund« zu hören sind, ist an erster Stelle der französische Prosaroman *Le Petit Artus de Bretagne* aus dem 14. Jahrhundert zu nennen. Wie Margaret Schlauch in einer frühen vergleichenden Studie gezeigt hat, finden sich die erzählstrukturell zentralen Elemente ›Gegenseitiger Traum‹, ›Suche nach der fernen Prinzessin‹, ›Reihe von Abenteuern und Kämpfen‹ in beiden etwa gleich alten Texten wieder (Margaret Schlauch: *The Rémundar saga keisarasonar,* 1929, S. 189–202). Auch der Charakter einer möglichen Quelle bzw. die Art und Weise der Stoffvermittlung für das Motiv des ›Karrenritters‹, also der Erzählung über den Artusritter Lancelot, wurden (vor allem von Povl Skårup und Rudolf Simek) in die Diskussion einbezogen. Es ist unwahrscheinlich, daß der Verfasser der isländischen Märchensaga den *Petit Artus* direkt kannte, und man wird auch nicht davon ausgehen können, daß es eine – heute verlorene – altnordische Übersetzung von Chrestiens *Lancelot*-Roman gab (vgl. dazu oben die Anmerkungen S. 364 f., und vor allem die Arbeiten Povl Skårup: *Forudsætter Rémundar saga en norrøn Lancelots saga kerrumanns?* 1980, S. 76–80; Rudolf Simek: »*Lancelot in Iceland,* 1985, S. 205–216). In beiden Fällen handelt es sich vielmehr ganz einfach um Motiv- und Stoffgemeinsamkeiten, wie sie für die Erzählliteratur des Mittelalters so charakteristisch sind.

Bei einer weiteren Textgruppe lassen sich die Wege der Beeinflussungen dagegen mit größerer Sicherheit bestimmen. So kann gezeigt werden, daß die *Rémundar saga keisarasonar* unter anderem die folgenden, aus dem Altfranzösischen übersetzten Rittersagas kannte und ›verwendete‹, das heißt, ihre Handlung mit Erzählmaterial unterschiedlichen Ausmaßes und unterschiedlicher Art aus diesen Texten aufbaute: *Tristrams saga ok Ísondar, Elis saga ok Rósamundu, Karlamagnús saga, Clari saga, Bevers saga,* zum Teil auch *Þiðreks saga.* Außerdem hatte ihr Verfasser Handschriften der *Stjórn,* des *Lucidarius,* der *Trójumanna saga* und der *Alexanders saga* gelesen. Zu all diesen Texten führen mehr oder weniger deutliche Spuren, die im einzelnen von der Entlehnung von Orts- oder Personennamen bis zur Übernahme ganzer Teilhandlungen reichen können (auch hierfür sei auf die Stellenanmerkungen oben verwiesen).

Solche Überschneidungen beschränken sich in keiner Weise auf die Übersetzungsliteratur, sondern umfassen auch die etwa gleichzeitigen und zahlreiche spätere Vertreter der Märchensagas wie die *Mágus saga, Gibbons saga, Kirjalax saga, Viktors saga ok Blávus, Jarlmanns saga ok Hermanns* oder *Saulus saga ok Nikanors*. Bei den älteren Texten läßt sich dabei nicht immer feststellen, wie die eventuellen Abhängigkeitsverhältnisse im Detail zu erklären sind (vgl. hierzu beispielsweise Einar Ólafur Sveinsson: Viktors saga. *ok Blávus*, 1964, S. CIX–CCX).

Paul Schach hat mit Ausgangspunkt in der Statuen-Episode der *Rémundar saga* das erzählerische Prinzip dieses individuellen Textes und der Gattung allgemein – jene Aspekte also, die man heute Intertextualität nennen würde – sehr präzis beschrieben. Er stellt fest, daß die Episode, in der sich Remund eine Figur seiner Geliebten anfertigen läßt, eindeutig aus der *Tristrams saga* in die *Rémundar saga* übernommen worden sei, wobei letztere auch gar keinen Versuch unternehme, dies zu vertuschen. Die Märchensaga mische vielmehr unverhüllt, sozusagen wörtlich ›plagiierte‹ Stellen mit unterschiedlich modifizierten Entlehnungen aus der *Tristrams saga* und anderen Quellen. Die Behandlung der *Tristrams saga*-Entlehnungen reiche in diesem Text von wörtlicher Übernahme bis zur Umkehrung von Rollen, dem Austausch einer Schiffsreise durch eine Fahrt mit einem Karren, die Verschmelzung von zwei oder mehr Themen zu einem einzigen; sie illustriere damit die Vielfalt, mit welcher Situationen und Motive entsprechend den Bedürfnissen, dem Geschick und der Laune des Verfassers aus einer Saga in eine andere entlehnt und adaptiert würden. Die *Rémundar saga* zeige somit als ganzer Text und in den einzelnen Teilen sehr schön, wie einheitliche, mehr oder weniger gut abgerundete Erzählungen aus Elementen konstruiert wurden, die aus einer Vielzahl unterschiedlichster Quellen stammten. In dieser Hinsicht allerdings unterschieden sich die Märchensagas nicht prinzipiell von den Isländer- oder Königssagas (vgl. Paul Schach: *Some Observations on the Influence of Tristrams saga ok Ísöndar*. 1968, S. 81–129, bes. S. 88–91).

Wenn hier ausgeführt wurde, daß die *Rémundar saga keisarasonar* vor allem in den Umkreis der höfisch-ritterlichen Feudalliteratur gehöre und die thematisch-stofflichen Gemeinsamkeiten mit den Vorzeitsagas oben als weniger wichtig beschrieben wurden, so ist zu betonen, daß das zentrale Projekt dieser Saga – die Suche (hier nach der fremden Prinzessin, die Heilung verspricht) – natürlich durchaus auch zu den bestimmenden Mustern der Abenteuersagas gehört. Es ist wenig sinnvoll, hier unnötig hohe Gattungsgrenzen zwischen den einzelnen Untergruppen der spätmittelalterlichen Sagaliteratur aufzurichten, wie auch der Blick auf die literaturgeschichtlichen und literatursoziologischen Gegebenheiten im Island des 14., 15. und 16. Jahrhunderts zeigt.

Im Unterschied zu anderen Märchensagas ist die *Rémundar saga* in mittelalterlicher Zeit offenbar nie zu Rímur umgearbeitet worden. Im 17. Jahrhundert wurden dagegen zwei bisher noch nie gedruckte Rímur-Zyklen – *Rímur af Remundi Rígarðssyni* – auf der Stoffgrundlage der Saga gedichtet, einer von dem sehr produktiven Rímur-Dichter Jón Guðmundsson í Rauðseyjum, ein anderer von Bergþór Oddsson (geboren um 1639); von beiden Rímur sind je sechs, zum

Teil unvollständige Abschriften bewahrt (vgl. *Rímnatal*. Finnur Sigmundsson tók saman. Reykjavík 1966). Eine Balladenbearbeitung der *Rémundar saga* bzw. des Stoffes, von der Leach schreibt, konnte demgegenüber nicht ausfindig gemacht werden (vgl. Henry Goddard Leach: *Angevin Britain and Scandinavia*. 1921 [Nachdruck 1975], S. 383).

Die Saga von Sigurd Thögli
(Herbert Wäckerlin)

Die *Sigurðar saga þǫgla* ist in fünf Pergament- und 55 Papierhandschriften erhalten und gehört somit zu den am reichsten überlieferten Märchensagas. Sämtliche Papierhandschriften, die späten Pergamenthandschriften GKS 1002fol und NKS 1147 fol (beide aus dem 17. Jahrhundert) sowie das Einzelblatt AM 567 4to XXβ (16. Jahrhundert) beruhen auf der Handschrift AM 152 fol aus dem frühen 16. Jahrhundert, welche zugleich den frühesten vollständigen Text bietet. Das zweite Einzelblatt AM 567 4to XXα (15. Jahrhundert) und die fragmentarische Handschrift AM 596 4to, deren einzelne Teile von der Mitte des 14. bis zum 15. Jahrhundert datiert werden, bieten hingegen eine zwar ältere, jedoch in wesentlichen Punkten abweichende Redaktion der »Saga von Sigurd Thögli«. Diese bilden die Grundlage der sogenannten *Sigurðar rímur þǫgla* (»Rimur von Sigurd Thögli«), welche wohl im 15. Jahrhundert komponiert wurden und ihrerseits in vier Handschriften überliefert sind. Es ist anzunehmen, daß die Haupthandschriften AM 152 fol und AM 596 4to auf einer gemeinsamen Vorlage beruhen, wobei die erstere mit zusätzlichem Erzählmaterial versetzt wurde, während die letztere mit einem rhetorisch verfeinerten Stil versehen wurde (vgl. hierzu detailliert Matthew James Driscoll: *Sigurðar saga þǫgla: The shorter redaction*. Reykjavík 1992, S. xiii–cxlvi). Aus Gründen der Vollständigkeit folgt die Übersetzung der Handschrift AM 152 fol, die im Jahre 1963 von Agnete Loth herausgegeben wurde. Den Ausgaben von Einar Þórðarson (1883) und Bjarni Vilhjálmsson (1949) liegt eine spätere Papierhandschrift (ÍBR 5 fol) aus dem Jahr 1680 zugrunde.

Was erzähltypische Muster, die Vielfalt an Motiven sowie Anknüpfungen an andere isländische Texte betrifft, so ist die »Saga von Sigurd Thögli« wohl von allen Märchensagas eine der reichhaltigsten. Besonders hervorzuheben sind der komplexe, jedoch weitgehend einer inneren Logik folgende Handlungsaufbau, die teilweise lyrisch anmutenden Naturbeschreibungen, die Anwendung der Motive des *meykóngr* (»Jungfrauenkönigs«), des *kolbítr* (»Kohlenbeißers«) und des »Löwenritters«. Neben der Verarbeitung anderer gattungsverwandter Sagas, wie z.B. der *Flóres saga ok Blankiflúr* (»Saga von Flores und Blankiflur«) oder der *Flóvents saga* (»Saga von Flovent«), ist auch die offensichtliche Kenntnis von sogenannten »Wundervölker-Texten« bemerkenswert, also von mittelalterlichen kosmographischen Texten, die sich vornehmlich der Beschreibung exotischer Völker an der Peripherie der bekannten Welt widmen (siehe verschiedentlich oben in den Anmerkungen). Auch eine gewisse Vertrautheit des Verfassers mit kontinentaleuropäischen Belagerungstechniken und speziellen Waffen wie der »Büchse« muß vorausgesetzt werden.

Der Erzählstil der »Saga von Sigurd Thögli« läßt sich nach den im Vorwort dieses Bandes dargelegten Stilelementen grundsätzlich als Sagastil mit höfischen Besonderheiten, d. h. stabenden Wortpaaren, Wortparallelismen, zahlreichen charakterisierenden Adjektiven und nur wenigen Partizip-Präsens-Konstruktionen bezeichnen (zum unterschiedlichen Stilgebrauch der verschiedenen Sagagattungen auch in ihrer Entwicklung vgl. v. a. Reidar Astås: »Style«. In: *Medieval Scandinavia. An Encyclopedia.* 1993, S. 619–620 mit ausführlichem Literaturverzeichnis). Allerdings läßt sich innerhalb des Textes zwischen den Satzverschachtelungen in Szenen des höfischen Umgangs (vor allem in den Dialogen) und den meist paratktisch verknüpften Kampfsequenzen oft ein eigentlicher Stilwechsel feststellen. Auffällig ist die große Varianz bei den Paarformeln, von denen nur wenige (z. B. »Gold und Geschmeide«) öfter als ein- oder zweimal auftreten, wie auch bei den formelhaften Wendungen (z. B. »das war eine große Wunde«, »sie hauen und stechen nach beiden Seiten« usw.) meist kein gehäuftes Aufkommen auf engstem Raum festzustellen ist. Spezifisch für diesen Text, und somit trotz der mehrfachen Verwendung im Text nicht als eigentliche Formel zu bezeichnen, ist die am Anfang verschiedener Kapitel zu findende Wendung »als die Sonne wunderschön zu scheinen begann« (u. ä.), die in ihrer lyrischen Qualität nicht so recht zu den oft sehr kurz gehaltenen Episodenübergängen passen will. Hier, wie auch in den teilweise humorvollen Beschreibungen und Ausschmückungen, scheint der Verfasser die weitgehende Schemenhaftigkeit der Textgattung zu überwinden.

Für den Erzähllaufbau ist das Motiv des *meykóngr* (»Mädchenkönig«) von besonderer Wichtigkeit. Aus diesem Grund lassen sich innerhalb der Gattung der Märchensagas, von denen die Mehrheit sogenannte »Brautwerbegeschichten« (englisch »bridal-quest romances«) sind, einige in eine Untergattung einordnen, welche man etwa »Jungfrauenkönigsgeschichten« (englisch »maiden-king romances«) nennen könnte; außer der »Saga von Sigurd Thögli« gehören die *Klári saga keisarasonar* (»Saga von Clarus dem Kaisersohn«), die *Nitida saga* (»Saga von Nitida«), die *Viktors saga ok Blávus* (»Saga von Viktor und Blavus«), die *Dínus saga drambláta* (»Saga von Dinus Dramblati [= dem Stolzen]«) und die *Sigrgarðs saga frækna* (»Saga von Sigrgard Frækni [= dem Tapferen]«) dazu. Das Motiv ist zwar in weiteren Märchen- und Vorzeitsagas zu finden, jedoch nicht für den Handlungsrahmen bestimmend. Die Handlung der »Jungfrauenkönigsgeschichten« wird von drei wesentlichen Faktoren bestimmt: erstens von der stolzen Königin, welche eine Heirat kategorisch ablehnt, wobei die Gründe variieren können; zweitens von der Abweisung und Mißhandlung sämtlicher Freier; und drittens von ihrer Demütigung und Zähmung durch den Helden. Die klassischste Form dieses Handlungsschemas findet sich in der *Klári saga keisarasonar*, von der Gustaf Cederschiöld vermutete, sie bilde eine Paraphrase oder Übersetzung einer lateinischen Vorlage. Es ist zu vermuten, daß die Quelle des *meykóngr*-Motivs in arabischen Erzählungen über »stolze Prinzessinnen« zu finden ist, wie sie uns beispielsweise in den Geschichten aus *1001 Nacht* überliefert sind. Analogien finden sich auch in Grimms Märchen »König Drosselbart«, welches diesem Erzähltyp (AaTh 900) seinen Namen gab. Sowohl in den orientalischen Erzählungen wie auch bei den Märchen sind es jedoch Königstöchter, die sich dem König widersetzen, und nicht eigentliche Herrscher. Der Weg des *mey-kóngr*-Motivs nach Island könnte jedoch nach Aussage der *Klári saga* in einer Gruppe von Handschriften konkretere Formen annehmen, wenn es dort in etwa heißt, daß diese Geschichte, geschrieben im lateinischen Metrum, von Jón Halldórsson in Frankreich »gefunden« worden sei und daß dieser Jón, der um 1300 in Paris studierte und von 1322–1339 Bischof von Skálholt auf Island war, die Geschichte »erzählt« hätte, welche hier niedergeschrieben sei. Außerdem ist die *Klári saga* die einzige isländische Saga, in der die Stolze nicht *kóngr* (»König«), sondern *jungfrú* (»Jungfrau«) oder *kóngsdóttir* (»Königstochter«) genannt wird. Somit ist die *Klári saga* die ursprünglichste der »Jungfrauenkönigsgeschichten«, aus der sich die »Saga von Sigurd Thögli« wie die anderen mit dem Spezifikum des absoluten Herrschertums weiterentwickelt haben. (Ausführlich mit diesem Motiv haben sich vor allem Erik Wahlgren: *The Maiden King in Iceland*. 1938, und Marianne E. Kalinke in: *The Misogamous Maiden Kings of Icelandic Romance*, 1986, auseinandergesetzt. Über ›Brautwerbegeschichten‹ allgemeiner vgl. Kalinke, *Bridal-Quest Romance in Medieval Iceland*. 1990, worin auch der vorher erwähnte Aufsatz eingearbeitet ist).

Ein weiteres Hauptmotiv in der »Saga von Sigurd Thögli«, welches auf literarische Anknüpfungen an genreverwandte Texte verweist, ist das Motiv des »Löwenritters«: Der Held befreit einen Löwen aus den Fängen eines Drachen, worauf der Löwe sich ihm als Begleiter anschließt. Der Ursprung dieses Motivs liegt bei Chrétien de Troyes' *Yvain* (um 1170) und wird außer in der *Ívens saga* (»Saga von Iven«) auch in mindestens sechs anderen Sagas verwendet. Bei zwei dieser Sagas, der *Kára saga Kárasonar* (»Saga von Kari Karason«) und der *Ketlerusar saga keisaraefnis* (»Saga von Ketlerus dem Kaiseranwärter«), handelt es sich um nachmittelalterliche Erzählungen, die beide Jón Oddsson Hjaltalín (1749–1835) zugeschrieben werden (vgl. dazu Matthew Driscolls: *The Unwasheol Cildren of Eve*. 1997). Die *Vilhjálms saga sjóðs* (»Saga von Vilhjalm Sjod [Beutel]«), die *Konráðs saga keisarasonar* (»Saga von Konrad dem Kaisersohn«), die *Ectors saga* (»Saga von Ector«) sowie die nur in einem Fragment überlieferte *Grega saga* (»Saga von Grega«) stehen der »Saga von Sigurd Thögli« zeitlich näher. Richard Harris (1970) erwies ausgehend von einer Beurteilung der geschnitzten Darstellungen auf der Tür von Valþjófsstaðir (Anfang 13. Jahrhundert), daß neben Chrétiens *Yvain* einerseits die *Þiðreks saga af Bern* (»Saga von Thidrek von Bern«), andererseits früh auf Island bekanntes Material aus dem deutschen *Wolfdietrich* auf die Löwenrittermotivik in diesen Sagas Einfluß genommen haben muß. Als spezifisch für die »Saga von Sigurd Thögli« ist die Ausweitung des Motivs zu nennen: Während wesentliche Parallelen zu dieser Episode in der *Vilhjálms saga sjóðs* und der *Konráðs saga* zu finden sind – wobei die genaue Art der gegenseitigen Beeinflussung dieser Texte aus Datierungsgründen schwer zu beurteilen ist –, stammt die Einsicht Sigurds, dem Löwen aufgrund seines mit einem Löwen bemalten Schilds zu helfen, aus der *Þiðreks saga af Bern*. Die Beschreibung der Eigenschaften des Löwen hingegen entnimmt der Verfasser wohl zum einen der altnordischen Bibelkompilation *Stjórn*, zum anderen mittelalterlichen Bestiarien (siehe Anmerkungen). Die Einbettung des Motivs schließlich mit der Erwähnung des Schiffsnamens »Löwe« (Kap. 5), der Beschreibung des Löwenschilds (Kap. 12) und des Drachenangriffs auf die Brüder Sigurds (Kap. 13) als Vorspiel zur eigentlichen Löwenbefreiung sowie mit der Rolle, die dem Löwen im Kampf gegen die Trollweiber zugestanden wird (Kap. 19), ist hingegen dem Verfasser der »Saga von Sigurd Thögli« zuzurechnen. Detaillierte Angaben zum Motiv des »Löwenritters« finden sich bei Richard L. Harris: *The Lion-Knight Legend in Iceland and the Valþjófsstaðir Door*, 1970, S. 125–145. Das Motiv des ›dankbaren Löwen‹ (*grateful lion*; Motif-Typ B360, Erzähltyp AaTh 156 A) erscheint bei Harris als übergeordnete Form des Motivs, von der die »lion-knight legend« die ritterliche Ausprägung sei, die allein den mittelalterlichen Norden erreicht habe (S. 128). Einzig in der *Hinríks saga heilráða* und der *Vígkæns saga kúahirðis* (beide 18. Jahrhundert) findet sich kein Drachenkampf (vgl. auch Driscoll, 1992).

Für den Titelhelden geradezu von bestimmender Wichtigkeit ist das dritte große Motiv, nämlich das des *kolbítr* (»Kohlenbeißer«), *unpromising hero* oder der *male Cinderella*. Es ist in der europäischen Folklore weit verbreitet und wird auch immer wieder in Erzählungen über historische Persönlichkeiten verwendet; eines der berühmteren Beispiele in der altnordischen Sagaliteratur findet sich in einer Isländersaga, der *Grettis saga* (»Saga von Grettir«). Es handelt sich hier um das Motiv L100–199 (vgl. Driscoll: *Sigurðar saga*. 1992, S. lxx–lxxiv; *Egils saga Skallagrímssonar*, hg. v. Finnur Jónsson. 1924, S. 76). Der zukünftige Hauptheld erweist sich zu Beginn als einfältiger Stubenhocker, der – so das Bild – in der Küche Kohlen beißt, während andere seines Alters in Spielen und Wettkämpfen tätig sind, wo sie sich bewähren. Er wird oft wie hier von seiner Familie als zurückgeblieben eingestuft, wodurch spätere Ruhmestaten um so mehr hervorgehoben werden. Sigurd sitzt zwar nicht untätig zu Hause herum, bei ihm ist vielmehr seine selbstgewählte Schweigsamkeit dafür ausschlaggebend, daß er von allen Leuten außer seiner Mutter und Graf Lafranz für einen Tölpel gehalten wird. Ein Grund für dieses Verhalten wird nicht gegeben, allerdings merkt der Verfasser an, daß die Leute das Schicksal zu Unrecht rügen, wenn sie glauben, er sei des Sprechens und Denkens unfähig (Kap. 14).

Wie bereits bei der Einbettung der Hauptmotive ersichtlich wurde, folgt der Verfasser der »Saga von Sigurd Thögli« der im Prolog dargelegten Vorgehensweise, »zuerst in knappem Stil verfaßte« Erzählungen »mit passenden Worten« *(með hagligum orðum)* anzureichern. Driscoll (1992) bezeichnet diese Arbeitsweise als »material amplification« (»materielle Erweiterung«) einer Vorlage, wohingegen sich die fragmentarisch überlieferte Redaktion in AM 596 4to durch »rhetorical amplification« (»rhetorische Erweiterung«) auszeichnet, d. h. durch einen wortreicheren, ausgefeilteren Erzählstil. Anhand der *Sigurðar rímur þǫgla* lassen sich die Fragmente zu einer vollständigen *shorter redaction* der »Saga von Sigurd Thögli« ergänzen und dabei die Erweiterungen der längeren Redaktion erkennen: (1) Valteri und Ermedon mit den zu ihnen gehörigen Episoden; (2) der Kampf Sigurds gegen Börk und Brusi mit der Nip-Episode; (3) der Angriff der Schwurbrüder auf Treveris mit ihrer Gefangennahme; und (4) der Diebstahl eines Zaubersteins, der sich in Sedentianas Besitz befindet. In (1) und (2) bringt der Verfasser seine oft bemerkte Vorliebe für Kampfszenen zum Vorschein, wobei für die zusätzlichen Schwurbrüder natürlich auch die entsprechenden Prinzessinnen befreit werden müssen. Der dritte Zusatz ist einerseits wegen der beschriebenen Belagerungstechniken und der Erwähnung von Feuerwaffen *(byssur)* von besonderer Wichtigkeit (siehe Exkurs), andererseits hat schon Eugen Kölbing in seinem Aufsatz »Die Sigurðar saga þǫgla und die Bevis saga« (1896) die Entlehnung des Schlangengrubenmotivs aus der *Bevis saga* bemerkt; hier wie dort befindet sich der Held in einem mit Kriechtieren gefüllten Kerkerloch, verhungert beinahe, entledigt sich des ersten Henkers, um dann die anderen nachzulocken und sich selbst zu befreien. Bei (4) handelt es sich um eine Verknüpfung der weit verbreiteten Motive des Tauschs mit dem Zwergen (der Held hält den Zwerg von seiner Wohnung fern und zwingt ihn somit zu einem Handel) mit magischen Steinen, die dem Helden auf seinem Abenteuer weiterhelfen.

Sind die oben erwähnten Erweiterungen stets motiv- oder episodenhafter Natur, so zeigt sich bei den Erwähnungen der *Ólafs saga Tryggvasonar,* der *Flóres saga ok Blankiflúr,* der *Flóvents saga* und anderer uns teilweise unbekannter Sagas (z. B. einer **Seciliu saga*), daß auch eine Einordnung des genealogischen Hintergrunds oder die Einbettung von Geschichten besonders wichtiger Gegenstände in einen größeren Erzählzusammenhang angestrebt wurde. So soll die »Saga von Sigurd Thögli« etwa als eine Fortsetzung der *Flóres saga ok Blankiflúr* verstanden werden, wenn resümierend deren Inhalt wiedergegeben und dieser mit den Umständen von Sedentianas Geburt verknüpft wird. Umgekehrt weist die »Saga von Sigurd Thögli« mit den Worten Sedentianas in Kap. 43 auf die Ereignisse in der *Flóvents saga* voraus, wo Frakkland christianisiert und vom Joch der Heiden befreit werden wird. Es ist anzunehmen, daß für den Rezipienten von Märchensagas ein nicht zu unterschätzendes Vergnügen darin bestand, die gehörten Geschichten zu einem großen Netz zu verflechten und somit Bekanntes im Unbekannten, Heimisches im Exotischen innerhalb einer halb fiktiven, aber in sich stimmigen Erzähllandschaft wiederzuerkennen.

Exkurs: »Büchsen« und Belagerungstechnik in der Saga von Sigurd Thögli

Die Erwähnung einer Feuerwaffe in einer altnordischen Handschrift ist nicht alltäglich und verdient somit eine etwas eingehendere Behandlung. Im folgenden soll die Weite des Verfasserhorizonts anhand seiner Beschreibung der Vorkehrungen Sedentianas und der Belagerung von Treveris (Kap. 29 und 30) noch einmal verdeutlicht werden, wenngleich diese Episode weder für die Gesamthandlung noch für eine detaillierte Bewertung der allgemeinen Auseinandersetzung spätmittelalterlicher Sagaverfasser mit zeitgenössischen Belagerungstechniken die nötige Relevanz besitzt. Es ist jedoch erstens darauf hinzuweisen, daß der entsprechende Passus in der kürzeren Redaktion der Handschrift AM 596 4to fehlt, und zweitens gerade die relativ ausführlichen Schilderungen der Vorkehrungen, die Sedentiana zur Verteidigung von Treveris anstellt, eine Vertrautheit mit kontinentaleuropäischen Belagerungstechniken voraussetzt. Da außerdem die Erwähnung der *byssur* im Text sehr beiläufig und ohne jegliche weitere Erläuterungen geschieht, ist anzunehmen, daß auch den zeitgenössischen Rezipienten der »Saga von Sigurd Thögli« der Begriff geläufig war, denn er wird nicht einfach in die Kategorie der *vígvél* (»Kriegsgerät, -maschine«) oder der *valsløngur* (»Wurfmaschinen, Katapulte«) mit einbezogen, sondern neben den *skot* (»Geschossen, Wurfwaffen«) speziell aufgelistet (Kap. 29; S. 182 in Loths Ausgabe).

Die erste gesichert datierbare Bilddarstellung einer Pulverwaffe stammt aus dem Jahr 1326 und findet sich in einer englischen Handschrift. Im gleichen Jahr findet sich auch der erste schriftliche Hinweis in Florenz (siehe zu den folgenden Ausführungen, soweit nichts anderes vermerkt, Dudley Pope: *Feuerwaffen: Entwicklung und Geschichte.* Bern 1965, S. 8–76). Einsätze von Geschützen allgemein sind seit den 1330er Jahren zunehmend dokumentiert und um 1350, nicht zuletzt im Hinblick auf die sich verstärkenden Konflikte zwischen England und Frankreich im angehenden Hundertjährigen Krieg, bereits weit verbreitet; dies läßt sich auch daran erkennen, daß es in einigen deutschen Städten seit dem 15. Jahrhundert üblich war, von Stadtbürgern den Besitz einer Hand- oder Stangenbüchse als Wehrausrüstung zu verlangen (siehe Dorothea Goetz: *Die Anfänge der Artillerie.* Berlin [Ost] 1985, S. 24). Verschossen wurden zunächst spezielle Pfeile, die aus Armbrustbolzen weiterentwickelt wurden, dann auch Kugeln aus Blei, Eisen, Bronze oder Stein. Soweit die Quellenlage erkennen läßt, sind die ersten Geschütze relativ klein, und erst allmählich entstehen großkalibrigere Kanonen und Handfeuerwaffen. Grundsätzlich lassen sich letztere in zwei Arten unterteilen, einerseits die sogenannten »gestielten« Handfeuerwaffen, bei denen der Lauf in einer stabilen Stange endet, die in die Erde gesteckt oder zu Pferde entsprechend gegen die geharnischte Brust abgestützt werden kann, andererseits die »geschäfteten« Handfeuerwaffen, deren Lauf auf einem langen, geraden Schaft aus Holz mit Eisenbändern befestigt wird. Im Laufe des 15. Jahrhunderts kommen die »Birstgewehre« auf (von »Birst« = »Schießscharte«), auch »Wallbüchsen« genannt, welche auf einer drehbaren Lade (Untersatz) montiert wurden, so daß es möglich wurde, aus den Schießscharten oder Brustwehren einer Wehranlage auf angreifende Truppen zu schießen, da der Lauf nicht nur seitlich, sondern auch vertikal geschwenkt werden konnte. Dies waren mittlerweile auch meist Waffen mit angewinkeltem Schaft, um einen Teil des Rückstoßes aufzufangen, und konnten somit von einer einzelnen Person getragen werden. Der Abfeuerungsmechanismus beruhte auf der Zündung mittels Lunten oder

Loseisen; nach dem Laden wurde das Pulver auf die Zündpfanne gegeben und mit einem in Salpeter getränkten, glimmenden Hanf- oder Flachswerg entzündet. Bis zum Anfang des 16. Jahrhunderts, also der Zeit der Niederschrift der »Saga von Sigurd Thögli«, hatte sich das »Luntenschloß« durchgesetzt, bei dem die glimmende Lunte mittels eines S-förmigen Hahns, der über einen Fingerabzug bewegt werden konnte, in die Zündpfanne gedrückt wurde. Somit wurde gleichzeitiges Zielen und Schießen erleichtert. Diese weiterentwickelte Form der Handbüchse wurde »Arkebuse« (frz. *harquebuse*) oder auch »Hakenbüchse« genannt und gewann in der Folge vor allem auf dem Schlachtfeld enorm an Bedeutung.

Um die Vorstellung des Verfassers, die hinter dem Begriff *byssur* steht, näher zu ergründen, helfen semantische und textimmanente Überlegungen wenig weiter. Wie wir oben bereits gesehen haben, macht der Text eine Unterscheidung zwischen *vígvél* »Kriegsgerät«, *valsløngur* »Wurfmaschinen« und *skot* »Geschossen«. Hjalmar Falk führt in seiner weitgreifenden Untersuchung *Altnordische Waffenkunde* (Kristiania 1914) *valsløngur* als Oberbegriff von Torsionsschleudern auf, welche Steine und brennende Gegenstände mit Hilfe gedrehter Seile abschossen, wie sie etwa in der *Konungsskuggsjá* (»Königsspiegel«) oder in der *Þiðreks saga af Bern* vorkommen (S. 193). Der viel gebrauchte Begriff *skot* hingegen bezieht sich stets auf Pfeile oder Wurfwaffen (S. 95), möglicherweise auch auf Armbrustbolzen. Zu *vígvél* läßt sich bei Falk nichts finden, es ist jedoch anzunehmen, daß dieser Begriff als erstgenannter die nachfolgenden Kategorien umfassen soll. Nach dieser Aussonderung bleibt für *byssur* noch immer ein weites semantisches Feld. Vergleicht man den altnordischen mit dem deutschen Begriff »Büchse«, so zeigt sich, daß auch dieser in unterschiedlichen Quellen beinahe sämtliche Pulvergeschütze bezeichnen kann, was dort dazu führt, daß spezifischere Termini wie »Hand-«, »Donner-«, »Wall-« oder »Steinbüchse« entstehen. Eine entsprechende Spezialisierung der Terminologie von Feuerwaffen läßt sich im Altnordischen aufgrund der Quellenlage allerdings nicht ersehen. Auch der unmittelbare Kontext der Belagerungsszene verrät nichts über die genaue Verwendung der *byssur*; es heißt, daß die Verteidiger *lata drijfa aa þaa bædi skot og byssur* (wörtlich: »sowohl Geschosse wie auch Büchsen auf sie treiben lassen«). Das altnordische *láta drífa* evoziert, da es im Zusammenhang mit Geschossen auftaucht, das Bild eines Pfeilregens, und da die »Büchsen« wohl kaum selbst geworfen werden, läßt sich dieses Bild durch herabprasselnde Kugeln oder spezielle (Brand)pfeile ergänzen.

Ob es sich bei den *byssur* der »Saga von Sigurd Thögli« nun um größere Geschütze oder um Handbüchsen gehandelt hat, läßt sich wohl nicht genauer feststellen. Ein kurzer Blick auf die seit den Anfängen des Hundertjährigen Kriegs gebräuchlichen Belagerungs- und Verteidigungstechniken mag jedoch die eine oder andere Variante plausibler erscheinen lassen. Als Kriegsform kam der Belagerung im Mittelalter eine viel höhere Bedeutung zu als der Feldschlacht, da Burgen und Städte politische Machtzentren bildeten, deren Kontrolle großes Gewicht beigemessen wurde. Trotz diesem Umstand veränderten sich die Belagerungstaktiken allerdings nur sehr wenig; seit den Anfängen dieser Kriegsform in Europa um 950 gab es im wesentlichen drei Formen: erstens das Aushungern der Verteidiger; zweitens die Zerstörung der Verteidigungsanlagen mittels Belagerungsmaschinen; und drittens den Sturm der Festung. Die Verteidigungsmaßnahmen gegen die zweite und dritte Angriffsform wurden mit der Erhöhung der Mauern (v. a. gegen die seit dem 13. Jahrhundert aufkommenden sogenannten *trebuchets*, Steinschleudern mit Gegengewicht, welche eine größere Wurfweite als frühere Steinschleudern erreichten) sowie durch den Bau vermehrt runder, flankierender Wehrtürme und den Einbau von Schießscharten zunehmend verbessert (siehe Michael Prestwich: *Armies and Warfare in the Middle Ages: The English Experience.* 1996, S. 281–304). Die Verteidiger konstruierten auch Türme auf den Mauern, um Katapulte aller Art besser gegen die Angreifer ausrichten zu können (Jim Bradbury: *The Medieval Siege.* 1992, S. 256). Vergleichen wir diese Maßnahmen mit den geschilderten Vorbereitungen Königin Sedentianas, so lassen sich diese als sehr akkurat bezeichnen – wenn auch die nachfolgende Schlacht nicht nach dem üblichen Muster einer Belagerung abläuft, sondern viel eher an die schon bei Vegetius (Ende 4. Jahrhundert) erwähnte Rückzugtaktik erinnert (Volker Schmidtchen: *Kriegswesen im späten Mittelalter: Technik, Taktik, Theorie*, 1990, S. 105 ff.). Auf solchen Maueraufbauten und Wehrtürmen sind zumindest Geschütze mittlerer Größe gebraucht worden, wie etwa die »Kammerbüchsen«, die als »Wallbüchsen« auf drehbaren Laden gelagert wurden (Schmidtchen, 1990, S. 200 ff.), größere Kanonen ließen sich allerdings erst auf den seit dem 16. Jahrhundert aufkommenden tiefer gelegten und massiv verbreiterten Mauerformen einsetzen.

Während sich die neuere Forschung der Frage nach den im Spätmittelalter gebräuchlichen Geschützformen auf Mauern oder Wällen kaum annimmt, können uns die häufig abgebildeten Darstellungen aus verschiedenen Handschriften zumindest ein Bild über die zeitgenössische Vorstellung der Bewaffnung der Verteidiger geben. In einem deutschen sogenannten »Feuerwerksbuch« (um 1400) läßt sich beispielsweise ein Mann erkennen, der hinter eine Brustwehr geduckt, ganz offensichtlich eine Handbüchse abfeuert, da sein Blick über deren relativ kurzen Lauf auf die Angreifer gerichtet ist. Weiter unten in der Mauer sieht man aus einer weiten, mit einem aufklappbaren Holzladen geschützten Öffnung sowie aus einem Fenster eines Wehrturms zwei weitere Geschützläufe hervorragen, die länger gezeichnet sind und wohl mittelgroße Kammerbüchsen darstellen sollen (Abbildung in Bradbury: *The Medieval Siege.* 1992, S. 279). Eine sehr deutliche Darstellung der Belagerung von Rouen 1418–1419 durch Heinrich V. in den Vigiles de Charles VII (15. Jahrhundert) zeigt wohl wiederum Handbüchsen, deren Feuerkraft von derjenigen der großen Kanonen der Belagerer durch die Absenz einer fliegenden Kugel vor dem Lauf unterschieden wird (diese und die nachfolgend erwähnte Abbildung finden sich in H.W. Koch: *Medieval Warfare.* 1978, S. 83 resp. 200–201.) Als weiteres Beispiel sei noch die Abbildung aus den Chroniques d'E de Monstrelet (15. Jahrhundert) genannt, auf der die Belagerung von Arras durch den französischen König dargestellt wird. Hierauf sieht man sowohl die Angreifer wie die Verteidiger mit Handbüchsen.

Für eine eingehendere Beurteilung der möglichen Quellen, die der Verfasser der »Saga von Sigurd Thögli« für die Belagerungsepisode verwendet haben mag, lassen sich keine eindeutigen Hinweise entdecken. Es wäre übertrieben, ihm eingehende Kenntnisse kriegstechnischer Handschriften zu attestieren, es ist jedoch nach den oben gemachten Überlegungen durchaus denkbar, daß eine der zahlreichen Handschriften-Illuminationen die Grundlage für seine Beschreibung der Verteidigungsmaßnahmen gebildet hätte. Da sich nicht selten isländische Studenten in Paris in Ausbildung befanden, wäre auch die Gelegenheit zur Einsicht in derartige Handschriften gegeben.

Die Saga von Damusti
(Jürg Glauser)

Die *Dámusta saga*, wie die »Saga von Damusti« im isländischen Original meist bezeichnet wird, ist in unzusammenhängenden Fragmentteilen (drei Blätter) einer isländischen Pergamenthandschrift aus dem 15. Jahrhundert (Handschrift AM 557 4to) sowie einer Anzahl isländischer Papierhandschriften aus dem 17.–19. Jahrhundert bewahrt. Da von der ältesten Handschrift mehr als die Hälfte des Textes fehlt, folgt die Übersetzung in diesem Band dem Text der Handschrift JS 27 fol (ca. 1670), der auch den Haupttext der Ausgabe von Louisa Fredrika Tan-Haverhorst aus dem Jahre 1939 darstellt. Diese von Tan-Haverhorst als **A** bezeichnete Fassung weicht gegenüber der älteren Fassung der Saga, die in den bewahrten Teilen des Pergamentfragments belegt ist, nur in bezug auf die sprachliche Ausformung, nicht jedoch auf die grundlegende Handlungsführung ab.

Wie alle Erzählungen der Gattung ist die »Saga von Damusti« anonym. Sie nimmt im Rahmen der Märchensagas insofern eine gewisse Sonderstellung ein, als in ihr die religiöse Thematik eine außergewöhnlich große Rolle spielt und diese sie in die Nähe der Legendenliteratur rückt. So hat man die »Saga von Damusti« sogar als Pseudo-Marienlegende bezeichnet und auch in Erwägung gezogen, daß es sich beim Autor der Saga um einen Geistlichen gehandelt haben könnte, doch muß dies alles äußerst hypothetisch bleiben. Es ist auch sehr schwierig, einen ungefähren Entstehungszeitraum dieser Erzählung anzugeben. Aufgrund der Tatsache, daß eine älteste Handschrift der Saga aus dem 15. Jahrhundert stammt und auch die auf die Saga beruhenden *Dámusta rímur* schon aus der ersten Hälfte des 15. Jahrhunderts datieren könnten, läßt sich auf eine Entstehung der Saga im späten 14. bzw. frühen 15. Jahrhundert schließen.

Der Verfasser der Saga hat mindestens an zwei Stellen die eddischen Götterlieder *Hávamál* und *Alvíssmál* verwendet und zitiert sie zum Teil wörtlich. Eventuell besteht eine direkte Lehnbeziehung zwischen der Figur des vielwissenden Zwerges Alvíss in der Edda und jener des Ungeheurs Alheim in der Saga. Wie in anderen Ländern genossen auch im spätmittelalterlichen Island Legenden über die Jungfrau Maria eine immense Beliebtheit, und dies schlägt sich im vorliegenden Text deutlich nieder. Dabei ist die »Saga von Damusti« lediglich ein Beispiel der intensiven literarischen Auseinandersetzung volkssprachlicher Autoren mit religiösen Themen. Nachdem zwar im letzten Jahrhundert die noch heute unentbehrlichen Ausgaben der isländischen Übersetzungen der Heiligendichtung, der sogenannten Heiligensagas (z. B. *Postola sögur, Heilagra manna sögur, Maríu saga*), entstanden, wird dieser wichtige, aber noch viel zu wenig bekannte Teil der altisländischen Literaturgeschichte nun in jüngster Zeit etwas intensiver erforscht. Erst wenn vermehrt Studien zu Quellen und Rezeptionswegen der religiösen Literatur in Island vorliegen, wird sich vielleicht genauer sagen lassen, woher der Verfasser der *Dámusta saga* die religiösen Motive bezogen hat (vgl. hierzu den von Wilhelm Heizmann für die Reihe SAGA geplanten Band »Heiligensagas und geistliche Schriften«).

Die Literaturwissenschaftlerin Margaret Schlauch, die sich bisher am eingehendsten mit den Quellenfragen der *Dámusta saga* befaßt hat, konnte zeigen, wie diese Saga Erzählstoffe verwendet, die vor allem aus der französischen Literatur bekannt waren. Schlauch kam zu dem Ergebnis, daß die Saga am meisten Übereinstimmungen mit einem französischen höfischen Abenteuerroman aus der Zeit um 1190–1220, *Amadas et Ydoine*, aufweist (vgl. Margaret Schlauch: *The Dámusta saga and French Romance*. 1937; dies.: *Romance in Iceland*. 1934). Dieser altfranzösische Versroman mit einer gewissen psychologischen Tendenz existiert in einer kontinentalen und einer insularen (sogenannt anglo-normannischen) Version, wobei laut Schlauch die *Dámusta saga* der letzteren am nächsten steht. Die Erzählung des Helden, der seine scheintote Geliebte gegen einen unbekannten Ritter oder einen übernatürlichen Gegner verteidigen muß und sie anschließend zum Leben erweckt und heiratet, dürfte somit auf dem Weg über das anglo-normannische Gebiet, also die britischen Inseln, und eventuell über das westliche Norwegen nach Island gekommen sein, ein im 13. Jahrhundert höchst üblicher Vermittlungsweg kultureller Einflüsse vom Kontinent, vor allem Frankreich, in den westnordischen Bereich. Bei der *Dámusta saga* handelt es sich allerdings keineswegs um eine direkte Übersetzung des *Amadas et Ydoine*, sondern der Sagaverfasser hat wohl eine dem höfischen Roman vergleichbare Erzählung gekannt und sie für seinen Text benutzt.

Obwohl die *Dámusta saga* mit insgesamt lediglich 17 erhaltenen Handschriften aus dem 15. bis 19. Jahrhundert zu den am spärlichsten überlieferten Märchensagas gehört, ist sie keineswegs ohne Nachwirkung in der isländischen Literatur und Volksdichtung des ausgehenden Mittelalters und der frühen Neuzeit geblieben. So wurde beispielsweise vermutlich bereits in einer frühen Phase, d. h. im 15. Jahrhundert, der Stoff der Saga in Form von sogenannten Rímur dargestellt. Diese *Dámusta rímur* umfassen einen Zyklus von vier Gesängen (*ríma*, Sg. von *rímur*) mit insgesamt 230 vierzeiligen Strophen in unterschiedlichen Versmaßen. Entsprechend den üblichen Bearbeitungstendenzen ist der Stoff der Prosaerzählung in den Rímur beträchtlich gekürzt. Inhaltlich weichen sie allerdings nicht stark von der Saga ab. Der älteste Textbeleg dieser *Dámusta rímur* ist eine aus der ersten Hälfte des 16. Jahrhunderts stammende Pergamenthandschrift (AM 604 4to), wobei diese sogenannte *Staðarhólsbók* (»Buch/Handschrift aus Staðarhóll«) die wichtigste Sammlung älterer Rímur darstellt. Die *Dámusta rímur* sind auch in späteren Papierhandschriften bewahrt (vgl. Björn K. Þórólfsson: *Rímur fyrir 1600*. 1934, S. 322–323). Die Damusta rímur sind herausgegeben von Finnur Jónsson: *Rímnasafn*, 2, 1913–22, S. 771–800. Von der *Rímur*-Handschrift AM 604 4to, in der die *Dámusta rímur* überliefert sind, gab William A. Craigie 1938 eine Faksimile-Edition heraus: *Early Icelandic Rímur*, 1938.

Die »Saga von Damusti« illustriert zudem die Art und Weise, wie populäre Erzählstoffe, die im 13., 14. und 15. Jahrhundert in handschriftlicher Form fixiert worden waren, im Lauf der Überlieferung re-oralisiert, also vermündlicht bzw. entschriftlicht wurden (zu dem in der mittelalterlichen und frühneuzeitlichen Literatur verbreiteten Phänomen der Entschriftlichung vgl. vor allem den von der Anglistin und Keltologin Hildegard L. C. Tristram herausgegebenen Sammelband *[Re]Oralisierung*, Tübingen 1996; darin zur Oralisierung in der isländischen Literatur u. a. Jürg Glauser: »Tendenzen der Vermündlichung isländischer Sagastoffe«, S. 111–125).

So wurde schon um das Jahr 1700 herum von einem isländischen Pfarrer, Eyjólfur Jónsson von Vellir im Svarfaðardalur (1670–1745), aus der Erinnerung eine Geschichte niedergeschrieben, die seine Großmutter und Mutter erzählt hatten. Diese »Geschichte von Jón Upplendíngakonúngr«, wie Konrad Maurer sie in seiner 1860 erschienenen Sammlung isländischer Volkssagen nannte (vgl. Konrad Maurer: *Isländische Volkssagen der Gegenwart*. 1860, S. 320–22; vgl. auch Adeline Rittershaus: *Die neuisländischen Volksmärchen*. 1902, Nr. LXXXIII. »Jón Upplandakonugur«, S. 313–14), erschien auf isländisch unter dem Titel »Inntak úr söguþætti af Jóni Upplandakóngi« (»Zusammenfassung einer kurzen Geschichte von Jon dem König von Upplönd«) in Jón Árnasons wichtiger Edition isländischer Märchen und Sagen (vgl. *Íslenzkar þjóðsögur og ævintýri*. Safnað hefur Jón Árnason. Nýtt safn, 1954–61; hier I, 1954, S. 273–74). Da diese Erzählung in Maurers Ausgabe in einer Version abgedruckt ist, die sich von der bei Jón Árnason veröffentlichten recht stark unterscheidet, wird hier letztere in deutscher Übersetzung im vollen Wortlaut wiedergegeben:

Zusammenfassung einer kurzen Geschichte von Jon dem König von Upplönd

Zu der Zeit, als König Olaf Haraldsson über Norwegen herrschte, war ein König in Upplönd, der Jon hieß; er war jung an Jahren, ein außerordentlich schöner und prächtiger Mann; es wird vor allem hervorgehoben, wie schön sein Haar war und daß es wie Gold aussah, wenn er auf der Lyfting seines Schiffes stand und die Sonne schien.

König Jon war nicht verheiratet; es schien ihm an einer ihm ebenbürtigen Braut zu mangeln. Eine in jeder Hinsicht hervorragende Jungfrau von guter Herkunft war dort im Land. König Jon unternimmt eine Reise dorthin, wo sie wohnte, und bittet sie, seine Frau zu werden; die Antwort fiel gut aus, und es wurde bestimmt, wann er zurückkommen soll, um die Werbung einzulösen. Danach geht er nach Hause. Kurz darauf erkrankt seine Verlobte schwer, so daß sie stirbt; ihren Verwandten und Vormündern gereichte das zur größten Trauer, und sie beerdigen sie geziemend. Dort auf dem Hof war eine Kirche und darum herum ein Kirchhof; sie beerdigten die Leiche im Kirchhof und gingen mit Kummer und Sorge davon. König Jon erhält davon keine Nachricht, ehe er sich von zu Hause aufmacht und zu seiner Hochzeit gehen will; er macht sich danach auf und hält nicht an, ehe er in die Nähe des Hofes kommt, wo er seine Verlobte vorzufinden dachte; es war dann bereits tiefe Nacht.

Er geht nun von seinen Männern weg zum Kirchhof, und als er ihn betritt, sieht er ein frisches Grab, hat aber keine Ahnung, wer dort liegt, geht dann wieder zum Tor zurück; er hatte sein Schwert und alle Waffen; er sieht, wie ein großgewachsener Mann zum Tor reitet; dieser trägt ein Schwert in seinem Gurt und einen Falken auf dem Arm; ein Hund lief neben ihm her. Als er sieht, daß jemand drinnen ist, weicht er zweimal zurück. Beim dritten Mal springt er zum Tor; König Jon spricht ihn an und fragt, wer er sei und wie er heiße. Er antwortet und sagt, er heiße Alheim. »Was hast du hier vor?« sagt König Jon. »Etwas wichtiges habe ich vor«, sagt Alheim, »ich will meine Verlobte holen.« »Wo ist sie?« sagt König Jon. »Sie liegt hier auf dem Kirchhof begraben«, sagt Alheim. »Ist sie schon lange tot?« sagt König Jon. »Sie starb vor kurzem«, sagt Alheim. »Woran starb sie?« sagt König Jon. »An einer raschen und schweren Krankheit«, sagt Alheim. »War die Krankheit von sich gekommen, oder hat jemand sie hervorgerufen?« sagt König Jon. »Ich habe sie hervorgerufen«, sagt Alheim, »ich machte durch meine Kenntnisse, daß es schien, die Jungfrau sei krank und danach gestorben, und ich habe ihren Atem verborgen; das geschah deshalb, weil ich wollte, daß niemand außer mir sich ihrer erfreuen sollte.« Nun glaubte König Jon zu wissen, wer sie ist, über die sie redeten und sprach: »Das war meine Verlobte, nicht deine.« »Nie sollst du dich ihrer erfreuen«, sagt Alheim; er zückte sogleich das Schwert und hieb nach König Jon; aber er wich dem Hieb aus zum Hund von Alheim, der vor dem Pferd war, und tötete ihn; es schien ihm, daß es ihm wenig nützen würde in seinem Kampf gegen Alheim. Alheim hieb dann nochmals auf König Jon ein; diesen Hieb wollte er nicht abwarten, und er hieb auf Alheim ein und trennte mit diesem Hieb den Kopf des Pferdes und von ihm selber den Arm, auf dem der Falke war, ab und tötete den Falken. Da sprach Alheim: »Ich brauche beide Arme, dort wo ich wohne.« Ging danach weg und sprach dies:

> Das Pferd ist zerschmettert, der Falke ist tot,
> der Hund ist des Lebens beraubt,
> es geht der Bursche arm aus dem Hof,
> Gutes bekam er nicht von der Frau.

König Jon ging dann zu seinen Leuten und ließ sofort dort graben, wo seine Verlobte lag, und sie heraufholen; man fand sie heil und lebendig, es gab ein freudiges Wiedersehen zwischen ihr und König Jon, doch ihre Verwandten wurden so glücklich, daß man es nicht sagen kann. König Jon feierte dann seine Hochzeit mit Ehre und Würde und ging danach mit seiner Frau nach Hause in sein Reich.

Obwohl die Beziehungen zwischen dieser Erzählung und der »Saga von Damusti« noch nicht genau geklärt sind, darf man mit einiger Sicherheit davon ausgehen, daß die mündliche Erzählung des 17. Jahrhunderts mehr oder weniger direkt auf die spätmittelalterliche schriftliche Saga zurückgeht. Wie die am Ende des Märchens angeführte Strophe zeigt, sind auch die *Dámusta rímur* verwendet worden, handelt es sich doch bei der Strophe um ein wörtliches Zitat aus den Rímur.

Außerdem scheint wenigstens eine weitere Erzählung der isländischen Märchen- und Sagenliteratur direkte Motivbeeinflussungen aus der *Dámusta saga* aufzuweisen. So stellt die im 19. Jahrhundert vom Volkskundler Sigfús Sigfússon aufgezeichnete Sage *Draugur nemur konu* (»Ein Wiedergänger entführt eine Frau«) – (vgl. *Íslenskar þjóðsögur og sagnir. Safnað hefir og skráð Sigfús Sigfússon. Ný útgáfa.* Óskar Halldórsson bjó til prentunar, I–VII. Reykjavík 1982–86; hier II, 1982, S. 187–91 [ursprünglich erschien die Sammlung in 16 Heften in Seyðisfjörður und Reykjavík 1922–58]) – laut Bjarni Einarsson eindeutig eine Adaption des Motivs von der scheintoten Frau aus der *Dámusta saga* dar (vgl. *Munnmælasögur 17. aldar.* Bjarni Einarsson bjó til prentunar, Íslenzk rit síðari alda 6. Reykjavík 1955, S. clv). Hier gelingt es einem mit der Zauberei vertrauten Sohn eines Pfarrers, seine Geliebte aus der Gewalt eines Wiedergängers, der sie entführt hatte, zu befreien; die junge Frau wird darauf mit einer roten Flüssigkeit, die in ihrem Grab aufbewahrt wird, zum Leben erweckt. Weniger überzeugend ist Einarssons Hinweis, daß auch das in verschiedenen Varianten verbreitete Märchen »Sagan af Hlini kóngssyni« (»Geschichte von Hlini dem Königssohn«) u. ä. das Motiv des Zauberschlafs aus der Saga entnommen habe (vgl. *Íslenzkar þjóðsögur og ævintýri,* II. 1954, S. 412–18; *Munnmælasögur,* S. clv; vgl. auch Margaret Schlauch: The *Dámusta saga,* S. 10–11). Da der isländische Literaturhistoriker und Märchenforscher Einar Ólafur Sveinsson (1899–1984) in seinem 1929 erschienenen Verzeichnis der isländischen Märchentypen seltsamerweise weder die *Dámusta saga* noch das Märchen von Jón dem König von Upplönd behandelte, können diese wenigen Hinweise auf das Nachleben des Stoffes der Saga in der oralen Überlieferung Islands allerdings nicht erschöpfend sein (vgl. Einar Ól. Sveinsson, *Verzeichnis isländischer Märchenvarianten. Mit einer einleitenden Untersuchung.* FF Communications 83, Helsinki 1929; vgl. dazu schon Margaret Schlauch: The *Dámusta saga,* S. 6, Anm. 13. Der Motiv-Index von Inger M. Boberg: *Motif-Index of Early Icelandic Literature.* Bibliotheca Arnamagnæana 27, Kopenhagen 1966, umfaßt nur die mittelalterliche Literatur, er ist zudem unvollständig und, da er kein Register aufweist, mühsam zu benützen).

Die kurze »Saga von Damusti« illustriert, wie die Erzählungen aus dem isländischen Spätmittelalter, die sich als »Märchensagas« bezeichnen lassen, auf der

Grundlage der altnorwegisch-isländischen Literatur sowie von Themen und Erzählstoffen, die im europäischen Mittelalter verbreitet waren, eine neue, eigenständige Art des phantastischen Erzählens schufen, aber auch, wie diese im anschließenden Prozeß der Rezeption und Überlieferung immer wieder aufgegriffen und verändert wurden: eddische Götterlieder, vermutlich lateinische Marienlegenden, französische Ritterromane ergaben in Island im 14. oder frühen 15. Jahrhundert eine unterhaltend-belehrende Erzählung, die ihrerseits die Motiv- und Strukturvorlage für Rímur, Märchen und Sagen lieferte. An diesem Verlauf ist nicht zuletzt die stets zunehmende Anpassung der Stoffe, Motive, Erzählstrukturen an die jeweils unterschiedlichen Gattungskonventionen von Interesse.

Auswahlbibliographie

Vorbemerkung: Der erste Teil dieser Bibliographie verzeichnet die wichtigste Literatur zu den Märchensagas im allgemeinen. In den Literaturverzeichnissen zu den einzelnen Sagas werden diese Werke nur dann nochmals angeführt, wenn sie sich auf bestimmte Einzelstellen beziehen; sie werden dann auch nur in verkürzter Form genannt.

Allgemeine Literatur und Literatur zu den Märchensagas
(Jürg Glauser)

1. Sammelausgaben von Märchensagas und verwandten Texten:

Bjarni Vilhjálmsson (Hg.): *Riddarasögur.* I – VI. 2. Aufl. Akureyri 1954. [Nachdruck 1961]. (Íslendingasagnaútgáfan). [Isländische Volksausgabe, mit modernisierter isländischer Orthographie].

Åke Lagerholm (Hg.): *Drei Lygisǫgur. Egils saga einhenda ok Ásmundar saga berserkjabana; Ála flekks saga; Flóres saga konungs ok sona hans.* Halle 1927. (Altnordische Saga-Bibliothek, 17).

Agnete Loth (Hg.): *Late medieval Icelandic romances.* I–V. Copenhagen 1962–1965. (Editiones Arnamagnæanæ. Series B, 20–24). [Texte jeweils nur nach einer Handschrift, mit fortlaufender englischer Inhaltsparaphrase].

Fornaldarsagas and Late Medieval Romances. AM 586 4to and AM 589 a–f 4to. Ed. by Agnete Loth. Copenhagen 1977. (Early Icelandic Manuscripts in Facsimile, 11).

2. Handbücher, Literaturgeschichten, allgemeine Literatur, Abkürzungen:

AaTh = Antti Aarne [and] Stith Thompson: *The Types of the Folktale. A Classification and Bibliography.* Second Revision. Helsinki 1961. (FF Communications, 184).

Inger M. Boberg: *Motif-Index of Early Icelandic Literature.* Copenhagen 1966. (Bibliotheca Arnamagnæana, 27).

Stefán Einarsson: *A History of Icelandic Literature.* Baltimore, Md. 1957.

Hjalmar Falk: *Altnordische Waffenkunde.* Kristiania 1914.

Hjalmar Falk: *Altwestnordische Kleiderkunde mit besonderer Berücksichtigung der Terminologie.* Kristiania 1919.

Þorleifur Hauksson, Þórir Óskarsson: *Íslensk stílfræði.* Reykjavík 1994, S. 256–272.

Wilhelm Heizmann: *Wörterbuch der altnordischen Pflanzennamen.* Berlin, New

York 1993. (Ergänzungsbände zum Reallexikon der Germanischen Altertumskunde, 7).
Finnur Jónsson: *Den oldnorske og oldislandske litteraturs historie.* I–III. 2. Aufl. København 1920–1924.
KLNM = *Kulturhistorisk leksikon.*
Kulturhistorisk leksikon for nordisk middelalder fra vikingetid til reformationstid. I–XXII. København 1956–1978.
Lexikon des Mittelalters I – München–Zürich 1980 –.
E[rik] H[enrik] Lind: *Norsk-isländska personbinamn från medeltiden.* Uppsala 1920–1921.
Medieval Scandinavia. An Encyclopedia. Ed.: Phillip Pulsiano. New York, London 1993. (Garland Encyclopedias of the Middle Ages, 1. Garland Refernce Library of the Humanities, 934).
Esther M. Metzenthin: *Die Länder- und Völkernamen im altisländischen Schrifttum.* Bryn Mawr, Pennsylvania 1941.
Stephen A. Mitchell: *Heroic Sagas and Ballads.* Ithaca, London 1991.
Eugen Mogk: »Nordische Literaturen. A. Norwegisch-isländische Literatur«. In: *Grundriß der germanischen Philologie.* Hg. von Hermann Paul. II. Band, I. Abteilung. 2. Aufl. Straßburg 1901–1909, S. 555–923.
Kurt Schier: *Sagaliteratur.* Stuttgart 1970. (Sammlung Metzler, 78).
Rudolf Simek: *Lexikon der germanischen Mythologie.* Stuttgart 1984, 2. Aufl. 1995. (Kröners Taschenausgabe, 368).
Rudolf Simek, Hermann Pálsson: *Lexikon der altnordischen Literatur.* Stuttgart 1987. (Kröners Taschenausgabe, 490).
Rudolf Simek: *Altnordische Kosmographie. Studien und Quellen zu Weltbild und Weltbeschreibung in Norwegen und Island vom 12. bis zum 14. Jahrhundert.* Berlin, New York 1990. (Ergänzungsbände zum Reallexikon der Germanischen Altertumskunde, 4).
Preben Meulengracht Sørensen: *The Unmanly Man. Concepts of sexual defamation in early Northern society.* Odense 1983. (The Viking Collection. Studies in Northern Civilization, 1).
Einar Ólafur Sveinsson: *Verzeichnis isländischer Märchenvarianten. Mit einer einleitenden Untersuchung.* Helsinki 1929. (FF Communications, 83).
Einar Ólafur Sveinsson: *Um íslenzkar þjóðsögur.* Reykjavík 1940.
Sverrir Tómasson: *Formálar íslenskra sagnaritara á miðöldum – rannsókn bókmenntahefðar.* Reykjavík 1988. (Stofnun Árna Magnússonar á Íslandi. Rit 33).
Jan de Vries: *Altnordische Literaturgeschichte.* I–II. 2. Aufl. Berlin 1964–1967. (Grundriß der germanischen Philologie, 15. 16).

3. Allgemeine Literatur zu Märchensagas und verwandten Texten:
Geraldine Barnes: »Riddarasögur. 2. Translated«. In: *Medieval Scandinavia. An Encyclopedia.* 1993, S. 531–533.
Matthew James Driscoll: »Þögnin mikla. Hugleiðingar um riddarasögur og

stöðu þeirra í íslenskum bókmenntum«. In: *Skáldskaparmál. Tímarit um íslenskar bókmenntir fyrri alda.* 1 (1990). S. 157–168.

Matthew J. Driscoll: »Traditionality and Antiquarianism in the Post-Reformation Lygisaga«. In: *Northern Antiquity. The Post-Medieval Reception of Edda and Saga.* Ed. by Andrew Wawn. Enfield Lock, Middlesex 1994, S. 83–99.

Matthew J. Driscoll: »The Oral, the Written, and the In-Between: Textual Instability in the Post-Reformation Lygisaga«. In: *(Re)Oralisierung.* Hg. von Hildegard L. C. Tristram. Tübingen 1996. (ScriptOralia 84). S. 127–154.

Mathew James Driscoll: »Words, Words, Words: Textual variation in Skikkjurímur«. In: *Skáldskaparmál. Tímarit um íslenskar bókmenntir fyrri alda.* 4 (1997), S. 227–237.

Stefán Einarsson: »Heimili (skólar) fornaldarsagna og riddarasagna«. In: *Skírnir* 140 (1966), S. 272.

Jürg Glauser: *Isländische Märchensagas. Studien zur Prosaliteratur im spätmittelalterlichen Island.* Basel, Frankfurt am Main 1983. (Beiträge zur nordischen Philologie, 12).

Jürg Glauser: »Erzähler – Ritter – Zuhörer: Das Beispiel der Riddarasögur. Erzählkommunikation und Hörergemeinschaft im mittelalterlichen Island«. In: *Les Sagas de Chevaliers (Riddarasögur). Actes de la Ve Conférence Internationale sur les Sagas.* Présentés par Régis Boyer (Toulon. Juillet 1982). Paris 1985, S. 93–119.

Jürg Glauser: »Spätmittelalterliche Vorleseliteratur und frühneuzeitliche Handschriftentradition. Die Veränderungen der Medialität und Textualität der isländischen Märchensagas zwischen dem 14. und 19. Jahrhundert«. In: *Text und Zeittiefe.* Hg. von Hildegard L. C. Tristram. Tübingen 1994. (ScriptOralia 58.) S. 377–438.

Eyvind Fjeld Halvorsen: »Riddersagaer«. In: *KLNM* 14, 1969, Sp. 175–183.

Marianne E. Kalinke: *King Arthur, North-by-Northwest: The matière de Bretagne in Old Norse-Icelandic Romances.* Copenhagen 1981. (Bibliotheca Arnamagnæana, 37).

Marianne E. Kalinke: »Norse Romance (Riddarasögur)«. In: *Old Norse-Icelandic Literature. A Critical Guide.* Ed. by Carol J. Clover, John Lindow. Ithaca, London 1985. (Islandica, 45). S. 316–363.

Marianne E. Kalinke, P. M. Mitchell: *Bibliography of Old Norse-Icelandic Romances.* Ithaca, London 1985. (Islandica, 44).

Marianne Kalinke: *Bridal-Quest Romance in Medieval Iceland.* Ithaca, London 1990. (Islandica, 46).

Marianne E. Kalinke: »Riddarasögur. 1. Indigenous«. In: *Medieval Scandinavia. An Encyclopedia.* 1993. S. 528–531.

Henry Goddard Leach: *Angevin Britain and Scandinavia.* Cambridge, Mass., 1921. (Harvard Studies in Comparative Literature, 6). [Nachdruck 1975].

Astrid van Nahl: *Originale Riddarasögur als Teil altnordischer Sagaliteratur.* Frankfurt am Main und Bern 1981. (Texte und Untersuchungen zur Germanistik und Skandinavistik, 3).

Rímnatal. I–II. Finnur Sigmundsson tók saman. Reykjavík 1966.
Hubert Seelow: *Die isländischen Übersetzungen der deutschen Volksbücher. Handschriftenstudien zur Rezeption und Überlieferung ausländischer unterhaltender Literatur in Island in der Zeit zwischen Reformation und Aufklärung.* Reykjavík 1989. (Stofnun Árna Magnússonar á Íslandi. Rit, 35).
Margaret Schlauch: *Romance in Iceland.* New York 1934. [Nachdruck 1973].
Einar Ólafur Sveinsson: »Viktors saga ok Blávus. Sources and characteristics«. In: *Viktors saga ok Blávus.* Jónas Kristjánsson bjó til prentunar. Reykjavík 1964. (Riddarasögur, 2). S. CIX–CCX. [Behandelt in der Einleitung zu dieser Ausgabe ausführlich auch grundsätzliche Fragen der Märchensagas].
Knud Togeby: »L'influence de la littérature française sur les littératures scandinaves au moyen âge«. In: *Grundriß der romanischen Literaturen des Mittelalters.* 1. Heidelberg 1972, S. 333–395 (bes. S. 384 f.).
Torfi H. Tulinius: »Kynjasögur úr fortíð og framandi löndum«. In: Böðvar Guðmundsson, Sverrir Tómasson, Torfi H. Tulinius, Vésteinn Ólason: *Íslensk bókmenntasaga.* II. Reykjavík 1993, S. 165–246. [Darin zu den Märchensagas besonders der Abschnitt: Íslenska rómansan – fornaldarsögur og frumsamdar riddarasögur. S. 218–244].
Erik Wahlgren: *The Maiden King in Iceland.* Chicago 1938. [Ph.D.-Diss.].
Gerd Wolfgang Weber: »The Decadence of Feudal Myth: Towards a Theory of riddarasaga and Romance«. In: *Structure and Meaning in Old Norse Literature. New Approaches to Textual Analysis and Literary Criticism.* Ed. John Lindow et al. Odense 1986. (Viking Collection, 3), S. 415–454.

4. Ausgaben und Übersetzungen einiger häufig genannter Sagas und anderer Werke (ohne die Sagas dieses Bandes):

Sagas:

Ágrip af Nóregskonunga söum. Fagrskinna – Nóregs konunga tal. (Ed.) Bjarni Einarsson. Reykjavík 1985. (Íslenzk fornrit, 29).
Isländische Antikensagas. I. Herausgegeben und aus dem Altisländischen übersetzt von Stefanie Würth. München 1996. (SAGA – Bibliothek der altnordischen Literatur). – [Enthält: Saga von den Trojanern. Saga von den britischen Königen. Saga von Alexander dem Großen].
E. Matthias Reifegerste: *Bosa saga: Verkanntes und Vernachlässigtes. Eine neue Übersetzung mit Kommentar.* Masch.schr. Magisterarbeit. Köln 1985.
Egils saga Skallagrímssonar nebst den grösseren Gedichten Egils. Hg. Finnur Jónsson. Halle 1924. (Altnordische Sagabibliothek, 3).
Egils saga Skalla-Grímssonar. (Ed.) Sigurður Nordal. Reykjavík 1933. (Íslenzk fornrit, 2).
Egils Saga. Die Saga von Egil Skalla-Grimsson. Hg. und übersetzt von Kurt Schier. München 1996. (SAGA – Bibliothek der altnordischen Literatur).
Flateyjarbók. I–III. (Hg.) C. R. Unger, G. Vigfússon. Christiania 1860–1868.

Hálfdanar saga Eysteinssonar. Hg. von Franz Rolf Schröder. Halle 1917. (Altnordische Saga-Bibliothek, 15).
Snorri Sturluson, Heimskringla. I–III. (Ed.) Bjarni Aðalbjarnarson. Reykjavík 1941–1951. – Deutsche Übersetzung:
Snorris Königsbuch (Heimskringla). I–III. Übertragen von Felix Niedner. Neuausgabe Düsseldorf–Köln 1965. (Thule, 14–16).
Orkneyinga saga. (Ed.) Finnbogi Guðmundsson. Reykjavík 1965. (Íslenzk fornrit, 34). – Deutsche Übersetzung (gekürzt):
»Die Geschichte von den Orkadenjarlen.« In: *Die Geschichten von den Orkaden, Dänemark und der Jomsburg.* Übertragen von Walter Baetke. Neuausgabe Düsseldorf–Köln 1966. S. 21–219. (Thule, 19).
Sturlunga saga. I – II. (Ed.) Jón Jóhannesson, Magnús Finnbogason og Kristján Eldjárn. Reykjavík 1946. – Deutsche Übersetzung (gekürzt):
Geschichten vom Sturlungengeschlecht. Übertragen von Walter Baetke. Neuausgabe Düsseldorf–Köln 1967. (Thule, 24).
Viktors saga ok Blávus. (Ed.) Jónas Kristjánsson. Reykjavík 1964. (Riddarasögur, 2).
Isländische Vorzeitsagas. I, Hg. und übersetzt von Ulrike Strerath-Bolz. München 1997. (SAGA – Bibliothek der altnordischen Literatur).

Edda:
Edda. Die Lieder des Codex Regius nebst verwandten Denkmälern. Herausgegeben von Gustav Neckel. I. Text. 5. verbesserte Auflage von Hans Kuhn. Heidelberg 1983.
Edda. Die Lieder des Codex Regius nebst verwandten Denkmälern. Hrsg. v. Gustav Neckel. II. Kurzes Wörterbuch von Hans Kuhn. Heidelberg 1968.
Hugo Gering: *Kommentar zu den Liedern der Edda.* Nach dem Tode des Verfassers herausgegeben von B. Sijmons. Erste Hälfte: Götterlieder. Zweite Hälfte: Heldenlieder. Halle 1927. 1931.
Die Edda. Götterdichtung, Spruchweisheit und Heldengesänge der Germanen. Übertragen von Felix Genzmer. München 1992.

Volkssagen und Märchen:
Íslenzkar þjóðsögur og ævintýri. Safnað hefur Jón Árnason. Nýtt safn. Árni Böðvarsson og Bjarni Vilhjálmsson önnuðust útgáfuna. I–VI. Reykjavík 1954–61. [Erste Ausgabe:
Jón Árnason (Hg.): *Íslenzkar þjóðsögur og ævintýri.* I – II. Leipzig 1862–1864].
Munnmælasögur 17. aldar. Bjarni Einarsson bjó til prentunar. Reykjavík 1955. (Íslenzk rit síðari alda, 6).
Konrad Maurer: *Isländische Volkssagen der Gegenwart. Vorwiegend nach mündlicher Überlieferung gesammelt und verdeutscht.* Leipzig 1860.
Adeline Rittershaus: *Die neuisländischen Volksmärchen. Ein Beitrag zur vergleichenden Märchenforschung.* Halle 1902.

Rímur und Balladen:
Rímnasafn. Samling af de ældste islandske rimer. I–II. (Ed.) Finnur Jónsson. København 1905–1922. (Samfund til udgivelse af gammel nordisk litteratur, 35).
Björn K. Þórólfsson: *Rímur fyrir 1600.* København 1934. (Safn Fræðafjelagsins um Ísland og Íslendinga, 9).
William A. Craigie (Hg.): *Early Icelandic Rímur.* Copenhagen 1938. (Corpus Codicum Islandicorum Medii Aevi, 11). [Faksimile-Ausgabe der Handschrift AM 60L, 4to].
CCF = *Føroya kvæði.*
Føroya kvæði. Corpus carminum Færoensium. I–VI. Hg. von (Christian Matras und) N[apoleon] Djurhuus. Kopenhagen 1941–1972. – Bd. VII *(History. Manuscripts. Indexes)* ed. by Michael Chesnutt & Kaj Larsen. Copenhagen 1996.

Zur Saga von Ali Flekk
(Gert Kreutzer)

1. Ausgaben

Ála flekks saga. In: *Drei Lygisǫgur.* Hg. von Åke Lagerholm. S. 84–120.
Ála flekks saga. In: *Riddarasögur.* Útg. Bjarni Vilhjálmsson. Bd. 5, S. 123–160.
Fornaldarsagas and Late Medieval Romances. AM 586 4to and AM 589 a–f 4to. Ed. by Agnete Loth, 1977.

2. Sekundärliteratur

Peter Buchholz: *Vorzeitkunde. Mündliches Erzählen und Überliefern im mittelalterlichen Skandinavien nach dem Zeugnis von Fornaldarsaga und eddischer Dichtung.* Neumünster 1980. (Skandinavistische Studien, 13).
Jürg Glauser: *Isländische Märchensagas.* 1983, S. 238–240.
John Granlund, Olav Bø: »Varulv«. In: *KLNM* 19, 1982, Sp. 558–560.
Otto Luitpold Jiriczek: »Zur mittelisländischen Volkskunde«, S. 17–22.
Gert Kreutzer: *Schwangerschaft, Geburt und früheste Kindheit.* Münster 1987.
Åke Lagerholm: »Ála flekks saga« [Kommentar]. In: *Drei Lygisǫgur,* S. LII–LXXI.
Einar Ólafur Sveinsson: »Keltnesk áhríf á íslenzkar ýkjusögur«. In: *Skírnir* 106 (1932), S. 100–123.
Einar Ólafur Sveinsson: »Celtic Elements in Icelandic Tradition«. In: *Béaloeideas* 25 (1957), S. 3–24.
Einar Ólafur Sveinsson: »Viktors saga ok Blávus«. In: *Viktors saga ok Blávus.* 1964.
Einar Ólafur Sveinsson: *Löng er för. Þrír þættir um írskar og íslenzkar sögur og kvæði.* Reykjavík 1975. (Studia Islandica. Íslensk fræði, 34).
Jan de Vries: *Altnordische Literaturgeschichte,* 2. Aufl. 1967, Bd. II, S. 239–542.

Zur Saga von Vilmund Vidutan
(Gert Kreutzer)

1. Ausgaben

»Vilmundar rímur viðutan«. In: *Íslenzkar miðaldarímur*. Útg. Ólafur Halldórsson. 4. útg. Reykjavík 1975.

Sagan af Vilmundi viðutan. Útg. Guðmundur Hjartarson. Reykjavík 1878.

Fornaldarsagas and Late Medieval Romances. AM 586 4to and AM 589 a–f 4to. Ed. by Agnete Loth. Copenhagen 1977.

»Vilmundar saga viðutan«. In: *Late Medieval Icelandic Romances*. Ed. by Agnete Loth. Bd. 4. Copenhagen 1964, S. 137–201. (Editiones Arnamagnæanæ, B 23).

»Vilmunds kvæði«. In: *Føroya kvæði. Corpus carminum færoensium*. Bd. 4. Kopenhagen 1967, S. 343–347. (= CCF 104).

Nils William Olsson (Ed.): *Vilmundar saga Vidutan*. Diss. Univ. of Chicago 1949.

»Vilmundar saga viðutan«. In: *Riddarasögur*. Útg. Bjarni Vilhjálmsson. Bd. 6, S. 1–62.

2. Sekundärliteratur

Stefán Einarsson: *A History of Icelandic Literature*. 1957. [S. 163: Alter 1300–1350].

Jürg Glauser: *Isländische Märchensagas*, 1983, S. 312–315.

Jürg Glauser: »Vilmundar saga viðutan«. In: *Medieval Scandinavia. An Encyclopedia*. 1993, S. 702f.

Marianne E. Kalinke: »Riddarasögur, Fornaldarsögur, and the Problem of Genre«. In: *Les Sagas des Chevaliers (Riddarasögur). Actes de la V*ᵉ *Conférence Internationale sur les Sagas*. Ed. Régis Boyer. Paris 1985, S. 77–91.

E[rik] H[enrik] Lind: *Norsk-isländska dopnamn och fingerade namn från medeltiden*. Uppsala, Leipzig 1905–1915.

E[rik] H[enrik] Lind: *Norsk-isländska personbinamn från medeltiden*. Uppsala 1920–1921.

Sigurður Nordal: *Samhengi og samtíð*. Bd. I. Reykjavík 1996.

Nils William Olsson (Hrsg.): *Vilmundar saga viðutan*. Diss. Univ. of Chicago 1949. [Einleitung zur Ausgabe].

Anna Birgitta Rooth: *The Cinderella Cycle*. Lund 1951. [Akad. avhandling].

Margaret Schlauch: »Arthurian Material in Some Late Icelandic Sagas«. In: *Bulletin bibliographique de la Société internationale Arthurienne*. 17, 1965, S. 87–91.

Franz Rolf Schröder (Hrsg.): *Hálfdanar saga Eysteinssonar*. 1917. [S. 82–88: Die Vilmundar saga viðutan].

Einar Sigurðsson: *Vilmundar saga viðutan*. Diss. Univ. of Iceland. 1962.

Knud Togeby: L'influence de la littérature française sur les littératures scandinaves au moyen âge, 1972, S. 333–395 (bes. S. 384f.).

Bjarni Vilhjálmsson (Hrsg.): »Vilmundar saga viðutan«. In: *Riddarasögur*, Bd. 6, 1954, S. 1–62 (Vorwort).

Gerd Wolfgang Weber: »Irreligiosität und Heldenzeitalter«. Zum Mythencharakter der altisländischen Literatur«. In: *Specvlvm Norroenvm. Norse Studies in Memory of Gabriel Turville-Petre.* Odense 1981, S. 474–505.

Rainer Wehse: »Cinderella«. In: *Enzyklopädie des Märchens.* Bd. 3. Berlin, New York 1981, Sp. 39–57.

Zur Saga von König Flores und seinen Söhnen
(Gert Kreutzer)

1. Ausgaben

»Flóres saga konungs ok sona hans«. In: *Drei Lygisǫgur.* Hg. von Åke Lagerholm. 1927, S. 121–177.

»Flóres saga konungs og sona hans«. In: *Riddarasögur.* (Hg.) Bjarni Vilhjálmsson. 1954, S. 63–121.

Fornaldarsagas and Late Medieval Romances. AM 586 4to and AM 589 a–f 4to. Ed. by Agnete Loth, Early Icelandic Manuscripts in Facsimile 11, Copenhagen 1977.

2. Sekundärliteratur

Gísli Gestsson: »Riddarasaga úr Trékyllisvík«. In: *Sjötíu ritgerðir helgaðar Jakobi Benediktssyni.* I. Reykjavík 1977, S. 208–220. (Stofnun Árna Magnússonar á Íslandi. Rit, 12).

Jürg Glauser: *Isländische Märchensagas.* 1983, S. 253–256.

Frank Hugus: »Some Notes on the Sources of Blómstrvallasaga«. In: *Opuscula* V. København 1975, S. 335–342 (hier S. 340). (Bibliotheca Arnamagnæana, XXXI).

Otto Luitpold Jiriczek: »Zur mittelisländischen Volkskunde«, 1893–94. [S. 4: Veröffentlichung des Prologs des *Flóres saga*].

Gert Kreutzer: »Berserker«. In: *Lexikon des Mittelalters.* Bd. I (1981). Sp. 219 f.

Gert Kreutzer: »Die bösen Ahnen der kleinen Meerjungfrau – die Meerweiber in der altnordischen Literatur«. In: *Beretning fra Fjerde tværfaglige vikingesymposium.* Moesgård, 1985, S. 7–30.

Gert Kreutzer: *Kindheit und Jugend in der altnordischen Literatur. Teil I: Schwangerschaft, Geburt und früheste Kindheit.* Münster 1987.

Åke Lagerholm: »Flóres saga konungs ok sona hans [Einleitung]«. In: *Drei Lygisǫgur,* S. LXXII–LXXXII.

Henry Goddard Leach: *Angevin Britain and Scandinavia.* 1921. [S. 384: Stoff orientalisch-byzantinisch].

Margaret Schlauch: »Another Analogue of Beowulf«. In: *Modern Language Notes* 45 (1930).

Margaret Schlauch: *Romance in Iceland.* 1934. [Typische Motive, v. a. S. 111 f.].

Rudolf Simek: *Altnordische Kosmographie.* 1990. [S. 363 f. über die geographischen und Personen-Namen in der *Flóres saga konungs* und Abhängigkeiten].

Einar Ólafur Sveinsson: »Landvættasagan«. In: *Minjar og menntir. Afmælisrit helgað Kristjáni Eldjárn.* Reykjavík 1976, S. 117-129.

Bjarni Vilhjálmsson: *Riddarasögur.* 1954, Band 5, Vorwort.

Zur Saga von Remund dem Kaisersohn
(Jürg Glauser)

1. Ausgaben

Sven Grén Broberg (Hg.): *Rémundar saga keisarasonar*. København 1909–1912. (Samfund til Udgivelse af gammel nordisk Litteratur, 38. = Akad. afhandl., Göteborgs Högskola 1913).

Bjarni Vilhjálmsson (Hg.): »Rémundar saga keisarasonar«. In: *Riddarasögur*, Bd. 5. 1954, S. 163–339.

2. Sekundärliteratur

Vizente Almazán: *Gallaecia Scandinavica. Introducción ó estudio das relacións galaico-escandinavas durante a Idade Media*. Vigo 1986.

Robert Cook: »Kirialax saga«. In: *Medieval Scandinavia: An Encyclopedia*. 1993, S. 355.

Robert Cook: »Rémundar saga keisarasonar«. In: *Medieval Scandinavia. An Encyclopedia*. 1993, S. 526.

Hjalmar Falk: *Altwestnordische Kleiderkunde*. 1919, S. 69.

Günter Fleischhauer: *Etrurien und Rom*. Leipzig o.J. (Musikgeschichte in Bildern. Band 2, Lfg. 5), S. 82–83.

Jürg Glauser: »Vorbildliche Unterhaltung. Die *Elis saga ok Rosamundu* im Prozeß der königlichen Legitimation«. In: Walter Baumgartner [Hg.], *Applikationen. Analysen skandinavischer Erzähltexte*. Frankfurt am Main, Bern, New York 1987. (Texte und Untersuchungen zur Germanistik und Skandinavistik, 13), S. 96–129.

Anne Heinrichs: »Amor hereos als Gestaltungsprinzip der Rémundar saga keisarasonar«. In: *Skandinavistik*, 18 (1988). S. 125–139.

Allan Karker: »Jon Præst«. In: *Medieval Scandinavia: An Encyclopedia*. Ed. by Phillip Pulsiano. 1993, S. 344–345.

Christine Reents, Ines Köhler-Zülch: »Joseph: Der keusche J[osef]«. In: *Enzyklopädie des Märchens*. Bd. 7. Berlin, New York 1993, Sp. 640–648.

Curt Sachs: *Reallexikon der Musikinstrumente*. Berlin 1913.

Paul Schach: »Some Observations on the Influence of Tristrams saga ok Ísöndar on Old Icelandic Literature«. In: *Old Norse Literature and Mythology: A Symposium*. Ed. Edgar C. Polomé. Austin 1968, S. 81–129.

Margaret Schlauch: »The Rémundar saga keisarasonar as an Analogue of Arthur of Little Britain«. In: *Scandinavian Studies*, 10 (1929), S. 189–202.

Rudolf Simek: »Lancelot in Iceland«. In: *Les Sagas des Chevaliers [Riddarasögur]. Actes de la Ve Conférence Internationale sur les Sagas*. Ed. Régis Boyer. Paris 1985, S. 205–216.

Povl Skårup: »Forudsætter Rémundar saga en norrøn Lancelots saga kerrumanns?« In: *Gripla*, 4 (1980), S. 76–80.

Hugo Steger: *Philologia musica. Sprachzeichen, Bild und Sache im literarisch-musikalischen Leben des Mittelalters: Lire, Harfe, Rotte und Fidel*. München 1971. (Münstersche Mittelalter-Schriften, 2).

Einar Ólafur Sveinsson: »Viktors saga ok Blávus«. In: *Viktors saga ok Blávus*. 1964, S. CIX–CCX.

Eberhard Thiel: *Sachwörterbuch der Musik*. 4. Aufl. Stuttgart 1984. (Kröners Taschenausgabe, 210).

Matthias Zender: »Bartholomaeus«. In: *Lexikon des Mittelalters* 1. 1980, Sp. 1491.

Zur Saga von Sigurd Thögli
(Herbert Wäckerlin)

1. Ausgaben und Übersetzungen

Matthew James Driscoll (Ed.): *Sigurðar saga þǫgla – The shorter redaction. Edited from AM 596 4to*. Reykjavík 1992. (Stofnun Árna Magnússonar á Íslandi. Rit, 34).

Jürg Glauser: *Isländische Märchensagas*, 1983. S. 300–304 (deutsche Zusammenfassung).

Otto Luitpold Jiriczek: »Zur mittelisländischen Volkskunde. Mitteilungen aus ungedruckten Arnamagnäanischen Handschriften«. In: *Zeitschrift für deutsche Philologie*, 26 (1894), S. 10–11 (Auszüge aus Einar Þórðarsons Ausgabe).

»Sigurðar saga þǫgla«. In: *Late Medieval Icelandic Romances*. Ed. by Agnete Loth. Vol. II. Copenhagen 1963, S. 93–259 (mit englischer Zusammenfassung).

Einar Ólafur Sveinsson: *Viktors saga ok Blávus*. 1964, S. CXX–CXXVI (englische Zusammenfassung).

»Sigurðar saga þǫgla«. In: *Riddarasögur*. Hg. Bjarni Vilhjálmsson. Bd. III. Reykjavík 1949, S. 95–267.

Sagan af Sigurði þögula. Hg. Einar Þórðarson. Reykjavík 1883.

2. Sekundärliteratur

Heinrich Beck: »Hit óarga dýr und die mittelalterliche Tiersignificatio«. In: *Saga og språk. Studies in language and literature*. Ed. by John M. Weinstock. Austin, Texas 1972, S. 97–111.

Jim Bradbury: *The Medieval Siege*. Woodbridge/Rochester [N.Y.] 1992.

Arsène Darmesteter: *De Sigurdo muto fabula (Sigurdhar Saga thogla), De Floovante vetustiore gallico poemata et de merovingo cyclo. Scripsit et adjecit nunc primum edita Olavianam Floventis sagæ versionem et excerpta e Parisiensi codice »Il libro de Fioravante«*. Paris 1877, S. 98–99.

Matthew James Driscoll: »Sigurðar saga þǫgla«. In: *Medieval Scandinavia. An Encyclopedia*. 1993, S. 585.

Matthew Driscoll: *Eve's unwashed children*. [Im Druck].

Peter Foote: »Aachen, Lund, Hólar. Les relations littéraires franco-scandinaves au moyen age«. In: *Actes du Colloque de Liège (avril 1972)*. Paris 1975.

Jürg Glauser: *Isländische Märchensagas*, 1983, S. 300–304.

Dorothea Goetz: *Die Anfänge der Artillerie*. Berlin [Ost] 1985.

Richard L. Harris: »The Lion-Knight Legend and the Valþjófsstaðir Door«. In: *Viator* 1 (1970), S. 125–145.

Gwyn Jones: *A History of the Vikings.* Oxford, New York 1984.

Peter A. Jorgensen: »The Icelandic Translations from Middle English«. In: *Studies for Einar Haugen Presented by Friends and Colleagues.* Ed. by Evelyn Scherabon Firchow, Kaaren Grimstad, Nils Hasselmo, Wayne A. O'Neill, Janua Linguarum. Series Maior 59. Mouton 1972, S. 305–320.

Marianne E. Kalinke: »The Misogamous Maiden Kings of Icelandic Romance«. In: *Scripta Islandica* 37 (1986), S. 47–71.

Richard Kieckhefer: *Magic in the Middle Ages.* Cambridge 1990.

H.W. Koch: *Medieval Warfare.* London 1978.

Eugen Kölbing: »Die Sigurðar saga þǫgla und die Bevis saga«. In: *Zeitschrift für vergleichende Litteraturgeschichte.* N.S. 10 (1896), S. 381–384.

Gert Kreutzer: »Bier, Met und Wein – Aspekte des Alkoholkonsums im mittelalterlichen Skandinavien«. In: *Festschrift für Ulrich Groenke.* Hamburg 1989, S. 435–464.

Carsten Müller-Boysen: *Kaufmannsschutz und Handelsrecht im frühmittelalterlichen Nordeuropa.* Neumünster 1990.

Hans-Peter Naumann: »Das Polyphem-Abenteuer«. In: *Schweizerisches Archiv für Volkskunde* 75 (1979), S. n.

Dudley Pope: *Feuerwaffen: Entwicklung und Geschichte.* Bern 1965.

Michael Prestwich: *Armies and Warfare in the Middle Ages: The English Experience.* New Haven & London 1996.

Stanley Sadie (Ed.): *The New Grove Dictionary of Music & Musicians.* London, Washington, Hongkong 1980.

Volker Schmidtchen: *Kriegswesen im späten Mittelalter: Technik, Taktik, Theorie.* Weinheim 1990.

»Einar Ólafur Sveinsson«. In: *Viktors saga ok Blávus.* 1964, S. CXX–CXXVI.

Björn Karel Þórólfsson: *Rímur fyrir 1600.* 1934, S. 441–443.

Zur Saga von Damusti
(Jürg Glauser)

1. Ausgaben

Louisa Fredrika Tan-Haverhorst (Hrsg.): *Þjalar Jóns saga. Dámusta saga. I. Teksten.* Proefschrift [Dissertation Universität Leiden], Haarlem 1939. [Kritische Edition mit ausführlicher Beschreibung des Handschriftenmaterials: S. CXIX–CLXC, S. 48–108].

The Arna-Magnæan Manuscript AM 557 4to, containing inter alia the History of the first Discovery of America. With an introduction by Dag Strömbäck. Copenhagen 1940. (Corpus Codicum Islandicorum Medii Aevi, 13). – [Faksimileausgabe der einzigen bewahrten Pergamentfragmente der *Dámusta saga*].

Finnur Jónsson: *Rímnasafn. Samling af de ældste islandske rimer.* 2, 1913–1922. – [Ausgabe der *Dámusta rímur:* S. 771–800].

William A. Craigie (Hg.): *Early Icelandic Rímur.* 1938. [Faksimile-Ausgabe der Handschrift AM 604 4to, darin die *Dámusta rímur].*

2. Sekundärliteratur

Sigfús Blöndal: *The Varangians of Byzantium. An aspect of Byzantine military history translated, revised and rewritten by Benedikt S. Benedikz*. Cambridge, London, New York, Melbourne 1978.

Günter Dammann: »Goldener«. In: *Enzyklopädie des Märchens*, Bd. 5, Sp. 1379.

Jürg Glauser: »Dámusta saga«. In: *Medieval Scandinavia. An Encyclopedia.* 1993, S. 119.

Finnur Jónsson: *Íslenskt málsháttasafn*. Kaupmannahöfn 1920, S. 18.

Hans Kuhn: *Das altnordische Seekriegswesen*. Herausgegeben von Sigrid Engeler und Dietrich Hofmann. Heidelberg 1991.

Konrad Maurer: *Isländische Volkssagen der Gegenwart*. 1860, S. 320–322.

Adeline Rittershaus: *Die neuisländischen Volksmärchen*. 1902, Nr. LXXXIII: Jón Upplandakonungur, S. 313–314.

Margaret Schlauch: »The Dámusta saga and French Romance«. In: *Modern Philology*, 35 (1937), S. 1–13.

Björn K. Þórólfsson: *Rímur fyrir 1600*. 1934, S. 322–323.

Namenregister

Namen, die nur im Vorwort und / oder im Anhang genannt werden, stehen in eckigen Klammern; Seitenverweise nach einem Strichpunkt beziehen sich auf den Anhang.

[Aachen 355].
Abel *(Ábél)* (Sohn des Herzogs von Lungbardi) als Geisel bei Kastus, liebt dessen Tochter Elena 79, kehrt nach Lungbardi zurück, als sein Vater gestorben ist 80, wird von Kastus zu Hilfe gerufen 85, tötet den Markgrafen von Segris in der Schlacht 86f.
Absalon 150; 366.
[Achilles (Held in Homers *Ilias*) 386].
Adam 193.
[Äthiopien 353, 356].
[Ägypten 355].
Afrika, Afrikareich *(Affricá, Affríká, Affrika)* 33, 79, 81, 85, 88, 111 f., 131, 133, 168, 205, 249, 270, 274; 353, 356, 364, 395, 407, 418.
Agamemnon, Agamenon 124, 127; 362.
Agapitus (König von Sikiley) 281 f., versucht zwischen Sigurd und Herburt zu schlichten 283–86.
Ajax (Sohn des Flores und der Elena) Geburt und Namengebung 84f., auf dem Weg nach Afrika verschwindet sein Schiff spurlos 87, 103, 108, 111 f.; 417f. (s. auch Tertius).
Akillas 133–36, 138–42, 168; 365.
Albania 242; 381.
[Albanien 318].
Albina (Tochter des Königs der Tartarer) wird von einem Riesen entführt 287f., wird aus der Höhle des Riesen befreit 290–92, wird an Randver verheiratet 293f., 297, ist erneut in Gefahr, entführt zu werden 304.
Albus (Damustis Hund) 327, 334.
Aldeigjuborg 48; 353.
Alexander der Große *(Alexandr magnus)*, von Macedonia 216, 264; 367, 386.
Alexandria *(Alexsandríá)* 81; 355.
Alf *(Álfr)* (Sohn Ingifers, Jarl von India) 26, von Ali besiegt und begnadigt 27, 33f., 36f.
[Algerien 382].
Alheim, Aalwelt *(Alheimr, Álheimr)* 335–40; 393, 396, 434.
Ali Flekk *(Áli flekkr)* wird geboren, hat einen Fleck auf der Wange 21, wird ausgesetzt, gerettet, aufgenommen, erhält einen Namen 21, lernt seine leiblichen Eltern kennen 21, 22, wird von Blatönn verflucht und spricht einen Gegenfluch aus 22, kommt zu Hladgerd 23, in der Höhle der Nott,

Rettung durch den Hund Hladgerds 24f., kommt zum Mädchenkönig Thornbjörg, nennt sich Stutthedin 25f., besiegt die Jarle Alf und Hugi, gibt sich zu erkennen, heiratet Thornbjörg 27, wird in der Hochzeitsnacht von Glodarauga in einen Werwolf verwandelt 28, wütet im Lande Thornbjörgs und seines Vaters 28f., besucht seine Pflegeeltern, wird gefangen 29, erhält seine menschliche Gestalt zurück 30, wird von Nott im Schlaf verwundet 31, läßt Thornbjörg holen 32, verläßt England, um Heilung zu suchen 33, wird von den Brüdern Legg und Lid geheilt 35, tötet Jötunoxi 37, tötet den Riesen Kol, kommt zu Bard 38, rettet Hladgerd vor dem Verbrennen 39, kehrt nach England zurück, feiert Hochzeit mit Thornbjörg, erbt das Reich, stirbt an Altersschwäche 40; 349.

[**Åle** 349].
[**Alpen** 371, 380f.].
Alpes 242, 249, 267, 289, 296; 380f.
Amas (= Sigurd Thögli, als Königssohn von Afrika) 270f., verbringt den Winter in Treveris 272, verführt Sedentiana 273f., 277–79, 292, 300; 387.
Amelon (= Randver, als Begleiter von Amas) 270–73; 387.
[**Amisos** 369].
Amor (Amors Spiele mit dem Schweinehirt) 276.
Andan *(Andán)* (Lehnsmann des Jötunoxi, Sohn des Pollonius, Bruder des Mandan) 35f.; 351.
Anges (auch Angels, Angers, Angursborg, Angveo) 172; 368.
[**Anjou** 368].
[**Apenninen** 381].
Aples 212; 374.
Apollo, Apollon 127, 183; 363.
[**Apulien** 374, 381].
Aquitania *(Aqvitania)* 290, 294f.; 388.
[**Aquitanien** 388].
Arabia, Arabialand 193, 206.
[*argiren* (Silberinsel) 375].
Aristoteles 150; 366f.
Armenien *(Armenia, Armenia maior)* 182, 210, 247, 307; 367, 369, 392.
Artus *(Artús)*, **Arturus** (König Artus von Britannien/Brettania) 112, 296; 358, 372.
Asgaut *(Ásgautr)* (Jarl von Aldeigjuborg) wirbt um Soley 48.
Asia, Asien *(Ásíá, Asia)* 33, 205, 216.
Askalon 192; 371.
[**Asmund** (König) verrät König Half 386].
Atacusia 175f.; 369.
[**Attila** 356].
[**Aumlungr** 358].
Aurgelmir (Riese im Gebirge Kaleon) 290; 388.
Austrlönd *(Austrlǫnd)* 92; 356.
Austrveg *(Austrvegr)* 67, 78, 85, 91f., 224, 252, 286; 353f., 377, 379.

Babylon *(Babilon)* 212.
Balagard (Küste von Balagard, *Bálagarðzsíða*) 216; 375.
Baldvini (König von Galicia) 67–9, 75.
Bard *(Bárðr)* (Bauer) 38.
Bardvik *(Barðvík)* 225, 295; 377.
Bartholomaeus, Bartolomeus 167; 367.
[Bayern 371].
Bedleem 193.
Beigeialand 192; 371.
[Belgien 355, 379].
Berald 115f., 132, 143–45, 151, 159, 167, 169, 177f., 181, 186, 188, 190–92, 194f., 201f.; 371.
[Bergþór Oddsson (isländischer Rímur-Dichter) 422].
Berinn 172, 174.
Bersidon 172; 368.
Bern 97; 385.
[Bertangaland 358].
Bertram (Herzog von Segard, Bruder Sintrams) 89–92, von Flores getötet 93; 356.
Bertram (Sohn Sintrams und Elenas) 112.
[Bevers (Held der *Bevers saga*) 362].
Bithynien *(Bitinia)* 175; 369.
[Birkibeinar 352].
Björn *(Bjǫrn)* (Verwandter der Thornbjörg) 25, soll in der Grenzstadt Policana das Land Tartaria verteidigen, flieht vor Alf und Hugi zu Thornbjörg 26.
Blaland *(Bláland)* 105, 112, 259, 322; 353, 356, 382, 384, 395, 407.
Blalandsinseln *(Blálandseyjar)* 90, 105; 356.
Blanchiflur *(Blankiflur)* (Gattin von König Flores, Königin von Frakkland) 212, nimmt vom weltlichen Leben Abschied 213f., hat christliche Eltern 213, führt Flores ans Christentum heran 213, 269, 293.
Blatönn *(Blátǫnn)* (Magd am Königshof von England) verwünscht Ali 22, Gegenfluch Alis verwandelt sie in eine Steinplatte 22–24, 27; 349.
Blökumannaland *(Blǫkumannaland)* 60; 353.
Blotharald von Grecia *(Blótharaldr)* kämpft mit Sigurd dem Kühnen 238; 380.
Boddi (Meister) erfindet das Brettspiel *Boddatafl* 296; 389f.
Bögubosi *(Bǫgubósi)* 49; 353, 412, 414.
Börk *(Bǫrkr)* (Berserker und Wikinger) 252, Bruder von Brusi 253, Schlacht gegen die Schwurbrüder 254–257, wird von Nip, Randver und Sigurd erschlagen; 382f., 387, 427.
[Boltram 358].
Bosi 49; 353 (s. auch Bögubosi).
[Bosporus 394].
[Bragi inn gamli (Boddason, norwegischer Skalde) 390].
[Brandenburg 372].
[Braunschweig 373].

Bremill (kostbares Schwert) 37.
Bretland, Brettland (später England genannt) 111, 210; 358.
Brettania *(Brettaníá)* 112.
[**Bringvet** 361].
[**Britische Inseln** 432].
Bruant (Pferd) 114, 179; 359.
Brusanaut *(Brúsanautr)*, Brusis Langschiff 257, 268; 384.
Brusi *(Brúsi)* (Berserker und Wikinger) 252, Bruder von Börk 253, Wortgefecht mit Sigurd Thögli 254, Schlacht gegen die Schwurbrüder 254f., wird von Nip und Sigurd erschlagen 256; 382–84, 387, 427.
[**Brynhildr** 356].
[**Burgunden** 351].
Buris (Sohn des Königs Rodian von Blökumannaland) wirbt um Gullbra 60, Schlacht gegen Hjarandi 61, von Vilmund getötet 62.
[**Byzanz** 379, 389, 393 f.].

Cain 193.
[**Campagna** 381].
Capadocia, Capadocialand 123, 175; 362, 369.
Catalachus (Sohn von Gratiana und Damusti, Kaiser von Griechenland) 314 f., 317–26, 329, 331 f., 341–44; 394.
[**Cecilía** 380].
[**Chaldäer** 375].
[**Chrétien de Troyes** (vor 1150–vor 1190, französischer Dichter, Verfasser u.a. des *Erec* und des *Yvain*) 365, 425].
[**Christus** 397].
Constantinopolis 314; 354, 394.
Constantinus (Kaiser Konstantin der Große) 293; 389.
[**Constantinus II.** (328–340, Kaiser, residiert in Trier) 375].
[**Cordoba, Corduba** 356].
[*crisen* (Goldinsel) 375].

Damusti 313 f., 316–20, 323, 325, 327–44; 393, 396 f.
[**Darius** 356].
[**Deutschland** 352, 355, 358, 368, 373, 377 ff., 385, 393].
[**Dnjepr** 369].

Ector (Held von Troja) 150, 264; 386.
[**Edda** (Königstochter in der *Bósa saga*) 353].
Einar Skarf *(Einarr skarfr)*, Episode mit unreinen Geistern 210; 373.
Eirik *(Eiríkr)* (König von Schweden, mit Ali verwandt) 38, will Hladgerd als Trollin verbrennen, heiratet sie und beschenkt Ali 39.
[**Elbe** (Fluß) 369].
[**Elibón** (Name für Lissabon) 368].
Elena *(Eléná, Elíná)* (Tochter des Königs Kastus von Kartagia) befreundet sich mit Abel 79, lehnt die Werbung des Flores höflich ab 80 f., wird von Flores entführt und vergewaltigt 82, kommt in die Obhut des Markgrafen von

Segris 82f., bekommt drei Söhne 84f., auf dem Rückweg nach Afrika verschwindet ihr Schiff spurlos 87–89, 100, 103, 107; 355, 418.
Elena *(Eléná, Elíná)* (Tochter von König Flores und Ermingerd) 88, Sintrams Werbung um sie wird von Flores abgelehnt 89, der will sie mit Gewalt gewinnen 91, 106, Verlobung und Hochzeit mit Sintram 109f., 112; 418.
Elina (Tochter des Königs Johannes von Indialand) 150f., 155f., 166–68, 194, 200–02, 205f., 208; 358.
Enea, Eneas 133, 139, 141, 168; 364.
England 20, 31, 33, 40, 44, 98, 106, 110f., 210; 350 (= BRETLAND), 388.
Enos 193; 371.
Ermedon *(Ernedon, Hermedon)* (Sohn von König Lucidarius von Blaland) 259, fordert Provincia von König Feritas 260, Kampf gegen die Schwurbrüder 261, Schwurbruderschaft mit Sigurd Thögli 262, zieht mit den anderen 263–70, 281f., 284, NACH TARTARIA 286ff., 294, geht mit Sigurd und seinen Brüdern auf Kriegszug 297, 301, 304f., nach Gardariki 307f., auf Werbefahrt um Provincia 309, Hochzeit mit Provincia 310f.; 387, 427.
Ermingerd *(Ermingerðr)* (Tochter des Königs Filipus von Svava) 88.
[Erminrekr 356].
Ermland hit mikla 175; 369.
Eskupart 122, 124–29, 132, 158, 172, 182, 194; 362f.
[Estland *(Eistland)* 353, 377].
Eufemia (Königin von Saxland, Tochter des Königs von Kurland, Mutter von Sigurd Thögli) 211, liebt Sigurd am meisten 211, verstorben 295; 426.
Europa 205.
[Eyjólfur Jónsson (isländischer Pfarrer, Geschichtenverfasser) 433].
Eystrasalt 215f., 297; 375.

Fala *(Fála)* (Trollweib, Schwester von Flegda) fällt Sigurds Pferde an 243, gibt ihr Leben in Sigurds Hände 244f., bewirtet Sigurd 246, zeigt Sigurd Kostbarkeiten 247f., bietet Sigurd ihre Hilfe in späterer Not an 249, schickt Sigurd einen Wal zu Hilfe 257; 381.
Falborg (Tochter des Königs Artus von Brettania) 112; 358.
[Fasold 357].
Faunus (Riese aus Svafa) 238.
Felix *(Félix)* (Sohn des Flores und der Elena) Geburt und Namengebung 84f., auf dem Weg nach Afrika verschwindet sein Schiff spurlos 87, 98, 103, 108, reist nach England, besiegt Guimar und heiratet die Königstochter 110f.; 417f. (s. auch Unus).
Felix (Vater von König Flores) aus der Stadt Aples 212, nahm Blanchiflurs Eltern gefangen 213.
Fenedi *(Féneði)* 89, 91, 192, 206; 356, 368, 371.
Fenix *(Fénix)* (Sohn des Flores und der Elena) Geburt und Namengebung 84f., auf dem Weg nach Afrika verschwindet sein Schiff spurlos 87, 103, 108, 111; 417f. (s. auch Sekundus).
[Fenja 351].
Feritas (König von Lumbardi) kämpft gegen Sigurd Thögli und Randver 258, lädt die Schwurbrüder zum Gastmahl 259, weist Ermedons Antrag an

seine Tochter zurück 260, kämpft und muß fliehen 261, läßt Sigurd über die Heirat seiner Tochter bestimmen 262 f., 270, gibt seine Tochter Provincia Ermedon zur Frau 309 f.
Filipus *(Filipús)* (König von Svava) 88, 91, 93–96, 108, 110.
[Finnland 353, 375].
[Fischart, Johann (1546–90, deutscher Schriftsteller) 406].
Fison 193.
[Fjalarr 351].
Flegda *(Flegða)* (Trollweib, Schwester von Fala) fällt Sigurds Löwen an 243, gibt ihr Leben in Sigurds Hände 244 f., bewirtet Sigurd 246, zeigt Sigurd Kostbarkeiten 247, erklärt Sigurd die Kostbarkeiten 248, bietet Sigurd ihre Hilfe in späterer Not an 249, schickt Sigurd einen Wal zu Hilfe 257, 267, 270 f.; 381.
Florencia (Tochter von König Lodivicus) 211, wird an Herburt vergeben 286, 294 f., heiratet Herburt und fährt mit ihm nach Sikiley 296.
[Florent (Frankenkönig in der *Flóvents saga*) 389].
Flores *(Flóres)* (König von Traktia) 78, kommt nach Kartagia, seine Werbung um Elena wird höflich abgewiesen 80 f., erobert Kartagia und entführt Elena 82, gibt Elena in die Obhut des Markgrafen von Segris 83 f., 87, erfährt von den Ereignissen, heiratet Ermingerd 88, lehnt Sintrams Werbung um seine Tochter Elena ab 89, 90, stellt sein Heer auf 91 f., erschlägt Herzog Bertram 93 ff., Sieger der Schlacht gegen Sintram 96, belauscht die Gefangenen 97, 105 f., erkennt in den Gefangenen seine Söhne und begnadigt sie 107 ff., 112; 354, 418.
Flores (König von Frakkland) 212, holt sich Blanchiflur aus Babylon zurück 212, nimmt vom weltlichen Leben Abschied 213 f., fährt nach Jorsalir, wird Christ 213, übergibt sein Reich an Sedentiana 213, 263, 269, 293.
Flores (Sohn von Sigurd Thögli und Sedentiana) 292, bringt Sigurd dazu, sich als sein Vater zu bekennen 302 f., 310, folgt Sigurd auf den Thron 311.
Flovent *(Flóvent)* christianisiert Frakkland 293; 389.
Fluvia (Tochter König Villimots) 307, heiratet Vilhjalm 309.
Frakkar, Franzeisar, Franzeisen 115, 131, 171, 173–76, 178, 180–85, 188, 190, 203 f., 368.
Frakkland, Frankreich, Franz 78, 115, 171–73, 185, 212, 226 f., 231 f., 263, 270, 280, 293, 297, 303 f.; 310; 355, 357, 368 f., 374 f., 379, 388 f., 407, 427, 432.
Frakkländer *(Frakkar)* (Bewohner von Frakkland) 235; 379.
Frakkreich *(Frakkaríki)* (= Frakkland) 276.
[Frankenland s. Frakkland].
Frankreich (s. Frakkland).
Franz (s. Frakkland).
Freyr (germanischer Fruchtbarkeitsgott) 210; 373.
[Friðþjófr 414].
Friesland *(Frísland)* 211, 227, 229.
Fulltrui (Damustis Pferd) 327, 334; 395.

Gadal 185f.
Gaefa *(Gæfa)* (Ziege) 50f., 53, 55; 353.
[Galarr 351].
Galicia, Galicien 67ff., 75f., 242; 353, 368, 381, 413.
Gallia 173; 368.
[Gallien 351].
Gandersheim, Gandrheim 173, 175, 180; 369.
Ganes 193.
Gard der Grieche *(Garðr hinn girzki)* (Wikinger) trifft auf Vilhjalm und Halfdan 216, wird von Vilhjalm geschmäht 217, Gards Replik 218, Seekampf 219f., stirbt 221, 224; 375f., 392.
Gard, Gardar, Gardareich (= Holmgardreich) *(Garðaríki)* 74–6, 307, 309, 317–19, 329, 352; 392, 394, 412 (s. auch Mikligard).
Garlant (Bannerträger des Königs Flores) 95.
[Gascogne 357].
Gaskonia *(Gaskóníá, Gazkóníá)* 100f.; 357.
Gaskoniareich *(Gaskóníaríki)* 111.
[Gaukr 351].
Geiraldus 152–54, 156f., 159–61, 195, 200.
Gergin *(Gergín)* (ein Mann der Jarle Alf und Hugi von India) 26f.
[Germania 355].
[Gibraltar 394].
Girkland (s. Grikkland).
Glodarauga *(Glóðarauga)* (Knecht, Bruder der Trollin Nott) 27, verflucht Ali, wird von ihm verflucht 28, erhält seine Strafe 31; 350.
[Goldenes Horn 394].
Grando *(Grandó)* (König von England) 98.
Gratiana 314f., 323–26, 332, 339f., 343.
Grecia 238; 354, 380.
Griechenland, Griechenreich *(Grickland, Grikkland, Grikkjaríki)* 244, 314, 316, 338, 342; 371, 380f., 394.
Grikklandshaf, Grikklands-Meer 192; 371.
Grikklandsinseln *(Grikklandseyjar)* 90.
[Großbritannien 408].
[Groß-Ermland 369].
Großschweden *(Svíþjóð en mikla)* (angebl. nord. Name f. Svena) 37; 351, 382.
Gudifrey *(Guðifreyr)* (Sohn des Baldvini von Galicia) 67, Begegnung mit Hjarandi 68, kommt zum Königspalast, Wettkämpfe mit Hjarandi im Schießen und Reiten 69ff., wirbt um Gullbra 71, Verlobung mit Gullbra 72, Hochzeit mit Gullbra, Heimkehr nach Galicia, Übernahme des Reichs 75f.; 413.
Guimar *(Guímar)* (König von Schottland) wird von Felix besiegt und getötet 110f.
Guion *(Guionn)* (Großvater des Lafranz von Lixion) 238.
Gullbra *(Gullbrá)* (Tochter König Visivalds) wählt den Goldring 42, wächst im Palast auf 43, 45, bekommt Besuch von Vilmund 52f., 60, 67, 69, 71, Verlobung mit Gudifrey 72, Hochzeit 74–76; 352.

Gunnar Helming *(Gunnarr helmingr)* erschlug Freyr in Schweden 210; 373.
Gunnbjörn *(Gunnbjǫrn)* (Jarl von Russia, angeblich Vater der Thornbjörg) 35.
Gunni (armer Mann) zieht den ausgesetzten Ali auf 20 f., wird zum König vorgeladen, klärt ihn über Alis Schicksal auf 22, bekommt Besuch von Ali als Werwolf 29, setzt sich mit Erfolg beim König für Ali ein 30.
Gunnlogi (magisches Schwert Vilhjalms) 223; 377.
Gunnvaldsborg (Residenz des irischen Königs) 44.
Gunnvard *(Gunnvarð)* (Deckname, den Thornbjörg Ali beilegt) 34, 36; 351.
Gunnvör *(Gunnvǫr)* (Deckname, den Thornbjörg sich beilegt) 34 ff.

[**Hákon Hákonarson** (norwegischer König) 417].
Half *(Hálfr)* (König) 264; 386.
Halfdan *(Hálfdan)* (ältester Sohn von König Lodivicus) 211, ist hochmütig und unbeherrscht 211 f., will auf Abenteuerfahrt ziehen 214 f., drängt darauf, Gard den Griechen anzugreifen 216–19, wird schwer verwundet 220 f., verletzt ein Zwergenkind 222, wird bestraft 223 f., will um Königin Sedentiana werben 226–29, wird gefoltert und davongejagt 230 f., trifft den Löwenritter 232–34, Flucht vor dem Drachen 235, 237, 250, 263, 265, 295 f., fährt mit seinen Brüdern und Ermedon zu Sedentiana 297, Sedentianas Schauspiel 298–301, rettet Sedentiana vor dem Riesen 302, 304, widersetzt sich Sigurds Rat 305, stirbt 306; 375, 426.
[**Hannover** 373].
[**Harald Blauzahn** (norwegischer König) 349].
[**Harald Harfagri** (norwegischer König) 357].
[**Haukr** 351].
[**Heiliges Land** 371].
[**Heinrich der Löwe** (1129–1195, Sachsenherzog) 378].
Heliopolis 154; 366.
Herborg (Frau Svidis des Kühnen, Mutter Vilmunds) 49, 51.
Herburt (Sohn Reginbalds) 112; 358.
Herburt (Jarlssohn von Sikiley) 281, tötet Sigurds Löwen 282, Zweikampf mit Sigurd 283, wird von Randver geheilt 284, Versöhnung mit Sigurd 285, Schwurbruderschaft 286, 294, heiratet Florencia 295 f.; 378.
[**Herodot** 350].
[**Herraud** *(Herrauðr)* (Königssohn in der *Bósa saga*) 353].
[**Hertnid** *(Hertniðr)* (König von Vilkinaland) 386].
[**Herþegn** 358].
Hild *(Hildr)* (Frau des Gunni) 20, täuscht Geburt vor 21, wird zum König vorgeladen 22, erkennt Alis Augen in dem Werwolf 29, bittet für den Werwolf um Gnade, erlöst ihn 30.
[**Hildr** 358].
Hildesheim, Hildisheim, Hildisheimr 173, 180, 184; 369.
[**Hippo** 382].
Hjarandi Hvida *(Hjarandi hviða)* (Sohn König Visivalds) 42, unternimmt einen Feldzug nach Irland 43 f., schwört einen Eid wegen Gullbra und tötet ihre Freier 44 f., erfährt von Vilmund 55, Wettkampf mit Vilmund im

Steinschleudern, Speerwerfen, und Schwimmen 57f., wird Vilmunds Schwurbruder 59, 60, Kampf gegen Buris 61, Kämpfe mit Kol, Verwundung und Genesung 63–67, begrüßt Gudifrey 68, Wettkämpfe mit Gudifrey im Schießen und Reiten 69ff., 72, vermittelt die Versöhnung zwischen Vilmund und dem König 74f., heiratet Rikiza 76; 352, 413f.
Hladgerd *(Hlaðgerðr)* (Halbtrollin, Tochter der Nott) hilft Ali 23f., soll als Trollin verbrannt werden 38, wird von Ali gerettet und von König Eirik geheiratet 39; 349.
Hlodver *(Hlǫðvir)* (= Lodivicus, König von Saxland, Vater von Sigurd Thögli) 251–53, ist alt 295, übergibt sein Reich an seine Söhne 296; 382.
Holmgard *(Hólmgarðr)* 67, 91, 307, 309; 377, 392.
Holmgardar *(Hólmgarðar)* 45; 352, 413, 415.
Holmgardreich *(Hólmgarðríki* = Gardariki, Gardar) 42, 44f.; 352.
[**Holstein** 374].
Holtsetuland 211, 227, 229, 250f., 294; 374.
[**Homer** 386].
[**Hringr** (König in der *Bósa saga*) 353].
Hugi (Sohn Ingifers, Jarl von India) 26.
Hvitserk (Damustis Falke) 327, 334; 396.

[**Ibsen, Henrik** 349].
Indiakus 201.
Indialeute, Indier 147, 154–57, 160f., 194, 200, 204; 366.
Indien *(India, Indialand)* 26f., 33f., 37, 154, 168, 174, 193f., 200f., 205–08, 260; 350, 367, 371f., 407.
Indus 193, 205.
Ingifer (Vater der Jarle Alf und Hugi von India) 26; 350.
Irland 43.
Iron *(Íron)* 203f.; 372.
[**Island** 349, 356, 376, 387, 415].
[**Isolde** 358].
[**Ísond** 361].
Isung *(Ísungr)* 264; 358, 385f.

[**Jämtland** 382].
Jakob, Heiliger Apostel 172; 368.
Jamtaland 252; 382.
Jason 175–77; 369.
Jerusalem 314; 356, 375.
Jesus Christus 144, 152, 213; 397.
Jodan 188.
Jötunoxi *(Jǫtunoxi)* (Bruder der Nott) 33–37.
Johannes (König von Indien) 154, 156, 163, 194, 201, 205; 366.
Johannes (Sohn von Elina und Remund) 208.
[**Jon** (König von Upplönd) 433–35].
Jon (König von Kleinlanden) 319–32, 337, 340f., 343f.; 393.
[**Jón Árnason** (isländischer Märchensammler) 433].

[Jón Guðmundsson í Rauðseyjum (isländischer Rímur-Dichter) 422].
Jonater 142.
Jordan 193, 206.
Jorsalaborg 192, 194, 205; 371.
Jórsalahaf, Jorsala-Meer 192; 371.
Jorsalaland 192; 371.
Jorsalir *(Jórsalir)* 193, 213; 371, 375.
Josias 175f., 178; 369.
Jovis 182; 363.
Juliana 201.
Jung-Sigurd *(Sigurðr sveinn)* (Held der Nibelungensage) 264; 385f.
[Jupiter 363 f.].

Kalabarin 171, 180f.; 368.
[Kalabre 368].
Kaldealand 213; 375.
Kaleon *(Caleon)* (Gebirge, Riesenheimat) 287; 388.
Kampania 242; 381.
[Kappadokien 369].
Karbon *(Karbón)* (Insel) 105; 358.
[Karl (sprechender Ständename) 389].
Karrenritter, Der Kranke (Deckname für Remund) 131, 134, 139; 364.
Kartagia *(Kartagíá)* 79, 81, 85; 355.
Kartaria 159.
[Karthago 355].
Kastus *(Kastús)* (König von Kartagia) 79f., lehnt die Werbung des Flores ab, reist nach Alexandria 81, kehrt nach Afrika zurück 85, erobert Segris 86, nimmt Elena und ihre Söhne an sich 86, 103, 111.
Kaukasus 193.
[Kiew *(Kænugarðr)* 392].
[Kleinasien 369].
Kleinlande 322f.; 394.
Klibanus 171, 173, 175–77, 179f., 182; 368.
Kol *(Kolr)* (Riese) 37f.
Kol Kryppa *(Kolr kryppa)* 44f., tötet Ulf 46, beginnt ein Verhältnis mit Öskubuska, die er für Soley hält 47, flieht mit ihr in den Wald, wird geächtet 48f., Kämpfe gegen Hjarandi und Vilmund 63–67, 73f., 76; 352, 413.
[Konstantinopel 394].
Kordo *(Kordó)* (Insel) 90; 356, 358.
Korduban *(Kordúbán)* (Insel und Herzogtum) 90; 356, 358.
[Korfu 356].
Krak *(Krákr)* (Pferd) 39f.
Kurland 211; 353, 374, 377.

[Ladoga 353].
Lafranz (Graf von Lixion) 211, nimmt Sigurd Thögli als Ziehsohn auf 211, lehrt Sigurd geheime Künste und Fertigkeiten 235, bietet Sigurd Ausrü-

stung an 236f., gab Sigurd sein magisches Schwert 238, warnt Sigurd vor Sedentiana 249f., 296; 374, 426.
[Lancelot 421].
[Landres 352].
Legg *(Leggr)* (Bruder der Nott) 33.
[Lettland 353, 374].
Libarus 171, 180f.; 368.
[Liberes 368].
Liberum Donum 172; 368.
Lid *(Liðr)* (Bruder der Nott) 33.
[Lisieux 374].
[Lissabon *(Lisbón, Lizibón, Lysebon, Lysbotnar)* 368].
[Livland 353].
Lixion (Stadt, in der Sigurd aufwächst) 211, 235, 238, 249, 286, 296; 374.
Lodivicus *(Lodivicis)* (= Hlodver, König von Saxland, Vater von Sigurd Thögli) 210f., rüstet Halfdan und Vilhjalm für ihre Fahrt aus 215f., 225f., bietet Halfdan eine Mitgift für seine Werbung um Sedentiana an 227, 235, 251, s. Hlodver; 374, 377, 382.
»Löwe« *(León)* (Langschiff Vilhjalms und Halfdans) 217, 219; 376, 426.
[Lombardei 355, 379].
[Lothringen 358, 374].
Lotoringia *(Lótóringíá)* 110; 358.
Luciana (Tochter des Königs von Aquitania, in der Gefangenschaft eines Riesen) 288, von Sigurd und Randver befreit 290, 292, wird an Valteri verheiratet 293, fährt mit Valteri nach Aquitania 294.
Lucidarius (König von Blaland) 259.
Lucretius, Meister 241; 380.
[Lübeck 378].
[Lüneburg 378].
Lumbardi *(Lungardi, Lungbarði)* 79f., 237, 258f., 270, 309f.; 355, 379.
[Luxemburg 379].

Macedonia 216; 386.
Magdeburg *(Mágaðaborg)* 173, 182, 184, 191f., 206; 369.
[Makon 364].
Mandan *(Mandán)* (Lehnsmann des Jötunoxi, Sohn des Pollonius, Bruder des Andan) 35ff.; 351.
Maria 167, 333, 336f.
Maria Magdalena 333.
[Marie de France (französisch-englische Dichterin, 12. Jahrhundert) 350].
Maris 183f., 188.
Markgraf (in der Stadt Segris, Neffe des Flores) nimmt Elena in seine Obhut 82ff., gibt den drei Söhnen der Elena Namen 84f., von Abel in der Schlacht getötet 86, 103.
[Marsibilia (sächsische Prinzessin in der *Flóvents saga*) 389].
Maume(n)t 127, 134, 138, 182; 363f.
[Maurer, Konrad 433].

[Mauretanien 356].
Media, Medialand 193, 206.
Mediar 193.
Meinilaus 171, 173, 182, 184f., 187, 189f., 194; 367f.
[Melusina 358].
[Menja 351].
Menon 182, 185–87, 190.
Mesopotamien *(Mesopotamia)* 175; 369.
Mikligard *(Mikligarðr)* 314, 316, 322, 325, 327, 332, 340, 342; 394 (s. auch Gard).
[Mittelmeer 371].
Mundiu-Berge 192; 371.
Myrkvid *(Myrkviðr)* (großer Wald) 37; 351.

[Neapel 374].
Nef 175; 369.
Neri (Jarl von Holtsetuland, Vater von Randver) 211, 250, empfängt Sigurd Thögli 251, gibt ihnen zwei Langschiffe mit 252, 255, 257, gibt ein Fest für Albina und Randver 294, zu Herburts Hochzeit eingeladen 295f.; 382f., 386.
[Niedersachsen 369].
[Nikomedeia 369].
[Nikulás (isländischer Abt) 356].
Ninive 175–77; 369.
Nip *(Nípr)* (vorlauter Zwerg) 252, erzählt Sigurd Thögli von Börk und Brusi 253, hilft Sigurd schließlich im Kampf 255, erschlägt Brusi 256, erschlägt Börk 257; 382, 387, 427.
Nisiaborg 175; 369.
[Njörfasund 394].
Nödrubit 123–25, 144.
[Norddeutschland 352, 355].
Nordlande *(Norðrlǫnd)* 222, 226, 229, 285, 297, 309.
[Nordspanien 353, 381].
[Normandie 374].
[Norwegen 349, 353, 377, 415, 432f.].
[Novgorod 352, 377, 392, 413].
[Notre-Dame 389].
Nott *(Nótt)* (Trollin, Schwester der Blatönn) 22f., bringt Ali im Schlaf Wunden bei, die nur von ihren Brüdern geheilt werden können 31–34, von ihrem Bruder Jötunoxi getötet 35; 349.
Numidiareich *(Numidiaríki)* 249; 381f.
[Numidien 381f.].

Oda 114.
[Oddi (Hof in Südisland) 410, 412].
Odin *(Óðinn)* (mythischer Göttervater) 210; 373.
[Ögmund Dytt *(Qgmundr dytt)* (unreine Geister) 373].

[Ölvir illt eitt 353].
[Ösel *(Eysysla)* 377].
Öskrud *(Qskruðr)* (Riese, Vater der Trollweiber Fala und Flegda) verstorben 244, hat die außerordentlichsten Kostbarkeiten gesammelt 245.
Öskrud *(Qskruðr)* herrscht über das nördliche Kaleon-Gebirge 288, hält sich bei Aurgelmir auf 290, verwüstet Tartaria, entführt Albina 304f., wird von den Schwurbrüdern getötet 306; 381.
Öskubuska *(Qskubuska)* (Magd) 44, Rollentausch mit Soley 47, »Soley« greift Vilmund an 64, wird von ihm getötet 65f., 73, 76; 413, 415.
[Östergötland 385].
Olaf *(Óláfr)* (Sohn Alis mit Thornbjörg, Nachfolger Alis als König von England) 40.
[Olaf Haraldsson (Olaf der Heilige, König von Norwegen) 357, 433].
Olaf Tryggvason (norwegischer König) 210; 373.
[Ostasia (Gattin des Königs von Vilkinaland) 386].
[Ostländer 356].
[Ostpreußen 377].
[Ostsee 369, 375, 382].
[Ostweg 353 f.].
Otte *(Otte)* (Bannerträger des Königs Kastus) 86; 356.
[Otto 356].
Ovid, Meister *(Ovidus, Ovideus)* 300; 350.

Parcia, Parcialand 193, 201, 203; 371.
Paron 203 f.; 372.
[Parzival 416].
[Peder Låle 395].
Percia 201.
Perciakus 201 f., 205.
Percius 201, 205.
Persidialeute 203 f.
Persidida, Persidialand 201–03.
[Persien 367].
Petrus, Apostel 333.
[Philipp II. (1165–1223, König von Frankreich) 379].
[Polen 377].
Policana *(Pólícáná)* (Stadt im Reich Tartaria) 26.
Pollonius *(Pollóníús)* (Jarl, Vater von Andan und Mandan) 36.
[Priamus (trojanischer König bei Homer) 386].
Provincia (Tochter des Königs Feritas von Lumbardi) 258, Ermedon wirbt um sie, wird von Feritas zurückgewiesen 259f., 262, 309, wird erneut von Ermedon umworben, heiratet ihn 310.
Pul *(Púll)* 212, 303 f.; 374.
[Pyrenäen 381].

[Rabelais, François (1494–1553, französischer Dichter) 406].
Randver *(Randveri)* (Sohn von Jarl Neri) 211, Schwurbruderschaft mit Sigurd

Thögli 250f., kämpft mit Sigurd gegen Börk und Brusi 252–57, Schlacht gegen König Feritas 258f., Schlacht gegen Ermedon 260f., 262f., Belagerung von Treveris 264–69, Verstellung als Amelon 270f. (s. bei Amelon), auf Sikiley 281f., verarztet Herburt und Sigurd 284f., in Tartaria 286f., Befreiung der Königstöchter 288f., 290–92, Hochzeit mit Prinzessin Albina von Tartaria 293, wird König, besucht Jarl Neri 294, bei Herburts Hochzeit 295f., bei Sedentiana 297, 300f., überredet Sigurd, sich als Vater von Flores zu bekennen 303, Albina in Gefahr 304f., Kampf gegen den Riesen Öskrud 306, kehrt in sein Reich zurück 307, 310f.; 386f., 427.

Raud *(Rauðr)* (Ratgeber des Königs Rikard) holt Thornbjörg nach England 32.

Reginbald (Sohn Sintrams und Elenas) 112; 358.

[Reiðgotaland 377].

Reinald (Herzog von Susa, Bruder Sintrams) 89ff., wird von Graf Rikard getötet 92f.; 356.

Remund (Kaisersohn aus Saxland) 113–16, 118–45, 147–52, 155, 157–70, 172–74, 176f., 179f., 182–208; 358, 361–64, 369, 371, 422 (s. auch Karrenritter, Der Kranke).

Rhein 173–175; 379.

Rheinfluß *(áin Rín)* 104, 232, 237; 379.

[Rheinland 374].

Rikard *(Rikarð)* (Herzog von Holmgard, Graf) 91, tötet Herzog Reinald 92, von Tertius erschlagen 93f., 108.

Rikard *(Ríkarðr)* (König von England) 20f., erkennt Ali als seinen Sohn an 22f., 27, hat Probleme mit dem Werwolf 28, nimmt ihn gefangen 29, begnadigt ihn 30, beklagt Alis Wunden 31ff., 39, stirbt 40; 350.

Rikard *(Ríkarðr)* (Sohn Alis mit Thornbjörg, König von Saxland) 40.

Rikard (Kaiser von Saxland) 114, 176.

Rikard (Sohn von Elina und Remund) 208.

Rikiza *(Ríkiza)* (Tochter des Baldvini von Galicia) 67, 72, heiratet Hjarandi 76.

[Rittershaus, Adeline 433].

[Robert, Bruder (norwegischer Mönch) 417].

Roddan 139–41.

Rodian (König von Blökumannaland, Vater des Buris) 60.

[Rök 385].

[Rollant 356, 359].

Rom 314; 356, 387, 389.

Rosamunda 135f.; 365.

[Roskilde 388].

Ruddi (Wächter Hjarandis) 45, 55, wird im Ringkampf von Vilmund getötet 56f.

Runga *(Rúngá)* (Bannerträger des Königs Flores) 93f.; 357.

Rusaland 187.

Rusar 190; 352.

Russia *(Rússía)* 35.

[**Rußland** 351 f., 392, 394, 413].
Ruzia *(Rucia, Ruzir)* 307 f.; 392.

[**Sachsen** 373].
[**Sadómi** 359].
Säulensund 314; 394.
Salater 142.
[**Salatres** (Sachsenkönig in der *Flóvents saga*) 389].
Samson 150; 366.
[**Santiago de Compostela** 368].
Sarodakes *(Sarodaces)* (König aus Armenien) wirbt um Fluvia 307, wird von den Schwurbrüdern getötet 308.
Saxar 203 f.
Saxland 6, 40, 78, 114, 121, 131, 170 f., 173, 176, 185, 191 f., 195, 201 f., 210 f., 225, 228, 234 f., 251, 281, 286, 294–96, 304; 352, 355, 358, 373 f., 378, 407.
[**Schonen** 349].
Schottland *(Skotland)* 110 f.; 380.
[**Schwaben** 379, 385].
Schwarzes Meer 175; 353.
Schweden *(Svíþjóð)* 40.
Schweden *(Svíaríki)* 210; 373.
[**Scythia, Skythien** 369, 382].
Secilia (Gattin von Herzog Neri) 211.
Secilia (Tochter von König Svein von Sikiley) 238; 380.
Sedentiana *(Sediciana)* (Enkelin von Sigurd Thögli und Königin Sedentiana) 311.
Sedentiana (Tochter von König Flores und Königin Blanchiflur) 212, ist mit allen natürlichen Gaben gesegnet 212 f., ist hochmütig 213, wird Herrscherin über Frakkland, läßt eine uneinnehmbare Festung bauen 214, 226–28, schmäht und foltert Halfdan und Vilhjalm 229–33, 249, Vorkehrungen zur Verteidigung von Treveris gegen die Schwurbrüder 263–65, nimmt diese gefangen 266, schickt Henker zum Kerkerloch der Schwurbrüder 267–70, bemerkt den Diebstahl ihres magischen Steins 271, überlistet Amas 272, Verführung und Vergewaltigung 273–80, durchschaut Sigurds Spiel, ist schwanger 281, Geburt von Flores 292, 296 f., Sedentianas Schauspiel 298, Demütigung 299–303, verlobt sich mit Sigurd 304, 309, Hochzeit 310, stirbt 311; 375, 378, 387, 390 f., 393, 427 f., 430.
[**Seditiana** (= Sedentiana) 393].
Segard *(Ségarð)* 89; 356.
Segris *(Segia, Seggia, Segria, Siggia)* (Hafenstadt im Reich des Flores) 82 f., 85; 355, 357.
Sekundus *(Sékúndús)* (= Fénix, Bannerträger des Herzogs Reinald) 92, wird gefangengenommen 95, erzählt seine Lebensgeschichte, Greifenepisode 100, wird gerettet 101, wird in eine Schlangengrube geworfen, später befreit 102 f., 106 ff.; 417.
[**Sierra Nevada** 381].
[**Sigfús Sigfússon** 435].

Sigurd *(Sigurðr)* (Enkel von Sigurd Thögli und Königin Sedentiana) 311.
Sigurd der Kühne *(Sigurðr hinn frækni)* kämpft mit Blotharald von Grecia 238.
[Sigurd Jorsalafari *(Sigurðr Jórsalafari)* (norwegischer König) 379].
Sigurd Manarlegg *(Sigurðr manarleggr)* erschlägt den Riesen Faunus 238; 380.
Sigurd Thögli *(Sigurðr þǫgli)* (dritter Sohn von König Lodivicus) 211, erscheint als Tölpel 211, wird von Lafranz als Ziehsohn aufgenommen 211, wird »der Schweigsame« genannt 211, 214, als Löwenritter 233 f., Erziehung bei Lafranz 235 f., Befreiung des Löwen 237–43, Bewirtung bei den Trollweibern 244–46, Abschiedsgeschenke 247–49, Schwurbruderschaft mit Randver 250 f., Kampf gegen Börk und Brusi 252–57, Schlacht gegen König Feritas 258, Kampf gegen Ermedon 259–61, Schwurbruderschaft mit Valteri und Ermedon 262, Belagerung von Treveris 263–65, in der Schlangengrube 266–68, erhält von einem Zwerg Sedentianas magischen Stein 269, Verstellung als Amas 270 f. (s. bei Amas), 281, Zweikampf mit Herburt 282–85, Schwurbruderschaft 286 f., Befreiung zweier Königstöchter 288–96, bei Sedentiana 297 f., Sigurds Enthüllungen 299–302, Bekenntnis zur Vaterschaft, Werbung um Sedentiana 303 f., Erschlagung des Riesen Öskrud 305–07, Überfall auf Sarodakes 308 f., Hochzeit mit Sedentiana 310, stirbt 311; 373 f., 376, 379, 381, 383, 386 f., 389, 391, 393, 426 f.; als Schweinehirt 273, 275–77, 280 f., 299 f., 302; als Zwerg 277 f., 280 f., 299 f., 302 f., 391; als Riese 279–81, 287, 301–03.
Sikiley, Sizilien 81, 152, 156 f., 159, 161 f., 195, 238, 281, 286, 294–96; 355, 366, 374, 380, 387.
Sikileyleute 160.
[Siliven 352, 357].
Silven (Pflegemutter der Soley) 43, 45, 49 f., 59 f., 66 f., offenbart Vilmund die Zusammenhänge 72–74; 352, 357, 414.
Silvia *(Silvía)* (Ziehmutter des Felix/Unus) 98.
Sintram (Herzog von Fenedi) wirbt vergeblich um König Flores' Tochter Elena 89, sammelt ein Heer 90 f., 93, wird gefesselt 94 f., erzählt sein Abenteuer mit dem Flugdrachen 97, 107, mahnt zur Mäßigung 109, Verlobung und Hochzeit mit Elena 110 f., Rückkehr nach Fenedi 112; 358, 418.
Sirakus *(Syracusar)* 281; 387.
[Sistram 357].
[Skandinavien 368, 385, 388].
Skjöld *(Skjǫldr)* 60, von Hjarandi getötet 61.
Skotland 238; 380.
[Skuld (Schicksalsgöttin) 371].
Smálönd (s. Kleinlande).
[Snorri Sturluson (1178/9–1241, isländischer Schriftsteller und Politiker) 363, 377, 379, 394, 406, 415].
Sörkvisnaut *(Sǫrkvisnautr)* (Langschiff, Geschenk von Jarl Neri) 268; 383, 386.
[Soest 356].
Solbjört *(Sólbjǫrt)* (Königin von England) 20 f., weint über das Verschwinden Alis 23, freut sich über Alis Erlösung und Rückkehr 31.

Soley *(Sóley)* (Tochter König Visivalds) wählt den Löwenzahn 42, kommt zur Pflegemutter Silven 43, bringt Kol dazu, ihren Freier Ulf zu töten 45 f., Rollentausch mit Öskubuska 47, 49, verliert einen Schuh an der warmen Quelle 50, 66 f., wird (als »Öskubuska«) vermißt 72, wird Vilmund vorgestellt 73, kommt mit ihm zum König 74, Verlobung mit Vilmund 75; 352, 413, 415.
Spania *(Spáníá)* 78.
Spanialand 134.
[Stade 369].
Stöduborg 173; 369.
Stólpasund (s. Säulensund).
Stutthedin *(Stuttheðinn)* (Name, unter dem Ali bei Thornbjörg auftritt) 25–27; 350.
[Süditalien 381].
Südlande *(Suðrlönd)* 319 f.; 394.
[Südrumänien 353].
Susa *(Sasá, Súsá, Susa[t])* 89, 201; 356.
Svafa (Heimat des Riesen Faunus) 238, Heimat der Schwurbrüder 263; 379 f., 385.
Svava *(Svává)* 88, 93, 110.
Svein *(Sveinn)* (König von Sikiley, Vater von Secilia) 238.
Svena *(Svéná)* (Großschweden) 37.
Svidi der Kühne *(Sviði hinn sókndjarfi)* (Sohn des Bosi, Vater Vilmunds) 49 ff., 53, 62, 65; 353.
Svithiod hin mikla 175; 351, 369.
Sylven *(Sylvén)* (Ziehmutter des Fenix/Sekundus) 101 f.; 352, 357.
[Sylvester, Papst (314–335) 389].

[Tacitus 383].
Tangers 368.
Tartaren, Tartarer *(Tartarar)* 182, 286.
Tartaria, Tartariareich *(Tartaríá, Tattaríá, Tattaríaríki)* 26, 32, 78, 124, 127, 171, 232, 286 f., 292–94, 296 f., 304; 350, 354, 362, 367, 379.
Terfelsborg 173; 369.
Terogant, Terrogant 127, 134, 182; 363 f.
Tertius *(Tertíús* = Ajax, Herzog von Korduban) 90 ff., erschlägt Graf Rikard 93–95, besiegt Filipus, wird gefangengenommen 96 f., erzählt seine Lebensgeschichte, Margygr-Episode, schwimmende Insel, Seefrauen, Riesen 103 ff., 106 ff.; 417.
Theriberis 193.
Thidrek, Thidrik *(Þiðrek, Þiðrikr)* (König von Bern) 97, 112, 264; 357, 385.
[Thor 364].
[Thorir 397].
Thornbjörg *(Þornbjǫrg)* (»Mädchenkönig«) nimmt Ali auf 25, Jarl Alf von India will sie mit Gewalt freien 26 f., sie heiratet Ali, der vor dem Vollzug von ihr getrennt wird 27 f., 31, wird zu Ali nach England geholt 32, fährt

465

mit Ali in die Welt, um für ihn Heilung zu suchen 33–37, Hochzeit mit Ali, Tod 40.
Tigris 193.
[Tracia 354].
Traktia *(Traktíá)* (Land des Flores) 85, 90 f.; 354.
Traktia *(Traktíá, Traktíáborg)* (Residenzstadt in Tattariareich) 78, 80; 354.
Treveris *(Treverisborg)* (Hauptstadt von Frakkland, Sedentianas Residenz) 213 f., 227, 233, 263, wird belagert 264 f., 268, Amas und Amelon verbringen den Winter in Treveris 270–72, 276, 278, 299; 375, 387, 427 f.
[Treverisborg 369].
[Trier 369, 375].
[Tristram 361].
Troja *(Trója, Trójuborg)* 264; 386.
Turnuborg 172, 174.

Ulf *(Úlfr)* (Jarl von Skotland, Vater Sigurds des Kühnen) 238.
Ulf Illt-eitt *(Úlfr illt eitt)* wirbt um Soley 45, wird von Kol getötet 46, 48; 353, 413.
Ulfar der Starke *(Úlfar hinn rammi)* (mächtiger Bauer) 45; 353.
Ungaria 42; 352.
[Ungarn 352].
Unus *(Únús* = Felix) 90 f., 93, wird gefangengenommen 95, erzählt seine Lebensgeschichte 97, Flugdrachenepisode 98 f., Verlobung mit Königstochter 100, 106 ff., 110; 417.
[Upplönd 433].
[Urd (Schicksalsgöttin) 371].

Valland 40, 237, 249; 351, 379.
Valteri *(Valtari)* (Sohn des Königs Feritas von Lumbardi) Zweikampf mit Sigurd Thögli 258, 259, Schlacht gegen Ermedon 260, Zweikampf mit Ermedon 261–69, fährt mit Ermedon nach Lumbardi 270, auf Sikiley 281 f., 284, 286–88, Hochzeit mit Luciana von Aquitania 293, fährt nach Aquitania, wird König 294–96, 310 f.; 387, 427.
[Vegetius 430].
[Vellir í Svarfaðardal 433].
[Venedig 356, 371].
[Verdandi (Schicksalsgöttin) 371].
Vidbjod *(Viðbjóðr)* (Beiname des Königspalastes) 45, 65; 352.
Vidförul 128–32, 134 f., 138 f., 143–46, 151, 159 f., 163, 168 f., 174, 176, 178, 181, 188, 190–92, 194 f., 197, 200; 364, 371 (s. auch Perciakus).
[Viðga 357].
Vilhjalm *(Vilhjálmr)* (Sohn Alis mit Thornbjörg, König von Valland) 40.
Vilhjalm *(Vilhjálmr)* (zweiter Sohn von König Lodivicus) 211, ist beliebt und ein kluger Ratgeber 212, 214, warnt Halfdan vor dessen Übermut 215, kämpft mit ihm gegen Gard den Griechen 216, Schmährede auf Gard 217–22, wird vom Zwerg belohnt (Schwert Gunnlogi) 223 f., tötet einen Riesen 225, steht für Halfdans Heiratsabsichten ein 226–28, trägt Halfdans

Werbung um Sedentiana vor 229, wird gefoltert und verjagt 230–32, erkennt Sigurd im Löwenritter 233 f., Flucht vor dem Drachen 235, 237, 250, 263, 265, 295–97, Sedentianas Schauspiel 298–301, rettet Sedentiana vor dem Riesen 302, 304, Kampf gegen den Riesen Öskrud 305 f., Befreiung Gardarikis von Sarodakes 307 f., Hochzeit mit Prinzessin Fluvia von Gardariki 309–11; 375 f., 379, 426.
[**Vilhjálmur** (Vater von Cecilía) 380].
[**Vilkinaland** 386].
Villimot (König von Gardariki) kämpft gegen Sarodakes 307, gibt seine Tochter Fluvia in Sigurds Hände 309.
Vilmund Vidutan *(Vilmundr viðutan)* (Sohn des Bosi und der Herborg) wächst in Abgeschiedenheit auf, kommt auf der Suche nach seinen Ziegen zu einer warmen Quelle, wo er einen Schuh findet, belauscht drei Frauen (Silven, ihre Tochter und Soley) in einer Felsenhöhle 49 f., zieht aus, die Ziege Gaefa (und sein Glück) zu suchen 50 f., kommt zur Stadt und in die Burg zur Königstochter Gullbra 51 ff., wird von Gullbra freundlich aufgenommen, erzählt seinen Traum 53 f., begegnet Soley (in der Rolle der Magd) in der Küche, kommt zum König 54 f., tötet Ruddi im Ringkampf 56 f., besiegt Hjarandi im Steinschleudern, Speerwerfen und Schwimmen 57 f., tötet einen Eisbären und wird Hjarandis Schwurbruder 59, kommt wieder in die Felshöhle 59 f., tötet Buris 61 f., besucht seinen Vater 62, Kämpfe mit Kol 63 f., tötet Öskubuska (»Soley«) und bringt ihren Kopf dem König, fällt in Ungnade und wird geächtet 65, zum drittenmal bei der Felsenhöhle 66 f., 70 f., zum vierten Mal an der Höhle 72, erfährt von Silven die Zusammenhänge, lernt Soley kennen 73, kommt mit Soley zum König 74, Versöhnung mit dem König, Verlobung und Hochzeit mit Soley 75, Reise nach Galicia 76; 352, 413, 415 f.
Vindland 175; 369.
Vinno 127; 363.
Visivald *(Vísivaldr)* (KÖNIG VON HOLMGARDARIKI) 42 f., 45, 48, 54 ff., 60, 63, verbannt Vilmund 65–69, 71, 73 f., Versöhnung mit Vilmund, Tod 75; 413 f.

[**Walachei** 353].
[**Wales** 358].
[**Wallonien** 379].
[**Wendenland** *(Vindland)* 377].

[**Ymir** 388].
[**Yngvifreyr** 350].

[**Þrándr hviða** 352].

Anmerkung: Die Belege für Soley und Öskubuska werden entsprechend ihrer wahren Identität verzeichnet.

Sachregister

Abdankung 213 f., 342.
[Abenteuersaga 400, 402–07, 412, 420, 422].
Ächtung 48, 65; 351.
[Adel 413].
[Adonias saga 402 f.].
Aegisip *(Ægisif, Agisif, Hagia Sophia)* 314; 394.
Aiol (hartes Holz) 188; 370.
Ála saga flekks 16, 18, 20–40; 348–52, 358–63, 401–03, 409–11, 418.
[Åles stenar (Steinsetzung in Südschweden) 349].
Alexandersage, Alexanderstoff, Alexanders saga 264; 355 f., 362, 364, 366 f., 369, 382, 386, 421.
[Alexandreis (von Walter von Châtillon) 386].
[Alvíssmál 395, 431].
[Amadas et Ydoine 432].
[Anerkennung (des Helden durch Vater) 348].
[Anonymität (der Märchensagas) 401, 408, 412, 420, 431].
Anrede (an die Zuhörer / Leser) 117, 125, 148, 177; 359.
antike Helden 150, 264; 366, 386.
Apfelschuß 70.
[Apostel 367].
Arm (abgeschlagener Arm wächst wieder an) 336.
Armbrustschießen 70.
[Artus-Literatur, Artus-Tradition 365].
Ärzte 221, 232, 259, 284 (s. auch Heilung).
Aschenbrödel, Aschenputtel 44 (Name Öskubuska), 54 (Mädchen in Lumpen in der Küche), 50, 74 (verlorener goldener Schuh); 353, 412, 415.
[Atlakviða 351].
Auferstehung (von Toten) 210, 339; 397, 434 f.
[Auffindung (eines ausgesetzten Kindes) 348].
Aufwachsen (des Helden im Verborgenen) 235 f.; 348.
Aufwachsen (in Abgeschiedenheit, Parzival-Motiv) 49; 412.
[Augen (Motiv) 351].
Ausbildung (des Helden) 114, 235 f., 314.
[Ausgaben (von Sagas) 420].
[Aussetzung (von Kindern) 348, 411].

[Bærings saga fagra 402].
[Balladen 399, 406, 408 f., 422].
[Bauern (freie Bauern) 413].
[Bauernsohn (Held ist Bauernsohn) 412].
[Beiname 18; 352 f., 413].

Belohnung 244, 246f., 248f. (Sigurd Thöglis), 276 (des Schweinehirten = Sigurds), 223 (Vilhjalms).
[**Beowulf** 419].
[**Bergsbók** (Handschrift) 357].
Berserker 43, 60f., 91–96, 252f., 256, 260, 308, 311; 356, 373, 382, 406.
[**Bestiarien** 380, 426].
Bestrafung 223, 230, 235, 253.
[**Bevers saga** 362, 364, 421, 427].
[**Bildsprache** 407].
[**Bildungsprozeß** (des Helden) 414].
[**Binnenerzählung** 417].
[**Bisclarets ljóð** 350].
[**Bjarnar saga hítdœlakappa** 357].
[**Blómstrvalla saga** 402f., 417, 419].
[**Bósa saga** 353, 357, 412].
Bote, Botschaft 146, 152, 194, 251f., 259f., 271f., 286f., 304, 319f.
[**Brandanus-Legende** 357].
Brautwerbung 45, 48, 60, 71f., 80f., 89, 152, 194–96, 199f., 226, 228–30, 235, 259f., 295f., 303f., 307, 309f., 315, 322–25, 340; 371, 378, 395, 417, 434.
[**Brautwerbungsepik** 404f.].
Brief 145.
[**Brief des Priesters Johannes** 366].
[**Bruder** (Motiv: jüngster Bruder) 355].
Brüderschaft (Bluts-, Schwurbruderschaft) 36, 59, 115, 250, 252, 258, 260, 268, 270, 281, 284, 286f., 289, 293, 297, 301, 308f.; 351, 387, 427.
Büchsen (s. Waffen, spezielle).

[**Ceciliu saga** 380].
[**Chansons de gestes** 390].
Christentum 213, 293, 337; 373, 388f., 427, 431 (Glaube), 348 (Aussetzung von Kindern), 308 (gegen Heidentum), 213; 375 (Jerusalem), 213; (Moniage) (s. auch Islam, Religion).
[**Clari saga keisarasonar** 421, 424f.].

[**Dámusta rímur** 431–33, 435].
Dámusta saga 16, 18, 313–44; 393–97, 401–03, 431–36.
[**Datierung** (von Märchensagas) 15; 401, 404, 410, 412, 417, 420].
De rerum natura (von Lucretius) 241; 380.
Decknamen 25f., 34, 129, 131, 270, 274, 277, 279, 292, 300; 351, 364, 387.
[**Definition** (von Märchensagas) 15; 398f.].
[**Dínus saga drambláta** 402f., 424].
[**Diplomatarium Norvergicum** 381].
[**Donatio Constantini** (gefälschte Urkunde aus dem 5. Jahrhundert) 389].
[**Dornröschen** 397].
Drachen 97ff., 118, 234f., 238–41, 248f.; 357, 386, 419, 425 (Flugdrachen).
[**Drachenkampf** 419].

Drachenschiff (s. Schiffsformen).
Dreki (s. Schiffsformen).

[Ectors saga 402f., 425].
[Edda 16; 349, 351, 395f., 422, 436 (s. auch Snorra Edda)].
[Egils saga 17; 357, 378].
[Egils saga einhenda ok Ásmundar berserkjabana 354, 357, 417].
Egisif (s. Aegisip).
[Eiríks saga rauða 384].
[Eiríks saga víðförla 366].
Eisbär (Kampf gegen Eisbär) 58 f.
Elfen 49, 53, 218, 222.
[Elis saga ok Rósamundu 359, 362–65, 368, 370, 421].
[Emotionalität (als Stilmittel) 406].
[Endreim 359].
Entführung 82, 287, 304; 355, 417.
[Entstehungsort (von Märchensagas) 410, 412].
[Epiphanie 348].
[Epistola [...] Presbyteri Johannis 366].
[Epochenstil 406].
[Erec (von Chrétien de Troyes) 412].
[Erex saga 412].
Erkennungszeichen 73, 100, 106, 110.
Erzählen der Lebensgeschichte 201.
Erzählerformeln, Erzählerkommentare 119, 125, 127, 138f., 163, 186f., 193, 236, 241, 263, 327; 367, 379, 383, 386 (s. auch Formeln, Schreiberformeln, Schreiberkommentare).
[Erzählmodus 398, 400, 405–07].
[Erzählmuster, Erzählverläufe 405, 422].
[Erziehung (eines Menschen bei Riesen) 357].
[Evangelistensymbole 419].
[Evangelium Bartholomaei 367].
[Exiljugend des Helden 419].

Feste 164, 199, 201, 207, 214, 244f., 319; 390 (Gastmähler), 286, 290, 293–97, 309–11; 393 (Hochzeitsfest), 225, 251f., 259, 268, 272, 281, 287, 294f., 297, 299, 301, 309, 310 (Willkommensfest).
[Feuermal 349].
Feuerwaffen (s. Waffen, spezielle).
Figur (Statue) 122, 129; 361, 422.
[Fiktionalität 405f. (s. auch Anrede, Erzählerformeln, Erzählerkommentare, Formeln, Prolog, Literarizität, Schreiberformeln)].
[Finnboga saga 348].
[Flateyjarbók 352, 357].
[Floire et Blanchefleur 354].
Flóres saga konungs ok sona hans 16, 18, 77–112; 352, 354–58, 402f., 406, 411, 416–19.

Flóres saga ok Blankiflúr 212f.; 354, 356, 363, 374, 423, 427.
[florissanter Stil 407].
Flóvents saga 293; 389, 423, 427.
Folter 230, 232f., 260, 298; 378.
Formeln (formelhafte Ausdrücke) 253f., 256–58, 261, 277, 292, 295, 308; 382–84, 386, 388; 250–52, 257, 270, 310f. (Abschiednehmen), 212, 250, 257, 263, 286, 292 (Ausblendung eines Erzählstrangs), 211, 222, 224, 226, 236; 424 (Episodenübergänge), 252, 262, 281, 293f. (Geschenke), 256, 262; 424 (große Wunde), 218, 221, 254, 258, 261, 265, 309 (»heftige Schlacht«), 216, 252, 307 (Heereszug), 219f., 254, 256, 258, 291f.; 424 (»nach beiden Seiten hauen«), 220, 231, 235, 292f. (Szenenwechsel), 212, 229, 233, 235f., 252, 258, 273, 281, 285, 287, 295, 302, 307; 355 (Überlegenheit des Charakters) (s. auch Hochheben des Gegners aus dem Sattel).
[Fornaldarsögur (s. Vorzeitsaga)].
[Fóstbrœðra saga 351].
Freier (unwillkommener Freier) 26f., 44ff., 60ff., 79ff., 88f., 229, 260, 307; 412, 419.
Freierprobe 44f., 69ff.
[Fremdheit (Begegnung mit dem Fremden) 407].
Freyr (s. Götter).
[Friedenskuß 361].
Friedensschild 254; 383f.
Frist (3 Jahre) 131, 166, 169; 367 (s. auch Termin).
[Friðþjófs saga 414].
Frühreife 84, 211, 302; 391.
[Fylgja (Folgegeist) 375, 376].

[Galicien (Beziehungen zu Skandinavien) 368].
[Gattung 399–401, 404].
Gebete 317.
Geburtshilfe 84.
Gefährten (zwölf) 115.
Gegenstände (magische Gegenstände) 249; 247 (Bettdecke), 253 (Messer), 255f. (Pfeile), 247f., 267, 269f., 274, 277f., 300 (Ring), 247, 296 (Schachspiel von den Trollweibern), 123–25, 140, 223, 238f., 241, 243, 257, 288–90, 308; 361f., 377 (Schwert), 248, 270f., 273, 281 (Spiegel), 238, 263, 269, 271, 280f., 303; 379, 387, 427 (Stein), 118 (Kristall); (wertvolle Gegenstände) 257, 270, 276 (Geld), 302 (Goldband), 223, 228, 253, 269, 296 (Goldring), 306 (Gürtel), 306f.; 392 (Kelche), 296, 306f. (Kleidung), 229, 286, 295f., 310 (Kleinode), 307 (Krone), 306 (Ringe), 296 (Schachspiel aus Tartaria), 306f.; 392 (Schalen), 306 (Spangen), 306f. (Trinkhörner) (s. auch Ring, Stein).
[Geiseln 355].
Geister 218; 210; 373 (unreine Geister).
[Germania (von Tacitus) 383].
[Geschichte von Jon dem König von Upplönd (s. Inntak úr söguþætti af Jóni Upplandakóngi)].

Geschichte von Ögmund Dytt und Gunnar Helming (s. Ögmundar þáttr Dytts ok Gunnars Helmings).
[Geschichte von Thorstein Uxafot (s. Þorsteins þáttr uxafóts)].
[Gesellschaft (in den Märchensagas) 413].
Gesindel (übles Gesindel) 253, 258, 260f., 289, 311; 375, 392.
[Gibbons saga 362, 370, 402f., 422].
[Gísla saga 351].
[Gísli Jónsson 411].
Glück (Schicksal, Schicksalskraft) 216f., 220, 222f., 226f., 230f., 236f., 248, 268–70, 275–77, 288f., 292, 295, 300; 375, 389, 426.
[Göngu-Hrólfs saga 354, 373].
Götter 127, 134, 182, 218; 362–64, 376; 210; 373 (Odin); 210; 373 (Freyr).
Gottesfrieden 228, 251, 263, 271, 286; 378, 382.
[Grega saga 402f., 425].
Greif 100; 357, 419.
[Grettis saga 397, 403, 426].
griechische Sage (s. antike Helden).
[Groteske 406].
[Guimars ljóð 358].
[Gulaþingslög (Gesetze des norwegischen Gulathings) 385].
[Gull-Þóris saga 357].
[Gunnlaugs saga ormstungu 348, 367].
[Gylfaginning (s. Snorra Edda)].

Haar (hell / golden) 197f., 212, 233, 273, 302, 319; 374f., 395.
Hafenanlage (Versperrung) 214, 228, 314.
Hagia Sophia (s. Aegisip).
[Hálfdanar saga Brönufóstra 350, 357].
[Hálfdanar saga Eysteinssonar 412].
Hálfs saga ok Hálfsrekka 264; 386.
[Halle 369].
[Hallur Magnússon 416].
[Handlungsstränge 415].
[Handschriften 401, 409, 411, 416f., 419f., 433].
Handwerk 214, 264 (Bauhandwerk), 264; 427ff. (Belagerungstechnik), 247, 296, 306 (Kunstschmiede), 233, 264 (Malerei), 254, 289; 383, 390 (Schiffsbau), 238 (Waffenschmiede).
[Haralds saga Sigurðssonar 394].
[Harðar saga Grímkelssonar 348].
[Hauksbók (s. Wundervölkerverzeichnisse)].
[Hávamál 396, 431].
Heerschild (in Heereszügen) 259; 384.
[Heilagra manna sögur 432].
Heiltrunk 338f.
Heilung 138 (mißglückt), 147, 149, 339; 363 (s. auch Ärzte).
[Heilungssuche 351, 411].
[Heimskringla 355, 363, 377, 379, 382, 394, 419].

[Heirat (Bedingung für Heirat) 412].
[Heiti 395].
[Heldensage 400].
Helfer 99; 426 (treuloser Helfer), 241 f., 244 (Löwe), 24 f. (Hund als Helfer), 238 (Menschen), 247–49, 257 (Trolle), 223, 255–57, 264, 268 f. (Zwerge).
[Helgakviða Hjörvarðssonar 349].
[Hinrichtung 358].
[Hinríks saga heilráða 426].
Hochheben des Gegners aus dem Sattel 116, 133, 143, 160, 179, 204.
Hochmut (ÜBERMUT) 211, 213, 215 f., 222, 224, 226 f., 231, 233 f., 271 f., 280, 282, 298 f., 303, 305 f.
Hochzeit, Hochzeitsfest 72, 75, 119, 201, 341; 435 (s. auch Feste).
Hochzeitsnacht (gestörte Hochzeitsnacht) 27 f.
[höfisch-ritterliche Dichtung 412].
[höfische Welt 407, 420].
[höfischer Stil 17; 407].
[Hrafnkels saga 403].
[Hrings saga ok Hringvarðar 381].
[Hrings saga ok Tryggva 402 f.].
[Hrólfs saga Gautrekssonar 418].
[Humor 419].
[Hyperbolik 406].

Ilias 264; 386.
[Indien-Bild 366 f.].
[Inntak úr söguþætti af Jóni Upplandakóngi 433–35].
Insel (schwimmende Insel) 103 f.
[Intertextualität 371, 412, 421 f.].
[Ironie 365, 370, 406, 415 f.].
[Islam 363 f., 408 (s. auch Religion, Christentum)].
[Isländersaga 16; 357, 398 f., 401, 403, 405–07, 411–13, 415, 422].
[Islandisierung (von Ortsnamen) 368].
[Itinerarien *(Leiðarvísir)* 356, 374, 379, 381].
[Ívens saga 363, 365, 425].

Jagd 211, 221, 232, 237, 240.
[Jarl 394].
[Jarlmanns saga ok Hermanns 361, 363, 402 f., 422].
[Joie de la Court-Episode (Erec) 412].
[Jómsvíkinga saga 358].
[Jóns saga leikara 350, 402 f.].
[Joseph und Potiphars Frau (Der keusche Joseph) 365].
Jungfrauenkönigin (s. Mädchenkönig).

Kämmen 197, 319; 395.
[Kára saga Kárasonar 425].
[Karlamagnús saga 352, 355–59, 362–64, 368, 370, 418, 421].

[Karls-Epik (altfranzösisch) 363].
Karren 131, 187.
[Karrenritter 364f., 421].
Kauffrieden 228; 378.
[keltisches Kulturgebiet 349–51, 417].
Kenningar (Meer) 307; 392.
[Ketlerusar saga keisaraefnis 425].
Keuschheit 137f., 165; 365.
[Kinderlosigkeit 348].
Kindesaussetzung 20f.
[Kirjalax saga 371, 402f., 422].
[Kjalnesinga saga 357].
Kloster 343; 397.
Kohlenbeißer *(kolbítr)* 211, 214, 234, 236, 249, 255, 302; 374, 423, 426.
[Komik 416].
[Komposition (von Märchensagas) 410].
[König Drosselbart 350, 425].
[Königssaga 16; 398, 406f., 411–13, 422].
[Königsspiegel (s. Konungs skuggsjá)].
[Konráðs saga keisarasonar 358, 402, 425].
[Konungs skuggsjá 357, 363, 418, 429].
Krankheit 128.
Kriegspfeil schnitzen *(skera herör)* (zum Kriegszug aufbieten) 263f.; 385.
[Kriegstechnologie 367].
Krönung 206, 213, 341, 343; 375.

[Lancelot ou Le chevalier de la charrette 365, 421].
[Ländernamen 18].
[Landnámabók 361].
Langschiff (s. Schiffsformen).
Lauch 186, 338; 370, 396.
[Laxdœla saga 367].
[Le petit Artus de Bretagne 360, 421].
[Legenden 401, 431].
[Lehnwörter 411, 418].
[Leibwache 350].
[Leiðarvísir (s. Itinerarien)].
Liebe 136f., 148; 365.
[Lied von Atli (s. Atlakviða)].
[Lied von Helgi Hjörvardsson (s. Helgakviða Hjörvarðssonar)].
Lilie 315.
[Literarizität 406].
locus amoenus 264, 280f., 287.
Löwe 144; 365–66; 237, 239f., 245, 249, 251, 281–83 (als Begleiter), 241; 380, 425 (Eigenschaften); 386 (als böses Tier).
Löwenmotiv 217, 219, 232, 234, 239ff.; 376, 423, 425.
[Löwenritter 365].

[Lucidarius 371, 421].
[Lügensaga 15; 399, 410f., 417].
[Lüsternheit (von Trollinnen) 349].
[Lygisögur (s. Lügensaga)].
Lypting (erhöhtes Achterdeck) 217, 256, 319; 394, 433.

Mädchenkönig (jungfräuliche Königin, meykongr) 25 ff., 213 f., 226, 229, 235, 249f., 263, 268, 269f., 273f., 298f.; 350, 387, 405, 411, 423–35.
[Magnússona saga (Heimskringla) 379].
[Mágus saga jarls 364, 402, 422].
[Mappa mundi (Große) 354].
Märchen, Märchenmotive, Märchenstoffe 288; 349f., 400f., 411, 415, 417, 433–36 (s. auch Märchentyp).
[Märchen von Damusti 393 (s. auch Dámusta saga)].
[Märchensagas 398–409].
[Märchentyp 395 (AaTh 314, Goldener), 397 (AaTh 410, Schlafende Schönheit), 397 (AaTh 1350, Rasch getröstete Witwe) (s. auch Märchen, Märchenmotive, Märchenstoffe, Aschenbrödel, Dornröschen, König Drosselbart)].
Margygr (Meeresungeheuer) 103f., 357.
Marienanrufung 336.
Marienerscheinung 333.
Marienkapelle 332, 334.
[Marienliteratur 401, 431, 436].
[Maríu saga 432].
Maße 355f. (Meilen), 278; 353, 387 (Ellen, *stika*), 306 (Gewichte); 391 (Schiffspfund).
[Mäzene 408].
[Medialität 409].
[Melusina (Volksbuch) 358].
[Menschenfleisch (Genuß von Menschen- und Pferdefleisch) 350].
meykongr (s. Mädchenkönig).
[Mírmanns saga 363–64, 380, 402].
Mischling 340; 349, 397.
Mohren 61, 252f., 260, 307f., 311; 382, 384, 406.
Moniage (s. Christentum).
[Mord 357].
Mordbrand 37, 102.
[Mosesbuch 348].
Musik 71f., 259, 297; 118, 145, 164, 198, 207, 259, 294, 297, 321; 360f., 366, 369, 371 (Instrumente), 298, 310f. (Flöten), 298, 311 (Geigen), 298, 311; 390 (Harfen), 311, 393 (organum), 298, 310f.; 390 (psalterium), 311; 393 (quinternium), 298, 310f.; 390 (symphonium), 298, 311 (Spielmänner).
Muttermal 21; 348f.

Namengebung 21, 292f.; 349, 355.
[Nibelungensage 385f.].

475

[Nikulás saga erkibyskups 363].
[Nitida saga 402f., 424].
níð (s. Schmährede).
[Njáls saga 357, 403].

Odin (s. Götter).
Ögmundar þáttr Dytts ok Gunnars Helmings 210; 373.
[Óláfs saga helga 418].
[Óláfs saga (Legendarische) 357].
[Óláfs saga Tryggvasonar (Heimskringla) 419].
Óláfs saga Tryggvasonar en mesta 210; 373, 427.
[Oralisierung 433].
[Orkneyinga saga 355].
[Örvar-Odds saga 357, 364].

Paradies 151, 193; 366.
[Parcevals saga 412].
[Partizipial-Konstruktion 17; 365, 411, 418].
[Parzival, Parzival-Stoff 412].
[Peer Gynt 349].
[Pélérinage de Charlemagne 412].
[Perceval (s. Parcevals saga, Parzival-Stoff)].
Peterskirche 314.
[Pferdefleisch (Genuß von Menschen- und Pferdefleisch) (s. Menschenfleisch)].
Pfingsten 206.
Pflegekindschaft 21, 43, 211, 235f., 238, 240, 249f., 296; 352.
[phantastisches Erzählen 436].
[Physiologus (christlich-allegorisches Tierbuch) 357, 380, 385].
[Placidus saga 419].
Poetische Beschreibungen 225; 377 (Echo), 222; 376f. (Halfdans Blick), 251 (Holtsetuland), 287 (Kummer), 274 (Liebesverlangen), 217, 242, 261, 264, 277, 280, 308; 423f. (Morgensonne), 212f., 298; 374f., 390 (Sedentiana).
[Polyphem-Motiv 377].
[populäre Literatur 398].
[Postola sögur 432].
[Priester Johannes (sagenhafter christlicher Herrscher Indiens) 366].
Prolog 78, 210; 354, 373, 406, 417f., 426.
[Prosaliteratur (isländische) 398].
Prozession 118, 145, 164, 191, 198; 360.
[Psychologisierung 415].
Purpur 118; 360.

Quelle (warme Quelle) 49f., 66, 74.

Rache 176; 365.
[Rahmenerzählung 417].
[Räume (in den Märchensagas) 413].
[Realitätssinn (der Märchensagas) 415].
[Rechtstexte 348].
[Reconquista (Rückeroberung Spaniens) 364].
Redegewandtheit 183, 314.
[Reisebeschreibung (Landeskunden) 371, 407].
Reiterwettkämpfe 70f.
[Religion 362–64, 431 (s. auch Christentum, Islam)].
Rémundar saga keisarasonar 16, 18, 113–208; 354f., 358–72, 401–03, 406, 418–23.
[Rettung (eines ausgesetzten Kindes) 348].
[Rezeption (s. Überlieferung)].
[Rhetorik 16; 406f., 411f., 417].
[Riddarasögur (s. Rittersaga)].
Riesen 94, 104f., 123, 132, 171, 183, 224f., 238, 242, 245, 260, 279–81, 287, 293, 295, 301, 305f.; 381, 388, 391, 396f., 406, 411; 334, 340; 357 (Riesenmädchen), (s. auch Trolle).
[Rígsþula 389f.].
[Rímur 399, 403, 406, 408f., 411, 416, 419, 422, 432f., 436].
[Rímur af Rémundi Rígarðssyni 422].
[Rimur von Sigurd Thögli (s. Sigurðar rímur þögla)].
Ring 119–21, 151; 361 (s. auch Gegenstände, Stein).
ritterliche Fertigkeiten 114, 316.
[Rittersaga 15; 399–405, 407f., 410, 412, 417, 420f.].
Rollentausch 46ff. (Königstochter-Magd).
[Roman de la Rose 390].
[Romance, Romanze 399, 400, 404f.].
[Romane 399, 436].
Ruhmestaten 240, 253, 292, 297; 426; 226, 229, 249, 268, 310 (erzählte) (s. auch Erzählen der Lebensgeschichte).

[Sachliteratur 407].
[Saga af Ala Fleck 348].
[Saga af Alafleck Rijgardzsyne 348].
[Saga der Blomstrvellir (s. Blómstrvallasaga)].
[Saga des Weisen Damusti in Griechenland 393 (s. auch Dámusta saga)].
[Saga vom hochmütigen Dinus (s. Dínus saga drambláta)].
[Saga vom kühnen Sigrgard (s. Sigrgarðs saga frœkna)].
[Saga vom schönen Baering (s. Bærings saga fagra)].
[Saga vom schönen Samson (s. Samsons saga fagra)].
[Saga von Adonias (s. Adonias saga)].
Saga von Alexander dem Großen (s. Alexanders saga).
Saga von Ali Flekk (s. Ála saga flekks).
[Saga von Bever (s. Bevers saga)].
[Saga von Cecilia (s. Ceciliu saga)].

[Saga von Clarus dem Kaisersohn (s. Clari saga keisarasonar)].
Saga von Damusti (s. Dámusta saga).
[Saga von Damusti und Jon dem König von Kleinlanden 393 (s. auch Dámusta saga)].
[Saga von Damusti, der König Jon tötete und mit Alheim kämpfte 393 (s. auch Dámusta saga)].
[Saga von Dinus Dramblati (s. Dínus saga drambláta)].
[Saga von Ector (s. Ectors saga)].
[Saga von den Eidbrüdern (s. Fóstbrœðra saga)].
[Saga von den Jomswikingern (s. Jómsvíkinga saga)].
[Saga von Egil dem Einhändigen und von Asmund dem Berserkertöter (s. Egils saga einhenda ok Ásmundar berserkjabana)].
[Saga von Egil Skalla-Grimsson (s. Egils saga)].
[Saga von Erich dem Roten (s. Eiríks saga rauða)].
[Saga von Finnbogi (s. Finnboga saga)].
Saga von Flores und Blankiflur (s. Flóres saga ok Blankiflúr).
Saga von Flovent (s. Flóvents saga).
[Saga von Gibbon (s. Gibbons saga)].
[Saga von Gisli (s. Gísla saga)].
[Saga von Grega (s. Grega saga)].
[Saga von Grettir (s. Grettis saga)].
[Saga von Gunnlaug Ormstunga (s. Gunnlaugs saga ormstungu)].
[Saga von Halfdan Brönufostri (s. Hálfdanar saga Brönufóstra)].
[Saga von Hörd Grimkelsson (s. Harðar saga Grímkelssonar)].
[Saga von Hring und Tryggvi (s. Hrings saga ok Tryggva)].
[Saga von Hrolf Gautreksson (s. Hrólfs saga Gautrekssonar)].
[Saga von Iven (s. Ívens saga)].
[Saga von Jarlmann und Hermann (s. Jarlmanns saga ok Hermanns)].
[Saga von Jon leikari (s. Jóns saga leikara)].
[Saga von Kari Karason (s. Kára saga Kárasonar)].
[Saga von Karl dem Großen (s. Karlamagnús saga)].
[Saga von Ketlerus dem Kaiseranwärter (s. Ketlerusar saga keisaraefnis)].
[Saga von Kirjalax (s. Kirjalax saga)].
Saga von König Flores und seinen Söhnen (s. Flóres saga konungs ok sona hans).
Saga von König Half und seinen Männern (s. Hálfs saga ok Hálfsrekka).
[Saga von König Jon und Damusti in Griechenland 393 (s. auch Dámusta saga)].
[Saga von König Sverrir (s. Sverris saga)].
[Saga von Konrad dem Kaisersohn (s. Konráðs saga keisarasonar)].
[Saga von Magus dem Jarl (s. Mágus saga jarls)].
[Saga von Mirmann (s. Mírmanns saga)].
[Saga von Nitida (s. Nitida saga)].
[Saga von Olaf Tryggvason, Große (s. Óláfs saga Tryggvasonar en mesta)].
Saga von Remund dem Kaisersohn (s. Rémundar saga keisarasonar).
[Saga von Samson dem Schönen (s. Samsons saga fagra)].
[Saga von Saulus und Nikanor (s. Saulus saga ok Nikanors)].

*Saga von Secilia 238; 380, 427.
[Saga von Sigrgard Frækni (s. Sigrgarðs saga frækna)].
[Saga von Sigrgard und Valbrand (s. Sigrgarðs saga ok Valbrands)].
[Saga von Sigurd Fot (s. Sigurðar saga fóts)].
Saga von Sigurd Thögli (s. Sigurðar saga þögla).
[Saga von Sigurd Turnari (s. Sigurðar saga turnara)].
Saga von Thidrek (s. Þiðreks saga).
[Saga von Thjalar-Jon (s. Þjalar-Jóns saga)].
Saga von den Trojanern (s. Trójumanna saga).
[Saga von Viktor und Blavus (s. Viktors saga ok Blávus)].
[Saga von Vilhjalm Sjod (s. Vilhjálms saga sjóðs)].
Saga von Vilmund Vidutan (s. Vilmundar saga viðutan).
[Saga von den Völsungen (s. Völsunga saga)].
[Sagan af Hlini kóngssyni 435].
[Sagan af Rémundi og Melusínu 358].
[Sage 436].
Salbe (wunderbare) 33.
[Samsons saga fagra 380, 402f.]
[Saulus saga ok Nikanors 370, 402f., 422].
Schachfigur 70.
Schachspiel 247, 296; 389f. (Boddatafl).
Schätze 274 (von Amas), 216f., 221, 225f., 232, 252, 257, 295 (Beute), 239, 242, 248 (Drachenhort), 260 (von König Feritas), 292, 295, 305f. (von Riesen), 214, 264 (von Königin Sedentiana), 245–47 (von Trollweibern), 300; 391 (von Zwergen).
Scheintod 332; 434.
[Schemaliteratur 415].
Schicksal (s. Glück).
Schicksalsgöttinnen (Nornen) 188f.; 370f.
Schiffsflotte 217, 219, 260, 307, 317.
Schiffsformen 289; 388 (Einmaster, *eintrjæningar*), 289; 388 (großes Handelsschiff, *buzur*), 353 (Kriegsschiff, *drómundr*), 66f., 217, 219–21, 224, 254, 257, 268, 317f., 326, 329; 353, 376, 383, 386, 394 (Langschiff, Drachenschiff, *dreki*), 217–19; 375 (Schuten).
[Schild 356].
Schildburg 187, 261, 305f.
Schlangengrube 102, 266f.; 427.
Schmährede *(níð)* 217f., 220, 229f., 254, 299, 302; 362, 376, 378, 383, 391.
Schönheit, Helligkeit 164, 197, 207, 212f., 233, 273–75, 278, 287, 298, 302, 315f., 320f., 324.
Schreiberformeln, Schreiberkommentare 40, 76, 208, 344; 353, 371, 397 (s. auch Erzählerformeln, Erzählerkommentare, Formeln).
Schuh (verlorener Schuh) 50, 74.
Schutzgeist 218, 223; 375f., 419.
Schweinehirt 248, 273, 275–77, 280f., 299f., 302.
Schwester (ungleiche Schwestern) 42f.
Schwur (Eid) 44, 116.

Seefrauen 104.
[Seekönig 349].
Seereise 172, 192, 206.
[Segelstange 357].
[Selbsturteil 369].
[Sieben weise Meister 360].
[Sigrgarðs saga frœkna 402f., 424].
[Sigrgarðs saga ok Valbrands 402f.].
[Sigurðar rímur þögla 423, 426f.].
[Sigurðar saga fóts 402].
[Sigurðar saga turnara 402f.].
Sigurðar saga þögla 16, 18, 209–311; 354, 358, 360, 362, 365, 395, 401–03, 405f., 412, 418, 423–31.
[Skaldendichtung 349].
[Skandinavien 398f.].
[Sklave 352].
[Snorra Edda 350, 354, 377, 381 (s. auch Edda)].
[Spätmittelalter 398].
[Speculum regale (s. Konungs skuggsjá)].
Speisen und Getränke 214, 228, 245, 252, 268, 272, 278, 287, 298, 309–11; 259; 384 (Bier, *mungát*), 246, 259, 310; 381, 393 (Claret), 267 (Früchte), 310; 393 *(garnatum)*, 155, 264; 350 (Gewürze), 350 (Ingwer), 295 (Honig), 259, 310 (Kräuterwein mit Honig), 246 (Pfauen), 244 (Speck, als Umschlag), 259, 295; 384 (Starkbier, *bjórr*), 214, 228, 232, 237, 246, 251f., 259, 271f., 278, 295, 298, 301, 310 (Wein), 246 (Weizenbrot, mit Honig und Kräutern gebacken), 246 (Wildbret).
Sprachen (Beherrschung von Fremdsprachen) 147, 194f., 200, 234f., 314; 366.
Sprichwörter 212, 231, 244, 268, 272, 299f., 324f., 337; 374, 381, 386f., 391, 395f.
[Stabreim 17; 359, 370, 412, 417].
[Stadt (Beschreibung) 413].
Statue (s. Figur).
Stein (Edelsteine, magische Steine) 119f., 148, 150, 167, 197f.; 361, 366 (s. auch Ring, Gegenstände).
[Stern (roter Stern auf Brust oder Stirn) 349].
[Stil (der Märchensagas) 15f.; 405–07, 411f.].
[Stjórn 366, 369, 371, 421 (s. auch Wundervölkerverzeichnisse)].
[Strengleikar 358].
[Sturlunga saga 399].
[Sverris saga 352].

Taktik 265, 305; 424, 428, 430 (Belagerung), 219, 221, 256; 376 (Seekampf), 308 (Überfall).
Tausch (mit Zwergen) 264, 269; 386f., 427.
[Tausendundeine Nacht 417, 425].
Templum Domini 314.

Termin 293, 295, 309f.; 384 (Hochzeit), 258, 260; 384 (Schlacht) (s. auch Frist).
[Terminologie 17; 399f.].
Teufel 218.
[The sick-bed of Cuchulainn 351].
[Thematik (der Märchensagas) 15; 398f., 404f.].
[Thematik (der Sagaliteratur) 354].
[Thidreks saga (s. Þiðreks saga)].
Tiere 211, 221, 232, 238, 247; 24f.; 411 (Tier als Helfer), 119 (Adler), 221, 260, 282, 327, 337; 434 (Hunde), 267; 427 (Kriechtiere), 267; 427 (Schlangen), 267; 427 (Kröten), 419 (Ochse), 114, 142, 144, 179, 234, 237, 240, 242f., 249, 252, 273f., 275, 277–79, 283, 288f., 292, 327, 337; 359, 434 (Pferde), 63f., 275 (Schweine, als zauberkräftige Gegner), 211, 221, 233, 238, 247 (Vögel), 221; 327, 337, 434 (Falken), 256f.; 357 (Wal), 224 (Narwal), 221, 232, 237, 240 (Wild), 232 (Hirsch und Hindin).
[Tiergestalt (von Menschen) 412].
timpanistria (s. Instrumente).
Tischsitten 246, 259, 272, 281, 287, 294f., 297f., 309–11; 381.
[Tjódels saga 350].
Tötung (ohne Spuren) 46.
Traum 53f., 117, 202, 222f., 330; 353, 359f., 386, 412.
[Tristan et Iseult 361]
[Tristanroman, Tristansage 351, 417].
[Tristrams saga ok Ísondar 361, 363f., 421f.].
Trojanersage, Trojanerstoff, Trójumanna saga 35, 264; 355, 362, 364–66, 368f., 386, 418, 421.
Trolle 23f. (Wohnung in einer Höhle, Aussehen, Kleidung, Essen von Pferde- und Menschenfleisch, Lüsternheit), 35 (Essen von Pferde- und Menschenfleisch, Tod durch Kehlenbiß und Blutaussaugen), 49f., 53, 103 (Aussehen), 222, 224, 244, 246, 248, 260, 289f., 306f.; 349, 411 (s. auch Riese).
Trollweiber 218, 242, 246, 248f., 257, 271; 381, 426.
Turnier 115, 153f., 203.

[Überfluß (an Edelsteinen) 366].
[Überlieferung 399, 401, 408f., 411, 420, 436 (s. auch Handschriften)].
[Übersetzungsliteratur 365].
[Übersetzungssprache 16f.; 412f.].
[Unfreie 413].
[Unterhaltung 354, 398, 409].
Unverwundbarkeit 61, 63, 91, 95, 253, 307f.
Unwetter 275, 277, 279, 286.

[Vafþrúðnismál (Vafthrudnir-Lied) 388].
[Valdimars saga 358, 402f.].
[Varianten 409].
[Vater-Sohn-Kampf 419].

Veränderung der Gesichtsfarbe (Erröten, Erbleichen) 136, 146, 196, 200, 229, 299 f., 315, 325, 339.
[Verbannung 416].
Vergewaltigung 82, 273, 276, 278, 280, 299–301; 376, 387.
Vergleich (zwischen Helden) 285.
Vergnügungen 252, 259, 282, 295, 309–11; 426 (Wettkämpfe), 57 (Steinschleudern), 58 (Speerwerfen, Schwimmen, Tauchen), 70 f. (Schießen, Reiten), 298; 390 f. (Illusionisten), 298 f. (Schauspiel), 298, 311 (Spaßmacher), 283, 294 (Turniere), 311 (Wahrsager), 294 (Wettschießen).
Verhaltenstest (bei Neugeborenen) 42 f.
Verkleidung, Verstellung 233, 269–71, 273, 277 ff., 281, 292, 299, 302 f.; 387, 391, 412.
Verleumdung 139; 412.
Verschwörung 328–31.
[Verwandlung 411].
Verwünschung *(alög)* 22, 28, 37, 125, 218, 222; 349, 363, 396, 410 f.
[Vígkæns saga kúahirðis 426].
[Víglundar saga 401].
[Viktors saga ok Blávus 402 f., 422, 424].
[Vilhjálms saga sjóðs 402, 425].
Vilmundar saga viðutan 16, 18, 41–76; 352–54, 357, 401–03, 411–16.
[Vilmunds kvæði (CCF 104) 416].
[Volksbuch 358, 409].
[Volksglauben 370, 395, 397].
[Völsunga saga 350 f.].
Vorhersagen (Prophezeiungen, Weissagungen) 20, 23, 42 f. (über neugeborene Kinder), 211, 222, 227, 299.
[Vorlesen 359].
[Vorzeitsaga 15; 399–407, 410, 412, 420, 422].

Waffen 371, (spezielle Waffen:) 306 (Armbrust), 357 (Axt), 264 f.; 385, 424, 427–30 (Büchsen, *byssur*), 256 (Eisenkeule), 351 (Eisenrute), 290 f. (Eisenstange), 256 f., 308 (spitzenbewehrte Keule), 220 f., 224 (Hauspieß), 264 (Katapulte, *valslöngur*), 430 *(trebuchets)*, 231; 428 ff. (Wurfmaschinen), 232, 250, 264; 428 f. (Kriegsgeräte, *vígvél*), 253; 383 (Langblattspieß, *brynþvari*), 264 f. (siedendes Pech), 253, 256, 305 f.; 383 (großer Speer, *stórr atgeirr*), 231 (Standarte), 264 (Teer), 224 (Wurfspieß), 225 (Spieß mit Wurfleine), 190, 238 (vergiftete Waffen).
Wahrsagerin 42.
Wanderer (typische Figur: weitgereister Wanderer) 129; 364.
[Wandermotive 348].
[Waräger 352, 392].
Wasserfrau (s. Margygr).
[Wechsel indirekte-direkte Rede 17].
[Wechsel Präsens-Präteritum 17].
[Wechselbalg *(skiptingr)* 370].
Weihnachten 186; 370.

[Weihrauch 371].
[Weissagung 348, 352, 414].
Werwolf 28–30; 350f., 411.
Wettkämpfe (s. Vergnügungen, Wettkämpfe).
Widerspenstige Frau 82ff.
[Widsith (altenglisches Kataloggedicht) 364].
Wikinger 216, 221, 224, 253–55, 257, 308; 353, 375, 382, 392 (s. auch Waräger).
[Wikingersaga 400, 407].
Wildnis 221f., 232, 234, 237, 240–42, 245, 249, 252f., 266–68, 275, 277, 279, 287–90, 305; 380f.
Wildsau (der geopfert wird) 48.
[Wintergast (verkleidet) 411].
[Wissensvermittlung 409].
[Witwe (rasch getröstete Witwe) 397].
[Wolfdietrich 425].
[Wolfshaut verbrannt 351].
Wunden (können nur unter bestimmten Bedingungen geheilt werden) 31–34, 230, 232f., 298 (als Male).
Wundervölker 392; 377 (ACROBI), 260; 385 (Augen auf den Schulterblättern), 260; 384 (Cenoefali), 377 (Hornfinnar), 260; 384f. (Kopflose mit Augen auf der Brust, Lamnies), 224, 260; 377, 384 (Zyklopen).
[Wundervölkerverzeichnisse 377, 381, 384f., 423; 377, 384f. (Hauksbók), 375, 380, 426 (Stjórn)].
Wünsche 106 (letzte).

[Yvain (von Chrétien de Troyes, um 1170) 425 (s. AUCH ÍVENS SAGA)].

[Zähne (schwarz) 349].
Zauberkraft 121, 264, 279; 210, 254; 373 (ekstatische), 224, 245, 287, 290f. (bei Trollen und Riesen), 217f., 253, 257, 307 (bei »Wikingern«, Mohren und Berserkern), 210, 238, 244; 386 (bei anderen Menschen).
[Zauberschlaf 435].
[Zelte 394, 397].
Ziege 50 (Größe einer Kuh, vier Zitzen); 353.
Zweikampf 133, 140, 169, 177–80, 220, 256, 258f., 261f., 282–84, 295, 335–37.
Zwerge 248, 252f., 255f., 260, 264, 268–70, 277f., 280f., 299f., 302f.; 382, 391, 427; 50 (als Handwerker), 225, 377 (Echo als Zwergenlaute); 222f. (im Traum); 238 (als Waffenschmiede); 222 (Zwergenkind).

Þiðreks saga 264; 354, 356–58, 361, 371, 385f., 418, 421, 425f., 429.
[Þjalar-Jóns saga 384, 402f.].
[Þorgils saga ok Hafliða 399].
[Þorsteins saga Víkingssonar 352].
[Þorsteins þáttr uxafóts 348].

SAGA
Bibliothek der altnordischen Literatur

Egils Saga
DIE SAGA VON EGIL SKALLA-GRIMSSON
Herausgegeben von Kurt Schier
392 Seiten, Leinen mit Schutzumschlag

Im Mittelpunkt dieser berühmten Saga steht der Skalde Egil Skalla-Grimsson, der im 10. Jahrhundert gelebt hat. Wie kaum eine andere Figur der mittelalterlichen Literatur ist er voll faszinierender Wiedersprüchlichkeit: außerordentlich kräftig, sehr häßlich, ein unberechenbarer Wikinger mit berserkerhaften Zügen, doch zugleich ein großer Runenkundiger und kunstvoller Dichter. In der gegen Anfang des 13. Jahrhunderts aufgezeichneten Saga sind Roman und Biographie, Abenteuer und Geschichte, subjektive Charakterzeichnung und objektive Darstellung kunstvoll vereint. Spannend und eindringlich genau werden Kultur und Vorstellungswelt des mittelalterlichen Island beschrieben.

Eugen Diederichs Verlag

Saga
Bibliothek der altnordischen Literatur

Isländische Antikensagas I
SAGA VON DEN TROJANERN · SAGA VON DEN BRITISCHEN KÖNIGEN
SAGA VON ALEXANDER DEM GROSSEN

Herausgegeben von Stefanie Würth

352 Seiten, Leinen mit Schutzumschlag

Sagas von den Trojanern, von Alexander dem Großen und von den britischen Königen: Erstmals werden die britischen Versionen dieser großen literarischen Stoffe einem breiteren Publikum in deutscher Übersetzung vorgelegt. Die isländischen Dichter des Mittelalters griffen die populären Werke ihrer Zeit auf und verarbeiteten die lateinischen Versvorlagen zu romanhaften Prosageschichten – zu Antikensagas. So konnte man auf Island nicht nur vom Untergang der Trojaner und von Alexanders großen Taten lesen, sondern auch von Geschichten über König Artus und seinen Rittern oder über König Lear.

Eugen Diederichs Verlag

SAGA
Bibliothek der altnordischen Literatur

Isländische Vorzeitsagas I
DIE SAGAS VON HERVÖR, VON ORVAR-ODD, VON KÖNIG HALF,
VON DEN VÖLSUNGEN UND VON RAGNAR LODBROCK

Herausgegeben von Ulrike Strerath-Bolz

343 Seiten, Leinen mit Schutzumschlag

Die isländischen Vorzeitsagas sind im 14. und 15. Jahrhundert entstanden. Einige davon verarbeiten europäische Heldensagenstoffe aus der Völkerwanderungszeit, andere erzählen Abenteuergeschichten aus der Wikingerzeit. Es sind tragische Erzählungen von Verrat, Mord und grausamer Rache wie die Saga von den Völsungen, die schon Richard Wagner zu seinem »Ring der Nibelungen« inspirierte. Es sind aber auch Erzählungen von phantastischen Erlebnissen, leidenschaftlicher Liebe und inniger Freundschaft. Der neuen Übersetzung der mittelalterlichen Unterhaltungsliteratur gelingt es den besonderen Charm der altnordischen Prosa beizubehalten.

Eugen Diederichs Verlag

SAGA
Bibliothek der altnordischen Literatur

Laxdoela Saga
Die Saga von den Leuten aus dem Laxardal
Herausgegeben von Heinrich Beck
256 Seiten, Leinen mit Schutzumschlag

Die Geschichte der Leute aus dem Laxardal stellt eine der großen Isländersagas aus dem 13. Jahrhundert dar. Sie erzählt von Ereignissen, die sich über mehrere Generationen hinweg hauptsächlich im westlichen Island um den Breidafjord zugetragen haben. Von der Besiedlung im 9. Jahrhundert bis ins 11. Jahrhundert berichtet die Saga von gewaltsamen Konflikten um Ehre, Recht und Liebe. Beschrieben sind die Spannungen und Herausforderungen eines neugegründeten Gemeinwesens, dessen exekutiver Gewalt in der Verantwortung seiner Bürger lag. In der frischen und sprachgetreuen Übersetzung Heinrich Becks entsteht ein farbenfrohes und bewegtes Bild einer um seinen Bestand ringenden mittelalterlichen Gesellschaft.

Eugen Diederichs Verlag

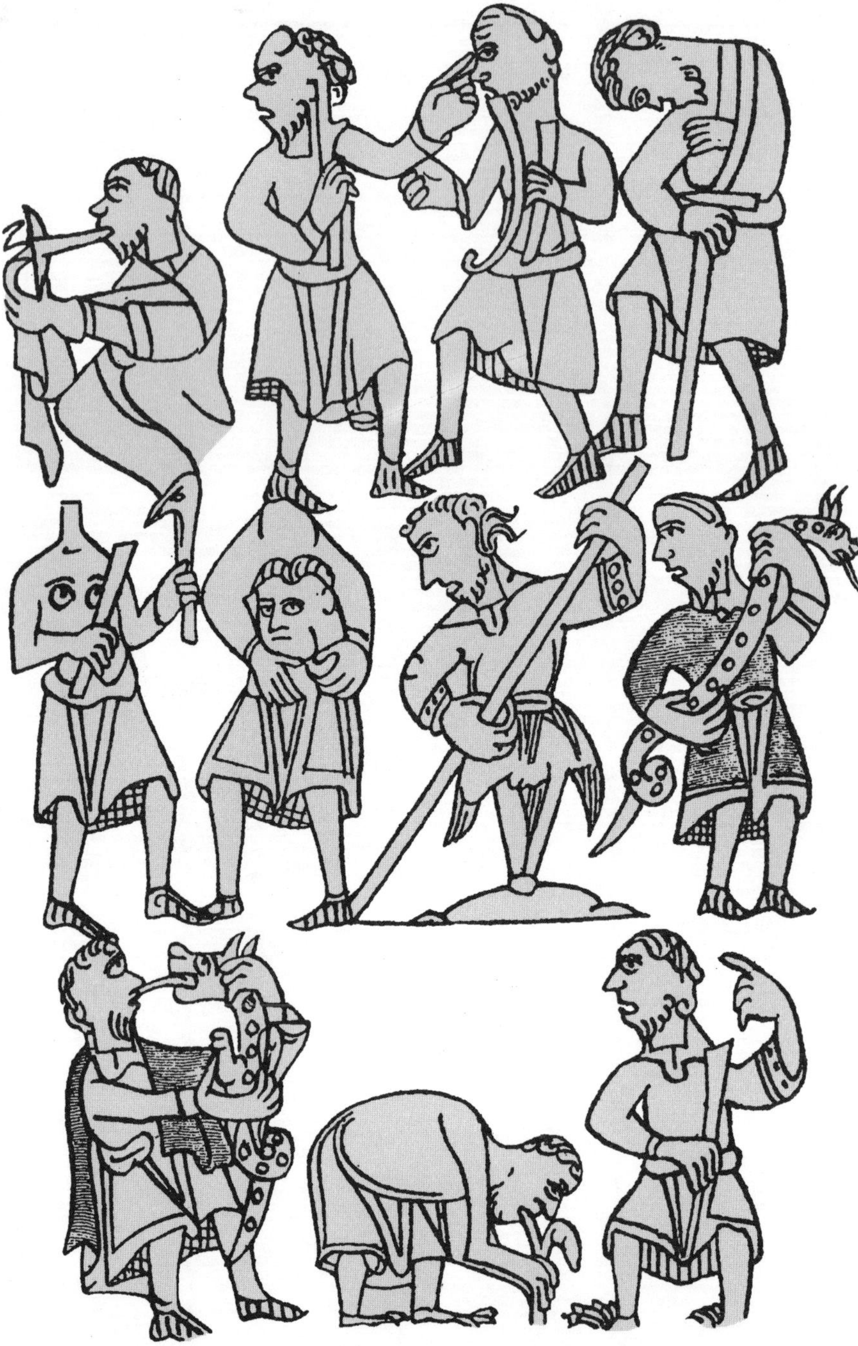